»Staatspolitisch besonders wertvoll«
Ein Handbuch zu
30 deutschen Spielfilmen
der Jahre 1934 bis 1945

diskurs film

Münchner Beiträge zur Filmphilologie

Herausgegeben von
Elfriede Ledig · Michael Schaudig

Band 6 · 1994
»Staatspolitisch besonders wertvoll«
Ein Handbuch zu 30 deutschen Spielfilmen der Jahre 1934 bis 1945

Klaus Kanzog

»Staatspolitisch besonders wertvoll«

Ein Handbuch
zu 30 deutschen Spielfilmen
der Jahre 1934 bis 1945

München 1994

CIP-Titelaufnahme der Deutschen Bibliothek:

> **Kanzog, Klaus:**
> »Staatspolitisch besonders wertvoll« : ein Handbuch zu 30 deutschen Spielfilmen der Jahre 1934 bis 1945 / Klaus Kanzog. – München : Diskurs-Film-Verl., 1994
>   (Diskurs Film ; Bd. 6)
>   ISBN 3-926372-05-2
> NE: GT

© 1994 diskurs film Verlag Schaudig & Ledig GbR
Alle Rechte vorbehalten

Coverfotos aus OHM KRÜGER (Emil Jannings), VERRÄTER (Heinz Welzel u. Otto Graf) und KOLBERG (Heinrich George u. Kristina Söderbaum).
Bildnachweis: Bundesarchiv/Filmarchiv, Koblenz (17); Bundesarchiv/Filmarchiv, Außenstelle Berlin (5); Stadtmuseum/Filmmuseum, München (20); Verlagsarchiv (6); [Publikation:] Heinrich Koch u. Heinrich Braune: *Von deutscher Filmkunst, Gehalt und Gestalt.* Berlin 1943 (6).
Fotos aus den Filmkopien: Bundesarchiv/Filmarchiv, Koblenz, sowie Filmmuseum München (Gerhard Ullmann). Die Anfertigung dieser Fotos und deren Wiedergabe im Druck erfolgte mit freundlicher Genehmigung der Friedrich-Wilhelm-Murnau-Stiftung, Wiesbaden, sowie der Kirch-Gruppe, Unterföhring.
Satz: Typo-Studio Lehner, Weiden i.d.OPf.
Druck: kießling werbedruck & verlag gmbh, Weiden i.d.OPf.
Bindung: gassenmeyer bindetechnik GmbH & Co. KG, Nürnberg
Printed in Germany

ISSN 0931-1416
ISBN 3-926372-05-2

diskurs film erscheint periodisch. Die Einzelbände haben unterschiedliche Themenschwerpunkte; sie variieren in Umfang und Preis.

Bezug über den Buchhandel oder direkt vom Verlag.

diskurs film Verlag
Schaudig & Ledig GbR
Tristanstraße 13 · D-80804 München

Inhalt

Vorwort 7

A. Einleitung

»Staatspolitisch besonders wertvoll«: nationale Identität – nationaler Wahn. Vorbemerkungen zu einem problematischen Filmprädikat 13

1.	Das Filmprädikat als ›Warenzeichen‹	14
1.1.	Das Spektrum der Prädikate	14
1.2.	Goebbels als oberste Instanz	16
1.3.	Opportunitätsentscheidungen	18
1.4.	Kunstwerke gegen Gesinnungsfilme	20
1.5.	Unverhüllte Propagandafilme	24
1.6.	Sonderfälle	25
2.	Die Filmprädikate als Normsetzungen	27
2.1.	Universelle Zensurkriterien	28
2.2.	Syntagmen der Bewertungskriterien	30
2.2.1.	Der geschichtliche Rahmen	30
2.2.2.	Menschliche Größe	31
2.2.3.	Normsetzung und Normrekapitulation	33
2.3.	Nationale Emphase	34
2.4.	Figureninstanzen	37
2.4.1.	Männercharaktere	37
2.4.2.	Frauencharaktere	42
2.5.	Affektverstärkung	45
2.6.	Ahnung des Untergangs	46
3.	Langzeitwirkung	47
3.1.	Die Überwindung der Zeit	50
3.2.	Das Stigma der Zeit	51

B. Die Filme

1.	ICH FÜR DICH – DU FÜR MICH (R: Carl Froelich)	57
2.	HERMINE UND DIE SIEBEN AUFRECHTEN (R: Frank Wysbar) ..	66
3.	DER ALTE UND DER JUNGE KÖNIG (R: Hans Steinhoff)	74
4.	DAS MÄDCHEN JOHANNA (R: Gustav Ucicky)	84

5.	FRIESENNOT (R: Peter Hagen)	92
6.	DER HÖHERE BEFEHL (R: Gerhard Lamprecht)	101
7.	TRAUMULUS (R: Carl Froelich)	111
8.	DER KAISER VON KALIFORNIEN (R: Luis Trenker)	121
9.	VERRÄTER (R: Karl Ritter)	131
10.	WENN WIR ALLE ENGEL WÄREN ... (R: Carl Froelich)	141
11.	DER HERRSCHER (R: Veit Harlan)	149
12.	PATRIOTEN (R: Karl Ritter)	162
13.	URLAUB AUF EHRENWORT (R: Karl Ritter)	172
14.	POUR LE MÉRITE (R: Karl Ritter)	183
15.	ROBERT KOCH, DER BEKÄMPFER DES TODES (R: Hans Steinhoff)	194
16.	D III 88 (R: Herbert Maisch)	203
17.	MUTTERLIEBE (R: Gustav Ucicky)	211
18.	JUD SÜSS (R: Veit Harlan)	219
19.	BISMARCK (R: Wolfgang Liebeneiner)	235
20.	KAMPFGESCHWADER LÜTZOW (R: Hans Bertram)	246
21.	OHM KRÜGER (R: Hans Steinhoff, Karl Anton)	253
22.	KOMÖDIANTEN (R: G. W. Pabst)	266
23.	ANNELIE (R: Josef von Baky)	278
24.	HEIMKEHR (R: Gustav Ucicky)	287
25.	DER GROSSE KÖNIG (R: Veit Harlan)	297
26.	DIE ENTLASSUNG (R: Wolfgang Liebeneiner)	311
27.	ANDREAS SCHLÜTER (R: Herbert Maisch)	323
28.	WEN DIE GÖTTER LIEBEN ... (R: Karl Hartl)	334
29.	DER UNENDLICHE WEG (R: Hans Schweikart)	345
30.	KOLBERG (R: Veit Harlan)	356

C. Anhang

1.	Die Filmprädikate in der Weimarer Republik und im Dritten Reich	371
2.	Arnold Bacmeister: Bedeutung und Arbeitsweise der Filmprüfstelle in Berlin. Ein Rückblick auf die Jahre 1934–1945 [Auszug]	372
3.	Normvermittlung innerhalb des Filmkorpus	378
4.	Zensurentscheidungen innerhalb des Filmkorpus	379
5.	Grundsätze der Filmzensur der Alliierten Besatzungsmächte in Deutschland	380
6.	Literaturnachweis und weitere Literaturempfehlungen	382
7.	Abkürzungen	387
8.	Register	389

Vorwort

Im Wintersemester 1991/92 lief im Münchner Filmmuseum eine Reihe jener deutschen Filme, die in den Jahren 1934 bis 1945 das Prädikat »staatspolitisch besonders wertvoll« (meist kombiniert mit dem Prädikat »künstlerisch besonders wertvoll«) erhalten hatten. Diese Reihe war in meine an der Universität München gehaltene Vorlesung »Normstrukturen in Texten und Filmen« eingebettet, zog aber auch ein eigenes Publikum an, in dem verschiedene Generationen vereint waren. Dabei fanden naturgemäß Filme, die noch dem Aufführungsvorbehalt unterliegen – wie JUD SÜSS, OHM KRÜGER, KOLBERG und die beiden ›Fliegerfilme‹ D III 88 und KAMPFGESCHWADER LÜTZOW – den größten Zuspruch. Ältere Zuschauer wollten diese Filme »einfach wiedersehen«, um ihre Einstellung »von damals« zu überprüfen, jüngere Zuschauer, die die Zeit der nationalsozialistischen Herrschaft nicht mehr erlebt haben, wollten sie »endlich einmal sehen«, um sich ein Urteil zu bilden, und es gab auch (einige wenige) Zuschauer, die sich noch immer (oder schon wieder) mit den in den Filmen vermittelten Normen identifizierten; die nur schwer zu überwindende Fremdheit der Generationen zueinander war von Anfang an spürbar: Wenn die Affekte von der Leinwand auf das Publikum übergriffen, kollidierten Rührung und Gelächter. Jeder machte mit seiner ›Ergriffenheit‹ und seinen Aggressionen eigene Erfahrungen, aber alle persönlichen Gespräche nach den Vorstellungen führten – wie die Kolloquien zur Vorlesung – stets zur zentralen Frage nach der Wirksamkeit von Indoktrinationsmechanismen im Massenmedium Film.

Ich selbst habe nur einige dieser Filme zur Zeit der Uraufführung gesehen, z. T. in den sog. ›Jugendfilmstunden‹, die anderen erst nach dem Zweiten Weltkrieg. Bei der Vorbereitung der Vorlesung und der Reihe im Münchner Filmmuseum wurde ich dann auf ein publizistisches Defizit aufmerksam, das der hier vorliegende Band zu beseitigen versucht. Auf den ersten Blick herrscht an Werken, die sich mit der nationalsozialistischen Filmpolitik beschäftigen und mit ›Filmen des Dritten Reiches‹ auseinandersetzen, kein Mangel. Über die ideologischen Prämissen dieser Filme hat man sich längst verständigt, und es ist sogar Selbstzufriedenheit zu erkennen, das Kapitel »Nationalsozialismus und Film« weitgehend abgeschlossen zu haben. Doch um genaue Objektanalysen ist es schlecht bestellt. Es fehlen Kompendien, in denen man die genauen Handlungsabläufe der Filme nachlesen, detaillierte Informationen zur Konstitution ihrer Diskurse finden und schließlich nachvollziehen kann, welche privilegierten Normen und Werte zum Prädikat »staatspolitisch besonders wertvoll« führten. Noch immer trüben Pauschalurteile den Blick und blockieren die Beantwortung der Frage, warum der größte Teil dieser ›Prädikatsfilme‹ nach einem zeitweiligen Verbot durch die Alliierten Militärbehörden von der Freiwilligen Selbstkontrolle der deutschen Filmwirtschaft (wenn auch z. T. mit Schnittauflagen) wieder zur Vorführung freigegeben wurde; von den 30 zur Debatte stehenden Filmen unterliegen heute nur noch neun Filme dem Aufführungsvorbehalt, und ein großer Teil der anderen Filme wurde sogar im Fernsehen ausgestrahlt; von einigen sind inzwischen Videokassetten im Handel. Ist das Bewußtsein für den politischen Gehalt der Filme geschwunden? Wurden die Kontexte vergessen?

Da die Akten der Berliner Film-Prüfstelle im Zweiten Weltkrieg verlorengingen, fehlen über die vielfach erhaltenen Zensurkarten hinaus schon die Ausgangsdaten für die Rekonstruktion der Bewertungskriterien. Wir müssen daher die filminternen Zeichen- und Normstrukturen rekonstruieren, um deutlich zu machen, welche Zeichen und Normen zum Zeitpunkt des Ersteinsatzes eines Films aktualisierbar waren und heute noch immer aktualisierbar sind. Wenn daneben die Produktions- und Wirkungsgeschichte an den Rand der Darstellung rückt und sich nur in mitgeteilten Fakten und Literaturangaben abzeichnet, dann liegt der Grund in der primär lexikalischen Konzeption dieser Publikation. Sie soll in erster Linie ein Nachschlagewerk sein, das einen schnellen Überblick gibt über:

(1) Produktionsdaten,
(2) Handlung,
(3) verwendetes literarisches Material,
(4) Textbeispiel(e),
(5) Kontext,
(6) Normaspekte,
(7) überliefertes Material und
(8) Interviews, Stellungnahmen, Rezensionen.

Die Auswahl der Textbeispiele ist subjektiv getroffen, sie erfolgte jedoch im Hinblick auf die erkannte Grundtendenz der einzelnen Filme, die im Abschnitt »Normaspekte« präzisiert wird; Grundlage ist stets die angegebene Kopie, die für die Untersuchung zur Verfügung stand. Mit Hilfe synoptischer Verfahren wurden im Einzelfall Vorstufen des Drehbuchs bzw. Textpartien der literarischen Vorlage eingearbeitet, um auf das zentrale Problem der Variantenbildung in der Textgenese von Filmen aufmerksam zu machen. Der Band ist überhaupt streng objektbezogen und textorientiert; Anekdoten und nachträgliche Rechtfertigungen der Autoren und Künstler bleiben ausgeklammert, da die Zuschauer zum Zeitpunkt der Uraufführung über diese Zusatzinformationen auch nicht verfügten, vielmehr durch die veröffentlichte Meinung in die gewünschte Richtung gelenkt wurden.

Die Ausführungen stützen sich in vielem auf Archivmaterial sowie auf eigene und fremde Forschungen. Sie führen zugleich an jene Punkte, an denen weitere Untersuchungen ansetzen müßten, um unseren Erkenntnisstand über die behandelten Filme noch zu verbessern. Notwendig ist:

(1) eine umfassendere Untersuchung der Variantenverhältnisse,
(2) eine detaillierte Darlegung der ›filmischen Freiheiten‹ (bis hin zu den zahlreichen Geschichtsfälschungen aus ideologischen Gründen),

(3) eine intensivere Analyse der jeweiligen Affektstrukturen (und damit des gesamten Affektpotentials eines Films,
(4) eine Präzisierung der semiotischen Merkmale jener Schauspielerinnen und Schauspieler, die als Normträger fungieren.

Nicht zu leisten und im Rahmen der Konzeption dieses Bandes auch nicht zweckmäßig war die vollständige Dokumentation der Rezensionen zur Zeit der Uraufführung und des Ersteinsatzes der Filme; sie bleibt zusammen mit der Analyse der öffentlichen Meinung ein weiteres Forschungsdesiderat. Es werden nur einige ›Meinungsführer‹ berücksichtigt: an der Spitze der *Film-Kurier* als zentrales Fachblatt und daneben Zeitungen, die für die nationalsozialistische Propaganda oder für mehr ›bürgerliche‹ Standpunkte repräsentativ sind; wenn in Archiven Zusammenstellungen von Presseurteilen vorliegen, wird auf diese verwiesen; für weitere Nachforschungen über die Wirkung der Filme im Ausland geben Aufführungsdaten einige Hinweise. Die Anmerkungen erweitern das Spektrum der Fragestellungen und tragen dort ergänzendes Material zusammen, wo eine stärkere Profilierung der historischen Umstände geboten erschien. Im Anhang beigegeben ist ein Auszug aus dem Bericht über die Bedeutung und Arbeitsweise der Film-Prüfstelle Berlin, die deren Leiter, Dr. Arnold Bacmeister, 1958 dem Bundesarchiv überlassen hat. Herr Dr. Bacmeister war so freundlich, mir die Auswertung zu gestatten; über den Abdruck der für unsere Fragestellung relevanten Passagen hinaus erwies sich hier auch ein Kommentar als notwendig. Nicht erschöpfend ausgewertet werden konnten jene Teile der Goebbels-Tagebücher, die im Hinblick auf die Edition durch das Institut für Zeitgeschichte, München, derzeit für die allgemeine Benutzung gesperrt sind.

Angesichts der Fülle des Materials drohte die Einleitung als eigene Studie den Rahmen des Bandes zu sprengen. Vorträge zum Thema, die ich im Frühjahr 1993 im Goethe-Institut in Montreal und in den Departments of German der Dalhousie University in Halifax und der Queen's University in Kingston hielt, legten den Grund für die nunmehr vorliegende Einleitung, in der die Hauptaspekte zusammengefaßt sind. Denn in Kanada wurde ich immer wieder herausgefordert, Fragen nach der nationalen Identität zu beantworten und Staatsbewußtsein in Geschichte und Gegenwart zu reflektieren. Daraus ergab sich die Zentralperspektive der Einleitung und die Notwendigkeit, für die in den einzelnen Filmen auftretenden Begriffe ein Register zu erarbeiten, das eine schnelle Übersicht über staatspolitisch nutzbare Normen ermöglicht.

Die jeweiligen Zensurentscheidungen für die einzelnen Filme und die Hauptkriterien für die Vergabe des Prädikats »staatspolitisch besonders wertvoll« sind im Anhang schematisch erfaßt. Von Interesse dürften daneben auch die beiden Dokumente aus den OMGUS-Akten sein, in denen die Prinzipien der Filmzensur der Alliierten formuliert sind. Der größte Teil der Bildbeigaben wurde aus den Filmen selbst reproduziert; vereinzelte Standfotos, einige Titelseiten der *Illustrierten Film-Kuriere* und die sechs Reproduktionen aus Heinrich Kochs Buch *Von deutscher Filmkunst* (1943) sollen demgegenüber die

Funktion von Filmbildern dokumentieren. Anhand von zwei Zensurkarten zu Trailern kann der Leser einen ersten Eindruck von der Arbeit der Film-Prüfstelle gewinnen.

Die Materiallage, notwendige Archivreisen und ein längerer Auslandsaufenthalt verzögerten den Abschluß des Manuskripts mehrfach. Ich danke Ursula Werner M.A. und Dr. Oliver Jahraus für die engagierte und umsichtige Herstellung der Druckvorlage, Dr. Elfriede Ledig und Dr. Michael Schaudig für die mehrfache intensive Lektüre der verschiedenen Fassungen und mannigfache Ratschläge; eingeschlossen in diesen Dank sei wiederum Gerhard Ullmann für die Anfertigung vieler Fotos. Das Buch hätte nicht geschrieben werden können ohne die Hilfsbereitschaft der Mitarbeiterinnen und Mitarbeiter der Friedrich-Wilhelm-Murnau-Stiftung, des Bundesfilmarchivs in Koblenz und Berlin, des Deutschen Instituts für Filmkunde, der HFF München, der HFF »Konrad Wolf«, Potsdam, und der Stiftung Deutsche Kinemathek sowie des Österreichischen Filmarchivs und des British Film Institute; mein persönlicher Dank gilt hier besonders Herrn Direktor Peter Franz und Gudrun Weiss (F.-W.-Murnau-Stiftung), Dr. Gerd Albrecht und Eberhard Spiess (Deutsches Institut für Filmkunde) und Klaus Volkmer (Münchner Filmmuseum).

Die Herstellung des vorliegenden Bandes wurde durch Druckkostenzuschüsse verschiedener Institutionen ermöglicht: durch die Friedrich-Wilhelm-Murnau-Stiftung, Wiesbaden, das Münchner Filmzentrum e.V., die Gesellschaft von Freunden und Förderern der Universität München, die Stadtsparkasse München und den Fernsehsender PRO 7. Ich danke diesen Geldgebern für das durch die Spenden zum Ausdruck gebrachte Interesse an der filmphilologischen Arbeit des Instituts für deutsche Philologie; Herr Ehrensenator Dr. h.c., h.c. Klaus Gerhard Saur, Volker Schlöndorff und frühere Schüler, die inzwischen eigene Filmproduktionsfirmen besitzen – Christian Bauer, Jörg Bundschuh und Pit Rietmüller –, haben durch Unterstützung der Gesellschaft von Freunden und Förderern der Universität München großen Anteil an der Förderung durch die Universität.

München, Januar 1994 *Klaus Kanzog*

A.
Einleitung

»Staatspolitisch besonders wertvoll«:
nationale Identität – nationaler Wahn

Vorbemerkungen zu einem problematischen Filmprädikat

Nachdem die Nationalsozialisten am 30. Januar 1933 durch die Ernennung Adolf Hitlers zum Reichskanzler mit Unterstützung der »Deutschnationalen Volkspartei«, des »Wahlblocks Schwarz-Weiß-Rot« und des »Stahlhelms« an die Macht gelangt waren, gingen sie sofort daran, die Massenmedien unter ihre Kontrolle zu bringen. Am 11. März beschloß das Kabinett die Errichtung des »Reichsministeriums für Volksaufklärung und Propaganda«, am 13. März unterzeichnete Reichspräsident v. Hindenburg den entsprechenden Erlaß (RGBl 1933 I, S. 104), und zugleich ernannte er den Reichspropagandaleiter der NSDAP Dr. Joseph Goebbels zum neuen Minister. Bereits am 28. März sprach Goebbels im Berliner Hotel »Kaiserhof« vor den Mitgliedern der »Dachorganisation filmschaffender Künstler«, dem Vorstand und den Mitgliedern des »Reichsverbandes deutscher Filmtheaterbesitzer« und der »Spitzenorganisation der deutschen Filmwirtschaft« über die »zeitgemäßen Fragen des deutschen Films«[1]; dabei ließ er keinen Zweifel an seinem festen Willen, den Film nach nationalsozialistischen Grundsätzen zu »reformieren«, die er am 19. Mai auf einer Massenversammlung der organisierten und noch nicht organisierten »Schaffenden am Film« in den Wilmersdorfer Sporthallen bekräftigte.[2] Mit der Gründung der »Filmkreditbank« am 1. Juni 1933 wurde dann die Basis für die Kontrolle der deutschen Filmproduktion gelegt. Am 14. Juli erließ die Reichsregierung das »Gesetz über die Errichtung einer vorläufigen Filmkammer« (RGBl 1933 I, S. 483 f.), die mit der Errichtung der »Reichskulturkammer« am 22. September 1933 (RGBl 1933 I, S. 661 ff.) zu einer Einzelkammer der Reichskulturkammer wurde. Aber erst am 1. März 1934 trat das am 16. Februar 1934 verkündete *Lichtspielgesetz* in Kraft (RGBl 1934 I, S. 95 ff.), das das *Lichtspielgesetz* vom 12. Mai 1920 (RGBl 1920 I, S. 953 ff.) in seiner wiederholt novellierten Fassung vom 31. Dezember 1931 (RGBl 1931 I, S. 125) ersetzte.[3] Das in der Weimarer Republik geltende *Lichtspielgesetz* blieb also noch über ein Jahr nach der Machtübernahme Hitlers gültig.

---

1 Vgl. Curt Belling: *Der Film in Staat und Partei*. Berlin 1936, S. 27–31; wiederabgedruckt in: Albrecht 1969, S. 439–442.
2 Ebd., S. 31–37 (Albrecht 1969, S. 442–447).
3 Nach dem Entwurf des Reichspropagandaministeriums V 5600 vom 14. November 1933, erledigt in der Kabinettssitzung (nach einer geringfügigen Streichung) am 16. Februar 1934, BA R 43 II/311, S. 31 f. Vgl. im weiteren die Anhänge zum *Jahrbuch der Reichsfilmkammer* 1 ff. 1937 ff.: Die Arbeit der Reichsfilmkammer auf rechtlichem und organisatorischem Gebiet.

Es gehörte, wie Klaus-Jürgen Maiwald[4] dargelegt hat, zu den Normen, die »nach damals herrschender Rechtsauffassung ihre Wirksamkeit auch nach 1933 behalten konnten, soweit sie nicht faschistischen Prinzipien widersprachen«; an den beiden weiterhin tätigen, nicht der NSDAP angehörenden Zensurbeamten – Regierungsrat Heinrich Zimmermann und Minsterialrat Dr. Ernst Seeger – wird zudem deutlich, »daß es nicht Faschisten waren, die den bürokratischen Apparat funktionstüchtig hielten, sondern in der Tradition des preußisch-deutschen Beamtentums verwurzelte öffentlich-rechtliche Bedienstete, und daß nicht das Prinzip des Rechts, sondern das Prinzip der politischen Opportunität das Verhalten der Zensurbürokraten beherrschte«. Im Gegensatz zu Heinrich Zimmermann, der sich von der SPD distanziert hatte, wurde der sozialdemokratische Regierungsrat Leo Dillinger Anfang 1933 wegen politischer Unzuverlässigkeit entlassen.

1. Das Filmprädikat als ›Warenzeichen‹

1.1. Das Spektrum der Prädikate

In § 8 des neuen *Lichtspielgesetzes*, das Ernst Seeger nunmehr als »Magna Charta des deutschen Films«[5] bezeichnete, wurde u. a. festgelegt:

> Die Prüfung eines Films durch die Prüfstelle hat sich auch darauf zu erstrecken, ob der Film als staatspolitisch wertvoll, als künstlerisch, als volksbildend oder als kulturell wertvoll und, soweit es sich um einen Spielfilm handelt, ob er als besonders wertvoll anzuerkennen ist.
> Auf Antrag hat die Prüfstelle auch darüber zu entscheiden, ob ein Film geeignet ist, als Lehrfilm im Unterricht verwendet zu werden.

Im alten *Lichtspielgesetz* war eine solche Prädikatisierung nicht vorgesehen.[6] Dr. Arnold Bacmeister, seit dem 16. Februar 1934 in der Film-Prüfstelle Berlin tätig und seit 1939 ihr Leiter, betonte, daß die deutsche Filmzensur »damit den ursprünglichen Charakter einer reinen Verbotsinstanz verloren« habe und zu einem »Instrument der Förderung des Filmschaffens geworden« sei, das »durch die Zuerkennung staatlicher Auszeichnung immer wieder neue und entscheidende Impulse« erhalte, denn »je nach der Art der ausgesprochenen Anerkennung« genoß »der betreffende Film Ermäßigung oder völlige Befreiung von der Vergnügungssteuer«[7].

---

4 Vgl. Maiwald 1983, S. 70 u. 72, mit Berufung auf Hans Mommsen (*Beamtentum im Dritten Reich*. Stuttgart 1966, S. 13), der die »beträchtlichen Anfangserfolge des Dritten Reiches und seine relativ hohe innere Stabilität« der Leistungsfähigkeit dieses Beamtentums zuschreibt.
5 Seeger 1934, S. 4.
6 Vgl. hierzu die Synopse der beiden *Lichtspielgesetze* in: Albrecht 1969, S. 510–521.
7 Arnold Bacmeister: Film-Prädikate, in: *Der deutsche Film 1942/43. Erste Staffel. Übersicht der Filmproduktion, Struktur des Filmschaffens in Deutschland*, S. 136. – Doch noch 1937 führte eine Erörterung über »Prädikate und Steuersätze« (*Film-Kurier* [im folgenden: *FK*]

In der Praxis bedeutete die Koppelung der Prädikatisierung mit dem Erlassen der Vergnügungssteuer eine informelle Zensurmaßnahme, die sich bis auf die *Bestimmungen über die Vergnügungssteuer* vom 9. Juni 1921 (RGBl 1921 I, S. 862) und vom 7. Juli 1923 (RGBl 1923 I, S. 588) zurückverfolgen läßt: Die den »künstlerisch hochstehenden Veranstaltungen« gewährte Steuerermäßigung wurde am 10. Juni 1926 (RGBl 1926 I, S. 259) durch die definierenden Prädikate »künstlerisch« und »volksbildend« präzisiert. Noch vor der Verabschiedung des neuen *Lichtspielgesetzes* kamen durch die revidierten Bestimmungen über die Vergnügungssteuer vom 7. Juni 1933 (RGBl 1933 I, S. 351) die Prädikate »kulturell wertvoll« und »staatspolitisch wertvoll« sowie bei Spielfilmen das Prädikat »besonders wertvoll« hinzu.[8] Diese Anmerkungen blieben jedoch »von der Zensur nach den Vorschriften des *Lichtspielgesetzes* getrennt und erfolgten in einem besonderen Anerkennungsverfahren, das nach der Filmzulassung beantragt werden mußte«[9].

Das neue *Lichtspielgesetz*, das die Prädikatisierung nunmehr zentralisierte, verwendet also zunächst noch die alten Prädikate. Erst die *Fünfte Verordnung zur Durchführung des Lichtspielgesetzes* vom 5. November 1934 (RGBl 1934 I, S. 1105 f.) legte ein verändertes Schema fest:

§ 1: Die Voraussetzungen für die Anerkennung eines Films gemäß § 8 des Lichtspielgesetzes sind gegeben, wenn der Film staatspolitisch und künstlerisch besonders wertvoll, staatspolitisch wertvoll oder künstlerisch wertvoll, kulturell wertvoll, volksbildend oder ein Lehrfilm ist.

Der *Film-Kurier* sah in dieser »Umbenennung« eine »Verschärfung« und verwies auf den Kommentar im *Völkischen Beobachter*: »Die bisher ausgesprochenen Anerkennungen haben sich als unzureichend erwiesen, um die von der Regierung erstrebte bessere Gestaltung der Filmerzeugung zu erwirken.«[10] Die *Siebente Verordnung zur Durchführung des Lichtspielgesetzes* vom 1. April 1939 (RGBl 1939 I, S. 707) differenzierte das Höchstprädikat und erlaubte die getrennte Vergabe der Prädikate »staatspolitisch besonders wertvoll« *oder* »künstlerisch besonders wertvoll«; hinzu kam das Prädikat »volkstümlich wertvoll«. Mit der *Neunten Verordnung zur Durchführung des Lichtspielgesetzes* vom 1. September 1942 (RGBl 1942 I, S. 539) wurde das Schema erneut verändert:

§ 8: Die Filmprüfstelle hat zugleich mit der Zulassung des Films (§ 4) die Entscheidung darüber auszusprechen, ob der Film staatspolitisch besonders wertvoll, künstlerisch besonders wertvoll, staatspolitisch wertvoll, künstlerisch wertvoll, kulturell wertvoll, volkstümlich wert-

---

  16.3.1937, Nr. 63) zu der Feststellung, »daß in der Vergangenheit so mancher Film ein Prädikat erhielt, der das erstrebenswerte künstlerische Ziel noch nicht erreicht hatte«.
8 Vgl. hierzu die Tabellen in: Albrecht 1969, S. 24, Maiwald 1982, S. 118, sowie in Kap. C.1 dieses Bandes.
9 Maiwald 1983, S. 117.
10 Diese Kategorien erschienen in den »Entscheidungen« der Film-Prüfstelle erstmals in der Woche vom 5. bis 11. Oktober 1934. Vgl. hierzu: *FK* 7.11.1934 (Nr. 262).

voll[11], anerkennenswert oder volksbildend ist. Mehrere dieser Anerkennungen können auch gemeinsam ausgesprochen werden.
Auf Antrag hat die Filmprüfstelle zu entscheiden, ob ein Film als »jugendwert«[12] oder als »Lehrfilm« bezeichnet werden kann.

In diesem Schema fehlt das höchste Prädikat »Film der Nation«, das Goebbels anläßlich der Uraufführung des Films OHM KRÜGER am 4. April 1941 neu festgesetzt hatte. Schon am 3. April 1941 verbreitete das Deutsche Nachrichtenbüro hierzu folgende Nachricht:

> Der Reichsminister für Volksaufklärung und Propaganda hat für Filmwerke von besonders großer nationaler, staatspolitischer und künstlerischer Bedeutung, die in ihrem inhaltlichen und darstellerischen Wert das übliche Maß weit übersteigen, das Prädikat »Film der Nation« geschaffen. Diese Bezeichnung schließt in prägnanter Steigerung alle Prädikate, die sonst einem Film verliehen werden können, so u. a. »staatspolitisch und künstlerisch besonders wertvoll«, »volksbildend« und »jugendwert« ein.
> Mit der Erteilung dieses Prädikats ist die Übergabe einer ehrenden Auszeichnung verbunden, die vom Reichsminister für Volksaufklärung und Propaganda dem verdienstvollen Gestalter des jeweiligen Filmwerkes verliehen wird.[13]

1.2. Goebbels als oberste Instanz

Konnte nach dem alten *Lichtspielgesetz* die Zulassung eines Films »*auf Antrag* des Reichsministers des Inneren oder einer oberen Landesbehörde durch die Oberprüfstelle für das Reich oder ein bestimmtes Gebiet« widerrufen werden, so machte das neue *Lichtspielgesetz* Goebbels zur Einspruchsinstanz. Er konnte die »Nachprüfung eines von der Film-Prüfstelle zugelassenen Filmes durch die Oberprüfstelle anordnen und die weitere Vorführung des Films bis

---

11 Erstmalig erhielt der Terra-Film SPIEL IM SOMMERWIND (1939; R: Roger v. Norman) dieses Prädikat; vgl. *FK* 11.5.1939 (Nr. 108).
12 Das auf Anregung von Mathias Wiemann geschaffene Prädikat bestand seit dem 21. November 1938 (Heinz Tackmann: *Filmhandbuch*. Berlin 1938, III B 15, S. 38). Auf einem Presseempfang im Hotel »Imperial« in Wien hatte der Chef des Presse- und Propagandaamtes der Reichsjugendführung, Dr. Karl Lapper, die Anordnung von Goebbels erläutert. Dieses Prädikat sollten Filme erhalten, die »die ewig gültigen Werte unseres Volkes in sich tragen und ausstrahlen, Filme, die gerade und klar, ohne greifbare Tendenz [!], die Jugend suchen und sie erziehen«. In Zukunft sollte die Reichsjugendführung »durch zwei Jugendführer in der Filmprüfstelle vertreten« sein. Geplant war, »vier Standardwerke der Saison sofort nach ihrem Start der gesamten Jugend« in den Jugendfilmstunden zu zeigen; vgl. *FK* 24.11.1938 (Nr. 275). – Erstmals erhielt der Film POUR LE MÉRITE dieses Prädikat. Vgl. auch Drewniak 1987, S. 581.
13 BA R 43 II/389, S. 14; so dann, teils gekürzt, in der Presse; vgl. *FK* 8.4.1941 (Nr. 83). – Diese Kategorie erschien in den »Entscheidungen« der Film-Prüfstelle erstmals in der Woche vom 31. März bis zum 5. April 1941. – Goebbels im *Tagebuch* (21.3.1941): »Ich plane ein neues Prädikat für Großfilme wie OHM KRÜGER. Etwa Nationalfilm. Verbunden mit der Verleihung eines Ehrenrings an den Hauptgestalter. Das wird den Eifer noch mehr anspornen. Unser Film ist auf dem Marsch.

zu deren Entscheidung untersagen«[14]. Das galt auch für die Prädikatisierung. So wurde am 3. September 1934 vom Vorsitzenden der Oberprüfstelle, Oberregierungsrat Arnold Raether, ein Konfliktfall an die Öffentlichkeit getragen: Die Film-Prüfstelle hatte einen ausländischen Film verboten, die Oberprüfstelle aber hatte ihn zugelassen und mit dem Prädikat »künstlerisch wertvoll« versehen. Raether nutzte den Fall zu einer »grundsätzlichen Erklärung«: »Die Zensur darf nicht zu einer polizeilichen negativen Instanz werden, sondern sie muß neben ihrer im Staatsinteresse notwendigen polizeilichen Funktion Helfer und Berater der Filmindustrie sein.«[15] Damit machte er deutlich, daß alle Filme nur in dem Maße auf Anerkennung rechnen konnten, in dem sie sich den Zielen der nationalsozialistischen Kulturpolitik anpaßten. Für die Öffentlichkeit war hier zugleich ein Dissens zutage getreten; er war Ausdruck eines tieferliegenden Konflikts zwischen den für die Filmbewertung Verantwortlichen. Auch ein Jahr später war es Goebbels noch nicht gelungen, Filmindustrie, Filmkünstler, Filmpresse und Film-Prüfstelle ›in den Griff‹ zu bekommen. In einer Anweisung vom 17. Oktober 1935 rügte Hitler, daß »von Einzelpersonen, Organisationen, Berufsständen, Verbänden und ihren Presseorganen versucht wird, in unzulässiger Weise einen Einfluß auf die Filmzensur auszuüben«, und mit Nachdruck wies er darauf hin, daß »die Filmzensur ausschließlich der Zuständigkeit des Reichsministers für Volksaufklärung und Propaganda und den von ihm beauftragten Organen untersteht«. Hitler berief sich hierbei auf das ›Führerprinzip‹: »Im nationalsozialistischen Staat ist für eine Sache immer nur *einer* zuständig und verantwortlich«, und die Filmzensur soll »auch nur von *einer* Instanz ausgeübt werden, die die Gewähr dafür bietet, daß die Prüfung von grundsätzlichen, weltanschaulichen und künstlerischen Gesichtspunkten aus geschieht«[16]. Zu diesem Zeitpunkt war bereits das *2. Gesetz zur Änderung des Lichtspielgesetzes* vom 28. Juni 1935 (RGBl 1935 I, S. 811) in Kraft. Es enthielt die Einfügung eines neuen Paragraphen:

§ 23 a: Unabhängig von dem Verfahren vor der Filmprüfstelle und der Filmoberprüfstelle kann der Reichsminister für Volksaufklärung und Propaganda auch ohne Anordnung der Nachprüfung gemäß § 12 Abs. 1 das Verbot eines zugelassenen Films aussprechen, wenn er es aus dringenden Gründen des öffentlichen Wohls für erforderlich hält. Die Wiedervorlage eines auf diese Weise verbotenen Films (§ 15) ist nur mit Zustimmung des Reichsministers für Volksaufklärung und Propaganda zulässig.

Damit war Goebbels' »Machtergreifung«[17] vollzogen. Die eigentliche Zensur eines Films erfolgte ohnehin bereits im Vorfeld der Produktion, auf die der

---

14 Vgl. hierzu die Synopse in: Albrecht 1969, S. 514.
15 Bericht in: *FK* 3.9.1934 (Nr. 206): Der Zensor will helfen.
16 BA 43 II/389, S. 22, Abschrift zu RK 8593; vgl. Albrecht 1969, S. 523 (Dokument 13). Doch auch Goebbels »besaß keine uneingeschränkte Entscheidungsfreiheit«. Ihm war Hitler »übergeordnet« (Maiwald 1983, S. 188).
17 Hierzu bemerkt Bacmeister nachträglich (Bacmeister 1959, S. 2 f.): »Der Außenstehende geht gemeinhin von der Annahme aus, der deutsche Film sei mit der Errichtung des Propagandaministeriums restlos von Goebbels beherrscht worden. Die Wirklichkeit sah anders aus.

Reichsfilmdramaturg entscheidenden Einfluß nahm; und mit dem schnellen Prozeß der Verstaatlichung der Filmgesellschaften in den Jahren 1937/38 war die Filmproduktion nationalsozialistischer Normsetzung unterworfen worden. Durch seine Rede vom 1. Mai 1936 und dem folgenden »Erlaß« vom 26. November 1936, erläutert in einer Pressekonferenz, hatte Goebbels zuvor bereits die Kritikerzunft auf die vom Staat bzw. von der Partei vorgegebene »absolute Wertsetzung« verpflichtet.[18] Damit war auch die Entscheidungsfreiheit der Film-Prüfstelle, soweit ihre Arbeit sich nicht auf die Zulassung ausländischer Spielfilme, von Kultur- und Werbefilmen und auf die Zulassung für »bestimmte Altersgruppen der Jugend« bezog, stark eingeschränkt. »Da Goebbels«, wie Bacmeister nach dem Kriege erklärte, »sich in zunehmendem Maße auch die sogenannte Prädikatisierung der Spielfilme persönlich vorbehielt, wurde die Zensur der deutschen Spielfilme mehr und mehr zu einer Formsache«[19]. Doch diese »Formsache« hatte Rechtskraft und weitreichende Folgen für den Einsatz der Filme. Im übrigen kommt es hier auf heute vielfach übersehene Nuancen an.

1.3. Opportunitätsentscheidungen

Obgleich Goebbels die letzte Entscheidung traf, blieb den Zensoren der Film-Prüfstelle immerhin das Vorschlagsrecht. Bemerkenswert ist in diesem Zusammenhang das Prädikat »Film der Nation« für Veit Harlans Film KOLBERG, denn Goebbels hat dieses Prädikat nicht von sich aus, sondern erst auf Bacmeisters Vorschlag hin erteilt.[20] Im Fall des Films DIE EWIGE MASKE (A-CH/1935;

Der weit überwiegende Teil der sogenannten Filmschaffenden stand von Anfang an in *versteckter oder offener Opposition zum Nazistaat*. Das war nicht darauf zurückzuführen, daß die Zahl überzeugter Nationalsozialisten in der Filmindustrie bei der Machtübernahme relativ sehr gering war, sondern fand seine Erklärung vor allem in der bekannten Tatsache, daß gerade der künstlerische Mensch jeder offiziellen Bevormundung abgeneigt ist. Die propagandistischen Pläne, für die Goebbels den deutschen Film einzuspannen versuchte, fanden bei der Mehrzahl der qualifizierten Filmleute keine Gegenliebe. Man könnte ohne Übertreibung in vielen Fällen geradezu von einer *passiven Resistenz* sprechen« [Hervorhebungen von Bacmeister].

18 Rede auf der Festsitzung der Reichskulturkammer (vgl. Gerd Rühle: *Das Dritte Reich*, Jg. 4, 1936, S. 321 ff.): Der Kritiker sollte fortan nicht mehr »Kunstrichter«, sondern »Kunstdiener« sein. Vgl. *Völkischer Beobachter* (Norddt. Ausg.) 29.11.1936 (Nr. 344): Vortrag zu einem brennenden Problem. Ministerialrat [Alfred-Ingemar] Berndt sprach vor dem Reichskultursenat über Kunstrichter und Kunstdiener. Er berief sich dabei u. a. auf Heinrich von Kleist als Redakteur der *Berliner Abendblätter*. Vgl. dazu auch Kliesch 1957, S. 23 f., Brenner 1963, S. 202 f., und Albrecht 1969, S. 27.
19 Bacmeister 1959, S. 4 – hier wiederabgedruckt in Kap. C.2.
20 Brief des Reichsfilmintendanten an Goebbels vom 1. Februar 1945 (BA R 55/664, f. 12), im Original wiedergegeben in: Maiwald 1983, S. 186; aus der Schilderung der Berliner Erstaufführung kann geschlossen werden, daß Goebbels bei dieser Premiere nicht anwesend war. »Vorschläge über Prädikatisierung und Zulassung wurden aber nicht immer von Bacmeister allein vorgelegt. Es ist kennzeichnend für die unklare Organisationsstruktur, daß die Ministervorlagen auf unterschiedliche Weise und von verschiedenen Personen erarbeitet wurden. Bacmeister war dabei in jeweils anderen Zusammenhängen tätig. Eine gewisse Zeit lang, die

R: Werner Hochbaum) hatte Bacmeister zehn Jahre zuvor hinter dem Rücken von Goebbels Hitler als letzte Instanz angerufen und dadurch die Zulassung des Films erreicht.[21] Bemerkenswert ist weiter, daß sieben von 30 Filmen, die das Prädikat »staatspolitisch und künstlerisch besonders wertvoll« erhielten, zunächst niedriger eingestuft worden waren; bei der Zulassung von KOLBERG hatte man die Vergabe des Prädikats zunächst zurückgestellt.[22] Bei all diesen Filmen war der Erfolg der Uraufführung der Maßstab für die Vergabe dieses Prädikats; für PATRIOTEN sprach zusätzlich der Auslandserfolg in Venedig und Paris, für JUD SÜSS und ANNELIE der Auslandserfolg in Venedig.

Daß JUD SÜSS zunächst nur mit den Prädikaten »staatspolitisch wertvoll« und »künstlerisch wertvoll« versehen wurde, läßt angesichts der Vehemenz, mit der Goebbels das Filmprojekt durchgesetzt hatte, auf eine gewisse Zurückhaltung der Film-Prüfstelle schließen. Im Fall von Wolfgang Liebeneiners BISMARCK vergingen vier Wochen, bis das zunächst vergebene Prädikat »staatspolitisch wertvoll« und »künstlerisch wertvoll« in das Höchstprädikat umgewandelt wurde. Als »Fehlentscheidung« öffentlich diskutiert wurde nur das Prädikat »staatspolitisch und künstlerisch besonders wertvoll« für Carl Froelichs WENN WIR ALLE ENGEL WÄREN … So las man am 15. Oktober 1936 im *Film-Kurier* den folgenden Kommentar, der offensichtlich auf die verwunderte Frage reagiert, wie ein so ›harmloser‹ Film überhaupt zu dieser Auszeichnung kommen konnte:

> Das Prädikat »staatspolitisch wertvoll« ist nicht nur auf die Auszeichnung politischer Filme beschränkt, sondern auch auf solche Filme anzuwenden, die sich für diese Zeit als besonders wertvoll erweisen.
> In einer Zeit, in der das Volk vor vielen schwierigen Problemen steht, muß es als besonderes Verdienst gewertet werden, wenn ihm durch einen so spritzigen und anständigen Film Heiterkeit und Spannung vermittelt wird [...][23]

Die Begründung formuliert keine klaren Kriterien, die für die Vergabe von Prädikaten praktikabel wären. Zwei Tage danach nahm der *Film-Kurier* zur Verdammung des Films in der Zeitschrift *Deutsches Wollen* Stellung[24], die eine deutliche Spitze gegen den »Staatspreisträger« Carl Froelich enthielt.[25] Das

---

Materiallage läßt keine genaue Terminierung zu, vermutlich aber in den Jahren 1943 bis 1945, begutachtete ein ›Gremium‹, das offensichtlich nicht das geringste mit einer Prüfkammer nach dem *Lichtspielgesetz* zu tun hatte, in- und ausländische Spielfilme« (Maiwald 1983, S. 187).

21 Bacmeister 1959, S. 5.
22 Diese Feststellung deckt sich mit den gleichen Beobachtungen in: Maiwald 1982, S. 187.
23 *FK* 15.10.1936 (Nr. 242).
24 *FK* 17.10.1936 (Nr. 244): »Es kann ja nun immer einmal vorkommen, daß eine Kritik mit dem Tenor einer Prädikaterteilung, besonders wenn sie, wie in diesem Fall, nachträglich erfolgt, nicht übereinstimmt.« – Die Bemerkung »nachträglich erfolgt« wird durch die Datierung der Zensurkarte – 7.10.1936 (UA des Films: 9.10.1936) – nicht gestützt.
25 Ebd.: »Das also ist das neueste Werk unseres Staatspreisträgers Carl Froelich! [...] In Wirklichkeit gehört der Film in das Jahr 1930, als Seitensprünge des kleinbürgerlichen Spießertums ein beliebter Gegenstand für anzügliche Amüsierfilme waren. Wir sind nicht prüde und

Höchstprädikat wurde drei Jahre später ebenso zurückgenommen wie für Ucickys DAS MÄDCHEN JOHANNA, Krauses FRIESENNOT, Ritters VERRÄTER und für den Froelich-Film TRAUMULUS. Auch der Film ICH FÜR DICH – DU FÜR MICH, der als erster das Prädikat »staatspolitisch besonders wertvoll« erhalten hatte, war ein Froelich-Film, der allerdings nach Ablauf der Zulassungsfrist nicht wieder eingesetzt wurde; da liegt der Verdacht nahe, daß man in allen Fällen dem ›Altmeister des deutschen Films‹ die Reverenz erweisen wollte.

1.4. Kunstwerke gegen Gesinnungsfilme

Das Prädikat »staatspolitisch besonders wertvoll« suggerierte ›Gesinnungsfilme‹.[26] Solche Filme zu produzieren, war das besondere Anliegen der NSDAP, die mit ICH FÜR DICH – DU FÜR MICH[27] sofort auf den Plan trat und hohe Summen in diesen Film investiert hatte. Die »Amtsleitung Film« der NSDAP sah es darüber hinaus als ihre Aufgabe an, regelmäßige Filmvorführungen durchzuführen, »die der Volksaufklärung und Volkserziehung dienen und geeignet sind, die nationalsozialistische Weltanschauung zu vertiefen«[28]. Das Experiment, dem ›neuen Film‹ auch mit neuen Schauspielern ein ›neues Gesicht‹ zu geben, mißlang hier. Goebbels dagegen hatte schon in seiner ›Kaiserhof-Rede‹ am Beispiel von Luis Trenkers DER REBELL (1932) klar zum Ausdruck gebracht, »daß eben allein die Gesinnung den Film nicht macht, sondern das große Können«[29]. Er setzte auf den bewährten Gustav Ucicky, den er für den Film FLÜCHTLINGE am 1. Mai 1934 mit dem »Staatspreis« auszeichnete und der nun mit dem Film DAS MÄDCHEN JOHANNA ein großes künstlerisches Werk schaffen und nationalen Ansprüchen gerecht werden sollte; seine Rede vor allen am Film Beteiligten zu Beginn der Dreharbeiten[30] steckte dieses Ziel klar ab. Der Vorstand der Ufa hatte bereits am 7. März 1933 diskutiert, auf welcher

---

haben nichts gegen ›gesunde Erotik‹. Aber mit diesem Mief und dem Nachtlokalbetrieb ›korrekter‹ Spießer und Spießerinnen wollen wir nichts zu tun haben. Wir dachten auch, daß die doch laut genug verkündete ›Sauberkeit des deutschen Films‹ derartige Themen unmöglich gemacht hätte.«

26 Loiperdinger 1991, S. 29 ff., nennt HANS WESTMAR, SA-MANN BRAND und HITLERJUNGE QUEX als Hauptvertreter des ›Gesinnungsfilms‹ und sieht in den »SA-Männern auf der Leinwand« einen »Ausnahmefall«.

27 Die NSDAP betrieb über ihre Gaufilmstellen intensive Propaganda für diesen Film. Lichtspielhausbesitzer, die bei den Gaufilmstellen »noch nicht abgeschlossen« hatten, wurden durch die Filmwarte nochmals aufgefordert, den Film in ihr Programm zu nehmen (Akte Bayer. Hauptstaatsarchiv MK 41158).

28 Der Reichsorganisationsleiter der NSDAP (Hg.): *Organisationsbuch der NSDAP*. München 1936, S. 299.

29 Zit. nach Albrecht 1969, S. 439.

30 Vgl. *FK* 19.2.1935 (Nr. 42). Zuvor hatte Gerhard Menzel für den neuen deutschen Film den Anspruch erhoben: »Film muß mehr sein als Kunst der Mache« (*FK* 10.1.1935, Nr. 8). – Die NS-Presse äußerte über DAS MÄDCHEN JOHANNA dagegen distanziert: »Alles in allem ein Film, der eigenartig und eigenwillig neue Wege geht, wenn er auch nicht restlos alle Erwartungen erfüllt« (E. v. Demandowsky im *Völkischen Beobachter*, Berliner Ausg., 28.4.1935, Nr. 180).

»Staatspolitisch besonders wertvoll«: nationale Identität – nationaler Wahn 21

Abb. 1:
Sendungsbewußtsein.
Johanna (Angela Salloker)
auf dem Scheiterhaufen.
DAS MÄDCHEN JOHANNA

Abb. 2:
Sendungsbewußtsein.
Karl (Albert Lieven) ver-
herrlicht die große freie
Volksgemeinschaft in der
Schweiz.
HERMINE UND DIE SIEBEN
AUFRECHTEN

Abb. 3:
Sendungsbewußtsein.
Gneisenau (Horst Caspar)
überzeugt den König:
»Das Volk steht auf zur
kommenden Völker-
schlacht.«
KOLBERG

Linie und in welchem Stoffgebiet der »nationale Film« ins Programm 1933/34 genommen werden könnte.[31] In eigener Regie versuchte der Reichsfilmdramaturg Willi Krause unter dem Pseudonym Peter Hagen mit FRIESENNOT ins Geschäft zu kommen.[32] Auch diesem Film wurde das höchste Prädikat erteilt, aber sein Stoff, das Schicksal der Wolgadeutschen, unterlag politischer Opportunität: Der Film erhielt am 9. März 1939 nur noch die Prädikate »staatspolitisch wertvoll« und »künstlerisch wertvoll« und mußte zur Zeit des Hitler-Stalin-Paktes aus dem Verkehr gezogen werden. Von den sechs Filmen, die in den Jahren 1934/35 das höchste Prädikat erlangten, fand nur Hans Steinhoffs DER ALTE UND DER JUNGE KÖNIG große internationale Resonanz. Hier ging Goebbels' Rechnung voll auf: Das preußische Sujet war fest im Bewußtsein des Publikums verwurzelt, Emil Jannings repräsentierte auch im Ausland die Kontinuität der ›deutschen Filmkunst‹, und das Disziplinierungsmodell des Films war bestens geeignet, neues staatspolitisches Denken populär zu machen. Der starken nationalen Emphase kamen in diesen Jahren Gerhard Lamprecht mit DER HÖHERE BEFEHL und Frank Wysbar [später: Wisbar] mit der filmischen Ausbeutung von Kellers Novelle *Das Fähnlein der sieben Aufrechten* (Filmtitel: HERMINE UND DIE SIEBEN AUFRECHTEN) entgegen. In der Schweiz führte Wysbars Film zu einer Kontroverse,[33] und bei der Premiere von Lamprechts HÖHEREM BEFEHL im Berliner Ufa-Plast am Zoo war der Vorfilm – Leni Riefenstahls Wehrmachtsfilm TAG DER FREIHEIT – UNSERE WEHRMACHT! NÜRNBERG 1935, ein ›Ableger‹ von TRIUMPH DES WILLENS – und die persönliche Ehrung seiner Regisseurin durch Hitler wichtiger als der Hauptfilm. Diese Filmkombination machte deutlich, daß es beim Ansehen eines Spielfilms auf das Bewußtwerden

---

31 Vorgeschlagen wurden vier Stoffgebiete: (1) Prinz Louis Ferdinand, (2) Bismarck, (3) Prinz Eugen, (4) Kolonialstoff (BA R 109 II/1029a, f. 233–236).
32 Willi Krause war Anfang Februar 1934 – vgl. *FK* 3.2.1934 (Nr. 30) – zum Reichsfilmdramaturgen ernannt worden und hatte vor dem Verband der Filmindustriellen eine »programmatische Erklärung« abgegeben; vgl. *FK* 26.2.1934 (Nr. 49). – E. v. Demandowsky schwärmte von FRIESENNOT: »[...] ein Filmdrama, wie es uns vorgeschwebt hat«, in: *Völkischer Beobachter* (Berliner Ausg.) 20.11.1935 (Nr. 324). – Doch mußte sich Krause kurz danach mit Vorwürfen des Produktionsleiters der Terra, Dettmann, und des Regisseurs Geza v. Bolvary auseinandersetzen; er und seine Frau hätten sich bei der Herstellung des Films einen überhöhten Gagenbezug verschafft; vgl. *FK* 3.12.1935 (Nr. 282). – Krause übernahm die Leitung der Deutschen Filmgesellschaft, doch schon 1936 wurde er für Goebbels wegen schlechter Propagandafilme zum Ärgernis; vgl. Goebbels: *Tagebuch*, 1.6.1936 u. 1.4.1937. – Später notiert Goebbels: »Er ist ein blasser Dilettant.«; vgl. Goebbels: *Tagebuch*, 28.2.1940 (siehe auch 3.3. u. 9.3.1940). Am 17. April 1940 mußte Krause die Leitung der Deutschen Filmgesellschaft abgeben.
33 Gegen die Kritik an diesem Film in der *Neuen Zürcher Ztg.* opponierten »geschäftlich interessierte Kreise«, so der Verband der Lichtspieltheater-Besitzer, aber auch die Terra; vgl. *Neue Zürcher Ztg.* (Abendausg.) 31.1.1935 (Nr. 183). – Der Verfasser der Kritik, Edwin Arnet, setzte sich zur Wehr und druckte Auszüge aus Rezensionen anderer Schweizer Blätter. Dabei legte er ein Bekenntnis zum »schweizerischen Film ab, in dem nicht nur die Naturkulisse, sondern auch der Geist schweizerisch ist«; vgl. E. A.: Für die Unabhängigkeit der Filmkritik, in: *Neue Zürcher Ztg.* (2. Sonntagsausg.) 3.2.1935 (Nr. 197). – In die Kontroverse schaltete sich auch der *Film-Kurier* ein, um die Kritik an dem Film abzuwehren; vgl. *FK* 12.2.1935 (Nr. 36).

von Kontexten ankam: Die Ereignisse beim Bundesschießen in HERMINE UND DIE SIEBEN AUFRECHTEN und die mutigen Aktionen des tapferen Majors v. Droste zur »Zeit der tiefsten Erniedrigung Preußens« im HÖHEREN BEFEHL mußten im Zuschauer mehr oder weniger zwangsläufig das aktuelle Problem der »Wiederherstellung der deutschen Wehrhoheit« in Erinnerung rufen; der Rezensent der *Neuen Zürcher Zeitung* freilich vermochte nicht nachzuvollziehen, warum HERMINE »vom deutschen Propagandaministerium ein volles Lob erfahren hat«; er fand Karl Hedigers Rede »grunddemokratisch« und führte den großen Publikumserfolg auf die Bilder »eines demokratischen Volksfestes« zurück, »in dem das Fähnlein mit der Aufschrift ›Freundschaft in der Freiheit‹ so lebendig flattert«, daß sie »neben den Aufnahmen eines Nürnberger Parteitags wohl bestehen können«[34].

Mit ›Gesinnungsfilmen‹, die ihren Nationalsozialismus zur Schau stellten, war auf die Dauer kein Geschäft zu machen. Neben der ökonomischen Prämisse, daß ein Film seine Kosten ›einspielen‹ müsse, bestand zwar der feste Wille, die Masse durch den Film zu beeinflussen, aber dies sollte in einem Kunstwerk geschehen, das die einzelnen Wirkungsmomente wohldosierte: Identifizierungsangebote, ästhetische Werte, erotische Reize und Indoktrinationswerte sollten gleichermaßen wirksam sein. Eine scharfe Abgrenzung der ›Propagandafilme‹ von den ›Unterhaltungsfilmen‹ war damals trotz mannigfacher Vorgaben kaum möglich, denn in ihnen waren die Indoktrinations- und Ablenkungswerte lediglich unterschiedlich verteilt. Möglich aber war für Goebbels Kunst nur dann, wenn sie »mit ihren Wurzeln in das nationalsozialistische Erdreich eingedrungen«[35] war. Damit modifizierte er seinen Standpunkt: Kunst sollte wachsen, nicht gezüchtet werden. Sie ›wuchs‹ allerdings in vielem eigenwillig und erfüllte nicht alle in sie gesetzten Erwartungen. So vertrat Reichsfilmintendant Hans Hinkel noch am 5. Dezember 1944 in einem Brief an den Chef der Sicherheitspolizei und des SD, SS-Gruppenführer Ohlendorf, »mit aller Schärfe diese und *unsere* weitere Forderung nach national-politisch wirklich wertvollen Filmen«. Er fügte hinzu: »Aber auch diese für einen Nationalsozialisten selbstverständlichen Forderungen werden nur zu oft durch den Mangel an künstlerisch befähigten und politisch zuverlässigen Persönlichkeiten in Frage gestellt.« Zugleich beklagte er den fehlenden »nationalsozialistischen Nachwuchs« und die Dominanz der »›rentablen‹ großen Routinés vorgestriger Enwicklungen«[36].

Über ›Tendenz und Moral‹ hatte sich schon der frühere Reichsfilmintendant Fritz Hippler geäußert: daß »in einem gewissen Sinne« jeder Film »seine ›Moral‹ haben« müsse und »daß es besser ist, sie nicht offensichtlich zu bezwecken, wohl aber sie nachträglich zu bewirken«[37]. Daß es dabei auch um

---

34 At [= Edwin Arnet]: Gottfried Keller im Film, in: *Neue Zürcher Ztg.* (1. Sonntagsbeil.) 27.1.1935 (Nr. 151).
35 Goebbels: Rede im »Kaiserhof« am 28. März 1933, in: Albrecht 1969, S. 440.
36 BA R 58/990.
37 Hippler 1943, S. 90 ff.: Tendenz und Moral im Film. Vgl. auch Albrecht 1969, S. 503–507 (Dokument 8): »Filmtendenz« und »Tendenzfilm«. – Bacmeister 1959, S. 2, erklärt: »Mit

Absatzmärkte ging, machte 1943 der Produktionsleiter der Tobis, Dr. Heinrich Jonen, deutlich. Es sollten Filmwerke geschaffen werden, »die die Anwartschaft Deutschlands im europäischen Raum bestätigen«, und darüber hinaus auch Filme, »die in der heutigen harten Kampfzeit die so notwendigen Stunden der Entspannung bringen«[38]. Die hohen Besucherzahlen bei den mit dem Prädikat »staatspolitisch besonders wertvoll« ausgezeichneten Filmen[39] sprechen jedenfalls dafür, daß sie ihre Wirkung nicht verfehlt haben.

1.5. Unverhüllte Propagandafilme

Gegenüber den Spielfilmen liegen die Gründe für die Vergabe des Prädikats »staatspolitisch besonders wertvoll« bei den Dokumentarfilmen auf der Hand. An erster Stelle steht Leni Riefenstahls TRIUMPH DES WILLENS, der seit 1935 turnusgemäß die Zensur passierte, jeweils mit diesem Prädikat versehen, aber durch Schnitte der Zeit angepaßt wurde.[40] »Im Auftrag des Führers« entstanden und 1935 auch mit dem »Nationalen Filmpreis« ausgezeichnet, war er als ›Gefolgschaftsfilm‹ unentbehrlich. »Im Auftrag« entstand auch Fritz Hipplers Film DER WESTWALL, der kurz vor Beginn des Krieges dem Ausland Deutschlands Stärke und Überlegenheit vor Augen führen, den Deutschen aber ein Gefühl der Sicherheit geben sollte.[41] Anfang August 1939 lief der Film »in 850 deutschen Kinos, dann jede Woche in 850 andere deutsche Kinos überwechselnd«[42]. Er trat meist »an die Stelle der Wochenschau«[43]. Als Leiter der Wochenschau-Zentrale war Hippler für diesen Auftrag prädestiniert. Er qualifizierte sich mit diesem Film für die Stellung des Leiters der Filmabteilung im Propagandaministerium. Während des Krieges erhielten mehrfach auch Wochenschauen das Höchstprädikat. Maßgebend dafür waren jeweils die

---

Kriegsbeginn stellte Goebbels dem deutschen Film die Aufgabe, eine Serie scharfer *Tendenzfilme gegen die Feindmächte* zu produzieren. Das ›Plansoll‹ ist niemals erfüllt worden. Ich glaube, man könnte kaum ein halbes Dutzend Filme anführen, die ungefähr den Erwartungen des angeblichen Beherrschers der deutschen Filmindustrie entsprachen, eine Tatsache, die immer wieder heftigste Zornesausbrüche des ›Ministers‹ auslöste.«

38 Heinrich Jonen: Der Produktionsleiter in heutiger Zeit, in: *FK* 8.1.1943 (Nr. 6).
39 Vgl. die Angaben zu den Besucherzahlen bei Albrecht 1969, passim.
40 In den »Entscheidungen« am 26. März 1935, Prüf-Nr. 38956 (3.109 m), am 2. Januar 1939, Prüf-Nr. 50213 (3.030 m), am 28. Januar 1942, Prüf-Nr. 56639 (2.358 m); außerdem für Schmaltonfilm am 2. September 1935, Prüf-Nr. 40072 (1.237 m).
41 In den »Entscheidungen« am 8. August 1939, Prüf-Nr. 51935 (1.261 m): staatspolitisch und künstlerisch besonders wertvoll, jugendwert, Lehrfilm; als Schmalfilm in zwei Versionen: Tonfassung: 29. August 1939, Prüf-Nr. 52102 (488 m); Stummfilm mit Titeln: 13. September 1939, Prüf-Nr. 52208 (516 m). Vgl. zur Entstehungsgeschichte: Hippler 1982, S. 177–180; vgl. auch die Rezension von Hans Schuhmacher in: *FK* 11.8.1939 (Nr. 185).
42 Hippler 1982, S. 180; wie die Zensurkarte zeigt, kann aber der Film nicht schon am 4. August angelaufen sein, wie von Hippler in der Rückerinnerung behauptet.
43 Hinweis in: *FK* 7.8.1939 (Nr. 181); vgl. auch: WESTWALL-Film im Westen, in: *FK* 20.9.1939 (Nr. 219).

Kriegsereignisse: der »Polenfeldzug«[44], der »Westfeldzug« mit dem deutsch-französischen Waffenstillstandsvertrag vom 22. Juni 1940[45] und entscheidende Kampfhandlungen an der Ostfront[46]. Da Goebbels und Hitler die Wochenschau zur ›Chefsache‹ erklärt hatten, sahen sie sich hier als oberste Filminstanzen am stärksten herausgefordert, allerdings auch unter Zeitdruck gesetzt, weil die Entscheidungen allwöchentlich getroffen werden mußten. Stärker noch als in Spielfilmen sollten die Zuschauer in den Wochenschauen gezwungen werden, die ›großen Ereignisse‹ zu rekapitulieren und dadurch ihr Staatsbewußtsein zu stärken. Als aber in den Kinos zeitweise die Wochenschau nach den Spielfilmen gezeigt wurde, verließen viele Zuschauer die Vorstellung. Der im Herbst 1942 mit dem Prädikat »staatspolitisch besonders wertvoll« ausgezeichnete Hitlerjugend-Film JUNGES EUROPA, NR. 2[47] blieb eine Randerscheinung.

1.6. Sonderfälle

Am 20. Februar 1934, kurz vor dem Inkrafttreten des neuen »Lichtspielgesetzes«, wurde im Berliner Ufa-Palast am Zoo in Anwesenheit Hitlers der Film STOSSTRUPP 1917 uraufgeführt.[48] Er hatte die Prädikate »staatspolitisch wertvoll« und »besonders wertvoll« erhalten und wurde als »gewaltige Kampfreportage« gepriesen.[49] Der Untertitel klassifizierte ihn als einen Film besonderer Art: »Schlacht an der Aisne. Flandernschlacht. Tankschlacht bei Cambrai. Siegfriedstellung. Der deutsche Frontfilm nach dem preisgekrönten Buch von Hans Zöberlein *Der Glaube an Deutschland*. Gesamtleitung: Hans Zöberlein.« Er war unter Mitwirkung der Wehrmacht, der SA, der SS und des Stahlhelms entstanden, und »Schirmherr« war die »Nationalsozialistische Kriegsopferversorgung e.V.«.

Zöberlein wollte mit STOSSTRUPP 1917 »der Filmproduktion eine völlig neue Richtung geben«[50]. Aber der spätere Kriegsfilm, der Luftwaffe und Marine bevorzugte, orientierte sich nicht an diesem ›Außenseiterfilm‹ »ohne fortlaufende Spielhandlung«. Im *Catalogue of Forbidden Film Productions* von 1951

---

44 Tobis-Wochenschau Nr. 37 v. 6.9.1939, Prüf-Nr. 52175.
45 In den »Entscheidungen« am 29. Mai 1940, Prüf-Nr. 53923–53926.
46 Deutsche Wochenschau Nr. 617, 1. Juli 1942, Prüf-Nr. 57365; Deutsche Wochenschau Nr. 631, 7. Oktober 1942, Prüf-Nr. 57692; Deutsche Wochenschau Nr. 698, 19. Januar 1944, Prüf-Nr. 59877. – Vgl. zu den Bewertungen der Wochenschauen »vom Beginn der Offensive im Westen bis zur Beendigung des Feldzuges gegen Frankreich«: *FK* 1.7.1940 (Nr. 151, Beibl.: Über Goebbels als Wochenschau-Instanz); vgl. zudem Hippler 1982, S. 154 f., 185 ff., 189 ff. u. 202 ff.
47 In den »Entscheidungen« am 24. Oktober 1942, Prüf-Nr. 57749 (409 m). Vgl. zu dieser Reihe: Delage 1989, S. 179 f.
48 Produktion Arya-Film, München; Verleih: Union-Tonfilm; Zensur am 12. Februar 1934, Prüf-Nr. 35699 (3.238 m) [BFA].
49 Dr. Loh.: STOSSTRUPP 1917. Ufa-Palast am Zoo, in: *FK* 21.2.1934 (Nr. 43).
50 Vgl. *FK* 2.3.1934 (Nr. 53).

heißt es: »This is almost an anti-war film, but the propaganda continually breaks through.«[51] Wie die NSDAP den Film sah, brachte der Führer der nationalsozialistischen Stadtratsfraktion, Weber, anläßlich der Festaufführung in München am 23. Februar 1934 gegenüber seinem Münchner Stadtratskollegen Hans Zöberlein zum Ausdruck: Der »Dank gebührt ihm von allen Frontkämpfern besonders dafür, daß er den Krieg gezeigt hat, wie er ist, und damit der Auffassung der Frontkämpfer besonderen Nachdruck verlieh, daß sie berufen und befähigt seien, den nationalsozialistischen Staat zu führen«[52]. Dem Zeitgenossen wurde damit in Erinnerung gerufen, daß Hitler Frontkämpfer gewesen war und daß sich erfüllt hatte, was nicht nur in Zöberleins Roman von 1932, sondern auch in Werken wie Werner Beumelburgs *Gruppe Bosemüller* (1930), Josef Magnus Wehners *Sieben vor Verdun* (1930), Heinrich Zerkaulens *Jugend vor Langemarck* (1933) und Ernst Jüngers *Der Kampf als inneres Erlebnis* (1922, 8. Aufl. mit veränd. Text 1940) programmiert war. Der Film STOSSTRUPP 1917 wurde am 15. Januar 1938 reaktiviert; er erhielt das Prädikat »staatspolitisch besonders wertvoll« und war vor allem für »Filmfeierstunden« gedacht.[53] Der Film enthält Szenen, die bekannte Antikriegsfilme, wie WESTFRONT 1918 (1930; R: G. W. Pabst) und ALL QUIET ON THE WESTERN FRONT (USA/1930; R: Lewis Milestone), an Realistik und Eindringlichkeit weit übertrafen. Am Schluß ziehen deutsche Soldaten einen schwerverwundeten Engländer in den Unterstand und zünden für den Sterbenden den Weihnachtsbaum an »in seiner letzten Stund«. Die Auslandskopie schließt mit dem Insert »Friede den Menschen auf Erden«. Die Inlandskopie endet mit dem Aufruf, der auch für die mit dem Prädikat »staatspolitisch besonders wertvoll« versehenen Spielfilme mit Weltkriegsthematik gelten könnte: »Deutsche! – Die ihr dies soeben gesehen und erlebt, erinnert Euch und vergeßt es nie: So wie dieser Stoßtrupp, kämpften an allen Fronten 4 Jahre lang 8 Millionen deutsche Männer! Von ihnen sind 2 Millionen gefallen! Millionen wurden verwundet! Hunderttausende blieben Krüppel! Der Novemberrat 1918 aber betrog sie und das ganze Volk um das Opfer, das sie brachten im Kampf für die Freiheit und

---

51 CFFP 1951, S. 47. Vgl. Kracauer 1979, S. 247. – Die antikapitalistische Tendenz kommt in einer bemerkenswerten Szene zum Ausdruck: Englische Soldaten betrachten in einem verlassenen deutschen Unterstand Kriegsgewinnler-Karikaturen und kommentieren sie mit den Worten: »Wie bei uns.« – »Die gleichen Schweine.«

52 *FK* 2.3.1934 (Nr. 53); vgl. auch A.: Festaufführung von STOSSTRUPP 1917 am Ort seines Entstehens, in: *FK* 26.2.1934 (Nr. 49).

53 In den »Entscheidungen« am 12. Februar 1934, Prüf-Nr. 35699 (3.238 m), danach am 15. Januar 1938, Prüf-Nr. 47296 (3.021 m) und für Schmalfonfilm am 14. Februar 1939, Prüf-Nr. 50647 (1.272 m) [BFA]. – Vgl. zur Wiederaufführung: Anordnung der Reichspropagandaleitung der NSDAP v. 6.2.1937 (Geh. Staatsarchiv, Preuß. Kulturbesitz: Gauarchiv A, 3 a–d, S. 155); Harald Wachsmuth: STOSSTRUPP 1917, in: *FK* 1.3.1938 (Nr. 50). – Der Verf. konnte nur die im BFA Koblenz befindliche Fassung sehen, die offensichtlich aus verschiedenen Rollen falsch zusammengesetzt und nur 2.526 m lang ist; sie enthält jedoch jenen Schluß »Friede den Menschen auf Erden«, der sich nicht in den Zensurkarten findet, ebenso einen anderen Titel: »[...] den deutschen Frontfilm / DER STOSSTRUPP / nach einem Abschnitt / des Kriegsberichtes / von Hans Zöberlein / *Der Glaube an Deutschland*.«

Unabhängigkeit ihres Volkes, treu ihrer Pflicht bewußt – im Glauben an Deutschland!«

Die hohe Kampfbereitschaft und der ›Heldenmut‹ der Soldaten war auch der Maßstab für die Vergabe des Höchstprädikats an zwei ausländische Filme, voran Augusto Geninas L'ASSEDIO DELL'ALCAZAR (I/1940), der am 30. September 1941 unter dem Titel ALKAZAR im Berliner Ufa-Palast am Zoo anlief.[54] Sein Thema, die 70 Tage der Verteidigung des Alkazar von Toledo im spanischen Bürgerkrieg unter General José Maria Moscardos gegen die republikanischen Truppen, paßte ins politische Konzept. Goebbels hatte den Film zuvor in kleinem Kreise gezeigt und notierte am 22. September 1940 in seinem *Tagebuch*: ein Film, »der auf alle einen tiefen Eindruck macht. Er ist auch hervorragend. Wir lernen viel daraus«. Auf ihn dürfte die Entscheidung zurückgehen, den Film, der allerdings kurz vor der Uraufführung gekürzt wurde[55], in Deutschland zu zeigen. Genina hatte es verstanden, dem Spielfilm Authentizität zu geben. Nur am 5. Juni 1942 wurde im Ufa-Palast am Zoo der japanische Dokumentarfilm KRIEG IN GROSS-OST-ASIEN gezeigt und offensichtlich nur für diesen Tag zugelassen, aber mit dem Prädikat »staatspolitisch besonders wertvoll« ausgezeichnet.[56] So kamen die politischen Ziele der »Achse Berlin-Rom-Tokio« auch im Film zum Ausdruck.

2. Die Filmprädikate als Normsetzungen

Ungeachtet des Effekts, daß die Filmbewertung eine »mehr oder weniger verkappte Subventionierung bedeutete«[57], mit der Goebbels eine »ökonomische Stützung der Filmindustrie« im Sinn hatte, setzte das Prädikat »wertvoll« Maßstäbe. Das war schon zur Zeit der Weimarer Republik so, aber die Normen, auf denen sie beruhten, wurden weder vor noch nach dem neuen *Lichtspielgesetz* eindeutig formuliert. 1934 erklärte Ernst Seeger: »Als staatspolitisch wertvoll können nur Filme anerkannt werden, die den nationalen Gedanken voll erfaßt und seinen revolutionären Inhalt entsprechend in jeder Beziehung einwandfrei gestaltet haben.«[58] In der Bedeutung des Begriffs ›revolutionär‹ als »staatsumwälzend« kann man aus der Formulierung herauslesen, daß die mit dem

---

54 Vorab erschien der Artikel: Augusto Genina: ALKAZAR, in: *FK* 31.12.1940 (Nr. 305); vgl. zur Aufführung im Ufa-Palast am Zoo: *FK* 29.9.1941 (Nr. 228). Im November 1936 hatte die Ufa einen eigenen ALKAZAR-Film ins Auge gefaßt (BA R 109 I, 1031 b).

55 In den »Entscheidungen« am 23. September 1941, Prüf-Nr. 55918 (2.971 m), und am 26. September 1941, Prüf-Nr. 53931 (2.936 m). Bedenken bestanden gegen das Zeigen der »Kirchenszenen« in diesem Film, die Mussolini »mit Gewalt hineinhaben« wollte (vgl. Goebbels: *Tagebuch*, 15.6.1941); die Entscheidung darüber lag bei Hitler: »Er will sich noch einmal überlegen, ob wir den ALKAZAR-Film nicht ungekürzt herausgeben können« (Goebbels: *Tagebuch*, 16.6.1941).

56 In den »Entscheidungen« am 4. Juni 1942, Prüf-Nr. 57279 (1.030 m).

57 Siehe hierzu Maiwald 1983, S. 114 ff. (Vergnügungssteuer) und S. 240–247 (Rechtsvergleich der *Lichtspielgesetze*).

58 Ernst Seeger: *Lichtspielgesetz 1934*. Kommentar-Nachtrag, S. 16.

Prädikat »staatspolitisch besonders wertvoll« versehenen Filme zu konkreten Maßnahmen der Regierung in Beziehung stehen müssen; das ist bei zehn Filmen der Fall (siehe Kap. A.2.2). Die Berufung auf den »nationalen Gedanken« dagegen richtet sich auf die Rekapitulation der deutschen Geschichte; in neun Filmen ist die preußische Geschichte, in vier der Erste Weltkrieg zentraler Gegenstand dieser Rekapitulation (siehe ebenfalls Kap. A.2.2). Da die gleichen Bezüge aber auch in zahlreichen anderen, geringer bewerteten Filmen der Zeit enthalten sind, müssen weitere Aspekte für die Vergabe des Höchstprädikats maßgebend gewesen sein. Das Filmkorpus läßt verschiedene, jeweils in Syntagmen auftretende Paradigmen erkennen, die die einzelnen Filme in besonderem Maße geeignet erscheinen ließen, Staatsbewußtsein zu vermitteln.[59] Die Zensurkriterien sind jedoch nicht allein in der Orientierung am *nationalsozialistischen* Staat zu suchen.

2.1. Universelle Zensurkriterien

Die Geschichte der Zensur seit den ersten greifbaren Institutionalisierungen der Zensur zeigt eine bemerkenswerte Konstanz der Zensurkriterien.[60] Die Zensur dient sowohl der Erhaltung der Art als auch der Erhaltung des jeweiligen sozialen Verbandes. Sie versucht stets, Anarchie abzuwehren, und verkennt dabei vielfach das notwendigerweise Neue. Die ›staatserhaltenden Maßnahmen‹ beziehen sich:
(1) auf die geregelte Fortpflanzung (im Rahmen bevölkerungspolitischer Konzepte[61]),
(2) auf die körperliche und seelische Hygiene,
(3) auf die Erhaltung der Wehrfähigkeit (im Hinblick auf die Verteidigung des sozialen Verbandes),
(4) auf die Erhaltung der Normbindung (mit unterschiedlicher Gewichtung staatlicher, ethischer und religiöser Normen).
Daneben haben alle Zensurinstanzen immer auch begrenzte Freiräume gewährt, d. h. eine zeitweise Entlastung vom Normdruck, jedoch unter der

---

59 Vgl. hier, Kap. C.1 u. C.3. Auf andere Weise versuchte man, in der Schule Einfluß zu nehmen. Zu erwähnen ist hier die Reihe *Staatspolitische Filme*, hg. im Auftrag der Reichspropagandaleitung der NSDAP, Amtsleitung Film (= Vorbereitungshefte für Lehrer; kostenlos zur Verfügung gestellt). Berlin 1936 ff. – Dem Verf. lag nur Heft 4 vor, dort gibt es einen Abdruck des einschlägigen Erlasses des Reichs- und Preußischen Ministers für Wissenschaft, Erziehung und Volksbildung.
60 Vgl. zum Gesamtkomplex: Klaus Kanzog: Zensur, literarische, in: *Reallexikon der deutschen Literaturgeschichte*. 2. Aufl. Berlin 1984, Bd. 4, S. 998–1049.
61 Eine (von den Zensoren vielleicht nicht erkannte oder aber geduldete) Persiflage auf die Bevölkerungspolitik enthält der Film KOMÖDIANTEN. In der Auseinandersetzung mit der Neuberin, die ihr Publikum ›erheben‹ will, erklärt Hanswurst (gespielt von dem damals populären Ludwig Schmitz): »Was das Erhebende betrifft, so habe ich auch meine Verdienste. Die Zuschauerinnen werden Ihnen bestätigen, daß ich oft genug die erfrorenen Sinne der Ehemänner zu neuer Lebhaftigkeit erwärmt und daß ich mehr als alle Dichter für die Vermehrung der Bevölkerung des Landes getan habe.«

»Staatspolitisch besonders wertvoll«: nationale Identität – nationaler Wahn

Abb. 4:
Generationen.
Zimmermeister Frymann
(Heinrich George)
zwischen Karl (Albert
Lieven) und seiner
Tochter Hermine (Karin
Hardt).
HERMINE UND DIE SIEBEN
AUFRECHTEN

Abb. 5:
Generationen.
Frau Pirlinger (Käthe
Dorsch) im Kreis ihrer
Familie.
MUTTERLIEBE

Abb. 6:
Generationen.
Friedrich List (Eugen
Klöpfer) zwischen seiner
Tochter Karoline (Lisa
Hellwig) und Herrn von
Runge (Kurt Müller-Graf).
DER UNENDLICHE WEG

Bedingung grundsätzlicher Anerkennung und Bestätigung geltender Normen. Auch nach dem Zusammenbruch eines Staates und seines Zensursystems konstituieren sich im neuen Staat wiederum Zensursysteme aufgrund bewährter Kriterien, die sich damit als geschichtsresistent erweisen. Letzlich aber kommt es immer auf die Verfassung eines Staates an: Die Zensurmaßnahmen ›geschlossener Staaten‹ sind rigoros. Sie erfüllen nur eine Zeitlang ihren Zweck. Zerbrechen die Unterdrückungsmechanismen und Normen, dann werden die Wahnvorstellungen der Zensoren offenbar, die selbst das Opfer ihrer Verblendung wurden; mancher Kompromiß, der der ›Künstlerelite‹ in einer gegebenen Situation akzeptabel erschien, erweist sich nachträglich als ein ›Pakt mit dem Teufel‹.[62]

2.2. Syntagmen der Bewertungskriterien

2.2.1. Der geschichtliche Rahmen

Im Schulunterricht dient die Vermittlung historischer Ereignisse und das Auswendiglernen obligater Daten nicht nur dem allgemeinen Geschichtsverständnis. Ereignisse und Daten sollen rekapituliert werden, abrufbar und schließlich allgegenwärtig sein; diese Rekapitulation hat sich zu allen Zeiten als das beste Mittel erwiesen, Geschichte zu einem stabilisierenden Faktor des Staatsbewußtseins eines jeden einzelnen zu machen. Auch Spielfilme mit ausgeprägtem historischen Sujet vermitteln Geschichte: Sie sind ›erregender‹ als der Geschichtsunterricht, nehmen es aber mit den Fakten nicht so genau. Gerade deshalb sind sie besonders geeignet, Geschichtsmythen zu produzieren, auf die sich ein Staatsbewußtsein vornehmlich gründet. Im deutschen Film haben die »Preußenfilme«[63] Tradition; sie wird in den »staatspolitisch besonders wertvollen« Filmen weiterhin gepflegt. Die Schwerpunkte liegen in der friderizianischen Zeit (DER ALTE UND DER JUNGE KÖNIG, DER GROSSE KÖNIG), in den Jahren des Kampfes preußischer Patrioten zur »Zeit der tiefsten Erniedrigung« von 1806 bis 1813 (DER HÖHERE BEFEHL, KOLBERG) und in der »Ära Bismarck« (ROBERT KOCH, BISMARCK, DIE ENTLASSUNG); die Zeit der Erhebung des brandenburgischen Kurfürsten zum preußischen König (ANDREAS SCHLÜTER) und die Metternich-Zeit (DER UNENDLICHE WEG) ergänzen den historischen Kanon. Rekapituliert werden soll der Weg zum deutschen Nationalstaat. Zu diesem Kanon gehört zuletzt auch der Erste Weltkrieg (PATRIOTEN, URLAUB AUF EHRENWORT sowie Teile von POUR LE MÉRITE und D III 88), auf welchen deutschnationaler Geschichtsunterricht und nationalsozialistische Propaganda gleichermaßen zurückgriffen, um die drei Kernpunkte »Tapferkeit des deutschen Sol-

---

[62] Vgl. hierzu Rathkolb 1991, S. 221–224 (Veit Harlan), S. 232–235 (Gustav Ucicky), S. 240–243 (Attila Hörbiger), S. 245–251 (Emil Jannings), S. 251–258 (Werner Krauß) und S. 260–266 (Paula Wessely).
[63] Vgl. hierzu Marquardt/Rathsack 1981, besonders die Beiträge von Friedrich P. Kahlenberg, S. 135 ff., und Wilhelm van Kampen, S. 164 ff.

daten«, »Dolchstoßlegende« und »Schmachfrieden von Versailles« wieder in Erinnerung zu rufen. Es versteht sich von selbst, daß in diesen Filmen und darüber hinaus auch in Geschichtsfilmen, in denen der Kampf um die nationale Identität anderer Länder und die heroische Selbstbehauptung gegenüber Fremdherrschaft (DAS MÄDCHEN JOHANNA, OHM KRÜGER) den eigenen Kampf legitimieren soll, die ›Führerfiguren‹ besonders herausgestellt werden. Unmittelbar in die Gegenwart hinein reichen nicht nur der ›Arbeitsdienstfilm‹ ICH FÜR DICH – DU FÜR MICH und der ›Spionagefilm‹ VERRÄTER, sondern auch die drei ›Fliegerfilme‹ POUR LE MÉRITE, D III 88 und KAMPFGESCHWADER LÜTZOW. Der Zuschauer sollte zu dem Schluß kommen, daß sich in der Gegenwart erfüllt, was in der Vergangenheit angestrebt wurde oder schon erreicht war, wieder verlorenging und neu erkämpft werden mußte. Im übrigen sollte in positiven Beispielen jeweils das historische Analogon zur Gegenwart gefunden werden.[64]

2.2.2. Menschliche Größe

In diesem geschichtlichen Rahmen können die Positionen der privilegierten Wahrnehmungsmuster jeweils unterschiedlich besetzt werden. Maßgebend ist die biographische Zentralperspektive. So sah es Friedrich Gundolf schon 1921 geradezu als eine »Pflicht jeder lebendigen Gegenwart an, in ihre Gegenwart hinein die Heroen wachzuhalten«, und lehrte: »Die Verehrung großer Menschen ist entweder religiös oder sie ist wertlos.«[65] Diese Verehrung erwächst aus Legenden, im Sinne von André Jolles aus »Geistesbeschäftigungen«, die »tätige Tugend oder aktivierende Tugend«[66] suggerieren. Von den 21 dominierenden männlichen Führerfiguren des Filmkorpus sind neun aus dem Geschichtsunterricht bekannt, darunter die ›großen Deutschen‹ Friedrich Wilhelm I., Friedrich der Große, Gneisenau, Nettelbeck, Johann August Suter, Friedrich List und Bismarck (zweimal) sowie der Burenpräsident Paul Krüger. Fünf Figuren haben literarische Vorbilder, sechs sind erfunden. Im Spektrum der Berufe treten die elf Offiziere besonders stark hervor; vorbildliche Ärzte sind Robert Koch sowie der Chirurg und Reserveoffizier Dr. Laborius (ANNELIE). Aus dem durch Selbstmord endenden Verleger Matthias Clausen in Gerhart Hauptmanns *Vor Sonnenuntergang* wurde in Veit Harlans DER HERRSCHER ein genialer, politisch weitschauender Wirtschaftsführer; Goebbels notierte am 15. März 1937 in seinem *Tagebuch*: »Der Führer ist davon ganz ergriffen.«

---

64 Von Goebbels in seiner Rede bei der Feierstunde der NSDAP am Vorabend von Hitlers 53. Geburtstag am 19. April 1942 am Beispiel des Films DER GROSSE KÖNIG vehement zum Ausdruck gebracht: »So hat das deutsche Volk in diesem Winter im Geiste den Führer immer vor Augen gehabt«, in: Goebbels: *Reden*. Bd. 2, S. 1179.
65 Friedrich Gundolf: *Dichter und Helden*. Heidelberg 1921, S. 24 u. 27.
66 André Jolles (*Einfache Formen*. 2. Aufl., durchges. v. A. Schossig. Halle 1956, S. 23) definiert »tätige Tugend« als Haltung eines Menschen, »dessen Tugend sich qualitativ von der seiner Mitmenschen unterscheidet«.

Von den exponierten führenden Frauenfiguren sind nur Jeanne d'Arc (DAS MÄDCHEN JOHANNA) und Friederike Caroline Neuber (KOMÖDIANTEN) historische Persönlichkeiten, deren visionäre Vorstellungskraft und Leidensfähigkeit normativ vermittelt werden. Zwei weitere Figuren, Hermine (HERMINE UND DIE SIEBEN AUFRECHTEN) und Inken Peters (DER HERRSCHER), wurden gegenüber den literarischen Vorprägungen funktional umgestaltet und ideologisch aufgewertet. Zu den historischen Figuren in DER GROSSE KÖNIG und KOLBERG sind zwei Frauenfiguren nebst Liebesgeschichte hinzuerfunden: Als der Krieg den deutschen Frauen ein hohes Maß an Selbstdisziplin abverlangte,[67] wurden die Müllerstochter Luise und die Bauerntochter Maria zu Vorbildern. Die beiden vorbildlichen Mütter, Frau Pirlinger (MUTTERLIEBE) und Annelie (ANNELIE) bezwingen dagegen ihr ›Schicksal‹ im bürgerlichen Milieu, an dem man verschiedentlich, gerade beim Film MUTTERLIEBE, Anstoß nahm.[68] Eine Frau mit starkem Rassebewußtsein als Leitfigur lieferte der Film JUD SÜSS, doch ist Dorothea Sturm primär Liebende, Leidende und erst zuletzt Märtyrerin. Die einzigen ›Gegenwartsfrauen‹ sind die Arbeitsdienstführerin Behrens (ICH FÜR DICH – DU FÜR MICH), die jedoch noch nicht das richtige Verhältnis zu den Mädchen gefunden hat, und Marie Thomas in HEIMKEHR, die zur Instanz des Films wird.

Eine wichtige Komponente für die suggestive Vermittlung ›menschlicher Größe‹ ist die Darstellung genialer schöpferischer Menschen, die entweder ihre Vorstellungen voll realisieren können (Friedrich der Große, Bismarck, Robert Koch, Matthias Clausen) oder als Frühvollendete sterben (Mozart) oder letztlich ›an den Umständen‹ scheitern (Andreas Schlüter, Friederike Caroline Neuber, Johann August Suter, Friedrich List). Schon bei Nietzsche ist der ›Genie‹-Begriff mit dem ›Führer‹-Gedanken korreliert. Das Genie ist nicht nur in der Lage, jenseits des rein intellektuellen Vermögens und rein wissenschaftlichen Denkens zu Erkenntnissen zu gelangen, sondern geht auch aus dem Volke hervor und wird zur Verkörperung der Nation. Zur Verbindung des Genialen mit dem Heroischen tritt der ›Rasse‹-Gedanke. Als Gottfried Benn 1933 seinen Aufsatz *Genie und Gesundheit* publizierte und sich 1933 mit den

---

67 Signifikant sind die Schlußworte Nettelbecks zu Maria in KOLBERG (siehe Kap. B.30.4). Zwei Frauen, die diesen Film im Februar 1945 in Berlin gesehen hatten, berichteten mir, unabhängig voneinander, sie hätten damals die ›Durchhalte-Parolen‹ des Films ignoriert, seien aber noch heute tief berührt von den Schlußworten Nettelbecks, weil sie die Kraft und die Leidensfähigkeit der deutschen Frau in den Kriegsjahren zum Ausdruck bringen.

68 Siehe die »Meldungen aus dem Reich« vom 14.2.1940 (Boberach 1965, S. 47 f.): »Es handele sich bei der dargestellten Familie um keinen Normalfall deutschen Familienlebens, sondern um eine Familie mit fast schwererziehbaren Kindern, deren Schicksal offenbar aus dramatischen Rücksichten in dieser Weise konstruiert wurde. Diesem Tatbestand gegenüber argumentieren Mütter, daß solchen Kindern gegenüber mit wesentlich strengeren Erziehungsmethoden vorgegangen werden müsse; argumentieren Mädchen und BDM-Kreise, daß hier das Schicksal der deutschen Mutter mit zu tragischer Schwermütigkeit belastet würde; argumentieren Nationalsozialisten, die sich ein stark ausgeprägtes Rassebewußtsein zu eigen machten, daß eine so starke Verschiedenheit einzelner Kinder und ihrer Entwicklung innerhalb einer Familie nicht biologisch, sondern allenfalls dramatisch-literarisch möglich sei.«

Aufsätzen *Züchtung I* und *Der deutsche Mensch*[69] in die Nähe der nationalsozialistischen Herrenvolk-Ideologie begab, waren die Grundlagen für die Rassenlehre im 19. Jahrhundert bereits gelegt worden: Nur die höchstentwickelte Rasse ist wirklich genial.[70] Da aber der »Führerbedarf eines Volkes« nicht allein aufgrund »autochthoner Geniebildung aus nicht vorgezüchteten Kreisen« gedeckt werden kann, forderte Benn: »Es wird also immer Pflege und Sicherung der Intelligenzschichten eine der wichtigsten Aufgaben des Staates und seiner Gesetzgebung bilden müssen«.[71] Die Masse, der Nietzsche den genial schöpferischen Menschen und schließlich den »Übermenschen« entgegengesetzt hatte, mußte in ihrem Glauben an das Genie bestärkt werden.

2.2.3. Normsetzung und Normrekapitulation

Aktuell waren – vor allem in den Jahren, in denen sich die nationalsozialistische Herrschaft stabilisierte – verschiedene Gesetze und Verordnungen, deren Notwendigkeit durch Filme einsichtig gemacht werden sollten bzw. die als Kontexte wirksam waren. Drei, das gesellschaftliche Leben tiefgreifend verändernde Gesetze waren im Jahre 1935 erlassen worden: das *Reichsarbeitsdienstgesetz* vom 26. Juni 1935, das *Gesetz für den Aufbau der Wehrmacht* vom 16. März 1935 und das *Gesetz zum Schutze des deutschen Bluts und der deutschen Ehre* vom 15. September 1935. Die Filme ICH FÜR DICH – DU FÜR MICH, HERMINE UND DIE SIEBEN AUFRECHTEN, DER HÖHERE BEFEHL, POUR LE MÉRITE, D III 88 und JUD SÜSS stehen unmittelbar mit ihnen in Beziehung. Der Film VERRÄTER konnte mit der Bildung des Volksgerichtshofes als Sondergericht für politische Straftaten am 20. April 1934, TRAUMULUS mit Erlassen zur Schulpolitik, WENN WIR ALLE ENGEL WÄREN ... mit dem *Ehegesundheitsgesetz* vom 18. Oktober 1935 und MUTTERLIEBE mit der Stiftung des Mutterkreuzes am 16. Dezember 1938 in Verbindung gebracht werden.

Die gesteigerte Aufmerksamkeit für das ›Deutschtum im Ausland‹ kommt in dreifacher Hinsicht zum Ausdruck:
(1) in Ansehung der deutschen Verdienste in den Vereinigten Staaten von Amerika (DER KAISER VON KALIFORNIEN, DER UNENDLICHE WEG),
(2) in der Darstellung des Schicksals der Wolgadeutschen in der Sowjetunion (FRIESENNOT),
(3) in der propagandistischen Vermittlung der Leiden der Volksdeutschen in Polen (KAMPFGESCHWADER LÜTZOW, HEIMKEHR).[72]

---

69 Gottfried Benn: *Essays, Reden, Vorträge*. Wiesbaden 1959 (= Gesammelte Werke, Bd. 1), S. 84–89, S. 214–222, S. 223–231 (mit dem Untertitel »Erbmasse und Führertum«).
70 Vgl. zum Genie-Diskurs: Wegscheider 1991, S. 57–79.
71 Benn 1959, S. 230.
72 In Deutschland bestand seit 1881 der »Verein für das Deutschtum im Ausland«; er wurde 1933 in »Volksbund für das Deutschtum im Ausland« umbenannt und konnte bis 1937 »eine gewisse Unabhängigkeit« behaupten. »Sein Ziel war die Unterstützung deutscher Minderheiten (ohne Rücksicht auf deren Staatsbürgerschaft) bei Wahrung ihrer Nationalität in

Ob ein Film des Prädikats »staatspolitisch besonders wertvoll«[73] für würdig erachtet wurde, dürfte u. a. von der Qualität seiner Normaussagen abhängig gewesen sein. Die vielfach belegten Änderungswünsche und Anordnungen von Goebbels[74] zeigen, welch hoher Wert solchen Normaussagen zugedacht war. Jeder Film weist seine eigene spezifische Normstruktur auf. Gemeinsam aber ist allen Filmen der in ihnen angelegte Disziplinierungsversuch mittels Normvermittlung. Er fällt bei Filmen, in denen die Disziplin selbst zum Thema wird, sofort ins Auge; nicht zufällig geht es in der Hälfte aller Filme um militärische Normen, auch um Anfechtungen bis hin zu menschlichem Versagen und zu Desertionsversuchen mit nachfolgender Re-Integration. Andere Disziplinierungsmodelle sind subtiler, stimulieren die Widerstandskraft und lassen selbst das Scheitern des Helden als heroischen Akt erscheinen. Normaussagen sollen im Gedächtnis ›haften‹ bleiben und so in den Mechanismus persönlicher Normrekapitulation einbezogen werden.

2.3. Nationale Emphase

Die generelle Beobachtung, daß die »Propagandafilme« im Dritten Reich »als Domäne einer Reihe von Regisseuren verstanden wurden«[75], wird durch das hier zur Debatte stehende Filmkorpus nicht in allen Fällen bestätigt. Frank Wysbar war mit einer Jüdin verheiratet, erhielt 1938 Arbeitsverbot und emigrierte am 9. November 1938 über Rotterdam in die USA[76]; sein Interesse an

---

    verschiedenen Lebensbereichen. Dies geschah in erster Linie durch finanzielle Hilfe.« Daneben bestand die Auslandsorganisation der NSDAP; sie wurde mit Wirkung vom 1. Mai 1931 im Rahmen der Organisationsabteilung I der NSDAP gegründet und verfolgte ausschließlich politische Ziele. Ihr gehörten alle Ortsgruppen, Stützpunkte und Einzelmitglieder der NSDAP an, die sich innerhalb der Grenzen des Deutschen Reiches, des Saargebiets, Danzigs und Österreichs befanden. Die eigentliche »deutsche Volkstumsarbeit« lag in den Händen des 1917 gegründeten und später ebenfalls gleichgeschalteten »Deutschen Auslands-Instituts« in Stuttgart. Vgl. zum Gesamtkomplex: Buchsweiler 1984, S. 46 ff.

73 Wie schon die Bewertungen dieser Filme in *Paimanns Filmlisten* zeigen, wurden manche Filme im Ausland anders beurteilt. Am 6. September 1937 berichtet der Präsident der Reichsfilmkammer, Dr. Lehnisch, Goebbels aus Venedig, »daß eine gewisse innere Ablehnung des deutschen Films herrschte. Von dieser Einstellung schlossen sich auch die Italiener nicht aus. Beim Film DER HERRSCHER blieb ihnen die weltanschauliche Haltung unverständlich. Der Film PATRIOTEN war ihnen politisch unbequem und den Film WENN WIR ALLE ENGEL WÄREN ... bezeichneten sie als für Venedig nicht geeignet« (BA R 43 II/389, S. 81).

74 Hinweise auf Goebbels' »grünen Ministerstift« bei Albrecht 1969, S. 76 und bei Harlan 1966, S. 111.

75 Albrecht 1969, S. 178. Im Abkürzungsverzeichnis bezeichnet Albrecht Propagandafilme (= P-Filme) als »Filme mit manifester politischer Funktion ohne Rücksicht auf ihren sonstigen Inhalt und ihre Grundhaltung«, während alle anderen Filme (= nP-Filme) nur eine »latente politische Funktion haben«, A-Filme mit »aktionsbetonter«, E-Filme mit »ernster«, H-Filme mit »heiterer« Grundhaltung. – Für das Korpus der »staatspolitisch besonders wertvollen« Filme ist dieses Muster nur bedingt praktikabel.

76 Der *FK* meldete, daß Wysbars Mitgliedschaft in der Reichsfilmkammer »mangels Ausübung einer organisationspflichtigen Tätigkeit« gestrichen worden sei; sein Aufenthalt sei »unbekannt«; vgl. *FK* 13.2.1940 (Nr. 37).

Kriegsfilmen zeigte sich nach seiner Rückkehr in die Bundesrepublik an Filmen wie HAIE UND KLEINE FISCHE (1957) und HUNDE, WOLLT IHR EWIG LEBEN! (1958). Luis Trenker fiel später in Ungnade; am 7. März 1940 notierte Goebbels in seinem *Tagebuch*: »Nachmittags empfange ich Luis Trenker. Er schwafelt mir etwas von seinem Deutschtum vor, das er heute kaltlächelnd verrät. Ich bleibe ungerührt und kühl bis ans Herz hinan. Ein Schuft und vaterlandsloser Geselle! Hinhalten und eines Tages erledigen.« Hans Bertram wurde am 25. September 1942 aus der Reichskulturkammer ausgeschlossen.[77] G. W. Pabst war zwar zu Beginn des Krieges aus der Emigration nach Deutschland zurückgekehrt, war aber trotz der Anerkennung, die neben dem Film KOMÖDIANTEN auch PARACELSUS (»staatspolitisch und künstlerisch wertvoll«) zuteil wurde, nicht den nationalsozialistisch engagierten Regisseuren zuzurechnen; in der Parteipresse begegnete man ihm mit Zurückhaltung.[78] Hans Schweikart schuf 1939 mit dem Film BEFREITE HÄNDE (»künstlerisch besonders wertvoll, kulturell wertvoll«) eine Alternative zum Propagandafilm. Wie er, versuchten auch Gerhard Lamprecht, Josef v. Baky und Herbert Maisch in ihren Filmen nach Möglichkeit ihre Unabhängigkeit zu bewahren. Karl Hartl hatte beim ›Mozart‹-Film die Regie für den erkrankten Geza v. Bolvary übernommen.[79] Zum Kernbestand der ›Vertrauensleute‹ für »staatspolitisch besonders wertvolle« Filme gehörten letztlich nur Carl Froelich, Hans Steinhoff, Gustav Ucicky, Karl Ritter, Veit Harlan und Wolfgang Liebeneiner; doch auch Karl Ritter fiel 1943 in Ungnade, als er sich weigerte, weiterhin Kriegsfilme zu drehen. Alle Regisseure verband aber ein selbstverständliches Nationalbewußtsein, dessen Wurzeln meist in ihrer Biographie liegen.

Für die Soldaten unter ihnen war der Erste Weltkrieg eine tiefe Lebenserfahrung.[80] Carl Froelich (Jg. 1875) war bei Kriegsbeginn in einer Fliegerabwehrstaffel, kam dann zum Heeresfilmamt und drehte für die »Messter-Woche« Kriegsberichte.[81] Karl Ritter (Jg. 1888) wechselte als Berufsoffizier der bayrischen Armee zur Luftwaffe. Herbert Maisch (Jg. 1890) wurde, noch nicht ganz 19jährig, Leutnant in einem württembergischen Infanterieregiment und brachte es im Ersten Weltkrieg bis zum Bataillonskommandanten; er verlor seinen rechten Arm. Frank Wysbar (Jg. 1899) war Berufssoldat, wurde nach

---

77 Der *FK* meldete, der Ehrenrat des deutschen Films habe am 25. September 1942 den einstimmigen Beschluß gefaßt, Hans Bertram u. a. wegen »schwerer Verfehlungen bei Abgabe falscher ehrenwörtlicher Erklärungen« aus der Reichskulturkammer auszuschließen, und Goebbels habe diesem Antrag stattgegeben; vgl. *FK* 14.10.1942 (Nr. 241). – In einem Gespräch mit Christian Popp am 9. Januar 1992 schilderte Bertram die Umstände dieser »Gerichtsverhandlung, ohne auf den Sachverhalt näher einzugehen«; vgl. Popp 1992, S. 14.
78 So Hans Hömberg in seiner Rezension des Films KOMÖDIANTEN, in: *Völkischer Beobachter* (Berliner Ausg.) 7.9.1941 (Nr. 250). Seine »schöpferische Anpassung an den Geist des NS-Staates« (Drewniak 1987, S. 91) wurde nicht ausdrücklich ›gewürdigt‹.
79 Vgl. hierzu die Verträge zum Film im Österreichischen Filmarchiv.
80 Die beiden Altersgenossen Gustav Ucicky (Jg. 1898) und Karl Hartl (Jg. 1899) dagegen konnten sich dem Kriegsdienst in der österreichischen Armee entziehen.
81 Als Ältestem der Filmregisseur-Garde, Elektrotechniker und Filmpraktiker zollte man ihm auch nach dem Zweiten Weltkrieg Respekt; siehe: Karl Justus Fritzsche: Du wußtest allen zu raten und zu helfen, in: *Der neue Film* 9.2.1953.

Kriegsende in die Reichswehr übernommen, 1925 Offizier; zwei Jahre später nahm er seinen ›Abschied‹. Luis Trenker (Jg. 1892) kämpfte 1917/18 als Kaiserjäger in den Tiroler Bergen und drehte schon 1931 den am Hochgall (Collalto) spielenden Kriegsfilm BERGE IN FLAMMEN. Veit Harlan (Jg. 1899) meldete sich 1916 als Kriegsfreiwilliger und kämpfte an der Westfront; Gerhard Lamprecht (Jg. 1897) wurde 1917 eingezogen und 1918 verwundet. In dem Maße, in dem Goebbels in der Filmpolitik die ›nationale Karte‹ ausspielte, konnte er bei diesen Regisseuren volles Einverständnis voraussetzen. Das gilt auch für Hans Bertram (Jg. 1906), der zwar nicht mehr am Kriege teilgenommen hatte, aber die Rheinland-Besetzung durch französische Truppen als Schmach empfand.[82] Sehr früh zur NSDAP stießen nur Carl Froelich, Karl Ritter und Ritters Protegé Hans Steinhoff (Jg. 1882), der sich 1933 mit HITLERJUNGE QUEX ›empfahl‹ und der Hitlerjugend eng verbunden blieb. Das Nationalbewußtsein der Kriegsteilnehmer war mit dem von Goebbels vertretenen ›nationalen Gedanken‹, wie schon die Abwertung von Trenkers »Deutschtum« zeigt, nicht völlig deckungsgleich. So äußert sich Goebbels über Ritters nationale Gesinnung zunächst noch nachsichtig,[83] bewertet aber in seinem *Tagebuch* vom 3. Januar 1941 Ritters Film ÜBER ALLES IN DER WELT als »patriotisches Ragout, das noch zu ändern ist«.

Wie Hitler, so sah auch Goebbels im Vertrag von Versailles (28. Juni 1919) das stärkste Argument, um die deutsche Bevölkerung auf die politischen Ziele der NSDAP zu verpflichten, die über die Beseitigung des Traumas, das der Versailler Vertrag verursacht hatte, und die versprochene Wiedergewinnung der nationalen Identität hinausreichten. Seit der ersten Massenversammlung der Partei am 24. Februar 1920 im Festsaal des Münchner Hofbräuhauses und den dort von Hitler verkündeten und erläuterten 25 Thesen des Parteiprogramms konnte jedoch niemand über die Ziele der Partei im Zweifel sein. Ihr Kampf richtete sich gegen die am 11. August 1919 von der Nationalversammlung in Weimar angenommene Verfassung des deutschen Reiches. »Staatspolitisch besonders wertvoll« war alles, was im Gegensatz zu dem in dieser Verfassung konstituierten demokratischen Rechtsstaat stand. Im Film POUR LE MÉRITE erklärt Rittmeister Prank: »Ich habe mit diesem Staat gar nichts zu schaffen, denn ich hasse die Demokratie wie die Pest« (siehe Kap. B.14.4). Hier wie auch sonst reproduzieren die Bedingungen des Versailler Vertrages und die Abscheu vor der Demokratie eine nationale Emphase, die selbst zu einem Zeitpunkt, an dem sich die Niederlage des Dritten Reiches bereits abzeichnete, noch ungebrochen war. Doch kann Theodor Körners Devise »Das Volk steht auf, der Sturm bricht los!« sowohl im aktuellen Kontext des »totalen Krieges« und des »Volkssturms« als auch in Erinnerung an die Befrei-

---

82 Vgl. hierzu Popp 1992, S. 12.
83 »Ritter hat eine so herrliche Unbekümmertheit in nationalen Dingen«, in: Goebbels: *Tagebuch*, 11.3.1940; und: »Ritter sagt Dinge mit einer Ungehemmtheit, daß ein anderer erröten würde« (10.10.1940). Im Gegensatz zu Himmler hielt Hitler »die Filme von Karl Ritter zwar für patriotisch, aber keinesfalls für nationalsozialistisch« (Drewniak 1987, S. 177).

ungskriege 1813/1815 verstanden werden, als die »Volkssouveränität« die Dynastien erzittern ließ.[84]

2.4. Figureninstanzen

Normaussagen[85] können innerhalb des filmischen Diskurses unterschiedlich situiert sein. Sie sind in der Regel einer Figureninstanz zugeordnet, manchmal aber auf mehrere Figuren verteilt. Besonders einprägsam sind ›Schlußworte‹, wie Professor Niemeyers Abschied von seinem toten Schüler Kurt von Zedlitz in Traumulus (siehe Kap. B.7.4), die von einem »Fremden« gezogene Summe des Suterschen Lebens in Der Kaiser von Kalifornien (Kap. B.8.4), Matthias Clausens' Vermächtnis in Der Herrscher (Kap. B.11.4), die Rede Robert Kochs vor den Studenten in Robert Koch (Kap. B.15.4) die Mahnung des Landschaftskonsulenten Sturm an die Nachwelt in Jud Süss (Kap. B.18.4), Präsident Paul Krügers Fazit des Burenkrieges in Ohm Krüger (Kap. B.21.4), Andreas Schlüters Bekenntnis im gleichnamigen Film zum »ewigen Werk« (Kap. B.27.4) und Nettelbecks Worte an die leidgeprüfte Maria in Kolberg (Kap. B.30.4). Für drei dieser Texte (Kap. B.11.4, B.18.4 und B.27.4) ist belegt, daß bestimmte Formulierungen verordnet wurden, und in einigen Fällen zeigt der Vergleich mit dem Drehbuch, daß Normaussagen erst während der Dreharbeiten zu einprägsamen Formulierungen reiften. Voraussetzung für die Akzeptanz der Normaussagen eines Films ist die Glaubwürdigkeit der Figuren, denen sie in den Mund gelegt sind. Doch nicht nur die schauspielerische Leistung, durch die diese Figuren Leben gewinnen, muß glaubwürdig sein, sondern in erster Linie der Mensch, der in jeder Rolle zugleich gegenwärtig ist. Der »Star« bleibt unerreichbar: Auf ihn projiziert der Zuschauer Sehnsüchte und Wünsche. Die in der Rolle gegenwärtige Persönlichkeit dagegen vermag Andersdenkende zu überzeugen und Gleichgesinnte in ihrer Überzeugung zu bestärken. Normaussagen dürfen nicht zu Phrasen entarten, wenn sie auch für später noch Gültigkeit beanspruchen.

2.4.1. Männercharaktere

Als unumstrittene Normautorität hat vor allem Emil Jannings den »staatspolitisch besonders wertvollen« Filmen sein Gesicht gegeben, zumal die meisten seiner Rollen durch historische Persönlichkeiten mit normativem Anspruch – wie Friedrich Wilhelm I., Robert Koch, Bismarck, Paul Krüger – vorgeprägt waren.[86] Wo die Protagonisten literarischer Vorlagen – wie Professor Nie-

---

84 Vgl. Rudolf Köpke: Die Volkssouverainität. Eine politische Controversschrift, in: R. K.: *Kleine Schriften zur Geschichte, Politik und Literatur*. Berlin 1872, S. 495–519.
85 Zum normtheoretischen Ansatz sei hier verwiesen auf: Klaus Kanzog: *Erzählstrategie. Eine Einführung in die Normeinübung des Erzählens*. Heidelberg 1976 (= UTB 495).
86 Hierzu Gregor 1939, S. 41: »Der Zusammenhang des großen Schauspielers und seiner

Abb. 7:
Instanz.
Bismarck (Paul Hartmann): »Denn nicht durch Reden und Majoritätsbeschlüsse werden die großen Fragen der Zeit entschieden, ... sondern durch Eisen und Blut!«
BISMARCK

Abb. 8:
Instanz.
Hinrichtungsplatz:
Verlesung des Urteils.
JUD SÜSS

meyer in Arno Holz' und Oskar Jerschkes *Traumulus* und Matthias Clausen in Gerhart Hauptmanns *Vor Sonnenuntergang* – in Depressionen verfallen, in den Verfilmungen aber entweder zur Einsicht gelangen oder neue Kraft gewinnen, machte Jannings die ›Wandlung‹ glaubhaft. Als Friedrich Wilhelm I. dürfte er weithin die populäre Vorstellung vom ›Soldatenkönig‹ geprägt haben.[87] Durch die Art, wie er die Schlußworte in TRAUMULUS, DER HERRSCHER, ROBERT KOCH und OHM KRÜGER sprach, repräsentierte er sich als naturgemäße Autorität.

Nation, nicht nur auf der allerbreitesten Fläche, auch mit der größten Herzlichkeit, hatte sich in einer Weise vollzogen, wie sie in der Geschichte unserer Kunst vielleicht einzigartig dasteht.«

87 Damals wurde Werner Hinz in der Rolle des Kronprinzen für den Film entdeckt, vgl. *FK* 24.11.1934 (Nr. 276). Die Konstellation Jannings/Hinz (Protagonist/Antagonist) wurde danach noch einmal in OHM KRÜGER (Paul Krüger / Jan Krüger) und in DIE ENTLASSUNG (Bismarck/Wilhelm II.) aktiviert.

Neben ihm war Friedrich Kayßler nicht nur »eine der stärksten schauspielerischen Persönlichkeiten des deutschen Films«[88], sondern auch des deutschen Theaters. Als Vater des zum Tode verurteilten Katte fügt er sich einsichtig dem Willen des Königs, als Gemeindevorsteher Jürgen Wagner dringt er unerbittlich auf die Einhaltung religiöser Normen und greift erst zur Waffe, nachdem sein Glauben durch die Schändung und Tötung eines Mädchens aufs Tiefste verletzt wurde. Als König Wilhelm von Preußen ist er Zweifeln unterworfen, er zeigt Entscheidungsschwächen und braucht Bismarck als Helfer, bleibt aber glaubwürdiger Repräsentant Preußens. Treffend charakterisierte ihn damals Georg Herzberg: »Friedrich Kayßlers Menschen haben uns erschüttert durch die Haltung, mit der sie ihr Unglück ertrugen, sie haben uns begeistert durch die tiefe Güte, die sie Hilfsbedürftigen zuteil werden ließen, und sie haben uns erschreckt durch die Härte gegen sich selbst und die Umwelt.«[89] Neben dem extrovertierten Emil Jannings war Kayßler mehr nach innen gekehrt; im Jahre 1935 erklärte er: »Die Zukunft des wahrhaft künstlerischen Films kann nur in seiner Verinnerlichung liegen.«[90] Ein Jahr später legte er ein öffentliches Bekenntnis zum »Führer« ab.[91]

Neben Kayßler galt Mathias Wiemann als ›Schauspieler deutscher Innerlichkeit‹; in der Rolle des deutschen Fliegerleutnants Peter Thomann in PATRIOTEN überzeugte er auch das französische Publikum. Horst Caspar hatte sich durch seine leidenschaftliche Vergegenwärtigung Schillers in Herbert Maischs Film FRIEDRICH SCHILLER, DER TRIUMPH EINES GENIES (1940) als ›jugendlicher Held‹ und glänzender Rhetoriker dem Publikum eingeprägt. In KOLBERG steigerte er sich in der Rolle Gneisenaus zum besessenen Patrioten und zur obersten Figureninstanz des Films. Er drängt den preußischen König Friedrich Wilhelm III., einen Aufruf an sein Volk zu erlassen, und kompromißlos kämpft er für die preußische Sache, bereit, mit Nettelbeck gemeinsam zu sterben.[92] Zehn Monate nach der Uraufführung von KOLBERG, am 11. Dezember 1945 stand er wieder auf der Bühne; in Max Reinhardts Deutschem Theater in Berlin spielte er Shakespeares Hamlet, der »den Zuschauer in den Wirbel seiner Gefühle, seiner Zweifel, seines Zögerns, seiner Tatenlust und Tatenunlust zieht, ihn auf die Höhe der Menschheit führt, ihn vor den Abgründen des Individuums schaudern macht«[93].

Figureninstanzen sind daneben Offiziere, die Härte und Noblesse in sich vereinen. Friedrich Kayßlers Sohn Christian Kayßler (zweimal als Oberst Mit-

---

88 Georg Herzberg, in: *FK* 19.7.1940 (Nr. 167); vgl. zur Charakteristik Kayßlers auch Gregor 1939, S. 23.
89 Georg Herzberg, in: *FK* 19.7.1940 (Nr. 167).
90 Friedrich Kayßler: Hier Bühne – hier Film, in: *Dt. Allg. Ztg.* (Berliner Ausg.) 25.4.1935 (Nr. 191), Beibl.
91 Vgl. Friedrich Kayßler: Wir und der Führer, in: *FK* 2.3.1936 (Nr. 71).
92 Wie im Falle Jannings/Hinz bildete sich zwischen Heinrich George und Horst Caspar, den George in Bochum entdeckt hatte, eine Protagonist/Antagonist-Beziehung (Prinz von Homburg / Kurfürst in der Aufführung von Kleists *Prinz von Homburg* im Berliner Schiller-Theater und Schiller/Kurfürst in Maischs SCHILLER-Film).
93 Walther Karsch: Beglückende Begegnung, in: *Der Tagesspiegel*, Berlin, 13.12.1945.

hoff, in D III 88 und in KAMPFGESCHWADER LÜTZOW) war dafür ebenso geschaffen wie Karl Ludwig Diehl, der bei Kriegsausbruch in der Bunkerlinie des Westwalls Wehrdienst leistete[94] und in dem man als Filmtyp den Inbegriff von ›Männlichkeit‹ sah. Als Rittmeister v. Droste (DER HÖHERE BEFEHL) und Dr. Laborius (ANNELIE) wurde er diesen Erwartungen gerecht. Paul Hartmann war dem Publikum durch Offiziersrollen auf dem Theater und im Film bekannt; er neigte zur Darstellung ›problematischer Naturen‹, spielte Major von Tellheim in Lessings *Minna von Barnhelm* und Prinz Louis Ferdinand in Hans Schwarz' *Prinz von Preußen* (Staatl. Schauspielhaus Berlin, 1935). Für die Rolle des Rittmeisters Prank in POUR LE MÉRITE konnte sich Goebbels kaum einen überzeugenderen Darsteller wünschen.[95] Wie später Jannings in DIE ENTLASSUNG, war Hartmann in der Rolle des ›Eisernen Kanzlers‹ in BISMARCK die Idealbesetzung, nicht nur ›Schauspieler in Bismarck-Maske‹. Masken nutzen sich ab. Es ist deshalb begreiflich, daß Goebbels an der Stelle von Otto Gebühr lieber Werner Krauß in der Rolle Friedrichs des Großen gesehen hätte,[96] aber der Erfolg des GROSSEN KÖNIGS bestätigte die ungebrochene Ausdruckskraft der Stereotypie. Der von Otto Gebühr forcierte Rigorismus der Figur entsprach dann doch wieder den Vorstellungen Goebbels', dem es darauf ankam, »dem Volke die richtige Einstellung zum Kriege zu geben« (*Tagebuch*, 28. Februar 1942). In DER ALTE UND DER JUNGE KÖNIG ist Otto Wernicke als Oberst v. Rochow Vermittler zwischen Vater und Sohn und in D III 88 als Wachtmeister Bonicke Adjuvant der Norminstanz Mithoff, zugleich Freund und Lehrmeister der jungen Soldaten. Atypisch für das Rollenrepertoire Wernickes, der seinen Figuren stets ein menschliches Angesicht zu geben wußte, ist die Rolle des KZ-Kommandanten in OHM KRÜGER.

Daß auch unkontrolliert vitale und ›cholerische Naturen‹ zu Figureninstanzen werden konnten, zeigt der ›Rollenweg‹ Heinrich Georges vom Zimmermann Frymann in HERMINE UND DIE SIEBEN AUFRECHTEN über den Herzog von Burgund in DAS MÄDCHEN JOHANNA, den haltlosen Herzog Karl Alexander in JUD SÜSS zu Andreas Schlüter und schließlich zum Volkshelden Nettelbeck in KOLBERG.[97] In Gustav Ucickys FLÜCHTLINGE (1933) war Eugen Klöpfer als starrköpfiger Volksdeutscher noch Antagonist des ihm intellektuell überlegenen, ausgedienten Offiziers Arneth (Hans Albers), der ihn schließlich durch sein persönliches Verhalten und die besseren Argumente überzeugt. In JUD SÜSS liegt die Entscheidung über das Schicksal Oppenheimers in der Hand des

---

94 Zwischen Bunker und Bühne: Gespräch mit Karl Ludwig Diehl, in: *Tonfilm, Theater, Tanz*, Wien, Jg. 1942, H. 3.
95 Mit der gleichen Überzeugungskraft spielte Hartmann im Film DAS SCHLOSS IN FLANDERN (vgl. Kap. B, Anm. 74).
96 Söderbaum 1992, S. 146, berichtet über einen Besuch von Werner Krauß im Hause Harlan, bei dem sie in Krauß bereits Friedrich den Großen gesehen habe.
97 Vgl. zum breiten Spektrum der Rollen Heinrich Georges: Gregor 1939, S. 41, der Georges Rolle als Franz Biberkopf in Piel Jutzis Film BERLIN ALEXANDERPLATZ zwar würdigt, aber nur von »einem damals sehr bekannten, 1931 zum erstenmal gespielten Film« spricht und auch den Namen Alfred Döblins verschweigt.

»Staatspolitisch besonders wertvoll«: nationale Identität – nationaler Wahn 41

Abb. 9:
Instanz.
Otto Gebühr als Friedrich
der Große (Werbefoto).
DER GROSSE KÖNIG

›leidgeprüften‹ Vaters. Auf Vaterrollen war er spezialisiert: Als Friedrich List im UNENDLICHEN WEG ist er bereit, für sein Werk auch seine Familie zu opfern;[98] im Film HEIMKEHR war er für die Rolle von Maries Vater, Dr. Thomas, vorgesehen, aber andere Verpflichtungen scheinen dem entgegengestanden zu haben.[99] Nur am Rande sei erwähnt, daß Adolf Fischer, ein exponiert ›linker Schauspieler‹, der in Slatan Dudows KUHLE WAMPE (1932) den kommunistischen Arbeiter Kurt spielt und dort zum Schluß, im ›politischen Gespräch in der S-Bahn‹, zur Instanz des Films wird, in den beiden ›Fliegerfilmen‹ D III 88 und KAMPFGESCHWADER LÜTZOW als Gefreiter/Unteroffizier Zeissler seinen Rollentyp gewechselt hat.[100]

---

98 Gregor 1939, S. 34: »So ist es denn diese Prachtgestalt, auf die im Kreis der vier betrachteten Künstler [Krauß, Klöpfer, Jannings, George] die schwere und ehrenvolle Aufgabe fiel, *Schauspieler des Volkes* zu werden. Seine Berufung ist keine zufällige, sie ist im innersten Wesen des Mannes begründet, der die gesunde Erinnerung an seine Heimaterde immer mit sich herumträgt und zu unserem Glücke nicht abtut.«

99 Vgl. hierzu die Verträge zum Film im Österreichischen Filmarchiv; Peter Petersen, der für Klöpfer einsprang, verlangte, daß sein Name auf den Werbeplakaten in gleicher Größe wie die Namen von Paula Wessely und Attila Hörbiger gedruckt würde.

100 Ein anderer ›linker Schauspieler‹, Friedrich Gnass, wurde im Film POUR LE MÉRITE als Mon-

2.4.2. Frauencharaktere

Von den großen Frauendarstellerinnen der Zeit profilierten sich vor allem die ›Publikumslieblinge‹ Käthe Dorsch als Frau Pirlinger in MUTTERLIEBE und als Friederike Caroline Neuber in KOMÖDIANTEN sowie Paula Wessely als Marie in HEIMKEHR als Figureninstanzen, die ihren Normaussagen affektiven Nachdruck zu geben wußten; über Paula Wessely schrieb Florian Kienzl 1941, sie verkörpere »in all ihrer Güte und schlichten Tatkraft ›Mutter Deutschland‹«[101]. Luise Ullrich dagegen schaffte es in ANNELIE, durch ihr heiteres Naturell, ihren kessen, aber herzigen Ton, durch Mutterwitz und Resolutheit, Burschikosität und ihr bekanntes ›Standard-Lächeln‹ zur Figureninstanz zu werden. Als Inken Peters im HERRSCHER ist Marianne Hoppe ›Helferin‹ des Mannes und zugleich entscheidungsmächtig.[102]

Wie Marianne Hoppe, so vertrat auch Karin Hardt als Hermine Frymann in HERMINE UND DIE SIEBEN AUFRECHTEN das ›deutsche Mädel‹ von damals; die im Laufe der Dreharbeiten vorgenommene Titeländerung gegenüber Gottfried Kellers Novelle *Das Fähnlein der sieben Aufrechten* entsprach genau dem neuen Frauenkonzept des Films. Hilde Krahl hatte 1940 in der Rolle der Dunja in Ucickys DER POSTMEISTER als selbstbewußte und emanzipierte Frau ein großes Publikum für sich gewonnen, bevor sie als Philine in KOMÖDIANTEN ebenbürtige Partnerin von Käthe Dorsch wurde und neben der Neuberin als die durch Leiden gereifte Schauspielerin erschien, die dem Theater den Weg in die Zukunft weist. Es liegt nahe, Angela Salloker in DAS MÄDCHEN JOHANNA mit Maria Falconetti in Dreyers LA PASSION DE JEANNE D'ARC (1928) zu vergleichen, doch ging es Ucicky nicht wie Dreyer um die Erhellung der Hintergründe des Prozesses, sondern um ein politisches Konzept, in dessen Dienst sich Angela Salloker[103] durch die Ausdruckskraft ihres Sendungsbewußtseins stellte.

Noch zur ›alten Garde‹ der durch Max Reinhardt geprägten Schauspielerinnen gehörte Hedwig Wangel. In OHM KRÜGER lieferte sie das gewünschte Zerrbild der Queen Victoria und überzeugte im UNENDLICHEN WEG als Tante Sanna, eine vitale Deutsch-Amerikanerin, die List vergeblich auffordert, sich zu Amerika zu bekennen; erfüllt von ›deutschem Pioniergeist‹, ist auch sie Figureninstanz. Für Theaterbesucher der älteren Generation war die Wiederbegegnung mit Lucie Höflich in den beiden Jannings-Filmen ROBERT KOCH und OHM KRÜGER ein Kinoerlebnis eigener Art. Als alkoholsüchtige, simulierende Patientin Kochs und als unerschütterlich zu ihrem Mann stehende Frau des Prä-

---

teur Holzapfel (in einer »Kommunistenhorde«) eingesetzt, aber auch hier konnte er seinen Mutterwitz zur Geltung bringen.
101 Florian Kienzl: Paula Wessely, in: *FK* 21.5.1941 (Nr. 117).
102 Dies war sie schon im Film SCHWARZER JÄGER JOHANNA (1934; R: Johannes Meyer), in dem sie sich auf der Flucht vor den Truppen Napoleons in Husarenuniform einem Major des Schwarzen Korps des Herzogs von Braunschweig anschließt und – in Gefangenschaft geraten – ›mannhaft‹ bewährt. Vgl. hierzu Goebbels: *Tagebuch*, 24.9.1934: »Schlecht gemacht. Die Hoppe markiert naiv.«
103 Vgl. Hermann Gressieker: Eine Schauspielerin, die noch nicht entdeckt wurde: Angela Salloker, in: *Der Deutsche Film*, Berlin, Jg. 1 (1936/37), S. 89.

»Staatspolitisch besonders wertvoll«: nationale Identität – nationaler Wahn 43

Abb. 10:
Instanz.
Frau Pirlinger (Käthe Dorsch) hat für ihren Sohn Paul (Hans Holt) ein Auge geopfert.
MUTTERLIEBE

Abb. 11:
Instanz.
Marie (Paula Wessely) spricht den gefangenen Landsleuten Mut zu.
HEIMKEHR

Abb. 12:
Instanz.
Maria (Kristina Söderbaum).
KOLBERG

sidenten Krüger, die auch im englischen Konzentrationslager Würde bewahrt, überzeugt sie noch heute; sie hatte 1933 das Deutsche Theater in Berlin aus politischen Gründen verlassen und stand als schauspielerische Instanz für sich selbst.[104]

Neben den dominanten, aktiven Frauen sind auch jene Frauen von staatspolitischer Bedeutung, die, scheinbar passiv, ›ganz dem Manne gehören‹, vielfach dulden, leiden und aus der Berufswelt des Mannes ausgeschlossen sind, aber im engen Pflichtenkreis der Familie segensreich wirken: Katrin Wagner (Helene Fehdmer), Anna Suter (Viktoria von Ballasko), Gertrud Koch (Hildegard Grethe), Elisabeth Schlüter (Mila Kopp), Konstanze Mozart (Winni Markus) und Karoline List (Lise Hellwig). Gerade aufgrund der ihnen zugewiesenen Rolle repräsentieren sie ›stille Figureninstanzen‹. Ihre bedingungslose Treue gibt dem Manne Halt und Sicherheit, und sie bewahren die Ehe als höchstes Gut, auch wenn der Mann (Andreas Schlüter, Mozart, Friedrich List) sich zeitweise einer anderen Frau zuwendet. Käte Haack in BISMARCK und Margarete Schön in DIE ENTLASSUNG entsprachen als Frauentyp dem Bild der Johanna v. Bismarck, das durch die zum ›deutschen Hausbuch‹ gewordenen *Briefe Bismarcks an Braut und Gattin* in der Öffentlichkeit bestand; in BISMARCK wird Johanna mit ihrer Familie in einen krassen Gegensatz zur französischen Kaiserin Eugénie gerückt, die von der gekonnt französisch parlierenden Lil Dagover gespielt wird; in DER HÖHERE BEFEHL war Lil Dagover eine ebenso überzeugende französische Spionin und Patriotin. Der Film brauchte solche Kontraste, um die ›deutsche Frau‹ zu profilieren, ohne aber dabei die ›fremde Frau‹ abzuwerten. So ließ Lida Baarová als ›Lebedame‹ in VERRÄTER und als Thérèse in PATRIOTEN diesen ›Gegentyp‹ nicht zum Rollenklischee erstarren; Olga Tschechowa als Gräfin Orlewska in Andreas Schlüter überwand das Rollenklischee durch ihr Naturell und ihren Charme.

Zuletzt wurde Kristina Söderbaum als Müllerstochter im GROSSEN KÖNIG und als Maria in KOLBERG zum Inbegriff der deutschen Frau, die im Kriege tapfer allen Situationen gewachsen und den Männern an der Front ebenbürtig war. Das kommt am stärksten in jener Szene zum Ausdruck, in der Friedrich der Große ihr im GROSSEN KÖNIG nach dem gewonnenen Krieg wiederbegegnet. Seit Veit Harlan sie 1938 in der Verfilmung von Max Halbes JUGEND als Annchen auf das Melodrama festgelegt hatte, erfüllte sie alle Bedingungen ihres Rollentyps und konnte so auf ihre Weise zur Instanz des deutschen Films werden.[105]

---

[104] Im überlieferten Drehbuch zu OHM KRÜGER ist der Name von Lucie Höflich handschriftlich nachgetragen. Das Abschiedsgespräch zwischen Paul Krüger und seiner Frau wurde als ein ›interner Höhepunkt des Films‹ empfunden.

[105] Zu den einzelnen Biographien sei im weiteren verwiesen auf: *CineGraph. Lexikon zum deutschsprachigen Film*, hg. v. Hans-Michael Bock (= edition text + kritik), Loseblatt-Ausg., sowie *IBA. Internationales Biographisches Archiv* (= Munzinger-Archiv), Loseblatt-Ausg.

2.5. Affektverstärkung

Gemeinschaften vergewissern sich in gemeinsamem Gesang ihrer Werte und Ziele. Im Arbeitslied in Ich für dich – Du für mich besingen die Mädchen vom Arbeitsdienst ihre Entschlossenheit, »Kameraden« zu sein und »ein neues Vaterland« zu bauen. Das ›Fliegerlied‹ in D III 88 verbreitet Zuversicht: »Flieger sind Sieger – für Deutschlands Herrlichkeit.« In Kampfgeschwader Lützow entspricht das neue ›Fliegerlied‹ der neuen Situation: »Wir fliegen gegen Engelland, und mit uns fliegt der Tod.« Die Kampfentschlossenheit des »Volkes« bricht im Burenlied »Burenland ist freies Land« (Ohm Krüger) durch, ebenso im Kampflied »Ein Volk steht auf! Der Sturm bricht los!« (Kolberg). Feierlich erklingen die Choräle nach der Schlacht in Der grosse König, Bismarck und Ohm Krüger und das »Niederländische Dankgebet« in Kolberg. Im polnischen Gefängnis und in scheinbar hoffnungsloser Situation stimmt Marie das Lied an: »Nach der Heimat möcht' ich wieder«. In Mutterliebe bleibt die Lebensmaxime der Familie Pirlinger durch die Zeiten unverändert gültig: »Und heut' voll Sorgen, morgen voll Freud! Ja so san amol d' Pirlingerleut!« Hinsichtlich der in allen Filmen als notwendig erachteten Affektverstärkung – sei es durch emotionale Sprechweise, Musik oder Schnitt – schließen sich die »staatspolitisch besonders wertvollen« Filme den geltenden Konventionen an. Wo sie den Zuschauer nicht nur überzeugen, sondern überrumpeln wollen, schrecken sie vor keinem Mittel der Affektsteuerung zurück. In Hermine und die sieben Aufrechten weist das Bundesschießen in Aarau mit seinen Aufmärschen auf die Wiedereinführung der Wehrpflicht in Deutschland voraus. In Jud Süss soll die Empörung der Masse nach dem Freitod von Dorothea Sturm auf den Zuschauer übergreifen.[106] In Ohm Krüger versucht man, ihn durch die Darstellung des Massakers im britischen Konzentrationslager aufzuputschen; danach erfolgt ein abrupter Stimmungswechsel: In seinem Schweizer Hotelzimmer spricht Präsident Krüger verhalten mahnende Worte an die Nachwelt. Der Massenaufmarsch zu Beginn und am Ende von Kolberg war seinerzeit ein ›Kinoereignis‹. Die Fiktionalität der dargestellten Welt wurde außer Kraft gesetzt, so daß die ›Forderungen des Tages‹ nicht zu überhören waren.

Zur Vergewisserung der Werte gehört das Pathos des Todes: die Versöhnung zwischen Vater und Sohn am Totenbett (Der alte und der junge König), die Selbstüberwindung Jürgen Wagners angesichts der toten Hilde (Friesennot), die Abdankung Professor Niemeyers an der Bahre seines toten Schülers (Traumulus), Suters Stoizismus beim Anblick seiner toten Kinder, beim Tod seiner Frau und seines besten Freundes (Der Kaiser von Kalifornien); Matthias Clausen bewahrt am Grab seiner Frau Haltung (Der Herrscher), Leutnant Romberg (Pour le mérite) und Leutnant Becker (D III 88) sterben

---

106 Ungeachtet der Änderungen, die Veit Harlan von Goebbels aufgezwungen wurden, erklärte Kristina Söderbaum nach dem Krieg: »Auch der Film, den Veit abgeliefert hatte, war ein antisemitischer Film. Aber durch die Änderungen wurde er endgültig zu einem antisemitischen Hetzfilm«, in: Söderbaum 1992, S. 137.

einen einsamen Fliegertod, Oberwerkmeister Bonicke (D III 88) und Feldwebel Paulsen (KAMPFGESCHWADER LÜTZOW) setzen mit letzter Kraft ihr Leben für ihre Kameraden ein, Robert Kochs Assistent stirbt in der Gewißheit, daß es sich gelohnt hat zu leben. Friedrich der Große spürt intuitiv den Tod des Prinzen Heinrich in Berlin; nach dem Friedensschluß verweigert er sich dem Pomp des siegreichen Einmarsches in Berlin und lauscht in der Kapelle des Schlosses Charlottenburg ganz allein dem Orgelspiel; den toten Treskow und die anderen Gefallenen auf dem Schlachtfeld hat er mit den Worten verlassen: »Mein Kamerad, adieu. Adieu, all meine toten Kameraden!«

Aber auch der ›Triumph des Lebens‹ wird gefeiert. Noch nach Jahrzehnten erinnern sich Zuschauer, die 1939 MUTTERLIEBE sahen, an jene emotionsgeladene Szene, in der Paul Pirlinger, durch das Hornhautopfer seiner Mutter auf einem Auge wieder sehend geworden, durch den langen Gang des Krankenhauses in das Zimmer seiner Mutter stürzt, um ihr zu danken, während dessen eine stürmische symphonische Musik die Sinne aufwühlt.[107]

Nicht alle diese Affekte haben sich im Laufe der Zeit verbraucht. Mancher Affekt schlägt heute noch immer durch, andere dagegen machen bewußt, in welchen Rausch das Publikum versetzt werden sollte. In einem anderen Zusammenhang und vom Filmgeschäft selbst ernüchtert, notierte Goebbels am 10. März 1940 in seinem *Tagebuch*: »Der Film ist keine Kunst, sondern eine ansteckende Krankheit.«

2.6. Ahnung des Untergangs

Ging es in der ersten Phase der neuen Filmbewertung um die Auszeichnung von Filmen, denen man hinsichtlich der Bindung der Bevölkerung an die Normen der nationalsozialistischen Herrschaft und für die Stabilisierung des Staates große Überzeugungskraft zusprach, so rückte in der zweiten Phase die Rechtfertigung des Krieges und die Mobilisierung der Kampfbereitschaft in den Vordergrund. Im Verlauf des Krieges und verstärkt durch die Rückschläge an den Fronten zeigte sich bald eine merkwürdige Diskrepanz: Filmkonzepte wurden während der Dreharbeiten von den Ereignissen überholt und konnten, wie in Harlans GROSSEM KÖNIG, nur notdürftig repariert werden oder wurden, wie in Ucickys HEIMKEHR, neu entwickelt; in Liebeneiners ENTLASSUNG war das historische Faktum, die folgenschwere Nicht-Verlängerung des sog. »Rückversicherungsvertrages« mit Rußland, nicht zu eliminieren und ein Störfaktor bei der Rezeption des Films. Durch das neue Prädikat »Film der Nation« für OHM KRÜGER, HEIMKEHR, DER GROSSE KÖNIG, DIE ENTLASSUNG und KOLBERG war

---

107 Für Otto Herrmann (*Dt. Allg. Ztg.* 30.12.1939) war dieses »Augenopfer dramaturgisch, nicht optisch der Höhepunkt«. Dabei war wahrscheinlich den meisten Zuschauern nicht bekannt, was ein Mediziner in den *Münchner Neuesten Nachrichten* (wiederabgedruckt in: *FK* 24.1.1940, Nr. 20) nüchtern anmerkte: »Zu der Zeit, in der die ›Film-Operation‹ vorgenommen wurde, vor 20–25 Jahren, war man längst davon abgekommen, von einem völlig gesunden Auge die Hornhaut abzunehmen.«

die Filmbewertung ins Nationalistische gesteigert worden. Anderseits ist in der historischen Erinnerung an die ›großen Deutschen‹ (Bismarck, Schlüter, Mozart, List) ein nostalgischer Zug unverkennbar. Keiner von ihnen konnte, wie Präsident Krüger im Burenland, zu seiner Zeit sein Werk vollenden. Es wird zwar suggeriert, daß erst in ›unserer Zeit‹ erreicht wurde, was sie erstrebten, aber das Erreichte war gefährdet und das Erbe sollte bewahrt werden. Pathetisch spricht Friederike Caroline Neuber von der Würde der deutschen Kunst und erklärt: »Ich will, daß auch das stumme Deutschland zu sprechen beginnt!« Dachte man da vielleicht schon an ein ›Deutschland nach Hitler‹? Diese Frage drängt sich auch bei KOLBERG auf, wenn man sich die historische Situation der Verteidigung der Festungen Kolberg, Cosel, Silberberg und Glatz vor Augen führt; diese Festungen wurden bis zum Friedensschluß von Tilsit am 7. und 9. Juli 1807 gehalten. Nach Harlans Aussage[108] soll die Rahmenhandlung zu Kolberg eine Erfindung Goebbels gewesen sein, dem es darauf ankam, den Film nicht mit dem ›Schmachfrieden‹ von Tilsit enden zu lassen, sondern den Willen des Volkes zu Beginn der Befreiungskriege 1813 in den Vordergrund zu rücken. Mit Recht stellt Leiser fest: »Die Aussage des Films wendet sich vorwiegend gegen die, die ihn in Auftrag gaben.«[109] Gneisenaus prophetische Worte »Aus Asche und Trümmern wird sich wie ein Phönix ein neues Volk erheben, ein neues Reich!« konnten im Frühjahr 1945 »kaum auf das Dritte Reich bezogen werden«. So blieb den Künstlern, die sich für die nationale Sache engagiert, Herrenvolk-Ideologie und Rassismus mitgetragen hatten, zuletzt nur noch das Pathos nationaler Selbstbehauptung.

3. Langzeitwirkung

Filme sind für den Augenblick berechnet, für eine kurze Periode gezielter Verbreitung unter wohlkalkulierten ökonomischen Gesichtspunkten, die mit der Ideologie der Filme in Einklang stehen müssen. Ihre Zulassung gilt in der Regel zunächst für drei Jahre, und die bei der Wiederholung von Filmen – wie DAS MÄDCHEN JOHANNA, FRIESENNOT, TRAUMULUS, VERRÄTER und WENN WIR ALLE ENGEL WÄREN ... – vorgenommene niedrigere Bewertung ist ein Indiz für neue Maßstäbe und eine veränderte Aufführungssituation. Gegen Ende des Krieges, am 15. November 1944, forcierte Reichsfilmintendant Hinkel einen »Wiederanlauf nationaler Filme« und sprach ihnen »nach Verkündigung des Volkssturms« neue Aktualität zu. Unter den 33 vorgeschlagenen Filmen waren 13 Filme, die das Prädikat »staatspolitisch besonders wertvoll« erhalten hatten.[110] Am 24. November 1944 reduzierte Bacmeister diese Liste in seiner

---

108 Harlan 1966, S. 189 ff.
109 Leiser 1968, S. 112 u. 116.
110 DER ALTE UND DER JUNGE KÖNIG, ANNELIE, BISMARCK, DIE ENTLASSUNG, HEIMKEHR, DER GROSSE KÖNIG, DER HERRSCHER, JUD SÜSS, DER KAISER VON KALIFORNIEN, KAMPFGESCHWADER LÜTZOW, OHM KRÜGER, DER UNENDLICHE WEG, VERRÄTER (siehe BA 109 II, vorl. 14). Vgl. auch Drewniak 1987, S. 647 f., der nach BA 55/663, f. 149 f. zitiert.

Abb. 13:
Von Mann zu Mann.
König Friedrich Wilhelm I
(Emil Jannings) und
Kattes Vater (Friedrich
Kayßler).
DER ALTE UND DER JUNGE
KÖNIG

Abb. 14:
Von Mann zu Mann.
Der General (Friedrich
Kayßler) und Rittmeister
von Droste (Karl Ludwig
Diehl).
DER HÖHERE BEFEHL

Abb. 15:
Von Mann zu Mann.
Rekrut Jahnke (Heinz
Welzel) und Grenadier
Kirchhoff (Carl Raddatz)
melden sich bei Leutnant
Prätorius (Rolf Möbius)
zurück (Standfoto).
URLAUB AUF EHRENWORT

»Staatspolitisch besonders wertvoll«: nationale Identität – nationaler Wahn 49

Abb. 16:
Gegenspieler.
Jürgen Wagner (Friedrich
Kayßler) und Kommissar
Tschernoff (Valery
Inkijinoff).
FRIESENNOT

Abb. 17:
Gegenspieler.
Johann August Suter
(Luis Trenker) und
Marshall (Reginald
Pasch).
DER KAISER VON
KALIFORNIEN

Abb. 18:
Gegenspieler.
Der Herzog von Kurland
(Gustav Dießl) und Caroline Neuber (Käthe
Dorsch).
KOMÖDIANTEN

Ministervorlage für den »Einsatz von Filmen soldatischen und nationalen Charakters« auf 17 Filme; darunter waren nur noch sechs Filme mit dem Prädikat »staatspolitisch besonders wertvoll«: ANNELIE, BISMARCK, DIE ENTLASSUNG, DER GROSSE KÖNIG, OHM KRÜGER und DER UNENDLICHE WEG.[111] Es lag nahe, daß die Alliierten Militärbehörden nach dem Kriege in den einzelnen Zonen die Wiederaufführung von Filmen mit nationalistischen und militaristischen Tendenzen untersagten, aber aus den vorliegenden Zensurlisten geht hervor, daß die Zahl der verbotenen Filme (von 340 Filmen im Juni 1953 bis zu 176 Filmen im August 1977) deutlich geringer wurde. Mit der Tätigkeit der Freiwilligen Selbstkontrolle der deutschen Filmwirtschaft (FSK) in der Bundesrepublik (seit dem 15. Juli 1949) und des Hauptamtes für Information in der DDR (seit dem 10. Oktober 1949) war die Verantwortung für die Wiederzulassung von Filmen ohnehin weitgehend auf deutsche Institutionen übergegangen.[112]

3.1. Die Überwindung der Zeit

Die Wahrnehmung eines Films unterliegt jedoch nicht allein dem Willen der Produzenten, Propagandisten und Zensoren. Denn ›Absichtlichkeit‹ und ›Unabsichtlichkeit‹ jeder Filmgenese manifestieren sich in Werken, deren Zeichen und Strukturen relativ autonom bleiben und die durchaus isoliert wahrgenommen werden können. Gehen Kenntnisse verloren, die das Verständnis eines Werkes erleichtern, sind Affekte zusammengebrochen, Kontexte nicht mehr gegenwärtig, und tragen Zuschauer eigene Interessen und Empfindungen an das Werk heran, dann ist die intendierte Wirkung nicht mehr garantiert. In einem längeren Zeitraum nach der Uraufführung eines Films schwächen sich Codes naturgemäß ab[113], aber bestimmte Zeichen können neu aktualisiert werden. Da bestätigt sich dann die Kraft von Modellen, die älter sind als der Film,

---

111 BA R 109 II, vorl. 2 u. 14. Bacmeister erklärt, u. a. sei ANNELIE am erfolgreichsten. DIE ENTLASSUNG lag »hinter dem Ergebnis der anderen Reprisen weit zurück«, da der Film »an die Theaterbesucher ziemlich hohe geistige Anforderungen stellt«.

112 Folgt man den OMGUS-Akten [Office of Military Government for Germany, US], dann galten grundsätzlich verschiedene Regeln für die »Screening Policy« (28. September 1945) und »Inter-Allied Censorship of German Films« (31. Mai 1946). Am 7. November 1946 hatte Eric T. Clarke (Chief of »Film, Theatre & Music Control Branch«) die Grundsätze der nationalsozialistischen Zensur rekapituliert und im März 1947 einen Vorschlag für die Regelung des »Zulassungsverfahrens für Filme« unterbreitet. Die verschiedenen Einzelentscheidungen durch den Film Censorship Officer Kurt Hirsch waren von der Situation abhängig, Zusammenstellungen von kleineren Listen erfolgten offensichtlich assoziativ; so waren unter den 27 verbotenen Filmen einer Liste vom 30. August 1946 nur fünf Filme mit dem Prädikat »staatspolitisch besonders wertvoll«; am 1. Mai 1946 waren ANNELIE und DORF IM ROTEN STURM verboten, KOMÖDIANTEN aber zugelassen worden. Die erste systematisch erarbeitete Liste wurde erst 1951 vorgelegt (Institut für Zeitgeschichte, München, 10/11–1/19 und 10/13–2/1).

113 Ein gutes Beispiel hierfür lieferte die Anmoderation des Senders RTL plus bei der Ausstrahlung von ROBERT KOCH (in der ungeschnittenen Fassung). Die politische Implikation schien dem Redakteur nicht bewußt zu sein, der 1933 als Produktionsjahr nannte, die »spannende

für den sie funktionalisiert wurden. Besonders aktualisierungsfähig sind auch Reizwörter, Begriffe, Normen und Maximen. Trotz einiger Bedenken bei der Freigabe zunächst verbotener Filme durch die FSK hielt man schon ein Jahrzehnt nach dem Ende des Zweiten Weltkriegs die freigegebenen Filme im ganzen doch wieder für aufführungswert; Anstößiges konnte durch Schnitte punktuell eliminiert werden.[114] Die Grenze der Freizügigkeit wird allein durch § 86, Abs. 1, Nr. 4 StGB gesetzt, in dem die »Verbreitung von Propagandamitteln unter Strafe« gestellt wird, »die nach ihrem Inhalt dazu bestimmt sind, Bestrebungen einer ehemaligen nationalsozialistischen Organisation fortzusetzen«. Doch selbst einige der neun ›Vorbehaltsfilme‹ weisen noch Strukturen und Zeichen auf, die zwar aufs engste mit der Ideologie und den Argumentationszielen dieser Filme verbunden sind, aber im Bewußtsein des Zuschauers isolierte Bedeutung gewinnen können, wie die Reaktion auf die beiden ›Fliegerfilme‹ im Zusammenhang mit dem Golfkrieg im Frühjahr 1991 gezeigt hat: Das Verhalten von Oberwerkmeister Bonicke wurde als ›vorbildlich‹ und der Konflikt zwischen Paulsen und Erhard im Widerstreit zwischen Pflicht, Kameradschaftlichkeit und Ehrgeiz als lebensnah empfunden. Über Jahrzehnte hinweg erhalten aber hat sich nicht nur ›fliegerisches Ethos‹, sondern auch das Bewußtsein für Handlungsnormen wie Einsatzbereitschaft, Disziplin, für Gewissenskonflikte und die Notwendigkeit der Selbstüberwindung. Aus historischer Distanz besteht da vielfach die Neigung, die Zeitumstände zu relativieren, mehr den dargestellten Menschen zu sehen und nach Werten von ›zeitloser Gültigkeit‹ zu suchen. Der Konflikt zwischen Vater und Sohn in DER ALTE UND DER JUNGE KÖNIG, Professor Niemeyers Bekenntnis im Angesicht seines toten Schülers in TRAUMULUS und der Abschiedsbrief ihres Mannes, den Annelie ein Leben lang immer wieder liest, lassen leicht vergessen, unter welchen Umständen diese Filme entstanden sind und welchen Zwecken sie dienten.

3.2. Das Stigma der Zeit

Bei allen sog. ›Vorbehaltsfilmen‹ und partiell auch bei manchen anderen Filmen drängen sich diese Zeitumstände jedoch unwillkürlich auf. Es genügen Embleme, um Erinnerungen an das Dritte Reich wachzurufen oder Wissen zu

---

Handlung« und den »gut gemachten Film« pries und »viel Spaß« wünschte. Nonchalant versuchte er, diesen »Klassiker«, der »einen ein bißchen zum Nachdenken anregt«, vor allem einem jugendlichen Publikum schmackhaft zu machen. Ahnungslosigkeit und Selbstbewußtsein des privatwirtschaftlich organisierten Rundfunks verbanden sich da auf eigentümliche Weise, und das, was einmal als »staatspolitisch besonders wertvoll« galt, wurde durch die *commercial breaks* neutralisiert.

114 Doch die von der FSK im Film ANNELIE beanstandeten Stellen waren in der vom Bayerischen Rundfunk ausgestrahlten Fassung enthalten. Die Entscheidungen der FSK gelten nur für das Kino und die Videoproduktionen; die Fernsehanstalten entscheiden nach eigenen Kriterien (oder sind sich der Schnittauflagen vielleicht gar nicht bewußt?).

Abb. 19:
Lebensrückblick.
Bismarck (Emil Jannings):
»Denn was mich überlebt,
ist das Reich.«
DIE ENTLASSUNG

Abb. 20:
Lebensrückblick.
Ohm Krüger (Emil
Jannings): »Das war das
Ende!«
OHM KRÜGER

aktivieren; oft sind Handlungen so konstruiert, daß sie ohne ihre ideologischen Prämissen nicht nachvollziehbar sind. Dadurch sind diese Filme in erster Linie Zeitdokumente, die manchmal besser als andere Quellen die Rekonstruktion der Mentalitäts- und Ideologiegeschichte der Zeit erlauben. Dieter Borsche konnte 1956 in der Neuverfilmung von WENN WIR ALLE ENGEL WÄREN (R: Günther Lüders) nicht mit Heinz Rühmann konkurrieren, Wolfgang Liebeneiners Versuch, 1959 in der Neuverfilmung von URLAUB AUF EHRENWORT die Handlung vom letzten Kriegsjahr des Ersten Weltkrieges in das letzte Kriegsjahr des Zweiten Weltkrieges zu verlegen, mißlang, weil die historischen Situationen nicht vergleichbar waren. Frank Wysbar bearbeitete 1948 in den USA Hartls Film WEN DIE GÖTTER LIEBEN ..., ohne damit in Deutschland Resonanz zu finden. Mit der DEFA-Produktion DIE UNBESIEGBAREN von 1953 glaubte Artur Pohl Liebeneiners DIE ENTLASSUNG ideologisch umkehren zu können, verfiel dabei aber in sozialistisches ›Gegenpathos‹. Ohne Pathos hingegen wollte der Bayerische Rundfunk im Frühjahr 1990 vor dem Hintergrund der deutschen Wiedervereinigung in einem dreiteiligen Fernsehfilm[115] an die Persönlichkeit Bismarcks erinnern, konnte aber die BISMARCK-Filme Liebeneiners nicht vergessen machen. Gerade in dem Maße, in dem Vorbehalte gegen die ›alten Filme‹ bestehen, in dem sie zum Ärgernis werden und ideologisch nicht umcodierbar sind, erweisen sie sich als historische Phänomene, die immer wieder neu zur Beschäftigung mit ihnen auffordern.

Diese Beschäftigung setzt Distanz voraus, d. h. die Fähigkeit, der Psychagogie der Filme nicht zu erliegen,[116] ihre Strategien zu erkennen und sie historisch einzuordnen. Aus den Bewertungen der Alliierten Militärbehörden ist abzulesen, daß die Zensoren deutlich zwischen dem künstlerischen Wert und den politischen Tendenzen der von ihnen verbotenen Filme unterschieden. Wenn man heute ›Vorbehaltsfilme‹ in Veranstaltungen mit Seminarcharakter zeigt, sie aber einem größeren Publikum entzieht, dann liegt der Grund auch im Affektpotential der Filme. Ihr Stigma ist die wohlkalkulierte Rhetorik, mit der sie dem Wunsch des Publikums nach Bestätigung der nationalen Identität entgegenkamen, aber es zugleich für die nationalsozialistische Eroberungs- und Rassenpolitik zu gewinnen suchten. Wie der Umschlag von der ›Allmacht‹ der nationalen Idee in den nationalen Wahn, so ist die skrupellose Entfesselung von Affekten[117] noch heute eine weithin aktuelle Erfahrung.

---

115 BISMARCK (BRD/1990; R: Tom Toelle), mit Uwe Ochsenknecht in der Hauptrolle. 3 Teile: T. 1 mit dem Untertitel »Ich bin ein Preuße« (Sendung: 29.4.1990; 55 min); T. 2 »Eisen und Blut« (1.5.1990; 60 min) u. T. 3 »Virtuose der Macht« (2.5.1990, 63 min).

116 So hatte sich Liebeneiner bezeichnenderweise am 3. Oktober 1944 an den Leiter des Reichsfilmarchivs gewandt, um den Film KUHLE WAMPE zum »Studium des Musikeinsatzes und der Propagandamethoden« besichtigen zu können (BA R 109 II/13).

117 Werner Fiedler verschlüsselt seine Kritik an dieser Entfesselung von Affekten in Liebeneiners Film DIE ENTLASSUNG in dem Satz: »Objektivität ist ein Vorurteil ängstlicher Seelen – so mag es einer tapferen Zeit erscheinen; sie kann also darauf keine Rücksicht nehmen. Der Film soll wirken, mitreißen, erziehen« (Dt. Allg. Ztg. 7.10.1942, Nr. 479).

B.
Die Filme

1. Ich für dich – Du für mich

1.1. Produktionsdaten

UT: Ein Film der Reichspropagandaleitung der NSDAP, Abt. Film, und der NS-Gemeinschaft »Kraft durch Freude« der Deutschen Arbeitsfront
P: Carl Froelich Film-Produktion GmbH; 2.428 m; Drehbeginn: 22.9.1934, auf der Insel Rügen (Außenaufnahmen); Atelier: 1. Oktoberwoche 1934 (Froelich-Studio)
A: Hans G. Kernmayr [nach dem Bühnenwerk *FAD Kronschenen*]
R: Carl Froelich

Stab: K: Emil Schünemann; M: Hansom Milde-Meissner; T: Hans Grimm; Ausst.: Franz Schroedter; Schnitt: Gustav Lohse; Aufnahmeltg.: Arno Winkler

FM: Tobis-Klangfilm, Tesch-Kopie
V: Reichspropagandaleitung der NSDAP, Abt. Film
UA: 30. November 1934 in 20 Berliner Kinos, Festvorstellung im Germania-Palast in der Großen Frankfurter Straße

Besetzung:

Lagerführerin Frl. Behrens	Maria Wanck
Hanne Höpfner	Inge Kick
Berta	Eleonore Stadie
Inge Hirte	Ruth Eweler
Lotte Hölzke	Liselotte Wahl
Maria Müller	Rut Claus
Werner Kramer	Heinz Rippert
Christian Busch	Carl Dannemann
Siedler Mahlow	Paul W. Krüger
Siedler Kollerbusch	Carl de Vogt
Frau Kollerbusch	Katja Bennefeld
Siedler Schmidelka	Knut Hartwig
Gendarm Kisecke	Hugo Froelich
Herr Häberlein	Ernst Gronau
Frau Häberlein	Emilie Unda
Frau Höpfner	Toni Tetzlaff

Bewertung:
FP: 29. November 1934, Prüf-Nr. 37961 (Tit.): staatspolitisch und künstlerisch besonders wertvoll, Jf[1], 2.428 m (gültig bis 31.12.1937) [BFA]; 5. Dezember 1934, Prüf-Nr. 38035: für Vorspann (Sequ.), 133 m [BFA].
CFFP 1951, S. 76: »Film is intended to show that comradeship is very important, but duty to the Fatherland is supreme«; LPF June/Sept. 1953.
FSK: nicht eingereicht, Freigabe fraglich.

Rechte: Taurus Film GmbH & Co, München
Kopie: BFA[1]

---

1 Der Reichs- und Preußische Minister für Wissenschaft, Erziehung und Volksbildung widersetzte sich der Zulassung des Films für Jugendliche. Er ordnete am 10.1.1935 (RK 5511 – E 1) an, daß der Film »nicht mehr weiter in Schulen vorgeführt werden darf«. In »Eltern- und

1.2. Handlung

(1) Von den jungen Mädchen, die zum »Freiwilligen Deutschen Arbeitsdienst für Volk und Heimat« einrücken, stehen drei Mädchen im Vordergrund: die Hausangestellte Hanne Höpfner, die Medizinerin Inge Hirte und die berufslose Lotte Hölzke. Während Lotte Hölzke als ›Mädchen aus gutem Hause‹ nur Abwechslung in ihr Leben bringen will, sehen Hanne Höpfner und Inge Hirte im Freiwilligen Arbeitsdienst eine Aufgabe. Hanne Höpfner versucht damit zugleich einem persönlichen Konflikt zu entkommen. Sie ist von ihrer »Herrschaft«, der eigensüchtigen Frau Häberlein, »rausgeschmissen« worden, findet aber in ihrem arbeitslosen Freund Werner Kramer, der den Anlaß zum »Rausschmiß« gab, keine Stütze. Werner mußte sein Jurastudium abbrechen. Er vertröstet Hanne und Hannes Mutter mit der Hoffnung auf eine halbe Million Mark, die ihm die Berufung beim Reichsgericht als »Aufwertungssumme« einbringen soll; man hat seinen Eltern in der ›Systemzeit‹ für wertvolle Wiesen weit unter dem Wert nur »ein paar hundert Dollar« gegeben, und bei ihren Vorentscheidungen gegen seine Ansprüche sind das Landgericht und das Kammergericht von falschen Voraussetzungen ausgegangen. Hanne aber sind fünf Mark, die er ehrlich verdient hat, »tausendmal lieber« als dieses Geld. Sie verlangt, daß Werner sich das Recht auf Arbeit verschafft, und verläßt ihn ohne Angabe ihres Zieles.

(2) Im Lager 120, das von der Lagerführerin Fräulein Behrens geleitet wird, finden sich die neu hinzugekommenen Mädchen schnell zurecht. Die 41 Mädchen des Lagers kommen aus verschiedenen Berufen. Sie arbeiten täglich sieben Stunden bei Siedlern der Umgebung (es ist gerade Erntezeit) und kehren am späten Nachmittag ins Lager zurück; ihre Kleidung besteht aus einem blauen Rock, einer Arbeitsschürze und einer blauen Bluse. Hanne wird dem Siedler Mahlow, Inge dem Siedler Kollerbusch zugewiesen. Der verwitwete Siedler Mahlow wird in der Arbeit schon von seinem Neffen Christian Busch unterstützt, der »eigentlich nur hier ist, um zu lernen«; mit den sechstausend Mark Abfindungssumme für seine zwölfjährige Militärzeit will er selbst einen Siedlerhof erwerben. Da erscheint ihm Hanne als die ›richtige Frau fürs

---

Lehrerkreisen« hatte sich »erheblicher Widerstand erhoben«. Für die Entscheidung des Ministers maßgebend war, »daß eine große Reihe der Bilder aus sittlichen Gründen für Jugendliche ungeeignet ist« (darunter »das Verhalten einzelner Männer gegenüber den Mädchen« u. a.). Am 17.1.1935 schloß sich das Bayer. Staatsministerium für Unterricht und Kultus dieser Entscheidung an. Goebbels leugnete die »schädliche Einwirkung« auf die »sittliche Entwicklung Jugendlicher« und vertrat »in Übereinstimmung mit dem Führer und Reichskanzler« die Auffassung, »daß der Film unbedenklich auch in Schulen vorgeführt werden kann«. Am 20.2.1935 wies der Reichs- und Preußische Minister für Wissenschaft, Erziehung und Volksbildung darauf hin, daß der Erlaß vom 10.1.1935 »unverändert in Kraft sei«, und wehrte damit das Rundschreiben der Gaufilmstelle der NSDAP, Bayer. Ostmark, ab, in dem gefordert worden war: »Der Film *muß* von allen Schülern besucht werden, da derselbe als staatspolitisch wertvoll und jugendfrei anerkannt ist«. (Akte Bayer. Hauptstaatsarchiv MK 41158)

Leben‹, aber auch Mahlow hat auf Hanne ein Auge geworfen, obgleich »die Schwensken«, für die er sich schon seit langem im Dorf interessiert, viel besser zu ihm passen würde. Christian seinerseits findet das besondere Interesse Bertas, die gern auf Mahlows Hof arbeiten möchte (und glaubt, daß Hanne dort der Arbeit nicht gewachsen ist), aber Fräulein Behrens bleibt bei ihrer Entscheidung für Hanne. Als Medizinerin ist Inge beim Siedler Kollerbusch gerade am rechten Platz. Sie entlastet Frau Kollerbusch in der Zeit ihrer Schwangerschaft und hilft als Hebamme auch, das Kind zur Welt zu bringen. Die Zudringlichkeiten des Siedlers Kollerbusch weist sie entschieden ab. Christian hat nicht den Mut, Hanne eine Liebeserklärung zu machen. Berta soll für ihn bei Hanne ›ein Wort einlegen‹, doch als Berta Hanne gesteht, daß sie Christian liebt, verspricht Hanne, Christian dies »durch die Blume beizubringen«.

(3) Inzwischen hat Hanne Werner geschrieben, aber dieser Brief ist mit dem Vermerk »unbekannt verzogen« zurückgekommen. Werner hat sich auf den Weg gemacht, um Hanne zu suchen. Nach einem Fußmarsch von 300 Kilometern (von Berlin in die Nähe von Götemitz) trifft er auf eine Kolonne des Männerarbeitsdienstes, die ihm den kürzeren, aber gefährlichen Weg durch das Moor nach Götemitz beschreibt. Im dortigen »Krug« wird er von den Männern als »Tippelbruder« angesehen; er erfährt, wie tüchtig die Arbeitsdienstmädchen sind, und von »Christians Hanne«. Da Werner noch kein Nachtquartier hat, lädt ihn Christian ein, bei ihm auf dem Stroh zu schlafen. Als Hanne am nächsten Morgen erscheint, gibt sie Christian und dem Siedler Mahlow gegenüber nicht preis, daß sie Werner kennt; unter vier Augen weist sie den eifersüchtigen Werner zurecht, der von ihr ein klares Wort über die gemeinsame Zukunft erwartet. Sie fordert ihn auf, den Hof zu verlassen. Er aber verspricht, am Abend beim Siedlerfest zu erscheinen, wo Christian sie wohl fragen werde, ob sie seine Frau werden wolle. Christian nämlich hatte wieder einmal »Schiß gehabt«, sich Hanne gegenüber zu erklären. Sein Onkel ermuntert ihn immer wieder dazu und verspricht, Hanne geneigt zu stimmen, die es ihrerseits nicht fertiggebracht hat, das entscheidende Wort zu sprechen. Sie beruhigt Berta: »Du brauchst keine Angst zu haben, aus Christian und mir kann doch nie etwas werden, selbst wenn ich ihn lieb hätte. Was sollte denn aus Werner werden?«

(4) Das Siedlerfest ist eine Idee von Fräulein Behrens, die damit drei Einladungen der verschiedenen Vereine an die Arbeitsdienstmädchen abwehren kann und den Mädchen dennoch Tanz und Unterhaltung gestattet. Der Abend beginnt mit einer szenischen Darstellung der Ballade »Tom, der Reimer«, die der Filmkomparsin Maria Hüller Entfaltungsmöglichkeiten bietet, nimmt aber mit der Damenwahl beim Tanz eine tragische Wendung. Christian ist enttäuscht, daß Hanne ihn nicht zum Tanz auffordert, sondern mit Werner spricht. Nachdem sie davongelaufen ist, stellt er Werner zur Rede. Hanne hat Werner erregt erklärt, daß sie zu Christian »nicht ›ja‹ gesagt« habe, auch »nicht ›ja‹

sagen« werde. Christian aber fragt Werner provokativ: »Was haben Sie mit meiner Braut gemacht?« Daraufhin kommt es zwischen beiden Männern zu einer Schlägerei. Das Fest wird abgebrochen, und Fräulein Behrens macht Berta dafür verantwortlich, daß kein Mädchen das Lager verläßt. Während Christian nur eine kleine Schramme unter dem Auge davongetragen hat, erleidet Werner eine leichte Gehirnerschütterung; er wird vom Gendarm zur Gemeindeschwester gebracht, entflieht aber in einem unbewachten Augenblick.

(5) Die Anteilnahme der Mädchen an Hanne und ihrem »Bräutigam« Werner löst im Lager eine Krise aus. Hanne will zu Werner, und die Mädchen ermuntern sie, das Lager trotz des Verbotes von Fräulein Behrens zu verlassen. Als Fräulein Behrens die Eigenmächtigkeit Hannes entdeckt und den Mädchen erklärt, Hanne müsse am nächsten Tag das Lager verlassen, wollen auch die Mädchen nicht mehr länger im Lager bleiben. Die Mädchen finden keinen Schlaf, sie wollen wissen, was Hanne macht, und laufen in die Nacht hinaus, um sie zu suchen. Werner ist vom Weg abgekommen und droht, im Moor zu versinken. Seine Hilferufe alarmieren die Arbeitsmänner, die ihn retten; umgeben von ihren Kameradinnen erfährt die völlig erschöpfte Hanne von Werners Rettung. Fräulein Behrens zeigt sich jetzt versöhnlich; bei einer Tasse Tee spricht sie mit Hanne über die Männer, mit denen es »manchmal schwer« sei (»tut auch weh«). Sie teilt Hanne mit, daß Werner in das Jungenarbeitsdienstlager gekommen ist und dableiben könne, wenn er sich bewähre; der Arbeitsdienstführer lobt seine Männer für die Rettung Werners, mit der sie »einen Volksgenossen für die Arbeit gewonnen« haben. Werner gibt der Hoffnung Ausdruck, daß er bald »ein tüchtiger Arbeitsmann« sein werde. Fräulein Behrens erkennt an, daß die Mädchen sich Hanne gegenüber »anständig benommen« haben, aber sie gelangt auch zu der Einsicht: »Zu mir habt ihr kein Vertrauen gehabt.« Vor der Taufe ihres Kindes bittet Frau Kollerbusch Inge Hirte, das Kind (»wie das doch die Hebammen gewöhnlich tun«) in die Kirche zu tragen; und sie bittet Inge auch, ihm den Namen Inge geben zu dürfen.

1.3. Verwendetes literarisches Material

Marianne Lautsch u. Barbara Herbig: *FAD* [= Freiwilliger Arbeitsdienst] *Kronschenen. Ein Spiel vom Arbeitslager* (Bühnenms.) Berlin: Oesterheld 1934, 109 S. (Fundort: Dt. Bücherei Leipzig).
Wie später im Film werden hier Arbeitslosenprobleme, Beziehungskonflikte in einem Frauenarbeitslager und die Notwendigkeit des Arbeitsdienstes im Hinblick auf die Förderung der Landwirtschaft und die Erziehung zu solidarischem Handeln thematisiert. Das »Spiel« (in 5 Bildern) ist auf den Konflikt der früheren Hausangestellten Hanne Zimmermann ausgerichtet. Hanne war drei Jahre mit dem Arbeitslosen Karl Weber verlobt und findet nach der Lösung der

Verlobung durch Karl, der das Geld für die Heirat nicht aufbringen konnte, Gefallen an dem Knecht (und zukünftigen Siedler) Hans. Nachdem aber Karl zu einer ansehnlichen Stellung gelangt ist und Hannes Mutter seine erneute Heiratsabsicht dargelegt hat, sieht sie sich aus Verpflichtung ihrer verarmten Mutter gegenüber gezwungen, Karl zu heiraten; als Hans ihr bei einem heimlichen Treffen einen Heiratsantrag macht, läuft sie davon. Ihre unerlaubte Entfernung aus dem Lager veranlaßt die Lagerführerin »Fräulein Wimmer«, sie und die vier Mädchen, die sie gedeckt haben, des Lagers zu verweisen. Zwischen dem angereisten Karl und Hans kommt es zu einer Prügelei, und Hanne entscheidet sich schließlich doch für Hans. Dieser Konflikt wird also völlig anders gelöst als im Film. Die Lösung des Autoritätskonfliktes zwischen den Mädchen und der Lagerleiterin enthält eine vom Film nicht aufgegriffene Nuance: Die Lagerleiterin bietet den Mädchen nach Aufklärung aller Mißverständnisse als »Zeichen der guten Kameradschaft« das ›Du‹ an.

Der Film baut Ansätze zu Nebenhandlungen aus, läßt jedoch die Rolle der sich nicht in die Gemeinschaft einfügenden intriganten und diebischen Marie fallen. Er verstärkt die nationalsozialistischen Züge des »Spiels«, das bei seiner durch die NS-Gemeinschaft »Kraft durch Freude« veranlaßten Uraufführung im Berliner Theater am Nollendorfplatz am 13. Juli 1934 (vgl. *Dt. Bühnenspielplan* Jg. 38, H. 11, Juli 1934) ein »großer, rauschender, ehrlich verdienter Erfolg« (*Berliner Volksztg.*) war; vgl. zur Uraufführung: S. L.: F. A. D. KRONSCHENEN, in: *FK* 14.7.1934 (Nr. 163).

1.4. Textbeispiel

Arbeitslied:

Wir hatten nichts als unsere vier Wände. / Der Tag ging auf für den Beruf. / Weil etwas uns von draußen trennte, / Vom Leben, das der Herrgott schuf. / Nun sind wir auf das Land gegangen, / Wir fühlen, was die Arbeit schafft. / Wir haben neu das Leben angefangen, / Mit neuer Kraft. /
Es geht ein Lied durch unsre Reih'n, / Der Arbeit froher Sang. / Wir wollen Kameraden sein, / Ein ganzes Leben lang. / Und ruh'n des Himmels Gnaden / Auf dem, was schuf die Hand, / Bau'n wir als Kameraden / Ein neues Vaterland.

1.5. Kontext

Das überlieferte Drehbuch trägt das Motto: »Aus der Rede des Führers auf dem Reichsparteitag 1934 in Nürnberg: Durch die Schule des Arbeitsdienstes muß das ganze Deutsche Volk gehen.« Im Anschluß an die Einführung des Freiwilligen Arbeitsdienstes durch die Notverordnung des Kabinetts Brüning vom

Abb. 21:
Werner Kramer (Heinz Rippert) wird in den Arbeitsdienst aufgenommen.
ICH FÜR DICH – DU FÜR MICH

Abb. 22:
Aussprache zwischen Hanne Höpfner (Inge Kick) und Lagerführerin Frl. Behrens (Maria Wanck).
ICH FÜR DICH – DU FÜR MICH

5. Juni 1931 und die Neuordnung vom 16. Juli 1932 durch die Regierung von Papen wurde von der Reichsregierung am 26. Juni 1935 das *Reichsarbeitsdienstgesetz* beschlossen (RGBl 1935 I, S. 769 ff.)[2]; Auszug (Abschnitt I, §1):

(1) Der Reichsarbeitsdienst ist Ehrendienst am Deutschen Volke.
(2) Alle jungen Deutschen beiderlei Geschlechts sind verpflichtet, ihrem Volk im Reichsarbeitdienst zu dienen.

---

2 Vgl. hierzu Maria Burgstaller: Der Deutsche Frauenarbeitsdienst. Gegenwärtiger Stand und zukünftige Aufgaben, in: *Völkischer Beobachter* (Norddt. Ausg.) 10.1.1935 (Nr. 10). Der Erlaß des Reichskommissars für den freiwilligen Arbeitsdienst der weiblichen Jugend erging am 10.11.1932, nachdem an den Arbeitslagern der Schlesischen Jungmannschaft 1929 und 1930 erstmals Mädchen teilgenommen hatten. Vgl. hierzu Liselotte Klose-Stiller: *Arbeitsdienst für die weibliche Jugend in Schlesien 1930–1945*. Garmisch-Partenkirchen 1978.

(3) Der Reichsarbeitsdienst soll die deutsche Jugend im Geiste des Nationalsozialismus zur Volksgemeinschaft und zur wahren Arbeitsauffassung, vor allem zur gebührenden Achtung der Handarbeit erziehen.
(4) Der Reichsarbeitsdienst ist zur Durchführung gemeinnütziger Arbeiten bestimmt.
Es folgte eine Reihe von Verordnungen zur Durchführung und Ergänzung des *Reichsarbeitsdienstgesetzes*.

Auf dieses Gesetz vorbereitet wurde die Bevölkerung auch durch den Dokumentarfilm HÄNDE AM WERK (P: NSDAP, RPL Amtsleitung Film; Gestaltung und Bild: Walter Frentz; M: Walter Gronostay; Wort: Otto Heinz Jahn; Zulassung: 25.3.1935). Dieser Dokumentarfilm (Fundort: BFA) wurde mehrfach, z. T. international, ausgezeichnet.[3]

1.6. Normaspekte

(1) Hanne zu Werner: »Dein Recht ist es doch zu arbeiten, und das mußt Du Dir doch verschaffen.« – Abgeleitete Arbeitsnorm: *Jeder hat das Recht auf Arbeit*.

(2) Lagerführerin Fräulein Behrens: »Ihr arbeitet hier nicht für den Siedler allein, sondern für die Allgemeinheit.« – Abgeleitete Arbeitsnorm: *Arbeit ist Dienst an der Allgemeinheit*.[4]

(3) Formulierte Gemeinschaftsnorm: »*Einer für den andern. Ich für Dich – Du für mich!*«

(4) Lagerführerin Fräulein Behrens: »Kinder, es ist so schön, wenn man in einer wirklich guten Kameradschaftlichkeit arbeiten kann.« – Abgeleitete Gemeinschaftsnorm: *Gemeinschaft wird durch Kameradschaftlichkeit gefestigt*.

(5) Lagerführerin Fräulein Behrens: »Aber zu mir habt Ihr kein Vertrauen gehabt.« – Abgeleitete Verhaltensnorm: *Befehlsverhältnisse müssen auf gegenseitigem Vertrauen beruhen*.

---

[3] Vgl. hierzu im weiteren: Henning Köhler: *Arbeitsdienst in Deutschland*. Berlin 1967; sowie: Benno Hafeneger: »*Alle Arbeit für Deutschland.*« *Arbeit, Jugendarbeit und Erziehung in der Weimarer Republik, unter dem Nationalsozialismus und in der Nachkriegszeit*. Köln 1988.
[4] Im *Organisationsbuch der NSDAP*, München 1936, S. 465, wird im Hinblick auf die »Aufgaben« und die »Organisation des Arbeitsdienstes« gesagt, »daß der eigentliche Sinn der Arbeit nicht in dem *Verdienst* liegt, den sie einbringt, sondern in der *Gesinnung*, mit der sie geleistet wird«.

(6) Lagerführerin Fräulein Behrens: »Ach, es wird sicher kein Mensch etwas dagegen haben, wenn sich hier zwei Leute auf anständige Weise fürs Leben finden. Aber das will ich Euch sagen, Liebschaften anbändeln kommt nicht in Frage.« – Abgeleitete Liebes- und Ehenorm: *Eine Liebesbeziehung zwischen Mann und Frau ist nur durch den Willen zur Ehe eine echte Liebesbeziehung.*

(7) Scherzhaftes Gespräch zwischen den Arbeitsdienstmädchen: »Schreib Deinem Filmfreund ruhig ab.« »Die Männer sollen zu Hause bleiben, die stören uns ja bloß.« »Wir können Dich ja jeden Morgen unter die kalte Dusche stellen.« »Tu ich sowieso.« – Abgeleitete Geschlechternorm: *Zeitweilig sind reine Frauengemeinschaften zweckmäßig.*

1.7. Überliefertes Material

Drehbuch: ICH FÜR DICH, DU FÜR MICH. *Ein Film von heute von Hans G. Kernmayr. Regie: Carl Froelich.* Typoskript, 179 hektogr. S. [SDK; Vorbesitzer: Franz Schroedter].

Illustrierter Film-Kurier Nr. 2248 [BFA]; *Das Programm von heute* o. Nr. [BFA]; Nachlaß Franz Schroedter: 42 Entwürfe, 2 Grundrisse [SDK].

1.8. Interviews, Stellungnahmen, Rezensionen

-r: Neuer Froelich-Film beginnt, in: *FK* 22.9.1934 (Nr. 223); CB: Empfang im Froelich-Studio. ICH FÜR DICH – DU FÜR MICH, der neue Carl Froelich-Film, in: *FK* 20.10.1934 (Nr. 247); [Anonym:] ICH FÜR DICH UND DU FÜR MICH. Ende November vorführungsbereit, in: *FK* 13.11.1934 (Nr. 267); Ch. T.: ICH FÜR DICH – DU FÜR MICH. Neue Gesichter im Film vom Frauen-Arbeitsdienst, in: *Morgenpost*, Berlin, 13.11.1934; [Arnold J.] Raether über ICH FÜR DICH – DU FÜR MICH, in: *Kreuz-Ztg.*, Berlin, 13.11.1934.

[Mittlg:] Heute in 15 deutschen Großstädten mit 17 Kopien: ICH FÜR DICH – DU FÜR MICH, in: *FK* 30.11.1934 (Nr. 281); [Anonym:] In 20 Berliner Theatern und im ganzen Reich angelaufen, in: *Der Kinematograph* 30.11.1934 (Nr. 221); -r: ICH FÜR DICH – DU FÜR MICH, in: *FK* 1.12.1934 (Nr. 282), dort auch: NSDAP und Arbeitsfront starten den ersten Spielfilm; Ka: Festliche Uraufführung ICH FÜR DICH – DU FÜR MICH im Residenztheater in Düsseldorf, in: *Rhein.-Westf. Filmztg.* 1.12.1934; [Anonym:] Großer Erfolg des Arbeitsdienstfilms. ICH FÜR DICH – DU FÜR MICH in 20 Berliner Lichtspielhäusern uraufgeführt. – Dr. Goebbels im Germania-Palast, in: *Berliner Lokal-Anzeiger* 2.12.1934 (Nr. 535); [Anonym:] ICH FÜR DICH UND DU FÜR MICH. Uraufführung im Germania-Palast, in: *Kreuz-Ztg.*, Berlin, 2.12.1934; [Anonym:] ICH FÜR DICH – DU FÜR MICH. Festlicher Anlauf in Berlin und Reich, in: *FK* 3.12.1934 (Nr. 283); A. J. Rt. [= Arnold J. Raether, Oberregierungsrat, Leiter der Abt. Film im Propagandaministerium]: Frauenarbeitsdienst im Film, in: *Kreuz-Ztg.*, Berlin, 4.12.1934; [Anonym:] Zu den Uraufführungen in Berlin und München, in: *Der Kinematograph* 4.12.1934 (Nr. 232); [Anonym:] Ein Film, wie er sein soll: ICH FÜR DICH – DU FÜR MICH, in: *Völkischer Beobachter* (Münchner Ausg.) 3.12.1934 (Nr. 337), Beibl.; l-w: Festvorstellung des Arbeitsdienstfilmes: ICH FÜR DICH – DU FÜR MICH. Dr. Goebbels und Reichsarbeitsdienstführer Oberst Hierl anwesend, in: *Völkischer Beobachter* (Norddt. Ausg.) 7.12.1934 (Nr. 338); [Mittlg:] Sonderermäßigung für ICH FÜR DICH – DU FÜR MICH, in: *FK* 8.12.1934 (Nr. 288); H: ICH FÜR DICH – DU FÜR MICH. In 20 Berliner Theatern und im ganzen Reich angelaufen, in: *Der Film*, Berlin, 8.12.1934;

L. E.: ICH FÜR DICH – DU FÜR MICH. Ein Film vom deutschen Arbeitsdienst, in: *Morgenpost*, Berlin, 9.12.1934; CB: ICH FÜR DICH – DU FÜR MICH Ein Film vom Frauenarbeitsdienst [mit Abb.], in: *Filmwelt*, Berlin, 9.12.1934 (Nr. 49); [Anonym:] ICH FÜR DICH – DU FÜR MICH, in: *Filmwoche*, Berlin, 19.12.1934 (Nr. 31); [Anonym:] Ein Meisterfilm neuen Wollens. Aufschlußreiche Ansprache über ICH FÜR DICH – DU FÜR MICH, in: *FK* 17.1.1935 (Nr. 14).

Weiterer Einsatz: *FK* 10.12.1934 (Nr. 289): Danzig; *FK* 3.1.1935 (Nr. 8): Kassel; *FK* 12.1.1935 (Nr. 10): Offenbach; *FK* 20.5.1935 (Nr. 116): Königsberg; *FK* 20.8.1935 (Nr. 193): Interessenten; [Anonym:] Filmkunst in neuer Form, in: *Der Kinematograph*, 23.1.1935; Ein erfreulicher Brief (von Joh. Thierbach, Filmwart der NSDAP, Ortsgruppe Grimma), in: *FK* 5.2.1935 (Nr. 30).

2. Hermine und die sieben Aufrechten

2.1. Produktionsdaten

UT: Ein Schweizer Volksstück nach Gottfried Keller's Novelle *Das Fähnlein der sieben Aufrechten*
P: Terra-Film AG; 3.035 m; Drehbeginn: Anfang Oktober 1934 (Außenaufnahmen); Atelier: 1.11.1934 (Terra-Glashaus)
A: Hans Fritz Köllner, Frank Wysbar
R: Frank Wysbar

Stab: K: Franz Weihmayr; M: Herbert Windt, A. Hörler; T: Martin Müller; Bau: Robert Dietrich, Bruno Lutz; Schnitt: Lena Neumann; Aufnahmeltg.: Karl Buchholz, Willy Laschinsky

FM: Tobis-Klangfilm, Feta-Kopie
V: Terra-Filmverleih GmbH
UA: 11. Januar 1935, Berlin, Capitol;[5] Schweizer EA: 25. Januar 1935, Zürich, Apollo-Theater[6]

Besetzung:
Zimmermeister Frymann	Heinrich George[7]
Hermine, seine Tochter	Karin Hardt
Schneidermeister Hediger	Paul Henckels
Seine Frau	Lotte Spira
Karl, deren Sohn	Albert Lieven[8]
Ruckstuhl, Grundstücksspekulant	Karl Stepanek
Spörri	Hans Henninger
Gastwirt Aklin	Friedrich Ettel
Seine Frau	Maria Krahn
Schmied Syfrig	Dr. Max Holzboer
Seine Frau	Annemarie Steinsieck
Tischlermeister Bürgi	Alfred Schlageter
Seine Frau	Käthe Haack
Silberschmied Kuser	Arnim Schweizer
Seine Frau	Ilse Fürstenberg
Krugwirt Erismann	Eduard Wenck
Marta, Haushälterin bei Frymann	Carsta Löck
Festsänger	Hans Fetscherin

---

5 Die große politische Bedeutung, die man diesem Film zu geben wünschte, kommt u. a. im ›Aufgebot an Prominenz‹ bei der Premiere des Films zum Ausdruck: Neben Goebbels waren der französische und italienische Botschafter gekommen, und erschienen war auch »eine Reihe von Gesandten und diplomatischen Vertretern, an der Spitze der Vertreter der Schweiz« (*Berliner Morgenpost* 14.1.1935).
6 Vgl. zur Kontroverse über die Aufführung des Films in der Schweiz: Kap. A.1.4, Anm. 33 u. 34.
7 Im Hinblick auf Heinrich Georges Selbstverständnis als Filmschauspieler ist sein Vortrag *Das schauspielerische Erlebnis im Film* von Interesse, über den die *Dt. Allg. Ztg.* vom 26.1.1935 (Nr. 43) ausführlich berichtet.
8 Albert Lieven emigrierte 1937 nach England und gelangte vor allem nach dem Zweiten Weltkrieg im englischen Film zu großer Popularität. Sein dort durchgesetzter Rollentyp macht es schwer, ihn in der Rolle des forschen jungen Mannes Karl wiederzuerkennen.

Bewertung:
FP: 10. Januar 1935, Prüf-Nr. 38259 (Tit.): staatspolitisch und künstlerisch besonders wertvoll, Jf, 3.035 m (gültig bis 31.12.1938) [BFA]; 10. Januar 1935, Prüf-Nr. 38264 (Vorspann): 146 m; Paimann 5.4.1935 (Nr. 991): »Passabler Mittelfilm«; 31.5.1935 (Nr. 999): »künstlerisch anerkennenswert, für Jugendl. und Unmündige zulässig«; III. Biennale di Venezia 1935: menzione speciale.
FSK: 7. Mai 1962, Prüf-Nr. 27974, und 9. Februar 1972, Prüf-Nr. 27974a: beide Jf 6, 2.907 m (107 min).

Rechte: F.-W.-Murnau-Stiftung; Ausw: Transit-Film GmbH, München (komm.), DIF (nicht-komm.)
Kopie: BFA$_1$ [BFA$_2$, DIF]

2.2. Handlung

(1) Der Hohe Rat der Stadt Zürich hat beschlossen, den Zimmermeister Frymann und den Schneidermeister Hediger als »Abgesandte von Zürich« zum eidgenössischen Bundesschießen nach Aarau zu schicken, das »wieder einmal das ganze Schweizer Volk vereint«. Vor dem Hohen Rat der Stadt erscheinen jedoch nicht nur Frymann und Hediger, sondern sieben Männer – jene »sieben Aufrechten«, die »nicht mit dem Wort«, sondern »mit der Waffe« für »Recht und Freiheit« gekämpft haben und »als erste auf der Barrikade« standen. Es liegt ihnen nicht, die Grüße der Stadt Zürich zu überbringen und zugleich deren Hoffnungen und Wünsche »in wohlgesetzter Rede diplomatisch zu verkünden«. Frymann bittet deshalb den Rat, sie mit diesen »diplomatischen Missionen« zu verschonen. Daß es auf den Umgang mit der Waffe ankommt, wissen auch die jungen Männer. Karl Hediger, der am Prüfungsschießen für die jungen Scharfschützen teilnehmen will, überredet seine Mutter, ihm das Gewehr des Vaters herauszugeben.

(2) Wie Karl Hediger, so ist auch der Grundstücksspekulant Ruckstuhl bei den Scharfschützen angenommen worden. Er begibt sich zu Frymann, um mit ihm »ins Geschäft« zu kommen: Er hat die Grundstücke, und Frymann soll darauf Häuser bauen. Zugleich hat er es auf Hermine, Frymanns ›heiratsfähige‹ Tochter, abgesehen, die sich aber über ihn lustig macht. Hermine liebt Karl, ohne ihn dies allzu deutlich spüren zu lassen; beide kennen sich schon seit ihrer Kindheit. Frymann und Hediger paßt diese »Sache mit Karl« nicht.

(3) Die »sieben Aufrechten«, die im Gasthof zunächst noch ihre Standhaftigkeit gegenüber dem Hohen Rat ›begießen‹, finden Gefallen an der Idee des Schmieds Syfrig, doch zum Bundesschießen zu gehen, aber »mit dem Recht der freien Schweizer« und als »freie Männer«, die »ihren eigenen Kanton vertreten, den Kanton sozusagen der Freundschaft«. Dazu entwerfen sie ein eigenes Banner, lassen sich von Hediger neue Anzüge schneidern und geben beim Silberschmied Kuser einen silbernen Becher als »Ehrengabe« und »Symbol der Freundschaft« in Auftrag. In Hedigers Werkstatt bespricht Frymann dann noch die »heikle Geschichte« zwischen Karl und Hermine. Frymann wünscht

sich einen Schwiegersohn, der »ins Geschäft paßt« und der weiter ausbauen soll, was er aufgebaut hat. Hediger seinerseits wünscht aus Standesgründen keine Verbindung zwischen der »Tochter vom reichen Frymann« und seinem Sohn, der nur ein »ehrenwerter Ratsschreiber« ist. Beide einigen sich im Grundsatz »Freundschaft, aber keine Verwandtschaft«. Frau Hediger, die zwar der Auffassung ist, Politik sei »Männersache«, beweist auch in diesem Fall ihren Realitätssinn: »Mischt Euch nicht ein in die Liebeshändel der Jugend, die machen nämlich doch, was sie wollen.« Daß ein Ratsschreiber »manchmal auch Kraft hat«, beweist Karl in der Kaserne; beim Fingerhakeln zieht er seinen Stubenkameraden Pfister über den Tisch.

(4) Wie Karl in seiner Mutter, so hat Hermine in Martha, der Haushälterin des verwitweten Frymann, eine Bundesgenossin. Die Väter können zwar ein weiteres Rendezvous des Paares auf dem See verhindern: Hediger, indem er zu Karl in den Kahn steigt, Frymann durch das Aufbocken des Kahns. Aber Karl nutzt die Gelegenheit des Beisammenseins aller Frauen, die am Banner arbeiten, um sich mit Hermine in der Küche zu treffen. Die Frauen haben keine gute Meinung von den Männern (»der Frymann, das ist der Schlimmste«), aber sie wissen, daß es »eben doch nicht ohne die Männer« geht. Sie verbarrikadieren schließlich die Tür, als Frymann, der mit Hediger kommt, um den »Weibern mal ein bißchen auf den Zahn zu fühlen«, in die Hedigersche Küche eindringen will, wo Hermine Karl gerade zu einem Kuß provoziert. Auf einer Sitzung geben die »sieben Aufrechten« ihrer Empörung über die »offene Rebellion« ihrer Frauen Ausdruck. Die Heirat zwischen Ruckstuhl und Hermine ist »beschlossene Sache«; die Verlobung soll beim Bundesschießen in Aarau gefeiert werden. Als Hermine das »Fähnlein« mit dem aus grüner Seide gestickten Wahlspruch »Freundschaft in der Freiheit« bringt, verzeihen sie den Frauen. Die durch den Heiratsbeschluß der Väter irritierte Hermine wird von Frau Hediger getröstet: »Dein Vater! Den machen wir soo klein, soo klein! Der soll sich seinen Ruckstuhl in Essig und Öl legen lassen, wir haben doch unseren Karl!«

(5) Karl spielt seinem Rivalen Ruckstuhl einen Streich. Zusammen mit Spörri und anderen Stubenkameraden überredet er Ruckstuhl nach einem ausgedehnten Wirtshausabend, trotz des Zapfenstreichs in der Kaserne »noch ein bißchen auf der Bude weiterzutrinken«. Bevor die Ronde kommt, soll Ruckstuhl auch noch den »Säbeltrunk«, bei dem kein Tropfen vergossen werden darf, vollführen; da dieser »Säbeltrunk« ihm mißlingt, muß er in Hemd und Unterhose vor der Tür Wache stehen. Von der Ronde erwischt, muß Ruckstuhl in den Arrest, so daß er nicht zu dem sonntäglichen Mittagessen im Hause Frymann erscheinen kann; mit Behagen bestellt Karl dort »einen schönen Gruß« von seinem Freund Ruckstuhl. Frymann freilich quälen im Augenblick andere Sorgen. Die »sieben Aufrechten« haben sich auf den »Brauch« besonnen, daß bei dem Bundesschießen »jede Abordnung einen Redner stellt«. Durch das Los wird Frymann als Redner bestimmt. Er soll »nicht so fein diplomatisch, so verschnörkelt und so verklausuliert, sondern frei von der Leber weg« reden, »so

fest und bündig, wie feste Männer reden, die das Herz auf dem rechten Fleck haben«. Doch Frymann arbeitet mit Mühe eine Rede aus, versucht, sie einzustudieren, bleibt aber immer wieder stecken.

(6) Schließlich kommt der »große Tag«, an dem die »sieben Aufrechten« ihre Reise antreten; die Frauen ermöglichen Karl, heimlich mit dem Zug nach Aarau zu fahren. Hermine unterstützt Karl in allem und ›beflügelt‹ ihn, mit 25 Treffern bei nur 25 Schuß den goldenen Schützenkranz zu erringen. Sie ergreift auch die Initiative, als Frymann sich außerstande sieht, die Rede zu halten; sie überredet ihren Vater, für den sie zuvor bei Karl um Verständnis geworben hat, Karl das Fähnlein zu übergeben und ihn damit zum Sprecher der »sieben Aufrechten« zu machen.[9] Karl hält aus dem Stegreif eine überzeugende Rede, so daß Frymann und schließlich auch Hediger das Einverständnis zur Heirat von Hermine und Karl geben. Frymann: »Man soll doch nicht von uns sagen, daß wir starrsinnig auf einem Irrtum beharren.« Ruckstuhl gerät durch den Betrug, einen gekauften Pokal als Siegespreis auszugeben, ins moralische Abseits.

2.3. Verwendetes literarisches Material

Gottfried Keller: *Das Fähnlein der sieben Aufrechten*, in: *Auerbachs Deutscher Volkskalender auf das Jahr 1861*; danach in: G. K.: *Züricher Novellen*. Stuttgart 1878.

2.4. Textbeispiel

Das Textbeispiel gibt Karls Rede beim Bundesschießen wieder, die im Film aus Segmenten des Keller-Textes entwickelt wurde. In der folgenden Synopse bezeichnen eckige Klammern den eliminierten Keller-Text (zitiert nach: G. K.: *Sämtliche Werke*. Bd. 10, hg. v. Carl Helbling, Bern 1945, S. 1–90, mit Seiten- und Zeilenangabe) und der **Halbfett**-Druck den neuen Text.[10]

(69,5–7:)
Herr Präsident! Liebe Eidgenossen!
Wir sind [da] unser acht [Mannli] **Mann** mit einem [Fahnli] **Fähnlein** [gekommen,]**!** [s]Sieben Graukopfe mit einem [jungen] [Fähndrich] **Fähnrich**!

---

9 Aufmarsch und Fahnenkult nehmen hier einen breiten Raum ein. Mit gleicher Emphase wird später im Film POUR LE MÉRITE (siehe Kap. B.14) die Begeisterung der Massen über die Wiedereinführung der Allgemeinen Wehrpflicht gezeigt.
10 Im Drehbuch (E 371–386) ist der Text der Rede wesentlich kürzer. Er enthält jedoch im Anschluß an den Ausruf »die Sieben Aufrechten« die im Film nicht gesprochene Passage: »Ein Vorbild für uns Junge sollen sie sein, in der Stunde der Gefahr, in der Stunde der Freude!«

(70,12–21:)
[Schaut sie an,] **Da stehen sie,** die alten Sünder! **Seht sie Euch an!** Sämtlich stehen sie nicht im Geruche besonderer Heiligkeit! [Spärlich] **Selten** [sieht] **trifft** man einen von ihnen in der Kirche! [Auf geistliche Dinge sind sie nicht wohl zu sprechen!] Aber ich kann euch, liebe Eidgenossen, [hier unter freiem Himmel] etwas Seltsames [anvertrauen] **verraten**: so oft das Vaterland in Gefahr ist, fangen sie ganz sachte an, an Gott zu glauben; erst jeder leis für sich, [dann immer lauter,] bis [sich] **es** einer dem andern verrät und **bis** sie dann **alle** zusammen eine [wunderliche] **wunderbare** Theologie treiben, deren [erster und einziger] **oberster** Hauptsatz [lautet] **ist**: Hilf dir selbst, [so] **dann** hilft dir Gott!

(71,28–72,11:)
[Wie kurzweilig ist es, daß es nicht einen eintönigen Schlag Schweizer, sondern daß es Zürcher und Berner, Unterwaldner und Neuenburger, Graubündner und Basler gibt, und sogar zweierlei Basler! Daß es eine Appenzeller Geschichte gibt und eine Genfer Geschichte; diese Mannigfaltigkeit in der Einheit, welche Gott uns erhalten möge, ist die rechte Schule der Freundschaft, und erst da, wo die politische Zusammengehörigkeit zur persönlichen Freundschaft eines ganzen Volkes wird, da ist das Höchste gewonnen! Denn was der Bügersinn nicht ausrichten sollte, das wird die Freundesliebe vermögen, und beide werden zu *einer* Tugend werden!]

Sie sind stets ihren separaten Weg gegangen. Ein eigener Kanton sollte es sein, für den sie heute hier aufmarschieren, der Kanton der Freundschaft! Sie glaubten in eigener Sache gekommen zu sein, die Querköpfe, und haben doch nur eines im Sinn: Die Sache der großen freien Volksgemeinschaft der Schweiz.

(69,16–70,2:)
[wir sind gekommen, nicht Gaben zu holen, sondern zu bringen:] **Dreierlei bringen wir Euch:** ein bescheidenes Becherlein, ein fast unbescheiden fröhliches Herz und ein neues [Fahnli] **Fähnlein** [, das mir in der Hand zittert vor Begierde, auf eurer Fahnenburg zu wehen. Das Fahnli nehmen wir aber wieder mit, es soll nur seine Weihe bei euch holen]. Seht, was [mit goldener Schrift] darauf geschrieben steht: *Freundschaft in der Freiheit!* [Ja, es ist sozusagen die Freundschaft in Person, welche wir zum Feste führen, die Freundschaft von Vaterlands wegen, die Freundschaft aus Freiheitsliebe! Sie ist es, welche diese sieben Kahlköpfe, die hier in der Sonne schimmern, zusammengeführt hat vor dreißig, vor vierzig Jahren,] **Dieser Wahlspruch hat die Alten vor vielen Jahren zusammengeführt** und zusammengehalten [durch alle Stürme,] in guten und schlimmen Zeiten!

(71,21–25:)
[Zwar sind] [s] **S**ie [in ihrer Jugend auch gereist und] haben vieler Herren Länder gesehen, **die Sieben**, [nicht voll Hochmut, sondern jedes Land ehrend, in dem sie rechte Leute fanden; doch] **aber** ihr Wahlspruch blieb immer: Achte jedes Mannes Vaterland, aber das deinige liebe!

(70,2–4:)
Es ist [ein] **kein** Verein, [der keinen Namen hat, keinen] **es gibt auch keinen** Präsidenten und keine Statuten [...] **aber einen Ehrennamen haben sich die Alten erworben im Lande: ›die sieben Aufrechten‹!**

(72,21–23:)
[So gebt uns nun, liebe Eidgenossen, den Ehrentrunk!] **Und so weiht denn unser Fähnlein!** Es lebe die Freundschaft [im Vaterlande! Es lebe die Freundschaft] in der Freiheit! **Es lebe unsere schöne Heimat!**

2.5. Kontext

In Teil IV des Versailler Vertrages war Deutschland die Aufhebung der Allgemeinen Wehrpflicht auferlegt worden. Mit dem *Gesetz für den Aufbau der Wehrmacht* vom 16. März 1935 (RGBl 1935 I, S. 375 ff.) wurde die Allgemeine Wehrpflicht wieder eingeführt. In der vorangeschickten »Proklamation der Reichsregierung an das deutsche Volk« (S. 369 ff.) legt die Reichsregierung die Gründe für diese Maßnahme ausführlich dar, darunter die Nicht-Einlösung des »Versprechens auf Abrüstung der anderen Staaten«; am 14. Oktober 1933 war Deutschland bereits aus dem Völkerbund ausgetreten.

2.6. Normaspekte

(1) Formulierte Gemeinschaftsnorm in Karls Verherrlichung der »großen *freien Volksgemeinschaft* der Schweiz«. Die Ehe zwischen Karl und Hermine ist ein Zeichen für die Überwindung der sozialen Schranken in dieser Volksgemeinschaft.

(2) Formulierte Verhaltensnorm im Wahlspruch der »sieben Aufrechten«: »*Freundschaft in der Freiheit*«.

(3) Formulierte politische Norm in der Rede Karls: »*Achte jedes Mannes Vaterland, aber das deinige liebe!*« Das Vaterland wird als »*schöne Heimat*« umschrieben.

(4) Die »sieben Aufrechten« erinnern sich an den Krieg:
(Überblendung, Marschmusik)

Frymann: »Manchmal in stillen Stunden, da geht mir so der Gedanke durch den Kopf, ob unsere Jungen das alles bewahren und behüten werden, was wir ihnen einstmals erkämpft haben?«
Hediger: »Mach Dir keine Sorgen, alter Freund. Unsere Jungen, die stehen auch ihren Mann.«
Frymann: »... es lebe die Jugend in unserem Vaterland.«
Abgeleitete Generationennorm: *Die Jugend muß das Erkämpfte bewahren*, und: *Die Jugend braucht Vertrauen*. Sie geht dabei zwangsläufig eigene Wege, was die Frauen manchmal besser als die alten Männer (= »Querköpfe«) verstehen. Mutter Hediger und Hermine werden deshalb zu Norminstanzen des Films.

(5) Aus dem Konflikt zwischen den Alten und den Jungen läßt sich eine weitere Generationennorm ableiten: *Jede Gemeinschaft braucht zur Selbsterhaltung die Jungen!*

(6) Die hohe Bewertung des Bundesschießens und der Fähigkeit des Einzelnen, sich als Schütze zu bewähren, beruht auf der militärischen Norm: *Erhaltung der Wehrfähigkeit*.

(7) Abgeleitete Liebes- und Ehenorm: *Liebe überwindet soziale Schranken*, und: *Ehen dürfen nicht aus Berechnung geschlossen werden*.

2.7. Überliefertes Material

Drehbuch: DAS FÄHNLEIN [!] DER SIEBEN AUFRECHTEN. *Ein Film nach der gleichnamigen Novelle von Gottfried Keller. Drehbuch: H. F. Köllner. Regie: Frank Wysbar. Ein Terra-Film*. Typoskript, 208 hektogr. S. [SDK].

Illustrierter Film-Kurier Nr. 2266 [BFA]; *Das Programm von heute* o. Nr. [BFA]; *U. T. Illustrierte Hauszeitschrift der U. T.-Lichtspiele*, Jg. 2, Nr. 4, 12 S. [DIF]; ferner: *Illustrierter Film-Kurier* (österr. Ausg.) Nr. 1026.

2.8. Interviews, Stellungnahmen, Rezensionen

[Hans] Schu[hmacher]: Schlichter Arbeitstag im Atelier: DIE SIEBEN AUFRECHTEN, in: *FK* 17.11.1934 (Nr. 271); [Anonym:] »Mach ich, Herr Scharfschütze«, sagt Heinrich George. Aufnahmen zu DAS FÄHNLEIN DER SIEBEN AUFRECHTEN [mit Abb.], in: *Filmwelt*, Berlin, 2.12.1934 (Nr. 48).

[Anonym:] Verfilmter Gottfried Keller, in: *FK* 12.1.1935 (Nr. 10); [Anonym:] Große Stimmung bei HERMINE, in: *FK* 14.1.1935 (Nr. 11); [Anonym:] Diskussion um HERMINE. Terra veranstaltet westdeutschen Presseempfang. Wysbar und George über ihr Werk, in: *FK* 23.1.1935 (Nr. 19); (Ralf Scotoni, Frank Wysbar, Dr. Werner Pleister:) Gespräch über HERMINE. Die Gesetze des Films machen die Umgestaltung jeder Dichtung erforderlich, in: *FK* 4.2.1935 (Nr. 29); [Sammelheft:] Ungekürzte Pressestimmen. Terra Film AG [BFA], daraus seien in Auswahl genannt: R. H. D.:

Jubel im Capitol. Heinrich George und Paul Henckels erobern die Herzen, in: *8-Uhr-Abendblatt, Nationalztg.* 12.1.1935; [Anonym:] Gottfried Kellers Poesie im Film. Emporgehoben im Capitol, in: *Der Angriff* 12.1.1935 (Nr. 10); O. E. H.: Ein ganz und gar deutscher Spitzenfilm tritt seinen Siegeszug an, in: *B. Z. am Mittag* 12.1.1935; H[ans] E[rasmus] F[ischer]: HERMINE UND DIE SIEBEN AUFRECHTEN. Capitol, in: *Berliner Lokal-Anzeiger* 12.1.1935 (Nr. 11); [Fritz] Aeckerle: HERMINE UND DIE SIEBEN AUFRECHTEN. Terra-Film im Capitol, in: *Dt. Allg. Ztg.* 12.1.1935 (Nr. 20); H. E. F[ischer]: Dieser Film ist ein Kunstwerk, in: *Berliner Lokal-Anzeiger* 13.1.1935; R. K.: HERMINE UND DIE SIEBEN AUFRECHTEN. Erfolgreiche Uraufführung im Capitol am Zoo, in: *Völkischer Beobachter* (Norddt. Ausg.) 13.1.1935 (Nr. 13); erba.: HERMINE UND DIE SIEBEN AUFRECHTEN. Gloria-Palast und Rathaus-Lichtspiele, in: *Völkischer Beobachter* (Münchner Ausg.) 31.1.1935 (Nr. 31).

Weiterer Einsatz: *FK* 12.2.1935 (Nr. 36): Zürich; *FK* 18.2.1935 (Nr. 41): Mainz; *FK* 17.8.1935 (Nr. 191): Venedig; Kauf./Jolo, in: *Variety* 2.10.1935.

3. DER ALTE UND DER JUNGE KÖNIG

3.1. Produktionsdaten

UT: [1935:] Friedrich des Großen Jugend; [1938:] Ein Emil-Jannings-Film der Deka-Film-Produktion
P: Deka-Film GmbH; 3.343 m; Drehbeginn: 22.10.1934 (Atelier: Tobis-Grunewald); Abschluß: Anfang Januar 1935
A: Thea v. Harbou, Rolf Lauckner[11]
R: Hans Steinhoff; R-Ass.: Toni Huppertz

Stab: K: Karl Puth; M: Wolfgang Zeller; T: Adolf Jansen; Bau: Fritz Maurischat, Weber; Schnitt: Willy Zeyn; Aufnahmeltg.: Gustav Rathje; künstler. Ltg.: Erich Kröhnke; Choreographie: Sabine Reß

FM: Tobis-Klangfilm, Geyer-Kopie
V: Neues Deutsches Lichtspiel-Syndikat Verleih, Weltvertrieb: Tobis-Cinema
UA: 29. Januar 1935, Stuttgart, Universum der Schwäbischen Urania; danach 1. Februar 1935, Düsseldorf, Apollo, und 5. Februar 1935, Berlin, Ufa-Palast am Zoo

Besetzung:
König Friedrich Wilhelm I.	Emil Jannings
Königin Sophie	Leopoldine Konstantin
Kronprinz Friedrich	Werner Hinz
Kronprinzessin	Carola Höhn
Prinzessin Wilhelmine	Marieluise Claudius
Leutnant Katte	Claus Clausen
Kattes Vater	Friedrich Kayßler
Erbprinz von Bayreuth	Georg Alexander
v. Natzmer	Walter Janssen
v. Rochow	Theodor Loos
Grumbkow	Heinrich Marlow
Hotham	Fritz Odemar
Dessauer	Rudolf Klein-Rogge
v. Waldow	Leopold von Ledebur
v. Reichmann	Friedrich Ulmer
v. Seckendorff	Harry Hardt
Frau v. Kamecke	Luise Moorland
Frau v. Ramen	Emilia Unda
Frl. v. Sonsfeld	Ruth Eweler
Eversmann	Eugen Rex
Gräfin Arnim	Ellen Frank

---

11 Vgl. hierzu Rolf Lauckner: Das Wort im Tonfilm, in: *FK* 25.4.1935 (Nr. 96), und später: Über die Grenzen zwischen Bühne und Film. Probleme von Bild und Raum und Ort und Zeit, in: *FK* 4.3.1938 (Nr. 53), 2. Beibl., sowie: Film ist Kunst, in: *FK* 10.3.1939 (Nr. 59), 1. Beibl. Der Vorstand der Ufa erkannte in Lauckner den richtigen Mann, ein »Drehbuch für einen großen nationalen Stoff« zu schreiben; für 1936/37 vorgesehen war ein Film mit dem Titel KÖNIG UND VOLK, wahlweise MEIN LEBEN FÜR DEN STAAT (BA R 109 I/ 1030b, f. 6) und danach ein »zweiter nationaler Stoff« (BA R 109 I/ 1031a, f. 204). Lauckner lieferte später das Drehbuch zu BISMARCK. Zu Lauckner vgl. Ebermayer 1959, S. 376, 397, 482, 626.

Pesne	Paul Henckels
Knobelsdorf	Hans Leibelt
Kaiserlingk	Walter Steinbeck
1. Wucherer	Hadrian Netto
2. Wucherer	Egon Brosig

Bewertung:
FP: 24. Januar 1935, ausgefertigt am 5. Februar 1935, Prüf-Nr. 38424 (Tit.): staatspolitisch und künstlerisch besonders wertvoll, volksbildend, Jf, 3.343 m (gültig bis 31.12.1938) [SDK: es fehlen Tit. 2. Akt, Tit. 88 ff. – 3. Akt, Tit. 1–90]; 15. Februar 1935, Prüf-Nr. 38576 (Vorspann): 112 m; Bayer. Staatsministerium für Unterricht und Kultus 24. April 1935: »In einer auf 2.607 m gekürzten Fassung als staatspolitische Filmveranstaltung für die Schulen freigegeben« (Bayer. Hauptstaatsarchiv MK 41158)[12]; FP: 22. Dezember 1938, Prüf-Nr. 50088: gleiche Bw., 3.267 m (gültig bis 31.12.1941) [BFA]; Paimann 22.3.1935 (Nr. 989): »mit Einschränkungen stark über dem Durchschnitt«; laut Entscheidung der ital. Filmprüfstelle »für Südtirol verboten« (*FK* 9.12.1935, Nr. 287); 26. Februar 1942, Prüf-Nr. 56750: gleiche Bw., 3.291 m.
CFFP 1951, S. 25: »A very fine film with outstanding acting, which is only spoilt by the overemphasis on militarist and nationalist propaganda«; LPF June/Sept. 1953.
FSK: 4. August 1958, Prüf-Nr. 17575: Jf 12, 3.190 m (117 min).

Rechte: Taurus Film GmbH, München
Kopie: BFA$_1$ [SDK]

3.2. Handlung

(1) Während im Schloß die an den Zimmern vorbeimarschierende Wache die preußische Königsfamilie aus dem Schlaf trommelt, sitzt der Kronprinz noch am Spieltisch. Der König absolviert das morgendliche Ritual der Begrüßung der Familienmitglieder und der gemeinsamen Morgenandacht (Bibellesung: Gleichnis vom Sämann) und bemerkt das Fehlen des Kronprinzen; dieser verliert beim Spiel und ist gezwungen, Schuldscheine zu unterschreiben. Als das Grenadierregiment bereits zum Appell angetreten ist, fehlt der Kronprinz noch immer, obgleich ihn zehn Mann bereits eine Stunde lang suchen; Oberst v. Rochow muß dem König melden, daß er nicht zum Dienst erschienen ist. Der König entdeckt unter seinen »langen Kerls« ein neues Gesicht, den neu angeworbenen Grenadier Müller, der dem König freimütig erklärt, daß er sich in der Garde nicht wohlfühle, und daß er in betrunkenem Zustand angeworben worden sei; der König setzt sich mit einem Scherz darüber hinweg. Da endlich meldet sich der Kronprinz, übernächtigt und vorschriftswidrig angezogen, zur Stelle. Der König beauftragt Leutnant Katte, den Freund des Kronprinzen, diesem zu sagen, »daß ein Oberst meines Regiments nicht zum Dienst erscheinen darf wie ein Hurenkerl!« Außerdem solle sich der Kronprinz nach dem Dienst bei ihm melden.

---

12 Wie stark man daran interessiert war, den Film pädagogisch zu nutzen, zeigt die »Sondervorstellung für 1.000 Volks-, Mittel- und Fachschullehrer« (Hinweis: *Kinematograph* 6.2.1935, Nr. 26).

(2) Königin Sophie beurteilt das Verhalten ihres Sohnes mit Nachsicht; am Hof ihres Bruders, des Königs von England, sei das Spiel ein »adeliges Vergnügen«, kein Verbrechen. Ihr Gespräch mit dem englischen Gesandten führt zum Streit um die Zukunft der Tochter Wilhelmine, die sie mit dem Prinzen von Wales vermählt sehen will, während der König für sie den Erbprinzen von Bayreuth als Gatten ausersehen hat, nachdem der englische Gesandte nicht gewillt ist, ihm den Erwerb der Herzogtümer Jülich und Berg zu garantieren; der Erbprinz von Bayreuth ist schon in Berlin, um sich die Zustimmung des Königs zu holen. Der König nimmt den Streit zum Anlaß für schwerwiegende Vorwürfe gegen Sophie, die intrigiere, Pläne schmiede, Revolten unterstütze, den Kronprinzen schlecht erzogen habe und sein Herz gegen ihn vergifte. Wilhelmine vermag er nicht für sich zu gewinnen. Er verläßt Sophie und Wilhelmine mit der Frage: »Warum liebt ihr mich nicht?« Von Oberst v. Rochow beim Strafexerzieren herumgehetzt, kehrt der Kronprinz erschöpft auf sein Zimmer zurück; sein Bursche Gummersbach gibt ihm frische Wäsche für die Audienz beim König. Katte billigt die Maßnahmen des Königs. Er erklärt dem Kronprinzen, daß er sich vor dem König für ihn »bis in die Seele hinein geschämt« habe, und ist entsetzt, als der Kronprinz ihn bittet, ihm bei der Fahnenflucht zu helfen. Der König indessen löst die Schuldscheine seines Sohnes ein, obgleich er darauf hingewiesen wird, daß falsch gespielt worden sei. Er gibt Anweisung, 400 Taler aus seiner Privatschatulle zu zahlen, und jagt die beiden Wucherer, die auch noch Zinsen verlangen, davon.

(3) Bei den Audienzen greift der König abermals hart durch. Er rügt den Generalfinanzdirektor Grumbkow wegen des Schlendrians in der Wirtschaft und verbietet den Salzimport. Vom Minister verlangt er Aufklärung über das Verhalten seiner Räte und Inspektoren, denen er bei Annahme von Geschenken und bei Bestechlichkeit mit der Todesstrafe droht. Den Pfarrer der Garnisonskirche mahnt er mit dem Geschenk einer Eieruhr, seine Predigten nicht auszudehnen, und den Küchenchef läßt er wegen falscher Abrechnungen mit Stockhieben aus dem Zimmer jagen. Im Gespräch unter vier Augen, in dem er den Kronprinzen zunächst fragt, wo er die Nacht zugebracht habe, gibt er sich anfangs versöhnlich. Erst als der Kronprinz statt der 400 Taler nur 300 Taler Spielschulden zugibt, verliert er die Beherrschung. Er zerrt ihn vor den Spiegel: »Sieh Dich an! Das ist der Kronprinz von Preußen! Ein Lügner! Ein Spieler! Ein Feigling! Das ist der Mensch, der einmal König von Preußen sein soll!« Der Kronprinz ist außerstande, sich zu verteidigen. Der König spricht ihm »Ehre, Soldatentum, Sohnesliebe und Gottesfurcht« ab und gibt ihm Arrest in der Kaserne; er darf dort keine Besuche empfangen, keine französischen Bücher lesen und muß vor allem auf das geliebte Flötenspiel verzichten. Der letzten Audienz geht eine komische Situation voraus: Der Erbprinz von Bayreuth gelangt in das Arbeitszimmer des Königs, erkennt jedoch den König nicht und bittet, ihm gemeldet zu werden. Nachdem der König sich umgezogen hat und wieder in das Zimmer eingetreten ist, überwindet der Erbprinz seinen Schreck schnell. Dem König mißfällt an dem Erbprinzen vor allem der

›weibische‹ Aufputz; nur die Augen sprechen für ihn. Nach dem Gespräch über die Aufgabe eines »Schwiegersohns des Königs von Preußen« kommt der König zu dem Schluß, daß sie, wenn der Erbprinz »das Herz ebenso auf dem rechten Fleck« habe, »wie das Maul«, noch »gute Freunde« werden könnten. Er lädt ihn für den Abend auf die Tabagie ein.

(4) Im ›Tabakskollegium‹ erlauben sich der König, assistiert von seinem Diener Eversmann, und die ständigen Mitglieder (v. Waldow, v. Seckendorff, v. Reichmann, Grumbkow, Dessauer, v. Rochow) mannigfache Späße mit dem Erbprinzen, die dieser geschickt pariert. Zur gleichen Zeit musiziert der Kronprinz mit seiner Schwester Wilhelmine, die sich nicht auf ihr Klavierspiel konzentrieren kann. Der aufmerksam zuhörende und in Wilhelmine verliebte Katte macht sie auf ihre Fehler aufmerksam. Als Wilhelmine von ihm ihr Bild zurückerbittet, will er lieber sterben; vergeblich versucht sie, seine »Nachtgedanken« zu zerstreuen. Der Kronprinz sieht seine Freundschaft mit Katte verraten, als dieser sich abermals weigert, ihm bei der Flucht zu helfen. Aber es wird weiter musiziert, und man glaubt sicher zu sein, daß der König »nie vor zwei Uhr nachts aus der Tabagie zurückkommt« und dann meist »so besoffen« ist, daß er ins Bett geschleift werden muß. Doch der König verläßt die Tabagie vorzeitig, nachdem der (auf den Rat eines Tischnachbarn) sich betrunken stellende Erbprinz in einer improvisierten »Leichenrede auf den König« ihm bittere Wahrheiten ins Gesicht gesagt und er die Verstellung des Erbprinzen erkannt hat. Er überrascht den Kronprinzen und Wilhelmine im Musikzimmer; Katte kann sich noch rechtzeitig verstecken. Nachdem er Wilhelmine von Evermann aus dem Zimmer bringen und in Arrest hat setzen lassen, stellt er den Kronprinzen erregt zur Rede. In einem Tobsuchtsanfall wirft er Bücher, Noten und Flöte ins Kaminfeuer und reißt ihm den seidenen Schlafrock vom Leibe. Der Kronprinz gerät gleichfalls außer sich; vom Vater an seine Pflicht als Kronprinz erinnert, höhnt er, er »pfeife auf diese Pflicht«. Um den Kronprinz nunmehr »wie ein Feuer« zu bewachen, ordnet der König an, er solle ihn auf eine Reise nach Süddeutschland begleiten. Katte, der die Auseinandersetzung aus seinem Versteck mitangehört hat, findet den gegen den Kamin gestürzten Kronprinzen am Boden liegend. Er ist nunmehr bereit, seinem Freunde bei der Flucht zu helfen.

(5) Der Kronprinz will die Gelegenheit der Reise nutzen, um nach England zu fliehen; seine Mutter ist in den Plan eingeweiht. An Stelle von Katte, dem man den Urlaub verweigert hat, begleitet Oberst v. Rochow den Kronprinzen. Man nimmt Nachtquartier in einer Scheune. Katte hat die Flucht gut vorbereitet, aber sie mißlingt, denn der Brief, in dem der Kronprinz Katte mitgeteilt hat, daß er sofort nach Überqueren des Rheins die Grenze nach Frankreich überschreiten werde, wo er ihn anzutreffen hoffe, gerät irrtümlich in die Hände von Kattes Vetter, der den König und seine Begleiter einholt und dem König den Brief mitten in der Nacht überbringt. Dieser ruft sofort seinen Stab zusammen, den er erst durch den Brief überzeugen kann, daß der Kronprinz desertieren

will. Oberst v. Rochow hält den Kronprinzen auf und beschwört ihn umzukehren. Der König erläßt per Eilkurier Haftbefehl gegen Katte wegen Hochverrats, und von Oberst v. Rochow erfährt er, daß der Kronprinz bereits in dessen Wagen sei; dieser muß »mit seinem Kopf« dafür bürgen, daß der Kronprinz sicher nach Preußen zurückgebracht wird.

(6) Der Kronprinz wird im Beisein des Königs verhört. Er rechtfertigt seinen Fluchtversuch mit der Behauptung, sein Vater habe ihn »nicht wie einen Sohn, sondern wie einen Sklaven« behandelt. Der König greift in das Verhör ein; es kommt zu einer heftigen Auseinandersetzung zwischen Vater und Sohn. Danach wird der Kronprinz auf Befehl des Königs in Ketten nach Küstrin vor das Kriegsgericht gebracht. Das Urteil des Kriegsgerichts gegen Katte wird vom König eigenmächtig geändert: Katte soll nicht nur mit »lebenslänglicher Festungshaft«, sondern mit dem »Tod durch das Schwert« bestraft werden. Es gelingt dem König, Kattes Vater, Generalleutnant Katte, der ihn um Gnade für seinen Sohn bittet, von der Notwendigkeit dieser Art der Bestrafung zu überzeugen; die Hinrichtung vor den Augen des Kronprinzen ist als väterliche Erziehungsmaßnahme gedacht. Katte geht innerlich gefaßt in den Tod. Er bittet den Feldprediger, das Bild Wilhelmines mit einem Brief dem Kronprinzen zu übergeben, und er läßt sich vor der Hinrichtung nicht binden. Seine Standhaftigkeit nötigt dem König Hochachtung ab; er ordnet eine Ehrensalve über Kattes Grab an. Der Kronprinz erfährt erst im letzten Augenblick von der Hinrichtung Kattes. Vergeblich beschwört er den Kommandanten, die Hinrichtung aufzuschieben. Durch das Fenster ruft er Katte zu: »Ich bin schuld an Deinem Tode! Ich bin Dein Mörder! Verzeih mir, Katte!« Katte erwidert: »Ich habe Ihnen nichts zu vergeben, mein Prinz. Wenn ich tausend Leben hätte, ich würde sie mit Freuden für Sie opfern!« Nach der Hinrichtung Kattes gelingt es dem Kommandanten v. Reichmann, den Kronprinzen von der Notwendigkeit der Maßnahmen des Königs zu überzeugen und ihm seine Pflicht als zukünftiger König bewußt zu machen. Der Kronprinz schreibt dem König einen Unterwerfungsbrief.

(7) Der König spielt gerade mit seinem jüngsten Sohn, der dem Vater demonstriert, wie gut er schon marschieren kann, als ihm der Brief des Kronprinzen überbracht wird. Er diktiert sofort einen Brief an den Kommandanten v. Reichmann, in dem er den Wunsch zum Ausdruck bringt, daß der Kronprinz nach seiner Unterwerfung unter den königlichen Willen in Zukunft größere Freiheiten erhalten solle. Die Arbeit auf der Domänenkammer soll ihn dem Leben der Bauern näherbringen. Hat er sich hier bewährt, dann soll er in das bedrängte Oberland gebracht werden, »damit er dort an Ort und Stelle die Not des Volkes kennenlernt«.

(8) Der König sucht den Kronprinzen nach langer Zeit in seinem Standquartier auf. Er überzeugt sich von seiner Lebensweise und läßt sich von Oberst v. Rochow über seine Erfolge im Landbau berichten. Das Gespräch zwischen

Vater und Sohn verläuft sachlich und kühl. Ergeben fügt der Kronprinz sich dem Heiratsplan; der König hat ihm die Prinzessin Elisabeth Christine von Braunschweig-Bevern als Frau zugedacht. Damit er in Zukunft einen eigenen Haushalt führen kann, erhält er die »Herrschaft Rheinsberg« als Geschenk; auch seinen Degen darf er wieder tragen. Aber persönlich kommen sich beide nicht näher. Der Kronprinz nennt den Grund für die Unmöglichkeit einer Annäherung: »Majestät, als Sie das Todesurteil an meinem Freunde, dem Leutnant Katte, vollstrecken ließen, da glaubten Sie, mir Katte genommen zu haben. Sie irrten sich. Sein blutiger Schatten hat mich seitdem noch keinen einzigen Tag verlassen. Ich sehe ihn immer vor meinen Augen. Er steht auch jetzt zwischen Ew. Majestät und mir.« Beide gehen wieder an ihre Arbeit. Der Kronprinz will den König noch zum Wagen begleiten, dieser aber lehnt ab.

(9) Auf Schloß Rheinsberg kann der nunmehr verheiratete Kronprinz wieder seinen künstlerischen Neigungen nachgehen, und die Gesandten Europas huldigen ihm als der »aufgehenden Sonne«. Zunächst hält er die Nachricht von der Erkrankung des Königs für »falschen Alarm«; er fordert seine Gemahlin zum Menuett auf. Aber der König ist schwer krank; er läßt sich nach Potsdam bringen, um dort bei seinen »langen Kerls«, seinen »blauen Kindern«, zu sterben. So wie der Kronprinz nur auf Befehl des Königs an sein Krankenbett treten will, so will der König, daß sein Sohn aus eigenem Willen zu ihm komme. In Rheinsberg nimmt das Fest seinen Fortgang. Als man über den König spottet, verteidigt der Kronprinz ihn; seine »Taten« stellten ihn »an die Spitze der größten Herrscher Europas«. Er läßt den Tanz abbrechen, als er von einem Kurier aus Potsdam die Nachricht vom bevorstehenden Tode seines Vaters erhält. Der Arzt versucht den König wenigstens so lange am Leben zu erhalten, bis der Kronprinz eingetroffen ist. Dies gelingt. Der König erkennt den Kronprinzen und will mit ihm allein sein. Beide versöhnen sich, und der Vater legt »sein Land« in die Hände des Sohnes. Die Generäle werden hereinbefohlen; ihnen stellt der König den Sohn als neuen König vor. Der alte König stirbt mit der Aufforderung an den jungen König: »Mach Preußen groß!«

3.3. Verwendetes literarisches Material

Friedrich v. Oppeln-Bronikowski: *Der Baumeister des preußischen Staates. Leben und Wirken des Soldatenkönigs Friedrich Wilhelm I.* Jena 1934; *Der große König als erster Diener seines Staates. Denken und Wirken Friedrichs d. Gr. dargestellt nach seinen bedeutendsten Schriften, Briefen, Testamenten und Gesprächen nebst einigen persönlichen Anekdoten.* Leipzig 1934. Oppeln-Bronikowski war schon seit 1922 durch verschiedene Publikationen über Friedrich d. Gr. hervorgetreten. Ein Jahr nach dem Film erschien von Rudolf Lauckner: *Ein Leben für den Staat. Charakterbild Friedrich d. Gr.* München 1936.

3.4. Textbeispiel

Gespräch zwischen dem König Friedrich Wilhelm I. (FW) und Generalleutnant Katte (K):[13]

FW *(zu K, der vor ihm niederknien will)*: Nicht doch! Was soll das heißen? Steh' Er doch auf!
K: Majestät! Mit angsterfülltem Herzen ...
FW: Davon braucht Er mir nichts zu sagen, lieber Katte. Glaubt Er: Hier sieht es anders aus? Natürlich weiß ich, was Ihn zu mir führt. Wir haben beide schlechte Söhne, Gott sei's geklagt. Sie haben Verbrechen begangen, die sehr leicht dem *Land* gefährlich werden konnten. Sie *müssen* bestraft werden!
K *(sehr erregt)*: Gewiß! Aber mit dem Tod, Majestät?! Es ist mein einziger Sohn!
FW: Halt, halt! Laß Er mich *reden*! Den Tod, den habe ich selbst verfügt, das weiß Er. Glaubt Er, um mich zu rächen oder weil ich vielleicht wäre blutdürstig? Nein, weil diese verbrecherische Aktion eine so harte Strafe *verlangt*. Es ist besser, ein Leutnant Katte stirbt, als daß das *Recht* kommt aus der Welt. Nun wird Er sagen: *Gleiches* Recht soll sein. Ich bin ganz Seiner Meinung. Der Fritz, der hat den Tod akkurat so verdient wie *Sein* Junge. Wenn ich mich nun doch entschlossen habe, ihn am Leben zu lassen, so beileibe nicht wegen der Engländer und Franzosen, die mir da hineinreden wollen. Nein! Weil ich glaube, es vor *Gott* nicht verantworten zu können. Denn ein Kronprinz gehört dem ganzen Lande und nicht mir allein, dem Königlichen Vater. Dieser hat nur danach zu trachten, daß aus dem Jungen etwas Rechtes werde, damit er das mühselige, schwere hohe Amt dereinst verwalte. Um solches zu erreichen, habe ich nun vor, ihn härter noch und strenger zu bestrafen als Euern Sohn.
K: Was könnte härter sein als der Tod?
FW: Das will ich Ihm sagen. Ich werde Order geben, daß der Leutnant von Katte soll vor Fritzens Augen hingerichtet werden, damit er selbst mitansehen muß, wohin dergleichen hochverräterische Aktionen führen mögen. *Versagt* dies letzte Mittel, dann, beim Himmel, endet auch *mein* Sohn durch Henkers Hand! Wenn's aber *nicht* versagt, dann hat der Tod von Leutnant Hans Hermann von Katte Preußen einen König geschenkt. Nun, entscheid' Er selbst! Ich hör' Ihm gnädig zu.
K *(nach langem Schweigen)*: Ich werde mir einbilden: Es ist Krieg, und mein Sohn ist auf dem Felde der Ehre gefallen.
FW: Herr v. Katte, mein Kompliment!

---

13 Für diese und weitere Textbeispiele gilt: Der Sprechduktus ist mit Kursivdruck hervorgehoben; der Nebentext ist kursiv und in Klammern gesetzt.

3.5. Kontext

Der filmische Kontext ist durch eine Reihe von früheren Filmen über Friedrich d. Gr. vorgegeben: FRIDERICUS REX. 2 Tle. (1920/22 u. 1923), DER ALTE FRITZ (1927/28), DAS FLÖTENKONZERT VON SANSSOUCI (1930) und DER CHORAL VON LEUTHEN (1933). Politisch ist in diesem Zusammenhang der »Tag von Potsdam« (21. März 1933) von Bedeutung, an dem Adolf Hitler in einem »feierlichen Staatsakt« in der Garnisonskirche eine Regierungserklärung abgab und Reichspräsident v. Hindenburg in der Königsgruft an den Särgen Friedrich Wilhelms I. und Friedrichs d. Gr. Lorbeerkränze niederlegte. Hitler schloß seine Regierungserklärung mit den Worten: »Möge uns dann aber auch die Vorsehung verleihen jenen Mut und jene Beharrlichkeit, die wir in diesem für jeden Deutschen geheiligten Raume um uns spüren, als für unseres Volkes Freiheit und Größe ringende Menschen zu Füßen der Bahre seines größten Königs.«[14]

3.6. Normaspekte

(1) Nach der Hinrichtung Kattes und der vom König angeordneten Ehrensalve über Kattes Grab für dessen tapferes Verhalten fällt dem Festungskommandanten v. Reichmann die Aufgabe zu, dem Kronprinzen die *Sozialisierungs*ziele des Königs vor Augen zu führen: »Der König mordet nicht! Sein *Wille* ist *Gesetz*, und was sich ihm nicht beugt, muß er vernichten. Das Land zerfällt, das nicht eingliedert. Auch Ihr werdet einmal der König sein, werdet *Gehorsam* fordern.« Und auf die Frage, ob das mit dieser *Härte* geschehen müsse, antwortet er: »Hart wie die *Pflicht*, die Ihr einmal verkörpern sollt, Königliche Hoheit!« Die hier propagierte Staatsraison zieht ihre geschichtliche Rechtfertigung aus den bekannten politischen Erfolgen des ›Soldatenkönigs‹. Katte verteidigt den König nicht, aber »versteht« ihn. Als Soldat begeht er erst in dem Augenblick eine Pflichtverletzung, in dem der König es ihm schwer macht, ihn zu verstehen.

(2) In der gewalttätigen Auseinandersetzung mit dem Kronprinzen präzisiert der König dem Kronprinzen gegenüber die *Pflicht*: Studium der Staatswissenschaften, Lektüre der Bibel und des »Deutschen Rechts«, Lernen, wie »man Ödland besiedelt, und ein guter Soldat sein«. Nicht zur »Sohnesliebe«, aber zu dieser Pflicht kann er ihn zwingen. Der Kronprinz »pfeift auf die Pflicht«. Die

---

14 Die gewünschten Bilder lieferte hierzu die Gedenkausgabe *Die Woche. Der Tag von Potsdam. Zum 21. März 1933*, der auch das Zitat entnommen ist. Vgl. außerdem: *Die Woche* Nr. 15, Sondernr. v. 12.4.1933: *Der Geist von Potsdam*. Einleitungsworte von Vizekanzler von Papen und Reichsminister Geheimrat Dr. Hugenberg. Das Datum war mit Vorbedacht gewählt worden; am 21. März 1871 hatte Bismarck den Ersten Reichstag des deutschen Kaiserreiches eröffnet. Vgl. hierzu Hippler 1982, S. 118.

Normkollision ergibt sich aus der eingeschränkten Pflicht des Königs, die musische Veranlagung seines Sohnes (Flötenspiel und Lektüre französischer Bücher) richtig einzuschätzen, und der Unfähigkeit des Sohnes, den Vater als Repräsentanten des Staates zu begreifen.

3.7. Überliefertes Material

Drehbuch: *Ein Emil Jannings-Film* DER ALTE UND DER NEUE [!] KÖNIG. *Manuskript: Thea v. Harbou & Rudolf Lauckner. Regie: Hans Steinhoff. Produktionsltg: Alfred v. Greven.* Typoskript, 296 hektogr. S. [SDK]; Entwürfe von Fritz Maurischat [SDK].

Illustrierter Film-Kurier Nr. 2275 [BFA]; *Das Programm von heute* o. Nr. [BFA]; *Heft für die Werbung des Films*, 29 S. [BFA]; ferner: *Illustrierter Film-Kurier* (österr. Ausg.) Nr. 1047; Dr. h. c. Friedrich v. Oppeln-Bronikowski: DER ALTE UND DER JUNGE KÖNIG. *Eindrücke eines Biographen*, 2 hektogr. S. [BFA]; Bildmaterial [BFA, SDK].

3.8. Interviews, Stellungnahmen, Rezensionen[15]

[Hans] Schu[hmacher]: Jannings hat begonnen, in: *FK* 2.11.1934 (Nr. 258); [Hans] Schu[hmacher]: Bauten warten auf die Kamera, in: *FK* 7.11.1934 (Nr. 262); [Anonym:] Das Märchen von Hinz dem Prinz. [Wie es zur Besetzung der Rolle des Kronprinzen kam], in: *FK* 24.11.1934 (Nr. 276); [Anonym:] »Königliche Hoheit werden gebeten«. Audienz beim Soldatenkönig [mit Abb.], in: *Filmwelt*, Berlin, 9.12.1934 (Nr. 49); -r: Film-Arbeit an der Jahreswende: Jannings – König im Atelier, in: *FK* 19.12.1934 (Nr. 297); Bilderbogen des *FK* 1.1.1935 (Nr. 1) u. 2.2.1935 (Nr. 28); [Anonym:] DER ALTE UND DER JUNGE KÖNIG [mit Abb.], in: *Filmwelt*, Berlin, 13.1.1935 (Nr. 2); [Anonym:] Hans Steinhoff spricht sich aus, in: *FK* 15.1.1935 (Nr. 12); [Anonym:] Jannings-Film vor dem Start. Heute Stuttgart – Freitag Düsseldorfer Veranstaltungen: DER ALTE UND DER JUNGE KÖNIG, in: *FK* 29.1.1935 (Nr. 24).

[Anonym:] Stuttgart hat Weltpremiere: DER ALTE UND DER JUNGE KÖNIG, in: *FK* 30.1.1935 (Nr. 25); [Anonym:] Emil Jannings, in: *FK* 2.2.1935 (Nr. 28); Hans Steinbach: Tag des NDLS [Neuen Deutschen Lichtspiel-Syndikats] in Düsseldorf: DER ALTE UND DER JUNGE KÖNIG, in: *FK* 2.2.1935 (Nr. 28); [Textauszug: Gespräch König-Kronprinz] in: *Der Angriff* 4.2.1935 (Nr. 29); Tyl: 24 Stunden vor der Premiere, in: *FK* 5.2.1935 (Nr. 30); W[erner] Fiedler: Emil Jannings als Soldatenkönig. DER ALTE UND DER JUNGE KÖNIG im Ufa-Palast, in: *Dt. Allg. Ztg.* 6.2.1935 (Nr. 62); -r: DER ALTE UND DER JUNGE KÖNIG [Stuttgarter Premiere] und: Künstlerisches Filmwollen am historischen Beispiel: DER ALTE UND DER JUNGE KÖNIG. Der neue Janningsfilm im Berliner Ufa-Palast, in: *FK* 6.2.1935 (Nr. 31); K. R.: Triumphaler Erfolg eines wirklich deutschen Films. DER ALTE UND DER JUNGE KÖNIG in Berlin uraufgeführt, in: *Völkischer Beobachter* (Norddt. Ausg.) 7.2.1935 (Nr. 38); [Anonym:] Nur Kritik vom Film aus wird dem Film gerecht. »Ein wahrhaft großer Film«. Ausländische Pressestimmen über den Königsfilm, in: *FK* 14.2.1935 (Nr. 38); Heinz Hansen: Jannings' beste Leistung, in: *Österr. Abendblatt* 29.3.1935; [Mittlg:] Ehrung durch Rust für den Königsfilm, in: *FK* 24.4.1935 (Nr. 95); [Anonym:] Die Pariser Frontkämpfer-Rede zum Königsfilm. José über LES DEUX ROIS, in: *FK* 28.6.1935 (Nr. 148); Emile Vuillemoz: LES DEUX ROIS, in: *Le Temps*, Paris, 13.7.1935.

---

15 Weitere Angaben zur Drehzeit und zu Rezensionen finden sich auf dem Datenblatt zum Film im DIF. Vgl. zur Rundfunksendung am 6.2.1935 Drewniak 1987, S. 654.

Weiterer Einsatz: *FK* 12. u. 16.2.1935 (Nr. 36 u. 40): Hamburg; *FK* 13.2.1935 (Nr. 37): Frankfurt/M.; *FK* 15.2.1935 (Nr. 39): Seminar für Publizistik; *FK* 23. u. 28.3.1935 (Nr. 70 u. 74): Potsdam; *FK* 28.3.1935 (Nr. 74): Schweiz; *FK* 29.3. u. 2.4.1935 (Nr. 75 u. 78): Wien; *FK* 15.4.1935 (Nr. 89): Rumänien; *FK* 17. u. 22.6.1935 (Nr. 138 u. 143): Paris; *FK* 20.8.1935 (Nr. 193): Venedig; *FK* 3.9.1935 (Nr. 205): Helsingfors; *FK* 2.10.1935 (Nr. 230): Dänemark; *FK* 11.10.1935 (Nr. 238) u. 2.1.1936 (Nr. 1): Belgien; *FK* 2.11.1935 (Nr. 257): Brüssel; *FK* 11.12.1935 (Nr. 289): New York; vgl. hierzu: Kauf., in: *Variety* 11.12.1935; *FK* 4.1.1936 (Nr. 3): franz. Synchronisation.

Die Wiederaufführung des Films löste in der Presse der Jahre 1959–1963 zahlreiche ablehnende, z. T. empörte Reaktionen aus [Zeitungsausschnitt-Sammlungen im BFA und DIF]. Herausgegriffen seien hier nur: hdr: Preußens Gloria, in: *Süddt. Ztg.*, München, 5.12.1960; und (der Widerspruch gegen diese Glosse): Deutsche Geschichte auf der Leinwand, in: *Die Reserver – Verband der Dt. Bundeswehr* 1961.

4. Das Mädchen Johanna

4.1. Produktionsdaten

UT: [Zensurkarte:] Ein Ufa-Film; [*Illustrierter Film-Kurier:*] Ein Film von Gerhard Menzel
P: Universum-Film AG, Herstellungsgruppe Bruno Duday; 2.377 m; Drehbeginn: 19.2.1935 (Ufa-Atelier Neubabelsberg)
A: Gerhard Menzel[16]
R: Gustav Ucicky; R-Ass.: Eduard v. Borsody

Stab: K: Günther Krampf; M: Peter Kreuder; T: Hermann Fritzsching; Bau: Robert Herlth, Walter Röhrig; Kostüme: Robert Herlth; Schnitt: Eduard v. Borsody; Aufnahmeltg.: Fritz Schwarz

FM: Klangfilmgerät, Afifa-Tonkopie
V: Ufaleih
UA: 26. April 1935, Berlin, Ufa-Palast am Zoo (am Vorabend des Intern. Filmkongresses in Berlin)[17]

Besetzung:
Johanna von Orléans	Angela Salloker
Der König	Gustaf Gründgens
Herzog von Burgund	Heinrich George
Maillezais	René Deltgen
Lord Talbot	Erich Ponto
La Trémouille	Willy Birgel
Dunois	Theodor Loos
Alençon	Aribert Wäscher
Johann von Metz	Franz Niklisch
Pierre	Veit Harlan
Ein Bürger	Paul Bildt
Ein Pater	S. O. Schoening
Ein Hauptmann	Friedrich Ulmer

16 Am 16.10.1934 kam in der Vorstandssitzung der Ufa der »nationale Stoff« der ›Jungfrau von Orleans‹ zur Sprache. Er wurde anstelle eines ursprünglich vorgesehenen Stoffes (»Der rote Tod«) vorgeschlagen, »da gerade dieses Thema besondere Parallelen mit der Gegenwart aufweist«. Im weiteren wurde zu Protokoll gegeben (BA R 109 I/1029c, f. 103): »Herr Menzel schildert die Handlung des Films, dessen erster Teil bis zur Einnahme von Reims und zur Krönung Karls VII. gedacht ist, während der zweite Teil über den Tod Johanna's hinausführen soll und die Einigung im Zeichen des Glaubens und Vertrauens unter Hintansetzung der Kritik zum Inhalt haben soll. Die Verbrennung wird nicht breit dargestellt werden. Nachdem Herr Podehl nochmals das Ziel dieses nationalen Stoffes unterstrichen hat und sich die Herren Ucicky und Duday befürwortend geäussert haben, beschließt der Vorstand, den Stoff zu verfilmen. Der Titel DIE SENDUNG soll vorerst beibehalten werden. Der Film wird nur in einer Version hergestellt. Es wird erwogen, die Rolle der Johanna mit Angela Salloker zu besetzen.«
17 Im Hinblick auf den Internationalen Filmkongreß wünschte der Ufa-Vorstand eine repräsentative Uraufführung. Er war am 6.4.1935 mit einer »Festouvertüre« einverstanden, »möglichst Philharmonisches Orchester unter Richard Strauss« (BA R 109 I/130a, f. 17). Für die Anlauf-Reklame hatte er 25.000 RM genehmigt (f. 17). Bei der UA spielte dann lediglich das Ufa-Symphonieorchester den 4. Satz der 1. Symphonie von Brahms.

Zweiter Hauptmann   Fritz Genschow
Ein Herold   Paul Wagner

Zensurkarte: »Und viele namhafte deutsche Schauspieler, die ihr Bestes für diesen Film gaben« [u. a. Bernhard Minetti, Albert Florath, Alexander Golling, Maria Koppenhöfer, Rudolf Schündler].

Bewertung:[18]
FP: 25. April 1935, Prüf-Nr. 39158 (Sequ.): künstlerisch wertvoll, Jf 14, Nachtrag am 4. Mai 1935: staatspolitisch und künstlerisch besonders wertvoll, 2.377 m [DIF]; 8. Mai 1935, Prüf-Nr. 39238 (Vorspann [von Dr. Hanno Jahn]): 117 m [DIF]; 3. Januar 1939, Prüf-Nr. 50218 (Sequ.): künstlerisch wertvoll, Jf 14, 2.328 m (gültig bis 31.12.1942), gültig auch für Schmaltonfilm-Fassung 929 m [BFA].
FSK: 11. November 1981, Prüf-Nr. 52752: Jf 6, 2.233 m (82 min).

Rechte: F.-W.-Murnau-Stiftung; Ausw: Transit-Film GmbH, München (komm.), DIF (nichtkomm.)
Kopie: BFA$_1$ [BFA$_2$]

4.2. Handlung

(1) Der Krieg zwischen England und Frankreich kommt nicht voran. Die englische Armee unter Führung Lord Talbots und die Truppen des mit England verbündeten Herzogs von Burgund liegen schon sieben Monate vor Orléans, der letzten festen Stadt, die Karl von Valois, dem König von Frankreich, geblieben ist; es besteht ein Waffenstillstand. Im englischen Lager macht Lord Talbot dem Herzog von Burgund Vorwürfe, daß dieser ›auf eigene Faust‹ mit den Franzosen verhandle; er nennt ihn »Verräter« und »vollgefressenen Dickwanst«. Als vor dem Zelt erregte Stimmen laut werden, sticht der Herzog von Burgund mit dem Schwert durch die Zeltwand und tötet Billy, einen der besten Soldaten Lord Talbots, für dessen Tod er finanzielle Entschädigung leistet. Draußen findet gerade eine Ketzerverbrennung statt, mit der die Engländer dem Papst gefällig sein und zugleich den Vorwurf entkräften wollen, sie seien in Sachen Inquisition »zu lau«; im Gespräch mit einem eifernden Kaplan gibt der Herzog von Burgund sein Interesse an einem 17jährigen Mädchen zu erkennen, das verbrannt werden soll. Gemeldet wird der Ritter von Maillezais, ein Halbbruder Karls, der in dessen Auftrag die Verlängerung des Waffenstillstandes erreichen will. Empört über das Verhalten des Königs, ihm einen »Bastard« zu schicken, verhöhnt Lord Talbot Maillezais als »Sohn einer Wäscherin« und schickt ihn mit der Botschaft zurück, daß der Waffenstillstand nicht verlängert und daß noch in der Nacht die Vorstadt St. Loup angegriffen werde; als Siegel dieser Botschaft und Zeichen der Verhöhnung Karls läßt er Maillezais das Talbotsche Wappen auf die Stirn brennen. Maillezais verflucht

---

18 Goebbels notiert am 15.4.1935 im *Tagebuch*: »Nachmittags viel Besuch. Salloker, Jugo, Ucicky, Köhn. Orleans-Film fertig. Ich sehe herrliche Photos. Wenn der Film so wird, dann wunderbar. Ich bin begeistert.«

Lord Talbot und reitet davon. Der Herzog von Burgund und Lord Talbot streiten über das Recht, St. Loup zu plündern, und der Herzog von Burgund zieht dabei den kürzeren.

(2) Im französischen Lager wollen die Soldaten nicht mehr weiterkämpfen, weil sie bereits drei Monate lang keinen Sold erhalten haben, und das Volk ist empört über die Absicht Karls, Orléans aufzugeben; es will zum König. Maillezais läßt bei seiner Rückkehr Alarm blasen, kann aber die Ratgeber Karls – La Trémouille, Dunois und Alençon – nicht vom Ernst der Lage überzeugen; von seinen Vorwürfen, sie seien »Schacherer« und »Verräter«, zeigen sie sich unbeeindruckt. La Trémouille läßt das Contresignal blasen. Er, Dunois und Alençon verachten das Volk, für das Maillezais sich so vehement einsetzt (»Was ist überhaupt das Volk? Eine Brut Läuse! ... Man muß von Zeit zu Zeit ein paar Dutzend von ihnen zerquetschen«). Alençon verweigert dem Volk das Gespräch mit dem König und läßt 100 Männer gebunden in die Loire werfen. Indessen berichtet Maillezais Karl, daß Lord Talbot den Waffenstillstand nicht verlängern wolle, und zeigt das eingebrannte Wappen auf seiner Stirn. Karl habe La Trémouille eine Provinz überschrieben, um von ihm 50 Goldstücke zu erhalten. Er will Orléans, um sich »dem Volk in die Arme zu werfen«. Maillezais soll ihn begleiten und Truppen für den Aufbau einer neuen Front anwerben. Karl glaubt, seiner Zeit politisch weit voraus zu sein.

(3) Der König wird unter dem Schutz Maillezais' in der Sänfte des Herzogs von Alençon aus der Stadt getragen; in der Eile war kein anderes Transportmittel aufzutreiben. Diese Sänfte wird dem König beinahe zum Verhängnis. Denn das über die Ermordung der 100 Männer empörte Volk vermutet den »Blut-Herzog« in der Sänfte, wird aber von Maillezais aufgeklärt. Um Mitternacht ertönen die Glocken; das ist »Gottes Stimme«. Johanna steht plötzlich vor Karl, der erstaunt ist, daß sie ihn kennt, und während sie glaubt, der König sei zu ihr gekommen, wie es ihr »der Erzengel Michael im Traume gesagt« habe, erklärt der sie begleitende Johann von Metz, Robert von Baudricourt schicke ihn »mit diesem Mädchen«. Johanna berichtet dem König, daß sie aus Domrémy stamme und daß der Erzengel Michael ihr, als sie gerade 17 Jahre alt geworden war, befohlen habe, sich »wie die Kriegsleute« zu kleiden, nach Vaucouleur zu gehen, wo gute Menschen sie zum König bringen würden, und ihm zu sagen, sie werde ihm helfen, »die gute Stadt Orléans« zu befreien; alsdann werde sie ihn zur Krönung nach Reims führen. Karl sieht nun in Gott einen Verbündeten (»Ich habe immer gesagt: Gott selber. Man sieht ja, wenn er will, kann er. Auch er scheint dem Prinzip zu huldigen, die Gelegenheiten abzuwarten. Ich will mich nicht von ihm beschämen lassen«). Er kniet vor Johanna nieder und verkündet dem ergriffenen Volk, daß Gott diese »Heilige« geschickt habe; er spekuliert darauf, daß seine Minister und Marschälle einer Heiligen keinen Widerstand entgegensetzen würden: Er befiehlt: »Zurück zum Stadthaus!«

(4) Im Stadthaus bietet er seinen drei Beratern Paroli. Er ist siegessicher und sieht sich bald aller Schulden ledig. Aber La Trémouille, Dunois und Alençon verhöhnen ihn; Johanna sei eine »Närrin in der Mache der Pfaffen«, er aber überantworte sich dem Volk. Zunächst tritt Maillezais vor das Volk, dann Johanna, der es gelingt, das Volk mit sich zu reißen. Dunois weigert sich noch immer, den Befehl zum Angriff zu geben, doch auch die Soldaten werden von Johanna mitgerissen und schlagen unter ihrer Führung die englischen Truppen, die in Johanna eine Hexe sehen, in die Flucht. Auch Lord Talbot flieht. Der Herzog von Burgund, den Maillezais »in die Hölle befördern« will, wird durch das Eingreifen Johannas gerettet; vor dem König kniend, bietet er ihm nunmehr »Waffenstillstand und Bundesgenossenschaft« an. Johanna drängt den König, wie ihr der Erzengel Michael befohlen habe, weiter nach Reims zur Krönung zu ziehen.

(5) Am 7. Juli 1429, dem Tag der Königskrönung, ist Johannas Freundin aus Domrémy nach Reims gekommen, um sie heimzuholen; Johanna fragt nach den Eltern, Freunden und Bekannten und erkennt schmerzlich die Veränderungen, die innerhalb eines Jahres auch in und an ihr selbst vorgegangen sind (»Meine Hände sind durch Zügel gar ungeschickt geworden und passen nicht mehr zum Kränzeflechten«). Der König hat ihr eine silberne Rüstung geschenkt; sie will sie nur bei der Krönung tragen und dann dem Erzengel Michael weihen. Sie weint vor Glück über den Sieg. Im Volk aber, das ungeduldig auf den Beginn der Krönungsfeierlichkeiten wartet, macht sich Unmut über Johannas Hochmütigkeit und die Verschwendungssucht des Königs breit, und einer aus dem Volke erklärt: »Von einem Wunder kann doch gar nicht die Rede sein. Wenn wir nicht gekämpft hätten, dann wäre das Wunder auch nie geschehen.«

(6) Während des Festes, auf dem der betrunkene Herzog von Burgund ein Spottlied auf das »allerliebste Jungfräulein« singt und mit dem gleichfalls betrunkenen Herzog von Alençon, der sich seiner Heldentaten rühmt, in Streit gerät, tritt die Wende ein. Johanna muß an der Tafel neben dem König Platz nehmen. Beim Blick in den Spiegel sieht sie, daß ihr Blütenkranz im Haar welk geworden ist; in ihrer Heimat bedeutet ein frisch gebliebener Kranz baldige Hochzeit, ein bereits vor Mitternacht welk gewordener Kranz den Tod. Zur gleichen Zeit wird La Trémouille die Nachricht von der in einigen Stadtvierteln ausgebrochenen Pest überbracht. Er hält sie zunächst noch zurück, unterbreitet sie dann aber dem König und droht, er werde dafür sorgen, daß es bald die ganze Stadt wisse und daß Johanna dafür die Schuld gegeben werde. Das Fest wird auch durch Maillezais gestört, der die Nachricht bringt, daß die Engländer schon bei Vincennes stehen und den Weg nach Paris abgeschnitten haben. Johanna folgt der Aufforderung Maillezais', erneut die Fahne zu ergreifen. Sie gibt das Signal und den Befehl zum Aufbruch, wird aber von der johlenden und betrunkenen Menge verhöhnt, so daß der König sie in Sicherheit bringen läßt. Nun hetzt La Trémouille das Volk auf: Die von der schwarzen

Pest heimgesuchte Stadt Reims beherberge eine Hexe, die dem König die Krone aufgesetzt habe, und die Pest sei das Gericht Gottes. Das wütende Volk will seiner Aufforderung zum Totschlag folgen, doch Maillezais rettet Johanna und bringt sie aus der Stadt. La Trémouille setzt daraufhin eine Belohnung auf den Kopf der »Hexe Johanna« aus. Im Gespräch mit dem plötzlich aus Angst vor der Pest milde gestimmten Herzog von Burgund erklärt der König nunmehr, sein »kleiner und bescheidener Verstand« sage ihm: »Ein Werkzeug ist entzwei, wirf es weg!« Der Herzog von Burgund rügt die Undankbarkeit des Königs. Auf der Flucht vor den Soldaten, die in ihr jetzt die »Hexe von Orléans« sehen, macht Maillezais Johanna neuen Mut; er verfügt noch über Fähnlein und Bogenschützen, die ihm bis »bis in den Tod ergeben« sind. Da sieht Johanna den Erzengel Michael vor sich und ist zum Kampf entschlossen, aber sie hat ihre Fahne nicht mehr.

(7) Nach zwei Jahren, in denen sie einen »heroischen Kampf« führte, haben Leute des Herzogs von Burgund Johanna gefangengenommen und an die Engländer verkauft; nach ihrer Verurteilung durch die Kirche erwartet sie der Tod auf dem Scheiterhaufen. Reumütig sucht der Herzog von Burgund, der sich von der Pest errettet sieht, Zuflucht im Gebet; er hat dem Erzengel Michael für den Fall seiner Genesung versprochen, sich Johannas anzunehmen, dieses Gelübde jedoch nicht gehalten. Maillezais, der mit der Mitteilung eintrifft, daß Johanna am darauffolgenden Morgen verbrannt werden solle, fordert den König auf, Johanna zu Hilfe zu eilen; bis Rouen seien es nur 20 Meilen. Doch der König sieht nur in ihrem Tod einen Gewinn für Frankreich. Vergeblich erläutert er Maillezais seinen politischen Standpunkt, und nachdem Maillezais ihn verlassen hat, sucht er Verständnis beim Herzog von Burgund, dieser aber ist inzwischen gestorben.

(8) Während Johanna im Kerker von Gaffern verspottet wird, sucht Maillezais beim Herrn von Corville vergebens Unterstützung. Als es ihm gelingt, das Volk mit der Parole »Gott und die Jungfrau!« zur Aktion zu stimulieren, wird er vom Herzog von Alençon und dessen Leuten »im Auftrag des Königs« verhaftet. Versuche des Kaplans, Johanna zum Bekenntnis zu bringen, sie sei vom Teufel betrogen worden, bleiben fruchtlos. Aber Johanna will nicht sterben und bringt verzweifelt ihren Lebenswillen zum Ausdruck. Bei der Urteilsverlesung wird sie noch einmal gefragt, ob sie etwas zu bekennen habe. Johanna verneint und erklärt: »Ich weiß, daß Gott nie zugelassen hätte, daß der Teufel mir in der Gestalt des Hl. Erzengels Michael erscheint.« Trommelschlag und Beschimpfungen treffen sie nicht mehr. Nunmehr erkennt sie den Sinn ihres Todes: »Ich glaube, daß ich sterben muß, damit mein Vaterland frei wird. Ich glaube es ganz fest, denn mein Herr Jesus wird nicht zugeben, daß mir ein Leid geschieht ohne Grund und Ziel.« Indessen hat der König La Trémouille den Oberbefehl über die Truppen entzogen und Soldaten nach Rouen in Marsch gesetzt. Er weiß, daß es für die Rettung Johannas zu spät ist, aber »dieses ›zu spät‹ ist der richtige Augenblick, um Frankreich zu retten«. Siegesgewiß erklärt er: »Erst jetzt

ist meine Heilige unüberwindlich!« Als Gefangener des Königs wird La Trémouille von denen verspottet, denen er einst Leid angetan hat. Dunois hat sich rechtzeitig auf die Seite des Königs geschlagen. Auf dem Scheiterhaufen erbittet Johanna ein Kreuz, das ihr ein Soldat aus Mitleid flicht. Sie küßt dieses Kreuz und betet für den König und für Frankreich. Während sie stirbt, entsteht im Volk ein Aufruhr.

(9) Am 6. Juni 1456, fünfundzwanzig Jahre nach der Verbrennung Johannas, verliest König Karl eine offizielle Verlautbarung, in der er »mit Genugtuung« feststellt, daß der Spruch des Gerichts von Rouen durch den Glaubensinquisitor Frankreichs, Bruder Johann Bréhal, für »null und nichtig« erklärt wurde. Ein Herold verkündet dem Volk, der König lege dem Volk ans Herz, »daß es hinfort Johannas Andenken ehre als das Andenken der Befreiung des Landes von Fremdherrschaft, als das Andenken der treuesten Dienerin des Staates, welche durch ihren Opfertod unseliger Zwietracht ein Ende machte, dem Reiche Glanz und Größe schenkte und dem Volke den Frieden«.

4.3. Verwendetes literarisches Material

Historische Quellen, darunter die beiden Werke von Jules Quicherat: *Procès de condemnation et de rehabilitation de Jeanne d'Arc dite la Pucelle*. 5. Vol. Paris 1841–1848; und: *Histoire du siège d'Orléans et des hommes rendus à la Pucelle*. Paris 1854.

4.4. Textbeispiel

Vorspruch des Films:

Es begab sich vor fünfhundert Jahren zu Orléans in Frankreich, / daß aus dem Schoße des Volkes ein Mädchen aufstand, / ein Ende zu machen hundertjährigem Kriege, / der das Land verwüstet und seine Bewohner in das schrecklichste Elend gestürzt hatte. / Wenn ein Volk zu hoffen aufgehört hat, dann muß es mit Schande sein Dasein fristen auf dieser Erde. / Wenn ein Volk aber zu glauben aufgehört hat, dann muß es von dieser Erde verschwinden. / Dieser schmähliche Tod drohte damals dem fränkischen Volke. / Das Maß des Elends war voll. / Da geschah ein Wunder ...

4.5. Kontext

Friedrich Sieburg: *Gott in Frankreich? Ein Versuch.* Frankfurt/M. 1929 (mit der These, daß »Johanna das Nationalgefühl als Idee schuf«, S. 60). Neue

Ausg. mit e. Vorw. d. Verf. Frankfurt/M. 1935.[19] Daß das ›Johanna-Thema‹ zur Zeit der Planung des Films Konjunktur hatte, kommt im Berliner Theaterspielplan zum Ausdruck: Im Oktober 1934 wurden im Deutschen Theater G. B. Shaws *Heilige Johanna* (Regie: Heinz Hilpert; Titelrolle: Paula Wessely), im November 1934 in der Volksbühne Schillers *Jungfrau von Orleans* (Regie: Bernhard Graf Solms; Titelrolle: Herta Saal) neuinszeniert; im Januar 1937 brachte auch das Deutsche Theater Schillers *Jungfrau von Orleans* neu heraus (Regie: Heinz Hilpert; Titelrolle: Luise Ullrich); Goebbels und Hitler sahen diese Neuinszenierung (vgl. Goebbels: *Tagebuch,* 26.1. u. 20.3.1937).

4.6. Normaspekte

(I.) Handlungsinterne Norminstanz des Films ist der König. Seine Äußerungen enthalten eine Reihe von Sentenzen, in denen er die *Normen seines politischen Verhaltens* formuliert.

(1a) »*Für eine Sache sterben*, das ist nicht das Schwerste. *Für eine Sache leben* und handeln, ist viel schwerer.«

(1b) »*Mit dem Leben bezahlen*, das ist immer das einfachste. Ich komme so billig nicht weg.«

(2) »Das Volk hat viel erduldet. *Leiden* macht reif.«

(3) »*Politik* ist die Kunst, Gelegenheiten zu benutzen oder sie zu machen.« (Relativiert durch den Einwand Maillezais': »Ich fürchte, Du belügst Dich selber« und die Antwort des Königs: »Mag sein. Das ist vielleicht das ganze Geheimnis der Politik.«)

(4) »*Recht haben* hilft nichts, man muß *recht behalten*.«

(5) »Ich glaube, daß die *Völker* nicht um der Könige willen da sind, sondern die Könige um der Völker willen. Und was die Fürsten angeht, da meine ich, offen gesagt, die Zeit ist überreif.«

(6) »Sie muß brennen, die Lebende nützt uns nichts mehr, sie schadet nur. Die tote Johanna wird eine *Märtyrerin* sein. [...] Ich kenne die Menschen: Die tote Johanna ist allmächtig und unantastbar. Sie ist tausendmal stärker, und ihr Tod wird immer neue *Wunder* gebären.«

(II.) Die übergeordnete Norminstanz des Films manifestiert sich in dem Vorspruch und in den Schlußworten des Herolds. Beide enthalten Reizworte im

---

19 Zugleich richtet sich jedoch Sieburgs Kritik gegen Frankreich: »Die Stellung, die Frankreich heute einnimmt, seine Unfähigkeit, mit irgendeiner anderen großen Nation auf die Dauer befreundet zu sein, seine ewige Gereiztheit, seine übelnehmerische Unruhe, sein Trieb, sich jeder auch noch so geringfügigen politischen und kulturellen Bewegung als Führer aufzudrängen, alles das ist noch heute von Johannas Ketzerei geprägt« (Ausg. 1935, S. 26 f.). Vgl. zu Sieburgs Johanna-Bild Hans-Leo Götzfried: *Untersuchungen zur franz. Wesenskunde.* Erlangen 1948 (= Erlanger Wiss. Beiträge, Phil. R. 3), Kap. 1, und neuerdings Tilman Krause: *Mit Frankreich gegen das deutsche Sonderbewußtsein. Friedrich Sieburgs Wege und Wandlungen in diesem Jahrhundert.* Berlin 1993.

Hinblick auf die *nationale Identität* (»Volk«, ›Befreiung‹ von der »Fremdherrschaft«, ›Ende‹ »unseliger Zwietracht«) und auf die stabilisierenden Werte (›Hoffnung‹, ›Glaube‹, ›Andenken‹, Glanz und Größe des Reiches, »Frieden«, ›treues Dienen‹). Als höchster Wert wird der »Opfertod« angesehen.

4.7. Überliefertes Material

Drehbuch nicht nachgewiesen.

Illustrierter Film-Kurier Nr. 2315 [BFA]; *Das Programm von heute* o. Nr. [BFA]; ferner: *Illustrierter Film-Kurier* (österr. Ausg.) Nr. 1129.

4.8. Interviews, Stellungnahmen, Rezensionen

[Anonym:] Schaffende am deutschen Film: Gustav Ucicky, in: *FK* 3.11.1934 (Nr. 259); [Anonym:] Studien um JOHANNA, in: *FK* 11.1.1935 (Nr. 9); [Hans] Schu[hmacher]: Heute 10.30 Uhr erste Einstellung. Aufnahmebeginn des Menzel-Ucicky-Film DAS MÄDCHEN JOHANNA, in: *FK* 19.2.1935 (Nr. 42), ebd.: Dr. Goebbels und der JOHANNA-Film. Empfang aller Mitschaffenden. Ermunterung zur solidarischen Leistung[20]; Gerhard Menzel: Über das »Drehbuch«, in: *FK* 23.2.1935 (Nr. 47); G[eorg] H[erzberg]: »Die Zeit des hundertjährigen Krieges. Der Kampf um Orléans [mit Abb.], in: *Filmwelt*, Berlin, 17.3.1935 (Nr. 11); [Anonym:] Arbeit in Babelsberg, in: *Filmwelt*, Berlin, 7.4.1935 (Nr. 14); [Anonym:] Dr. Goebbels besucht die Ufa. Erste Vorführung des neuen Großfilms DAS MÄDCHEN JOHANNA, in: *Berliner Lokal-Anzeiger* 20.4.1935; [Interview mit A. Salloker:] Stelldichein mit dem ›Mädchen Johanna‹, in: *Dt. Allg. Ztg.* 25.4.1935 (Nr. 191), Beibl.; Zur Premiere des JOHANNA-Films: Wir schufen, wir hoffen –! Ein Gespräch mit Gustav Ucicky, in: *FK* 26.4.1935 (Nr. 97).

Ernst Kelenburg: Dem nationalen Kunstwerk entgegen! Ufa-Palast am Zoo: Festaufführung DAS MÄDCHEN JOHANNA, in: *Der Angriff* 27.4.1935 (Nr. 98); W.: DAS MÄDCHEN JOHANNA. Ufa-Premiere anläßlich des Filmkongresses, in: *Dt. Allg. Ztg.* 27.4.1935 (Nr. 196); G[eorg] H[erzberg]: Festliche Vorstellung im Ufapalast am Zoo: DAS MÄDCHEN JOHANNA, in: *FK* 27.4.1935 (Nr. 98); Pfankuch: Das Wundermädchen von Domrémy durch fünf Jahrhunderte. Zur Uraufführung des Ufa-Großfilms DAS MÄDCHEN JOHANNA [mit Abb.], in: *Filmwelt*, Berlin, 28.4.1935 (Nr. 17); [Ewald] v. D[emandowsky]: Festaufführung im Ufa-Palast am Zoo: DAS MÄDCHEN JOHANNA, in: *Völkischer Beobachter* (Berliner Ausg.) 28.4.1935 (Nr. 118); I-s, in: *Filmwoche*, Berlin, 8.5.1935 (Nr. 19); [Anonym:] DAS MÄDCHEN JOHANNA. Zur Uraufführung des neuen Ufa-Großfilms im Ufa-Palast am Zoo, in: *Rhein.-Westf. Filmztg.*, Düsseldorf 11.5.1935; Ausstellung der verwandten Original-Rüstungen, Waffen und Kleidungstücke aus Anlaß der Mitteldeutschen Uraufführung im Ufa-Palast Astoria in Leipzig.

Weiterer Einsatz:[21] *FK* 6.5.1935 (Nr. 104): Hamburg; *FK* 18.5.1935 (Nr. 115): Schweiz; *FK* 22.5.1935 (Nr. 118): Chemnitz; *FK* 12.10.1935 (Nr. 239): London.

---

20 In welch starkem Maße hier die ›Gemeinschaftsarbeit‹ am Film in den Vordergrund gerückt wurde, zeigt auch die vom Ufa-Vorstand am 24.4.1935 befürwortete Veranstaltung »eines Beisammenseins der Mitwirkenden«.

21 Die Ufa-Budapest lehnte den Film am 21.6.1935 für die Vorführung in Ungarn ab (BA R 109 I/1030b, f. 159).

5. FRIESENNOT

5.1. Produktionsdaten

UT: Deutsches Schicksal auf russischer Erde. Ein Film von Werner Kortwich, Peter Hagen, Sepp Allgeier und Walter Gronostay
P: Hermann Schmidt. Delta-Film Produktions- und Vertriebs-GmbH; 2.651 m; Drehbeginn: Mitte August 1935, Lüneburger Heide (Außenaufnahmen); Atelier: Anfang September 1935 (Tobis-Grunewald)
A. Werner Kortwich [nach seiner gleichnamigen Novelle]
R: Peter Hagen [= Willi Krause]

Stab: K: Sepp Allgeier; M: Walter Gronostay; T: Martin Müller; Bau: Robert Dietrich, Bernhard Schwidewski; Schnitt: W. Becker; Aufnahmeltg.: W. Laschinsky, K. Moos; Produktionsltg.: Dr. Scheunemann, Alfred Bittins

FM: Tobis-Klangfilm, Geyer-Kopie
V: Reichspropagandaleitung der NSDAP, Hauptamt Film; Weltvertrieb: Tobis-Cinema
UA: 19. November 1935, Berlin, Ufa-Palast, und Leipzig, Ufa-Palast

Besetzung:
Jürgen Wagner	Friedrich Kayßler
Katrin Wagner	Helene Fehdmer
Kommissar Tschernoff	Valery Inkijinoff
Mette Kröger	Jessie Vihrog
Christian Kröger	Franz Stein
Klaus Niegebüll	Hermann Schomberg
Dörte Niegebüll	Ilse Fürstenberg
Telse Detlevsen	Gertrud Boll
Wiebke Detlevsen	Martha Ziegler
Hauke Peters	Kai Möller
Hilde Winkler	Marianne Simson
Witwe Winkler	Maria Koppenhöfer
Ontje Ibs	Fritz Hoopts
Kommissar Krappin	Aribert Grümmer
Jan Wittmaack	Jakob Sinn

Bewertung:[22]
FP: 11. November 1935, Prüf-Nr. 40625 (Vorspann/Tit.): Jv, 117 m [BFA]; 15. November 1935, Prüf-Nr. 40677 (Sequ.): staatspolitisch und künstlerisch besonders wertvoll, Jf 14, 2.651 m (gültig bis 31. Dezember 1938) [BFA]; Paimann 2.10.1936 (Nr. 1069): »Über dem Durchschnitt (anti-

---

[22] Goebbels: *Tagebuch*, 9.11.1935: »Film FRIESENNOT von Krause. Gut gemacht. 1. Teil zu dokumentarisch. Aber läßt sich noch herausschneiden. Krause kann aber was. Schwarz [= Schatzmeister der NSDAP] ganz begeistert davon.« 13.11.1935: »FRIESENNOT nun endgültig geschnitten. Unbeschreiblich spannend. Ein Meisterstück von Krause. Ich muß ihm vieles abbitten. Sein Film bekommt höchstes Prädikat.« 15.11.1935: »Der Führer hat FRIESENNOT und MAZURKA [1935; R: Willi Forst] gesehen. Ist begeistert davon.« 4.12.1935: Notiz über General Keitel, den »neuen Chef des Wehrmachtsamtes«, der eine »Erklärung der R. W. [= Reichswehr] gegen FRIESENNOT vorlas«. Diese Erklärung richtete sich wahrscheinlich gegen die negative Darstellung der Roten Armee im Film, denn Goebbels kommentiert: »Da

bolschewistische Tendenz!)«; 6. März 1939, Prüf-Nr. 50872: staatspolitisch wertvoll und künstlerisch wertvoll (gültig bis 31. Dezember 1942) [BFA]; 7. September 1939 verboten [Bauer]; 1941: Neuaufführung u. d. T.: DORF IM ROTEN STURM (FRIESENNOT); vgl. »Entscheidungen« v. 4.–9. August 1941: Die Zulassungskarten zur Prüf-Nr. 50872 werden »mit dem 23. August 1941 ungültig, wenn sie nicht den neuen Haupttitel DORF IM ROTEN STURM (FRIESENNOT) vom 9. August 1941 tragen«.
CFFP 1951, S. 41: »Fair production, the acting is rather melodramatic and ›hammy‹ with typical ›blonde‹ Germans and ›Asiatic‹ Russians, the entire film very heavy and slow-moving, full of German nationalist and anti-Soviet propaganda«; LPF June/Sept. 1953.
FSK: nicht eingereicht, keine Chance auf Freigabe.

Rechte: Bundeseigentum; Ausw: Transit-Film GmbH, München
Kopie: BFA$_1$ (DORF IM ROTEN STURM) [BFA$_2$]

5.2. Handlung

(1) In einer Dorfgemeinschaft in den abgelegenen Wäldern des russischen Reiches wohnen Menschen, deren Vorväter vor Zeiten im Norden am »Deutschen Meer« lebten, die aber lieber eine »neue Heimat« suchten, als daß sie »ihrem Glauben abgeschworen« hätten. In diese Dorfgemeinschaft ist Christian Kröger zurückgekehrt, um wieder gesund zu werden oder zu sterben. Er hatte einst das Dorf verlassen, sich »draußen eine fremde Frau genommen«, war nach dem Tode seiner Frau für kurze Zeit zurückgekommen und dann wieder fortgegangen; seine Tochter Mette wurde von Klaus Niegebüll wie eine eigene Tochter erzogen. Christian Kröger bringt von »draußen« beunruhigende Nachrichten mit: Krieg, Not und Elend, Hunger und eine »neue Obrigkeit« bedrohen auch dieses Dorf. Der glaubensstarke Gemeindevorsteher Jürgen Wagner will davon nichts hören. Selbst als bereits Aufklärungsflugzeuge das Dorf überfliegen und die Männer des Dorfes entschlossen sind, sich zu »rüsten«, wehrt er die Warnungen Christian Krögers ab. Er beharrt auf dem Prinzip der Gewaltlosigkeit und sieht jede Obrigkeit »von Gott eingesetzt, die böse und die gute«.

(2) Während ein Laborant und ein Soldat im Zimmer eines russischen Kommissars die Luftaufnahme des Dorfes betrachten, geht dort noch alles seinen gewohnten Gang. Ontje Ibs und Dörte Niegebüll bringen bei den Eltern von Telse Detlevsen ihre Heiratsbitten für Telse und den Schmied Hauke Peters vor. Mettes Freundin Hilde Winkler erzählt die vielen Geschichten, die Mette von ihrem Vater gehört hat, und Ontje Ibs spielt auf dem Dorfplatz mit seiner Ziehharmonika auf. Da stirbt Christian Kröger. Der Gedanke, er werde auch die »Furcht mit ins Grab nehmen, die er verbreitet hat«, läßt sich nicht zerstreuen. Jürgen Wagner ist einverstanden, daß zwei Männer ausgeschickt werden, um die Lage zu erkunden; sie sollen auch neue Munition für die Wolfsjagd im

---

sind Soldaten instinktlos. Keine blasse Ahnung worum es geht. Dabei direkt probolschewistischer Kurs manchmal.« Goebbels bezieht sich damit auf die zeitweilige Ostorientierung des Generals Hans von Seeckt und der Reichswehr nach dem Vertrag von Rapallo (16.4.1920).

Winter besorgen. Indessen empfängt Kommissar Tschernoff auf einem russischen Bahnhof eine Requirierungsexpedition. Er erhält den Auftrag, in das von den Flugzeugen entdeckte Dorf zu reiten. Zuvor werden ein deutscher Pastor und mehrere Bauern wegen Sabotage und konterrevolutionärer Tätigkeit abgeurteilt und erschossen. Der von Tschernoff angeführte Trupp macht Nachtlager im Wald und erreicht am darauffolgenden Tag das Dorf.

(3) Tschernoff trifft in der Schule Jürgen Wagner und begehrt, den »Vorsteher« des Dorfes zu sprechen. Wagner schickt die Kinder heim und lädt Tschernoff in sein Haus ein. Es gelingt Tschernoff, Wagner von der Notwendigkeit einer Abgabe von Naturalien für die Hungernden zu überzeugen; dabei verknüpft er geschickt das Postulat der Revolution (»Alle Menschen sind gleich«) mit der religiösen Auffassung Wagners (»Vor Gott sind alle Menschen gleich«). Doch nachdem die Dorfbewohner »guten Willens« alles gegeben haben, was sie entbehren konnten, und die Wagen mit den Abgaben losgeschickt wurden, bleibt Tschernoff mit seinem Trupp im Dorf. Klaus Niegebüll erklärt Wagner, der auch hierfür eine Rechtfertigung bereit hat, daß ihm diese Sache nicht gefalle; die Russen seien andere Menschen, und man dürfe ihnen nicht glauben. Tschernoff, der vor der Oktoberrevolution zaristischer Offizier war, und Mette finden Gefallen aneinander; scherzhaft bemerkt Tschernoff, Mette sei »ja eine kleine Russin«; er selbst sei Weißrusse.

(4) Der von Klaus Niegebüll befürchtete Konflikt bahnt sich langsam an: Ein Russe stiehlt in der Räucherkammer Wiebke Detlevsens eine Wurst, auch andere Dorfbewohner sehen sich bestohlen. Hauke Peters, der an all die Diebstähle nicht glauben mag, wird durch die Entwendung seines eigenen Pferdes eines Besseren belehrt: Die Männer, die den Transport gefahren haben, kommen ohne Pferde und Wagen zurück; man habe ihnen gesagt, sie gehörten zur »Abgabe«. Im krassen Gegensatz zum Verhalten der Soldaten und Bürokraten steht das Liebesgeständnis Tschernoffs. Er will mit Mette, wenn einige Wochen später die Ablösung komme, »in den Westen« fliehen, um mit ihr »in Ruhe und Frieden« zu leben. Denn: »In Rußland kann man heute nicht mehr glücklich leben. Es ist ein unglückliches Land. Es wird mit Gewalt und Terror regiert.« Klaus Niegebüll sieht den Zeitpunkt gekommen, um »vorzubeugen«; Hauke Peters macht ihn darauf aufmerksam, daß allein Jürgen Wagner über alles zu bestimmen habe.

(5) Jürgen Wagner stellt Kommissar Tschernoff wegen der gotteslästerlichen Bilder zur Rede, die seine Soldaten aufgehängt haben, und protestiert gegen die ihm bekanntgewordenen Übergriffe. Tschernoff verteidigt die Anordnungen der Regierung und verlangt neue Abgaben; wiederum gelingt es ihm, seine Argumente dem Obrigkeitsdenken Wagners anzupassen, und obgleich er am Anfang des Gesprächs argumentiert, es gebe »keinen Gott mehr in Rußland«, beendet er das Gespräch mit der bemerkenswerten Erklärung: »Übrigens ist auch die Regierung von Gott, ob sie es zugibt oder nicht.« Klaus Niegebüll

widersetzt sich den Anordnungen Wagners, seiner Autorität und den Glaubensgrundsätzen seiner Väter und Vorväter. Mette findet nicht mehr das alte Vertrauensverhältnis zu Hilde Winkler. Wagner erscheint das Versöhnungsfest mit den Russen auf seinem Hofe, für das er seinen »letzten Ochsen« schlachten läßt, als »Weg zum Frieden«. Seine Frau Katrin dagegen ist skeptisch.

(6) Auf dem nächtlichen Fest ist die Stimmung gedrückt. Wagner erklärt Tschernoff, daß man Lustigkeit nicht »befehlen« könne. Tschernoff, dessen Soldaten sich an dem Ochsen gütlich tun, bemerkt, daß viele Männer und Frauen (darunter auch Mette) fehlen. Einige der Bauern, die nicht am Fest teilnehmen, treffen sich bei Klaus Niegebüll, der weiß, daß die meisten Bauern immer noch zu Jürgen Wagner halten. Während auf dem Fest doch noch Fröhlichkeit aufkommt, Ontje Ibs ein Spottlied auf Jürgen Wagner singt, Tschernoff seinen Leuten den Befehl zum Tanzen gibt, und die Bauern ihrerseits mit einem Tanz dagegen halten, kehren die zum Munitionskauf ausgeschickten Männer ins Dorf zurück. Sie verstecken bei Klaus Niegebüll ihre Waffen. Dann begibt sich auch Klaus Niegebüll mit seinen Leuten zum Fest, um mit Wagner allein zu sprechen. Dort tanzt nunmehr Mette mit Tschernoff; Klaus Niegebüll schickt sie nach Hause. Eine Schlägerei zwischen einem Russen und Iven Bruns veranlaßt die Bauern, das Fest empört zu verlassen; Klaus Niegebüll verspottet Iven Bruns. Wagner macht Tschernoff klar, daß Iven Bruns sich gegen die beabsichtigte Schändung seines Weibes zur Wehr setzen mußte, und erklärt: »Ich sehe jetzt: Es gibt keinen Weg von meinem Volk zu Deinem.«

(7) Tschernoff fürchtet, daß die Bauern sich zur »Unbesonnenheit hinreißen lassen«. Er macht Mette die Zwangslage klar, in der er sich nun befindet: Solange er in Rußland sei, müsse er die Befehle der Obrigkeit ausführen, und die Bauern hätten ruhig zu bleiben, damit ihn »nichts zwingt, Gewalt zu gebrauchen«. Erzwingen will er nun aber sein Glück mit Mette. Er wird argwöhnisch, als Mette für einen Augenblick mit einer Pistole spielt und gesteht, daß sie schon oft »solche Pistolen in der Hand gehabt habe«. Der Konflikt zwischen den Bauern und den Russen verstärkt sich, als Telse Detlevsen von einem Russen angefallen wird und Hauke Peters den Angreifer erwürgt. Klaus Niegebüll hilft Hauke Peters, den Toten zu begraben, und als Gegenleistung bringt Hauke Peters Jürgen Wagner zum nächtlichen Schießplatz, wo die Anhänger Klaus Niegebülls trainieren. Jürgen Wagner ist nicht umzustimmen. Er verweist erneut darauf, daß niemand ohne seine Erlaubnis etwas tun dürfe, will aber von der Schießübung nichts gewußt haben, wenn sie in Zukunft nicht mehr stattfände. Dörte Niegebüll kommt mit der Nachricht, daß die Russen in ihrem Haus nach Waffen gesucht und im Haferkasten drei dort liegengebliebene Pistolen gefunden hätten. Hauke Peters lenkt den Verdacht auf die ›Verräterin‹ Mette, die »dauernd mit dem russischen Anführer gesehen« werde. Beim Verlassen des Hauses, in dem die Russen Quartier genommen haben, wird sie von den Bauern festgehalten und von Klaus Niegebüll in das Moor

und damit in den Tod getrieben; er behauptet, Mette habe »sich selbst ihr Urteil gesprochen«.

(8) Tschernoff stellt Jürgen Wagner den neuen Kommissar Krappin vor, der sich wundert, daß es hier immer noch ein Bethaus gibt, woraufhin er es besetzen läßt. Dadurch sieht sich Jürgen Wagner von Gott auf eine »furchtbare Probe« gestellt; er glaubt an ein Wunder, während Klaus Niegebüll allein auf die »Kraft« und den »guten Willen« setzt. Katrin Wagner vermag in der Bibel keinen Trost mehr zu finden. Da Tschernoff Mette nicht findet und die Zusammenhänge zwischen dem angeblichen »Verrat« Mettes und ihrem Tod ahnt, stellt er Jürgen Wagner zur Rede, der jedoch tatsächlich nicht weiß, wo sie geblieben ist. In höchster Wut schlägt Tschernoff ihn mit der Peitsche; dann reitet er, immer wieder nach Mette rufend, zum Bethaus, wo die betrunkenen Russen lärmen und ein russisches Kirchenlied johlen. Im Haus Detlevsens treffen sich Jürgen Wagner und Klaus Niegebüll. Erst als Bauern die geschändete und tote Hilde Winkler hereintragen, ist auch für Jürgen Wagner der Augenblick gekommen, zu den Waffen zu greifen. Unter seiner Führung stürmen die Männer zum Bethaus, wo Bauern den Russen bereits die Waffen vom Sattel abgeschnallt haben. Es kommt zu einem Blutbad. Jürgen Wagner erschießt Tschernoff, wird aber selbst getroffen und stirbt mit den Worten »Eine neue Heimat suchen!«. Das Bethaus brennt. Klaus Niegebüll gibt den Befehl, das ganze Dorf niederzubrennen, das Vieh und den Hausrat zu retten und eine »neue Heimat« zu suchen, wie Jürgen Wagner es gewollt habe. Die Bewohner verlassen das brennende Dorf. Klaus Niegebüll betet zu Gott: »Der Du uns frei und stark geschaffen hast, bleib bei uns auf unserem schweren Weg! Amen.«

5.3. Verwendetes literarisches Material

Werner Kortwich: *Friesennot. Novelle*. Leipzig 1933 (= Insel-Bücherei 447). Die Hauptfiguren, zentralen Konflikte und führenden Handlungsstränge der Erzählung sind in den Film übernommen worden. Die Vorgeschichte der nordfriesischen Sekte, die sich nach dem 30jährigen Krieg an der Wolga ansiedelte, ist in der Erzählung stärker ausgeführt. Als entscheidende Abweichungen sind anzusehen:
(1) In das Dorf kommt ein Dorfinspektor mit zehn Kosaken. Er ist wie Tschernoff Weißrusse, aber nicht Offizier (»Der Mann vergaß fast sein Bolschewikentum und sah sich als Familienvater in irgendeiner Kleinstadt«).
(2) Jürgen Wagner stirbt nicht. Zum Handeln sieht er sich erst nach der Schändung seiner Tochter veranlaßt.
(3) Der Film arbeitet die ideologischen Gegensätze stärker heraus als die Erzählung.

5.4. Textbeispiele

(1) Grundsatzgespräch zwischen Kommissar Tschernoff (T) und Jürgen Wagner (W):

T: Es gibt keinen Gott mehr – in Rußland.
W: Häh! ›Es gibt keinen Gott mehr in Rußland!‹ Wer sagt das? Wer hat ihn denn abgeschafft?
T: Die Regierung. Die Obrigkeit.
W: Jede Obrigkeit ist von Gott. Wie kann sie Gott abschaffen?
T: Wir wollen nicht von Gott sprechen. Ich bin ein Vertreter der Obrigkeit und bin beauftragt, in diesem Dorf die Abgaben zu erheben und das sozialistische Kollektivsystem einzuführen. Man hat mir nichts anbefohlen. Drum habe ich Euch Euer Bethaus und Euern Gott gelassen.
W: Sie haben von Glauben gesprochen. Sie haben gesagt, alle Menschen wären Brüder.
T: Das hat nichts mit Gott zu tun.
W: Das verstehe ich nicht.

(2) Grundsatzgespräch zwischen Jürgen Wagner (W) und Klaus Niegebüll (N):

W: Du bist ungerecht, Klaus Niegebüll. Du mußt nicht immer bloß das tun, was Dein rasches Blut und Dein ungebärdiger Sinn wollen. Deine einzige Richtschnur soll Dein Glaube sein – Dein Glaube und die Heilige Schrift, die davon kündet: ›Liebe Deinen Nächsten wie Dich selbst.‹
N: Ja, das steht geschrieben. Aber wer sind meine Nächsten? Meine Frau, meine Verwandten und Ihr alle, die Ihr mit mir eines Blutes seid, die Ihr mit mir eine Sprache sprecht, Ihr seid meine Nächsten.
W: Nein, alle Menschen sind Deine Nächsten.
N: Auch die Russen?
W: Ja.
N: Auch die, die uns unsere Pferde gestohlen haben, die uns berauben, die unseren Frauen nachstellen?
W: Ja, auch die!
N: Dann ist das nicht der *rechte* Glaube!
W: Klaus Niegebüll!
N: Nein, nein, nein, das ist *nicht* der rechte Glaube! Das ist nicht *mein* Glaube!
W: Es ist *unser* Glaube! Es ist der Glaube unserer Väter!
N: Dann sage ich mich von diesem Glauben los!

5.5. Kontext

Krise der Wolgadeutschen nach der Oktoberrevolution, als Hunger und Seuchen viele zur Auswanderung zwangen. Über die Lage informierten u. a.

Johannes Schleunig: *In Kampf und Todesnot. Die Tragödie des Rußlanddeutschtums*. Berlin 1930; und Rudolf Schulze-Mölkau: *Die Grundzüge des wolgadeutschen Staatswesens im Rahmen der russischen Nationalitätenpolitik*. München 1931 (= Schriften d. Dt. Akademie 3).[23]

5.6. Normaspekte

(I.) Oberste Norminstanz ist der Dorfvorsteher Jürgen Wagner, der der Dorfgemeinschaft immer wieder die geltenden Normen in Erinnerung ruft:
(1) Zentrale Glaubensnorm: *Glaube der Väter*, *Gewaltlosigkeit*, *Anerkennung der Obrigkeit*: »Du darfst doch nicht von einem Augenblick auf den anderen den Glauben Deiner Väter vergessen: Niemals hat einer von uns die Waffe gegen einen Mitmenschen erhoben. Sei untertan der Obrigkeit ... Jede Obrigkeit ist von Gott eingesetzt: die böse und die gute.«[24]
(2) Anerkennung seiner *Autorität*: »*Ich bin der Vorsteher der Gemeinde. Ich verantworte und bestimme, was zu geschehen hat. So haben es unsere Väter gehalten, und so wird es auch bleiben!*«
(3) Grundlage seiner Autorität ist der *rechte Glaube* im Sinne des Protestantismus und seine Berufung auf das *Bibelwort*, das er höher als die persönliche Ehre und die »Ehre des Volkes« stellt.

(II.) Sein zeitweiliger Gegenspieler, aber zuletzt doch der Erfüller seines letzten Willens ist der *Pragmatiker* Klaus Niegebüll, der nach dem Grundsatz handelt: ›Hilf dir selbst, dann hilft dir Gott.‹ Wenn Jürgen Wagner zuletzt dem Aufstand zustimmt, dann folgt er nicht diesem Grundsatz, sondern seinen Empfindungen beim Anblick der geschändeten und toten Hilde. Durch die Aufforderung an die Dorfgemeinschaft, eine »neue Heimat zu suchen«, relativiert er seine Überzeugung: »Wer den rechten Glauben hat, ist überall sicher.« Die *Heimat* als ideologischer Ort ist demnach der eigentliche Ort der Sicherheit.

(III.) Im Gespräch mit Hauke Peters (P) formuliert Klaus Niegebüll (N) die zentrale *völkische Rassennorm*:
N: Die Mette wirft sich keinem Fremden an den Hals.
P: Ihre Mutter war eine Fremde.

---

[23] Vgl. hierzu aus neuerer Zeit Jean-François Bourret: *Les Allemands de la Volga. Histoire culturelle d'une minorité 1763–1941*. Lyon 1986. Vgl. zum Slogan »Brüder in der Not« (1933/34) und zur propagandistischen Ausnutzung der Hungersnot in der UdSSR Buchsweiler 1984, S. 64 ff.

[24] Daß diese Auffassung keineswegs im Widerspruch zur nationalsozialistischen Weltanschauung stand, machte der Rezensent im *Schwarzen Korps* (20.11.1935) deutlich: »Wenn es eines Beweises bedarf, daß Nationalsozialismus und Gläubigkeit eins sind: Er wurde in FRIESENNOT sichtbar gemacht. Mögen jene, die sich einbilden, uns mit dem Titel ›Heiden‹ beschimpfen zu können, einsehen, wie ehrenvoll diese Bezeichnung für uns ist.«

N: Aber ihr Vater, Christian Kröger, war ein Friese. Und *unser Blut wiegt schwerer als das der Fremden.*

(IV.) Kommissar Tschernoff trägt seinen Konflikt mit sich selbst aus. Er identifiziert sich nicht mit den Zielen der Oktoberrevolution, führt aber als Offizier der Roten Armee die Befehle der Obrigkeit aus. Er hat »zuviel Not und zuviel Grauen gesehen« und sich »damit schon abgefunden«. Er sagt zu Mette: »Ich habe keinen Menschen mehr gehabt, der mich liebte oder den ich geliebt hätte. So habe ich dahingelebt, ohne mein Gewissen zu fragen oder mein Herz. Jetzt habe ich Dich gefunden.« Obgleich er in Mette eine »kleine Russin« sieht, stellt er die *Liebe* höher als die ›Rasse‹.

5.7. Überliefertes Material

Drehbuch nicht nachgewiesen.

Illustrierter Film-Kurier Nr. 2387 u. *Das Programm von heute* o. Nr. (FRIESENNOT) [BFA]; *Illustrierter Film-Kurier* Nr. 3226 (DORF IM ROTEN STURM) [BFA]; ferner: *Illustrierter Film-Kurier* (österr. Ausg.) Nr. 1496 (FRIESENNOT) u. *Das Programm von heute* Nr. 1653a (DORF IM ROTEN STURM); *Presseheft* der Delta Film Produktions- und Vertriebs GmbH [DIF].

5.8. Interviews, Stellungnahmen, Rezensionen

[Mitteilung der Rota:] Reichsfilmdramaturg und Kortwichs ›Wanderndes Dorf‹, in: *FK* 4.3.1935 (Nr. 53); Tyl: Montags-Briefe über Berliner Film. Lieber Herr Kortwich! – Sehr geehrter Herr Althoff! In: *FK* 5.8.1935 (Nr. 180); [Mittlg:] Inkijinoff in Berlin eingetroffen. Drehbeginn des Delta-Filmes FRIESENNOT in der Lüneburger Heide, in: *Der Film*, Berlin, 17.8.1935 (Nr. 33); -t.: Im Grunewald-Atelier: Bei den Aufnahmen zu FRIESENNOT, in: *Völkischer Beobachter* (Berliner Ausg.) 25.9.1935 (Nr. 268); -eib-: Gespräch mit Inkijinoff. Filmfahrt in die Lüneburger Heide, in: *FK* 19.8.1935 (Nr. 192); L. Schmidt: FRIESENNOT im Heidedorf. Richtfest für die Filmbauten, in: *FK* 29.8.1935 (Nr. 201); Werner Kark: Sowjetsoldaten, Friesenbauern und Heidjer. Verwandeltes Dorf in der spätsommerlichen Heide, in: *FK* 5.9.1935 (Nr. 207); Frz. Jos. Kleinhorst: Lieder und Tanzrhythmen aus verschiedenen Seelen. Gronostays Musik zu FRIESENNOT, in: *FK* 17.9.1935 (Nr. 217); Bericht [über die Dreharbeiten], in: *Der Film*, Berlin, 28.9.1935 (Nr. 39); [Günther] S[chwar]k: Geist der Unmittelbarkeit. Letzte Atelieraufnahmen zu FRIESENNOT, in: *FK* 19.11.1935 (Nr. 229); [Anonym:] Das vergessene Dorf, in: *Filmwelt*, Berlin, 6.10.1935 (Nr. 40); Das Mädchen Mette und der Kommissar Tschernoff [Zwei Szenen aus dem Manuskript des Films; mit Abb.], in: *Filmwelt*, Berlin, 10.11.1935 (Nr. 45); [Anonym:] FRIESENNOT im Ufa-Palast, in: *FK* 19.11.1935 (Nr. 271).

Hans Erasmus Fischer: Filmballade deutschen Volkstums. Ufa-Palast: FRIESENNOT, Der Film vom Leidensweg ausgewanderter Deutscher, in: *Berliner Lokal-Anzeiger* 20.11.1935 (Nr. 278); [Anonym:] Ein Anfang, der verpflichtet. Der Film FRIESENNOT, in: *Das schwarze Korps* 20.11.1935; [Ewald] v. D[emandowsky]: Deutsches Schicksal auf russischer Erde. Der Film FRIESENNOT im Ufa-Palast am Zoo, in: *Völkischer Beobachter* (Berliner Ausg.) 20.11.1935 (Nr. 324); W[erner] Fiedler: FRIESENNOT. RPL-Delta-Film im Ufa-Palast am Zoo, in: *Dt. Allg. Ztg.* 21.11.1935 (Nr. 545); [Günther] S[chwar]k: FRIESENNOT, in: *FK* 21.11.1935 (Nr. 272); fw.: FRIESENNOT. Ufa-Palast, in: *Völkischer Beobachter* (Münchner Ausg.) 21.11.1935 (Nr. 235); [Anonym:] Ein wegweisender Film: FRIESENNOT in Ufa-Palast am Zoo, in: *Der Film*, Berlin, 23.11.1935 (Nr. 47); [Anzeige, ganzseitig:] Das Urteil der Presse, in: *FK* 23.11.1935 (Nr. 274); [Anonym:] Von Amsterdam bis Wien: Ausland über FRIESENNOT. Das Auslandsdeutschtum muß diesen Film als großes Geschehen betrachten, in: *FK* 13.12.1935 (Nr. 291); [Anonym:] Der Pressewiderhall eines Großfilms, in: *FK* 19.2.1936 (Nr. 42); [Anonym:] Kinobesucher für FRIESENNOT, in: *FK* 24.3.1936 (Nr. 219); Renate Tusch: Wir besuchen Valery Inkijinoff in Paris, in: *Filmwelt*, Berlin, 14.11.1937 (Nr. 46).

Helmut Sommer: Zur Wiederaufführung des Films DORF IM ROTEN STURM, in: *FK* 29.8.1941 (Nr. 202); Otto Kriegk: Der deutsche Film im Spiegel der Ufa (Text bei Drewniak 1987, S. 344).

6. Der höhere Befehl

6.1. Produktionsdaten

UT: Ein Ufa-Film
P: Universum-Film AG, Herstellungsgruppe Bruno Duday; 2.593 m; Drehbeginn: Mitte Oktober 1935 bei Ferch u. im Neubabelsberger Gelände
A: Philipp Lothar Mayring, Kurt Kluge, Karl Lerbs[25]
R: Gerhard Lamprecht; R-Ass.: Erich Kobler

Stab: K: Robert Baberske; M: Werner Eisbrenner; T: Dr. Fritz Seidel; Bau: Hans Sohnle, Otto Erdmann; Schnitt: Milo Harbich; Aufnahmeltg.: Ernst Körner; Ltg. d. Films: Erich Holder

FM: Klangfilmgerät, Afifa-Tonkopie
V: Ufaleih
UA: 30.12.1935, Berlin, Ufa-Palast am Zoo; Vorfilm: Tag der Freiheit – Unsere Wehrmacht! Nürnberg 1935 (über die Manöver der deutschen Wehrmacht auf dem Reichsparteitag in Nürnberg, Gesamtltg.: Leni Riefenstahl, 760 m)[26]

Besetzung:
Rittmeister v. Droste	Karl Ludwig Diehl
Madame Martin	Lil Dagover[27]
Wenzel, Bursche bei Droste	Karl Dannemann
Majorin Traß	Gertrude de Lalsky
Käte, ihre Tochter	Heli Finkenzeller
Earl of Beckhurst	Hans Mierendorf
Lord Beckhurst, sein Sohn	Siegfried Schürenberg
Advokat Menecke	Aribert Wäscher
Florian, sein Kutscher	Walter Schramm-Duncker
Der General	Friedrich Kayßler
Der Major	Eduard v. Winterstein
Premierleutnant v. Bodenheim	Günther Ballier
Leutnant Eckartsberg	Heinz Könecke
Wachtmeister Krim	Friedrichfranz Stampe
Bürgermeister Stappebeck	Hans Leibelt
Frau Kreisgerichtsdirektor Barth	Gertrud Wolle

---

25 Am 18./19.7.1935 hatte sich Prof. Kurt Kluge zusammen mit P. L. Mayring zur »Ausarbeitung eines Drehbuches nach dem der Ufa gehörenden Stoff« verpflichtet (voraussichtlicher Titel: Auf höheren Befehl). Für die Produktion vorgesehen war ein Etat von 450.000 RM, von dem jedoch nur 437.000 RM verbraucht wurden (BA R 109 I/1030b, f. 151 u. 233).

26 Dieser Film wurde von der NSDAP hergestellt. Mitarbeiter waren: Hans Ertl, Walter Frentz, Albert Kling, Guzzi Lantschner, Kurt Neubert und Willy Zielke. Die Musik schrieb Peter Kreuder (Fundort: Münchner Filmmuseum). Im Mittelpunkt des Films steht die Rede Hitlers an die »Soldaten der neuen deutschen Wehrmacht«.

27 Die Ufa hat sich die Verpflichtung der attraktiven Lil Dagover für die Rolle von Madame Martin 20.000 RM kosten lassen. Im Protokoll einer Vorstandssitzung (BA R 109 I/1030b, f. 151) wird festgestellt: »Würde an ihrer Stelle Alice Treff diese Rolle spielen, dann würden ca. 15.000 RM erspart.«

Abb. 23

Bewertung:[28]
FP: 6. Dezember 1935, Prüf-Nr. 40889 (Vorspann): 92 m [DIF]; 13. Dezember 1935, Prüf-Nr. 40957 (Sequ.): staatspolitisch und künstlerisch besonders wertvoll, Jf, 2.593 m (gültig bis 31.12.1938) [BFA, DIF]; Paimann 31.1.1936 (Nr. 1034): »Zumindest ein guter Mittelfilm«; 24.4.1936 (Nr. 1046): »In gekürzter Fassung für Jugendliche und Unmündige«; FP 4. Januar 1936, Prüf-Nr. 4113 (Vorspann [von Dr. Hanno Jahn]): 92 m [DIF]; 30. Juni 1937 (Schmaltonfilm), Prüf-Nr. 45663 (Sequ.): staatspolitisch und künstlerisch besonders wertvoll, Jf, 1.031 m (gültig bis 31.12.1938) [BFA].
CFFP 1951, S. 77: als »Staatsauftragsfilm« angesehen, keine abschließende Bw.; LPF June/Sept. 1953.
FSK: 30. Juni 1981, Prüf-Nr. 52464: Jf, 2.536 m (93 min).

Rechte: F.-W.-Murnau-Stiftung; Ausw: Transit-Film GmbH, München (komm.), DIF (nicht-komm.)
Kopie: BFA$_2$

6.2. Handlung

(1) Die Handlung spielt im Jahre 1809. Im »Gasthof zur Krone« in Perleberg steigt der Weinreisende Schmidt in Begleitung von Madame Martin, einer schönen französischen Schauspielerin, ab. Madame Martins Wagen war unterwegs mit gebrochenem Rad liegengeblieben, so daß er sich schwerlich weigern konnte, sie in seinem Wagen mitzunehmen. Er erklärt ihr jedoch nunmehr, daß sie allein weiterreisen müsse, und begibt sich zu Rittmeister v. Droste, Ortskommandant von Perleberg und Kommandeur der dort stationierten Schwadron. Droste wurde ihm als ein Mann genannt, der ihm weiterhelfen könne, und ihm gegenüber gibt er sich als Lord Beckhurst und außerordentlicher Gesandter des Königs von England zu erkennen. Er ist auf dem Rückweg von Wien, wo er Verhandlungen mit der österreichischen Regierung geführt hat; von seiner »Botschaft« hängt die »Zukunft Europas« ab. Zwei seiner Kuriere, die allerdings keine Papiere bei sich hatten, sind bereits abgefangen worden, sein Wagen wurde unterwegs beschossen, und Madame Martin ist, wie er schnell erkennt, eine französische Spionin. Droste stellt ihm einen Schwadronswagen und eine Eskorte zur Verfügung, die ihn sicher bis zur Grenze bringen soll; er überschreitet damit seine Kompetenzen. Nach der Niederlage Preußens und dem Frieden von Tilsit ist der preußische König Friedrich Wilhelm III. mit Napoleon verbündet, so daß auch die preußischen Offiziere diesem Bündnis verpflichtet sind. Doch Droste gehorcht einem »höheren Befehl«. Preußen muß ›vom französischen Joche befreit‹ werden, dies aber ist nur durch ein Bündnis zwischen England, Preußen und Österreich möglich.

(2) In der Kleinstadt Perleberg hat man andere Sorgen. Die Bürger, die im Gasthof die politische Lage besprechen, wollen vor allem »Geschäfte« machen und

---
28 Am 11.12.1935 notiert Goebbels im *Tagebuch*: »Auf höheren Befehl, ein nationaler und hinreißender Film aus der napoleonischen Zeit [...] Alles beste Klasse. Man kann schon einen Aufstieg im deutschen Film feststellen.«

können keinen Krieg gebrauchen; als der Advokat Menecke, ein französischer Spitzel, eintritt, zügeln sie ihre Reden. Die einfachen Leute sind unbefangener. Sie umzingeln den Kutscher Florian, der für Menecke arbeitet; erst Käte Traß, Tochter der Majorin Traß, befreit ihn aus den Händen der Meute. Das gesellschaftliche Leben konzentriert sich auf den Schwadronsball, auf dem Droste Käte, deren Tante und zwei Cousinen begrüßt. Droste ist bei der Majorin Traß in Logis und tanzt mit Käte einen Walzer; Kätes Tante findet das Walzertanzen unsittlich. Indessen steht der Schwadronswagen für die Abfahrt bereit. Lord Beckhurst verabschiedet sich von Madame Martin, die durch den überstürzten Aufbruch und die Eskorte Verdacht schöpft; sie folgt ihm auf die Straße, hält ihn zurück und führt ihn um die Straßenecke – zu einem langen Abschiedskuß, wie die Soldaten vermuten. Von diesem Augenblick an bleibt Beckhurst verschwunden; Madame Martin steigt in eine Postkutsche und fährt davon. Als Drostes Bursche Wenzel den Vorfall Droste meldet, ordnet dieser die sofortige Verfolgung der Postkutsche an; Käte ist verwirrt, daß Droste sie so einfach ›stehenläßt‹. Der Schwadronsball wird abgebrochen, weil die Stadt nach dem verschwundenen Fremden abgesucht werden soll. Die Bürger alterieren sich über die »Kriegsspiele«; der Bürgermeister wirft Droste Amtsanmaßung vor.

(3) Wenzel gelingt es, die Postkutsche einzuholen und Madame Martin nach Perleberg zurückzubringen, wo man sie im »Gasthof zur Krone« arretiert; die eifersüchtige Käte, der der Wirt rät, nicht auf Droste zu warten, mißdeutet die Situation und läuft im strömenden Regen nach Hause, wo ihr die Mutter Vorwürfe macht, daß sie bis Mitternacht auf Droste gewartet habe. Drostes Verhör von Madame Martin verläuft ergebnislos. Um sich nachträglich die Legitimation für ihre Verhaftung zu verschaffen, reitet er noch in der Nacht nach Kyritz zu seinem vorgesetzten Major, der sich hinter die Bestimmung zurückzieht, eine solche Sache sei eine »rein polizeiliche Angelegenheit«, und ihm im übrigen rät, die »Hände von der Politik zu lassen«. Auf das Polizeirecht beruft sich auch der Magistrat von Perleberg. Aber der Bürgermeister wird mit Madame Martin nicht fertig; als sie ihre sofortige Freilassung verlangt, ›verschanzt‹ er sich hinter Drostes Abwesenheit. Droste hat sich nach Berlin begeben, um den nächsthöheren Vorgesetzten für sich zu gewinnen. Der General verweigert ihm gleichfalls die Erteilung eines Befehls, unterstützt ihn jedoch bei seinem Entschluß, »die Sache allein auszufechten«, moralisch.

(4) Nach Perleberg zurückgekehrt, steht Droste unter Zeitdruck. Advokat Menecke verlangt vom Bürgermeister die Freilassung seiner Mandantin. Das zweite Verhör Madame Martins durch Droste bleibt wiederum erfolglos; kokett versucht sie, ihn für sich zu gewinnen. Der Bürgermeister verbittet sich von Droste die Einmischung in seine Amtsgeschäfte. Das Absuchen des Waldes und die Hausdurchsuchung bei Menecke führen zu keinem Ergebnis. Da richtet sich der Zorn der Volksmenge gegen Droste, von dem man glaubt, er habe die ›schöne Französin‹ nur arretieren lassen, weil sie ihm gefalle. Frau Traß glaubt sogar an ein ›Verhältnis‹ zwischen Madame Martin und Droste, der

für sie die Gasthofrechnungen aus eigener Tasche bezahlt. Käte läßt sich jedoch nicht von der Mutter beeinflussen, denn sie hat erkannt, daß Madame Martin eine französische Spionin ist. Sie findet Bücher mit einem Zettel Drostes, aus dem hervorgeht, daß sie zu Madame Martin gebracht werden sollen; Droste hatte ihr Unterhaltungslektüre versprochen. Käte nutzt die Gelegenheit, um Madame Martin kennenzulernen, während diese wiederum der ›Rivalin‹ ihre Ansichten über die Gefährlichkeit von Gefühlen nahezubringen versucht. Wenzel bestraft den Bürger Müßchen wegen einer abfälligen Stammtisch-Bemerkung über Droste mit einer Ohrfeige.

(5) Die Lage verschärft sich, als Menecke von Droste den Hausdurchsuchungsbefehl zu sehen verlangt. Droste will sich mit Menecke arrangieren: Er bietet Madame Martin im Austausch gegen Lord Beckhurst an. Für Menecke sind dies ungleiche ›Wertobjekte‹. Er lehnt das Angebot höhnisch ab, warnt Droste vor weiteren Aktivitäten und spinnt danach hinter Drostes Rücken eine Intrige. Er suggeriert Käte, Droste sei in großer Gefahr; deshalb müsse sie ihn dazu bringen, die Nachforschungen einzustellen und mit ihm eine Waldschneise abzusuchen. Bei diesem Waldgang findet Wenzel den von drei Kugeln durchbohrten Rock von Lord Beckhurst, nicht aber diesen selbst. Droste macht die besorgte Käte auf seine Pflicht als Soldat aufmerksam. In London wartet derweil Earl Beckhurst noch immer auf seinen Sohn. Man weiß dort nur, daß er sich im Brandenburgischen an einen deutschen Offizier um Hilfe gewandt hat. Die Admiralität drängt; angesichts der Kontinentalsperre ist für sie eine Koalition zwischen England und Österreich von höchster Dringlichkeit.

(6) Aufgrund der Beschwerden des Magistrats bestraft Droste seinen Burschen Wenzel für die erteilte Ohrfeige mit »vier Wochen Ausgehverbot« (aber nur, weil dieser den Befehl dazu nicht abgewartet hat). Gleich darauf teilt Wenzel ihm seine Beobachtung mit: Die drei Kugeln wurden von innen durch den Rock des Lords geschossen. Daraus ergibt sich die Gewißheit, daß der Lord noch lebt. Der Magistrat will sich in Berlin über Droste beschweren; er hat inzwischen die Zusammenhänge in Erfahrung gebracht und zittert vor dem allmächtigen Napoleon, in dessen Auftrag der Lord verhaftet wurde. Droste weist den Magistrat zurecht: »Es geht nicht um Berlin und Perleberg. Es geht um Preußen!« In Berlin macht auch der General dem Kammerpräsidenten klar, daß Droste »für Preußen« kämpft; er will nicht einen seiner besten Offiziere verlieren. Doch Napoleon hat der preußischen Regierung durch den französischen Gesandten bereits die Entlassung Drostes befohlen. Ein Kurier warnt Droste im Auftrag eines Herren, »der ihn schon einmal in Berlin gewarnt hat«; Droste weiß nun, daß man sich in Berlin »nicht mehr für ihn einsetzen« kann. In Perleberg trägt der Stadtklatsch Früchte. Selbst Kameraden glauben an ein Verhältnis Drostes mit »der Französin«, und Majorin Traß, die verhindern will, daß ihre Tochter »ins Gerede« kommt, kündigt Droste das Quartier; Wenzel hofft, bald auch Perleberg, den »verlogenen Saustall«, verlassen zu können.

Käte, die Droste dazu überreden will, die »Geschichte ruhen zu lassen«, wird von Droste darauf hingewiesen, daß es »Höheres« gibt.

(7) Nunmehr ändert Droste seine Strategie gegenüber Madame Martin, der er mit einem Rosenstrauß den ›Hof macht‹. Da er im Verlauf des gefährlich-charmanten Gesprächs erkennt, daß sie nichts über den Aufenthaltsort von Lord Beckhurst weiß, beurlaubt er sie für einige Stunden, damit sie Menecke den Namen dieses Orts entlocken kann. Menecke wird vom französischen Beauftragten Pénard zum Handeln gedrängt, nachdem er die Angelegenheit unnötig verschleppt habe. Madame Martin wird Zeuge dieses Gesprächs und erfährt von Menecke, daß Lord Beckhurst im Gorschener Jagdhaus, nahe der Elbe, gefangengehalten wird; sie ordnet noch für die Nacht den Weitertransport Lord Beckhursts auf französisches Gebiet an. In den Gasthof zurückgekehrt, trifft sie sofort Reisevorbereitungen; aus dem offensichtlichen Verschweigen des Aufenthaltsorts, der Bitte, sich »nicht mehr um den Engländer zu kümmern, und der Warnung, er gefährde sein Leben, wird Droste klar, daß die Entscheidung unmittelbar bevorsteht. Als Käte, die von Wachtmeister Krim erfahren hat, daß Droste »bei der Französin« ist, Droste davon abhalten will, »blindlings in die Gefahr hineinzurennen, wird sie von ihm als überzeugte Helferin in der Not gewonnen: Sie hält Madame Martin »ein paar Minuten« auf, und als diese schließlich zusammen mit Menecke in größter Eile zum Gorschener Jagdhaus fährt, sitzt nicht Florian, sondern der als Florian verkleidete Droste auf dem Kutschbock.

(8) Wenzel und Käte finden den von Droste eingesperrten Florian, und dieser kann nun durch die Nennung des Fahrziels beweisen, daß er ein »anständiger Mensch« ist; als sie von ihm zugleich erfahren, daß Droste auf dem Kutschbock sitzt, jagt Wenzel mit Kürassieren dem Wagen hinterher, um Droste »herauszuhauen.« Käte informiert den in Perleberg eingetroffenen General. Dieser hat zuvor den Offizieren die »vorläufige Dienstenthebung« Drostes mitgeteilt und gibt nunmehr Premierleutnant v. Bodenheim den Befehl, eine Offizierspatrouille von fünf Mann auszuschicken, da es um die »Rettung eines tapferen Kameraden« gehe. Im Gorschener Jagdhaus wird Lord Beckhurst von zwei Bewachern gefangengehalten; das Boot zum Übersetzen über die Elbe ist vorbereitet. Während Menecke Lord Beckhurst auffordert, ihm zu folgen, erkennt die im Wagen zurückgebliebene Madame Martin Droste an den Stiefelsporen. Sie läuft ins Jagdhaus, um Menecke zu warnen, aber als beide zur Kutsche zurückkehren, ist Droste verschwunden; durch einen Schuß im Jagdhaus wird Menecke klar, daß ihm nunmehr »keine Wahl« bleibt. Dort stellt er Droste und Lord Beckhurst; ein Bewacher gibt ihm eine zweite Pistole, aber Madame Martin befiehlt ihm: »Nicht schießen! Das ist gegen Ihre Order!« Droste gelingt es, die Kerze umzuwerfen, und in der Dunkelheit trifft der ihm zugedachte Schuß Madame Martin, die sich sterbend von ihm verabschiedet. Die rechtzeitig eintreffenden Kürassiere können Menecke und die beiden Bewacher überwältigen; später wird berichtet, Menecke sei vor dem Stadttor

an einer Eiche gehängt worden. Droste läßt Lord Beckhurst »sicher zur Grenze bringen«.

(9) Die Bürger von Perleberg zeigen sich durch die Vorgänge irritiert. Nur ein Korpsstudent bekennt sich zu Drostes Haltung. Droste aber muß das Land verlassen; er will nach England, zu Lord Beckhurst und zu Gneisenau. Im Stall nimmt er Abschied von den Pferden und von seinen Kürassieren; er rügt die Wehmut der Kürassiere, kann aber selbst nur mit Mühe seine Emotionen unterdrücken. Käte gibt er seinen Pallasch zur Aufbewahrung. Der treue Wenzel folgt »seinem Rittmeister«. Beide reiten in die Fremde. Sie werden wiederkommen, »wenn Preußen frei ist«.

6.3. Verwendetes literarisches Material

Als Vorlage dienten nicht genannte Quellen, die Orientierungsdaten für das historische Sujet, den Kampf preußischer Patrioten um die Befreiung von ›Napoleons Joch‹, boten: 21.11.1806 Kontinentalsperre Napoleons gegen England, 9.7.1807 Friede zu Tilsit zwischen Frankreich und Preußen, 31.5.1809 Tod Schills, 11.7.–14.11.1809 Reise Gneisenaus nach England, 1.4.1810 Eheschließung Napoleons mit Marie Luise, der Tochter Kaiser Franz I., die alle Hoffnungen der Gegner Napoleons auf ein Bündnis mit Österreich zunichte machte. Dem Sujet liegt eine ›wahre Begebenheit‹ zugrunde. Die Figur des Lord Beckhurst ist einer historischen Persönlichkeit nachgebildet: Benjamin Bathurst (1784–1809).
»In 1809, when acting as envoy to the court of Vienna, Bathurst was returning to England with important despatches. He left Berlin with passports from the Prussian government, and travelled towards Hamburg without a servant. On the road he dissappeared. The only clue to his fate was a portion of his clothing discovered near Lützen. The prevailing idea was that Bathurst was assassinated by French soldiers for the sake of the despatches, but his death remains a mystery.« (Leslie Stephen: *Dictionary of National Biography*. Bd. 3, London 1885, S. 407)

6.4. Textbeispiel

Grundsatzgespräch zwischen Rittmeister Droste (D) und dem kommandierenden General von Berlin (G):

D: Ich bin hierher gekommen, weil es in ganz Berlin keine Stelle gibt, die meine Meldung von der Verhaftung einer französischen Agentin entgegennimmt.
G: Danke, Herr Rittmeister. Ja, Ihr Major hat schon recht. Die Sache geht die Polizei an.

D: Herr General, ich habe für die Sicherheit des Fremden gebürgt.
G: Das war vielleicht etwas unbedacht.
D: Ich *mußte* auf eigene Faust handeln, Herr General.
G: Und nun möchten Sie sich einen Befehl holen, der Sie deckt, Droste.
D: Deckt? Nein, Herr General, der meinen Entschluß bestätigt.
G: Der Befehl kann nicht erteilt werden.
D: Herr General! Da die Folgen nur mich allein treffen, bitte ich, nach eigenem Gutdünken handeln zu dürfen.
G: Jetzt hören Sie auf, Droste, über Ihr Leben kann nur der König verfügen, nicht Sie! – Ein Wort noch: Vor wenigen Monaten stand hier ein anderer Offizier, der wollte sich auch einen Befehl holen. Der Mann hieß Schill. Auch *dem* mußte ich den Befehl verweigern. Er handelte *trotzdem*. Sie wissen, wie er geendet hat.
D: Schill kämpfte gegen einen tausendfach überlegenen Feind.
G: Aber er *sah* ihn, Herr Rittmeister. Ihr Gegner ist unsichtbar. Sie werden die Sache allein ausfechten müssen, ganz allein. Wissen Sie, was das heißt? Ohne Kameraden, ohne Hilfe? Da gibt's kein offenes, ehrliches Gefecht, nicht mal Heldentod[29], Herr Rittmeister.
D: Herr General, es kommt nicht auf das *Wie* an. Es kommt darauf an, *wofür* man stirbt.
G: Und selbst, wenn es glückt, wer weiß, ob Sie dann Ihren Rock noch weitertragen dürfen. Keiner von uns kann Sie schützen.
D: Ich verstehe, daß Herr General mir keinen Befehl geben können, aber darf ich um einen Rat bitten?
G: Der General kann Ihnen nicht antworten, aber von Mann zu Mann: Ich wüßte, was ich täte!
(Beide sehen sich in die Augen.)
D: Herr General, ich bitte, sofort nach Perleberg zurückkehren zu dürfen!

6.5. Kontext

Das Bestreben der Reichsregierung, Großbritannien für die ›deutsche Sache‹ zu gewinnen. 18. Juni 1935: Deutsch-britisches Flottenabkommen, das Deutschland 35% der britischen Flottenstärke (U-Boote: 45%) zugestand. Die französische Regierung, die gegen dieses Abkommen protestierte, sah darin eine Unterstützung der deutschen Revisionspolitik. Schon im Jahre 1934 war durch die Filme EIN MANN WILL NACH DEUTSCHLAND (R: Paul Wegener) und DIE REITER VON DEUTSCH-OSTAFRIKA (R: Herbert Selpin) die positive Bewertung des Verhaltens englischer Offiziere nahegelegt worden. Albert Speer (*Erinnerun-*

---

29 Der im Film gesprochene Text ist mit dem Text des Drehbuchs (S. 124 ff.), von einer minimalen Kürzung abgesehen, weitgehend identisch. Bemerkenswert ist die Abschwächung des Begriffes ›Heldentod‹. An dieser Stelle war im Drehbuch zusätzlich vorgesehen: »Der ist wenigstens rühmlich ...«

gen. Frankfurt/M. u. Berlin 1969, S. 85) überliefert die Äußerung Hitlers aus dem Jahre 1935: »Am liebsten würde ich mich den Engländern anschließen.«

6.6. Normaspekte

(1) Die Entscheidungen des Rittmeisters v. Droste unterliegen den divergierenden Urteilen der militärischen und der politischen Führung des preußischen Staates. Dabei gilt die Regel: *Unter besonderen Umständen müssen die militärischen Erwägungen hinter den politischen zurückstehen*. Dies kommt in der Ansprache des Generals an die Offiziere zum Ausdruck:
»Meine Herren, es gibt in der heutigen Zeit Fälle, wo wir Soldaten andere Anschauungen zu vertreten haben als das Zivil. Die vorläufige Dienstenthebung des Herrn Rittmeisters v. Droste ist aus politischen Rücksichten erfolgt. Die Sache läßt sich in ihren letzten Folgerungen noch nicht übersehen. Ich ersuche Sie also, daraus keine voreiligen Schlüsse zu ziehen und dem Herrn Rittmeister v. Droste die gleiche Achtung zu bezeugen, wie bisher. Das weitere wird sich finden.«

(2) Die Norminstanz für den *höheren Befehl* liegt außerhalb der im Film repräsentierten Hierarchie (König, General, Major, Rittmeister, Wachtmeister). Rittmeister v. Droste folgt seinem *nationalen Gewissen* und der Maxime, daß die *nationale Identität Preußens* in der dargestellten Situation nur durch die *Befreiung von der Fremdherrschaft* (Napoleons) wiedergewonnen werden kann. Wenn Droste am Ende sogar vom »allerhöchsten Befehl« spricht, dann bezieht er seine Aussage auf *Gott*, den das angespielte *Vaterlandslied* Ernst Moritz Arndts (»Der Gott, der Eisen wachsen ließ, Der wollte keine Knechte«) als Norminstanz signalisiert.

(3) Nationales Handeln ist selbstloses Handeln. Es fordert Mut, Mannhaftigkeit und den Einsatz des Lebens; darin ist sich Rittmeister v. Droste mit dem General im ›Gespräch von Mann zu Mann‹ einig. Dieses Handeln wird durch die Kameradschaftlichkeit (der Kürassiere), die Treue (des Burschen Wenzel) und den Glauben (Kätes an Droste) unterstützt. Käte (K) allerdings muß als Helferin von Droste (D) erst gewonnen werden:
D: Ich spiele ein hohes Spiel. Sie dürfen mich nicht zurückhalten.
K: Aber Sie wagen Ihr Leben dabei.
D: Ich weiß es. Aber der Gewinn ist den Einsatz des Lebens wert. Glauben Sie an mich – trotz allem, was gegen mich zu sprechen scheint?
K: Ja.
D: Dann müssen Sie zu mir halten, in allem. Dann müssen Sie mir helfen.

(4) Den ideellen Interessen der *Elite* stehen die materiellen Interessen des nur auf die persönliche Sicherheit bedachten *Bürgertums* entgegen. Für »unseren

Rittmeister« und gegen die Perleberger Bürger spricht der Korpsstudent als Vertreter der *Jugend*: »Wenn der König ihn kassiert und unsere alten Hosenkacker, ihr, ihn im Stich lassen, soll er sehen, daß wenigstens *wir* zu ihm halten!«

(5) *Patriotismus* wird auch den auf *französischer Seite* Handelnden zuerkannt. So ist Madame Martin nicht nur in den Augen des Franzosen Pénard eine Patriotin (Menecke dagegen nur ein »bezahlter Spion«), sondern auch in den Augen Drostes, der sie als gleichrangige Gegnerin ansieht; ihm gelten ihre ›letzten Worte‹: »Wir haben beide gekämpft für unser Land. Ich habe verloren.«

6.7. Überliefertes Material

Drehbuch: AUF HÖHEREN BEFEHL. *Ein Film von Philipp Lothar Mayring u. Karl Lerbs*. Typoskript, 286 S. (= 475 E) [SDK; mit hsl. Vermerk von Gerhard Lamprecht: »Dieses Drehbuch entspricht nicht dem Regiebuch, das textlich korrigiert und in einer Reihe von Szenen geändert wurde. Besonders den Schluß[30] in der vorliegenden Form zu machen, hatte ich mich geweigert. Im Film gibt es kein Happy-End. Droste verlässt mit seinem Burschen Preussen und geht nach England.«].

Illustrierter Film-Kurier Nr. 2412 [BFA]; *Das Programm von heute* o. Nr. [BFA]; ferner: *Illustrierter Film-Kurier* (österr. Ausg.) Nr. 1285; *Reklame-Ratschläge*, 51 S. [DIF]; Bildmaterial [BFA, SDK].

6.8. Interviews, Stellungnahmen, Rezensionen

[Anonym:] DER HÖHERE BEFEHL [mit Abb.], in: *Filmwelt*, Berlin, 27.10.1935 (Nr. 43); [Anonym:] Zwei Standardfilme in einem Programm, in: *FK* 28.12.1935 (Nr. 302).

E. Naujoks: Küraß und Panzerwagen. Preußen in Überlieferung und Gegenwart. DER TAG DER FREIHEIT – DER HÖHERE BEFEHL, in: *Dt. Allg. Ztg.* 31.12.1935 (Nr. 609); [Günther] S[chwar]k: DER HÖHERE BEFEHL. Ufa-Palast am Zoo, in: *FK* 31.12.1935 (Nr. 304); H. E. Fischer: Filme von Preußentum und Volksheer. DER HÖHERE BEFEHL und TAG DER FREIHEIT im Ufa-Palast am Zoo, in: *Berliner Lokal-Anzeiger* 31.12.1935; [Anonym:][31] Zwei Filme vom kämpferischen Geist: UNSERE WEHRMACHT – NÜRNBERG 1935. Der Führer bei der Uraufführung im Ufa-Palast am Zoo, in: *Völkischer Beobachter* (Norddt. Ausg.) 1.1.1936 (Nr. 1).

Weiterer Einsatz: *FK* 29.1.1936 (Nr. 24): Wien; *FK* 19.3.1936 (Nr. 67): Holland.

---

30 Daß »ein neuer Schluß« hergestellt wurde, geht aus der Endabrechnung der Ufa vom 22.5.1936 (BA R 109 I/1031b, f. 233) hervor. Im Drehbuch (S. 284 ff.) war als Schluß eine Szene vorgesehen, in der der General »vor Offizieren und Mannschaften« Drostes Ehre wiederherstellt. »Käthe hält sich [...] in mädchenhafter Scheu im Hintergrund.« Zuletzt nimmt der General Käthe, die »wie erstarrt dasteht, bei der Hand« und führt sie »zu Droste, der sie in die Arme schließt«.

31 Dieser Rezensent bescheinigt dem Film »anständige Haltung und Gesinnung und die klare Gestaltung seines Themas« und fügt hinzu: »Alles was Wissen, Kenntnis und vaterländisches Empfinden für einen Stoff tun können, ward uns im *Prinz von Homburg* vorempfunden.«

7. TRAUMULUS

7.1. Produktionsdaten

UT: Ein Film nach der tragischen Komödie von Arno Holz und Oskar Jerschke
P: Carl Froelich Film Produktion GmbH, Produktionsltg.: Friedrich Pflughaupt; 2.686 m; Drehbeginn: Mitte Oktober 1935 (Ufa-Tempelhof), danach Froelich-Studio
A: R. A. Stemmle, Erich Ebermayer
R: Carl Froelich; R-Ass.: Rolf Hansen

Stab: K: Reimar Kuntze; M: Hansom Milde-Meißner; T: Hans Grimm; Ausst.: Franz Schroedter; Kostüme: Ilse Fehling; Schnitt: Gustav Lohse; Aufnahmeltg.: Arno Winckler

FM: Tobis-Klangfilm, Geyer-Kopie
V: Syndikat-Film; Weltvertrieb: Tobis-Cinema
UA: 23. Januar 1936, Berlin, Ufa-Palast am Zoo

Besetzung:

Professor Dr. Niemeyer, Direktor des Königlichen Gymnasiums	Emil Jannings
Jadwiga, seine Frau	Hilde Weißner
Fritz, sein Sohn aus erster Ehe	Harald Paulsen
Schauspielerin Lydia Link	Hilde v. Stolz
Landrat v. Kannewurf	Herbert Hübner
Major Kleinstüber	Walter Steinbeck
Sanitätsrat Brunner	Walter Werner
Assessor Mollwein	Ernst Waldow
Fabrikant Meier	Karl Etlinger
Rechtsanwalt Falk	Hans Brausewetter
Polizei-Inspektor Hoppe	Otto Stoeckel
Obersekretär Tamaschke	Bruno Fritz
Schutzmann Patzkowski	Hugo Froelich
Bäckermeister Schladebach	Ernst Legal
Pedell Schimke	Wilhelm P. Krüger
Olga, Dienstmädchen bei Niemeyer	Hilde Barko
Fräulein Wetterhahn, Schneiderin	Else Ehser
Die Besitzerin vom »Goldenen Pfau«	Hella Tornegg
Gymnasiasten, Pensionäre bei Niemeyer:	
Kurt v. Zedlitz	Hannes Stelzer
Hans Klausing	Hans Joachim Schaufuß
Franz v. Mettke	Hans Richter
Emmerich Frommelt	Rolf Müller
Jürgen Breitsprecher	Walter Bienenstein

Bewertung:[32]
FP: 17. Dezember 1935, Prüf-Nr. 41057 (Vorspann): 120 m; Paimann 7.2.1936 (Nr. 1035): »Zumindest über dem Durchschnitt«; 13.1.1936, Prüf-Nr. 41207 (Tit.): staatspolitisch und künst-

---

[32] Vgl. zur Bewertung Erich Ebermayers Tagebuch-Eintragung vom 18.1.1936: »Der Film hat heute die Höchstprädikate ›künstlerisch besonders wertvoll, staatspolitisch besonders wertvoll‹ erhalten. Emil strahlt. Mir wird beklommen zumute. Jannings berichtet, Hitler sei von

lerisch besonders wertvoll, Jf 14, 2.686 m (gültig bis 31.1.1939) [SDK]; Bestes Filmwerk des Jahres und Staatspreis für Carl Froelich (*FK* 2.5.1936, Nr. 102); 13. Juni 1939, Prüf-Nr. 51608 für Schmaltonfilm: (Tit.) künstlerisch wertvoll, Jf 14, 1.070 m (gültig bis 31.12.1942) [BFA]; 9. Januar 1940, Prüf-Nr. 53055: gleiche Bw., 2.702 m; 22. Januar 1944, Prüf-Nr. 59793 (nur Bes.): staatspolitisch und künstlerisch wertvoll, Jf 14, 2.675 m (gültig bis 31.12.1945) [SDK].
FSK: 14. Juni 1950, Prüf-Nr. 1434, und 3. Juni 1969, Prüf-Nr. 1434a: Jf 16, mit Schnittauflagen 2.602 m (95 min) – Schnittauflagen: (1) Entfernung des Tobiszeichens, (2) Dialog zweier Schüler: »Ich gehe ganz bestimmt mal zur Schutztruppe, weißt Du, so durch die Steppe reiten und die Schwarzen vor sich hertreiben ... Du, und dann der Hut, Mensch ...« – »Mein Vater hat gesagt, ich werde Ziethen-Husar, bestimmt die schneidigste Truppe.«

Rechte: F.-W.-Murnau-Stiftung; Ausw: Transit-Film GmbH, München (komm.), DIF (nichtkomm.)
Kopie: Münchner Filmmuseum [BFA$_1$, BFA$_2$]

7.2. Handlung

(1) Gymnasialdirektor Professor Gotthold Niemeyer hat nach dem Tode seiner Frau die leichtlebige Jadwiga, geb. Schislowski (»Kategorie: Feldwebelstochter«), geheiratet. Er wurde wegen dieser nicht standesgemäßen Ehe in eine kleine norddeutsche Garnisonsstadt abgeschoben und hier von Landrat v. Kannewurf sofort »aufs Korn« genommen; seit Monaten läßt Kannewurf die Schüler beobachten, die bei Niemeyer und seiner Frau »in Pension« sind. Wegen seiner Weltfremdheit wird Niemeyer von seinen Schülern »Traumulus« genannt; aus der Sicht Kannewurfs läßt er »mit sich und mit seinem haarsträubenden Idealistengedusel das schandbarste Schindluder treiben«. Unmittelbarer Anlaß für eine erneute Beanstandung ist das Verhalten des Musterschülers Kurt v. Zedlitz. Dieser hat sich mit der jungen Schauspielerin Lydia Link in dem »nicht ganz einwandfreien« Nachtlokal »Goldener Pfau« getroffen und danach mit ihr eine Liebesnacht verbracht. Wie sein Aufenthalt im »Goldenen Pfau« (von Oberleutnant v. Reizenstein und Kriegsrat Becker in Zivil), so ist auch sein Verlassen der Wohnung Lydias (von dem zur Überwachung beauftragten Schutzmann Patzkowsky) und seine morgendliche Rückkehr in den Schlafsaal des Pensionats mit Hilfe einer Strickleiter (vom Pedell Schimke) beobachtet worden. Seinem Freund Mettke gesteht Zedlitz, daß er sich mit Lydia verloben werde (Lydia ist jedoch bereits verlobt), und Mettke plaudert

dem Film begeistert, Goebbels habe erklärt, dies sei der beste Film seit Jahren. [vgl. Goebbels: *Tagebuch*, 11.1.1936] Seltsam! Dabei hat der Vertreter des Reichsfilmdramaturgen während wir am Drehbuch arbeiteten doch immer – und mit Recht! – behauptet, dem Film fehle jedes nationalsozialistische Gedankengut, er sei eine rein individualistische Angelegenheit. Daß er dies ist, darüber gibt es keinen Zweifel. Wieso also gefällt er unseren Mächtigen?« Und dazu am 19.1.1936: »Abends zu Jannings. Er liegt erkältet im Bett und jammert. Nach zwei Flaschen Burgunder wird uns wohler. Er erzählt Einzelheiten von der Begeisterung Hitlers und Goebbels' über TRAUMULUS. Der Minister hat geäußert, das einzig Ärgerliche an dem Film sei, daß ihn zwei bekannte Nicht-Nationalsozialisten geschrieben haben. Das freut einen denn ja auch ...« (Ebermayer 1966, S. 10). Am 23.1.1936 folgt der Premierenbericht (S. 11 ff.).

dieses Geheimnis an die Klassenkameraden aus, die einen in eine Balgerei ausartenden Glückwunsch inszenieren. Schimke wird von Zedlitz bestochen, sein Wissen nicht preiszugeben.

(2) Während des sonntäglichen Frühschoppens der Honoratioren der Stadt (Landrat v. Kannewurf, Major Kleinstüber, Sanitätsrat Brunner, Fabrikant Meyer und Assessor Mollwein, der ein Verhältnis mit Jadwiga unterhält) werden die Feierlichkeiten für den bevorstehenden Kaiserbesuch besprochen; bei diesen Feierlichkeiten soll auch das von Niemeyer verfaßte Festspiel von den Gymnasiasten, verstärkt durch Lydia Link, aufgeführt werden. Kannewurf macht Stimmung gegen Niemeyer; Rechtsanwalt Falk, der das Gespräch unbemerkt mitangehört hat, verteidigt seinen »hochverehrten alten Lehrer«. Als Niemeyer nach dem Gottesdienst verspätet zur Herrenrunde erscheint, konfrontiert ihn Kannewurf mit dem, »was die Spatzen schon von allen Dächern pfeifen«, und mit den Verfehlungen des Musterschülers v. Zedlitz. Niemeyer wird dadurch in seinem »Glauben an das Gute in unsrer Jugend« verunsichert. Erregt verläßt er die Herrenrunde, um sofort eine strenge Untersuchung einzuleiten.

(3) Zedlitz hat wegen seiner »unglaublichen Dummheit« Furcht vor Repressalien und wendet sich an den »ewigen Korpsstudenten« Fritz, Niemeyers Sohn aus erster Ehe. Dieser rät ihm, nur den Aufenthalt im »Goldenen Pfau« zuzugeben, nicht aber die Liebesnacht mit Lydia und die Rückkehr in den Schlafsaal mittels Strickleiter; Fritz fürchtet um den Ruf seines Vaters, der Zedlitz bei der Vorbereitung des Festspiels »mit Lydia geradezu verkuppelt« habe, und will zugleich Zedlitz – zwei Monate vor dem Abitur – vor strenger Bestrafung bewahren. Die Täuschung, Zedlitz habe Lydia nur bis an die Haustür ihrer Wohnung begleitet, gelingt. Der gutgläubige Niemeyer, der allerdings nicht mehr am Vorhandensein einer Strickleiter im Hause zweifelt, bestraft Zedlitz nur mit Zimmerarrest; außerdem darf er nicht am »gemeinsamen Tisch« teilnehmen. Auch Lydia Link, die Niemeyer zu sich bestellt hat, gelingt es, Niemeyer zu täuschen – zuletzt in Gegenwart des ins Zimmer zurückgekehrten Zedlitz, der eigentlich gekommen war, um Niemeyer die Wahrheit zu sagen, nun aber mutlos Niemeyer »noch einmal um Verzeihung« und sogar um »eine recht strenge Strafe« bittet. Beim Decken des Mittagstisches machen sich die beiden Pennäler Clausing und v. Hacker an das Dienstmädchen Olga heran.

(4) Im Keller des Bäckers und Konditors Schladebach feiern die Pennäler, die sich insgeheim zur pubertär inspirierten »Blutsverbindung Anti-Tyrannia« zusammengeschlossen haben, ihr »erhabenes Stiftungsfest« mit einer »Kneipe«. Sie schwören Traumulus Rache. Die Sitzung muß kurzfristig unterbrochen werden, da die »Wachen« Traumulus melden. Dieser begibt sich jedoch in den »Goldenen Pfau«, wo er sich das sog. »Grüne Zimmer« zeigen läßt, in dem Lydia und Zedlitz saßen; Traumulus eilt entsetzt davon, nachdem er das Anrüchige des Etablissements erkannt hat. Zur gleichen Zeit diskutieren die Honoratioren in ihrem Stammlokal den ›Fall Zedlitz‹. Am gegenüberlie-

genden Tisch fühlt sich Fritz, umgeben von seinen Kumpanen, von Mollwein »fixiert«; auf der Herrentoilette führen gegenseitige Beleidigungen zur Duellaufforderung Mollweins an Fritz. Auf der »Kneipe« der »Anti-Tyrannia« schlägt indessen die Stimmung zugunsten Niemeyers um, als der hinzukommende Schladebach für ihn eintritt (»Traumulus ist doch ein guter Kerl«) und einen »Salamander« für ihn veranlaßt; anschließend werden Holzscheite, belegt mit den Namen der Feinde der »deutschen Republik« (darunter auch Bebel) in den Backofen geschoben. Die Polizei hat diese Schülerverbindung (23 Schüler, zwölf davon Niemeyers Pensionisten unter der Führung von v. Zedlitz) bereits aufgedeckt. Das ist für Kannewurf die Gelegenheit, den entscheidenden Schlag gegen Niemeyer zu führen. Er setzt sich über die Bedenken des Polizeiinspektors Hoppe hinsichtlich des richtigen Zeitpunkts hinweg und ordnet die Verhaftung der Schüler an; Schladebach hofft er mit Hilfe des Kuppeleiparagraphen (und der Zeugin Lydia Link, die im Schladebachschen Hause wohnt) belangen zu können. Als Zedlitz, seinen Zimmerarrest mißachtend, im Keller erscheint, wird er zunächst gefeiert. Doch Zedlitz ist nur gekommen, um die Auflösung der »Anti-Tyrannia« in die Wege zu leiten. Er verteidigt Niemeyer: »Ich sage Euch, wir haben ja von Niemeyer keine Ahnung, das ist der anständigste Kerl, den ich je gesehen habe.« Zugleich kritisiert er die »Anti-Tyrannia« aufs schärfste: »An all dem, was passiert ist, ist bloß dieser ganze Rummel hier schuld, bei dem ich noch Euer Anführer gewesen bin.« Aber Zedlitz hat alle gegen sich. Nach seiner klaren Abstimmungsniederlage legt er das Präsidium nieder und erklärt seinen Austritt aus der Verbindung. Mettke dagegen verlangt, daß Zedlitz »cum infamia« aus der Verbindung ausgeschlossen wird. Der eintreffenden Polizei entkommt niemand, und es nützt Zedlitz nichts, daß er erklärt, er sei nicht mehr Mitglied der Verbindung. Die Schüler werden »wie eine Horde Vagabunden« durch die Stadt zur Polizeiwache getrieben.

(5) Bei ihrer Vernehmung durch Polizeiinspektor Hoppe weigert sich Lydia konsequent und herausfordernd zuzugeben, daß Zedlitz in ihrer Wohnung war; sie ist offenbar schon früher einmal in ähnlicher Sache ohne Erfolg vernommen worden. Hoppe vernimmt (im Beisein Lydias) auch Zedlitz, der durch die »auf Diensteid genommene« Beobachtung des Schutzmanns Patzkowski in die Enge getrieben, schließlich die Aussage verweigert. Niemeyer betritt in höchster Erregung die Polizeiwache. Er protestiert gegen das Verhalten der Polizei, erreicht die sofortige Freilassung seiner Schüler und läßt Lydia entfernen. In der folgenden Auseinandersetzung zwischen Niemeyer gesteht Zedlitz die Wahrheit. Er legt aber auch seinen Gewissenskonflikt und seine Absicht dar, die »Anti-Tyrannia« aufzulösen. Wiederum bittet er Niemeyer, bei dem seine Worte kein Gehör finden, um Verzeihung. Niemeyer ist blind für die seelische Notlage seines Schülers. Er weist ihn von sich. »Ich will Sie nicht mehr sehen. Ich kann Sie nicht mehr sehen, Mensch!« Auch den erneuten Versuch, Verzeihung zu erlangen, weist er von sich: »Sie haben jedes Bitten bei mir verwirkt. Sie sind ein Verbrecher.« Nach dem letzten, wiederum abgewiesenen Versuch,

Verzeihung zu erlangen, läuft Zedlitz davon. Nun spielt Kannewurf seinen Triumph aus. Er fordert Niemeyer, der gegen die »ganze Willkür« protestiert, auf, seine Pensionierung einzureichen, was dieser ablehnt. Die Auseinandersetzung führt zu einem Grundsatzgespräch über Autorität und Jugenderziehung und zur Kriegserklärung Kannewurfs: »Kampf bis ans Messer!« Durch Patzkowski, der beauftragt wurde, Zedlitz zu folgen, und mitteilt, dieser sei nach kurzem Aufenthalt in seiner Wohnung nun verschwunden, nimmt diese Auseinandersetzung eine überraschende Wendung. Als Patzkowski zudem berichtet, Schüler hätten bei ihrer Vernehmung bestätigt, Zedlitz sei in der »Anti-Tyrannia« nur erschienen, »um seinen Kameraden ins Gewissen zu reden«, sind beide irritiert: Niemeyer fürchtet, er habe »dem armen Jungen das schwerste Unrecht zugefügt«. Kannewurf ist besorgt, daß Zedlitz »Dummheiten« macht, und mobilisiert die Polizisten, um ihn suchen zu lassen.

(6) Niemeyer sucht bei Jadwiga, die gerade ihre Garderobe für den Kasinoball anprobiert, »letzten Halt«. Er hat Zedlitz vergeblich in der Schule gesucht und überhäuft sich nun mit Vorwürfen, doch Jadwiga nutzt die Gelegenheit zu einer Abrechnung mit Niemeyer, dem sie »ihre Jugend« geopfert habe. Sie öffnet ihm auch die Augen über die desolaten Vermögensverhältnisse. Die »Pensionswirtschaft«, die sich Niemeyer »wie eine Zuchtrute aufgebürdet« hat, um Jadwigas Lebensansprüchen zu genügen, ist verschuldet. Jadwiga eröffnet ihrem Mann, daß sein »talentvoller Sohn« Fritz ständig Geld aus ihr herausgepreßt habe, und sie auch einen gefälschten Wechsel für ihn einlösen mußte. Als Fritz erscheint, weist Niemeyer ihn auf sein Zimmer. In diesem Augenblick der – auch familiären – Desillusionierung bringen Sanitätsrat Brunner und Rechtsanwalt Falk die Nachricht, Zedlitz sei gefunden worden. Niemeyer schöpft neue Hoffnung und will mit Falk »auf einen frischen Kampf und einen fröhlichen Sieg« trinken, zugleich ahnt er die ihm verschwiegene Wahrheit. Während in der Stadt der Große Zapfenstreich für Wilhelm II. stattfindet, tragen Schüler den toten Kurt v. Zedlitz ins Treppenhaus des Gymnasiums. Niemeyer erkennt seine Schuld an dessen Selbstmord und sein Versagen als Erzieher. In einem Schlußwort wendet er sich an den Toten und an die Schüler. Er will sein Amt niederlegen. Kannewurf zeigt sich versöhnlich.

7.3. Verwendetes literarisches Material

Arno Holz u. Oskar Jerschke: *Traumulus. Tragische Komödie*. München 1904. 1. Akt: Civilkasino, 2. Akt: Wohnzimmer beim Direktor, 3. Akt: Die ›Mehlkiste‹, 4. Akt: Polizeiwache, 5. Akt: Studierzimmer Niemeyers. Der Film hält sich im Handlungsverlauf an die durch das Drama vorgegebene Struktur und übernimmt wesentliche Teile der Dialoge, ändert jedoch die ›Botschaft‹.[33]

---

33 Im Presse- und Propagandaheft der Syndikat-Film GmbH äußert sich Emil Jannings über seine »letzte Unterredung« mit Arno Holz, der sich als Autor noch »nicht zum Film beken-

Diese ›Botschaft‹ wird im Presse- und Propagandaheft der Syndikat-Film GmbH präsentiert:
»Wir sehen das Einzelschicksal nicht mehr unter dem damals dominierenden Gesichtspunkt einer individualistischen Humanität, sondern unter dem der verantwortlichen Verpflichtung für alle. Was damals, in einer Zeit der politischen Großmannssucht Europas, unter dem prahlerischen Vorwand der Kultur an Lebensverrat begangen wurde, das können wir, die heute den nötigen Abstand zu jener Zeit gewonnen haben, erst voll und ganz beurteilen.
Aus dieser Distanz ergibt sich auch für uns heute zu dem *Traumulus* Arno Holz' eine wesentlich andere Einstellung, als sie die damalige Zeit anläßlich der Erstaufführung dieses Werkes gehabt hat. Was damals, angesichts der Aktualität des Erziehungsproblems, in dem Werk Arno Holz' den Reiz der tragischen Satire hatte, wird für uns, die wir das Erziehungsproblem aus der nationalsozialistischen Weltanschauung fundamental gestaltet und gelöst haben, zur historischen Erkenntnis einer Zeit und ihrer Maske.
In der Figur des Professors Niemeyer verkörpert sich der unselige Dualismus jener liberalistischen Zeitepoche, die über die humanistischen Erziehungsideale der Antike und die Emanzipationstheorien der damaligen Zeit das Leben und die Jugend vergaß. Die Schule, die nur darauf bedacht war, das Vorrecht der Exterritorialität der Bildung für sich zu wahren, hatte jeden Zusammenhang mit dem Leben und seinen ewigen Strömungen verloren. Und dort, wo sich, wie bei Arno Holz, ein ›Traumulus‹ seiner romantischen Weltfremdheit dem pädagogischen Mechanismus abstrakter Schulweisheit entgegenstellte, mußte logischerweise die Katastrophe eintreten. In diesem Zwiespalt zwischen Sein und Schein blieb nicht diese oder jene Erziehungstheorie, sondern immer der Mensch als Persönlichkeit auf der Strecke.«[34]

7.4. Textbeispiele

(1) Die Schlußszene in Arno Holz' und Oskar Jerschkes »Tragischer Komödie«, Gespräch zwischen Niemeyer (N) und Falk (F), später Landrat v. Kannewurf (L):

---

nen« wollte: »Mir geht es nicht allein um die Handlung, mir geht es auch um das *Wort*! Ja, wenn der Film zum Bild auch die Sprache gäbe, dann ...« Zehn Jahre lang habe er »die Worte des Dichters als Vermächtnis« mit sich herumgetragen. Nun aber sei »die Zeit gekommen, wo sich der Film an *Traumulus*, diese herrliche Dichtung von Arno Holz wagen kann, da er nun ja neben dem Bild auch die Sprache in höchster Vollendung wiedergibt«. Im weiteren berichtet Jannings, daß Erich Ebermayer und R. A. Stemmle auf seinem Landgut am Wolfgangsee monatelang zu Gast waren und dort das »Werk des Dichters ins Filmische übersetzt« haben.

34 Die »Tragische Komödie« *Traumulus* von Arno Holz und Oskar Jerschke erlebte am 15. Februar 1940 eine glanzvolle Neuinszenierung im Staatstheater im Kleinen Haus, Berlin, mit Werner Krauß in der Hauptrolle (Regie: Wolfgang Liebeneiner). In seiner Rezension dieser Aufführung (*FK* 17.2.1940, Nr. 41) verweist Georg Herzberg ausdrücklich auf den Film. In der Zeitschrift *Das Theater* (Jg. 1940, H. Jan./März) vergleicht der Rezensent Krauß mit Jannings: »Krauß ist in jedem Zoll der fast elegante und vornehme Mann und mitunter alles andere als ein weltfremder Fantast. *Dieser* Traumulus ist ein Idealist und schließlich der ›reine Tor‹, der unschuldig ins Verderben stolpert.«

N *(nicht mehr fähig, auch nur noch einen Laut hervorzubringen)*.
F *(leise)*: Fassen Sie sich.
N *(schwer in seinen Sessel fallend; stöhnt)*.
F: Aber liebster Herr Direktor! Wer kann Ihnen einen Vorwurf machen? Das wäre ja ein Schurke!
N: Nun ist alles vorbei!
F: Sie sind völlig frei von Schuld!
N *(qualvoll)*: Nein!!
F: Es g i e b t keine Schuld! Wir sind willenlose Spielbälle eines unbegreifbaren Schicksals!
N: Das sind ja nur Worte!
F *(flehentlichst)*: Herr Direktor!
N: Ich bin sein Mörder!
F: Sie werden morgen ruhiger denken.
N: Ich werde morgen ... mein Amt niederlegen!
(Ein scharfer Ton der Korridorglocke. Schimke öffnet dem Landrat die Tür.)
L *(erschüttert; auf Niemeyer zu, dessen Hand er sofort faßt)*: Lieber Herr Direktor! ... Wir sind keine Gegner mehr.
N *(der sich mit letzter Kraft aufrichten will)*: Lebt er noch?
L: Nein.
N *(zusammenbrechend)*: Und noch heute soll ich ihn seinem Vater geben!
(Vorhang.)

(2) Die Schlußszene im Film, fast ein Monolog Niemeyers:

(Im Treppenhaus des Gymnasiums. Von draußen Blasmusik; Gebet am Schluß des Großen Zapfenstreichs: »Ich bete an die Macht der Liebe«.)
N *(sitzt auf einem Stuhl und wendet sich dem auf einer Bahre liegenden toten Kurt v. Zedlitz zu)*: Also bist Du *doch* zu mir zurückgekommen, Kurt von Zedlitz. Ich hatte Dich doch *fort*geschickt, Dir verboten, mir noch einmal unter die Augen zu treten. Welch sonderbarer Ungehorsam! Wußtest Du wirklich keine *andere* Entschuldigung als diese stumme Antwort, auf die kein Mensch eine Erwiderung hat? So mußt Du nun *recht* behalten. Ich bin *schuld* an Deinem Tod.
L: Aber ich bitte Sie, lieber Herr Direktor, kein Mensch hat hier schuld: Das ist ein furchtbarer Unglücksfall! Wir dürfen doch gerade *jetzt* kein Aufsehen erregen!
N *(wendet sich dem Landrat zu)*: Nein, Herr v. Kannewurf, ich *allein* bin schuld. Ich werde morgen mein Amt niederlegen. *(Er wendet sich den Schülern zu.)* Na ja, ich bin nicht mehr Euer *Lehrer*. Ihr nennt mich ›Traumulus‹, ich weiß; aber wir sind nicht *da*, zu träumen, die Menschen blind zu lieben und dann in ihrer Not *allein* zu lassen. Ich habe Euch nicht *geführt*, ich habe Euch nicht *gekannt*; ich habe *versagt*: Ich trete ab. Mein Gott, nun steht Ihr da, Ihr Kinder, und meint, *der* da war ein Held. Nein, er war *kein* Held, und wir sind *nicht* in dieses Leben geschickt worden, um ihm zu *entfliehen*, sondern um es

Abb. 24:
Prof. Niemeyer (Emil Jannings) zu seinen Schülern: »Deshalb stählt und härtet Euch!«
TRAUMULUS

Abb. 25:
Prof. Niemeyer (Emil Jannings) vor der Bahre seines toten Schülers.
TRAUMULUS

zu *bezwingen.* Deshalb stählt und härtet Euch! *(Er blickt auf den toten Kurt v. Zedlitz)* Kämpft, *(er hebt den Blick)* siegt über Euch selbst! *(Er wendet sich von den Schülern ab, steht auf, bleibt einen Augenblick stehen, setzt sich dann auf den Rand der Bahre.)*[35]

---

35 Gegenüber der Drehbuchfassung (S. 225 ff.), die hier nicht wiedergegeben werden kann, ist der im Film gesprochene Text sehr viel konzentrierter gefaßt. Er greift auf einige Kernaussagen der Drehbuchfassung zurück, fügt aber entscheidende Aussagen hinzu, so in Ergänzung zum Satz »Wir sind nicht in dieses Leben geschickt worden, um ihm zu entfliehen« die Worte: »... sondern um es zu bezwingen. Darum stählt und härtet Euch! Kämpft, siegt über Euch selbst!« Die ›mildere‹ Fassung kommt im Drehbuch auch am Schluß zum Ausdruck: Niemeyer sagt zum Toten »herzlich und friedlich: [...] ›Mach Platz neben Dir, Kurt.‹ [...] Er setzt sich neben dem Toten auf die Bahre, als sei sie ein Krankenbett. Nach einer Pause: ›Wollte Gott, ich wäre Dir immer so nahe gewesen.‹«

7.5. Kontext

Für die Wahrnehmung Prof. Niemeyers als Lehrer hatte Emil Jannings durch seine Darstellung des Prof. Unrat in DER BLAUE ENGEL (1930; R: Josef v. Sternberg) ein Vorverständnis ermöglicht. Politisch aber war durch die neue Erziehungspolitik der Reichsregierung inzwischen der Rahmen für die Umgestaltung der Schule bereits abgesteckt. Renate Fricke-Finkelnburg (*Nationalsozialismus und Schule. Amtliche Erlasse und Richtlinien 1933–1945*. Opladen 1989, S. 13) unterschiedet drei Phasen nationalsozialistischer Schulpolitik: »1. Bis etwa 1937 wurde die Schule durch punktuelle Anweisungen mit dem Ziel der ideologischen Ausrichtung partiell umgestaltet. 2. Von 1937 bis etwa 1942 erfolgte die planmäßige innere und äußere Umgestaltung. Jetzt erst wurden für alle Schulen neue Richtlinien erlassen. 3. Ab 1942 machte der Krieg die weitere Umgestaltung nahezu unmöglich. Nun galt es nur noch, den Schulbetrieb einigermaßen aufrecht zu erhalten.«[36]

7.6. Normaspekte

Der Film argumentiert ex negativo. Die leitende Norm ergibt sich erst aus den Schlußworten des zur Einsicht gelangten Prof. Niemeyer: Nicht träumen, sondern *zielgerichtet handeln*, *das Leben bezwingen*, *kämpfen* und *sich selbst besiegen*. Der Weg dazu wird durch die Forderung »stählt und härtet Euch« vorgegeben.

7.7. Überliefertes Material

Drehbuch: TRAUMULUS. *Ein Film nach der tragischen Komödie von Arno Holz und Oskar Jerschke. Drehbuch: R. A. Stemmle, Erich Ebermayer. Regie: Carl Froelich. Carl Froelich Film-Produktion.* Typoskript, 228 hektogr. S. (= 515 E) [SDK; Vorbesitzer: Franz Schroedter; eine Streichung auf S. 223 f.]; Kostümentwürfe von Ilse Fehling [SDK].

---

36 Die Richtlinien für die »Schülerauslese an den höheren Schulen« vom 27.3.1935 (Der Reichs- und Preuß. Minister für Wissenschaft, Erziehung und Volksbildung, RMin Amtsbl. 1935, S. 125) enthalten folgenden Kernsatz: »Die Aufgabe der höheren Schule ist es, den körperlich, c h a r a k t e r l i c h und geistig besonders gut veranlagten Teil der deutschen Jugend so zu erziehen, daß er fähig wird, später in gehobenen oder führenden Stellen unser politisches, kulturelles und wirtschaftliches Volksleben maßgebend mitzugestalten. Die höhere Schule hat daher die Pflicht, unter den ihr zukommenden Jugendlichen eine Auslese zu treffen, welche die Ungeeigneten und Unwürdigen ausscheidet, um die Geeigneten und Würdigen um so mehr fördern zu können. Die ständige Prüfung muß sich auf die körperliche, c h a r a k t e r l i c h e, geistige und völkische Gesamteignung erstrecken« (Renate Fricke-Finkelnburg 1989, S. 93). Vgl. zum Thema auch: Martin Stahlmann u. Jürgen Schiedeck: *»Erziehung zur Gemeinschaft – Auslese durch Gemeinschaft«. Zur Zurichtung des Menschen im Nationalsozialismus*. Mit e. Nachw. v. Heinrich Kupffer. Bielefeld 1991 (= Kritische Texte).

Illustrierter Film-Kurier Nr. 2422 [BFA]; *Das Programm von heute* o. Nr. [BFA]; ferner: *Illustrierter Film-Kurier* (österr. Ausg.) Nr. 1296 u. *Illustrierte Film-Bühne* Nr. 800; *Presse- und Propagandaheft*, 31 ungez. Bl. [BFA, DIF]; *Werberatschlag*, 4 S. (= 1 Bl.) [BFA, DIF, HFF München]; *Einladungskarte* zur UA (Faltbl. in Umschlag) [DIF]; Bildmaterial [BFA]; Nachlaß Franz Schroedter: 83 Entwürfe, 2 Grundrisse [SDK].

7.8. Interviews, Stellungnahmen, Rezensionen

BeWe: Jannings-Traumulus. Carl Froelich dreht in Tempelhof, in: *FK* 2.11.1935 (Nr. 257); [Anonym:] Vom Preußenkönig zum Gymnasialprofessor. *Traumulus* wird verfilmt. Gespräch mit Emil Jannings, in: *FK* 9.11.1935 (Nr. 263); [Anonym:] Professor Niemeyer, genannt ›Traumulus‹. Besuch bei Emil Jannings im Atelier [mit Abb.], in: *Filmwelt*, Berlin, 24.11.1935 (Nr. 47); Arno Holz: »Jannings – Ia«, in: *FK* 7.12.1935 (Nr. 286).

H[ans] E[rasmus] F[ischer]: Emil Jannings als Traumulus. Triumph der Schauspielkunst im Ufa-Palast am Zoo, in: *Berliner Lokal-Anzeiger* 24.1.1936 (Nr. 21); W[erner] Fiedler: Emil Jannings als ›Traumulus‹. Carl Froelich-Film im Ufa-Palast am Zoo, in: *Dt. Allg. Ztg.* 24.1.1936 (Nr. 40); [Günther] S[chwar]k: TRAUMULUS. Im Ufa-Palast, in: *FK* 24.1.1936 (Nr. 20), ebd.: Carl Froelich über TRAUMULUS im Rundfunk; Röhl: Eine überzeugende Leistung von Emil Jannings. TRAUMULUS. Im Ufa-Palast am Zoo, in: *Der Film*, Berlin, 25.1.1936; [Ewald] v. Demandowski: Emil Jannings in TRAUMULUS. Erfolgreiche Uraufführung des neuen Froelich-Films im Ufa-Palast am Zoo, in: *Völkischer Beobachter* (Norddt. Ausg.) 25.1.1936 (Nr. 25).

Weiterer Einsatz: *FK* 4.2.1936 (Nr. 29): Wien; *FK* 11.2.1936 (Nr. 35): Garmisch-Partenkirchen (Olympiade); *FK* 28.3.1936 (Nr. 75): New York; vgl. hierzu Hans Hinkel: TRAUMULUS und sein Milieu; *FK* 23.6.1936 (Nr. 144): Prag; *FK* 20.1.1937 (Nr. 16): Helsingfors; *Sonderheft d. Hamburger Illustrierten* 20.3.1936; *FK* 5.9.1940 (Nr. 208): TRAUMULUS wieder in Zürich.

Zur Wiederaufführung des Films seit 1950 liegen im DIF zahlreiche Rezensionen vor; hiervon seien genannt: Gerhard Schulz-Rehden: TRAUMULUS, in: *Norddt. Ztg.*, Hannover, 4.11.1950; M. H.: Thema leicht verstaubt. Wieder TRAUMULUS, in: *Hamburger Echo* 11.11.1950; dk.: Und wieder erschüttert uns Emil Jannings. Sein Traumulus ist im Filmeck ein Erlebnis, in: *Nürnberger Ztg.* 25.11.1950; Pr.: Ein Kunstwerk von Rang. TRAUMULUS mit Emil Jannings im internationalen Filmclub, in: *Aachener Nachrichten* 6.6.1957.

8. Der Kaiser von Kalifornien

8.1. Produktionsdaten

UT: [Zensurkarte, Film:] Das heroische Schicksal Johann August Suters; [*Illustrierter Film-Kurier*:] Ein Luis Trenker-Film der Tobis-Rota
P: Luis Trenker-Film GmbH; 2.787 m; Drehbeginn: Sommer 1935; Rückkehr Trenkers aus Amerika: *FK* 2.11.1935 (Nr. 257); Atelier: Anfang Januar 1936 (Tobis-Johannisthal); Abschluß: 16.6.1936 (*FK* Nr. 138)[37]
A: Luis Trenker
R: Luis Trenker; R-Ass.: Dr. Hans Brunow, Georg Hurdaleck

Stab: K: Albert Benitz, Heinz v. Jaworsky; M: Dr. Giuseppe Becce; T: Adolf Jansen, Hans Rütten; Bau: Erich Grave; Schnitt: Rudolf Schaad, Willy Zeyn; Aufnahmeltg.: Rudolf Fichtner, Hugo Lehner; Produktionsltg.: Max Hüske

FM: Tobis-Klangfilm, Geyer-Kopie
V: Tobis-Rota Film-AG
UA: 21. Juli 1936, Berlin, Ufa-Palast am Zoo; Vorfilm: Das Buch der Deutschen (= Herstellung der Pergamentausg. von Adolf Hitlers *Mein Kampf*)

Besetzung:
Johann August Suter	Luis Trenker
Anna, seine Frau	Viktoria v. Ballasko
Rudolf, beider Sohn	Werner Kunig [= Florian Trenker]
Emil, beider Sohn	Karli Zwingmann [= Ferdl Trenker]
Frau Dübolt, Annas Mutter	Elise Aulinger
Amalie, Suters Schwester	Melanie Horeschovsky
Der Fremde	Bernhard Minetti
Ermattinger	Luis Gerold
Billy	Paul Verhoeven
Gouverneur Alvaredo	Hans Zesch-Ballot
Seine Frau	Marcella Albani
Castro, sein Adjutant	Walter Franck
Marshall	Reginald Pasch
Harper	August Eichhorn
Chansonette	Berta Drews
Kewen, Bürgermeister von San Francisco	Alexander Golling
Thompson, Gerichtspräsident	Heinrich Marlow
Bankier	Rudolf Klein-Rogge
Bankier	Otto Stöckel
Bankier	Bruno Ziener
Polizeirat Wiesel	Josef Reithofer
Wachtmeister	Jakob Sinn
Smith	Erich Dunskus
Fuhrknecht	Armin Schweizer

---

37 Vgl. zur Produktionsgeschichte Trenker 1974, S. 323–345.

Bewertung:[38]
FP: 29. Juni 1936, Prüf-Nr. 42758 (2 Seiten): staatspolitisch und künstlerisch besonders wertvoll, Jf 14, 2.787 m (korrigiert aus 2.762 m) (gültig bis 31.12.1939) [BFA]; 11. Juli 1936, Prüf-Nr. 42855 (Vorspann): 141 m; Paimann 21.8.1936 (Nr. 1063): »Zumindest ein guter Mittelfilm«; 4. November 1939 (Schmaltonfilm), Prüf-Nr. 52620 (Sequ.): gleiche Bw., 1.110 m; IV. Biennale di Venezia 1936: Coppa Mussolini per il miglior film straniero; FP: 6. Januar 1940, Prüf-Nr. 53029: gleiche Bw., 2.731 m.
LPF June/Sept. 1953.
FSK: 19. Dezember 1951, Prüf-Nr. 3612: Jf 16, mit Schnittauflagen 2.402 m (88 min); 2. Oktober 1956; 29. September 1982 wiederholt, mit Änderungen in Jf 12 sowie folgenden Schnittauflagen: (1) Erschießung und Umfallen der Kinder Suters bis zu der Stelle, wo sie auf der Erde liegen, (2) Stelle, an der der Kopf eines toten Kindes zur Seite fällt, (3) in derselben Szene Bilder, bei denen der Arm eines toten Kindes zur Seite fällt, (4) Schnitt bzw. Kürzung in derselben Szene, in der man die Köpfe der tot daliegenden Kinder sieht, etwa um die Hälfte. (Zwar wurde die Szene, in der das Erhängen Marshalls gezeigt wird, diskutiert, aber keine Schnittauflage verfügt.)

Rechte: F.-W.-Murnau-Stiftung; Ausw: Transit-Film GmbH, München (komm.), DIF (nicht-komm.)
Kopie: BFA$_1$ [DIF]

8.2. Handlung

(1) Suter druckt auf seiner Handpresse ein Plakat mit einem Leitspruch Ernst Moritz Arndts und erklärt seiner darüber besorgten Frau Anna, daß ein »anständiger Mann heute nicht anders handeln« kann. Da erscheint Polizeirat Wiesel, von Gendarmen begleitet, um Suter wegen des Drucks einer »aufwieglerischen Hetzschrift« zur Rede zu stellen, seine Presse zu beschlagnahmen und ihn zu verhaften. Suter flieht durch das Fenster und rennt zum Münster, wo er sich vom Turm stürzen will. Ein Fremder, seine personifizierte ›innere Stimme‹, hält ihn davon ab und öffnet ihm den Blick für die Welt, die er sich erobern solle. Suter kehrt in der Dunkelheit in sein Haus zurück, wo die Gendarmen noch immer auf ihn warten, ihn aber nicht bemerken. Er verabschiedet sich von seiner Frau und seinen beiden Kindern; er verspricht, sie eines Tages nachzuholen.

(2) Nach zwei Jahren hat sich Suter in der ›Neuen Welt‹ durchgesetzt. Auf einer Pelzbörse versteigert er Felle der von ihm erlegten Wölfe und erregt den Neid Harpers, eines zwielichtigen Mannes. Er trifft seinen alten Freund Ermattinger

---

38 Nach Aussagen Trenkers (Trenker 1974, S. 345) verlangte Goebbels nach einer Vorführung des Films in der Berliner Reichskanzlei (wenige Tage vor Beginn der Biennale) Änderungen des Schlusses, die Trenker jedoch nicht ausführte. Vgl. hierzu Goebbels: *Tagebuch*, 17.6.1936: »Abends Film. Trenker KAISER VON KALIFORNIEN. Herrlich gemacht. Aber zum Schluß ein Bruch darin. Ein typischer Trenker. Glänzende Massenszenen. Kampf zwischen Brot und Geld. Den Schluß müssen wir noch etwas ändern.« 18.6.1936: »Abends Führer. Diner für Gräfin Ciano. Große Gesellschaft. Es ist den ganzen Tag und Abend wahnsinnig heiß. Trenker-Film. Macht ganz guten Eindruck. Hat zwar einige Längen, und im Schluß ein [!] Bruch. Sonst aber wirkt er beim 2. Mal noch stärker als beim ersten.« 30.8.1936 (in Venedig): »Ein stürmischer Erfolg. Soll den ersten Preis bekommen. Trenker ist ganz glücklich.«

wieder und faßt den Entschluß, sich auf den Weg nach Kalifornien zu machen; Ermattinger und der Barkeeper Billy wollen mit ihm reiten. Harper und zwei Banditen bieten ihre Hilfe an, werden aber von Suter abgewehrt. Harper gelingt es jedoch, den drei Reitern ins Mississippi-Gebiet zu folgen, sie zu überlisten und ihnen in der Nacht Pferde, Geld und Lebensmittel zu stehlen; Suter ohrfeigt Ermattinger wegen mangelnder Wachsamkeit, und dieser gibt die Ohrfeige an Billy weiter. Alle drei müssen den Weg zu Fuß fortsetzen und werden dabei auf die Spur Harpers gelenkt: Indianer überraschen Harper, der den beiden Banditen Geld auszahlt. Harper schießt auf sie und verwundet einen Indianer, der noch einige Zeit weiterreiten kann, dann aber zu Boden fällt. Durch die Schüsse aufmerksam geworden, findet Suter den Verletzten, und mit Hilfe der Stammesmitglieder können Harper und ein Bandit ins Indianerlager gebracht werden. Dort macht die Friedenspfeife die Runde. Suter bedankt sich beim Häuptling mit einem Geschenk; dann bindet er Harper und den Banditen vom Baum los. Bevor er beide fortjagt, schlägt er Harper noch mit seiner Reitpeitsche ins Gesicht.

(3) Der Weiterritt in den Westen durch Sioux-Kansas gestaltet sich schwierig. Schließlich bricht auch das letzte Pferd zusammen und erhält von Suter den Gnadenschuß. Beim weiteren Fußmarsch durch die Wüste macht Billy schlapp; er will zurückbleiben, aber Suter läßt Ermattinger bei ihm und geht allein weiter, um Wasser zu suchen; dabei macht er durch Schüsse auf sich aufmerksam, die von einer verirrten Karawane unter der Leitung von Marshall gehört werden. Marshall findet Suter, der im Rausch einer Fata Morgana eine Düne heruntergestürzt ist; auch Ermattinger und Billy werden gerettet, doch alle sind vom Verdursten bedroht; einer aus der 30köpfigen Karawane ist bereits gestorben. Suter erbittet von Marshall ein Pferd, um einen Ausweg zu suchen. Er erklettert das Gebirge und sieht vor sich Kalifornien liegen; im Freudenrausch stürzt er sich in einen Bach. Alle reiten nach Kalifornien. Hier findet Suter das geeignete Siedlungsland, »wo man nicht vor anderen den Hut ziehen muß«. Marshall will mit seinen Leuten bei Suter bleiben.

(4) Suter bittet den mexikanischen Gouverneur Alvaredo um die Übereignung eines Siedlungsgebiets am oberen Flußlauf des Sacramento; Alvaredo überläßt ihm, entgegen den Bedenken seines Adjutanten Castro, ein großes Fluß- und Hügelgelände als Pachtland für zehn Jahre. »Wie bei der Erschaffung der Welt« machen die Kolonisatoren unter Suters Führung daraus ein »Paradies«. Castro sieht in diesem Erfolg und der zunehmenden Einwanderung eine Gefahr. Er warnt den Gouverneur, Suter das Land zu schenken, aber auf Vorschlag des Gouverneurs übergibt der Präsident der mexikanischen Republik es Suter als »dauerndes und erbliches Eigentum«, und Suter verspricht feierlich, »auch in Zukunft mit ganzer Kraft zum Wohle dieses gottgesegneten Landes zu arbeiten«, das ihm »und so vielen anderen zu einer zweiten Heimat geworden ist«. Suter läßt nunmehr seine Frau und seine beiden Buben nachkommen; sie werden zu Hause von der besorgten Mutter Annas und dem inzwischen ver-

söhnten Polizeirat Wiesel verabschiedet. 1848 wird Kalifornien in den Bund der Vereinigten Staaten von Amerika aufgenommen.

(5) Auf dem Höhepunkt seines Erfolges, als man in ihm den »Kaiser von Kalifornien« sieht, zerstört ein Goldfund beim Sägewerk in Coloma das Vertrauensverhältnis zwischen Suter, Marshall und den Kolonisatoren. Als Suter nach einem Ritt durch Felder und Wälder in sein Haus heimkehrt, wird er von Marshall, der das Gold entdeckt hat, mit dem Besitzanspruch daran konfrontiert. Er hält Marshall mit der Pistole in Schach, doch als er glaubt, Marshall zur Vernunft gebracht zu haben, und zur Versöhnung ein Glas Wein einschenken will, bemächtigt sich Marshall der Pistole und flieht nach San Francisco. In einer Bar unterhält Marshall sich mit dem Wirt über seinen Fund und löst dadurch einen ›Goldrausch‹ aus: Alle reiten und fahren nach Coloma, wo nun auch schon Suters Leute im Fluß Gold schwämmen. Suter stößt ihnen mit dem Fuß die Schüsseln aus der Hand, wird bedroht, versucht es mit Versprechungen, daß alle ihren Anteil am Gold haben sollen, wenn sie ihn nur jetzt nicht bei der Arbeit im Stich lassen; aber auch der Appell an die »gute Kameradschaft« fruchtet nichts. Plötzlich steht Harper vor ihm, der das Geschäft auf der Goldaufkaufsbörse schon fest in der Hand hat. Als Anna mit den Söhnen Rudolf und Emil aus Europa endlich eintrifft, befindet sich Suter in einer schwierigen wirtschaftlichen Situation. Durch den Mangel an Arbeitskräften ist er nicht in der Lage, geliehenes Geld zurückzuzahlen; weitere Kredite sind gesperrt. Die Bankiers schlagen vor, daß Suter mit dem Rest seines Landes dem Goldminen-Syndikat beitritt; kann er andererseits seine gesamten Schulden nicht innerhalb von zwei Monaten zurückzahlen, dann verliert er sein Land. Das Abendessen, an dem auch Ermattinger und Annas Reisebegleiter teilnehmen, und das »Vaterunser« vereinen die Familie, während draußen in der Nacht die letzten Arbeiter den Hof verlassen.

(6) Suter pflügt, Ermattinger führt die Pferde. Derweil schwämmen Emil und Rudolf am Fluß; sie glauben ein Recht dazu zu haben, denn es ist das Land ihres Vaters. Harper gibt einem Killer den Auftrag, die Kinder zu töten. Bauern tragen die ermordeten Kinder in das Haus Suters. Anna ist allein im Haus und wird von einem Bauern gebeten, in die Halle hinunterzugehen. Dort wird ihr nach beklemmender Ungewißheit die furchtbare Wahrheit bewußt; vor der Bahre der Kinder kniend, stirbt sie. Suter kommt hinzu und sieht fassungslos auf die drei Toten.

(7) In einer Bar in San Francisco diskutieren Harper, Marshall und die Goldgräber über den von Suter angestrengten Prozeß und die Folgen eines für Suter möglicherweise günstigen Ausgangs. Zur zehnjährigen Jahresfeier San Franciscos zieht Suter selbstbewußt ins Festzelt ein und wird stürmisch begrüßt. Im Namen der Regierung ernennt Bürgermeister Kewen ihn zum »Senator des Kalifornischen Staates«; mit Überreichung des Ehrensäbels wird ihm im Namen George Washingtons der Titel eines »General der amerikanischen

Armee« verliehen. Danach verkündet Gerichtspräsident Thompson die Anerkennung der »Rechtmäßigkeit der Forderung Suters«, seines »rechtmäßigen Besitzes« und die »Unantastbarkeit aller Ländereien«. Dies ist allerdings lediglich die Anerkennung eines »prinzipiellen Rechts«; erst eine Bestätigung durch den Kongreß kann diese Anerkennung wirksam werden lassen. Als der lautstarke Protest der Goldgräber eine bedrohliche Lage schafft, bittet Bürgermeister Kewen Suter, das Wort zu ergreifen und sich mit dem formalen Recht zufriedenzugeben. Doch Suter steigert sich in einen Rechtswahn hinein: »Ich bestehe auf meinem Recht. Ich will kein formales Urteil. Ich verlange die sofortige Rückgabe aller Ländereien, auf denen die Städte San Francisco, Berkeley und Stockton erbaut worden sind. Und ich verlange die sofortige Räumung aller Goldminen und die Entfernung aller Goldgräber aus diesem Gebiet.« Da bricht ein Sturm der Empörung gegen Suter los. Im Tumult schießt Harper auf Suter, verfehlt ihn aber. Er will die »ganze Suter-Brut ausrotten«. Goldgräber lynchen Marshall. San Francisco brennt. Suter kann zu Pferd aus der Stadt fliehen. In seinem Haus stellt er Harper, der Suters Besitzurkunden ins Feuer wirft. Harper erschießt den hinzueilenden Ermattinger, Suter erschießt Harper. Das Haus geht in Flammen auf. Suter weint um seinen toten Freund und reitet davon.

(8) Viele Jahre später schleppt sich der alt gewordene Suter mühsam die Treppen des Capitols in Washington hinauf und bleibt auf einer Stufe sitzen. Bevor er stirbt, erscheint ihm wiederum der Fremde, der ihm über seine Depression hinwegzuhelfen versucht. Im Augenblick seines Todes scheint Suter die Sinnerfüllung seines Lebens zu begreifen.

8.3. Verwendetes literarisches Material

Johann August Sutter [!]: *Neu-Helvetien. Lebenserinnerungen*, nach den Handschriften erzählt von Erwin Gustav Gudde. Frauenfeld u. Leipzig 1934. – Im Vorspann des Films steht der Satz: »Das Manuskript [des Drehbuchs] ist nach vorhandenen Aufzeichnungen frei bearbeitet und die Schauplätze sind nach freiem Ermessen gewählt worden.« Doch nicht einmal von einer ›freien Bearbeitung‹ kann die Rede sein. Trenkers Versuch, Suter als Kämpfer zu glorifizieren und dabei Western-Elemente und Kolonisationsmythen in die Handlung einzubauen, führen schon am Ausgangspunkt der Handlung zu groben Geschichtsfälschungen.[39] So war der historische Suter zwar Buchdrucker und Verleger, doch flüchtete er vor seinen Gläubigern! Die Fülle der Veränderungen der historischen Details und der phantasievollen Neugestaltungen zeigen die Selbststilisierung Trenkers in der Rolle Suters.

---

39 Über diese Geschichtsfälschungen sah Werner Fiedler (*Dt. Allg. Ztg.* 22.7.1936, Nr. 339) trotz einiger Einwände hinweg. Er betonte den »großen Gesamteindruck« und spricht von der »Suter-Legende«, denn eine Legende sei »oft in einem tieferen Sinne wahr«.

Denkbar sind darüber hinaus auch Einflüsse aus Bruno Franks *Der General und das Gold. Schauspiel in einem Prolog und acht Bildern*. Berlin 1932: Im 4. Bild (Festsaal im neuerbauten Rathaus in San Francisco) erhält Suter den Ehrensäbel, und nach einer Ansprache des Bürgermeisters holt er zu einer flammenden Anklagerede aus (S. 106 ff.). Im 5. Bild berichtet Senator Moore, daß die Stadt in Aufruhr ist (S. 124 f.); auf das Angebot einer Abfindung von 1 Million Dollar antwortet Suter mit der Forderung: »Ich will mein Recht!« (S. 126). Im 8. Bild stirbt er auf der Freitreppe zum Capitol in Washington. Zu den Besonderheiten des Dramas gehört, daß die Handlung auf die verderbliche Wirkung des Goldes zugespitzt wird und daß nicht Suters Familie, sondern die Mestizin Gloria eine wichtige Rolle spielt. Im 6. Bild kommt es zur Begegnung zwischen Suter und Abraham Lincoln (einen Tag vor dessen Ermordung); bemerkenswert ist ein von Lincoln (aus einem Buch) zitierter Satz: »Ein glückliches Leben ist unmöglich. Das Höchste, was ein Mensch erlangen kann, ist ein heroischer Lebenslauf« (S. 127 u. 140).

8.4. Textbeispiele

(1) Motto von Ernst Moritz Arndt:

Wer Tyrannen bekämpft, ist ein heiliger Mann, und wer Übermut steuert, tut Gottes Dienst. Denn Gott wohnt nur in einem stolzen Herzen, und für den niedrigen Sinn ist der Himmel zu hoch.[40]

(2): Gespräch zwischen Suter (S) und dem ›Fremden‹ (F) auf dem Münsterturm:

F: Sorgen, was, Suterlein? Ist Dir von all Deinen kühnen Plänen nichts geblieben als dieser Sprung vom Turm?
S: Was willst Du von mir? Ich kenn' Dich nicht.
F: Keine Angst. Nur, wer sich selbst aufgibt, ist verloren. Denn Gott wohnt nur in einem stolzen Herzen, und für den niedrigen Sinn ist der Himmel zu hoch.
S: Laß mich mit Deinen Sprüchen in Ruh'.
F: Überall kannst Du Deinem Volke dienen, überall kannst Du kämpfen. Schau, ist die Welt nicht schön? Ist sie nicht groß ... herrlich ... gewaltig ... unermeßlich reich? Das Meer wartet auf Dich! Die Welt hat Platz für alle. Erob're sie Dir, wenn Du Mut dazu hast!

---

40 Rückgriff auf Ernst Moritz Arndt: *Kurzer Katechismus für teutsche Soldaten nebst einem Anhang von Liedern*. St. Petersburg 1812; spätere Ausg. u. d. T.: *Katechismus für den teutschen Kriegs- und Wehrmann, worin gelehret wird, wie ein ehrlicher Wehrmann seyn und mit Gott in den Streit gehen soll*. o. O. 1813; danach Neuaufl. u. d. T.: *Katechismus für christliche Soldaten*. Berlin 1813. Die Textstelle ist aus Sätzen des 5. und 4. Kapitels kontaminiert; vgl. *Katechismus ...* Leipzig 1914 (= Insel-Bücherei 157), S. 17 u. 16.

Abb. 26:
(Schlußszene): Der Fremde (Bernhard Minetti) spricht zu Suter.
DER KAISER VON KALIFORNIEN

Abb. 27:
(Schlußszene): Suter (Luis Trenker) blickt zum Fremden auf.
DER KAISER VON KALIFORNIEN

(3) Worte des ›Fremden‹ an Suter auf den Stufen des Capitols in Washington:

F: Hallo Suter, wir kennen uns doch. Nun ist Deine Reise zu Ende. Warum kämpfst Du noch immer gegen das Gold und um Dein Recht? Du kannst den Lauf der Dinge nicht aufhalten. Schau, die Menschheit siegt über alles und jedes. Sieh Dir den Glanz der Städte an! Die ewig pulsierende Kraft der Maschinen! Reichtum und Segen! Recht oder Unrecht – wer kann's wissen? Sei Du zufrieden. Du hast der Welt in Deinem Sinn gedient. Dein Herz wird ewig in den Wäldern und Flüssen Kaliforniens schlagen.

8.5. Kontext

Den Suter-Mythos in Deutschland haben zuvor Blaise Cendrars (*L'Or. La Merveilleuse Histoire du Général Johann-Auguste Suter*, Paris 1925, dt. Ausg. von Ivan Goll: *Gold. Die fabelhafte Geschichte des Generals Johann August Suter*. Zürich u. München 1924) und Stefan Zweig mit seiner »historischen Miniatur« *Die Entdeckung Eldorados* (in den *Sternstunden der Menschheit*. Leipzig 1927 [= Insel-Bücherei 165])[41] gefördert.

Zehn Tage nach der Uraufführung des Films eröffnete Adolf Hitler in Berlin am 1. August 1936 die XI. Olympiade, die über ihre völkerverbindende Idee hinaus auch der Bestätigung des deutschen Selbstgefühls diente; die Uraufführung sollte ursprünglich »in Verbindung mit der Eröffnung der Olympischen Spiele« stattfinden (*FK* 18.4.1936, Nr. 91). Am 3. Juni 1935 war das Deutsch-amerikanische Handelsabkommen geschlossen worden. Hitler sah Amerika jedoch rassenideologisch: »Der rassisch rein und unvermischter gebliebene Germane des amerikanischen Kontinents ist zum Herren desselben aufgestiegen; er wird der Herr so lange bleiben, so lange nicht auch er der Blutschande zum Opfer fällt« (Adolf Hitler: *Mein Kampf*. 65. Aufl. München 1933, S. 313 f.). Sein Verhalten gegenüber dem amerikanischen Olympiasieger im 100-m-Lauf, dem Schwarzen Jesse Owens, unterstrich diese Einstellung: Hitler weigerte sich, ihm die Hand zu reichen.

8.6. Normaspekte

(1) Oberster *Wert* in diesem Film ist die *Arbeit* als ehrliche, produktive und segensreiche Tätigkeit. Suter ist ihr Repräsentant. So sagt Gouverneur Alvaredo zum Zweifler Castro: »Wenn Sie einen Mann wirklich arbeiten sehen wollen, dann schauen Sie sich diesen an!« Dagegen steht das *Gold* als *Scheinwert*. Suter versucht, dies seinen Arbeitern begreiflich zu machen: »Gold kann uns doch kein Brot aus der Erde zaubern. Gold hat auch noch niemanden auf die Dauer glücklich gemacht. Gold bringt nur Unheil und Verderben mit sich.« Marshall gegenüber beschreibt er die zwangsläufigen Folgen des Goldfundes: »Unsere Leut' werden davonlaufen. Fremdes Gesindel, Abenteurer, Spitzbuben aus aller Welt werden zu uns kommen. Raubmord, Totschlag wird sein. Alles nur wegen dem Gold!«

(2) Instanz des Films ist der *Fremde*, Suters *personifizierte ›innere Stimme‹*. Dieser korrigiert Fehlhaltungen Suters, seine Selbstmordabsicht und später sein realitätsblindes Bestehen auf dem Bodenrecht. Er postuliert höhere Werte

---

[41] Trenker, der im Verdacht stand, sich »mit der jüdischen Welt der Filmbeherrscher gut gestanden« zu haben, wurde unterstellt, sein Film beruhe auf diesem Text von Zweig (Akten der Geh. Staatspolizei, Schreiben vom 6.8.1936, BA NS 15, Nr. 69; Text bei Drewniak 1987, S. 78).

als Besitz- und Rechtstitel: die *Welt* (als ein Naturphänomen), ihre *Eroberung* (durch den Menschen) und den *Fortschritt* (meßbar an den Leistungen, den Städten und den Maschinen). Suter dient zugleich seinem Volk und der Welt (in seinem Sinne); Kalifornien ist seine »zweite Heimat« geworden. Die Verheißung, sein *Herz* werde »ewig in den Wäldern und Flüssen Kaliforniens schlagen«, setzt Arbeit, Naturverbundenheit und Kolonisation zueinander in Verbindung. Dieses Herz aber muß *stolz* sein.

(3) Normative Merkmale des ›aufrechten Mannes‹ sind *Mut* und *Kampfbereitschaft*. Aber Suter wird als ein Kämpfer gezeigt, der auch Schwächen unterliegt und Schicksalsschläge nur schwer verkraftet.

(4) Wie im Zitat Ernst Moritz Arndts, so wird auch in den beiden anklingenden Liedern – E. M. Arndts *Vaterlandslied/Eisenlied* (1812), mit der Melodie von Methfessel (1818): »Der Gott, der Eisen wachsen ließ, der wollte keine Knechte« (als Motiv der Filmmusik) und Joseph v. Eichendorffs »Wem Gott will rechte Gunst erweisen, den schickt er in die weite Welt« (*Der frohe Wandersmann* [1822], mit der Melodie von Theodor Fröhlich [1833], gesungen von einem Kinderchor) – Gott als höchste Instanz gegenwärtig.

8.7. Überliefertes Material

Drehbuch nicht nachgewiesen.

Illustrierter Film-Kurier Nr. 2494 [BFA]; *Das Programm von heute* o. Nr. u. Nr. 1038 [BFA]; *Illustrierte Film-Bühne* Nr. 2738; ferner: *Illustrierter Film-Kurier* (österr. Ausg.) Nr. 1465; *Werbeheft* der Tobis-Rota, 14 Bl. [BFA]; *Programmheft* zur UA [DIF]; Bildmaterial [BFA, SDK].

8.8. Interviews, Stellungnahmen, Rezensionen

[Mittlg:] Rota[42] und Trenker. Eine offizielle Darstellung [Verhandlungen über den Film GENERAL SUTER], in: *FK* 19.10.1934 (Nr. 246); bi.: Suter-Film wird gedreht. Trenker fährt demnächst zu Außenaufnahmen nach Kalifornien, in: *FK* 24.4.1935 (Nr. 95); [Anonym:] DER KAISER VON KALIFORNIEN. Die ersten Bilder, in: *Filmwelt*, Berlin, 15.12.1935 (Nr. 50); [Mittlg:] Diplomaten-Besuch im Tobis-Atelier [ital. Botschafter B. Attolico], in: *FK* 12.2.1936 (Nr. 36); BeWe: Senator – General – Bettler. Massenszenen bei Trenkers KAISER VON KALIFORNIEN, in: *FK* 15.2.1936 (Nr. 39); [Anonym:] Goldfieber an der Isar. Trenker bei Außenaufnahmen, in: *FK* 24.3.1936 (Nr. 71); [Anonym:] Die Desperados von Kalifornien [mit Abb.], in: *Filmwelt*, Berlin, 7.6.1936 (Nr. 23); [Anekdoten

---

42 Trenker stand auch mit der Ufa in Verhandlung (Arbeitstitel GOLD). Doch stellte der Vorstand der Ufa am 12.3.1935 »übereinstimmend fest, daß eine Verfilmung des ›Stoffes GOLD‹ nicht durchführbar ist, da für den Film Aufnahmen in den USA gemacht werden müssen, die Aufwendungen im Betrage von mindestens 100.000 Dollar erfordern. Unwahrscheinlich, daß Trenker eine Devisengenehmigung beschaffen kann. Der ›Stoff‹ selbst ist zu düster, so daß es zweifelhaft erscheint, ob die hohen Herstellungskosten wieder eingespielt werden können« (BA R 109 I/1030a, f. 128).

über die beiden kleinen Söhne Trenkers, Flori und Ferdl, in den Rollen der Söhne Suters] in: *FK* 7.7.1936 (Nr. 156).

H[ans] E[rasmus] F[ischer]: DER KAISER VON KALIFORNIEN. Ufa-Palast am Zoo, in: *Berliner Lokal-Anzeiger* 22.7.1936 (Nr. 175); [Anonym:] DER KAISER VON KALIFORNIEN, in: *FK* 22.7.1936 (Nr. 169); W[erner] Fiedler: Verfilmte Suter-Legende. DER KAISER VON KALIFORNIEN. Ufa-Palast am Zoo, in: *Dt. Allg. Ztg.* 22.7.1936 (Nr. 339); -k.: Sinfonie des Lebens. DER KAISER VON KALIFORNIEN. Großer Uraufführungserfolg des Luis-Trenker-Films im Ufa-Palast am Zoo, in: *Völkischer Beobachter* (Norddt. Ausg.) 24.7.1936 (Nr. 206); -k-: DER KAISER VON KALIFORNIEN. Trenker führt Regie [mit Foto], in: *Der Deutsche Film*, Berlin, Jg. 1 (1936/37), S. 46 f.

Weiterer Einsatz: *FK* 28.8.1936 (Nr. 201): Dänemark; *FK* 29.8.1936 (Nr. 202): Venedig; *FK* 3.9.1936 (Nr. 206): ital. Pressestimmen; *FK* 10.9.1936 (Nr. 212): Inland; *FK* 15.9.1936 (Nr. 216): Schweizer Presse; *FK* 14.10.1936 (Nr. 241): schwedische Presse; *FK* 19.11.1936 (Nr. 271): Prager Presse; *FK* 5.12.1936 (Nr. 285): [Mittlg:] Plumper Schwindel [zum »Verleumdungsfeldzug« gegen Trenker]; [Anonym:] Eine Synchronisation fürs Leben. Leben und Weg der Schauspielerin Viktoria v. Ballasko, in: *Filmwelt*, Berlin, 5.12.1937 (Nr. 49).

Zur Wiederaufführung [Anonym:] Pathos nicht mehr gefragt. ›filmclub‹ zeigt Trenkers KAISER VON KALIFORNIEN, in: *Eifler Volksztg.* 24.12.1957; HGP [= Hans Günther Pflaum:] DER KAISER VON KALIFORNIEN, in: *Süddt. Ztg.*, München, 14.5.1973.

9. VERRÄTER

9.1. Produktionsdaten

UT: Ein Ufa-Film
P: Universum-Film AG, Herstellungsgruppe Karl Ritter; 2.512 m; Drehbeginn: 9.5.1936 (Ufa-Neubabelsberg); Außenaufnahmen in Wunsdorf
A: [Idee und Manuskript:] Walter Herzlieb, Hans Wagner; [Drehbuch:] Leonhard Fürst[43]
R: Karl Ritter; R-Ass.: Friedrich Carl v. Puttkammer

Stab: K: Günther Anders; [Luftaufnahmen:] Heinz v. Jaworsky; M: Harold M. Kirchstein; T: Ludwig Ruhe; Bau: Max Mellin, Franz Koehn; Schnitt: Gottfried Ritter; Aufnahmeltg.: Ludwig Kühr; Künstler. Oberltg.: Hans Weidemann

FM: Klangfilmgerät, Afifa-Tonkopie
V: Ufaleih
UA: 20. August 1936, Venedig, Garten des Hotels Excelsior; dt. EA: 9. September 1936, Nürnberg, Ufa-Palast (im Rahmen des Reichsparteitags);[44] danach: 15. September 1936, Berlin, Ufa-Palast am Zoo

Besetzung:
Agenten im Nachrichtendienst
einer ausländischen Macht:
  Morris   Willy Birgel
  Schultz   Herbert A. E. Böhme[45]
  Geyer   Paul Dahlke
  Ein Helfer   Josef Dahmen
Beamte der geheimen Staatspolizei:
  Dr. Wehner   Hans Zesch-Ballot
  Kommissar Kilian   Sepp Rist
  Referendar Kröpke   Volker v. Collande

---

[43] Aus den Protokollen der Vorstandssitzungen der Ufa geht hervor, daß der »Manuskriptstoff VERRÄTER von Dr. Fürst« am 6.3.1936 günstig aufgenommen wurde: »Es handelt sich um einen Stoff mit starken Spannungen.« Ernst Hugo Corell wies jedoch »auf verschiedene Stellen im Drehbuch hin, die noch der Abänderung« bedürfen (BA R 109 I/1031b, f. 329). Einen Monat später wurden die Produktionskosten (465.000 RM zuzüglich 15%) gebilligt. Sie betrugen dann tatsächlich nur 401.000 RM, da durch die »Vereinfachung der Filmhandlung« und den »Fortfall von Bauten« der Kostenanschlag »erheblich reduziert« werden konnte. Doch betonte der Vertrieb, »daß der Film in der vorliegenden Drehbuchfassung an Spannung stark eingebüßt hat und seines abenteuerlichen Schimmers entkleidet ist«. Der Vorstand beschloß, das Drehbuch »nochmals durcharbeiten zu lassen unter weitgehender Anlehnung an den Ursprungsstoff«. Zu diesem Zeitpunkt galt noch der Arbeitstitel ACHTUNG – VERRÄTER (BA R 109 I/1031b, f. 263). Den Titel VERRÄTER brachte Hans Weidemann in Vorschlag (ebd., f. 249), der später auch die »künstlerische Oberleitung« beanspruchte (ebd., f. 145). Als Regisseur hatte man anfangs Johannes Mayer in Betracht gezogen (ebd., f. 325).

[44] Am 10.9.1936 notiert Goebbels im *Tagebuch*: »Nachm. Film VERRÄTER mit beispiellosem Erfolg abgelaufen. Ich freue mich so für Weidemann.«

[45] Herbert A. Böhme war begeisterter Flieger. Im Gegensatz zum Spion Schultz spielte er in POUR LE MÉRITE die Charakterrolle des aufrechten Oberleutnants Gerdes. Vgl. -tz: Herbert A. E. Böhme. Schriftsteller, Schauspieler, Flieger [mit Foto], in: *Filmwelt*, Berlin, 22.9.1939 (Nr. 38) u. 4.10.1939 (Nr. 40).

Major Walen	Ernst Karchow
Dr. Fritz Brockau	Rudolf Fernau
Marion, seine Freundin	Lida Baarová
Hans Klemm	Heinz Welzel
Hilde Körner	Irene v. Meyendorff
Dr. Auer	Theodor Loos
Oberstleutnant Naumann	Siegfried Schürenberg
Der Kommandeur einer Panzerwagen-Abteilung	Carl Junge-Swinburne
Hauptmann Dreßler	Otto Graf
Der Generaldirektor der T-Metallwerke	Heinrich Schroth
Max, Klemms Freund	Hans Henninger
Kriminalrat Aßmann	Carl Auen
Kriminalkommissar Schober	Ewald Wenck
Ede, ein Ganove	Willi Rose
Trude, seine Frau	Gisela v. Collande

Bewertung:
FP: 19. August 1936, Prüf-Nr. 43165 (Sequ.): staatspolitisch und künstlerisch besonders wertvoll, volksbildend, Jf 14, 2.512 m (gültig bis 31.12.1939) [DIF]; 3. September 1936, Prüf-Nr. 43270 (Vorspann [von Dr. Hanno Jahn]): 90 m [DIF]; Paimann 2.10.1936 (Nr. 1069): »Für Freunde von Kriminalthemen immerhin über dem Durchschnitt«; Reichsministerium für Wiss., Erziehung und Volksbildung 23. Dezember 1936: »In gekürzter Form für staatspolitische Filmveranstaltungen in Schulen zugelassen«, gez.: v. Staa [F.-W.-Murnau-Stiftung][46]; IV. Biennale di Venezia 1936: Medaglia di segnalazione speciale; FP: 21. September 1937, Prüf-Nr. 46255 für Schmaltonfilm (Sequ.): staatspolitisch und künstlerisch besonders wertvoll, volksbildend, Jf 14, 1.015 m (gültig bis 31.12.1939) [BFA]; 13. Januar 1940, Prüf-Nr. 53086 (auch Schmaltonfilm-Fassung): gleiche Bw., 2.517 m, 1.015 m; 23. Oktober 1944, Prüf-Nr. 60696 (nur Hauptdaten): staatspolitisch wertvoll und volksbildend, Jf 14, 2.486 m (gültig bis 31.10.1946) [SDK].
CFFP 1951, S. 57: »Good production with good acting, strong Nazi militarist and nationalist propaganda«; LPF June/Sept. 1953.
FSK: 10. Dezember 1981, Prüf-Nr. 52822: Jf 6, 2.484 m (91 min); 18. Januar 1983, Prüf-Nr. 52822a: Änderung in Jf 18 [!].

Rechte: F.-W.-Murnau-Stiftung; Ausw: Transit-Film GmbH, München (komm.), DIF (nicht-komm.)
Kopie: BFA$_2$ [DIF, SDK (9,5 mm)]

9.2. Handlung

(1) In einem abgelegenen Waldstück in der Nähe eines Flugplatzes hält ein Kraftwagen. Morris, ein hoher Generalstabs- und Nachrichtenoffizier einer »feindlichen Macht« übergibt seinem Fliegeroffizier gefälschte Papiere auf den Namen Wilhelm Schultz; er soll sich eines neuen Sturzbombers bemächtigen und diesen über die Grenze fliegen. In Morris' Begleitung ist ein gekaufter deutscher Agent, der »gerissene und skrupellose« Geyer, der die Verbin-

---

46 Damit in Verbindung steht das Heft von Walther Günther: *Verräter*, hg. im Auftr. d. Reichspropagandaleitung der NSDAP, Amtsleitung Film. Berlin 1936 (= Staatspolitische Filme 3). Gleichzeitig bemühte sich die Leitung der Gaufilmstellen darum, für die Aufführung des Films »im Rahmen der Schulpflichtveranstaltungen« das Prädikat »jugendfrei« zu erhalten, was jedoch mißlang (BA R 109 I/1031b, f. 59).

dung mit bereitwilligen »Verrätern« herstellen soll. Aufgrund der gefälschten Papiere erhält Schultz auf dem Flugplatz probeweise für sechs Wochen eine Anstellung als Monteur. Die Antworten auf das von Geyer im Auftrag von Morris in die Zeitung eingesetzte Inserat, das Informanten anlocken soll, erweisen sich als unergiebig. Für dieses Inserat interessiert sich aber auch die Geheime Staatspolizei; von einem Angestellten der Anzeigenannahme, der den Inserenten beschreiben kann (»Mantel, hell mit großen Karos«) erhält sie erfolgversprechende Hinweise. Morris bleibt nichts anderes übrig, als auf Dr. Fritz Brockau, den Konstrukteur der T-Metallwerke zurückzugreifen (»die Sache ließ sich doch gut an«). Dr. Brockau ist hoch verschuldet, sein Charakter »zur Zeit außer Betrieb«, da er schon seit zwei Jahren Marion, einer anspruchsvollen Frau, verfallen ist, die »jeden Tag neue Wünsche« hat. Als Dr. Brockau Marion seine finanzielle Situation offenlegt und sie bittet, bescheidener zu werden, erinnert sie ihn daran, daß er vor ihr immer »den reichen Mann gespielt« habe, und stellt ihn vor die Alternative: »Wenn ich Dir zu viel werde, dann laß mich gehn oder sorg dafür, daß Du mehr verdienst.« Dr. Brockau will Marion nicht aufgeben; er hofft, daß seine Erfindung »bald fertig« sein und ihm dann Geld bringen werde. Marion bleibt bei ihm.

(2) Im Mittelpunkt des dritten Handlungsstranges steht der Bankangestellte Hans Klemm, der zur Zeit seinen Wehrdienst bei der 1. Tankkompanie in der Nähe Berlins ableistet. Seine Braut Hilde Körner ist Sekretärin in einem großen Hotel, in dem zum wiederholten Mal auch »Direktor Morris« wohnt. Als Morris von Hilde erfährt, daß ihr Bräutigam beim Militär ist, faßt er sofort einen Plan. Unter dem Vorwand, von Hans Klemm wie schon früher wieder Börsentips zu erhalten, lädt er beide für den nächsten Abend in die »Regina-Bar« ein. Inzwischen ist Schultz durch einen Flugzeugführer, der den neuen Sturzbomber einfliegen soll, auf das begehrte Objekt gestoßen. Dr. Brockau hat vergeblich versucht, von seinem Freund Dr. Auer, dem Leiter des Berliner Wasserwerks Süd, 12.000 Reichsmark geliehen zu erhalten; Dr. Auer fragt ihn, ob Marion »nicht doch ein wenig zu kostspielig« für ihn sei. So dient sich Dr. Brockau, der Zugang zu geheimen Anlagen der T-Metallwerke hat, Geyer an, erhält aber von diesem keinen Vorschuß. Bei einem Treffen mit Morris wird Geyer bereits von der Polizei beobachtet. Um Marion zu noch größeren Ansprüchen zu verleiten, weiß Morris in der »Regina-Bar« Marions Bekanntschaft zu machen. Auch das anschließende Beisammensein mit Hans Klemm und Hilde Körner verläuft für Morris erfolgreich; unbefangen plaudert Hilde aus, daß Hans »neue Tanks« ausprobiert. Hans dagegen, der Morris »ein paar gute Papiere aufgeschrieben« hat, die er allerdings ebensogut bei seiner Bank hätte erfragen können, zeigt sich über Hildes Verhalten ungehalten. Auch Dr. Auer und der »niedergeschlagene« Dr. Brockau kommen in die »Regina-Bar«. Geyer vertauscht die von Dr. Brockau fallengelassene Garderobenmarke mit der seinigen und entnimmt dessen Mantel Geheimpapiere, die Morris am nächsten Tag von einem Vertrauten über die Grenze schmuggeln läßt.

(3) Während Schultz mit einem Werkmeister an einem Flugzeug neue Ventilfedern probiert, wird er ins Personalbüro gerufen; später berichtet er Morris, den Fälschern seines Passes sei »ein kleines Versehen passiert«; als Geburtsort sei nur Neustadt angegeben, obgleich es in Deutschland »viele Neustadts« gibt. Aufs Geratewohl habe er gesagt, er sei in »Neustadt in Schlesien« geboren; die Rückfrage dort werde die Fälschung schnell an den Tag bringen. Morris befiehlt deshalb Geyer und Schultz, die Arbeit zu beschleunigen; gerade wird der neue Sturzbomber ›G 11‹ zum ersten Werkstattflug gestartet. Dr. Wehner unterrichtet den Militärischen Abwehrdienst, daß er einer Werkspionage auf der Spur sei; aber Major Walen kommt es darauf an, vor allem die »Drahtzieher« zu fassen. Dr. Brockau ist von der geringen Höhe des ihm von Geyer ausgezahlten »Honorars« enttäuscht. Geyer verlangt, er solle »mehr und Besseres liefern«. Ohne sein Wissen gerät nun auch Hans Klemm in die ›Fänge der Spionage‹. Als bester Schütze bei einem Schulschießen der Tankkompanie erhält er einen Tag Sonderurlaub. Er verbringt diesen Tag zusammen mit Hilde und Morris in einem Gartenlokal außerhalb Berlins. Da Hilde abgelehnt hat, Hans im Auftrag von Morris den Anteil am angeblichen Gewinn aus seinen Börsentips zu übergeben, drängt Morris ihm, Vorbehalte und Einwände abwehrend, das »wohl verdiente Geld« auf. Hans Klemm durchschaut auch nicht Morris' Absicht, als dieser sich zusammen mit ihm und Hilde fotografieren läßt und mit den Fotos auch das Negativ erwirbt. Arglos blättert er in seinem Notizbuch, das ihm Geyer später auf dem Wege zum Bahnhof heimlich entwendet.

(4) Major Walen und Dr. Wehner haben inzwischen erfahren, daß im Ausland bereits Einzelheiten über die neue Konstruktion der T-Metallwerke bekannt wurden, und sind davon überzeugt, daß dort »irgendein Schweinehund nicht dicht hält«. Da die Werksleitung sich ihrer Leute vollkommen sicher ist, übernehmen der Militärische Abwehrdienst und die Geheime Staatspolizei die Sache selbst. Dr. Wehner und Referendar Kröpke erhalten vom Generaldirektor der T-Metallwerke Zugang zu den Geheimpapieren und stellen fest, daß die neuesten Konstruktionszeichnungen außerhalb des Werkes fotografiert worden sind. Zum Raum, in dem diese Geheimpapiere aufbewahrt werden, haben nur drei Konstrukteure Zutritt; für Dr. Brockau könnte der Generaldirektor seine »Hand ins Feuer legen«, da gerade die neueste Konstruktion seine Erfindung ist, für die ihm der Aufsichtsrat 10.000 Reichsmark bewilligt hat. Dr. Brockau wurde inzwischen von Morris auf ein neues Projekt angesetzt: Er soll sich von seinem Freund die Pläne des für Kriegszwecke außerordentlich wichtigen Wasserwerks beschaffen, hat aber »Hemmungen« und »will nicht mehr«. Morris nimmt sich seiner persönlich an. Wiederum weigert sich Dr. Brockau, das Material zu beschaffen, und ist auch durch Morris' Drohung, er werde ihn der deutschen Polizei ausliefern, nicht einzuschüchtern. Erst als Morris ihm klar macht, daß sein Leben »sowieso verpfuscht« sei, und ihm verspricht, daß er nach der Lieferung der Pläne Deutschland mit Marion verlassen könne, ist er dazu »bis übermorgen, nachmittags um fünf Uhr« bereit; Morris will sie persönlich in seiner Wohnung abholen. Geyer übernimmt die ›Erpres-

sung‹ des »Soldaten«. Mit Hilfe einer Postkarte, die Hilde im Gartenrestaurant an ihre Mutter schrieb, die auch von Hans und Morris unterschrieben wurde und die Morris in den Briefkasten zu werfen versprach, fälscht er einen Revers, in dem Hans Klemm durch seine Unterschrift bestätigt, am 31. Mai 1936 500 Reichsmark für geliefertes Material erhalten zu haben. Dieser sucht inzwischen »verzweifelt sein Notizbuch« (jedoch erwies sich dieses für Geyer von nur geringem Wert, ihn interessiert die neue geheime Dienstvorschrift).

(5) In Dr. Auers Laboratorium nimmt Dr. Brockau heimlich einen Wachsabdruck vom Schlüssel zum Geheimtresor, in dem Dr. Auer die Wasserwerkpläne aufbewahrt; im Gespräch täuscht er seinen Freund über seine finanziellen Schwierigkeiten, die er angeblich gemeistert habe. Bei einem Besuch in Dr. Brockaus Wohnung wundert sich Dr. Auer über den Luxus, in dem Dr. Brockau und Marion leben; beide sagen ihm, daß sie noch in derselben Woche verreisen wollen. Die ›Nacharbeitung‹ des Panzerschrank-Schlüssels hat Dr. Brockau bei einem Schlüsselspezialisten, dem Ganoven Ede, in Auftrag gegeben. Bei einer überraschenden Inspektion in Edes Laube entdecken zwei Kriminalbeamte den halbfertigen Panzerschrank-Schlüssel; im Präsidium liefert Edes Frau dem Kriminalrat Aßmann eine Beschreibung des Mannes, der den Schlüssel in Auftrag gegeben und dafür 200 Reichsmark gezahlt habe. Kriminalkommissar Schober spürt Ede in einer Kneipe auf, wo er ihn überredet, den Schlüssel so weit zu bearbeiten, daß »er aussieht wie fertig«, denn Ede erklärt, daß man solche Schlüssel zu dem alten Ankermodell des Panzerschranks heute nicht mehr nachmachen könne. Hans Klemm erscheint in Geyers Wohnung. Geyer hat ihn zu sich bestellt, um ihm das Notizbuch zurückzugeben, aber er will von ihm dafür Angaben über die neuesten Tanks haben. Das Gespräch, bei dem sich Geyer als »alter Frontsoldat« ausgibt, schlägt in den geplanten Erpressungsversuch um; da Soldaten das Führen von Notizbüchern bei Strafe verboten ist, will Geyer dem Kommandeur Meldung machen. Im Handgemenge stößt Hans auf den im Zimmer versteckten Morris, der ihm die gefälschte Empfangsbestätigung präsentiert und von ihm die neue geheime Dienstvorschrift verlangt. Verzweifelt erkennt Hans das Spionagenetz, in das er geraten ist. Er rennt davon, gönnt seiner Braut kaum ein Wort und bespricht seine Lage in der Kaserne mit seinen Kameraden; sein Freund Max rät ihm, sich Hauptmann Dreßler anzuvertrauen, was Hans sofort tut; gemeinsam mit Hans begibt sich Hauptmann Dreßler sodann zum Militärischen Abwehrdienst.

(6) Während der Militärische Abwehrdienst endlich Klarheit darüber gewonnen hat, daß die Papiere von Schultz falsch sind, steigt dieser bereits mit dem Sturzbomber G 11 auf und nimmt Kurs auf die Grenze. Der Fliegerhorst-Kommandant gibt seiner Staffel daraufhin den Befehl, die Übungsflüge sofort abzubrechen und die Verfolgung aufzunehmen. Die Flughäfen in der Umgebung hätten die G 11 zu beobachten und der Staffel alle Kursänderungen unverzüglich mitzuteilen; notfalls sollen andere Staffeln die Verfolgung übernehmen.

Beim Militärischen Abwehrdienst laufen nun alle Meldungen zusammen. Zunächst will Major Walen noch nicht glauben, daß Schultz mit dem Sturzbomber unterwegs ist. Hans offenbart ihm seinen ›Fall‹, und Dr. Wehner erfährt von Kröpke die Geschichte vom Nachschlüssel zum Panzerschrank; das Spionagenetz wird deutlich. Schultz ist mit dem Sturzbomber schon über der Küste, als er von den Verfolgern eingeholt und nach heftigem Luftkampf abgeschossen wird.

(7) Für Morris und Geyer drängt die Zeit zur Flucht. Morris will aber unter allen Umständen warten, bis ihm Dr. Brockau die Wasserwerkpapiere übergeben hat, und begibt sich in dessen Wohnung. Das alte Panzerschrank-Modell und der Hinweis auf den Auftraggeber des Schlüssels haben der Kriminalpolizei den richtigen Weg gewiesen. Dr. Auer ist fassungslos, als er von Kriminalrat Aßmann die Wahrheit über seinen Freund erfährt; wenig später wird Dr. Brockau beim vergeblichen Versuch, den Panzerschrank zu öffnen, gestellt. Dr. Brockau versucht zu fliehen, wird im Wasserwerk von der Polizei gejagt und nach einem Sturz verhaftet. Er ist einige Zeit ohne Bewußtsein, gibt aber später auf Befragen preis, daß Geyer im Zug nach Hamburg sei. Hauptmann Wehner, von Hans Klemm auf Morris aufmerksam gemacht, verhaftet Morris; nachdem Geyer und ein Helfer auf dem Lehrter Bahnhof vergeblich auf Morris gewartet haben, fahren beide nach Hamburg ab. Unterwegs halten Kriminalbeamte den Zug an und verhaften den Helfer. Geyer kann in der Dunkelheit entkommen, versinkt aber im Moor. Ebenso vergeblich wartet Marion auf Dr. Brockau, der sie mit der überraschenden Eröffnung einer Riviera-Reise zum Bahnhof bestellt hat; dort bitten Kriminalbeamte sie, ihnen zu folgen, um ihnen »einige Auskünfte über Dr. Brockau« zu geben. Major Walen, der Hans Klemm zunächst gleichfalls des Landesverrats verdächtigte und sich den Bitten Hilde Körners gegenüber unnachgiebig zeigte, schickt den mutigen Panzersoldaten, der durch seine rechtzeitige Meldung wesentlich zur Aufdeckung des Spionagenetzes beigetragen hat, zu seinem Kompaniechef zurück und fordert die Braut scherzhaft auf, »ihren Verbrecher« wieder mitzunehmen. Der auf dem Kasernenhof angetretenen Kompanie teilt Hauptmann Dreßler mit, daß Dr. Brockau vom Volksgerichtshof zum Tode verurteilt und durch das Beil hingerichtet wurde. Dann spricht er Hans Klemm die Anerkennung des Kommandanten aus.

9.3. Verwendetes literarisches Material

Es handelt sich um einen originalen Filmstoff.[47]

---

47 Ein Regierungsrat Klüts hatte unter dem Titel *Im Namen des Volkes* ein Treatment eingeliefert, das einen ähnlichen Stoff behandelte, aber von der Ufa abgelehnt worden war. Klüts erhob gegen den Film VERRÄTER »Plagiatsansprüche«, verfolgte sie aber nicht weiter (BA R 109 I/1031b, f. 69 u. 81).

VERRÄTER 137

Abb. 28:
Morris (Willy Birgel)
ergibt sich.
VERRÄTER

Abb. 29:
Panzerschütze Hans
Klemm (Heinz Welzel)
wird vor der Kompanie
belobigt.
VERRÄTER

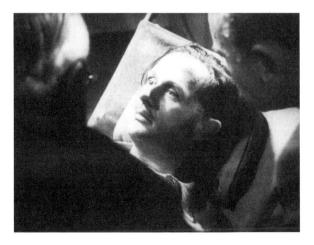

Abb. 30:
Dr. Fritz Brockau (Rudolf
Fernau) nach mißglück-
tem Selbstmordversuch.
VERRÄTER

9.4. Textbeispiel

Schluß. Hauptmann Dreßler (D) vor der angetretenen Kompanie:

D: Kompanie stillgestanden! Ich habe der Kompanie folgendes bekanntzugeben. Der Volksgerichtshof hat den Konstrukteur Dr. Fritz Brockau wegen Landesverrats zum Tode durch das Beil verurteilt. Brockau ist heute früh im Hofe der Strafanstalt Plötzensee hingerichtet worden. Panzerschütze Klemm!
Hans Klemm: Herr Hauptmann!
D: Der Panzerschütze Klemm hat sich bei der Abwehr dieses Spionageangriffes trotz schwerer eigener Gefährdung als mutiger und entschlossener Soldat bewährt. Durch seine rechtzeitige Meldung konnte ein weitverzweigtes Spionagenetz aufgedeckt werden. Der Kommandeur läßt Ihnen durch mich seine Anerkennung aussprechen. Eintreten! – Kompanie, an die Fahrzeuge! – Aufsitzen!
(Trompetensignal.)[48]

9.5. Kontext

Bildung des »Volksgerichtshofes« am 20. April 1934, der als Sondergericht für politische Straftaten Zuständigkeit erlangte. Siehe hierzu das *Gesetz zur Änderung von Vorschriften des Strafrechts und des Strafverfahrens* (RGBl 1934 I, S. 341–348), Art. I, Abs. 1: Hochverrat, Abs. 2: Landesverrat; Art. III: Volksgerichtshof. Außerdem Roland Freisler: Der Volksverrat. Hoch- und Landesverrat im Lichte des Nationalsozialismus, in: *Dt. Juristenztg*. Jg. 40, H. 15/16 (1. Aug. 1935), Sp. 905–914.

9.6. Normaspekte

(1) Auch wenn der Film nur die Aktivitäten der ›Gegenseite‹ zeigt, geht er unausgesprochen von der Realität aus, daß jeder Staat zur Sicherung der eigenen Belange Spionage treibt und zugleich einen Abwehrdienst einsetzt. So erscheinen Dr. Wehner und Morris als *gleichrangige Gegner*, nur daß diesmal Dr. Wehner »die Trümpfe in der Hand hat«.

---

48 Das große Interesse des Heeres an diesem Film zeigt eine Anfrage der Heeres-Filmdienststelle an den Ufa-Vorstand, der eine Doubel-Negativ-Kopie preisgünstig zur Verfügung stellen sollte. Es wurden »angesichts der großen Unterstützung, die das Reichsheer dem Film hat angedeihen lassen«, Sonderkonditionen gewährt. Man wollte den Film als »Unterrichtsmaterial im Heeresdienst-Unterricht« verwenden, der Ufa-Vorstand machte aber die Auflage, daß der Unterricht im Heer »im Interesse der weitgehendsten Verbreitung des Films in der Öffentlichkeit durch Lichtspieltheater« nicht vor April 1937 beginnen dürfe (BA R 109 I/1031b, f. 39).

(2) Die Normenkontrolle und Überwachung der Staatsbürger ist in eine Hierarchie der Instanzen eingebettet: Abwehrdienst (Major Walen), Geheime Staatspolizei (Dr. Wehner) und Kriminalpolizei (Kriminalrat Aßmann); die Aufgaben des Abwehrdienstes liegen im *militärischen*, die der Geheimen Staatspolizei im *politischen*, die der Kriminalpolizei im *bürgerlichen* Bereich (und der sog. ›Kleinkriminalität‹).

(3) ›Held‹ ist der Panzersoldat Hans Klemm. Selbst Morris versagt ihm seine Anerkennung nicht: »Hat der kleine Soldat *doch* geplaudert. Alle Achtung! Der Junge hat *Courage*. Saß selber schwer in der Tinte.« Gemäß dem Verhaltenscodex der dargestellten Realität werden jedem Menschen auch Fehler zugestanden, wenn er sie rechtzeitig erkennt, Vertrauen in den Staat setzt und sich zu den Fehlern bekennt.

(4) Negativfiguren sind »*Schweinehunde*« wie Dr. Brockau und Geyer, die auch von Morris verachtet werden. Als Morris den Aufenthaltsort von Geyer nicht preisgibt, erklärt Dr. Wehner: »Zunächst nehme ich an, daß Sie als Offizier kein Interesse daran haben, einen Landesverräter zu schützen.« Morris erwidert: »Nein, das nicht. Aber eure eigenen Schweinehunde müßt ihr euch schon selber fangen.«

(5) *Tüchtigkeit* wird durch *maßlose Lebensansprüche* gefährdet. Als Dr. Brockau Dr. Auer lobt, daß er das Wasserwerk »musterhaft gebaut« habe, das »fast einzigartig auf der Welt« sei, erklärt Dr. Auer: »Natürlich geht das nicht ganz ohne Verzicht auf die angenehmen Dinge des Lebens ab. Man muß sich eben manche Dinge verkneifen, wenn man solche Liebhabereien hat.« Die ›Käuflichkeit des Menschen‹ (für Spionagezwecke) beruht auf der falschen Einschätzung seiner wahren Bedürfnisse.

9.7. Überliefertes Material

Drehbuch nicht nachgewiesen.

Illustrierter Film-Kurier Nr. 2515 [BFA]; *Das Programm von heute* o. Nr. [BFA]; ferner: *Illustrierter Film-Kurier* (österr. Ausg.) Nr. 1514; Bildmaterial [BFA, SDK].

9.8. Interviews, Stellungnahmen, Rezensionen

rg.: Der fliegende Schauspieler [= Herbert A. E. Böhme], in: *FK* 30.4.1936 (Nr. 101); [Hans] Schu[hmacher]: Erster Drehtag VERRÄTER. Karl Ritter dreht einen Spionage-Film. Hans Weidemann künstlerischer Berater, in: *FK* 9.5.1936 (Nr. 108); [Anonym:] Wünsdorfer Filmmanöver, in: *FK* 23.6.1936 (Nr. 144); [Anonym:] Ein Film wird vorbereitet. Von der Idee bis zum Aufnahmebeginn. Zur Arbeit an VERRÄTER [mit Abb.], in: *Filmwelt*, Berlin, 21.6.1936 (Nr. 25).

H. H.: Zu Land, zu Wasser, in der Luft. Aufnahmen zu dem Film VERRÄTER [mit Abb.] in: *Filmwelt*, Berlin, 23.8.1936 (Nr. 34); [Anonym:] Publikums- und Presseerfolg von VERRÄTER in Venedig, in: *FK* 24.8.1936 (Nr. 197); [Anonym:] Weidemann über VERRÄTER, in: *FK* 7.9.1936 (Nr. 209); F. A. Dargel: Der Film VERRÄTER – Mahnung an alle. Das neue Werk der Ufa auf dem Reichsparteitag unter dem Protektorat von Dr. Goebbels [mit Abb.], in: *Berliner Lokal-Anzeiger* 8.9.1936 (Nr. 216); H. Henne: Ohne Rolls-Royce, ohne Tapetentür. Das neue Gesicht des Spionagefilms. Vorschau auf VERRÄTER [Interviews], in: *Der Angriff* 9.9.1936 (Nr. 212); [Anonym:] Film VERRÄTER aufgeführt. Im Beisein von Dr. Goebbels – vollendete Publikumsbelehrung, in: *Berliner Lokal-Anzeiger* 10.9.1936 (Nr. 218); [Anonym:] Erfolgreicher Start in Nürnberg. VERRÄTER-Premiere in der Stadt des Reichsparteitags, in: *FK* 10.9.1936 (Nr. 212); [Anonym:] VERRÄTER – ein Schritt ins filmische Neuland. Welturaufführung des auf der Biennale preisgekrönten deutschen Films, in: *Völkischer Beobachter* (Norddt. Ausg.) 11.9.1936 (Nr. 255); F. A. Dargel: Berlin im Banne des Films VERRÄTER. Luftwaffe, Panzerwagen und Kriegsmarine geben den bedeutsamen Hintergrund [mit Abb.], in: *Berliner Lokal-Anzeiger* 16.9.1936 (Nr. 223); O. H.: Kampf dem Verrat. VERRÄTER – Ufa-Palast am Zoo, in: *Dt. Allg. Ztg.* 16.9.1936 (Nr. 435); [Günther] S[chwar]k: Film braucht Gegenwartsnähe. Zur erfolgreichen VERRÄTER-Premiere [und: Rezension], in: *FK* 16.9.1936 (Nr. 217); Fro.: Spannend, zeitnah und wertvoll. Berliner Erstaufführung von VERRÄTER im Ufa-Palast am Zoo, in: *Der Angriff* 17.9.1936 (Nr. 219); [Ewald] v. Demandowsky: Der deutsche Film hat sich zum nationalen Kunstwerk erhoben. Zur Uraufführung des Films VERRÄTER im Ufa-Palast am Zoo, in: *Völkischer Beobachter* (Norddt. Ausg.) 17.9.1936 (Nr. 261); vgl. [Ewald] v. Demandowsky: VERRÄTER in anderer Beleuchtung, in: *FK* 19.9.1936 (Nr. 220); F. R.: Spannender und aufklärender Spionage-Abwehrfilm. VERRÄTER. Im Ufa-Palast am Zoo, in: *Der Film*, Berlin, 19.9.1936 (Nr. 38); dx: VERRÄTER, in: *Rhein.-Westf. Filmztg.* 19.9.1936. Artikel zu VERRÄTER in: *Der Deutsche Film*, Berlin, Jg. 1 (1936/37), S. 26: Bilder vom Werdegang eines Großfilms [zur Filmgenese]; S. 82 f.: Drehbuch-Text u. Foto; S. 118 u. 120: Rezension.

Weiterer Einsatz: *FK* 18.9.1936 (Nr. 219): Hamburg; *FK* 21.9.1936 (Nr. 221): Ostpreußen; *FK* 3.10. u. 6.10.1936 (Nr. 232 u. 234): Wien; *FK* 6. u. 9.11.1936 (Nr. 261 u. 263): Erfolgsmeldungen Berlin und Frankfurt/M.; *FK* 20.1.1937 (Nr. 16): Helsingfor; *FK* 15.4.1937 (Nr. 87): New York.[49]

Zur Wiederaufführung nach dem Zweiten Weltkrieg: Dieter Strunz: Anrüchig, in: *Berliner Morgenpost* 8.12.1982, und ders.: Hitlers Propaganda-Opus VERRÄTER wurde aus der Versenkung geholt. Mit böser Nazi-Herrlichkeit noch einmal Kasse machen, in: *Berliner Morgenpost* 10.12.1982.

---

49 Auf der Vorstandssitzung der Ufa am 6.10.1936 brachte Wilhelm Meydam zur Kenntnis, daß der Film »aufgrund des zwischen der Ufa und der Svensk abgeschlossenen Vertrages im Sture-Theater-Stockholm herausgebracht werden soll. Herr Sundell schlägt vor im Hinblick auf die politische Lage mit dem Herausbringen des Films noch zu warten, während die Auslandabteilung der Ansicht ist, dass es zweckmässig ist, den Film gleich herauszubringen. Der Vorstand beschliesst, den Film jetzt erscheinen zu lassen. Die einzelnen Bedingungen über die Herausbringung des Films werden von der Auslandabteilung noch geprüft.« (BA R 109 I/1031b, f. 78a)

10. WENN WIR ALLE ENGEL WÄREN ...

10.1. Produktionsdaten

UT: Ein Film nach dem gleichnamigen Roman von Heinrich Spoerl
P: Carl Froelich Filmproduktion G.m.b.H.; 2.816 m; Drehbeginn: Anfang Juli 1936, an der Mosel (Außenaufnahmen); Atelier: Mitte Juli 1936 (Froelich-Studio)
A: Heinrich Spoerl
R: Carl Froelich; R-Ass.: Rolf Hansen

Stab: K: Reimar Kuntze; M: Hansom Milde-Meißner; T: Hans Grimm; Ausst.: Franz Schroedter; Schnitt: Gustav Lohse; Aufnahmeltg.: Arno Winckler; Produktionsltg.: Friedrich Pflughaupt

FM: Tobis-Klangfilm, Geyer-Kopie
V: Tobis Europa Film AG; Weltvertrieb: Transocean-Film GmbH
UA: 9. Oktober 1936, Berlin, Tauentzien-Palast und Alhambra

Besetzung:
Christian Kempenich	Heinz Rühmann
Hedwig, seine Frau	Leni Marenbach
Maria, Dienstmagd	Lotte Rausch
Tante Selma	Elsa Dalands
Enrico Falotti, Tenor	Harald Paulsen
Bürgermeister	Hanns August Herten
Else, seine Tochter	Charlotte Krause-Walter
Polizeikommissar	Will Dohm
Amtsrichter	Paul Mederow
Amtsanwalt	Ernst Waldow
Justizrat Genius	Hugo Froelich
Portier vom Hotel »Drei Linden«	Carl de Vogt

Bewertung:[50]
FP: 7. Oktober 1936, Prüf-Nr. 43599: staatspolitisch und künstlerisch besonders wertvoll, Jv, 2.816 m; 13. Oktober 1936, Prüf-Nr. 43648 (Vorspann): 144 m; 14. November 1939, Prüf-Nr. 52680: Schmalfilm (Tit.): künstlerisch besonders wertvoll, Jv, 1.096 m (gültig bis 31.12.1942) [BFA].
FSK: 9. November 1949, Prüf-Nr. 418, und 4. April 1983, Prüf-Nr. 418a: Jf 16, ohne Schnittauflage 2.729m (100 min).

Rechte: F.-W.-Murnau-Stiftung; Ausw: Transit-Film GmbH, München (komm.), DIF (nicht-komm.)
Kopie: BFA_1 [BFA_2, DIF]

10.2. Handlung

(1) Um an der Taufe der Zwillinge seiner Cousine teilzunehmen, reist der Kanzleivorsteher Christian Kempenich am Himmelfahrtstag aus dem kleinen

---

[50] Vgl. Leiser 1968, S. 20 f.: »Auf die Frage nach den besten deutschen Filmen nannte Goebbels statt politischer Heldenopern die Komödie WENN WIR ALLE ENGEL WÄREN ...« (ohne Quellenangabe).

Moselstädtchen Weinbach nach Köln. Er läßt seine junge Frau Hedwig zu Hause zurück, die an diesem Tag einen Dampferausflug auf der Mosel unternimmt. Als die Kegelbrüder sich anzügliche Bemerkungen darüber erlauben, daß er »das Frauchen nicht mitnimmt«, weist er sie mit den Worten zurecht: »Ich fahre nicht in das Köln Ihrer dreckigen Phantasie, ich fahre in das ›große, heilige Köln‹.« Ebenso wehrt Hedwig Tante Selmas Ratschlag ab, ihren Mann finanziell knapp zu halten (»Ein leeres Portemonnaie ist der beste Schutzengel«). Doch beide Eheleute sind gefährdet: Christian Kempenich durch sein unterschwelliges Interesse am Kölner Nachtleben (»nur der Wissenschaft halber«), Hedwig durch ihren Gesangslehrer, den Tenor Enrico Falotti, der schon während des Unterrichts seine erotischen Absichten deutlich zu erkennen gibt. Im Winter singt Falotti »auf irgendeiner Quetschbühne, und im Sommer, da treibt er sich herum und macht die Weiber jeckig«.

(2) Der Bürgermeister hatte ihn noch gewarnt: »Machen Sie mir keine Dummheiten.« Aber in Köln läßt sich Christian Kempenich nach Abschluß der Familienfeier auf dem Weg zum Bahnhof in der Tanzdiele »Die schöne Galathee« absetzen. Seine biederen Annäherungsversuche an eine ›Dame‹ schlagen fehl (»Kein Mensch will von Wissenschaft was wissen«). Er spricht immer stärker dem Wein zu, verläßt torkelnd das Lokal, wird an einer Litfaßsäule von einer »Frauensperson« aufgegriffen und findet sich am nächsten Morgen – noch in Straßenkleidern – in einem Zimmer des Hotels »Monbijou« wieder. Im Fremdenbuch des Hotels ist eingetragen: »Christian Kempenich und Frau.« Er verläßt fluchtartig das Hotel und läßt die »Unbekannte« im Hotel zurück. Als Falotti Hedwig auf dem schon ablegenden Moseldampfer entdeckt, kann er noch schnell an Bord springen. Hedwig will zwar schon bei der nächsten Station aussteigen und dann »mit dem Bähnchen« wieder zurückfahren, da sie ihren Mann für den Abend zurückerwartet, aber Falotti verwickelt sie nicht nur in ein Kunstgespräch (»Ihnen fehlt das große Erlebnis«), sondern animiert sie zum Singen und Trinken, so daß Hedwig die Station verpaßt und zuletzt mit Falotti in Koblenz landet, wo sie wegen der Dampferverspätung keinen Zug mehr nach Hause erreicht. Ein Mann am Dampfersteg empfiehlt den beiden das Hotel »Drei Linden«.

(3) Am nächsten Morgen reisen Christian und Hedwig Kempenich, ohne sich während der Zugfahrt zu begegnen, nach Weinbach. Bevor Hedwig ihren Mann im Hause begrüßt, schärft sie der Magd Maria ein, über ihre Abwesenheit Stillschweigen zu bewahren. Beim gemeinsamen Sonntagsfrühstück spielen sich Christian und Hedwig Harmonie und Eheglück vor; Hedwig erklärt, sie habe die Gesangsstunden abbestellt. Da bringt die Post für jeden getrennt die Vorladung auf die Polizeiverwaltung »in der Ermittlungssache wegen Hoteldiebstahls« (in besagtem Zimmer des Hotels »Monbijou« wurde die Bettwäsche gestohlen). Obgleich sie diese Vorladung voreinander verheimlichen und jeweils Termine vorschützen, treffen beide am darauffolgenden Tag zum angegebenen Termin in der Polizeiverwaltung zur Vernehmung unvermeidlich

zusammen. Dabei verwickelt sich Christian Kempenich, der mit den Eintragungen im Fremdenbuch konfrontiert wird, in Widersprüche; auch Hedwig ist verunsichert, und im Protokoll wird festgehalten, daß beide Eheleute nicht in der Lage sind, sich über ihren »Verbleib in der fraglichen Nacht auszuweisen«. Zu Hause erwartet Christian Kempenich ein ›Ehegewitter‹, das durch den Besuch von Enrico Falotti abgewendet wird; Falotti schenkt Hedwig einen Dackel, dem Christian den Namen Anton gibt. Aber fortan schlafen Christian und Hedwig Kempenich in getrennten Zimmern, grollend und mit schlechtem Gewissen, aber auf Versöhnung hoffend, die weder die Magd Maria noch der Dackel Anton herzustellen vermögen.

(4) Im Ort gerät das Ehepaar ins Gerede; Tante Selma ist Wortführerin. Eine Hausdurchsuchung gerade zum Zeitpunkt, als Hedwig mehrere Frauen zum Kaffeetrinken versammelt hat, gibt diesem Klatsch neuen Auftrieb und vertieft die Krise; es ist schon von »Scheidung« die Rede. Der von Christian Kempenich erhoffte Ausweg ist nicht gangbar. Er lädt Falotti zum Abendessen in das »Gasthaus zur Traube« ein und überredet ihn auszusagen, daß er sich unter falschem Namen im Hotel »Monbijou« eingetragen habe, zahlt einen Vorschuß auf Gesangsstunden, die er bei ihm nehmen wolle und trinkt schließlich Brüderschaft mit ihm. Doch als er beschwipst Hedwig den angeblichen »Täter« vorstellt, kann sie ihn mit gutem Grund der Lüge bezichtigen, ohne allerdings ihrem Mann die volle Wahrheit zu offenbaren. Bei einer Sonntagsvisite versucht der Bürgermeister, dem die »Akten der Strafsache« vorgelegt wurden, die Angelegenheit ›außerhalb des Dienstzimmers‹ zu erledigen. Zunächst empfiehlt er seinem Kanzleivorsteher einen »Erholungsurlaub«, dann bemüht er sich, seinerseits die Wahrheit herauszufinden, verschärft aber damit die Lage nur. Denn die herbeigerufene Magd Maria gesteht, daß Frau Kempenich »auch verreist« war. Diese Aussage zwingt nun Hedwig Kempenich preiszugeben, daß sie in Koblenz den letzten Zug verpaßt hat und sich gezwungen sah, im Hotel zu übernachten; den Namen des Hotels hat sie – wie Christian den Namen des Hotels »Monbijou« – angeblich vergessen. Der Bürgermeister findet diese »beiderseitige Vergeßlichkeit« bemerkenswert.

(5) Empört über Hedwigs Verhalten, verläßt Christian Kempenich zusammen mit dem Dackel Anton das Haus und nimmt bei Tante Selma Quartier. Als er jedoch wieder seinen Amtsgeschäften nachgehen will, findet er auf dem Schreibtisch die Mitteilung vor, er sei mit Rücksicht auf das gegen ihn anhängige Strafverfahren von seinen Amtsgeschäften enthoben. Die Nachricht spricht sich schnell im Städtchen herum. Als die Magd Maria die Vorladung zum Amtsgericht überbringt und Christian Kempenich seinen Kummer in Alkohol zu ertränken versucht, hat Tante Selma, die sich durch Hedwigs Bemerkung, sie sei »wohl neidisch«, weil sie keinen Mann gekriegt habe, verletzt fühlt, eine »tolle Idee«: die Portiers der Koblenzer Hotels müßten vor Gericht geladen werden, weil einer von ihnen gewiß die Wahrheit über Hedwig ans Licht bringen kann. Christian Kempenich ist fasziniert von der Mög-

lichkeit, seiner Frau auf die Schliche zu kommen. Falotti dagegen hat ein
»dunkles Gefühl«.

(6) Im Gerichtssaal wartet ein hämisches Publikum auf den Beginn des Prozesses. Der Amtsrichter hält »die ganze Sache für Unsinn«, eröffnet aber die Verhandlung (»wir müssen uns damit beschäftigen«). Obgleich die widersprüchlichen Aussagen wiederum keine klaren Erkenntnisse erbringen, beantragt der irritierte Amtsanwalt, Christian Kempenich eine »Gefängnisstrafe von einem Monat« und »gegen die angeklagte Ehefrau, die vielleicht als die Verführte anzusehen ist, eine Gefängnisstrafe von ... äh ... vier Wochen«. Da entschließt sich Christian Kempenich, endlich die Wahrheit zu sagen, französisch radebrechend, um dem Gerichtspublikum die Informationen zu entziehen (»complette bleu ... courage en gros ... Mademoiselle de plaisiers ... mais pas aller étranger [...]«). Nun erscheinen die vor Gericht geladenen Portiers, die auf dem Weg von Koblenz nach Weinbach schon reichlich dem Wein zugesprochen haben. Einer von ihnen, der Portier des Hotels »Drei Linden«, erkennt nicht nur Hedwig Kempenich, sondern auch Falotti wieder, der gerade vergeblich versucht, sich selbst als derjenige auszugeben, der in Köln Christian Kempenichs Mißgeschicke erlitten hat. Der Portier berichtet, daß Hedwig beim Anblick des Doppelzimmers Falotti eine Ohrfeige gegeben habe und danach davongelaufen sei. Hedwig gibt daraufhin an, die Nacht auf dem Bahnhof im Wartesaal verbracht zu haben.

(7) Der Amtsrichter sieht nunmehr den Fall klar: »Während die angeklagte Ehefrau in Koblenz sich ihren allzu galanten Begleiter vom Halse hielt, war der angeklagte Ehemann allerdings im Hotel ›Monbijou‹. Den Diebstahl begangen hat nach seinem Weggang offenbar eine unbekannte Frauensperson, die sich ohne sein Wissen und Willen während seiner sinnlosen Trunkenheit an ihn hing.« Der Richter spricht die Angeklagten frei. Christian und Hedwig Kempenich machen sich Gedanken über ihr Verhalten, und Christian verkündet seine Lebensmaxime. Der blamierte Tenor Enrico Falotti verläßt Weinbach.

10.3. Verwendetes literarisches Material

Heinrich Spoerl: *Wenn wir alle Engel wären. Roman.* Leipzig 1936. – Als Drehbuchautor hält sich Spoerl weitgehend an Figurenkonstellation, Handlungsmodell und Grundaussagen des Romans; Erzählstrategie und Dialoge sind dem Film mediengerecht angepaßt.[51]

---

51 Als Schriftsteller und Filmautor nahm Heinrich Spoerl im Filmgeschäft des Dritten Reiches eine herausragende Stellung ein. Zu Drehbuchfragen bezog er mehrfach Position. Siehe H. S.: Warum sind Buch- oder Bühnenautoren so schwer zur Filmarbeit zu gewinnen? Die Gegensätzlichkeit zwischen dem schöpferischen Individualismus des Dichters und dem praktischen Kollektivismus der Filmproduktion, in: *FK* 11.3.1939 (Nr. 60), 2. Beibl.; sowie:

10.4. Textbeispiel

(1) Schluß des Romans:

Ein weicher Sommerabend liegt über der Mosel. Mann und Frau stehen in ihrem Gärtchen und blicken über die Steinbrüstung auf den Fluß. Johanniswürmchen funkeln durch die Nacht.
Die große Aussprache hatte stattgefunden. Die Aussprache, die schon seit fünf Wochen fällig war. Es war ihnen wie eine Beichte erschienen, aber als sie es hinter sich hatten, merkten sie, daß es eigentlich nichts war. Obgleich sie sich säuberlich alles erzählten, ungeschminkt und genau so, wie sie es in Köln und in Koblenz erlebt hatten – oder richtiger gesagt: Wie es hier niedergeschrieben ist. Ob es sich auch genauso zugetragen hat, in Köln und in Koblenz, wer will das wissen?
Es ist auch ganz gleich. Wenn die Welt nur aus Tugend bestünde, dann hätten die Zeitungen nichts zu schreiben, die Zungen nichts zu reden, die Obrigkeiten nichts zu ordnen, die Krieger nichts zu kriegen, Staatsanwälte und Dichter gingen stempeln, und man stürbe vor Langweile. Es ist erwünscht, daß jeder einmal über die Stränge schlägt – natürlich in allen Ehren, und soweit Platz vorhanden. So ist die Welt lustig, und es läßt sich darin leben.

(2) Schluß des Films [fehlt im Drehbuch, das mit dem Freispruch endet]:[52]

(Heller Tag. Anhöhe, Blick nach unten auf die Mosel, den Ort und das Gebirge. Christian [C] und Hedwig [H] kommen hintereinander von rechts halbnah ins Bild, C reibt sich die Hände.)
H *(hält C am rechten Arm fest, bewirkt, daß er sich ihr zuwendet, und hält mit beiden Händen seine beiden Arme, sieht ihn an)*: Du, höre mal ...
C: Ja?
H: Christian? Also, das hätte ich Dir nun wirklich nicht zugetraut.
C *(löst sich von H, reibt sich wieder die Hände)*: Ja, Hedwig, siehst Du ... Schau, Hedwig, *(er legt den rechten Arm um ihre Schulter, dann die linke Hand auf ihren rechten Arm)* wenn wir alle Engel wären – wär's ja auch nicht schön im Leben, ...
H: Na, ich weiß nicht ...
C: ... hätten die Leute nichts zu reden, die Zeitungen nichts zu schreiben und die Gerichte nichts zu richten.

Dr. Heinrich Spoerl über Rechtsfragen im Film. »Ich bin der Ansicht, daß der gute Problemfilm das genaue Gegenteil eines Tendenzfilms sein muß.« Wortlaut des Leipziger Vortrags, in: *FK* 25.5.1939 (Nr. 119); und: Was der Drehbuchautor berücksichtigen muß, in: *FK* 13.11.1939 (Nr. 265); vgl. auch den Beitrag: Film und Autor, in: *Jb. d. Reichsfilmkammer* 1939, S. 155–165.

52 Heinz Rühmann erklärt in seinen Memoiren (Rühmann 1982, S. 151 f.) die »Schlußeinstellung« des Films zu seinen Lieblingstexten. Vgl. hierzu auch Manfred Barthel: *Heinz Rühmann. Ein Leben in Bildern.* Frankfurt/M. u. Berlin 1987, S. 66.

Abb. 31:
Schlußszene: Hedwig und Christian Kempenich (Leni Marenbach und Heinz Rühmann).
WENN WIR ALLE ENGEL WÄREN ...

Abb. 32:
Schlußszene.
WENN WIR ALLE ENGEL WÄREN ...

(C und H nah, jeder hat den rechten Arm um die Schulter des anderen gelegt.)
C: Ich will Dir mal was sagen, Hedwig: Jeder ... jeder muß einmal über die Stränge schlagen.
H: Findest Du?
C *(mit der rechten Hand gestikulierend)*: Gilt nicht für Dich, Hedwig.
H: Ach so –
C: Nein! In allen Ehren – und soweit Platz vorhanden, dann ist die Welt lustig, und es läßt sich dann leben.
(Von Ferne ertönt eine Gesangsstimme. Blick von oben auf die Mosellandschaft; ein Dampfer fährt langsam von rechts nach links.)
Stimme Falottis: Ach, es sind wohl andere Mädchen ...
(C und H wie zuvor, wenden sich dem Dampfer zu.)
C *(hebt grüßend die Hand)*: Heini!

(Blick von oben auf die Mosellandschaft. Der Dampfer entfernt sich.)
Stimme Falottis: Doch die eine ist es nicht, doch die eine ist es nicht.

10.5. Kontext

Zur Rolle der Frau in der Gesellschaft äußerte sich die Reichsfrauenführerin Gertrud Scholtz-Klink: »Wir haben Ehe und Mutterschaft immer als höchste Erfüllung eines Frauenlebens bezeichnet« (in: G. S-K.: *Einsatz der Frau in der Nation*. Berlin 1937, S. 8).

Ein Jahr zuvor, am 18.10.1935 war das *Gesetz zum Schutze der Erbgesundheit des deutschen Volkes* erlassen worden (RGBl 1935 I, S. 1246 ff.), das einschneidende Maßnahmen festlegte; die *Erste Verordnung zur Durchführung des Ehegesundheitsgesetzes* vom 29.11.1935 (RGBl 1935 I, S. 1419 ff.) machte dann den Nachweis »für Gebär- und Zeugungsfähigkeit« zur Pflicht.

Auch Heinz Rühmann kam als Filmfigur in HURRA, ICH BIN PAPA (1939; A: Thea v. Harbou; R: Kurt Hoffmann) seinen »Pflichten« nach.

10.6. Normaspekte

(1) Als höchste Werte werden *eheliche Liebe und Treue* gesetzt, die durch den »Seitensprung« gefährdet sind.

(2) Der ›*Seitensprung*‹ wird nur von den Männern als notwendiges Korrektiv angesehen: (2a) Vom Sänger in der Tanzdiele »Die schöne Galathee« (»Einen kleinen Seitensprung macht jeder einmal. Einen kleinen Seitensprung braucht jeder einmal. Jeden Tag dasselbe hat man einmal über. Irgendwann muß jeder aus der alten Haut heraus«). (2b) Von Christian Kempenich (»Jeder muß einmal über die Stränge schlagen«).

(3) Hedwig Kempenich, der Christian das Recht zum Seitensprung nicht zugesteht, lehnt die Maxime ihres Mannes nicht nur ab, sondern bewährt sich in der von Falotti herbeigeführten Situation als *tugendhafte Frau*.

(4) Der Bedingungssatz im Titel des Films kann verschieden ›ergänzt‹ werden: Christian Kempenich bezieht ihn auf das *Verhalten der Gesellschaft*, Hedwig in dem von ihr auf dem Moseldampfer gesungenen Lied auf den Wein (»Denn wenn wir alle Engel wären – könnt' uns der *Wein* nicht so himmlisch betören«). Das ›Weinlied‹ bewertet das *Verliebtsein* als hohen Lebenswert (»Denn wer verliebt ist beim goldenen Wein, kommt in den Himmel hinein«). Daß Hedwig in ihrer Weinseligkeit auf ihren Mann fixiert bleibt, zeigt ihre Äußerung: »Zu schade, daß mein Mann nicht dabei ist, der ist auch so gern fidel.«

(5) In der Ehe Kempenich besteht offensichtlich ein *Liebesdefizit*. Als Christian erklärt, »lecker essen, ist das Schönste, wat jibt auf der Welt«, erwidert Hedwig: »Ach nee, Christian, also das kannst Du nun nicht sagen.« Christian zieht sich daraufhin auf die Behauptung zurück, dies sei das »Zweitschönste«, um dann nicht, wie von Hedwig erwartet, die Liebe, sondern das »lecker trinken« als das Schönste zu bezeichnen. Hedwig reagiert enttäuscht: »Nee, das ist jemein von Dir.«

10.7. Überliefertes Material

Drehbuch: WENN WIR ALLE ENGEL WÄREN ... *Ein Carl Froelich Film von Dr. Heinrich Spoerl. Spielleitung: Carl Froelich. Froelich Film-Produktion GmbH.* Typoskript, 223 S. (= 118 Bilder). [SDK; Vorbesitzer: Franz Schroedter; keine Eintragungen]; dazu: Auszüge, gesondert gebunden u. d. T.: *Gerichtsszenen zu dem Carl Froelich-Film* WENN WIR ALLE ENGEL WÄREN ... [SDK]; Kostümentwürfe von Ilse Fehling [SDK].

Illustrierter Film-Kurier Nr. 2540 [BFA]; *Illustrierte Film-Bühne* Nr. 683 [BFA]; *Das Programm von heute* Nr. 1007 [BFA, Expl. o. Nr.]; ferner: *Illustrierter Film-Kurier* (österr. Ausg.) Nr. 1588; *Lockende Leinwand. Tobis-Europa Mittlgn. an Freunde* [BFA]; *Reklame-Ratschläge* der Tobis-Europa, 51 S. [DIF]; Nachtrag zum *Reklame-Ratschlag* [BFA]; 6 blaue hektogr. S. des Herzog Film-Verleihs [DIF]; *Brief* vom 9. Mai 1963 zur Bewertungssitzung über Ausnahme-Genehmigung [DIF]; Bildmaterial [BFA, SDK]; Nachlaß Franz Schroedter: 60 Entwürfe [SDK].

10.8. Interviews, Stellungnahmen, Rezensionen[53]

E. T.: Froelich dreht an der Mosel: WENN WIR ALLE ENGEL WÄREN, in: *FK* 16.7.1936 (Nr. 164); [Anonym:] Froelich baut und dreht: WENN WIR ALLE ENGEL WÄREN, in: *FK* 25.7.1936 (Nr. 172).

W[erner] Fiedler: Zeitungsmänner und Engel. Zwei Filme im Tauentzien-Palast [Vorfilm: SPIEGEL AUS PAPIER und WENN WIR ALLE ENGEL WÄREN], in: *Dt. Allg. Ztg.* 10.10.1936 (Nr. 477); [Günther] S[chwar]k: WENN WIR ALLE ENGEL WÄREN, in: *FK* 10.10.1936 (Nr. 238); Hans Erasmus Fischer: WENN WIR ALLE ENGEL WÄREN. Carl Froelichs fröhlicher Erfolg im Tauentzien-Palast, in: *Berliner Lokal-Anzeiger* 11.10.1936 (Nr. 245); [Ewald] v. D[emandowsky]: Ein neuer Froelich-Film. WENN WIR ALLE ENGEL WÄREN. Eröffnungsvorstellung im Tauentzien-Palast, in: *Völkischer Beobachter* (Berliner Ausg.) 11.10.1936 (Nr. 285); [Anonym:] Die lieben Nachbarn. Zu dem Film WENN WIR ALLE ENGEL WÄREN [mit Abb.], in: *Filmwelt*, Berlin, 14.10.1936 (Nr. 40); sp.: WENN WIR ALLE ENGEL WÄREN, in: *Der Deutsche Film*, Berlin, Jg. 1 (1936/37), S. 153; [Anonym:] Am Lido: WENN WIR ALLE ENGEL WÄREN, in: *FK* 27.8.1937 (Nr. 199); Drewniak 1987, S. 403 (Truppenbetreuung); ungekürzte Pressestimmen 16 ungez. S. [BFA].

Rezensionen zur Wiederaufführung des Films [DIF].

---

53 Vgl. zu den Kontroversen über diesen Film Kap. A.1.3 mit den Anm. 24 u. 25. Werner Fiedler bezeichnete den Film in der *Dt. Allg. Ztg.* vom 10.10.1936 als »harmlosen Spaß«, Ewald v. Demandowsky im *Völkischen Beobachter* vom 11.10.1936 als »rheinischen Ulk«. Es bestand für die Alliierten kein Grund, ihn auf die Verbotsliste zu setzen, und die Freiwillige Selbstkontrolle gab ihn ohne Schnittauflagen frei. Erwin Leiser (1968, S. 21) bemerkt dazu: »Goebbels wußte genau, warum der Unterhaltungsfilm nicht deutlich politisch aktiviert wurde. Er hatte von der Wirklichkeit abzulenken, das Publikum einzuschläfern und enthielt in der Regel Klischees, die aus dem Arsenal der nationalsozialistischen Propaganda stammten.« Das in WENN WIR ALLE ENGEL WÄREN ... aktivierte Klischee des ›vermeintlichen Ehebruchs‹ ist jedoch älter.

11. DER HERRSCHER

11.1. Produktionsdaten

UT: Frei bearbeitet nach Gerhart Hauptmann's *Vor Sonnenuntergang*. [*FK* mit Zusatz:] Ein Emil Jannings-Film, frei bearbeitet nach ... [Für Bavaria-Videokopie benutzte Fassung zusätzlich:] ... und nach Motiven aus Harald Bratt's *Der Herrscher*
P: Tobis-Magna Film-Produktion GmbH, K. J. Fritzsche-Produktion, Herstellungsgruppe Helmut Schreiber; 2.918 m; Drehbeginn: Ende Oktober 1936 (Außenaufnahmen: Gutehoffnungshütte, Oberhausen/Rheinland), Mitte November 1936 (Berlin, Grunewaldatelier)
A: Thea v. Harbou, Curt J. Braun
R: Veit Harlan[54]

Stab: K: [Atelieraufnahmen:] Werner Brandes, [Außenaufnahmen in der Gutehoffnungshütte Oberhausen AG:] Günther Anders; M: Wolfgang Zeller; T: Hans Grimm; Bau: Robert Herlth; Schnitt: Martha Dübber; Kostümberatung: Ilse Fehling; Aufnahmeltg.: Rudolf Fichtner, Heinz Abel; künstler. Oberltg.: Emil Jannings

FM: Tobis-Klangfilm
V: Syndikat-Film Tobis; Weltvertrieb: Tobis-Cinema AG
UA: 17. März 1937 Berlin, Ufa-Palast am Zoo

Besetzung:
Matthias Clausen	Emil Jannings
Wolfgang, Professor, sein ältester Sohn	Paul Wagner
Paula Clausen, geb. v. Rübsamen, dessen Frau	Maria Koppenhöfer
Egert, Clausens jüngster Sohn	Hannes Stelzer
Bettina, Clausens Tochter	Hilde Körber
Ottilie, Clausens verheiratete Tochter	Käthe Haack
Klamroth, deren Mann, Direktor in den Clausen-Werken	Herbert Hübner
Inken Peters, Clausens Sekretärin	Marianne Hoppe
Frau Peters, Inkens Mutter	Helene Fehdmer
Geiger, Sanitätsrat, Clausens Freund	Max Gülstorff
Dr. Wuttke, Clausens Privatsekretär	Walter Werner
Hanefeld, Rechtsanwalt	Harald Paulsen
Pastor Immoos	Theodor Loos
Winter, Clausens Diener	Paul Bildt
Weitere Direktoren in den Clausen-Werken:	
Höfer	Heinrich Schroth
Weißfisch	Hans Stiebner
Bodelfing	Rudolf Klein-Rogge
Dr. Ehrhardt, Ingenieur	Peter Elsholtz
Fräulein Biel, Stenotypistin	Ursula Kurtz
Werkmeister in den Clausen-Werken	Heinz Wemper

---

54 Vgl. Harlan 1960, S. 74–83, und Harlan 1966, S. 34–40, zum Empfang des Staatspreises am 1. Mai 1937, S. 85.

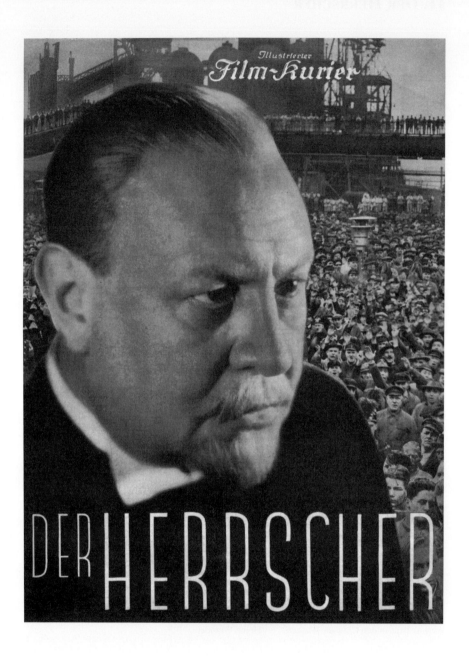

Abb. 33

Bewertung:[55]
FP: 15. März 1937, Prüf-Nr. 44984 (Tit.): staatspolitisch und künstlerisch besonders wertvoll, Jf 14, 2.918 m (gültig bis 31.12.1940) [BFA, DIF]; Paimann 25.3.1937 (Nr. 1094): »Schlager«; 16. April 1937, Prüf-Nr. 45207 (Vorspann): 63 m; 6. Januar 1941, Prüf-Nr. 54800: gleiche Bw., 2.883 m; 18. November 1943, Prüf-Nr. 59649: gleiche Bw, 2.881 m (gültig bis 30.11.1945) [SDK]; Nationaler Filmpreis 1937; V. Biennale di Venezia 1937: Coppa Volpi per il miglior attore (Emil Jannings).
CFFP 1951, S. 66: »Good production with excellent acting, forbidden because of Veit Harlan and some objectionable remarks, which could be cut«; LPF June 1953.
FSK: 25. Juli 1950 [!], Prüf-Nr. 1562: Jf 16, mit 5 Schnittauflagen 2.786 m; 17. August 1979: 2.820 m; und 24. August 1983: 2.816 m; beide mit Jf 12 und nur einer Schnittauflage.
Schnittauflagen 25. Juli 1950:
(1) Clausen: »Sie laufen Sturm gegen die Entwicklung der Technik, die uns vom Ausland unabhängig machen soll.« Clausen: »Wenn es gelingt, ist die deutsche Wirtschaft unabhängig von der Einfuhr eines der wichtigsten Rohstoffe.« Clausen: »Wir sind dazu da, für die Volksgemeinschaft zu arbeiten [... bis:] Auch wenn ich damit den ganzen Betrieb in den Abgrund steuere« (siehe Textbeispiel in Kap. B.11.4).
(2) Die Szene mit den auf dem Hof versammelten Fabrikarbeitern mit erhobenen Armen [gemeint ist der sog. ›Deutsche Gruß‹] von Beginn an (Halbtotale) einschließlich der Schwenkung auf die weiteren Fabrikarbeiter (Totale) mit Heilrufen bis zu dem Augenblick, wo das Händeklatschen einsetzt.
(3) Aus der Rede des Werkmeisters der Satz »Sie waren stets ein Führer – ein Vorbild«, weiter mehrmals die Worte »Gefolgschaft« sowie die Tafel mit der Aufschrift »Gefolgschaft«.
(4) Nach Schluß der Rede das Hochrufen der Arbeiter mit erhobenen Armen bis zum Händeklatschen.
(5) Der Film soll enden nach den Worten »Weiter« (Hoppe) – »Ja – weiter« (Jannings). Folgende Sätze wären also durch Schnitt zu entfernen [siehe in Kap. B.11.2 unter (8): Schlußworte ab: »Ich schenke das Werk ...«]
Schnittauflage 17. August 1979:
Nur letzter Satz: »Ich will ihn das Wenige lehren, das ein Scheidender den Kommenden zu lehren vermag; denn wer zum Führer geboren ist, braucht keinen Lehrer als sein eigenes Genie.«

Rechte: F.-W.-Murnau-Stiftung; Ausw: Transit-Film GmbH, München (komm.), DIF (nicht-komm.)
Kopie: BFA$_1$ [BFA$_2$, DIF]

11.2. Handlung

(1) In strömendem Regen wird die verstorbene Frau des Großindustriellen Matthias Clausen auf dem Friedhof beigesetzt. Einige Mitglieder der um das

---

55 Goebbels: *Tagebuch*, 12.3.1937: »Nachm. kleine Gesellschaft. Jannings mit Frau, Veit Harlan mit Frau, Hanke, Funk. Der neue Film von Harlan und Jannings DER HERRSCHER: eine wunderbare Leistung. Modern und nationalsozialistisch. So wie ich mir die Filme wünsche. Glänzend in Besetzung und Regie. Jannings und Harlan sind sehr glücklich.« 15.3.1927: »Abends zum Führer. Wir parlavern [!] lange. Sehen Janningsfilm DER HERRSCHER. Der Führer ist davon ganz ergriffen. Er macht den tiefsten Eindruck. Vor allem in seiner Milieuschilderung. Ich verleihe ihm die höchsten Prädikate. Rufe Jannings an und teile es ihm mit. Er ist überglücklich.« 18.3.1937: DER HERRSCHER mit Jannings. Ein unbeschreiblicher Erfolg. Das Publikum wird nicht müde zu klatschen. Alle meine Voraussagen haben sich bestätigt. Ich bin sehr glücklich darüber. [...] Noch beim Premierenessen im Kaiserhof. Jannings schwimmt in Seligkeit. Marianne Hoppe ganz glücklich. Diese Künstler sind ein richtiges Kindervölkchen. Aber zum Liebhaben.« 14.4.1937: Diesjähriger Filmpreis auf meinen Vorschlag an Jannings für HERRSCHER. Der hat's verdient. Führer nimmt Proteste der Wirtschaft gegen diesen Film nur von der humoristischen Seite.«

Grab versammelten Familie zeigen Ungeduld, da die Ansprache von Pastor Immoos kein Ende nehmen will. Als der Sarg schließlich zu Grabe gelassen wird, verliert Tochter Bettina die Contenance. Clausen bewahrt Haltung. Später warten Clausens Söhne Wolfgang und Egert, die Töchter Bettina und Ottilie, Wolfgangs Frau Clothilde, Ottilies Mann Direktor Klamroth, Pfarrer Immoos und Sanitätsrat Geiger zusammen mit den anderen Direktoren der Clausen-Werke und Rechtsanwalt Hanefeld im Salon des Clausenschen Hauses auf Clausen und die Eröffnung des Buffets; Klamroth ergeht sich in taktlosen Bemerkungen, und Clothilde interessiert sich für den Schmuck der Verstorbenen. Clausens Erscheinen versetzt die Anwesenden in Verlegenheit. Clausen beschränkt sich auf wenige Dankesworte, besonders an Pastor Immoos, bittet Ottilie, sich Bettinas anzunehmen, und äußert den Wunsch, allein zu sein.

(2) Clausen war zwei Monate nicht im Werk. Am späten Abend des Beisetzungstages seiner Frau geht er wieder durch das Werk und läßt sich im Labor von Ingenieur Dr. Ehrhardt über den Stand der Arbeiten berichten. Er erfährt, daß die Experimente, die »die deutsche Wirtschaft unabhängig von der Einfuhr eines der wichtigsten Rohstoffe« machen sollen, durch den von Direktor Klamroth geplanten Versuchsstopp gefährdet sind, und läßt durch seinen Vertrauten Dr. Wuttke das gesamte Direktorium für den nächsten Tag zu einer Besprechung bitten. Bei dieser Besprechung setzt er sich über die Bedenken des Direktorium und Dr. Klamroths »bodenlosen Egoismus« hinweg. Er ordnet trotz des hohen Kostenrisikos die Weiterführung der Experimente an; sein »Wille« ist das »oberste Gesetz«. Nachdem er die Sitzung verlassen hat, bricht er in seinem Zimmer zusammen. Seine neue Stenotypistin, Inken Peters, die »erst vorgestern« ihren Dienst angetreten hat, reicht ihm ein Glas Wasser. Als er wieder bei vollem Bewußtsein ist, blickt er in ihr Gesicht; es ist dies der erste Augenblick gegenseitiger Zuneigung.

(3) Ein Jahr später wird Clausen, der vor 40 Jahren die Clausen-Werke geschaffen und seither »ihre Geschicke gelenkt« hat, von den 20.000 Arbeitern und Angestellten, die ihm »im blinden Vertrauen folgen«, geehrt. Gleichzeitig erhält er von der Stadt den Ehrenbürgerbrief. Im vorangegangenen Jahr haben sich die Beziehungen zwischen Clausen und Inken Peters enger gestaltet. Clausen hat sie und ihre Mutter, die eine »kleine Gärtnerei« betreibt, zum Familienfest geladen. Dort wehrt sie nicht nur die Zudringlichkeiten Klamroths, sondern auch die beleidigenden Fragen Clothildes geschickt ab. Clothilde wittert Gefahr, da durch eine Ehe zwischen Clausen und Inken Peters das Familienerbe zwangsläufig neu verteilt werden müßte. Nachdem Rechtsanwalt Hanefeld ihr berichtet hat, Inkens Vater habe »sich das Leben genommen, als er unter falschem Verdacht in Untersuchungshaft saß«, ist sie zum Handeln entschlossen. Sanitätsrat Geiger beglückwünscht Clausen zu der durch Inken neu gewonnenen Lebenskraft und ermuntert ihn, ihr eine Liebeserklärung zu machen. Bettina ist eifersüchtig; sie versucht, ihren Vater durch übertriebene

Fürsorge »an die Vergangenheit zu fesseln«. Im Familienrat wächst die Furcht vor Veränderung der Lebensverhältnisse des Vaters, als Bettina mitteilt, der Vater habe »Mutters Schmuck« aus dem Tresor genommen. Klamroth ergreift die Initiative. Nur Egert, der jüngste Sohn Clausens, hat Verständnis für den Vater.

(4) Inkens Mutter ist besorgt über das Verhältnis ihrer Tochter zu Clausen, zumal die »Zuchthäuslerfamilie« Peters auf einer anonymen Postkarte bereits zum Verlassen der Gegend aufgefordert wurde. Doch Inken will Clausen gar nicht heiraten, sondern »nur bei ihm sein«. Clausen aber nutzt die geplante Urlaubsreise zur Erklärung, daß er nicht nur den Urlaub auf seiner Yacht, sondern auch sein ferneres Leben gemeinsam mit Inken verbringen möchte. Er macht sie allerdings auf den großen Altersunterschied aufmerksam. Inken hat da nichts zu überlegen: »An dem Tag, als ich zum erstenmal für sie arbeitete, Februar vor einem Jahr, wußte ich, daß ich zu Ihnen gehöre.« Als Zeichen des Einverständnisses und als Treueversprechen setzt Clausen ihr den Ring, den seine Mutter und danach seine Frau getragen hat, auf den Finger. Indessen erscheint Rechtsanwalt Hanefeld in Begleitung von Direktor Klamroth bei Inkens Mutter. Wenn sie mit ihrer Tochter in eine andere Gegend zöge, soll sie für ihre Gärtnerei eine »angemessene Entschädigung und außerdem noch 40.000 Reichsmark« erhalten. Sie zeigt sich nicht geneigt, das Angebot der Familie Clausen anzunehmen, Klamroth aber warnt sie, »die Sache nicht noch schlimmer zu machen«.

(5) Am ›Familientag‹, beim »gemeinsamen Frühstück, einmal im Monat«, kommt es zum Eklat. Während die Familie auf Clausen wartet und vermutet, daß Inken Peters bei ihm ist, erregt das neunte Gedeck Argwohn. Nur Egert, der mit Clausen und Inken Peters »eine reizende halbe Stunde« im Zoo verbracht hat, erklärt unbefangen, daß sie am gemeinsamen Frühstück teilnehmen wird. Bettina, Ottilie und Wolfgang erregen sich über »Mutters Ring« an Inkens Hand. Klamroth sieht in Clausens »Verschwendungssucht« – dem Kauf einer Yacht und eines Schlosses in Bayern – bereits ein Zeichen »mangelnder oder verminderter Zurechnungsfähigkeit«; vergeblich versucht Sanitätsrat Geiger die Gemüter zu beschwichtigen. Bettina verläßt erregt das Zimmer, und Wolfgang zwingt den treuen Diener Winter, das neunte Gedeck zu entfernen. Als Clausen und Inken Peters den Raum betreten, schlägt ihnen offene Feindseligkeit entgegen. Clausen läßt Bettina ins Zimmer zurückholen und besteht darauf, daß Inken in den Kreis der Familie aufgenommen wird. Wieder versucht Geiger vermittelnd einzugreifen, aber Clausen stellt, das Zimmer verlassend, ein Ultimatum: »Eher verläßt Ihr alle, einer wie der andere, mein Haus, als daß sie von dieser Schwelle vertrieben wird!« Inken Peters verzichtet von sich aus auf ihren Platz am Tisch. Nach kurzer Zeit kehrt Clausen ins Zimmer zurück. Während des Frühstücks bemüht er sich, das Gespräch auf unverfängliche Themen zu lenken, aber schon seine Frage nach dem »gebotenen Anstand« läßt die Aggressionen der Familie gegen ihn wieder aufleben. Am

Ende des immer erregter geführten Streits weist Clausen seine Kinder und Schwiegerkinder aus dem Zimmer und entzieht Klamroth »alle Vollmachten« in den Clausen-Werken. Sanitätsrat Geiger ist bestürzt.

(6) Die Familie nutzt die Abwesenheit von Clausen, der mit Inken die geplante Urlaubsreise unternimmt, um mit Rechtsanwalt Hanefeld in dessen Kanzlei den Entmündigungsantrag perfekt zu machen. Hanefeld verschweigt der Familie nicht die Probleme, die dieser Entmündigungsantrag »bei einer Persönlichkeit von den Verdiensten Clausens« aufwirft, sieht aber in Clausens »plötzlichen Tobsuchtsanfällen«, seinem »Größenwahn« und »unberechenbaren Machtdünkel sowohl in der Führung des Betriebes als auch im Privatleben« Ansatzpunkte für den »Erfolg des Antrags«. Entscheidend ist zunächst, daß »solange auch nur ein Verfahren gegen ihn schwebt«, Clausen »de facto bereits entmündigt« sei und »keine selbständigen Schritte mehr unternehmen kann«. Hanefeld bringt sich selbst als Treuhänder der Clausen-Werke ins Spiel. Von den Familienangehörigen weigert sich nur Egert, den Entmündigungsantrag zu unterschreiben; mit den Unterschriften »einiger Direktoren« der Clausen-Werke ist nicht zu rechnen (Klamroth: »Die machen sich ja in die Hosen, wenn sie nur an den Alten denken«). Clausen verbringt zur gleichen Zeit mit Inken Peters glückliche Tage, doch vor den Tempelruinen von Paestum gesteht er: »Ich habe Heimweh nach meinen Hochöfen, nach meinen Schloten, nach meiner Arbeit, nach meiner eigenen Welt.«

(7) Es fällt Rechtsanwalt Hanefeld nicht leicht, Clausen nach dessen Rückkehr mit dem Entmündigungsantrag zu konfrontieren; als kleiner Junge hatte er mit Clausens Sohn Wolfgang gespielt, und zur Konfirmation hatte Clausen ihm eine goldene Uhr geschenkt. Er versteht sich nicht als Clausens Gegner, sondern als »Helfer« und »Freund«: Dabei spekuliert er auf eine »Versöhnung« Clausens mit der Familie, die jedoch dessen Verzicht auf Inken Peters voraussetzte. Im Nebenzimmer warten die »Kinder«, und Hanefeld appelliert an Clausen, sein »Herz« sprechen zu lassen. Clausen aber rechnet mit Wolfgang, Ottilie und Bettina schonungslos ab, zerstört das Ölbild seiner Frau und demoliert wertvolle Vitrinen. Der Diener Winter steht fassungslos vor den Trümmern: »Wie ein Tier hat er geschrien – wie ein Tier. Bis an mein Lebensende werde ich dieses Schreien hören.« Die letzte Chance, die Familie dazu zu überreden, den Entmündigungsantrag zurückzuziehen, sieht Hanefeld in einem Gespräch mit Inken Peters und dem Appell an ihr Gewissen. Er überredet sie zum »endgültigen, unwiderruflichen Verzicht« auf Clausen. Klamroth zeigt sich davon nicht beeindruckt: »Ich mache gar nichts rückgängig, ich denke gar nicht daran!« Er entläßt Inken Peters und Dr. Wuttke, denn nunmehr hat er die Leitung der Clausen-Werke selbst übernommen.

(8) In dieser schweren Lebenskrise erweist sich Sanitätsrat Geiger wiederum als treuer Freund. Er hat bereits mit dem Landgerichtsdirektor gesprochen, der Clausens Fall bearbeitet, und berichtet, daß die Sache »denkbar gut« stehe. Als

Dr. Wuttke Inkens Verzichtserklärung überbringt, ist Clausen nicht in der Lage, Inkens Opferbereitschaft zu erkennen, sondern glaubt, auch ihr »kleines Herz« sei »feige« geworden. Da reißt ihn die Fabriksirene aus seinen Depressionen heraus. Allein begibt er sich zu Landgerichtsdirektor Wagner, der ihm bestätigt, daß er im Vollbesitz seiner geistigen Kräfte sei; das Gericht hat den Entmündigungsantrag abgelehnt. Er geht auch durch die Werkshallen, in denen er, wie nach dem Tode seiner Frau, neue Kraft schöpft. Dann bittet er Dr. Wuttke, ihm »jemand zum Diktat« zu schicken. Clausen diktiert seinen »letzten Willen«, bemerkt dabei jedoch zunächst nicht, daß es Inken Peters ist, die seine Worte stenographiert. Geiger und Dr. Wuttke haben Inken Peters zurückgeholt; sie trägt auch wieder den Ring, den sie ihm zum Zeichen ihres Verzichts zurückgesandt hatte. Als Clausen den Ring erkennt und Inken wahrnimmt, stockt er einen Augenblick. Aber Inken stimuliert ihn mit dem fordernden »Weiter« zur Fortsetzung des Diktats. Die zentralen Sätze seines »letzten Willens« lauten: »Ich sage mich los von meinen Kindern und Schwiegerkindern. Sie sind nicht würdig, mein Erbe zu übernehmen, und sind unfähig, es zu verwalten. Ich schenke das Werk, das ich geschaffen habe, nach meinem Tode dem Staat, also der Volksgemeinschaft. Ich bin gewiß, daß aus den Reihen seiner Arbeiter und Angestellten, die mir geholfen haben, das Werk aufzubauen, der Mann erstehen wird, der berufen ist, meine Arbeit fortzusetzen, mag er vom Hochofen kommen oder vom Zeichentisch, aus dem Laboratorium oder vom Schraubstock. Ich will ihn das Wenige lehren, das ein Scheidender den Kommenden zu lehren vermag; denn wer zum Führer geboren ist, braucht keinen Lehrer als sein eigenes Genie.«[56]

11.3. Verwendetes literarisches Material

Gerhart Hauptmann: *Vor Sonnenuntergang. Schauspiel.* [Entstanden: 1928, 1931] Berlin 1932 (Vgl. Gerhart Hauptmann: *Sämtliche Werke*, hg. v. Hans-Egon Hass. Bd. 3, Berlin, 1965, S. 277–377). Als weitere Textvorlage ist im Vorspann des Films, nicht aber auf der Zensurkarte genannt: Harald Bratt: *Der Herrscher. Komödie in vier Akten.* (Bühnentyposkript) Wien; in einem überlieferten Prospekt [BFA] *Ein zweiter Film mit Emil Jannings* heißt es sogar: »In Harald Bratts erfolgreichem Bühnenstück *Der Herrscher* hat er die Anlage zu einem geeigneten Vorwurf für eine solche Rolle gefunden.« Auf Bratts Komödie sind jedoch im wesentlichen nur der Titel, die Einführung des Stahlwerks (bei Hauptmann ist Clausen Verleger) und die Berufszuweisung »Stenotypistin« für Inken Peters zurückzuführen. Im übrigen entspricht die Formulierung des Untertitels »frei bearbeitet nach Gerhart Hauptmanns *Vor Sonnenuntergang*« nicht der Textgenese des Films.

---

56 Nach Aussage von Harlan (1960, S. 80, u. 1966, S. 38) wurden diese Schlußsätze von Walter Funk, dem Staatssekretär im Propagandaministerium (und späteren Wirtschaftsminister), geschrieben. Als künstlerischer Oberleiter des Films habe Jannings sich gegen diese Replik ohne Erfolg gewehrt.

Aus dem Briefwechsel des jüngsten Hauptmann-Sohnes Benvenuto [Hauptmann-Nachlaß, Handschriften-Abteilung der Staatsbibliothek Preußischer Kulturbesitz, Berlin] geht hervor, daß Emil Jannings ursprünglich nur die Rechte für Teile des Schauspiels *Vor Sonnenuntergang*, dann jedoch für das ganze Werk erwerben wollte; Erich Ebermeyer[57] hatte vom »Lichtspielsyndikat« bereits den Auftrag erhalten, ein Treatment anzufertigen; Benvenuto Hauptmanns Preisvorstellung beliefen sich auf 45.000 Reichsmark »für diesen erstklassigen Filmstoff« (8. März 1936). Wie beim Optionsrecht auf die Verfilmung des *Biberpelzes* scheint es auch im Falle von *Vor Sonnenuntergang* zu Mißhelligkeiten gekommen zu sein, da Gerhart Hauptmann nicht der zuständigen Theaterabteilung des Suhrkamp-Verlages »ein für allemal« das Verhandlungsrecht für seine Werke erteilt hat. Verkauft wurden schließlich nur zwei Akte für 15.000 Reichsmark (19./20. März 1936), so daß nur von einer Verwendung des Sujets, einiger Namen und Handlungselementen die Rede sein kann.[58]

Andreas Schopp hat in einer Spezialuntersuchung detailliert nachgewiesen, wie der Text Gerhart Hauptmanns »durch Veränderung seiner Tiefenstruktur zu einem propagandistischen NS-Spielfilm umstrukturiert« wurde. Der Hauptmannschen Dramenhandlung wurde »eine neue Exposition vorangestellt«, die »eine abweichende Schemabildung bewirkte«. »Auf der Textoberfläche mit Hauptmanns Text identisch erscheinende Passagen erhalten eine neue Bedeutung.« Dies erreicht der Film, »indem er eine andere Grundordnung etabliert als Hauptmanns Text« (Schopp 1990, S. 99 f.). – Radikal neu ist der Schluß des Films. So stark bei Hauptmann auch die Liebe Clausens zu Inken Peters ist (beide verbringen eine glückliche Zeit in der Schweiz), so zeigt sich Clausen der Situation nicht gewachsen: Er wählt den Selbstmord als Ausweg – so könnte man auf den ersten Blick glauben. Aber der tatkräftige Unternehmer Clausen ist zugleich immer auch ein kontemplativer Gelehrter gewesen, der

---

57 Vgl. hierzu Erich Ebermayers Tagebuch-Eintragung vom 1.5.1937: »Wieder einmal Nationalfeiertag des deutschen Volkes! Wieder große Festsitzung der Reichskulturkammer. Dr. Goebbels verlieh die Nationalpreise für Film und Buch. Vor einem Jahr war es unser Traumulus-Film, der den Nationalpreis erhielt. Auch diesmal machte Jannings das Rennen. Sein Film Der Herrscher, zu dem ich seinerzeit das erste Treatment schrieb, erhielt den Nationalpreis. Ich bin nicht objektiv in diesem Fall. Die Vermischung zweier so grundverschiedener Urwerke wie es Hauptmanns *Vor Sonnenuntergang* und Harald Bratts *Der Herrscher* ist, erschien mir von Anfang an falsch. Die Art, wie mich Jannings dann ausbootete, vermutlich, weil er mit seiner feinen Witterung spürte, daß ich für diesen Cocktail nicht der richtige Mixer war, war nicht sehr erfreulich, aber meiner Verehrung für ihn als Künstler hat das keinerlei Abbruch getan« (Ebermayer 1966, S. 168).

58 Mit klaren Belegen stellt Michael Schaudig (*Literatur im Medienwechsel. Gerhart Hauptmanns Tragikomödie* Die Ratten *und ihre Adaptionen für Kino, Hörfunk, Fernsehen*. München 1992, S. 77) fest: »Das Verhältnis Hauptmanns zum Film ist [...] im großen und ganzen als eher ambivalent zu bezeichnen«; vgl. zum Herrscher, S. 78. Vgl. zum Thema auch Sigfrid Hoefert: Gerhart Hauptmann und der Film. Von den Anfängen bis zum Ende der fünfziger Jahre, in: *Gerhart Hauptmann. Neue Akzente – neue Aspekte*, hg. v. Gustav Erdmann. Berlin 1992, S. 17–42.

sich nun als Schüler Marc Aurels zeigt: Der Tod erst gibt ihm das innere Gleichgewicht wieder: »Mich dürstet ... mich dürstet nach Untergang«, sagt er, unmittelbar bevor er das tödliche Mittel trinkt. Die Liebe zu Inken Peters ist letztlich nur ein Schritt auf dem Wege zu diesem Tod. Im Film siegt Clausen über sich selbst, indem er sich der Verantwortung für die Volksgemeinschaft bewußt wird.

11.4. Textbeispiel

Wiedergegeben ist Clausens Grundsatzerklärung gegenüber den Direktoren der Clausen-Werke. Auf der rechten Seite in normaler Schrift = identischer Text von Drehbuch[DIF]- und Filmfassung; eckige Klammer = Kürzungen in der Filmfassung; **halbfetter** Text = Ergänzungen in der Filmfassung. Auf der linken Seite parallel gesetzt ist der Text einer anderen, offensichtlich früheren Fassung des Drehbuchs aus dem Besitz der HFF »Konrad Wolf«; *Kursivschrift* = Hervorhebungen im Text:

Jeder von Ihnen, meine Herren, mag auf seinem Posten recht tüchtig sein, – aber Sie alle stehen mit einer abgrundtiefen Verständnislosigkeit vor der großen Frage nach dem *Sinn* jeder Arbeit überhaupt! Sie wollen nur verdienen – verdienen – verdienen –! Mit Ihren stattlichen Direktorengehältern jammern Sie darüber, daß Sie keine Gewinnbeteiligung bekommen! Ja – meine Herren – ob Sie oder ich ein paar Jahre lang weniger verdienen, – *was geht das die deutsche Wirtschaft an* – ?
Ich habe ein Werk geschaffen, das unser kurzes Leben *überdauern* soll und wird. Ob meine Arbeit sinnvoll war, wird *nicht* die Gegenwart entscheiden, sondern die nächste Generation, oder die übernächste! Ich arbeite für die, die *nach* uns kommen !!
[Der weitere Text ist mit der Drehbuchfassung DIF identisch.]

[Aber es] **Nein. Es** handelt sich **ja** garnicht um das lumpige Geld! Um Ihre innere Einstellung handelt es sich! Um den b o d e n l o s e n Egoismus, der aus jedem Ihrer Worte spricht [. Um] **, und um** die abgrundtiefe Verständnislosigkeit, mit der sie der heutigen Zeit und ihren Problemen gegenüberstehen!

[Das Werk ist für sie nur eine Kuh, die Sie bis zum letzten Tropfen ausmelken wollen! In einer Zeit, in der jeder Arbeiter, jeder kleine Angestellte von seinem knappen Einkommen ohne Murren schwerste Opfer bringt, um anderen, noch Aermeren zu helfen ...]

... in einer solchen Zeit jammern Sie, mit Ihrem stattlichen Direktorengehalt, dass Sie keine Tantiemen mehr bekommen. N e i n, meine Herren! – Wir sind dazu da, für Millionen – und Abermillionen Arbeit und Brot zu schaffen.

Wir sind dazu da, für die Volksgemeinschaft zu arbeiten. Der Volksgemeinschaft zu dienen, das muß das Ziel eines jeden Wirtschaftsführers sein, der sich seiner Verantwortung bewußt ist.

Dieser mein Wille ist das oberste Gesetz **für mein Werk**! Dem hat sich alles andere zu fügen! Ohne Widerspruch! Auch w e n n ich damit den ganzen Betrieb in den Abgrund steuere! Und wer sich diesem obersten Gesetz nicht unterordnet, für den ist kein Platz **mehr** in den Clausen-Werken! ... Ich danke Ihnen, meine Herren!

11.5. Kontext

(1) Das 25-Punkte-Programm der NSDAP (1920), formuliert von Adolf Hitler und Gottfried Feder, enthält u. a. die im Film aktualisierte Propaganda-Sentenz: *Gemeinnutz geht vor Eigennutz.*

(2) Adolf Hitler: *Mein Kampf.* München 1925 (Zitat nach: Zwei Bände in einem Band, 65. Aufl. München 1933) enthält u. a. die ideologischen Vorgaben für die im Film stark exponierten Begriffe *Staat, Volksgemeinschaft, Persönlichkeits- und Führerprinzip, Genie*:
»*Die beste Staatsverfassung und Staatsform ist diejenige, die mit natürlichster Sicherheit die besten Köpfe der Volksgemeinschaft zu führender Bedeutung und zu leitendem Einfluß bringt.*
Wie aber im Wirtschaftsleben die fähigen Menschen nicht von oben zu bestimmen sind, sondern sich selbst durchzuringen haben, und so wie hier die unendliche Schulung vom kleinsten Geschäft bis zum größten Unternehmen selbst gegeben ist, und nur das Leben dann die jeweiligen Prüfungen vornimmt, so können natürlich auch die politischen Köpfe nicht plötzlich ›entdeckt‹ werden. Genies außerordentlicher Art lassen keine Rücksicht auf die normale Menschheit zu.
Der Staat muß in seiner Organisation, bei der kleinsten Zelle der Gemeinde angefangen bis zur obersten Leitung des gesamten Reiches, das Persönlichkeitsprinzip verankert haben.
Es gibt keine Majoritätsentscheidungen, sondern nur verantwortliche Personen, und das Wort ›Rat‹ wird wieder zurückgeführt auf seine ursprüngliche Bedeutung. Jedem Manne stehen wohl Berater zur Seite, allein *die Entscheidung trifft ein Mann*« (S. 501).
»Wer Führer sein will, trägt bei höchster unumschränkter Autorität auch die letzte und schwerste Verantwortung. Wer dazu nicht fähig oder für das Ertragen der Folgen seines Tuns zu feige ist, taugt nicht zum Führer. Nur der Held ist dazu berufen.
Der Fortschritt und die Kultur der Menschheit sind nicht ein Produkt der Majorität, sondern beruhen ausschließlich auf der Genialität und der Tatkraft der Persönlichkeit« (S. 379).

(3) Bereits 1934 hatte Dr. Albert Vögler »als einer der ersten Industriellen« vor einer »Vernachlässigung der Grundlagenforschung« gewarnt; vgl. Hans Pohl: Zur Zusammenarbeit von Wirtschaft und Wissenschaft im ›Dritten Reich‹, in: *Vierteljahrsschrift f. Sozial- u. Wirtschaftsgeschichte* 72 (1985), S. 508–517, bes. S. 513.

11.6. Normaspekte

(1) *Liebesnorm*: Wie Gerhart Hauptmanns Schauspiel *Vor Sonnenaufgang*, so enthält auch der Film als Normaspekt den Grundgedanken: *Wahre Liebe kann Alters- und Standesgrenzen überwinden*. Clausen gesteht: »Ich habe mich auch gefragt, ob das denn möglich sei, daß ein Gefühl weit höher als alle Vernunft mich völlig überwältigt.« Sanitätsrat Geiger, als psychologische Instanz, bestätigt die Liebesnorm: »Wer die Wandlung gesehen hat, die durch dieses Mädchen mit Dir vorgegangen ist, der kann doch nur freudig ja und amen sagen.« Sexuelle Beziehungen werden nicht verbalisiert.

(2) *Besitznorm*: Die Familienmitglieder (mit Ausnahme von Egert) stellen den *materiellen Besitz* höher als die glückliche Liebesbeziehung zwischen Clausen und Inken Peters, weil sie im Falle einer Eheschließung erbrechtliche Konsequenzen befürchten. *Privatbesitz* wird jedoch nicht grundsätzlich in Frage gestellt; so stellt Sanitätsrat Geiger klar, daß Clausen »mit seinem Geld tun und lassen kann, was er will«. Wenn aber Clausen seine Kinder und Schwiegerkinder als »anspruchsvolle, verwöhnte, unfähige Nichtstuer und Schmarotzer« bezeichnet, dann grenzt er damit *Verdienst durch Arbeit* und *Gewinn durch Schmarotzertum* deutlich ab. Trotz seines luxuriösen Lebensstils verliert er die *soziale Bindung des Eigentums* nie aus dem Auge, wie sein »letzter Wille« zeigt. Durch das Bewußtsein, stets für das Wohl des Staates zu arbeiten, relativiert Clausen seine Eigeninteressen, so daß die dem Staatsdenken implizite Maxime *Gemeinnutz geht vor Eigennutz* stets gültig bleibt.

(3) *Persönlichkeits- und Führerprinzip*: Clausen hat sich vom Schlosser zum Großindustriellen emporgearbeitet, ist aber der Handarbeit nicht entfremdet. Dies bringt der Werkmeister klar zum Ausdruck: »Wat uns so fest miteinander verbindet, dat Sie auch ein ganz gewöhnlicher Arbeiter gewesen sind ... Heute ham Sie ja no kein rußgeschwärztes Gesicht und keine zerkloppten Daumen mehr, aber Arbeiter sind Sie geblieben.« Der Mann, der »berufen« ist, Clausens Werk fortzusetzen, soll aus diesem Werk »erstehen«. Dabei ist nach Clausen nicht die Position dieses Nachfolgers im Werk, sondern dessen Führungsqualität maßgebend. Die Hauptmerkmale eines Führers sind: 1. Man wird »*zum Führer geboren*«, 2. ein Führer läßt sich durch sein *Genie* leiten, 3. er ist ein *Ausnahmemensch*, 4. sein *Wille* ist das »oberste Gesetz«, 5. er ist *Vorbild* durch »unermüdliche, aufopfernde Arbeit«, 6. er ist *risikobereit* und *weitschauend*: Die Experimente, die »die deutsche Wirtschaft unabhängig von der

Einfuhr eines der wichtigsten Rohstoffe« machen sollen, haben die Clausen-Werke fast zehn Millionen Reichsmark gekostet. Clausen gefährdet seine Position durch *Maßlosigkeit* (»Auch wenn ich damit den ganzen Betrieb in den Abgrund steuere«).

(4) *Therapie*: Clausen erleidet zwei Traumata: 1. durch den Tod seiner Frau, 2. durch den Entmündigungsantrag seiner Kinder und Schwiegerkinder. Er überwindet sie und die damit verbundenen Konflikte durch *Selbstheilung*: Jedesmal geht er durch das Werk, zuletzt vorbei an den Schmelzöfen, die für ihn zum Symbol der *Läuterung* werden (»Ungeheuerlich die Fragen: Wieviel erträgst Du, Stahl; wieviel erträgst Du, Mensch?«). Inken Peters, Sanitätsrat Geiger und Dr. Wuttke sind Adjuvanten dieser Selbstheilung. Aber Clausen weiß auch: »Es gibt Medizinen, an denen man entweder gesund wird oder stirbt.«

11.7. Überliefertes Material

Zwei Drehbuchfassungen sind überliefert:
Drehbuch (1): DER HERRSCHER. *Künstlerische Oberleitung: Emil Jannings. Regie: Veit Harlan. Drehbuch: Thea v. Harbou und Curt J. Braun* [nebst weiteren Produktionsangaben; ohne Nennung Gerhart Hauptmanns!]. Typoskript, 221 ungez. hektogr. Bl. (= 44 Bilder) [DIF].
Drehbuch (2): DER HERRSCHER [gleiches Titelblatt]. Typoskript, 212 ungez. hektogr. Bl. (= 373 E), keine hsl. Eintragungen [HFF »Konrad Wolf«].

Illustrierter Film-Kurier Nr. 2515 [BFA – »2515« ist Fehldruck; richtige Nr.: 2615]; *Das Programm von heute* Nr. 1094 [BFA]; ferner: *Illustrierter Film-Kurier* (österr. Ausg.) Nr. 1665; *Presse- und Propagandaheft* der Syndikatfilm GmbH Tobis 32 S. [BFA]; *Programmzettel* der UA [BFA]; Bildmaterial [BFA, SDK]; Nachlaß Robert Herlth: 5 Bl. mit 53 Entwürfen, 6 Bl. mit 34 Entwürfen, Skizzen, Fotos, Reproduktionen [SDK].

11.8. Interviews, Stellungnahmen, Rezensionen

[Anonym:] HERRSCHER-Aufnahmen im Industriegebiet, in: *FK* 30.10.1936 (Nr. 255); [Anonym:] DER HERRSCHER – Ruhe vor dem Sturm im Atelier, in: *FK* 17.12.1936 (Nr. 295); [Hans] Schu[hmacher]: Vier Stunden Filmarbeit, in: *FK* 18.1.1937 (Nr. 14); [Günther] S[chwar]k: Jannings berichtet. Gedanken und Pläne, in: *FK* 12.2.1937 (Nr. 36); Hansjürgen Wille: Was gehört zum Filmautor? Gespräch mit Thea v. Harbou (mit Bildern aus dem Film DER HERRSCHER), in: *Filmwelt*, Berlin, 7.3.1937 (Nr. 10); HN: Höhen und Tiefen. Anmerkungen zu dem Film DER HERRSCHER, in: *Filmwelt*, Berlin, 3.1.1937 (Nr. 1); Sonderdruck 1 Bl. (4 S.) der *Berliner Illustrierten Ztg.* 7.1.1937.

Wilhelm Grundschöttel: Der Gang durch den Schmelzofen, in: *Der Angriff* 18.3.1937; Felix A. Dargel: DER HERRSCHER – Emil Jannings. Brausender Beifall bei der Uraufführung im Ufa-Palast, in: *Berliner Lokal-Anzeiger* 18.3.1937 (Nr. 66A); Günther Schwark: DER HERRSCHER. Ufa-Palast am Zoo [mit Foto: Goebbels zwischen Marianne Hoppe u. Emil Jannings in der Ehrenloge], in: *FK* 18.3.1937 (Nr. 65); Erich Pfeiffer-Belli: Ein Stück deutschen Wesens, in: *Berliner Tageblatt* 18.3.1937 (Abendausg.); Frank Maraun: Ein deutscher Meisterfilm, in: *Berliner Börsen-Ztg.* 18.3.1937; ; Werner Fiedler: DER HERRSCHER. Der Emil Jannings-Film im Ufa-Palast am Zoo, in: *Dt. Allg. Ztg.* 19.3.1937 (Nr. 129/130); Ewald v. Demandowsky: Ein großes Erlebnis. Emil Jannings in DER HERRSCHER. Tobis-Film im Ufa-Palast am Zoo uraufgeführt, in: *Völkischer Beobachter* (Norddt. Ausg.) 19.3.1937 (Nr. 78); W. Kordt: Höhepunkt des Filmjahres, in: *Rhein.-Westf.*

Filmztg. 20.3.1937. [Anonym:] DER HERRSCHER [mit Drehbuch-Ausz. u. Foto], in: *Der Deutsche Film*, Berlin, Jg. 1 (1936/37), S. 210 f.

Weiterer Einsatz: *FK* 19.3.1937 (Nr. 66): Hamburg, Düsseldorf; *FK* 30.3.1937 (Nr. 73): Österreich; *FK* 6.4.1937 (Nr. 79): Ruhrgebiet; *Variety* 7.4.1937: New York; *FK* 12.4.1937 (Nr. 84): München; *FK* 15., 19., 21.4.1937 (Nr. 87, 90, 91): Graz, Umfrage: »Hat sich der Herrscher richtig verhalten?« mit Zuschriften der Preisträger; *FK* 22.4.1937 (Nr. 93): Diskussion Lessinghochschule Berlin; *FK* 27.5.1937 (Nr. 120): Dt. Haus Paris; *FK* 13.7.1937 (Nr. 160): Engl. Pressestimmen; *FK* 21.8. u. 4.9.1937 (Nr. 194 u. 206): Venedig; *FK* 20.10.1937 (Nr. 244): Spanien; *FK* 23.10.1937 (Nr. 247): Stockholm; *FK* 14.12.1937 (Nr. 290): Schwed. Pressestimmen; *FK* 24.10.1942 (Nr. 250): Paris; Drewniak 1987, S. 702 (Prag).

12. PATRIOTEN

12.1. Produktionsdaten

P: Universum-Film AG, Herstellungsgruppe Karl Ritter; 2.634 m; Drehbeginn: 20.1.1937 (Ufa-Neubabelsberg); Fertigstellung: 20.4.1937; Ablieferung: 22.4.1937[59]
A: [Idee:] Karl Ritter; [Drehbuch:] Philipp Lothar Mayring, Felix Lützkendorf
R: Karl Ritter; R-Ass.: Friedrich Carl v. Puttkammer

Stab: K: Günther Anders; M: Theo Mackeben; T: Ludwig Ruhe; Tänze: Sabine Reß; Bau: Walter Röhrig, Franz Koehn; Kostümzeichner: Arno Richter; Schnitt: Gottfried Ritter; Aufnahmeltg.: Ludwig Kühr; franz. militär. Beratung: Oberstleutnant René Phelizon

FM: Klangfilmgerät, Afifa-Tonkopie
V: Ufa
UA: 13. August 1937, Venedig, Garten des Hotels Excelsior;[60] danach: 3. September 1937, Intern. Weltausstellung Paris, Photo-Cine-Phono-Pavillon (im Rahmen der Dt. Kulturwochen); dt. EA: 24. September 1937, Berlin, Ufa-Palast am Zoo

Besetzung:
Peter Thomann	Mathias Wieman[61]
Jules Martin, Direktor eines Fronttheaters	Bruno Hübner
Thérèse, seine Enkelin	Lida Baarová
Weitere Mitglieder der Theatertruppe:	
Suzanne	Hilde Körber
Charles	Paul Dahlke
Nikita	Nikolai Kolin
Alphonse	Kurt Seifert
Jean Baptiste, Suzannes 5jähriger Sohn	A. F. Eugens
Der Ortskommandant	Edwin Jürgensen

---

59 Die Besetzung des Films bereitete einige Schwierigkeiten. Ritter lehnte Lida Baarová ab, wollte die Rolle der Thérèse mit Brigitte Horney besetzen, zur Debatte stand auch Gusti Huber; aber der Ufa-Vorstand vertrat die Auffassung, die Baarová sei »für das Auslandsgeschäft besser« (28.12.1936, BA R 109 I/1032a, f. 190); dann wurde Hansi Knotek in Erwägung gezogen (6.1.1937, ebd., f. 170). Ebenso schwierig war die Besetzung der Rolle Peter Thomanns. Vorgesehen war Gustav Fröhlich. Goebbels wünschte, daß der Flieger nicht Offizier, sondern nur Unteroffizier ist und daß er nicht als Gaukler, sondern »besser als Musiker gezeigt wird«, und die Rolle solle nicht mit Fröhlich, sondern mit Wieman besetzt werden; Fröhlich hatte sich aber ohnehin gegen seine Mitwirkung ausgesprochen (ebd., f. 157). Daraufhin stellte Wieman Bedingungen für die Übernahme der Rolle: Brigitte Horney mußte für den Part der Regine in DER KATZENSTEG (1938; R: Fritz Peter Buch) freigegeben werden; Wieman wollte dort die Rolle des Werner spielen, die später aber Hannes Stelzer übernahm (ebd., f. 52). Am 16.2.1937 wurden dem Vorstand bereits »größere Teile aus dem Film vorgeführt (ebd., f. 11).
60 Der Film lief noch vor der Biennale in Venedig im Rahmen des Fipresa-Kongresses in Budapest (Protokoll der Vorstandssitzung der Ufa v. 22.6.1937, BA R 109 I/1032b, f.204).
61 Goebbels: *Tagebuch*, 13.1.1937: »Mit Ritter und Köhn nochmals Stoff PATRIOTEN durchgesprochen. Er muß nationalistisch umgebogen werden. Ganz scharf und ganz klar. Dann großer Wurf. Wieman muß spielen.« 20.1.1937: »Mit Ritter und Wieman nochmals PATRIOTEN durchgesprochen. Jetzt scheint er zu sitzen. Wieman versteht mich sofort. Mehr Stein hinein und weniger Gelee.«

Büro-Offizier	Willi Rose
Ein Polizeibeamter	Ewald Wenck
Der Vorsitzende des Kriegsgerichts	Otz Tollen
Der Ankläger	Ernst Karchow
Verteidiger	André Saint-Germain
Zwei deutsche Kriegsgefangene	Paul Schwed
	Lutz Götz
Der Sanitäter	Karl Hannemann
Der Sergeant	Gustav Mahnke
Hoteldiener	Karl Wagner
Flugzeugführer	Jim Simmons
MG-Schütze	Hans-Reinhard Knitsch

Bewertung:
FP: 14. Mai 1937, Prüf-Nr. 45384 (Sequ.): Jv, 2.638 m [DIF]; Ausfertigung vom 2. September 1937: staatspolitisch und künstlerisch besonders wertvoll, Jv, 2.638 m (gültig bis 31.12.1940) [BFA]; in der Liste der »Entscheidungen« v. 24.–29. Mai 1937 ist als Prädikat nur »anerkennenswert« vermerkt. Korr. der Bw. am 2. September 1937 in den »Entscheidungen« v. 6.–11. September 1937; 17. Juni 1937, Prüf-Nr. 45591 (Vorspann): 86 m; Paimann 13.8.1937 (Nr. 1114): »zumindest über dem Durchschnitt«; 1937/38: in der CSR sechs Monate verboten (*FK* 14.2.1938, Nr. 37).[62]
CFFP 1951, S. 60: »Good production with good acting, militarist and nationalist propaganda, which is not possible to cut«; LPF June/Sept. 1953.
FSK: 11. September 1979, Prüf-Nr. 51002: Jf, 2.603 m (95 min).

Rechte: F.-W.-Murnau-Stiftung; Ausw: Transit-Film GmbH, München (komm.), DIF (nicht-komm.)
Kopie: BFA$_1$ [BFA$_2$, DIF]

12.2. Handlung

(1) Im Frühjahr 1918 wird das Flugzeug des deutschen Leutnants Peter Thomann bei einem Bombenangriff auf Moulins über französischem Gebiet abgeschossen. Thomann überlebt, vernichtet seine Erkennungsmarke, entledigt sich seiner Uniform und versucht, in Lumpen, die er einer Vogelscheuche abgenommen hat, wieder die deutsche Front zu erreichen. Er entkommt französischen Feldgendarmen, bricht aber schließlich erschöpft am Straßenrand zusammen. Dort, 110 km hinter der Front, findet ihn eine kleine französische Theatertruppe unter Leitung des Direktors Jules Martin. Ständig in Sorge um die Spielerlaubnis in den Etappennestern, will der Direktor allen Unannehmlichkeiten aus dem Wege gehen, aber seine Enkelin Thérèse, der ›Star‹ der Truppe (welche neben dem Tenor Charles, auch Suzanne, Väterchen Nikita und Alphonse angehören), setzt ihren Willen durch: Sie erkennt, daß der blutende Thomann schnelle Hilfe braucht, und veranlaßt, daß er im Wagen mitgenommen wird; Väterchen Nikita und Alphonse helfen ihr. Während der

---

[62] In den Protokollen der Vorstandssitzung der Ufa ist erstmals am 29.6.1937 von »Zensurschwierigkeiten in der Tschechoslowakei« die Rede (BA R 109 I/1032b, f. 195). Am 20.1.1938 heißt es, daß es auf Herrn Havel-Prag – eine »maßgebende Persönlichkeit für Filmeinfuhrfragen nach der Tschechei« – zurückzuführen sei, daß der Film »erneut der tschechischen Zensur vorgelegt werden kann« (BA R 109 I/1033a, f. 225).

Fahrt öffnet Thomann die Augen; Thérèse beruhigt ihn: Er solle nicht reden, nicht denken, sondern nur schlafen.

(2) Im Hotel eines kleinen Städtchens beschließt Thérèse, Thomann zu pflegen, nachdem sich herausgestellt hat, daß der nächste Arzt erst in Clermont zu erreichen ist. Wiederum willigt der Direktor mürrisch ein, will Thomann dann aber nicht mehr auf die weitere Reise mitnehmen. Als Thomann wieder zu sich kommt, erfährt er von Thérèse, wie er in das Hotelzimmer gekommen ist, aber auch, daß die Truppe näher an die Front nach St. Pol fahren will, um dort vor den Soldaten Theater zu spielen. Er weigert sich, ins Lazarett gebracht zu werden. Thérèse verspricht ihm, wenn er immer »brav seine Suppe« esse, dann brauche er nicht ins Lazarett. Sie fragt ihn nach seinem Namen, und er verrät sich beinahe (»Pe...Pierre«). Suzanne, die mit Charles ein Liebesduett probt (»Schenk mir noch einmal den Himmel auf Erden«) und seit zehn Jahren »immer das Recht hat, den Tenor der Truppe zu lieben«, ist eifersüchtig auf Thérèse, da Charles mehr an Thérèse als an ihr interessiert ist. Suzannes fünfjähriger Sohn Jean-Baptiste, dessen Vater früher auch bei der Truppe war, dann aber »durchbrannte«, fällt oft lästig, findet aber in Thomann einen Freund. Da Thomann vor dem Kriege zwei Jahre in Frankreich gelebt und sich Sprache und Kultur des Landes angeeignet hat, kann er sich gut verstellen.

(3) Nachdem der Direktor fünf Tage vergeblich auf die von General Marchand zugesagte Einreiseerlaubnis gewartet hat, wird er mit Väterchen Nikita, der in Erinnerungen an seine Zeit am Moskauer Künstlertheater schwelgt, beim Polizeisekretär vorstellig. Dieser findet die Einreiseerlaubnis unter den »eiligen«, aber unbearbeiteten Sachen; der zuständige Kollege ist an der Front, und der »Krieg ist die einzig eilige Sache«. Nun kann die Truppe aufbrechen; Thomann soll zurückbleiben, aber wiederum helfen Väterchen Nikita und Alphonse Thérèse, ihn mitzunehmen. Charles ist mißtrauisch: Er hat Thomann zuvor neue Kleidung gebracht, um die alte durchsuchen zu können. Thomann ist aufgelebt, nachdem Thérèse ihm den kleinen Jean-Baptiste, der bei den Proben störte, zur Aufsicht überlassen hat; er tröstet ihn über einen kleinen Unfall am Fenster mit Schatten- und Mundharmonikaspiel hinweg. Während der Fahrt fragt Thérèse ihn, wie es denn gekommen sei, daß er vor einigen Tagen plötzlich auf der Straße gelegen habe. Er gibt vor, sich nicht mehr erinnern zu können; Väterchen Nikita führt sofort einen Parallelfall von Gedächtnisstörung aus seiner Zeit am Moskauer Künstlertheater an. Thérèse sieht eine Chance, »Pierre« als Mundharmonikaspieler in die Truppe integrieren zu können.

(4) Die Truppe wird durch Gendarmen aufgehalten. Pässe und Ladung bleiben unbeanstandet; Thérèse hat Thomann rechtzeitig im Wagen[63] versteckt, aber

---

63 Mitteilung über eine Leserzuschrift in *FK* 18.11.1937 (Nr. 268): Beide Wagentypen der Fahrzeuge des Fronttheaters »sind nahezu 10 Jahre später erst serienmäßig gebaut und in den Handel gebracht worden.«

Thomann flüchtet. Als es Thérèse gelingt, ihn zurückzuholen, bemerkt der Direktor erst, daß der Fremde entgegen seiner Anweisung doch mitgenommen wurde. Thomann ist bereit, die Truppe wieder zu verlassen, doch Thérèse besteht darauf, daß er bei ihnen bleibt, bis er wieder gesund ist. Der Direktor will ihn nur bis zum nächsten Quartier mitnehmen, und Thomann erweist sich als nützlich; er bringt den Wagen von Alphonse wieder in Gang. Charles sieht in Thomann einen Deserteur; Thomann ist tief verletzt, als Charles ihn zugleich als »ganz gemeinen Drückeberger« beschimpft. Suzanne glaubt, an seinen merkwürdigen Augen zu erkennen, daß er »verschüttet« war. Die Forderung des Direktors, ihn endlich ins Lazarett zu schaffen, wehrt Thérèse mit der Drohung ab, dann werde sie Krankenschwester. Indessen zeichnet sich Thomann heimlich von einer Landkarte die Umgebung ab und trifft Vorbereitungen zur Flucht. Suzanne sieht Thérèse im »süßen Wahnsinn« des Verliebtseins.

(5) Seinen ersten Fluchtversuch kann Thomann Thérèse noch mit der Ausrede kaschieren, er habe nur seine Schuhe vor die Tür stellen wollen. Nach dem zweiten Fluchtversuch gesteht er Thérèse offen, daß er fort müsse. Thérèse zieht ihn in ihr Zimmer und macht ihm Vorwürfe, weil er sie ohne Abschied habe verlassen wollen. Sie will mit ihm gehen. Er wehrt ab: Er habe keinen Paß, müsse sich im Wald verstecken, fürchte sich vor Gendarmen wie ein Verbrecher, und sie wisse ja gar nicht, was er für ein Mensch sei. Thérèse gibt zur Antwort: »Ich habe Dich so oft gesehen, wenn Du geschlafen hast: Du bist kein schlechter Mensch!« Sie gesteht ihm ihre Liebe und ist überglücklich, als er auf Befragen erklärt, daß er »keine Frau« habe. Am nächsten Morgen präsentiert sie ihm einen Paß auf den Namen Auguste Cucufin, den sie von Suzanne erhalten hat; es ist der Paß von Suzannes »erstem Mann«. Charles ist empört über Suzannes Verhalten. Suzanne aber glaubt, dadurch Charles stärker an sich binden zu können. Der Direktor läßt sich von Thérèse abermals überrumpeln, Thomann mitzunehmen, denn die Soldaten kommen nur Thérèses wegen ins Theater.

(6) In St. Pol begegnen Thomann und Thérèse deutschen Kriegsgefangenen, die auf Befehl des Ortskommandanten eine in der Nacht von deutschen Fliegern zerstörte Straße wiederherstellen. Die Truppe übersteht die Paßkontrolle durch den gefürchteten Ortskommandanten mit Ängsten und Ausreden: Für die erneute »Freistellung des Tenors« Charles vom Frontdienst fehlt der Stempel, und Thomann, den man wegen einer angeblichen Erkrankung im Wagen gelassen hat, soll dem Kommandanten etwas auf der Mundharmonika vorspielen; die Reparatur der Mundharmonika, die Jean-Baptiste in die Hafergrütze gefallen ist, dauert dem Kommandanten jedoch zu lang; er will sich am folgenden Tag die erste Vorstellung ansehen. Inzwischen sind in St. Pol auch die Ballettmädchen mit dem Zug eingetroffen; sie bewundern Thomann. Charles ist nach wie vor der Meinung, daß mit ihm »etwas nicht stimmt«, aber der Direktor kann ihn aus der Truppe nicht entfernen, ohne weiteren Verdacht zu erregen.

(7) Die Darbietungen laufen gut an: Thérèse singt, begleitet von den Ballettmädchen, den Schlager des Abends »Paris, du bist die schönste Stadt der Welt«, den die Soldaten begeistert mitsingen, auch Alphonse und Suzanne sind erfolgreich, ebenso Charles und Suzanne, während Thérèse in der Garderobe »Pierre« das Lampenfieber zu vertreiben sucht; der Ortskommandant erkundigt sich, ob »der Mundharmonikaspieler« schon aufgetreten sei. Thomann wiederholt den Schlager des Abends; die Soldaten sollen ihn in ihren Unterständen ›nachspielen‹ können. Doch seine Gedanken sind nicht bei der Sache. Da unterbricht Fliegeralarm die Vorstellung und zwingt alle in die Schutzkeller; Thomann kann nicht fliehen, da Soldaten ihn in den Keller drängen, wo Thérèse ihn schon sehnlich erwartet; mit Interesse verfolgt er die Detonationen der Bombeneinschläge. Als auch deutsche Kriegsgefangene in den Keller gelassen werden, sind sie Beschimpfungen ausgesetzt; ein französischer Soldat nimmt sie gegen einen »Etappenhengst« in Schutz und reicht einem von ihnen eine Zigarette. Suzanne ist neidisch auf Thérèses Liebesglück, und Charles beobachtet, daß Thomann die deutschen Kriegsgefangenen anstarrt.

(8) Auch das Theater ist von einer Bombe getroffen worden. Auf Befehl des Ortskommandanten sollen die deutschen Kriegsgefangenen es reparieren. Thomann zieht es in die Nähe dieser Gefangenen, mit denen er mittels einer Zigarette mit der Aufschrift »Muß Sie sprechen!« Kontakt aufnehmen kann. Nach anfänglichem Zögern und einem untrüglichen Beweis seiner Identität verabreden zwei von ihnen mit Thomann Ort und Zeitpunkt der gemeinsamen Flucht. Da endlich kommt Charles Thomann auf die Spur. Er entdeckt in den Händen Jean-Baptistes eine deutsche Münze, die »Onkel Pierre« verloren hat, und sieht dadurch seine Vermutung, Thomann müsse ein Spion sein, bestätigt. Als Thérèse davon erfährt, hindert sie Charles daran, Thomann sofort als Spion anzuzeigen; wenn dieser ihr das bestätige, wolle sie selbst zur Kommandantur gehen.

(9) Thomann erklärt ihr offen: »Ich bin ein Deutscher ... Aber ein deutscher Soldat, kein Spion.« Ebenso offen berichtet er, wie er vier Tage nach seinem Absturz sich durchzuschlagen versucht habe und nun fliehen wolle. Thérèse will ihn daran hindern, schließt ihn in sein Zimmer ein und verbietet dem vor der Tür wartenden Charles, Thomann anzuzeigen: Der Mann gehöre ihr »im Guten wie im Bösen«. Aber Väterchen Nikita, den Thérèse um Rat fragt, überzeugt sie davon, daß sie »Pierre« anzeigen müsse und ihm nur durch ihre Aussage helfen könne, den Spionageverdacht abzuwehren. Thérèse geht zur Kommandantur, wo sich der wütende Ortskommandant jedoch nicht von seiner Meinung abbringen läßt, daß der Mundharmonikaspieler ein Spion sei; er ruft die Wache. Charles wird von Väterchen Nikita daran gehindert, gleichfalls zur Kommandantur zu gehen. Er argwöhnt, Thérèse könne ihrem Geliebten zur Flucht verhelfen. Suzanne herrscht ihn an: »Was weißt Du, wozu eine Frau fähig ist!« Thomann ist inzwischen durch das Fenster ins Freie gelangt, wird aber von Soldaten, die das Theater umzingelt haben, gestellt. Die beiden

Kriegsgefangenen, die auf Thomann warten, deuten die Schüsse, die auf ihn abgegeben werden, richtig (»jetzt haben sie den Leutnant erwischt«) und brechen allein auf.

(10) Bei der Kriegsgerichtsverhandlung geht der Ankläger davon aus, daß Thomann die beiden entkommenen deutschen Kriegsgefangenen »zur Flucht verleitet und mit wichtigem Spionagematerial versehen hat«. Thomann weist diese Anschuldigungen mit seinem »Wort als Offizier« zurück. Die deutsche Artillerie beschießt das Munitionsdepot hinter dem Schloß, in dem die Verhandlung stattfindet, mit Granatfeuer. Es gelingt Thérèse nicht, Thomann zu entlasten, doch wird der Verdacht auf Mittäterschaft gegen sie fallengelassen. Der Ankläger glaubt, daß Thomann sich »in gemeinster Weise Mitleid und Liebe der Zeugin nutzbar machte«, und beantragt – deutlich erkennbar: aufgrund unhaltbarer Spekulationen – für Thomann die Todesstrafe. Verzweifelt besteht Thérèse darauf, daß Thomann kein Spion sei. In seinem »letzten Wort« stellt Thomann den Sachverhalt klar. Er entlastet Thérèse, betont ihre »Pflicht als französische Staatsbürgerin«, ihn anzuzeigen, und appelliert an das Gericht, die Güte dieser Frau, die ihm das Leben rettete, nicht zu verdächtigen. Väterchen Nikita tröstet Thérèse, die Charles die Schuld an allem gibt. Der Verteidiger erinnert das Gericht daran, daß kein französischer Soldat an seiner Stelle anders gehandelt hätte. Der Vorsitzende verkündet das Urteil. »Der Angeklagte wird vom Verdacht der Spionage freigesprochen. Das Gericht sieht in ihm einen der bei Moulins abgeschossenen deutschen Flieger. Sein sofortiger Abtransport in ein Gefangenenlager wird verfügt. Wegen ständiger Fluchtgefahr wird Einzelhaft angeordnet.« Dann nehmen Thérèse und Thomann Abschied. Thomanns letzte Bitte an Thérèse ist, nicht traurig zu sein, wenn sie an ihn zurückdenke. Sein »Lebwohl« beantwortet sie mit »Auf Wiedersehen«, aber für sich mit der schmerzlichen Gewißheit »Auf Nimmerwiedersehen«.

12.3. Verwendetes literarisches Material

Es handelt sich um einen originalen Filmstoff.

12.4. Textbeispiel

Nachdem Thomann (Tm) Thérèse (Tr) bekannt hat, daß er Deutscher ist, und ihr auch berichtet hat, unter welchen Umständen er sich zu den deutschen Linien durchzuschlagen versuchte, führt das weitere Gespräch, das im Treatment in dieser Form noch nicht vorgesehen war, ins Grundsätzliche:

Tr: Du hast also immer gewußt, wer Du *bist* und woher Du *kamst*. Du hast gelogen, wie Du mir gesagt hast, Du weißt es nicht.

Tm: Ja, ich durfte es nicht riskieren, noch einmal liegenzubleiben, 110 Kilometer hinter der Front. Es war ein großes Glück für mich, daß *Ihr* mich gefunden habt und nicht eine Patrouille oder Gendarmen – und daß Du mich beschützt hast in allen Gefahren wie eine kleine Mutter. Ich bin froh, daß ich nicht gehen muß, ohne Dir das sagen zu können. Dir verdanke ich es, daß ich noch lebe und frei bin.
Tr: Pierre, Du bist wie durch ein Wunder am Leben geblieben. Bleib hier! Ich werde alles tun, um Dich zu schützen. Wir werden zusammen fliehen. Keiner soll Dir etwas tun, keiner wird uns finden. Pierre, ich lasse Dich nicht weg von hier! Bleib bei mir! Der Krieg kann doch nicht ewig dauern. Ich bitte Dich, ich bitte Dich, geh nicht zurück zu den Deutschen! Hier bist Du in Sicherheit, hier bist Du sicher vor dem Tode!
Tm: Ich bin Soldat, Thérèse, und ich brauche keine Sicherheit als den Mann, der rechts von mir fliegt, und den Mann, der links von mir fliegt. Du sagst: Ich bin am *Leben* geblieben. Mir ist, als wäre ich *tot*. Das kann eine Frau nicht verstehen. Aber ich werd' erst wieder leben, wenn ich drüben bin ... bei meinem Geschwader ... an der deutschen Front. Wie ich heute mit den Gefangenen gesprochen habe, nur ein paar Worte, in meiner Sprache, da habe ich's gespürt: *Deutschland*! Und wie gestern nacht die Maschinen meiner Kameraden über uns gedröhnt haben, da hat mein Herz geschlagen – ich dachte: Es sprengt mir die Brust vor Kummer und Stolz. Und es ist mir schwergefallen, nicht aufzustehen und zu schreien: Hier, ich bin auch ein deutscher Flieger! Aber dann wäre ich wohl totgeschlagen worden. Und ich will *lebendig* zu meinem Geschwader zurückkehren. Der Krieg braucht jeden Mann.
Tr: *Wir* werden siegen, Pierre!
Tm: Wir werden es euch nicht leicht machen!
Tr: Ach, welch ein Unglück ist dieser Krieg und daß Du ein Deutscher bist. – Werde ich Dich wiedersehen?
Tm: Ich weiß es nicht.
Tr: Bist Du *immer* Soldat, auch wenn *Frieden* ist?
Tm: Im Frieden? Im Frieden habe ich Schiffe gebaut, in Bremen.
Tr: Bremen?
Tm: Das ist eine Stadt am Meer.
Tr: Pierre, wie heißt Du?
Tm: Peter Thomann.
Tr *(leise wiederholend)*: Peter Thomann.

12.5. Kontext

Weltausstellung in Paris: Selbstdarstellung Deutschlands und Betonung der Völkerverständigung. *FK* 4.9.1937 (Nr. 206): »Das Werk ist wie kein anderes geeignet, der Verständigung zu dienen, es zeigt, daß über alle Trennungen der Politik, des Krieges und der Schützengräben hinweg die Menschen zusammenfinden können, wenn sie den Menschenwert auch im anderen erkennen

Abb. 34:
Thérèse (Lida Baarová) bittet Peter Thomann (Mathias Wieman), »nicht zurück zu den Deutschen« zu gehen.
PATRIOTEN

Abb. 35:
Peter Thomann: »Der Krieg braucht jeden Mann.«
PATRIOTEN

und achten.« Bemerkenswert war das Rahmenprogramm: Heinrich Schlusnus sang Hugo Wolfs *Wanderlied*, danach wurde die Wochenschau und der »Farben-Film« DEUTSCHLAND von Sven Noldan gezeigt.

12.6. Normaspekte

(1) Der Film appelliert an den Zuschauer, im Soldaten immer auch den Menschen zu sehen. Dieses Humanitätsideal wird am deutlichsten, als Thérèse (Tr) und Thomann (Tm) in St. Pol an deutschen Kriegsgefangenen vorbeifahren:
Tr: Schau, wie die ausschauen!
Tm: Werden viel durchgemacht haben.
Tr: Glaubst Du, daß sie den kleinen Kindern die Hände abhacken?

Tm: Nein, das glaube ich nicht.
Tr: Schrecklich! Zum Fürchten sind sie!
Tm: Sah ich nicht auch zum Fürchten aus, als sie mich fanden? Und Du liebst mich sogar.
Tr: Ja, und ich liebe Dich sogar.

(2) Thérèse handelt, als die Theatertruppe Thomann am Straßenrand findet, spontan nach den *Geboten der Menschlichkeit*. Dann verliebt sie sich in Thomann, doch kommt es zu keiner sexuellen Beziehung, obgleich Thérèse später vor dem Kriegsgericht erklärt: »Auch nachts war ich bei ihm!« Thomann erwidert ihre *Liebe* durch *Zuneigung*; dabei verliert er nie seine nationale Pflicht aus den Augen; für ihn gilt die Regel: ›Wer im Kriege in Feindesland gerät, muß versuchen, so schnell wie möglich wieder zu seiner Truppe zu gelangen.‹ Das Handeln nach der *Norm nationaler Pflichterfüllung* ist Thérèse erst im Laufe eines schmerzhaften Prozesses möglich, in dem sie ihren Konflikt zwischen Liebe und Pflicht normgemäß lösen muß.

(3) Der *Charakter eines Menschen* erweist sich erst in solchen Konfliktsituationen. Die Unduldsamkeit des herrschsüchtigen Ortskommandanten von St. Pol, der blinde Verfolgungswahn des Anklägers und Charles' Hinterhältigkeit erscheinen als Fehlentwicklungen; Charles ist ein »Drückeberger«, der seine Charakterlosigkeit zu kompensieren versucht (sein ›Pflichtbewußtsein‹ ist nur ein Vorwand).

(4) Die Ursachen des Krieges werden nicht reflektiert: *Krieg ist Schicksal.*

12.7. Überliefertes Material

Treatment: PATRIOTEN. *Treatment von Philipp Lothar Mayring u. Felix Lützkendorf. Berlin, Dezember 1936. UFA, Herstellungsgruppe Karl Ritter.* Typoskript (Durchschlag), 174 S. [SDK].

Illustrierter Film-Kurier Nr. 2643 [BFA]; *Das Programm von heute* Nr. 1162 [BFA-Expl.: Nr. 89]; ferner: *Illustrierter Film-Kurier* (österr. Ausg.) Nr. 1735; Bildmaterial [BFA, SDK].

12.8. Interviews, Stellungnahmen, Rezensionen

[Mittlg:] Karl Ritters neuer Film PATRIOTEN, in: *FK* 18.1.1937 (Nr. 14); Schu.: PATRIOTEN im Atelier. Karl Ritter begann einen neuen Film, in: *FK* 26.1.1937 (Nr. 21); G. K. Kalb: Ruhe auf der Flucht. Gespräch mit Mathias Wieman [mit Bildern aus dem Film], in: *Filmwelt*, Berlin, 28.3.1937 (Nr. 13); [Mittlg:] PATRIOTEN in Paris.[64] Uraufführung anläßlich der Deutschen Kulturwoche auf der Weltausstellung, in: *FK* 26.6.1937 (Nr. 146).

---

64 In Paris lief die elsässische Kopie mit französischen Untertiteln (BA R 109 I/1032b, f. 229).

[Anonym:] Am Lido: PATRIOTEN begeistert aufgenommen, in: *FK* 14.8.1937 (Nr. 188); Hans Hömberg: PATRIOTEN erobern den Lido, in: *Völkischer Beobachter* (Norddt. Ausg.) 15.8.1937 (Nr. 227): [Auszug:] Italienisches Presseurteil über PATRIOTEN, in: *FK* 25.8.1937 (Nr. 197); [Mittlg:] Morgen Gala-Filmabend in Paris, in: *FK* 2.9.1937 (Nr. 204); [Anonym:] Auftakt in Paris. Deutsche Kulturwoche mit PATRIOTEN eröffnet, in: *FK* 4.9.1937 (Nr. 206);[65] H. W.: Deutsche Filmaufführung bei den Dt. Kulturwochen in Paris [mit Fotos], in: *Filmwelt*, Berlin, 19.9.1937 (Nr. 38); Hans-Walter Betz: Das große Drama der guten Gesinnung. PATRIOTEN. Ufa-Palast am Zoo, in: *Der Film*, Berlin, 25.9.1937; Günther Schwark: PATRIOTEN. Ufa-Palast am Zoo, in: *FK* 25.9.1937 (Nr. 224); F. A. Dargel, PATRIOTEN. Großer Erfolg im Ufa-Palast am Zoo, in: *Berliner Lokal-Anzeiger* 26.9.1937 (Nr. 231); Werner Fiedler: PATRIOTEN. Karl Ritter-Film der Ufa, in: *Dt. Allg. Ztg.* 25.9.1937 (Nr. 449), [siehe hierzu Brief Werner Fiedlers, nach dem Zweiten Weltkrieg geschrieben, in dem Fiedler das in der Rezension erwähnte Zwiegespräch mit einem Franzosen über den Film als erfunden bezeichnet (DIF)]; Georg Ronge: PATRIOTEN, in: *Rhein.-Westf. Filmztg.* 4.10.1937; Paul Ickes: PATRIOTEN, in: *Filmwoche*, Berlin, 6.10.1937; Fritz Olimsky: PATRIOTEN [mit Foto], in: *Der Deutsche Film*, Berlin, Jg. 2 (1937/38), S. 20.

Weiterer Einsatz: *FK* 15.10.1937 (Nr. 240): Hamburg; *FK* 12.11.1937 (Nr. 255): Wien; *FK* 10.11.1937 (Nr. 262): Thüringen; *FK* 20.1.1938 (Nr. 16): Stockholmer Pressestimmen; *FK* 28.11.1938 (Nr. 278): Festaufführung in München.

---

65 Vgl. hierzu Kap. B.12.5.

13. URLAUB AUF EHRENWORT

13.1. Produktionsdaten

UT: Ein Ufa-Film
P: Universum-Film AG, Herstellungsgruppe Karl Ritter; 2.402 m; Drehbeginn: 1.9.1937 (Ufa-Neubabelsberg), 9.10.1937 (Außenaufnahmen); Ablieferung: 15.12.1937
A: [Idee:] Kilian Koll, Walter Bloem, Charles Klein[66]; [Drehbuch:] Charles Klein, Felix Lützkendorf
R: Karl Ritter

Stab: K: Günther Anders; M: Ernst Erich Buder; T: Ludwig Ruhe; Bau: Walter Röhrig; Schnitt: Gottfried Ritter; Aufnahmeltg.: Ludwig Kühr

FM: Klangfilmgerät, Afifa-Tonkopie
V: Ufa
UA: 11. Januar 1938, Köln; danach: 19. Januar 1938, Berlin, Ufa-Palast am Zoo

Besetzung:
Leutnant Walter Prätorius	Rolf Moebius
Inge	Ingeborg Theek
Gefreiter Hartmann	Fritz Kampers
Anna, dessen Frau	Berta Drews
Grenadier Emil Sasse	René Deltgen
Grenadier Dr. Jens Kirchhoff	Carl Raddatz
Grenadier Schmiedecke	Jakob Sinn
Grenadier Rudi Pichel	Ludwig Schmitz
Rekrut Kurt Hellwig	Hans-Reinhardt Knitsch
Grenadier Julius Krawutke	Willi Rose
Rekrut Gustav Jahnke	Heinz Welzel
Grenadier Ullrich Hagen	Wilhelm König
Gefreiter Dr. Wegener	Kurt Waitzmann
Unteroffizier Schnettelker	Franz Weber
Hauptmann Falk	Otz Tollen
Oblt. d. L. v. Treskow-Dyrenfurth[67]	Hadrian Maria Netto
Ein Oberstleutnant	Heinrich Schroth
Schwester Maria	Käthe Haack
Dolores Schulze	Evi Eva

---

66 Das Treatment war, wie Charles Klein (*FK* 18.1.1938, Nr. 14) berichtet, zunächst auf Ablehnung gestoßen. Carl Froelich erwarb aber eine Option auf die Filmrechte, doch dann gab es »unvorhergesehene Schwierigkeiten«, bis Ewald v. Demandowski den Stoff Goebbels übergab, »der sofort die Verfilmung verfügte«. Der Film wurde, trotz einiger Bedenken gegen die Kalkulation (420.000 RM) auf Vorschlag des Kunstausschusses des Aufsichtsrats der Ufa hergestellt (die Herstellungskosten betrugen schließlich 527.000 RM). Am 9. August 1937 forderte Froelich von der Ufa seine aufgewendeten Optionskosten (1.500 RM) zurück. Aus den Protokollen der Ufa-Vorstandssitzungen geht nicht hervor, warum man die Uraufführung dieses Films, dessen Handlungsort Berlin ist, in Köln stattfinden ließ (BA R 109 I/1032b, f. 127, 141, sowie 1033a, f. 277).

67 Im Hinblick auf die Nennung dieses Namens scheint es Schwierigkeiten gegeben zu haben; im Protokoll der Vorstandssitzung der Ufa (BA R 109 I/1033b, f. 125) ist ein »Vergleich mit der Familie v. Treskow« festgehalten.

Ilonka	Iwa Wanja
Vera Georgi	Ruth Störmer
Professor Knudsen	Otto Graf
Professor Hasenkamp	Eduard Bornträger
Frau Krawutke	Lotte Werkmeister
Hans-Georg Krause	Ewald Wenck
Adelheid	Christine Grabe
Fritzi	Margot Erbst
Lulu Frey	Elisabeth Wendt
Hektor Hasse Hellriegel	Herbert Weißbach
Rostowski	Herbert Gernot
Karl Lemke	Karl Wagner
Frau Schmiedecke	Ilse Fürstenberg
1. Gauner	Fritz Claudius
2. Gauner	Josef Dahmen

Bewertung:[68]
FP: 31. Dezember 1937, Prüf-Nr. 47241: staatspolitisch und künstlerisch besonders wertvoll, Jf 14, 2.402 m; 14. Januar 1938, Prüf-Nr. 47330 (Vorspann [von Dr. Hanno Jahn]): 77 m; Paimann 28.1.1938 (Nr. 1138): »guter Mittelfilm«; 11. September 1939, Prüf-Nr. 52202 (Schmaltonfilm): gleiche Bw., 963 m (gültig bis 31.12.1941) [BFA]; »Nach der Meinung der Verfasser bzw. Verfasserinnen verschiedener entrüsteter und empörter Zuschriften« war die Zulassung für Jugendliche vom vollendeten 14. Lebensjahr ab eine »Fehlentscheidung«, Regierungsrat Dr. Hans Erich Schrade (*FK* 30.3.1938, Nr. 75) verteidigte diese Zulassung gegen »Überängstliche und Zimperlinge«; VI. Biennale di Venezia 1938: Medaglia di segnalazione per la regía; Notiz im DIF: 1941 verboten, während des Krieges in Amerika gezeigt, in Deutschland 1952 wieder freigegeben. CFFP 1951, S. 80: als »Staatsauftragsfilm« angesehen, keine abschließende Bw.; LPF June/Sept. 1953.
FSK: 23. Juni und 13. November 1981, Prüf-Nr. 52446: zunächst Jf 18 ohne Schnittauflage 2.367 m, danach Jf 16 mit einer Schnittauflage: Entfernung des Vorwortes (siehe in Kap. B.13.5).

Rechte: F.-W.-Murnau-Stiftung; Ausw: Transit-Film GmbH, München (komm.), DIF (nichtkomm.)
Kopie: BFA$_1$ [BFA$_2$, SDK]

13.2. Handlung

(1) Im Herbst 1918 ist eine 70 Mann starke Ersatzmannschaft aus einer Genesungskompanie unter der Führung des 19jährigen Leutnants Walter Prätorius

---

68 Goebbels: *Tagebuch*, 2.8.1937: »Filmmanuskript Urlaub auf Ehrenwort, den Ritter drehen will. Die Dialoge sind mir noch zu holprig und zu unnatürlich. Ich werde etwas nachhelfen.« 24.8.1937: »Ritter und Wieman klagen auch darüber, daß das Kriegsministerium sich nun in alle Filmvorhaben hineinmische.« 1.12.1937: »Film Urlaub auf Ehrenwort angeschaut. Großartig von Ritter gemacht. Treffende Milieuschilderung. Berlin 1918. Kritische Themen sehr delikat behandelt. Wird sicher ein großer Erfolg werden. Ritter ist einer der wenigen, die politische Filme machen können.« 6.12.1937: »Urlaub auf Ehrenwort. Dieser Ritter-Film macht auf alle den tiefsten Eindruck.« 20.1.1938: »Es wird ein ganz großer, stürmisch umjubelter Erfolg. Ein wahrer Klassefilm. Das Beiprogramm ist nicht gut. Aber der Film deckt alles zu. Ich bin so glücklich darüber. Das Publikum rast.« Vgl. zur Einstellung Mathias Wiemans (»Wir Leute der ›Zwischengeneration‹«): Wieman: Der Mensch im Film, in: *Jb. d. Reichsfilmkammer* 1937, S. 33–47.

in einem Eisenbahnzug auf dem Wege von der Ostfront zur Westfront. Die Stimmung unter den Soldaten, besonders bei denen, die aus Berlin stammen, ist schlecht: Sie müssen ohne Heimaturlaub wieder an die Front. Als sich herausstellt, daß der Zug, wie erhofft, tatsächlich in Berlin einfährt, wächst der Wunsch nach einem Sonderurlaub. Auf dem Schlesischen Bahnhof meldet Prätorius Hauptmann Falk seine Mannschaft und erfährt, daß der Weitertransport über Brandenburg erst sechs Stunden später vom Potsdamer Bahnhof aus erfolgen soll. Ausdrücklich warnt Hauptmann Falk Prätorius, den Soldaten Sonderurlaub zu gewähren, da in Berlin die Gefahr der Desertion besonders groß sei; im Gespräch mit den Kameraden haben die Grenadiere Sasse und Kirchhoff bereits zu erkennen gegeben, daß sie desertieren wollen. Auf dem Marsch vom Schlesischen Bahnhof zum Potsdamer Bahnhof wagt Gefreiter Hartmann erneut die Bitte um Sonderurlaub, nachdem Prätorius ihm diese Bitte schon zuvor im Zug abgeschlagen hatte; er steht zu Prätorius in einem besonderen Vertrauensverhältnis, da er ihn an der Front einmal »rausgebuddelt« hat. Prätorius erkennt die Gefahr, daß dann »alle Berliner Urlaub haben wollen«, gewährt ihm aber diesmal, wenn auch zögernd, die Bitte. Die Aufsässigkeit der übrigen Soldaten kann er abwehren. Auf dem Potsdamer Bahnhof lädt ihn ein Oberleutnant zum Essen ein, doch zieht er es vor, bei seinen Leuten zu bleiben. In dieser Situation einer fünfstündigen Wartezeit, die die Soldaten bloß mit Herumsitzen verbringen können, bittet Grenadier Schmiedecke Prätorius, zu seiner Frau gehen zu dürfen, die im achten Monat schwanger sei; sie wohne nur zehn Minuten vom Bahnhof entfernt. Als Prätorius auch diese Bitte gewährt, bedrängen ihn alle Soldaten: Sie wollen wenigstens für eine Stunde Urlaub haben. Er läßt zunächst alle Berliner vortreten, die durch Handschlag versprechen, spätestens bis sechs Uhr wieder zurück zu sein. Dann gibt er Unteroffizier Schnettelker die Erlaubnis, den Nicht-Berlinern die Stadt zu zeigen. Er weiß, daß er damit gegen jeden Befehl auf eigene Verantwortung handelt und vor das Kriegsgericht kommen kann, wenn nur *ein* Soldat desertiert.

(2) Durch Parallelmontage wird vermittelt, wie die einzelnen Urlauber die Zeit nützen, was sie erleben und welchen Konflikten sie ausgesetzt sind:
(2.1) Als Gefreiter Hartmann in seiner Laube eintrifft, wo ihn seine Kinder und Nachbarn begrüßen, erfährt er, daß seine Frau Anna, die als Straßenbahnführerin arbeitet, noch »im Dienst«, aber schon auf der »letzten Tour« sei. Da er als alter Straßenbahnführer die Fahrtstrecke kennt, kann er die Bahn abpassen und auf den Wagen aufspringen; vor Freude läßt Anna den Fahrhebel los, doch Hartmann bringt ihn wieder unter Kontrolle und fährt den Wagen danach ins Depot. Sein Freund »Orje« Piesecke bringt ihn und Anna mit seinem Lastwagen nach Hause. Verständnisvoll ziehen sich Orje, die Kinder und Nachbarn zurück, damit beide das kurz bemessene Liebesglück genießen können.
(2.2) Grenadier Schmiedecke überrascht seine Frau an der Nähmaschine. Frau Schmiedecke ist glücklich, ihren Peter so kurz vor der Entbindung

wiederzusehen; sie träumt von einem Garten und dem zukünftigen Jungen.

(2.3) Gefreiter Dr. Hans Wegener eilt in die frühere Wohnung seiner Freundin Vera Georgi; hierher hat er seine Briefe an Vera gerichtet, und Vera hat diese Briefe auch stets abgeholt, doch schon seit langem wohnt und arbeitet sie im Atelier des Bildhauers Prof. Knudsen. Wegener erfährt dies von der Wirtin. Er dringt in Knudsens Atelier ein und findet dort die bestürzte Vera; er hatte gehofft, seine gestörte Beziehung zu ihr durch eine Aussprache bereinigen zu können; er ahnt ihre engere Beziehung zu Knudsen. Irritiert rennt er davon; er ist der erste, der sich bei Leutnant Prätorius zurückmeldet.

(2.4) Grenadier Julius Krawutke betritt den Frisiersalon, als seine Mutter gerade einen Kunden rasiert; er übernimmt das weitere Rasieren, während seine Mutter zur Nachbarin geht, um »ein paar Kohlrüben« zu holen. Später läßt er sich von seiner Mutter die Haare waschen und entwickelt dabei Zukunftspläne für den Frisiersalon, mit neuen Ideen, die er aus Brüssel noch im Kopf hat, als er schon einmal an der Westfront stand.

(2.5) Grenadier Rudi Pichel geht in sein altes Artistenhotel »Aurora«, um seine Dolores wiederzusehen. Er bringt den Rekruten Kurt Hellwig mit, der Anlagen für einen guten Artisten hat, hier aber erst einmal das Leben kennenlernen soll. Doch die Mädchen schlafen noch, ebenso die Concierge, genannt »Dornröschen«. Pichel macht die Mädchen munter; er übergibt Hellwig dem »feurigen ungarischen Puszta-Mädchen« mit den Worten: »Bilde ihn aus, mache einen ganzen Mann aus ihm.« Ilonka singt ein Liebeslied, küßt Hellwig und zieht ihn in ihr Zimmer; als er ihr später verspricht, sie heiraten zu wollen, lacht sie ihn aus, und Pichel muß ihn zuletzt väterlich grob an seine Pflicht erinnern; Hellwig soll zum erstenmal an die Front.

(2.6) Grenadier Emil Sasse findet im Bouillon-Keller des Berliner Ostens seine Sissi wieder und tanzt mit ihr. Gauner versuchen ihn zu überreden, in Berlin zu bleiben, da »›die Partei‹ [...] noch ein paar Kerle mit Mumm« brauche; ein Plakat an der Wand verweist auf die USPD. Sie versprechen ihm falsche Papiere; Sissi, die die Interessen der Gauner vertritt, soll Sasse gefügig machen. Doch Sasse hält sich an das gegebene Ehrenwort, und als ein Bengel im Keller sein »Eisernes Kreuz 1. Klasse« ›madig‹ macht, packt ihn die Wut; es kommt zur Schlägerei. Er greift seine Jacke und rennt zum Bahnhof.

(2.7) Grenadier Dr. Jens Kirchhoff, ein ›negativ eingestellter Intellektueller‹, sieht seine Freundin Lulu in deren elegant eingerichteten Wohnung wieder; er möchte dort bleiben. Auch Lulu will, daß Kirchhoff nicht wieder an die Front geht. Zusammen mit ihrem Freund Hellriegel hat sie pazifistische Broschüren verfaßt, zu denen Kirchhoff die Zeichnungen liefern soll. Beim gemeinsamen Treffen mit Hellriegel und seinen Genossen im »Romanischen Café« ist Kirchhoff angeekelt von Hellriegels theoretischem Geschwätz. Als er davonrennt, fordert Hellriegel Lulu auf, ihm zu folgen, denn er brauche ihn. In ihrer Wohnung fordert Lulu von Kirchhoff Zeichnungen für das nächste Heft mit dem Motto »Frieden um jeden Preis«, doch Kirchhoff sieht nervös auf die Uhr: Es sind nur noch zwei Minuten bis zur Abfahrt des Zuges.

(2.8) Rekrut Gustav Jahnke sucht seine Freundin Adelheid, verpaßt sie aber im entscheidenden Augenblick. Von Adelheids kleiner Schwester Christinchen erfährt er, daß sie bei Direktor Werthauer im Westen der Stadt näht; bis dahin ist es ein Weg von einer Stunde. Vor dem Hause von Direktor Werthauer verweist ihn der Portier auf den Hinteraufgang; kurz danach verläßt Adelheid das Haus durch den Vorderaufgang »für Herrschaften«. Jahnke ist nun gezwungen, sein halbes Kommißbrot, das er Adelheid gern selbst geben möchte, obgleich schon Christinchen es gern gehabt hätte, bei der Straßenbahnschaffnerin in Zahlung zu geben. Als er abgehetzt zu Christinchen zurückkehrt, ist Adelheid noch nicht zu Hause. Ohne sie wiedergesehen zu haben, muß er das Haus verlassen.

(2.9) Grenadier Ullrich Hagen begibt sich sofort ins Konservatorium, wo Prof. Hasenkamp gerade das Orchester seiner Klasse dirigiert. Hagen hatte Hasenkamp sein Klavierkonzert zur Begutachtung eingereicht; dieser hat es mit der Klasse einstudiert, und Hagen darf es nun dirigieren. Hagen hat noch Noten für eine weitere Komposition bei sich. Als beim Verlassen des Konservatoriums sein Blick auf die Gefallenen-Gedenktafel fällt, übergibt er sie vorsorglich dem Professor.

(2.10) Unteroffizier Schnettelker zeigt den Nicht-Berlinern die Stadt. Seine Idee, besonders das Zeughaus vorzuführen, trifft bei den Soldaten auf Ablehnung; sie haben im Krieg genug Kanonen gesehen und ziehen es vor, in einer Kneipe ein Bier zu trinken; dort werden allerdings die Eintrittskarten des Zeughauses nicht in Zahlung genommen. Erst der Zoobesuch erscheint den Soldaten als angenehmer Freizeitaufenthalt.

(3) Leutnant Prätorius erinnert sich an eine Frau, der er früher des öfteren in Potsdam begegnet war und die er nun wiedersehen möchte: Schwester Inge. Er ruft sie im Lazarett an, aber sie ist im Dienst und kann nicht auf den Bahnhof kommen. Prätorius ist enttäuscht und umso mehr überrascht, als Inge plötzlich vor ihm steht; Schwester Maria hat für sie den Dienst übernommen. Inge findet die Beurlaubung der Soldaten »etwas leichtsinnig«, da Berlin »vollständig verhetzt« sei und sich »Tausende von Deserteuren hier verborgen« hielten, aber sie gesteht, daß sie »vielleicht dasselbe« getan hätte. Ihre Gespräche über Krieg und Frieden führen schließlich zu einer verhaltenen Liebeserklärung von Prätorius. Frau Krawutke, die mit zum Bahnhof gekommen ist und Prätorius bittet »doch ein bißchen auf ihren Julius aufzupassen«, nennt Schwester Inge unwissend »Frau Leutnant«. Als kurz vor Abfahrt des Zuges noch vier Mann fehlen, will Inge alles daran setzen, sie zur Truppe zurückzubringen.

(4) Nachdem Sasse auf den fahrenden Zug aufspringen konnte, fehlen nur noch Jahnke, Kirchhoff und Hartmann. Das Fehlen Hartmanns schmerzt Prätorius besonders, und auch Hartmann, der die Zeit mit Anna verschlafen hat, empfindet den Vertrauensbruch schwer; er glaubt zudem, daß er der einzige ist, der Urlaub bekommen hat. »Orje« Piesecke, der durch eine Wagenpanne das Verschlafen der Hartmanns mitverschuldet hat, fährt mit der ganzen Familie auf der Landstraße neben der Bahnstrecke dem Zug hinterher und holt ihn ein, da dieser Zug auf einem Nebengleis erst den D-Zug nach Brandenburg vorbeilassen muß. Prätorius lernt so die ganze Familie kennen, und im Zug erklärt er Hartmann, warum er *allen* Leuten Urlaub geben mußte. In Brandenburg sollen die beiden noch fehlenden Leute der Feldpolizei gemeldet werden. Doch dort stehen schon Jahnke und Kirchhoff, die zu spät den Bahnhof erreicht hatten und mit dem D-Zug nachgefahren sind; Jahnkes Billet hat Schwester Inge bezahlt. Jahnke hatte zuletzt noch das Glück, Adelheid, die von Christinchen über alles informiert worden war, wenigstens auf dem Bahnhof zu treffen. Leutnant Prätorius kann dem Oberstleutnant melden: »Ein Offizier, drei Unteroffiziere und 67 Mann zur Stelle!« und auf dessen Frage: »Wie viele sind zurückgeblieben?« stolz antworten: »Keiner!«

13.3. Verwendetes literarisches Material

Kilian Koll [d. i. Walter Julius Bloem]: *Urlaub auf Ehrenwort. Geschichten um den Krieg*. München 1937 (= Die kleine Bücherei 81), S. 5–14.
Die kurze Geschichte, die auf einer ›wahren Begebenheit‹ beruht, liefert nur den Rahmen: den Marsch von 120 Mann, »alten und jungen Rekruten, genesenden Verwundeten und ›ausgekämmten‹ Reklamierten« unter Führung eines 19jährigen Leutnants (»kein Kriegsgott, der die harten Notwendigkeiten begriff«) vom Schlesischen Bahnhof zum Potsdamer Bahnhof in Berlin und die Gewährung des »Urlaubs auf Ehrenwort« für den Gefreiten Hartmann, dann einem Mann, dessen Frau »im achten Monat ist«, schließlich für alle Berliner und die übrigen 60 Mann, die »in Begleitung eines Unteroffiziers einen Bummel durch die Stadt zu machen wünschen«. Dargelegt wird der Konflikt des Leutnants (»er glaubt auch noch einen anderen Befehl vernommen zu haben, einen stillschweigenden, einen höheren vielleicht – keinen schriftlichen: daß er seine Soldaten mit unbeschädigter und kriegsbrauchbarer Seele abliefern sollte, mindestens aber in keinem schlechten Zustand«); die Angehörigen und Freunde der Soldaten danken es ihm, indem sie in »Völkerscharen« am Bahnhof anrücken. Erzählt wird auch, daß zuletzt zwei den Zug verpassen, aber die Truppe in Jüterbog dann noch erreichen, weil ihnen der »spöttische Hauptmann auf der Bahnhofskommandantur Scheine für den Schnellzug« gegeben hat. Das »wunderbare Ereignis« des von allen Soldaten eingehaltenen Ehrenworts wird auf den 19. Juli 1918 datiert. Am Schluß gibt sich der Erzähler zu erkennen: »Ich war dabei, ich bin dieser schlechte Leutnant gewesen« [Der Autor war Sohn des Dichters Walter Bloem. Im Zweiten

Weltkrieg erlag er nach einem Luftkampf seinen Verwundungen (vgl. *FK* 28.6.1940, Nr. 149)]. Besonders hervorgehoben wird nur die kameradschaftlich freundschaftliche Beziehung zwischen dem Leutnant und dem Gefreiten Hartmann, der den Leutnant aus einem verschütteten Unterstand ausgegraben hat, und das weitere Schicksal Hartmanns: Mit strahlendem Gesicht steht er vor ihm, »und nichts, nichts stand dafür, daß in dies lachende Antlitz keine acht Tage später die tödliche Kugel fuhr«.[69] Alle anderen Figuren und Geschichten werden im Film hinzugefügt. Markiert ist jedoch die politische Situation: »Die Heimat zerbröckelte und zerbrach von Tag zu Tag deutlicher und ihr Gesicht erstickte am Gift der roten Hetze.«

13.4. Textbeispiele[70]

Gespräche zwischen Leutnant Prätorius (P) und Schwester Inge (I). Fünf Segmente:

(1) Auf dem Bahnhof:

I: Daß einmal Frieden war und daß wieder einmal Frieden sein wird, können Sie das glauben?
P: Nein, der Krieg ist unser Leben geworden. Er hat sich selbständig gemacht. Es gibt gar nichts anderes mehr.
I: Gar nichts anderes? Und was würden Sie tun, wenn Frieden wäre?
P: Frieden!? Freisein! Im Gras liegen, irgendwo! Einmal ohne Verantwortung für andere sein ... Und dann mit Ihnen so sprechen können, wie mir's ums Herz ist.
I: Warum können Sie das nicht *jetzt* schon tun? Ich verstehe Sie auch *hier* auf dem Militärbahnhof, mitten im Krieg, auch wenn Sie in ein paar Stunden an die Front müssen.
P: Das ist es ja gerade. Weil wir uns in ein paar Stunden trennen müssen, kann ich mit Ihnen nicht so sprechen, wie ich gern möchte. Das wäre zu grausam für mich und vielleicht auch für Sie.

(2) Später tanzen Prätorius und Inge auf dem Potsdamer Bahnhof; ein Soldat spielt auf der Ziehharmonika:

---

69 Mit vollem Namen genannt und charakterisiert wird in der Erzählung eine Figur, die im Film nicht auftritt: »Der Pole Michael Grczegorczcwicz kam. Michel nannten wir ihn, er war einer unserer Besten, lebt sicher heute noch drüben in Polen und ist in unserem Herzen niemals unser Feind« (S. 12).

70 Das Drehbuch weist an diesen Stellen (S. 175 f., 200 f., 210) erhebliche Abweichungen auf, die nicht synoptisch in das Textbeispiel einbezogen werden können. Das Verhältnis zwischen Prätorius und Inge ist hier weniger problematisch konzipiert: Prätorius ist der aktive Partner (»impulsiv ihre Hand nehmend. Beglückt sehen sie sich an« / »küßt Inge mit großer Innigkeit«). Ritter machte aus dem ›typischen Liebespaar‹ zwei Menschen, die sich ihrer Konflikte bewußt sind. Im Film ist Inge die aktive Partnerin, die Prätorius vor Depressionen bewahrt. So entspricht der Film eher der Realität damaliger ›Abschiedssituationen‹.

I: Ach, ich hab' so lange nicht mehr getanzt. Das letzte Mal war's mit Ihnen.
P: Nein, so lange?
I: Sie waren so ängstlich. Sie dachten, Sie würden es nie lernen. Sie machen so ein Gesicht, als wenn Sie es noch immer nicht gelernt hätten.
P: Ja, ich kann es wirklich noch nicht.
I: Wissen Sie, ich hätte direkt Lust, es hier mit Ihnen zu probieren.
P: Hier?
I: Warum denn nicht?
P: Die Leute!
I: Ach! Kommen Sie, es sieht niemand her.
Während des Tanzes;
I: Wie schön, man könnte alles vergessen.
P: Aber nicht den Krieg! *(Nach einer Pause:)* Was haben Sie denn? Ich habe es wohl immer noch nicht gelernt?
I: Nein, ich glaube, jetzt habe ich tanzen verlernt.

(3): Kurz vor Ablauf der Urlaubsfrist:

I: Ja, 6 Uhr 13. Können Sie nicht einen kleinen Moment einmal den Krieg vergessen?
P: Ich, den Krieg vergessen? Der Krieg vergißt *mich* nicht! Das ist es! Sie wissen ja gar nicht, was mir bevorsteht, wenn meine Leute nicht kommen. – Und dann: Soll ich Ihnen denn *jetzt* sagen, daß ich ... daß ich ...
I *(legt die Hände auf seine Schultern)*: Ja, Du sollst mir jetzt sagen ... *(Sie legt die Hände an seine Wangen und küßt ihn)* ... jetzt.
P: Inge, jetzt nehme ich ein Stück Frieden mit in den Krieg.

(4) Verabschiedung:

P: Inge!
I: Du mußt wiederkommen! Du mußt wiederkommen!

(5) Nach Abfahrt des Zuges:

I *(für sich)*: Komme wieder!

13.5. Kontext

Der Kontext wird bereits durch das Vorwort des Films abgerufen: »Die Handlung dieses Filmes spielt im Herbst 1918, als die Heimat schon unterwühlt war von pazifistischen Parolen, während die feldgraue Front, der Übermacht einer ganzen Welt trotzend, noch unerschüttert stand.« Erinnert wird damit an die von General Erich Ludendorff vertretene Auffassung, Deutschland habe den Krieg nicht militärisch-wirtschaftlich, sondern durch die in der Heimat betriebene Sabotage (»Dolchstoß in den Rücken«) verloren. Ludendorff hatte die Reichsregierung am 29. September 1918 zu Waffenstillstandsverhandlungen aufgefordert und war am 26. Oktober 1918 aus der Obersten Heeresleitung entlassen worden; am 3. November 1918 setzte der Matrosenaufstand in Kiel das Signal für die Revolution. Die »Dolchstoßlegende«, besonders von deutschnationalen Kreisen aufgegriffen, war willkommenes Argument der nationalsozialistischen Propaganda; vgl. hierzu Joachim Petzold: *Die Dolchstoßlegende. Eine Geschichtsfälschung im Dienst des deutschen Imperialismus und Militarismus.* 2., unveränd. Aufl. Berlin 1963 (= Dt. Akad. d. Wiss. zu Berlin. Schriften d. Inst. f. Geschichte I,18). Anläßlich des Münchner Starts des Films brachte der Reichssender München Ausschnitte aus dem Film und »forderte im Anschluß daran die Hörer auf, ähnliche Erlebnisse aus dem Weltkrieg einzusenden«. Die »besten Schilderungen« sollten am 1. April von 22.20 bis 22.30 Uhr gesendet werden (vgl. *FK* 30.3.1938, Nr. 75). Es gingen »rund hundert Einsendungen« ein; im »besten Manuskript« schildert Oberlehrer Johann Pfeiffer aus Faistenhaar bei München ein Erlebnis, das Parallelen zum Film aufweist (*FK* 4.4.1938, Nr. 79).

Im Vorprogramm lief der Film FLIEGER, FUNKER, KANONIERE – EIN LEHRFILM IN ZUSAMMENARBEIT MIT DEM REICHSLUFTFAHRTMINISTERIUM (A u. R: Dr. Martin Rikli; Zulassung: 28.12.1937).[71]

13.6. Normaspekte

(1) Die zentralen Werte des Films, *Ehre* und *Pflicht*, werden als handlungsleitende Normen an den beiden am meisten gefährdeten Figuren einsichtig gemacht. Grenadier Sasse ist zwar ein guter Soldat, hat aber vom Krieg »de Neese pleng«; Grenadier Kirchhoff ist Intellektueller und wird als »roter Genosse« und »Drecksskerl« angesehen, aber gerade er verbalisiert am Schluß Leutnant Prätorius gegenüber die Handlungsnorm: »das verdammte Pflichtgefühl«. Beide geben ihre ursprüngliche Absicht zu desertieren aufgrund von Erkenntnissen auf, die sie in Berlin gewonnen haben: Wie Sasse von den Ganoven (und ihren Aktivitäten in der USPD), so ist Kirchhoff von den Pazifisten im »Romanischen Café« angewidert. Kirchhoff erklärt: »Ich war bereit, [...] Schluß zu machen und für die Revolution zu arbeiten, aber was sehe ich? Idioten! Und was höre ich? Phrasen!« Für Sasse ist die Beleidigung seiner Kriegsauszeichnung (EK I) Anlaß, seine Ehre zu verteidigen. Im übrigen haben alle Soldaten eine realistische, teils fatalistische Einstellung zum Krieg. Sie sind

---

71 Der Vorstand der Ufa beschloß allerdings, diesen Vorfilm nur bei der »Uraufführung und beim Nachspiel«, »bei weiterem Abspiel« jedoch einen »neutralen Kulturfilm« zu zeigen, »damit das Programm eine Abwechslung erhält und außerdem völlig steuerfrei bleibt«. In Aussicht genommen wurde der Kulturfilm KÖNIGSBERG. (BA R 109 I/1033a, f. 237). Der Film FLIEGER, FUNKER, KANONIERE (Fundort: BFA) beginnt mit einer Ansprache von Hermann Göring. Vgl. Drewniak 1987, S. 374, 802, 804.

gegen Phrasen immun; selbst Unteroffizier Schnettelker, der seinen Leuten das Berliner Zeughaus als eine »Stätte« erklärt, »in der der Waffenruhm Deutschlands seine Verewigung gefunden hat«, wird durch die Verweigerung seiner Leute verunsichert.

(2) Handelt Leutnant Prätorius bei der Beurlaubung des Gefreiten Hartmann nach Regeln der *Kameradschaft* und *Freundschaft*, so folgt er bei der Beurlaubung von Grenadier Schmiedecke seinen *menschlichen Empfindungen*. Als ihn dann auch die anderen Soldaten bedrängen, gerät er in eine Zwangslage und erwartet von ihnen als Gegenleistung für sein *Vertrauen* Verständnis für den Befehlsnotstand. Das Ehrenwort verbindet Pflicht- und Ehrgefühl mit *gegenseitigem Verständnis*; als Sanktion für sein Verhalten droht ihm das Kriegsgericht. Die Vorgesetzten von Prätorius können ihn zunächst nur warnen, allerdings hat er das *Recht*, Urlaubsscheine auszugeben. Die Vorgesetzten sind erst dann verpflichtet, ihn zur Verantwortung zu ziehen, wenn sein (aus ihrer Sicht) sträflicher Leichtsinn zur Desertion auch nur *eines* Soldaten geführt hat.

(3) Überlegene Frauenfigur ist Schwester Inge. Als *Liebende* handelt sie eigennützig, auch wenn sie Jahnke zur Fahrkarte verhilft; sie will sich Leutnant Prätorius erhalten, ihn vor Bestrafung bewahren. Aber sie ist auch *Helferin*: nicht nur im Lazarett, sondern auch für Leutnant Prätorius, der durch sie *inneren Frieden* findet.

13.7. Überliefertes Material

Produktionsfertiges Drehbuch: *Ufafilm Nr. 932. Ufaproduktion 37/38 Plan Nr. U 12. Dramaturgie Dr. R. Riedel:* URLAUB AUF EHRENWORT. *Nach einer Idee von Kilian Koll, Walter Bloem u. Charles Klein. Drehbuch: Felix Lützkendorf, Charles Klein. Spielleitung: Karl Ritter*. Typoskript, 276 hektogr. S. (= 450 E, 98 Bilder) [SDK; Vorbesitzer: G. Anders; keine Eintragungen, S. 91 eingerissen, fragmentarisch].

Illustrierter Film-Kurier Nr. 2756 [BFA]; *Das Programm von heute* Nr. 1213 [BFA-Expl.: Nr. 150]; ferner: *Illustrierter Film-Kurier* (österr. Ausg.) Nr. 1917; Bildmaterial [BFA, SDK].

13.8. Interviews, Stellungnahmen, Rezensionen

[Anonym:] URLAUB AUF EHRENWORT – eine wahre Geschichte! In: *FK* 4.8.1937 (Nr. 179); [Anonym:] Kreuz und quer durch Babelsberg, in: *FK* 10.9.1937 (Nr. 211); Hermann Hacker: 1918 – Berlin, Schlesischer Bahnhof. URLAUB AUF EHRENWORT – der neue Film von Karl Ritter, in: *FK* 30.9.1937 (Nr. 227); [Anonym:] URLAUB AUF EHRENWORT [mit Fotos], in: *Filmwelt*, Berlin, 17.10.1937 (Nr. 42); [Anonym:] URLAUB AUF EHRENWORT. Bemerkungen zu einem kommenden Film, in: *FK* 6.12.1937 (Nr. 283); SP: Siebzig geben ihr Wort! Zu dem Film URLAUB AUF EHRENWORT [mit Fotos], in: *Filmwelt*, Berlin, 19.12.1937 (Nr. 51); Hermann Hacker: Sechs Stunden Urlaub, sechs Stunden Schicksale. Die dramatische Partitur des Karl-Ritter-Films URLAUB AUF EHRENWORT, in: *FK* 28.12.1937 (Nr. 301); [Mittlg:] Höchstprädikat für URLAUB AUF EHRENWORT, in: *FK* 6.1.1938 (Nr. 4); Hans Huffzky: Sechs Stunden Urlaub und dreizehn Männerschicksale. Zu dem Film URLAUB AUF EHRENWORT [mit Abb.], in: *Filmwelt*, Berlin, 7.1.1938 (Nr. 2); Georg Goes: URLAUB AUF EHRENWORT. Zur bevorstehenden Uraufführung des Films [»Nachstehende Erzählung beruht auf einem wahren Erlebnis.«], in: *Völkischer Beobachter* (Norddt. Ausg.) 16.1.1938 (Nr. 16).

Charles Klein: So entstand das Drehbuch zu URLAUB AUF EHRENWORT, in: *FK* 18.1.1938 (Nr. 14); [Anonym:] Einzel- und Massenschicksal im Film, in: *FK* 19.1.1938 (Nr. 15); Felix A. Dargel: URLAUB AUF EHRENWORT. Festlicher »Geburtstag« im Ufa-Palast, in: *Berliner Lokal-Anzeiger* 20.1.1938 (Nr. 17); Otto Herrmann: Geist der Gemeinschaft. FLIEGER, FUNKER, KANONIERE und URLAUB AUF EHRENWORT, in: *Dt. Allg. Ztg.* 20.1.1938 (Nr. 32); Günther Schwark: URLAUB AUF EHRENWORT. Eine Großtat deutschen Filmschaffens, in: *FK* 20.1.1938 (Nr. 16); v. Arndt: Große Leistungen der Schauspieler. URLAUB AUF EHRENWORT ein überwältigendes Ereignis. Auch der Kulturfilm FLIEGER, FUNKER, KANONIERE fand stürmischen Beifall, in: *Völkischer Beobachter* (Norddt. Ausg.) 21.1.1938 (Nr. 21) [mit Abb.]. Dazu der Leitartikel von Job Zimmermann; Götz Otto Stoffregen: Filmerlebnis URLAUB AUF EHRENWORT. Festliche Uraufführung im Beisein von Reichsminister Dr. Goebbels, in: *Stadtanzeiger für Nowawes und Neubabelsberg* 20.1.1938; [Drehbuch-Auszug u. Foto] in: *Der Deutsche Film*, Berlin, Jg. 2 (1937/38), S. 116 u. 123.

Weiterer Einsatz: *FK* 21.3.1938 (Nr. 67): München; *FK* 22.3.1938 (Nr. 68): »2.000 unbemittelte österr. Volksgenossen« in München; *FK* 26.3.1938 (Nr. 72): Budapest; *FK* 19.4.1938 (Nr. 90): New York; *FK* 16.6.1938 (Nr. 138): Schweiz; *FK* 22.7.1938 (Nr. 169): Kopenhagen; *FK* 31.8. u. 1.9.1938 (Nr. 203 u. 204): Venedig; *FK* 26.9.1939 (Nr. 225): Helsinki; *FK* 27.1.1939 (Nr. 23): Schweden; *FK* 28.2. u. 29.3.1939 (Nr. 50 u. 74): Oslo; *FK* 30.6.1939 (Nr. 149): Rom; *FK* 18.11.1939 (Nr. 270): Gaufilmstellen; *FK* 28.11.1940 (Nr. 280): Schweiz; vgl. Drewniak 1987, S. 750 (Schweden).[72]

---

72 Für die Aufführung in Ungarn wurden »zufolge eines Zensurverbots verschiedene Schnitte gemacht«, so daß der Film als ›jugendfrei‹ zugelassen werden konnte. In Holland wurde der Film endgültig verboten (BA R 109 I/1033a, f. 173). Er wurde auch von der französischen Zensur nicht zugelassen, mit der Mitteilung, weitere Schritte zwecks Freigabe des Films würden »ohne Erfolg« sein (BA R 109 I/1033b, f. 95).

14. Pour le mérite

14.1. Produktionsdaten

UT: Ein Ufa-Großfilm
P: Universum-Film AG, Herstellungsgruppe Karl Ritter; 3.303 m; Drehbeginn: 14.6.1938 (Ufa-Neubabelsberg); Juli 1938: Cuxhaven (Außenaufnahmen); Ablieferung: 20.9.1938
A: Fred Hildenbrandt, Karl Ritter
R: Karl Ritter; R-Ass.: Gottfried Ritter

Stab: K: Günther Anders, [Luftaufnahmen:] Heinz Jaworsky; M: Herbert Windt; T: Werner Pohl; Bau: Walter Röhrig; Schnitt: Gottfried Ritter; Schnitt-Ass.: Friedrich Carl v. Puttkammer; Aufnahmeltg.: L. Kühr

FM: Klangfilmgerät, Afifa-Tonkopie
V: Ufa
UA: 22. Dezember 1938, Berlin, Ufa-Palast am Zoo[73]

Besetzung:
Rittmeister Gerhard Prank	Paul Hartmann[74]
Oberleutnant Gerdes	Herbert A. E. Böhme
Leutnant Paul Fabian	Albert Hehn
Major Wissmann (Kommandeur der Flieger einer Armee, ›Kofl‹)	Paul Otto[75]
Offizierstellvertreter Moebius	Fritz Kampers
Unteroffizier Zuschlag	Josef Dahmen
Gefreiter Krause	Willi Rose

---

73 Der Vorstand der Ufa verzichtete darauf, die Uraufführung »als eine besonders offizielle Veranstaltung aufzuziehen«; vielmehr sollte die Premiere »den Charakter eines privaten Groß-Starts tragen« (BA R 109 I/1033b, f. 121); es wurden für die »3 Aufführungen anläßlich der Premiere [...] Gäste-Gruppen eingeteilt« (ebd., f. 113). Die Herstellungskosten für den Film betrugen 835.000 RM (ebd., f. 49).

74 Für den Part des Rittmeisters Prank war Paul Hartmann durch seine Rolle im Film Das Schloss in Flandern (1936; R: Geza v. Bolvary) prädestiniert. Er spielte hier einen englischen Offizier (Cpt. Fred Winsbury), der die Scheckfälschung seiner Verlobten (der späteren Lady Beverly) auf sich nahm, nur knapp dem Gefängnis entging, den Namen eines gefallenen Kameraden annahm und nach Australien auswanderte. Im Jahre 1923 kommt es in Ypern zum Treffen der alten Kriegskameraden: in jenem Schloß, in dem ihn 1918 die Schallplattenstimme der berühmten Sängerin Gloria Delamare (Martha Eggerth) faszinierte und in dem er nun der Sängerin selbst begegnet (mit Konflikt und Happy-End). Hartmann überzeugte durch ›soldatische Haltung‹ und ›Edelmut‹. Vgl. zum Rollenrepertoire Paul Hartmanns: Dagmar Mihelic: *Paul Hartmann*. (Masch.) Phil. Diss. Wien 1959.

75 Dem Reichspropagandaministerium verborgen blieb, daß der jüdische, 1937 sogar zum Staatsschauspieler ernannte Schauspieler Paul Otto, ein »anerkannter Gentleman-Darsteller«, die Rolle des Majors Wissmann spielte; er stellte später auch noch den Landrat Hartwig in Robert Koch dar und den General in D III 88 und wurde Ende 1942 Leiter der Fachschaft Bühne in der Reichstheaterkammer. Im November 1943 flog die »beinahe perfekte Tarnung« auf. Gemeinsam mit seiner Frau, der Schauspielerin Charlotte Klinder-Otto nahm er sich kurz darauf das Leben. Vgl. Ulrich Liebe: *Verehrt, verfolgt, vergessen. Schauspieler als Naziopfer*. Weinheim u. Berlin 1992, S. 240 ff.

Abb. 36

Isabel	Jutta Freybe
Gerda	Carsta Löck
Anna Moebius	Gisela v. Collande
Hauptmann Reinwald	Otz Tollen
Leutnant Romberg	Heinz Welzel
Leutnant Ellermann	Wolfgang Staudte
Kapitänleutnant	Otto Graf
Captain Cecil Brown	Theo Shall
Französischer Capitaine	André St. Germain
Vater Fabian	Lothar Körner
Mutter Fabian	Elsa Wagner
Schwester Fabian	Waltraut Salzmann
Schlachthofinspektor	Ernst Sattler
Barsängerin	Kate Kühl
Herr Schnaase	Paul Dahlke
Herr Meier	Herbert Schimkat
Führer [der »Kommune«]	Karl Meixner
Holzapfel	Friedrich Gnass
Ein Ulan	Clemens Hasse
Leutnant Overbeck	Malte Jäger
Junge Französin	Marina v. Ditmar

Bewertung:[76]
FP: 7. Dezember 1938, Prüf-Nr. 49960 (Sequ.): staatspolitisch und künstlerisch besonders wertvoll, jugendwert, Jf, 3.303 m [DIF];[77] 22. Dezember 1938, Prüf-Nr. 50136 (Vorspann [von Dr. Hanno Jahn]): 76 m [DIF]; Paimann 23.12.1938 (Nr. 1185): »Ein Werk, das durch seinen ethischen und nationalen Gehalt üblichen Spielfilmmaßstäben entrückt ist.«
CFFP 1951, S. 49: »Good production with good acting, but at times rather ›hammy‹, strong nationalist and militarist propaganda«; LPF June/Sept. 1953.
FSK: nicht eingereicht, keine Chance auf Freigabe.

Rechte: F.-W.-Murnau-Stiftung; Ausw: Transit-Film GmbH, München (komm.), DIF (nichtkomm.)
Kopie: BFA$_2$ [BFA$_1$, DIF]

14.2. Handlung

(1) Im vierten Kriegsjahr 1918 ist der knapp 19jährige Fliegerleutnant Paul Fabian vom Jagdgeschwader 12 auf Heimaturlaub. Er trägt Zivil, verhält sich burschikos und tanzt in einem bayerischen Gartenlokal eng umschlungen mit seiner Verlobten Gerda. Dort gerät er mit einem Schlachtviehhof-Besitzer, dessen Frau und anderen Gästen in Streit. Man hält diesen »jungen Lackl« für »einen Reklamierten« und beschimpft ihn (»Drückeberger«, »Schlawiner«,

---

76 Goebbels: *Tagebuch*, 6.6.1938: »Lese das Manuskript zu dem neuen Ritter-Film POUR LE MÉRITE, das im ersten Teil ausgezeichnet ist. Nur einige Dialoge müssen geändert werden.« 11.11.1938: »POUR LE MÉRITE von Ritter. Nicht ganz das, was ich erwartet hatte. Etwas zu [...]tisch. Und zuviel Pathos. Muß noch geändert werden.« Text des Telegramms, in dem Ritter Hitler für die Anerkennung des Films dankt, bei Drewniak 1987, S. 85.
77 Laut Protokoll der Vorstandssitzung der Ufa vom 14. Dezember 1938 konnte der Film wegen seiner Länge ohne Kulturfilm laufen (BA R 109 I/1033b, f. 116).

»Saupreiß«): Fabian hält dagegen, aber den Witz, daß er »nicht in den Schützengraben« gehe und selbst bestimme, wann er die Uniform anziehe, können die ›Spießbürger‹ nicht nachvollziehen. Gerda ist verstimmt über Fabians Umgangsformen und weigert sich, mit ihm für drei Tage an den Eibsee zu fahren. Als Fabian nach Hause kommt, ist die Etage, die die Fabians bewohnen, noch hell erleuchtet. Seine Eltern und seine Schwester warten auf ihn, denn es ist ein Telegramm des Rittmeisters Prank eingetroffen: Der Kaiser hat Fabian anläßlich seines 25. Luftsieges den Orden »Pour le mérite« verliehen. Als Fabian am nächsten Tag beim Juwelier den Orden kaufen will, hat dieser ihn nicht vorrätig. Ein am Juweliergeschäft mit seiner Braut vorbeigehender Kapitänleutnant leiht ihm den eigenen Orden für einen Tag (»Die Flotte muß mal der Fliegerei aus der Patsche helfen«). Nun ist Gerda bereit, mit Fabian an den Eibsee zu fahren, doch ein Telefonanruf macht alle Urlaubsträume zunichte. Der Geschwaderführer Hauptmann Reinwald ist bei einem Probeflug mit einer Maschine neueren Typs in Adlershof tödlich abgestürzt. Das Geschwader führt nunmehr Rittmeister Prank, und Fabian übernimmt die Staffel Pranks; er muß noch am selben Abend ›ins Feld‹.

(2) An der Westfront herrscht beim Jagdgeschwader 12 frohe Stimmung. Alle freuen sich über die Rückkehr des ›Sonnyboys‹ Fabian, der seinen Kameraden das nicht ausgegebene Urlaubsgeld schenkt, über den Pour le mérite und über Geschwaderführer Prank, dem es gelungen ist, den besten englischen Flieger, Captain Brown, abzuschießen und gefangenzunehmen. Während der Abwesenheit Pranks gibt Oberleutnant Gerdes den Angriffsbefehl gegen »drei Caudrons über Vimy«. Drei Leutnants starten, darunter der »kleine Romberg«, dem noch kein Abschuß gelang. Bei seiner Rückkehr stellt Prank Captain Brown vor; die Offiziere trinken auf das Wohl des »Gastes«, der erzählt, daß die englischen Fesselballone jetzt imprägniert seien und daher nicht mehr brennen; Oberleutnant Gerdes, der sich davonschleicht und, ausgerüstet mit Phosphormunition, in der Abenddämmerung mit seiner Maschine aufsteigt, beweist das Gegenteil. Mit einem Trick gelingt es Captain Brown zu fliehen (»Where is it? I want to have a wash.«); Prank hat ihm nicht das Ehrenwort abverlangt und hält es für unter seiner Würde, ihm »auf den Lokus« eine Ordonnanz mitzugeben. Major Wissmann kommentiert die Flucht mit den Worten: »Das haben wir von unserer Ritterlichkeit!«

(3) Als Major Wissmann das Jagdgeschwader im neuen Quartier besucht, kann Prank für diesen Tag »15 Luftsiege« melden, denen »leider acht Verluste« entgegenstehen; vorsorglich hat Wissmann vier Ersatzleute mitgebracht, die »frisch aus der Heimat« kommen. Im Kasino macht Prank Wissmann auf »seine Elite« aufmerksam. Er spricht auch über das »Schmerzenskind« Romberg, der »nicht zum Jagdflieger geboren« sei, dem er aber versprochen habe, ihm »noch eine Chance« zu geben. Bei neuen Luftkämpfen bleibt Romberg abermals ohne Erfolg. Prank will ihn zum »Armeepark« überstellen, ›verstößt‹ ihn jedoch nicht, als er erfährt, daß Romberg eine »unvollständige Meldung«

erstattet hat: Es wäre für ihn ein leichtes gewesen, seinen Gegner abzuschießen (dieser hatte durch hochgehobene Hände eine Ladehemmung signalisiert), doch fürchtete er, Prank könnte seine Meldung als »Ausrede« ansehen. Schließlich kann Romberg doch seinen »ersten Luftsieg« verbuchen (zufällig ist es auch der 500. »Luftsieg« des Geschwaders): Schon lange hat »der Karierte« – ein gepanzertes, schachbrettähnlich bemaltes Flugzeug der Engländer, hinter dem besonders der Offizierstellvertreter Feldwebel Moebius immer wieder vergeblich her war – der Luftschiff-Abteilung zugesetzt (Abschuß von acht Fesselballons in sieben Tagen) und den Stabsoffizier dieser Abteilung zur Intervention beim Jagdgeschwader genötigt. Nun hat Romberg »den Karierten«, unterstützt von Moebius, abgeschossen, und ist ›Held des Tages‹. Wenig später stirbt er im Luftkampf. Ein französisches Mädchen, zu dem er in enger Beziehung stand, sucht ihn beim Geschwader und erfährt von Prank die Nachricht von seinem Tode.

(4) In der letzten Phase des Krieges führt die Luftüberlegenheit der Engländer und die Materialschwäche der eigenen Maschinen zu Nervenkrisen der deutschen Flieger; Prank mahnt zur Selbstdisziplin und schickt den weinenden Leutnant Ellermann fort. Ein Luftangriff von »mindestens 30 Maschinen« auf den Flugplatz kann daraufhin mit zehn Abschüssen erfolgreich abgewehrt werden, nur Prank kehrt mit seiner Maschine nicht zurück; Fabian und Moebius suchen ihn im Tiefflug vergeblich, und ein offener Funkspruch an die Engländer bleibt unbeantwortet. Inmitten der Vorbereitungen zum Rückzug erscheint Prank in einem Auto. Er hat ein englisches Kampfflugzeug 50 km tief ins Hinterland gedrückt, doch ging seine eigene Maschine bei der Landung zu Bruch, so daß er sich erst wieder zu seinem Geschwader durchschlagen mußte. Die Nachrichten, die er aus dem Hinterland mitbringt, sind bestürzend: Revolution, der Kaiser geflohen, die deutschen Unterhändler auf dem Wege ins französische Hauptquartier und »die ganze Etappe ein einziger Sauhaufen«. Nach dem Waffenstillstand erhält er den Befehl, alle Flugzeuge an die Engländer auszuliefern. In Übereinstimmung mit seinen Offizieren weigert er sich, diesen Befehl auszuführen und ordnet für den darauffolgenden Morgen die Rückkehr des Geschwaders in die »Heimat – Ziel: Darmstadt« an.

(5) Nebel verhindert den Start, aber die Zeit drängt, denn schon marschieren die letzten deutschen Bodentruppen vorbei, so daß die Engländer und Amerikaner bald darauf zu erwarten sind. Schließlich hebt sich der Nebel, und das Jagdgeschwader entkommt, aber Fabian und Moebius verirren sich und geraten in Mannheim in die Hände des »roten Arbeiter- und Soldatenrates«.[78] Durch einen Telefonanruf auf die Spur gelenkt, fliegt Prank, begleitet von den

---

78 Neben der negativen Zeichnung des »Soldatenrats«, des »Revolutionsleutnants« und des »Kommunistenführers« ist die antisemitische Tendenz des Films im Drehbuch deutlich vorgegeben (»Jüdisch aussehende Soldaten, Reserve-Offizier ...«). Vgl. zum Antisemitismus des Films Hollstein 1971, passim.

anderen Maschinen, nach Mannheim, wo er die beiden unter Androhung von Gewalt befreien kann: »In einer Minute stehen die Leute neben mir, mit allem, was Ihr ihnen abgenommen habt.« Fabian rettet seinen Pour le mérite. Bei der Abschiedsfeier in Darmstadt ist Prank noch einmal mit seinen Leuten zusammen; nur Moebius fehlt. Die meisten kehren in ihre Zivilberufe zurück. Mitten in die Verabschiedung (auch einige Familienangehörige sind dabei) ertönt der Ruf: »Alle raus! Die Flugzeuge brennen!« Sie können nun nicht mehr den Franzosen in die Hände fallen. Prank ist apathisch. »Merkwürdig«, kommentiert seine Freundin Isabel die Situation, »manchmal glaube ich, Du freust Dich gar nicht, daß der Krieg zu Ende ist, daß wir jetzt für immer zusammen bleiben können.« Am meisten ist Prank über den »Deserteur« Moebius verstört; er weiß zu diesem Zeitpunkt noch nicht, daß Moebius die Flugzeuge in Brand gesteckt, aber die Maschine seines Rittmeisters gerettet hat.

(6) »Mit der Fliegerei und dem Soldatenspiel ist Essig.« Jeder muß sich nach dem Friedensschluß neu orientieren. Fabian heiratet Gerda; bald haben sie einen Jungen. Prank heiratet Isabel; seine beiden Monteure, Unteroffizier Zuschlag und Gefreiter Krause, bleiben bei ihm. Während Fabian und mit ihm Oberleutnant Gerdes voller Tatkraft sind und auf der Wasserkuppe eine Flugschule betreiben, um dort heimlich eine »Elite von Segel- und Motorfliegern« auszubilden, scheitert Prank bei seinen Versuchen, eine neue Existenz zu gründen: Die in eine Reparaturwerkstatt nebst Garage investierten Spargelder gehen bei der Pleite des Unternehmens verloren, auch als Wein- und Sektvertreter kann er sich nicht behaupten, und die zwielichtigen Geschäftemacher Schnaase und Meier, die seinen Pour le mérite als Reklametrick mißbrauchen wollen und ihm deshalb den Posten eines Generaldirektors versprechen, verschwinden schon am folgenden Tag spurlos. Auch Fabian und Gerdes haben es nicht leicht; sie sind von Pfändungsbefehlen bedroht. Doch Major Wissmann, zunächst Oberregierungsrat, später Ministerialdirigent im Reichsverkehrsministerium, hilft ihnen »unter der Hand« mit Geldzuwendungen, auch für die Eröffnung einer kleinen Flugzeugfabrik, da er ihnen offiziell nicht helfen darf und sich der Abgeordneten erwehren muß, die erfahren haben, daß entgegen den Bestimmungen des Versailler Vertrages heimlich geflogen werde. Fabian möchte auch Prank für seine Pläne gewinnen, den er in einem Nachtklub trifft; Fabian ist dort, um alte Flugzeugteile im Schwarzhandel zu erwerben, und Prank wartet dort vergeblich auf einen Lieferauftrag. Prank lehnt ab. Isabel ist verzweifelt. Zuschlag und Krause verbreiten Zweckoptimismus.

(7) Da erscheint Moebius, schon früher von seinen Kameraden gern »Guglhupf« genannt; er hat Prank »schon seit Jahren« gesucht, erfährt von Fabian dessen Adresse und begibt sich in die »Pension Zimmermann«, aus der Prank, Isabel, Zuschlag und Krause am Tag darauf ausgewiesen werden sollen, weil sie seit drei Monaten keine Miete bezahlt haben. Prank reagiert kühl und abweisend; Moebius will ihm »die Geschichte von damals« später erklären und lädt ihn, Isabel und »die beiden Rindviecher« Zuschlag und Krause auf sein

»kleines Landgut« ein. Die herzkranke Isabel sehnt sich nach Abgeschiedenheit und Ruhe, so daß Prank die Einladung annimmt. Daheim stellt Moebius den Gästen (im Kuhstall) seine Frau Anna vor, zeigt Kühe und Kälber und zuletzt in seiner Scheune die »Fokker«, die gerettete Maschine Pranks, und er gesteht, daß er damals die anderen Maschinen in Brand gesteckt habe. Prank erklärt: »Jetzt hat das Leben wieder einen Sinn!« Aber als Gerdes ihn abermals für die Fliegerschule zu gewinnen versucht, die nach Stettin verlegt wurde, wo »endlich Motoren« in die Segler eingebaut werden können, lehnt er das Angebot wiederum ab. Er will »starke Maschinen«, nicht leichte Motorsegler fliegen und sich deshalb im Ausland verdingen. Gerdes dagegen glaubt fest daran, »irgendwann« den Versailler Vertrag zerreißen zu können. Seine Warnung, daß »dicke Luft« in der Gegend sei, da »die ›Kommune‹ rumore«, bestätigt sich schnell. Eine Gruppe dieser ›Kommune‹ entdeckt die Fokker auf der Wiese, wo sie gerade gewartet wird. Ihr Führer gibt den Befehl, die Maschine nach Chemnitz zu fliegen und nimmt Anna Moebius als Geisel mit. Doch die Maschine kann nicht starten, da Moebius zuvor das Kurzschlußkabel abgerissen hat. Holzapfel, einer von der ›Kommune‹, der die Maschine wieder flottmachen soll, hat das »auf den ersten Blick« erkannt, zeigt sich aber mit Moebius überraschend solidarisch. Die Sache erledigt sich von selbst, da inzwischen die meisten Leute der ›Kommune‹ verhaftet wurden und die Bewacher der Maschine geflüchtet sind.

(8) Während Gerda in Stettin das erste Motorflugzeug auf den Namen »Häschen«, Fabians Kosenamen, tauft, erscheinen auf dem Bauernhof bei Moebius Repräsentanten der Interalliierten Kontrollkommission, ein englischer und ein französischer Offizier in Zivil, begleitet von den örtlichen Polizisten; es ist eine Anzeige eingegangen, daß hier »angeblich ein Kampfflugzeug verborgen sein soll«. Der englische Offizier erweist sich als jener Captain Brown, der Prank seinerzeit entkommen war; beide begegnen sich mit gegenseitiger Hochachtung, und Brown reflektiert sein damaliges Verhalten (»Between us old pilots: would you have come back?«); aus alter Pilotenkameradschaft will er die Sache auf sich beruhen lassen (»By the way, if there should be any flying machine here, I will didn't see any«), doch der französische Capitaine gibt den Befehl, den »Apparat abzuholen«. Prank und die Seinen können die Polizisten vertreiben. Bald darauf droht ihnen eine viel größere Gefahr. Zwei Lastwagen mit bewaffneten Reichsbannerleuten nähern sich dem Bauernhof. Unter Pranks Befehl gehen Moebius, Zuschlag und Krause mit Maschinengewehren in Stellung. Der Befehl lautet, nur »in die Luft« zu schießen, doch die Abwehr gerät außer Kontrolle. Am Ende geht der Schuppen mit der »Fokker« in Flammen auf, und der Zeitung entnimmt Fabian die Bilanz: zwei Tote, zwölf Reichsbannermänner schwer verletzt, auch Moebius schwer verletzt, Zuschlag und Krause leicht verletzt. Prank blieb unverletzt und wurde mit seinen Leuten in das Chemnitzer Landgerichtsgefängnis eingeliefert. Fabian und Gerdes fliegen nach Chemnitz zur Gerichtsverhandlung; Wissmann versucht, den Oberstaatsanwalt, einen alten Kriegskameraden, zu beeinflussen.

Prank äußert sich über seine Motive erst im Schlußwort und nimmt die Verantwortung auf sich. »Wegen gemeinschaftlicher Körperverletzung mit Todesfolge in je zwei Fällen, mittels Waffen in je acht Fällen, unerlaubten Waffenbesitzes, Nichtablieferung von Heeresgut in je drei Fällen unter Zubilligung mildernder Umstände« wird Prank zu drei Jahren, Moebius und Zuschlag zu je zwei Jahren und sechs Monaten Gefängnis verurteilt. Obgleich dieses Urteil auf rechtsstaatlichen Grundsätzen beruht, nennt Isabel es ein »zum Himmel schreiendes Unrecht«.

(9) Isabel appelliert an Fabians und Gerdes' Kameradschaftsgeist. Sie verlangt von ihnen ihren Mann zurück, doch der Coup des Befreiungsversuches, bei dem sich beide als »Beauftragte des Reichswehrministeriums« ausgeben, mißlingt. Fabian, Gerdes und ihre Helfer können fliehen, finden die tote Isabel, die einem Herzanfall erlegen ist, und verfallen in Depression. Fabian und Gerdes eröffnen Wissmann, daß sie daran denken, nach Südwestafrika zu gehen, um dort Schafe zu züchten, oder als Verkehrsflieger nach Amerika, weil für sie »in diesem Staate kein Platz mehr« sei. Wissmann läßt ihre Gründe nicht gelten, erinnert sie an die Zukunftsaufgaben und befiehlt ihnen, im Lande zu bleiben. Er glaubt fest an das »Wunder« einer neuen Zeit. Wie er hatten sich Fabian und Moebius, die das Parteiabzeichen unter dem Revers trugen, schon früh der NSDAP angeschlossen.

(10) Schließlich ist der Tag der »Wiederherstellung der Wehrhoheit« Deutschlands gekommen: Im Rundfunk verkündet Goebbels das *Gesetz für den Aufbau der Wehrmacht* vom 16. März 1935. Nach dem »Erlaß des Führers« ist die »Luftwaffe als neuer Wehrmachtsteil« geschaffen. Das erste neue Jagdgeschwader trägt den Namen »Jagdgeschwader Richthofen«. »Major« Gerdes und »Hauptmann« Fabian fliegen nach Döberitz, um dort ihren Dienst im Jagdgeschwader anzutreten; auch Moebius und die beiden »alten Krieger« Zuschlag und Krause reihen sich als Freiwillige ein, »General« Wissmann bekleidet nun einen hohen Posten im Reichsluftfahrtministerium. Es fehlt nur noch Prank, der 1930 begnadigt wurde, ein halbes Jahr später nach Ostasien ging und seitdem dort die Jagdflieger leitet. Wissmann erklärt: »Männer wie Prank sind das Fundament der Luftwaffe« und bittet ihn telegraphisch, nach Deutschland zurückzukehren. Prank kommt dem Telegramm zuvor; er ist schon auf dem Wege nach Deutschland und hofft als »alter Krieger« auf eine Beschäftigung. In Begleitung von Wissmann schreitet er die Front des Jagdgeschwaders ab. Danach erklärt Wissmann: »Gefällt Ihnen wohl, das Geschwader, hm? Auf Befehl des Generalfeldmarschalls ist es das Ihre, Herr Oberst Prank.«

14.3. Verwendetes literarisches Material

Es handelt sich um einen originalen Filmstoff.

14.4. Textbeispiel

Rittmeister Prank (RP) spricht vor dem Gericht das »letzte Wort«, das im Drehbuch noch nicht vorgesehen war:

RP: Ich habe nicht viel zu sagen. Für meine Kameraden bitte ich um eine milde Strafe, denn sie standen ganz unter meinem Einfluß. Sie haben nur meine Befehle ausgeführt. Über mich können sie eine Strafe verhängen, wie hoch sie auch wollen. Ich habe mit diesem Staat *gar nichts* zu schaffen, denn ich hasse die Demokratie wie die Pest. Was immer Sie tun mögen, ich werde sie schädigen und stören, wo immer ich nur kann. Wir müssen wieder ein Deutschland auf die Beine stellen, das den Vorstellungen eines Frontsoldaten entspricht. Dabei mitzuhelfen, halte ich für meine Lebensaufgabe. Ich werde das auf Soldatenweise lösen. Sie haben mein Flugzeug zerschlagen, meinen Kameraden und mir werden sie die besten Mannesjahre zerstören, aber unsere Ideale werden Sie uns nicht rauben.
Vorsitzender des Gerichts: Herr Prank, ich habe mit Rücksicht auf Ihre begreifliche Erregung Sie bisher nicht unterbrochen, obwohl Ihre Ausführungen hart an die Grenze des Strafbaren gingen, jedenfalls nicht zur Sache gehörten. Ich bitte nun aber, jetzt derartige Äußerungen zu unterlassen.
RP: Machen Sie mit mir, was Sie wollen.

14.5. Kontext

Der Orden Pour le mérite, 1742 von Friedrich d. Gr. als »preußischer Orden« gestiftet, war zunächst eine allgemeine Auszeichnung. Er wurde für Verdienste verschiedener Art verliehen; Voltaire war einer der ersten Träger dieses Ordens. Seit dem 18. Januar 1810 war der Orden nur noch »Kriegsorden«: ein blaues Malteserkreuz mit gekröntem F [Fridericus] und Ordensdevise, in den vier Kreuzwinkeln je ein goldener Adler. Am 31. Mai 1842 fügte der preußische König Friedrich Wilhelm IV. dem Militärorden eine Friedensklasse hinzu, die für Gelehrte und Künstler bestimmt war. Art. 109 Abs. V der Weimarer Verfassung (11. August 1919) verbot die Verleihung von Orden durch den Staat. Der Kriegsorden wurde seitdem nicht mehr verliehen, die »Friedensklasse« dagegen erhielt am 22. Mai 1922 den »Charakter einer freien Vereinigung«, einer »aus sich selbst ergänzenden Gemeinschaft von 30 hervorragenden Gelehrten und Künstlern«; 1934 wurden Neuwahlen verboten, 1952 hat dann der erste Bundespräsident Theodor Heuss den Orden wiedererrichtet. Die Ausführungsverordnung zum *Gesetz über Titel, Orden und Ehrenzeichen* vom 14.11.1935 (RGBl 1935 I, S. 1341) enthielt hinsichtlich des Rechtes zum Tragen der Friedensklasse des Ordens Pour le mérite einen Vorbehalt; an die Stelle des »Kriegsordens« trat dann 1939 das »Ritterkreuz« als Klasse des am 10. März 1813 von Friedrich Wilhelm III. gestifteten Eisernen Kreuzes; trotz der Mythisierung des Pour le mérite wollte man offenbar weniger an die friderizianische Tradition als an die Idee der Befreiungskriege anknüpfen.

Die Einschränkungen, die den Aufbau einer neuen Luftwaffe verhinderten, ergaben sich aus Teil V des Versailler Vertrages. So war der gesamte Flugzeugpark ohne jede Ausnahme auszuliefern, Flugapparate oder Teile derselben durften für die Dauer von sechs Monaten nicht gebaut werden, und Deutsche Reichsangehörige durften (mit Ausnahme der französischen Fremdenlegion) nicht in den Luftdienst einer fremden Macht treten. Interalliierte Kommissionen überwachten die Einhaltung der Bestimmungen. Die Zivile Luftfahrt konnte sich in den 20er Jahren dagegen relativ schnell entwickeln: 1926 wurde die *Deutsche Lufthansa* gegründet, am 13. April 1928 bewältigten Baron G. v. Huenefeld, Kapitän Herman Kochl und Major James Fitzmaurice mit der Junkers-Maschine *Bremen* den ersten Atlantikflug westwärts. Am 26. Februar 1935 wurde die Luftwaffe zum 3. Wehrmachtsteil erhoben; der offizielle Aufbau der Luftwaffe begann am 1. März 1935. Am 1. Oktober 1938 marschierten deutsche Truppen in das Sudetenland ein.

14.6. Normaspekte

(1) Der Film rekapituliert als *Normtrauma* den nicht akzeptierten Versailler Vertrag und die sog. »Dolchstoßlegende« (vgl. Kap. B.13.5). Oberleutnant Gerdes glaubt, »irgendwann« den »Versailler Vertrag zerreißen« zu können, und sieht im Segelfliegen auf der Wasserkuppe und in der zivilen Luftfahrt nur den Vorbereitungsdienst für die neue Luftwaffe: »Wir wissen *genau*, was wir wollen. Wir arbeiten nicht für jetzt, wir arbeiten für die *Zukunft*.«

(2) Für Rittmeister Prank ist das *Soldatsein* der oberste Lebenswert. Im Gegensatz zu den Pragmatikern Gerdes, Fabian und Wissmann ist er ›Fundamentalist‹. Nach den gescheiterten Versuchen, in einem Zivilberuf Fuß zu fassen, u. a. Pilot bei den Verkehrsfliegern zu werden, beschließt er, ins Ausland »abzuhauen: wo was los ist, wo ich wieder *als Soldat gebraucht* werden kann. Mensch, wieder fliegen, kämpfen, Erfahrungen sammeln, mit richtigen Maschinen, richtigen Motoren, damit komme ich dann zurück«. Wie das Soldatsein, so ist auch das *Fliegen* Selbstzweck; daran erinnert Prank Isabel, Zuschlag und Krause in einem Augenblick tiefster Depression: »Da sitzen wir nun. So ist es richtig. So haben wir es auch verdient: Immer nur an die eigene kleine dreckige Existenz denken, immer die Augen auf den Boden, anstatt 6.000 Meter hoch über den Wolken, ganz weit hinten am Horizont, das Meer wie ein Silberstreif.« Pflicht und Disziplin sind diesen Selbstzwecken zugeordnet.

14.7. Überliefertes Material

Produktionsfertiges Drehbuch: POUR LE MÉRITE. *Drehbuch: Fred Hildenbrandt und Karl Ritter. Spielleitung: Karl Ritter. Ufa, Herstellungsgruppe Karl Ritter. Dramaturgie: W. Supper. Ufafilm Nr. 950, Prod. 38/39, Plan Nr. U 13.* Typoskript, 273 gez. hektogr. Bl. (120 Bilder, 605 E) [SDK; keine hsl. Notizen, nur die Szenen mit dem franz. Mädchen (S. 83 f.) und dem franz. Capitaine (S. 211) sind rot markiert].

Illustrierter Film-Kurier Nr. 2896 [BFA]; *Das Programm von heute* Nr. 1377 [BFA]; Bildmaterial [BFA].

14.8. Interviews, Stellungnahmen, Rezensionen

[Anonym:] Idee, Handlung und Gestaltung des Ufa-Films POUR LE MÉRITE. Am Dienstag wird mit den Atelier-Aufnahmen begonnen, in: *FK* 10.6.1938 (Nr. 133); [Drehbuchauszug:] Szene aus POUR LE MÉRITE: Der Krieg ist aus, in: *FK* 6.11.1938 (Nr. 134); Schu.: POUR LE MÉRITE in der Fliegerscheune. Kriegsflieger verteidigen ihr Kampfflugzeug, in: *FK* 13.7.1938 (Nr. 161); rg.: Der alte Rittmeister kehrte zurück. Außenaufnahmen zum Ritterfilm in Cuxhaven. Die »Hamburg« lief ein, in: *FK* 4.8.1938 (Nr. 180); [Anonym:] Mit dem POUR LE MÉRITE-Stab in Beeshow. Der Tag der Verkündigung der Wehrfreiheit, in: *FK* 9.8.1938 (Nr. 184); [Anonym:] Im Kampf mit Sonne, Wolken, Regen. Karl Ritter dreht auf der Wasserkuppe. Außenaufnahmen zu POUR LE MÉRITE, in: *FK* 18.8.1938 (Nr. 192); [Mittlg:] POUR LE MÉRITE jugendwert, in: *FK* 9.12.1938 (Nr. 288); -t: POUR LE MÉRITE, in: *Völkischer Beobachter* (Norddt. Ausg.) 11.12.1938 (Nr. 345); Hermann Hacker: POUR LE MÉRITE. Karl Ritter, [u.] -t: Soldat spielt Soldat [über Albert Hehn], in: *Völkischer Beobachter* (Berliner Ausg.) 12.12.1938; Hans Erasmus Fischer: Epos deutschen Fliegergeistes. Zur Uraufführung des Karl-Ritter-Films POUR LE MÉRITE, in: *Berliner Lokal-Anzeiger* 21.12.1938 (Nr. 305), Unterhaltungs-Beil.; [Mittlg:] Karl Ritters POUR LE MÉRITE staatspolitisch und künstlerisch besonders wertvoll, in: *FK* 21.12.1938 (Nr. 298).

Hans Erasmus Fischer: POUR LE MÉRITE – Film deutscher Kraft. Der Führer bei der Uraufführung des Fliegerfilms im Ufa-Palast am Zoo, in: *Berliner Lokal-Anzeiger* 23.12.1938 (Nr. 307); Otto Mossdorf: Premiere des Films POUR LE MÉRITE in Anwesenheit Adolf Hitlers, in: *Dt. Allg. Ztg.* 23.12.1938 (Nr. 599), Morgenausg.; Werner Fiedler: Geschichtsfilm oder Reportage? Noch ein Wort zu POUR LE MÉRITE [Motto: »Geschichte ist tätiges Bildschaffen, nicht Bericht, nicht Reportage.«], in: *Dt. Allg. Ztg.* 23.12.1938 (Nr. 600), Abendausg.; Günther Schwark: Premiere im Beisein des Führers. Der gewaltige Eindruck des POUR LE MÉRITE-Films. Adolf Hitler beglückwünschte Karl Ritter zu dem bisher besten zeitgeschichtlichen Film [mit Foto], in: *FK* 23.12.1938 (Nr. 300); [Anonym:] Im Geiste Richthofens. POUR LE MÉRITE, ein Film vom deutschen Opfergang [mit Abb.], in: *Filmwelt*, Berlin, 23.12.1938 (Nr. 52); Hermann Wanderscheck: Musik im heldischen Film [u. a.: POUR LE MÉRITE], in: *FK* 24.12.1938 (Nr. 301); Fritz Hippler: POUR LE MÉRITE: ein deutscher Film [mit Fotos], in: *Der Deutsche Film*, Berlin, Jg. 3 (1938/39), S. 180 f.

Weiterer Einsatz: *FK* 7.1.1939 (Nr. 6): Breslau; *FK* 10.1.1939 (Nr. 8): Budapest; *FK* 13.1.1939 (Nr. 11): Wien, Königsberg; *FK* 17.1.1939 (Nr. 14): Frankfurt/M., Augsburg, Pirmasens; *FK* 25.1.1939 (Nr. 21): Hamburg; *FK* 31.1.1939 (Nr. 26): Bremen; *FK* 13.2.1939 (Nr. 37): Berliner Jugendfilmstunden; *FK* 12. u. 15.8.1939 (Nr. 186 u. 188): Venedig; *FK* 18.11.1939 (Nr. 270): Gaufilmstellen; *FK* 28.2.1940 (Nr. 50): Dänemark; *FK* 27.6. u. 11.7.1941 (Nr. 148 u. 160): Schweiz; vgl. Drewniak 1987, S. 744 (Kopenhagen), S. 760 (Schweiz), S. 804 (Venedig).[79]

---

79 Für den Auslandsvertrieb des Films wurden »entsprechend den Wünschen der Ufa-Auslandsabteilung« Schnitte vorgenommen. Ritter erklärte sich damit unter der Voraussetzung einverstanden, »daß auch das Prop.-Min. seine Zustimmung erteilt« (BA R 109 I/1033b, f. 77).

15. ROBERT KOCH, DER BEKÄMPFER DES TODES

15.1. Produktionsdaten

UT: Ein Film von Gerhard Menzel und Paul Josef Cremers
P: Emil Jannings-Produktion der Tobis-Filmkunst GmbH; 3.169 m; Drehbeginn: 20. März 1939 (Grunewald-Atelier u. Ufa-Atelier)
A: [Drehbuch:] Walter Wassermann, C. H. Diller; [wiss. Bearbeitung:] Dr. Hellmuth Unger
R: Hans Steinhoff; R-Ass.: Rudolf Hilberg

Stab: K: Fritz Arno Wagner; M: Wolfgang Zeller; T: Hans Grimm; Bau: Fritz Lück, Heinrich Weidemann; Kostümberatung: Arno Richter; Maskenbildner: Atelier Jabs; Gesamtausst.: Emil Hasler; Schnitt: Martha Dübber; Aufnahmeltg.: Otto Jahn, Erich Roehl; Herstellungsltg.: K. J. Fritzsche

FM: Tobis-Klangfilm
V: Tobis
UA: 8. August 1939, Venedig (im Rahmen der VII. Biennale); dt. EA: 26. September 1939, Berlin, Ufa-Palast am Zoo[80]

Besetzung:
Dr. Robert Koch	Emil Jannings[81]
Rudolf Virchow	Werner Krauß
Schwester Else	Viktoria v. Ballasko
Fritz v. Hartwig	Raimund Schelcher
Frau Koch	Hildegard Grethe
Dr. Gaffky	Theodor Loos
Dr. Löffler	Otto Graf
Dr. Wetzel	Peter Elzholtz
Frau Göhrke	Hilde Körber
Göhrke	Josef Sieber
Gesundbeter (Vorbeter)	Bernhard Minetti
Kaiser Wilhelm I.	Dr. Prasch
Herr v. Kossin	Paul Bildt
Frau v. Kossin	Elisabeth Flickenschildt
Lehrer	Paul Dahlke
Landrat v. Hartwig	Paul Otto
Rechnungsrat	Rudolf Klein-Rogge
Stübecke	Walter Werner
Michalke	Jacob Tiedtke
Bismarck	Friedrich Otto Fischer

---

80 Zum Film lief im Reichssender Breslau das Hörspiel *Ein Mann bekämpft den Tod* (Text: Kurt Paqué, E. H. Düwell), Sprecher u. a. Emil Jannings und Werner Krauß, Erstsendung: 26.9.1939. Am 25.9.1939 brachte der Deutschlandsender eine Großreportage über die Uraufführung des Films. Vgl. die Hinweise im *FK* 17.8.1939 (Nr. 190), 14.9.1939 (Nr. 214), 22.9.1939 (Nr. 221) u. 25.9.1939 (Nr. 223). Ein Jahr später erlebte das Robert-Koch-Schauspiel *Der Unsterbliche* von Gerhard Menzel im Hamburger Schauspielhaus seine Uraufführung (5.9.1940).
81 Text des Telegramms, in dem Jannings für die Anerkennung seines ROBERT-KOCH-Films dankt, bei Drewniak 1987, S. 364.

Direktor der Charité	Karl Haubenreißer
Professor Bergmann	Eduard v. Winterstein
Frau Paul	Lucie Höflich

Bewertung:
FP: 12. August 1939, Prüf-Nr. 51973 (Tit.): staatspolitisch und künstlerisch besonders wertvoll, kulturell wertvoll, volkstümlich wertvoll, Jf, jugendwert, 3.169 m (gültig bis 31.12.1941) [SDK, DIF]; 8. April 1941, Prüf-Nr. 55331 (für Schmaltonfilm, Tit.): gleiche Bw. (gültig bis 31.12.1942), 1.278 m; 19. Dezember 1942, Prüf-Nr. 57947 (Sequ.): gleiche Bw., 3.166 m (gültig bis 31.12.1945) [SDK]; Paimann 20.10.1939 (Nr. 1228): »Schlager«; jugoslawische Zensurkommission: »kulturell wertvoll« und »erziehend« (*FK* 7.12.1939, Nr. 286); VII. Biennale di Venezia 1939: Coppa della Biennale.
FSK: 13. März 1950, Prüf-Nr. 1008S (für Schmaltonfilm): mit Schnittauflage 1.245 m; Prüf-Nr. 1008a: uneingeschränkt mit Kürzung (134 m in Rolle 4) 2.788 m; danach: 19. Dezember 1962, Prüf-Nr. 1008b; 18. März 1964, Prüf-Nr. 1008c; 10. November 1971, Prüf-Nr. 1008d: jeweils Jf 12, 2.788 m (102 min) – Schnittauflage 13. März 1950: Reichstagsszene; zusätzlich eingefügter Vorspanntitel, »daß Virchow auch im politischen Leben erfolgreich und durchaus fortschrittlich eingestellt war: dies unbeschadet seiner Auseinandersetzung mit Koch, die in dem vorliegenden Film gezeigt wird«. Prüf-Nr. 1008b-d: neuer Titel ROBERT KOCH.

Rechte: F.-W.-Murnau-Stiftung; Ausw: Transit-Film GmbH, München (komm.), DIF (nichtkomm.)
Kopie: BFA$_1$ [BFA$_2$, DIF]

15.2. Handlung

(1) Gegen Morgen fährt der Kreisphysikus Dr. Koch mit seinem Einspänner in das abgelegene Haus des Waldhüters Göhrke, kann aber dem an Tuberkulose erkrankten »Martelchen« nicht mehr helfen. »Martelchens« Vater glaubt, das Kind sei »vom bösen Geist angefallen« worden, und macht Koch Vorwürfe, daß es nicht mehr für die »ewige Seligkeit« vorbereitet werden konnte; die Mutter ist duldsamer, da Koch »alles umsonst macht und auch die Medizin bezahlt«. Koch bleibt mit »Martelchen« die letzten Minuten allein, weil er den Eltern den Anblick des Sterbens ersparen will, und er sagt ihnen, daß er am Abend wiederkommen werde und dann mit dem toten Kinde »ein paar Stunden« allein bleiben wolle; der Vater gibt zwar seine Zustimmung, hat aber einen eigenen Plan (»ich weiß, wo ich heute abend hingeh'«). Auf dem Rückweg in die Stadt (Wollstein, im Posener Land) nimmt Koch Kinder aus der Gegend zur Schule mit. Er spricht zu ihnen über das tote »Martelchen« und erinnert sie an seine Hygieneanweisungen (»Licht und Luft und Sonnenschein – laß zum off'nen Fenster rein«). Der Lehrer sieht durch Koch seine Autorität gefährdet, beschwert sich jedoch vergeblich bei Landrat v. Hartwig, der Kochs Verdienste um die Milzbrand-Forschung hervorhebt, und erklärt: »An eine Universität gehört dieser Koch. An eine große Universität! Auf einen Lehrstuhl! Damit er endlich Menschen findet, die für seine Arbeit Verständnis haben!«

(2) In Kochs Praxis warten derweil die Patienten auf den Beginn der Sprechstunde. Viele von ihnen behandelt Koch kostenlos, seine Behandlungsmetho-

den sind unkonventionell: Einem armen Mann gibt er das Fahrgeld für eine Erholungsreise, einer Säuferin (Frau Paul), die den verordneten Spiritus zweckentfremdet, läßt er ein Abführmittel in den Spiritus mischen und der hypochondrischen Baronin v. Kossin verpaßt er einen Kaltwasserguß; ihr Ehemann ist von dieser Methode begeistert (»Sie ist zum Vollweib erwacht«) und verspricht, sich als Reichstagsabgeordneter in Berlin für Koch zu verwenden.[82] Kochs Frau ist besorgt über das Verhalten ihres Mannes: Er kümmert sich zuwenig um die ›zahlenden Patienten‹, vernachlässigt die Familie und ist von dem Gedanken besessen, den Tuberkulose-Erreger zu entdecken. Koch ist sich seines Verhaltens bewußt: »Ich weiß, ich mach' Dir das Leben nicht leicht – mir selber aber auch nicht.« Große Freude bereitet ihm die Rückkehr des jungen Arztes Fritz v. Hartwig aus Berlin, der dort gerade sein Doktorexamen mit der Note »summa cum laude« abgelegt hat, selbst von Virchow akzeptiert wurde und nun Kochs Mitarbeiter werden möchte. Sein Vater hat andere Pläne mit ihm, akzeptiert aber die Vorstellungen des Sohnes, an der Seite dieses »Pioniers der Wissenschaft« in »unerforschte Welten« vorzudringen: »bis dahin, wo das Mysterium beginnt, das Mysterium des Schöpferischen«. In Jena hat man Koch, genau nach seinen Zeichnungen, ein Mikroskop mit einem Lichtreflektor gebaut, das ihm ermöglichen soll, Dinge zu sehen, die zuvor »noch kein menschliches Auge gesehen hat«.

(3) Mit Hilfe von Fritz entnimmt Koch dem toten »Martelchen« eine Gewebeprobe, noch gerade rechtzeitig, denn beim nächtlichen Treffen einer Sekte von Gesundbetern hat der Vorbeter den Eltern ins Gewissen geredet, weil sie »einen Menschenarzt zu Rate gezogen« haben; nach der »Beichte« des Vaters, er habe Koch erlaubt, sich mit dem toten Kinde einzuschließen, ziehen alle gemeinsam zu Göhrkes Haus. Koch kann die gegen ihn aufgebrachten Leute mit der Mahnung an die »Ehrfurcht vor dem Tode« in Schach halten. In seinem Labor untersucht er die Gewebeprobe. Viele »Farbversuche« zuvor – sie »gehen in die Tausende« – hatten kein Ergebnis gebracht. Jetzt, in der neuen Versuchsreihe, gelingt es beim »185. Versuch mit Methylenblau, zum erstenmal gemischt mit braunem Vesuvin«, den Tuberkulose-Erreger sichtbar zu machen. Vor Koch liegt jedoch noch ein langer Weg: Er muß den Erreger künstlich züchten und auf gesunde Tiere übertragen. Im Kolleg von Medizinstudenten der Berliner Universität distanziert sich zur gleichen Zeit Virchow von den Ansichten Louis Pasteurs, Krankheiten seien auf »Mikroben, Bazillen« zurückzuführen, und bekräftigt seinen eigenen Standpunkt vom »Zellverfall der Gewebe«; eine erneute Eingabe von Koch läßt er wiederum »zu den Akten« legen. Im »Wollsteiner Anzeiger« denunziert »einer, der es aufrichtig meint,« Koch wegen »Leichenöffnung ohne Wissen der Eltern« und Versuchen an »unschuldigen Tieren«. Im Gasthaus kostet die Stammtischrunde diese Anzeige der »Gesundbeter« genüßlich aus; Fritz und Krankenschwester Else

---

[82] In Wirklichkeit hat der Hausarzt Bismarcks, Dr. Struck, Koch an das 1876 in Berlin gegründete Kaiserliche Gesundheitsamt empfohlen.

sind empört, und Frau Koch stellt ihren Mann zur Rede, entschlossen, mit der kleinen Tochter Trude zu ihren Eltern zu gehen. Da bringt Landrat v. Hartwig die überraschende Nachricht, daß Koch »in Anbetracht seiner Verdienste an das Kaiserliche Gesundheitsamt in Berlin berufen und zum Regierungsrat ernannt« wurde.

(4) Koch kann jetzt »mit allen Hilfsmitteln« und »in nächster Nähe von Virchow« arbeiten, aber im Gesundheitsamt treiben der Labordiener Michalke und der Rechnungsrat »passive Resistenz« bei der Beschaffung des Arbeitsmaterials. Durch Experimente an Meerschweinchen will Koch den Beweis erbringen, »daß die Tuberkulose durch Einatmen« übertragen werde; dabei ermahnt er Fritz nachdrücklich, den Mundschutz anzulegen. Er hat sich bei Virchow angemeldet, der ihn aber nicht empfangen will. Vergeblich setzt sich Virchows Assistent Dr. Gaffky für Koch ein; er glaubt an Koch und »sein Werk« und wird später sein Mitarbeiter. Zunächst verschafft er ihm den Zutritt zum Fraktionszimmer der Deutschen Fortschrittspartei im Reichstag; Koch soll die »große außenpolitische Debatte zwischen Bismarck und Virchow miterleben, die allerdings mit einer Niederlage für Virchow endet. Nach der Reichstagssitzung treffen Koch und Virchow zum erstenmal persönlich zusammen. Für Virchow klingt Kochs Mitteilung, es sei ihm gelungen, »Bazillen in Reinkultur zu züchten«, wie »etwas nach Tausendundeiner Nacht«. Koch ist sich bewußt, daß er »gültige Gesetze der Medizin umstößt«, Virchow verunglimpft ihn als »Revolutionär« und verlangt Beweise; andererseits zeigt er sich überraschend kooperationsbereit: Er veranlaßt gegen den Widerstand dreier Professoren, daß Koch für seine Forschung in der Charité Patienten und »jedes gewünschte Material zur Verfügung« gestellt werden.

(5) In der entscheidenden Phase seiner Experimente hat Koch sich im Labor eingeschlossen; selbst seine Mitarbeiter, Dr. Löffler, Dr. Gaffky und Fritz hält er fern. Seine Frau, Trude und Schwester Else warten zu Hause vergeblich auf ihn zum Essen. Schwester Else bittet Frau Koch, »sich das nicht zu Herzen zu nehmen«, aber Frau Koch geht in das Kaiserliche Gesundheitsamt, bittet Dr. Gaffky ihren Mann zu rufen, und erklärt, daß sie sich nicht mehr abweisen lasse; als aber Dr. Gaffky nicht zurückkommt, verläßt sie das Haus. Dr. Gaffky kann Koch die dringende Bitte seiner Frau nicht nahelegen, denn Koch unterbricht ihn: »Ich bin fertig! Der Beweis ist da! Die Kette ist geschlossen! Lückenlos!« Nun, da Koch sein Ziel erreicht hat, bittet Dr. Gaffky ihn, nach Hause zu gehen und sich schlafen zu legen. Koch muß noch »die Temperaturen kontrollieren«, überläßt aber diese Aufgabe Fritz; Frau Koch zeigt sich versöhnlich, obgleich sie an den Erfolg ihres Mannes noch nicht zu glauben vermag. Für den folgenden Tag ist im Physiologischen Institut der Vortrag angesetzt, mit dem Koch seine Entdeckung der Öffentlichkeit bekanntgeben will. Schwester Else bringt Fritz Essen und starken Kaffee ins Labor. Sie verspricht ihm, es werde alles »noch viel schöner werden«, wenn sie erst verheiratet seien. Doch Fritz, von Hustenanfällen geschüttelt, vermeidet, sie zu küssen und

erklärt: »Ich werde Dich nie heiraten.« Dann offenbart er ihr die schreckliche Wahrheit: Er hat sich infiziert, dies aber Koch verschwiegen, um dessen »Sieg« und »Triumph« miterleben zu können. Entgegen ihrem Versprechen macht sie Koch auf Fritz aufmerksam, so daß Koch noch unmittelbar vor seinem Vortrag die Einlieferung von Fritz in die Charité veranlassen kann.

(6) Im Hygienischen Institut warten »alle Koryphäen« auf Virchow, denn es kommt darauf an, »wie der Medizinpapst entscheiden« wird. Schließlich erscheint Virchow, schon auf dem Wege zum Hofball. Koch beweist anhand des ausgelegten Materials, daß der Tuberkelbazillus die Ursache der Tuberkulose ist. Als erster betrachtet Virchow das Material durch die Mikroskope, dankt aber danach Koch nur für den »interessanten Vortrag«. Alle zeigen sich über sein Verhalten enttäuscht, und niemand weiß, daß er dem Kultusministerium sofort eine Mitteilung über die Kochsche Entdeckung machen wird. Auf dem Hofball würdigt der Kaiser auch den »Demokraten« Virchow, als Träger des Roten Adlerordens 1. Klasse, in einer Ansprache. Die Bemerkung des Kaisers zum Thema »Irrtum« (»Irren ist menschlich«) kommentiert er mit den Worten: »In meinem Beruf, Majestät, ist Irren leider tödlich.« Kurz danach verläßt Virchow den Hofball, um sich zu Koch in die Anatomie zu begeben, der dort gerade ein frisch seziertes Lungengewebe betrachtet. Hier bestätigt er Kochs Auffassung von der rein parasitischen Natur des Tuberkelbazillus. Zornig stellt Koch ihn wegen seines Schweigens zur Rede; Virchow erklärt, daß es nicht leicht sei, »eine eigene Theorie über Nacht preiszugeben – an der man 40 Jahre lang gearbeitet hat«. Als dann Dr. Gaffky Koch die »sensationelle Meldung« in der Zeitung unterbreitet, in der Virchow Kochs Vortrag »Schicksalsstunde der Menschheit im Kampf gegen die Tuberkulose« nennt, ist Koch betroffen: »Ich tat Ihnen eben unrecht.« Virchow entgegnet: »Unrecht? Ich habe nichts dergleichen empfunden.«[83]

(7) In der Aula der Universität wird Koch stürmisch gefeiert. Koch wendet sich in einer programmatischen Rede an das Auditorium. Nach dieser Rede reicht Virchow Koch die Hand. Doch zuvor hat Koch (K) vom sterbenden Fritz (F) Abschied genommen, der über den »Sieg« Kochs »unsagbar glücklich« ist. Beide erinnern sich an die Arbeit im Wollsteiner Labor und die Entdeckung des Bazillus.
K: Wir beide – Du und ich, wir haben ihn zuerst gesehen!
F: Es war wert – gelebt zu haben!
K: Das war es – Fritz.

---

83 Aus medizinhistorischer Sicht ist der Film noch heute insofern von dokumentarischem Wert, als er die originalen Geräte Kochs zeigt, die »1946 aus dem Kaiserin-Friedrich-Haus abtransportiert« wurden und »seitdem verschollen« sind (Reim 1989, S. 107). Der Raum im Hygienischen Institut, in dem Koch 1882 seinen Tuberkulose-Vortrag hielt, wurde jedoch in größeren Dimensionen nachgebaut, um eine größere filmische Wirkung zu erzielen (vgl. Reim 1989, S. 70 f.).

F: Sie werden noch Großes schaffen. – Vieles entdecken – und den Menschen helfen.
K: Das verspreche ich!«
Fritz stirbt im Alter von 26 Jahren.

15.3. Verwendetes literarisches Material

Hellmuth Unger: *Helfer der Menschheit. Der Lebensroman Robert Kochs.* Leipzig: Buchh. d. Verbandes d. Ärzte Deutschlands 1929. Später in starker Überarb. u. d. T.: *Robert Koch. Roman eines großen Lebens.* 306.–312. Tsd. Hamburg: Hoffmann u. Campe 1948. Unger war seit November 1937 Dramaturg bei der Ufa.
Ungers Buch diente nur zur Grundorientierung über die Biographie Kochs mit Wollstein (1872–1880) und Berlin (24. März 1882: Vortrag vor den Mitgliedern der Physiologischen Gesellschaft) als Hauptstationen. Friedrich Löffler und Georg Gaffky, Kochs Assistenten, sind historisch, Fritz v. Hartwig dagegen ist eine Filmerfindung. Emmy Koch ist im Buch bereits als leidgeprüfte Ehefrau vorgezeichnet (auch ihr Erscheinen im Kaiserlichen Gesundheitsamt). Die Tuberkelbazillen entdeckte Koch erst in Berlin, und der Film sagt nicht, daß Koch auch das Heilmittel gegen die Tuberkulose entwickelte (Vortrag am 4. August 1890). Im ganzen folgt der Film der Tendenz des Buches (Darstellung des ›genialen‹ Forschers mit unbeugsamem Arbeitswillen). Bemerkenswert ist die sachliche Charakteristik Virchows: »Sein Wirken im Dienste der Allgemeinheit beruhte auf der Auffassung, daß es die höchste Aufgabe der Ärzte sei, die Medizin als eine *humane* Wissenschaft zu betrachten« (1929, S. 172). Offenbar unter dem Eindruck des Films fügte Unger später hinzu: »Trotzdem sollte man sich davor hüten, diesen so hervorragenden Forscher und Charakter irgendwie klein oder verzerrt zu sehen, nur weil die gewinnbringenden Seiten seines Wesens im Alter hinter seiner Unnahbarkeit, seiner Schroffheit und seinem ›Papsttum‹ zurücktraten« (1948, S. 105). Vgl. zur Biographie H. Ungers und zum Vergleich Roman/Film Reim 1989, S. 43–55 u. S. 56–71.

15.4. Textbeispiel

Rede Robert Kochs in der Aula der Berliner Universität am Schluß des Films (eckige Klammer = Tilgung; **Halbfett**-Druck = Änderung gegenüber dem Drehbuch):

Es fällt mir nicht leicht, in diesem Augenblick zu Ihnen zu sprechen. Sie sehen mich beschämt. Man hat meine Arbeit hier ein *Verdienst* genannt – ich tat nur meine *Pflicht*! Und empfing dafür ein Glück, wie ich bisher kein größeres kennenlernte! Von diesem Glück der Arbeit lassen Sie mich sprechen – und von dem Glauben an den Sinn aller Erneuerungen unseres Wissens durch den ewig forschenden Menschengeist. Wir alle sind sterblich und können irren! Aber nichts darf uns abhalten, den Weg unserer Pflicht zu Ende zu gehen, der einzig und allein dem Wohl der leidenden Menschheit geweiht ist! Arzt und Helfer der Menschheit zu sein – diese Tat hat nichts mit lautem Ruhm zu tun – sie ist still und namenlos – wie die Opfer, die ihretwegen gebracht werden. Ihr jungen Menschen, Ihr werdet mich verstehen, wenn ich sage, daß es kein Leben und kein Vorwärts zu großen Zielen gibt, *ohne Opfer*! Ich weiß – daß alles Große und Gute in Euch weiterlebt in Eurem Geist – in Euren jungen Herzen! Wenn einmal die Fackel aus [unseren] **meinen** Händen gleitet, reißt Ihr sie wieder hoch – und tragt sie in den neuen, schöneren Tag hinein.

15.5. Kontext

Am 27. Mai 1935 war Kochs 25. Todestag. Im gleichen Jahr erfolgte die Gründung der Robert-Koch-Gesellschaft. Am 7. September 1937 wurde den beiden damals führenden deutschen Medizinern Ferdinand Sauerbruch und August Bier im Rahmen des Nürnberger Parteitags (»Parteitag der Arbeit«) der neugestiftete *Deutsche Nationalpreis für Kunst und Wissenschaft* verliehen, den auch Alfred Rosenberg, Ludwig Troost (postum) und Wilhelm Filchner erhielten (vgl. *Berliner Lokal-Anzeiger* 8.9.1937, Nr. 215). Während viele deutsche Naturwissenschaftler und Ärzte zu diesem Zeitpunkt bereits emigriert waren, versuchte man in Deutschland, die Wissenschaft zu nationalisieren. Im Jahre 1938 mußte Lise Meitner Deutschland aus politischen Gründen verlassen. Als 1939 der ›halbe Nobelpreis‹ für Chemie Adolf Butenandt zuerkannt wurde, mußte er den Preis auf Befehl der deutschen Behörden ablehnen.

15.6. Normaspekte

(1) Dem »idiotischen *Aberglauben*« der Gesundbeter, die es als eine »Todsünde« ansehen, »Gott durch einen Arzt in den Arm fallen zu wollen«, wird von Koch der *Glaube* »an den Sinn aller Erneuerungen unseres Wissens durch den ewig forschenden Menschengeist« entgegengesetzt. Dieser Sinn liegt in der Aufgabe des Arztes, ein »Helfer der Menschheit« zu sein. Neue Erkenntnisse aber müssen *bewiesen* werden.

(2) Koch ist ein »*Genie*« und ein »Pionier der Wissenschaft«. Sein »übermenschlicher Fleiß«, sein *Arbeitsethos* und sein »unerschütterlicher Glaube« lassen ihn als Ausnahmemenschen erscheinen, dessen Rigorismus das Familienleben gefährdet. Kochs Leitsatz lautet: »Du wirst nur so viel mehr im Leben sein, als Du mehr arbeitest als die anderen Menschen.«

(3) Parallel zu Koch wird Bismarck in der Reichstagsszene als *politisches Genie* mit den gleichen rigoristischen Zügen gezeigt. Bismarcks Haltung gegen Virchow ist allerdings hier nur rhetorisch geprägt. Bismarcks Kernsatz lautet: »Ein Appell an die Furcht hat im deutschen Herzen niemals ein Echo gefunden.«

(4) Das Erreichen wissenschaftlicher und politischer Ziele setzt *Pflichtbewußtsein* und *Selbstdisziplin* voraus. Irrationale Momente gefährden die Arbeit. So ist Fritz v. Hartwig vom »Mysterium des Schöpferischen« fasziniert, vergißt aber, den Mundschutz anzulegen.

(5) Trotz der politischen Verunglimpfung Virchows als »Charité-Onkel« und der Forcierung der Gegnerschaft Koch/Virchow wird zuletzt auch Virchow Normrepräsentant des Films, indem er *in der Niederlage ›menschliche Größe‹* zeigt. Koch revidiert in diesem Augenblick seine Fehleinschätzung Virchows.

15.7. Überliefertes Material

Drehbuch: ROBERT KOCH DER BEKÄMPFER DES TODES. *Eine Emil Jannings-Produktion der Tobis Filmskunst* [!] *G.m.b.H. Ein Film von Paul Josef Cremers u. Gerhard Menzel. Drehbuch: Walter Wassermann u. Diller. Spielleitung: Hans Steinhoff* [nebst weiteren Produktionsangaben]. *Tobis Atelier Grunewald.* Typoskript, 320 hektogr. Bl. (= 491 E) [HFF »Konrad Wolf«; Vorbesitzer: DEFA; keine hsl. Eintragungen].

Illustrierter Film-Kurier Nr. 2983 [BFA]; *Das Programm von heute* Nr. 1510 [BFA]; *Lockende Leinwand* o. Nr. [BFA]; *Reklame-Ratschläge*, 48 S., nebst Nachtr. Faltbl., 6 S. [BFA]; *Illustrierte Film-Bühne* Nr. 864; *Neues Film-Programm* (Verleih: DEFA-Film) Dez. 1959, Nr. 1644; *Presseheft*, 32. S. [BFA]; Bildmaterial [BFA, SDK]; Nachlaß Emil Hasler: 37 Entwürfe, 2 Drehpläne, Stabliste u. Kalkulation [SDK].

15.8. Interviews, Stellungnahmen, Rezensionen

[Günther] S[chwark]: Emil Jannings als Robert Koch. Der neue Jannings-Film der Tobis, in: *FK* 1.3.1938 (Nr. 50); [Mittlg:] Emil Jannings als Robert Koch, in: *FK* 31.1.1939 (Nr. 26); [Foto:] Emil Jannings und Prof. Sauerbruch in der Klinik der Berliner Charité, in: *FK* 14.2.1939 (Nr. 39); [Mittlg:] Werner Krauß im neuen Janningsfilm, in: *FK* 17.2.1939 (Nr. 41); [Festlegung des Titels] in: *FK* 21.2.1939 (Nr. 44); -d-: An der Wirkungsstätte Robert Kochs. Emil Jannings bei Vorstudien zu seinem neuen Tobis-Film im Robert Koch-Institut [mit Foto], in: *FK* 25.2.1939 (Nr. 48); Hermann Wanderscheck: Gespräch mit Paul Josef Cremers. Die Gemeinschaftsarbeit am ROBERT KOCH-Film. Emil Jannings will, daß in seinem Film eine vom Dichter geformte Sprache gesprochen wird, in: *FK* 2.3.1939 (Nr. 52); [Mittlg:] Heute erster Drehtag zum ROBERT KOCH-Film, in: *FK* 20.3.1939 (Nr. 67); BeWe: Emil Jannings hat begonnen. Im Versammlungshaus einer Gesundbetersekte. Erste Aufnahmen zum ROBERT KOCH-Film der Tobis, in: *FK* 21.3.1939 (Nr. 68); [Zur Produktion der Tobis], in: *FK* 6.4.1939 (Nr. 82); Heinrich Miltner: In der Modellwerkstatt eines Filmarchitekten. Die Bauten zum ROBERT KOCH-Film. Vierzig Baukomplexe sind zu errichten, in: *FK* 14.4.1939 (Nr. 87); Dr. Si: Robert Kochs Werk [mit Abb.], in: *Filmwelt*, Berlin, 21.4.1939 (Nr. 16); Bilderbogen zum *FK* 29.4.1939 (Nr. 99); Hans Schuhmacher: Beim neuen Jannings-Film: Der große Gegner Robert Kochs: Werner Krauß als Virchow, in: *FK* 5.5.1939 (Nr. 103); Hermann Hacker: »Am Anfang war der Rhythmus«. Festliche Hofball-Szene im neuen Emil Janningsfilm. Hans Steinhoff thront auf einer Leiter, in: *FK* 22.5.1939 (Nr. 116); Hermann-Walther Betz: In den Tobis-Ateliers entsteht: Ein Denkmal für Robert Koch [mit Abb.], in: *FK* 9.6.1939 (Nr. 131); BeWe: Wachaufzug auf dem Johannisthaler Freigelände. Schlußaufnahmen bei klingendem Spiel zum Robert-Koch-Film, in: *FK* 21.6.1939 (Nr. 141); [Foto:] Pressevertreter aus dem Protektorat Böhmen und Mähren bei ROBERT KOCH, in: *FK* 7.6.1939 (Nr. 129); [weitere Fotos:] Emil Jannings, in: *FK* 25.4.1939 (Nr. 95) und Werner Krauß, in: *FK* 1.9.1939 (Nr. 203).

[Anonym:] Festlicher Auftakt zur Biennale in Venedig: Der ROBERT-KOCH-Film ein einzigartiger Erfolg für die deutsche Filmkunst. Brausender Empfang der Lagunenstadt für Reichsminister Dr. Goebbels und Reichspressechef Dr. Dietrich, in: *Völkischer Beobachter* (Norddt. Ausg.) 10.8.1939 (Nr. 222); in der gleichen Ausg.: Hans Hömberg. Ein Dokument des Glaubens und der Unbeirrbarkeit. Erfolgreicher Filmstart am Lido. Sichtbare kulturelle Zusammenarbeit der Achsenmächte; dazu italienische Pressestimmen in: *FK* 12.8.1939 (Nr. 186) u. 29.8.1939 (Nr. 200); B-g: Erste Eindrücke von Venedig. Welturaufführung von ROBERT KOCH in Anwesenheit von Dr. Goebbels, in: *Filmwelt*, Berlin, 18.8.1939 (Nr. 33); Hans Erasmus Fischer: Unsterbliche deutsche Tat. Überwältigender Eindruck des ROBERT KOCH-Films, in: *Berliner Lokal-Anzeiger* 27.9.1939 (Nr. 231A); Otto Herrmann: ROBERT KOCH. Tobis-Film – Ufa-Palast, in: *Dt. Allg. Ztg.* 28.9.1939 [fehlt auf Mikrofilm]; Günther Schwark: ROBERT KOCH, DER BEKÄMPFER DES TODES, in: *FK* 27.9.1939 (Nr. 255); Hans Hömberg: Festaufführung im Berliner Ufa-Palast am Zoo: ROBERT KOCH, DER BEKÄMPFER DES TODES, in: *Völkischer Beobachter* (Norddt. Ausg.) 28.9.1939 (Nr. 271); Hans Erasmus Fischer: ROBERT KOCH, DER BEKÄMPFER DES TODES, in: *Filmwelt*, Berlin, 4.10.1939 (Nr. 40); Hilde Lest: Virchow und Koch – zwei Zeitalter der Medizin. Gespräch mit Oberregierungsrat Prof. Dr. Bernhard Möller (Reichsgesundheitsamt), in: *Berliner Lokal-Anzeiger* 27.10.1939 (Nr. 257), 2. Beibl.

Weiterer Einsatz: [Mittlg:] »Im Westen mit 32 Kopien«, in: *FK* 6.9.1939 (Nr. 224); *FK* 30.9.1939 (Nr. 228): Köln; *FK* 6.10.1939 (Nr. 233): Hamburg; *FK* 7.10.1939 (Nr. 234): Ostmark; *FK* 16.10.1939 (Nr. 241): Wien; *FK* 27.10.1939 (Nr. 251): Den Haag, hierzu R. H. Düwell: Zur ROBERT-KOCH-Premiere [in Den Haag][84], in: *FK* 2.11.1939 (Nr. 256); *FK* 28.10.1939 (Nr. 252): Prag; *FK* 2.11.1939 (Nr. 256): [Mittlg:] 4 _ Mill. Zuschauer; *FK* 21.11.1939 (Nr. 272): Belgrad; *FK* 30.11.1939 (Nr. 280): Zagreb; *FK* 4.12.1939 (Nr. 283): Bern; *FK* 30.12.1939 (Nr. 304); *FK* 9.1. u. 28.3.1940 (Nr. 7 u. 73): Kopenhagen; *FK* 2.3.1940 (Nr. 53): Budapest; *FK* 4.4. u. 7.6.1940 (Nr. 79 u. 131): Protektorat; *FK* 6.5.1940 (Nr. 104): römische Pressestimmen; *FK* 17.5.1940 (Nr. 113): Athen; *FK* 14.11.1940 (Nr. 268): Madrid; Auslandsstimmen über ROBERT KOCH, in: *FK* 13.1.1940 (Nr. 11); vgl. Drewniak 1987, S. 660 (Fernsehen), S. 698 (Italien), S. 703 (Tschechoslowakei), S. 712 (Danzig), S. 737 (Den Haag), S. 744 (Kopenhagen), S. 758 (Zürich), S. 770 (Portugal, in franz. Synchronisation), S. 775 (Estland), S. 785 u. 787 (Jugoslawien), S. 791 (Athen).

Wiedereinsatz nach dem Zweiten Weltkrieg: R. C.: Ein Landarzt machte Geschichte. Im Studio: ROBERT KOCH, in: *Berliner Morgenpost* 10.12.1963.

---

84 Eine Sammlung von Rezensionen zur Aufführung des Films in Holland findet sich im DIF.

16. D III 88

16.1. Produktionsdaten

UT: Ein Fliegerfilm nach einer Idee von Hans Bertram, Alfred Stöger und Heinz Orlovius
P: Tobis-Filmkunst GmbH; 2.984 m; Drehbeginn: 13. Februar 1939 (Tobis-Grunewald), im März Aufnahmen in fünf deutschen Fliegerhorsten; Rostock, Skagerrak[85]
A: Hans Bertram,[86] Wolf Neumeister
R: Herbert Maisch;[87] R-Ass.: Wolf-Dietrich Friese

Stab: K: Georg Krause, [Luftaufnahmen:] Heinz Jaworsky, [Trickaufnahmen:] Ernst Kunstmann; M: Robert Küssel; T: Erich Lange; Bau: Otto Moldenhauer, Bruno Lutz; Schnitt: C. O. Bartning; militär. Beratung: General z. V. Wilberg, [für die Marine:] Oberleutnant zur See a. D. Voigt; Flugtechn. Ltg.: Hans Bertram; Aufnahmeltg.: Körner, Dettmann, Walkenbach; Produktionsltg.: Fred Lyssa

FM: Tobis-Klangfilm, Geyer-Kopie
V: Tobis-Filmverleih GmbH; Weltvertrieb: Tobis Cinema
UA: 26. Oktober 1939, Stralsund (»als Ausdruck des Dankes für den Seefliegerhorst Panow, dessen Männer und Maschinen am Gelingen des Fliegerfilms wesentlichen Anteil haben«, *FK* 28.10.1939, Nr. 252); danach: 27. Oktober 1939, Berlin, Ufa-Palast am Zoo, (und »gleichzeitig in 150 Theatern im Reich«, *FK* 19.10.1939, Nr. 244)

Besetzung:
Oberstleutnant Mithoff	Christian Kayßler
Bonicke, Oberwerkmeister	Otto Wernicke
Fritz Paulsen, Obergefreiter	Heinz Welzel
Robert Eckhard, Obergefreiter	Hermann Braun
Flieger Hasinger, Monteur	Horst Birr
Gefr. Zeissler, Monteur	Adolf Fischer
Funker Lindner	Fritz Eberth
Leutnant Ludwig Becker, Jagdflieger 1918	Karl Martell
General	Paul Otto
Lina, Bauernmagd	Carsta Löck

Bewertung:
FP: 4. Oktober 1939, Prüf-Nr. 52391: staatspolitisch wertvoll, 2.984 m; 13. Oktober 1939, Prüf-Nr. 52468 (Vorspann): 77 m; Korr. der Bw. am 20. Oktober 1939 in den »Entscheidungen« v. 16.–21. Oktober 1939: staatspolitisch besonders wertvoll; 17. November 1939, Prüf-Nr. 52712: staatspolitisch besonders wertvoll, jugendwert, Jf, 2.936 m [DIF]; Paimann 1.12.1939 (Nr. 1234): »Ein Werk, das durch seinen ethischen und nationalen Gehalt üblichen Spielfilmmaßstäben entrückt ist«; 3. Januar 1940, Prüf-Nr. 53014 (Vorspann): 66 m; 9. Mai 1941, Prüf-Nr. 55427 (für Schmaltonfilm, Tit): staatspolitisch besonders wertvoll, jugendwert, Jf, 1.168 m.

---

85 Zur Wahl stand ursprünglich ein anderer Film, wie das Ufa-Programm 1937/38 (BA R 55/651) erkennen läßt: »Plan U 16. D III 88 (wenn nicht STAATSFEIND NR. 1) soll nach behördlicher Entscheidung von der R.P.L. [Reichspropagandaleitung] gemacht werden). Ms: Dr. Cremers, Spielleitung: Karl Ritter.«

86 Hans Bertram und die Hauptdarsteller erhielten von Hermann Göring ein Foto mit eigenhändiger Unterschrift (Mitteilung in *FK* 8.2.1940, Nr. 33).

87 Vgl. zur Produktion des Films: Maisch 1968, S. 278–285, auch Drewniak 1987, S. 376.

CFFP 1951, S. 48: »Good production and acting, strong militarist propaganda«; LPF June/Sept. 1953.
FSK: nicht eingereicht, keine Chance auf Freigabe (in den Akten: Diskussionsprotokoll).

Rechte: F.-W.-Murnau-Stiftung; Ausw: Transit-Film GmbH, München (komm.), DIF (nichtkomm.)
Kopie: BFA$_1$ [DIF]

16.2. Handlung

(1) In einem Fliegerhorst an der Nordsee warten Oberstleutnant Mithoff und Oberwerkmeister Bonicke zusammen mit anderen Fliegern auf die überfällige Maschine Dora 24, zu der in der Nacht und bei schlechtem Wetter bereits 20 Minuten lang keine Verbindung mehr besteht. Mithoff und Bonicke waren schon im Ersten Weltkrieg bei der Luftwaffe und sind für die Jüngeren Vaterfiguren, und beide haben keine Ruhe, »solange einer von den Jungens draußen ist«; während des ungeduldigen Wartens erinnern sie sich an alte Kriegstage und an gefallene Kameraden; Bonicke macht die Nachtluft zu schaffen (»Das verdammte Reißen«). Schließlich kehren die Obergefreiten Paulsen und Eckhard mit ihrem Wasserflugzeug vom Übungsflug zurück und erstatten Meldung. Aufgrund ihres Berichtes erwägt Mithoff, am darauffolgenden Tag »nach dem Manöver einen von beiden zum Unteroffizier« zu machen, aber »ihre Leistungen sind vollkommen gleichwertig«. Da führt beim »Zielabwurf« ein Defekt in der Maschine (»Die Bombe klemmt im vorderen Kasten«) die Entscheidung herbei. Mithoff gibt für alle Maschinen den Befehl, den Bombenwurf abzubrechen und zu landen, und als erkennbar ist, daß Paulsens und Eckhards Maschine nicht landen kann, den neuen Befehl »Abspringen!«. Aber nur Paulsen, der Führer des Flugzeugs, führt den Befehl aus (im Glauben, Eckhard sei vor ihm abgesprungen): Eckhard wagt das scheinbar Unmögliche: Während das Bodenpersonal in höchster Alarmbereitschaft ist, legt er eine saubere »Eierlandung« hin und wird »für sein hervorragendes Verhalten im Dienst« zum Unteroffizier befördert. Doch Eckhard hat in erster Linie seinen Ehrgeiz befriedigt und dabei, wie Bonicke feststellt, »ein unverschämtes Schwein gehabt«.

(2) Eckhards Beförderung wird gebührend gefeiert. Bonicke, dem die Chorsingerei mit Okarina zuwider ist, gestattet, daß die Flieger, die sich zum »Donkosakenchor« zusammengeschlossen haben, »ein passendes Lied zum Vortrag bringen«. Paulsen schmollt, er will nicht mit Eckhard anstoßen, doch der Konflikt sitzt tiefer: Er kann es nicht verwinden, daß er als Flugzeugführer zusehen mußte, wie »ein anderer« ›seine‹ Maschine herunterbrachte, und daß Eckhard ihn durch das Aufreißen des Fallschirms offensichtlich getäuscht hatte. Angesichts der aufgekeimten Rivalität zwischen Paulsen und Eckhard erscheint es dem Flieger Hasinger riskant, beide zum »Nachtflug Frankfurt-München und zurück« erneut zusammen in einer Maschine fliegen zu las-

sen, aber Bonicke spielt diese Rivalität herunter (»Das wären mir ja schöne Soldaten, wenn jeder seinen persönlichen Quatsch in den Dienst reintragen dürfte«). Ebensowenig will er seine eigenen Gebrechen, die er lediglich mit Kampfspiritus behandelt, gelten lassen. Der Stabsarzt verordnet ihm einen »längeren Urlaub« und eine »Generalüberholung«. Er widersetzt sich, und als der Stabsarzt Mithoff mitteilt, daß Bonicke ein »schwerkranker Mann« sei, macht dieser ihm klar, »was das für diesen Mann bedeutet, wenn er jetzt aus dem Dienst ausscheiden soll«; Mithoff möchte ihm dies selbst sagen. Als Bonicke im Schuppen den alten Fokker-Dreidecker – mit dem titelgebenden Kennzeichen »D III 88« [= ›D‹: Deutschland, ›III‹: Dreidecker, ›88‹: lfd. Nr.] – wartet, bietet sich für Mithoff die beste Gelegenheit, ihn zu überreden, zu seiner Schwester »aufs Land« zu gehen und sich auszukurieren. Bonicke stimmt schließlich zu, will aber wenigstens das Manöver noch mitmachen; so bleiben ihm noch 14 Tage.

(3) Während des Nachtfluges flammt die Rivalität zwischen Paulsen und Eckhard erneut auf. Regen, Nebel und Vereisungsgefahr bringen alle Maschinen in Bedrängnis; die Wettermeldungen legen eine Kursänderung nahe. Aber Eckhard läßt sich durch Paulsen zum Flug »mitten durch« verleiten. Die Maschine, in der auch der Funker Lindner sitzt, muß notlanden und geht zu Bruch; dabei werden alle drei nur leicht verletzt. Mithoff kümmert sich persönlich um sie, läßt sich die Umstände, die zur Notlandung führten, schildern und verlangt »schriftliche Meldung«. Später erteilt er Paulsen und Eckhard vor dem angetretenen Fliegerhorst »wegen disziplinlosen Verhaltens im Dienst und wegen Gefährdung von Menschenleben bis auf weiteres Startverbot«. Eine »endgültige Entscheidung über diese Angelegenheit« soll erst nach dem Manöver getroffen werden.

(4) Beim gemeinsamen Manöver, in dem die »Aufklärungsgruppe 200« unter Führung von Mithoff der Flotte unterstellt ist, wird der »Vorstoß einer feindlichen Flotte« simuliert; die Fernaufklärung soll den »Anmarschweg des Gegners rechtzeitig feststellen und melden«, doch die Wetterverhältnisse sind für die »Fächeraufklärung« ungünstig. In der großen Halle bleibt nur die Maschine von Paulsen und Eckhard zurück, »bloß wegen der Lausejungens«, für die sich Bonicke bei Mithoff einsetzt. Dabei erinnert er ihn an eine Situation, die sich wenige Tage vor dem Ende des Ersten Weltkriegs ereignet hatte. Diese wird nur in einer Rückblende[88] gezeigt: Nach dem Tod von Hans Erhard hatte der »Kommandeur der Flieger« die Leitung der Jagdstaffel Mithoff übertragen und den Befehl gegeben, mit den letzten drei Maschinen »über der Front zu fliegen«, obgleich in der Heimat schon die Revolution ausgebrochen war; die Maschinen sollten den Rückzug decken. Aber Leutnant Becker wollte sich, im Zorn über »die Schweine da hinten«, nicht »kurz vor Toresschluß noch abknal-

---

88 Das Filmprotokoll der Rückblende (nebst Synopse Drehbuch/Film) sowie die Replikenliste zu D III 88 findet sich in Popp 1992, Materialband.

len lassen«, und nach heftiger Auseinandersetzung mit Mithoff hatte dieser ihm daraufhin Flugverbot erteilt, aber am folgenden Tag noch eine Chance gegeben. Denn Becker war zur Einsicht gelangt: »Ich habe die ganze Nacht gesessen und habe gehört, wie sie geschossen haben – da vorn – da vorn sind noch Männer in den Gräben und in den Batterien – die kann ich doch nicht im Stich lassen.« In seinem letzten Kampfeinsatz wurde Becker dann schwer verwundet; man hätte ihn »noch durchbringen können«, wenn er im Feindesland notgelandet wäre, aber er wollte »denen da drüben« keine Maschine lassen. Mithoff spricht vom »Geist der Frontflieger«, und Bonicke nutzt die Erinnerung an Leutnant Becker, um Mithoff zu bitten, auch Paulsen und Eckhard noch eine Chance zu geben.

(5) Mithoff steht neben dem Flottenchef auf der Admiralsbrücke und ist beunruhigt über das Ausbleiben der Meldung der Fernaufklärer. Bei starken Frontgewittern, heftigen Regenböen und »Spitzenböen bis zu 100 Stundenkilometern« ist das Ausmitteln des »Anmarschweges des Gegners« keine leichte Aufgabe. Als die Fernaufklärer schon auf dem »Rückflug zur Brennstoffergänzung« sind, entschließt sich Mithoff, per Funkspruch die D 24 mit Paulsen und Eckhard einzusetzen. Diese »Bengels« retten die Ehre des Geschwaders: Sie übermitteln die Position von drei Kreuzern und mehreren Zerstörern, so daß der Gegner zum Abdrehen gezwungen werden kann, müssen jedoch bald danach »Motorschaden« und ihren Standort (»20 Meilen Nordwest Westernförde«) melden. Bei diesem Standort können die Flugsicherungsschiffe nicht vor Dunkelheit über der Unfallstelle sein. Paulsen und Eckhard wissen, daß sie bald »im Bach liegen« werden, wichtiger ist ihnen jedoch, daß sie sich durch ihre Leistung »beim Oberstleutnant wieder rausgepaukt« haben. Da besteigt Bonicke die alte »D III 88«; er ist näher am Standort als die anderen und findet die beiden, erleidet jedoch einen Herzanfall und stürzt mit der Maschine ins Meer. Bei der Trauerfeier erklärt Mithoff: »Der Oberwerkmeister Bonicke starb den Fliegertod fürs Vaterland. Die deutsche Luftwaffe verliert einen Mann, der sie im Geiste der Toten des großen Krieges aufbauen half, der Fliegerhorst verliert einen Kameraden, der als Meister seine Flugzeuge betreute, und der als Mensch einer Generation von jungen Fliegern ein väterlicher Erzieher war – ich verliere einen Freund. – Wir haben hier das Zeichen seines alten Flugzeuges – er und seine Maschine haben beide ein Leben lang ihre Pflicht getan, und sie haben zuletzt ihr Leben gelassen, um junges Leben zu retten. Wir können Dir keinen Kranz aufs Grab legen, denn wir wissen nicht, wo Du ruhst, wir sehen Dich vor uns und werden Dich niemals vergessen.«

16.3. Verwendetes literarisches Material

Es handelt sich um einen originalen Filmstoff.

16.4. Textbeispiel

Oberstleutnant Mithoff vor der Front der angetretenen Truppe. Drehbuch und Filmfassung: Normale Schrift: Grundstufe des Textes; **halbfette** Klammer und **halbfetter** Druck = Tilgung und Ergänzung auf der nächsten Textstufe; *kursive* Klammer und *Kursivdruck* = Tilgung und Ergänzung auf der folgenden Textstufe.

Unteroffizier Eckhard und Obergefreiter Paulsen haben [wegen disziplinlosen Verhaltens im Dienst mit Gefährdung von Menschenleben und Material] bis auf weiteres Startverbot! *[***Sie haben trotz der ihnen bekannten Befehle gegen die fliegerische Zucht und Ordnung verstoßen, daß ich gezwungen bin, Tatbericht einzureichen***]* (nach Streichung Wiederherstellung der ursprünglichen Fassung:) *wegen disziplinlosen Verhaltens im Dienst* [*mit*] **und wegen** *Gefährdung von Menschenleben und Material bis auf weiteres Startverbot.* [Weitere Entscheidungen wird das Gruppenkommando nach dem Manöver treffen.] **Eine endgültige Entscheidung über diese***[n]* **[***Vorfall***]** *Angelegenheit* wird nach dem Manöver getroffen.
Rührt Euch!
Ich [nehme diesen Vorfall zum Anlaß, Sie immer wieder] **möchte Euch alle bei dieser Gelegenheit an Eure** Soldatenpflicht [zu] erinnern. Zwei **Eurer Kameraden,** an sich gute Soldaten und Flieger haben sich durch [eine] persönliche Differenz**en** und durch törichte Eitelkeit in ihrem dienstlichen Zusammenwirken beeinflussen lassen. **So etwas gibt es nicht! Privatangelegenheiten im Dienst sind schwerste Pflichtverletzung –** [Dabei ist es vollkommen [unwesentlich] **gleichgültig**, ob es sich um den Dienst an Bord eine[r]**s** [Maschine] **Flugzeuges** handelt, oder um eine Funktion sonst: In der [Montage] halle – [in] der Funk[station]**stelle** – oder [im letzten Munitionsbunker] **an jeder anderen Stelle**].
Persönliche Differenzen [gibt es] **gibt's** überall [.**A**]**,** aber [der] **im** Dienst [erfordert] **gibt's nur** den Einsatz der ganzen [Persönlichkeit] **Person**, [–] reibungslose Zusammenarbeit, [–] bedingungslose Hingabe! *[***Über allem steht nun mal der Gehorsam. Er bildet nach dem Artikel der Pflichten des Soldaten die Grundlage der Wehrmacht.***]* Nur so kann unsere Waffe zu einem Instrument [zusammen geschweisst] werden, auf das sich [das Vaterland] **der Generalfeldmarschall und unser Führer** im Ernstfall bedingungslos verlassen [kann] **können**!

16.5. Kontext

Hinsichtlich der »Wiederherstellung der Wehrfähigkeit des deutschen Volkes« bestehen für diesen Film die gleichen Kontextbeziehungen wie für die Filme HERMINE UND DIE SIEBEN AUFRECHTEN (Kap. B.2.5) und POUR LE MÉRITE (Kap. B.14.5). Die Idealvorstellung vom »Kampfgeist« und von der »Opferbereitschaft« der Flieger wurde in den 30er Jahren durch den (auch bei seinen Gegnern lebendigen) Mythos des »Kampffliegers Manfred Frh. v. Richthofen« geprägt (*Der rote Kampfflieger*. Berlin 1933; *Sein militärisches Vermächtnis*, hg. v. d. Kriegswiss. Abt. d. Luftwaffe. Berlin 1938). Richthofen galt als »unbesiegt«, denn nach »80 Luftsiegen« erlag er nicht im ›Zweikampf‹, sondern wurde abgeschossen, »als er in der scharfen Verfolgung hinter zwei flüchtenden feindlichen Fliegern bis auf 300 Meter herunterstieß und in die Geschoßgarbe kanadischer MG-Schützen kam« (*Vermächtnis*, S. 8). Seit dem 1. März 1935 wurde der »Tag der Luftwaffe« begangen. Daran erinnert Günther Schwark: Deutscher Film im Dienst der fliegerischen Idee. Spiel- und Kulturfilme fördern die Bewunderung und das Verständnis für die Leistungen unserer Flieger, in: *FK* 1.9.1939 (Nr. 51).

16.6. Normaspekte[89]

(I) Instanz des Films ist Oberstleutnant Mithoff. Er hat im Geschwader nicht nur die Befehlsgewalt, sondern ist auch normmächtige Figur. Seine Normaussagen enthalten die zentralen Normbegriffe:
(1) *Disziplin* (vs. Impulsivität, Disziplinlosigkeit),
(2) *Soldatenpflicht* (vs. Pflichtverletzung),
(3) *Einsatz der ganzen Person* (vs. Egoismus, Eitelkeit),
(4) *bedingungslose Hingabe*,
(5) *Glaube an die Sache* im Erkennen des *Sinnes* dieser Sache (bis zum »Fliegertod fürs Vaterland«). Deshalb ist der Tod Leutnant Beckers »so kurz vor Toresschluß« nicht sinnlos (Mithoff: »Der hat gewußt, daß es noch einen Sinn gibt«),
(6) *Ritterlichkeit* (im Umgang mit dem Gegner).

(II) Oberwerkmeister Bonicke ist Mithoff zwar unterstellt, aber durch Kameradschaft und gemeinsame Kriegserfahrungen sind beide Normpartner, so daß Bonicke als Adjuvant fungieren kann. Er formuliert:

---

89 In der Presse (siehe Kap. B.16.8) wird durchgängig der stark normative Charakter des Films hervorgehoben. Gleichwohl sind Nuancen bemerkenswert. Wilhelm Ritter v. Schramm (*Völkischer Beobachter*) betont, »daß der Geist des reinen deutschen Soldatentums« in den Schauspielern »wirkte und sie zu harten und frischen Jungen machte«; Hans Erasmus Fischer (*Berliner Lokal-Anzeiger*) hebt die »hohe erzieherische Aufgabe« des Films hervor sowie »Gesinnung, Charakter und Haltung«; Erich Schönborn (*Dt. Allg. Ztg.*) schreibt: »Wer auch nur einen Funken von Gefühl für männliche Haltung und soldatisches Wesen bewahrt hat, der wird von diesem Fliegerfilm aufs tiefste gepackt werden müssen.« Bei der Aufführung in Zürich dagegen wurde der normative Anspruch des Films schon durch den veränderten Titel DER LETZTE FLUG DER D III 88 entschärft, so daß der Rezensent der *Neuen Zürcher Ztg.* (6.12.1940, Nr. 1785) stärker die dramaturgischen Aspekte, die ungewöhnliche Prägnanz der Bildkunst und die Glanzrolle für Wernicke hervorheben konnte. (Der Film lief in Zürich vom 4.–12.12.1940 im Kino »Orient«.)

(1) spezifische *Fliegernormen*:
   (a) Ein Flieger braucht drei Dinge im Leben. Erstens muß er das *Herz* auf dem rechten Fleck haben, zweitens muß er einen anständigen *Knüppel* fliegen können, und drittens muß ein Flieger *Glück* haben.«
   (b) »Ein Flieger ist bei jedem Flug an der Front.«
(2) die *Kameradschaftsnorm*: »Kameradschaft heißt ..., daß der eine sich auf den anderen verlassen kann«. – Für Paulsen und Eckhard gilt daneben noch die (zeitweilig verletzte) *Freundschaftsnorm*, die nach dem Absturz im Wald durch Paulsen wieder in Kraft gesetzt wird (»Wir werden das schon zusammen ausbaden«).
(3) die *Bewährungsnorm*: »Wenn ein anständiger Mensch mal abrutscht, dann muß man ihm auch die Möglichkeit geben, wieder auf die Beine zu kommen.«

16.7. Überliefertes Material

Drehbuch: D III 88. *Ein Film nach einer Idee von Hans Bertram und Alfred Stöger. Drehbuch: Hans Bertram und Wolf Neumeister.* Typoskript, 2 Tle.; T. 1: Bild 1–91 (E 1–322), 210 hektogr. ungez. Bl.; T. 2: Bild 91(Forts.)–189 (E 323–607), 183 hektogr. ungez. Bl.; Titel auf T. 2: *Hans Bertram und Wolf Neumeister: D III 88. Ein Fliegerfilm der Tobis. Regie: Herbert Maisch.* [(1) SDK; mit Bleistiftnotizen (Änderungen militär. Titel, techn. Details, einige Textkorrekturen, vorwiegend in T. 1). (2) HFF »Konrad Wolf«; Vorbesitzer: DEFA: in einem Band E 604 u. 605 geklebt, E 606 u. 607 fehlen, Besetzung mit Blaustift nachgetragen, sonst keine Eintragungen].
Im DIF sind 2 Drehbücher überliefert, eines davon das Regiebuch von H. Maisch (mit Regiebemerkungen und Kennzeichnung der abgedrehten Szenen). Im Film fehlen zwei im Regiebuch enthaltene und nachweislich ›abgedrehte‹ Szenen: (1) das Begräbnis des Staffelführers Erhard und (2) die Sterbeszene von Leutnant Becker, die auf die letzte Kopfbewegung Beckers und eine Lichtapotheose reduziert wird. »Offensichtlich wollte man keine Sentimentalität und falsche Heroisierung aufkommen lassen, um so den soldatischen und männlichen Charakter des Films zu betonen« (Popp 1992, S. 15 ff.).
Illustrierter Film-Kurier Nr. 2982 [BFA]; *Das Programm von heute* Nr. 1505 [BFA]; *Werbematerial* der Tobis, 36 S.; *Presseheft*, 24 S., darin S. 5: Dr. Möhrke, Weltkriegssoldat und Künstler: Herbert Maisch, der Regisseur von D III 88 [BFA]; Bildmaterial [BFA, SDK].

16.8. Interviews, Stellungnahmen, Rezensionen

[Mittlg:] Maisch inszeniert den großen Fliegerfilm der Tobis, in: *FK* 13.2.1939 (Nr. 37); [Anonym:] Ein Flieger ganz dem Film verschworen, in: *Filmwelt*, Berlin, 24.2.1939 (Nr. 8); [Joachim] Rut[enberg]: Filme im Werden: D III 88. Das hohe Lied vom deutschen Flieger, in: *FK* 16.3.1939 (Nr. 64); [Zur Produktion der Tobis], in: *FK* 6.4.1939 (Nr. 82); [Anonym:] Film des bejahenden Lebens, in: *Filmwelt*, Berlin, 14.4.1939 (Nr. 15); [Foto:] Hermann Braun, in: *FK* 22.5.1939 (Nr. 116); zum Filmplakat: Bilderbogen des *FK* 24.8.1939 (Nr. 198); [Hans] Schu[macher]: Herbert Maischs Fliegerfilm im Atelier. Feinarbeit an einem großen Filmwerk, in: *FK* 23.5.1939 (Nr. 117); Bilderbogen des *FK* 3.6.1939 (Nr. 126); Carl Theodor Nar: Luftfahrt und Film, in: *FK* 19.7.1939 (Nr. 165); Dr. Heinz Siska: Zu dem Tobis-Film D III 88. In der Hauptrolle: Die Luftwaffe, in: *FK* 19.10.1939 (Nr. 244); H. Th. Wagner: Film von unseren Fliegern. Gespräch mit Herbert Maisch, in: *Berliner Lokal-Anzeiger* 26.10.1939 (Nr. 256), 2. Beibl.

Erich Schönborn: D III 88. Ein Fliegerfilm der Tobis – Ufa-Palast am Zoo, in: *Dt. Allg. Ztg.* 28.10.1939 (Nr. 516); Günther Schwark: Erfolgreicher Start von D III 88. Der erste Spielfilm von unserer Luftwaffe, in: *FK* 28.10.1939 (Nr. 252); Hans Erasmus Fischer: Film von kühnen Fliegern. D III 88 im Ufa-Palast am Zoo uraufgeführt, in: *Berliner Lokal-Anzeiger* 29.10.1939 (Nr. 279), 1. Beibl.; Wilhelm Ritter v. Schramm: D III 88. Uraufführung im Berliner Ufa-Palast am Zoo, in: *Völkischer Beobachter* (Norddt. Ausg.) 29.10.1939 (Nr. 302); Hans Erasmus Fischer: D III 88, in: *Filmwelt*, Berlin, 10.11.1939 (Nr. 45).

Weiterer Einsatz: *FK* 1.11.1939 (Nr. 255): Cottbus; *FK* 18. u. 27.11.1939 (Nr. 270 u. 277): Wien; *FK* 21.12.1939 (Nr. 298): Kopenhagen; *FK* 18.1.1940 (Nr. 15): vor Lettischer Polizei; *FK* 28.5.1940 (Nr. 122): Budapest; [Anonym:] Was bedeuten die Auslandserfolge von D III 88, in: *FK* 28.3.1940 (Nr. 73); *FK* 9. u. 13.12.1940 (Nr. 289 u. 293): Rom; *FK* 19.12.1940 (Nr. 298): Zürich; *FK* 12.4.1941 (Nr. 86): Deutsche Flieger erleben »ihren Film«; *FK* 4.6.1941 (Nr. 128): finnische Presse; vgl. Drewniak 1987, S. 618 (Wanderkino), S. 660 (Fernsehen), S. 744 (Kopenhagen), S. 769 (Portugal).

17. MUTTERLIEBE

17.1. Produktionsdaten

UT: Ein Gustav-Ucicky-Film der Wien-Film und Ufa
P: Wien-Film GmbH, Universum-Film AG, Herstellungsgruppe Erich v. Neusser; 2.893 m; Drehzeit: Anfang Mai bis Anfang August 1939 (Außenaufnahmen: Wien, Alte Universität, Attersee, Waidhofen a. d. Ybbs); Drehbeginn im Atelier Rosenhügel, Wien: 14. Juni 1939[90]
A: Gerhard Menzel
R: Gustav Ucicky; R-Ass.: Wolfgang Schubert

Stab: K: Hans Schneeberger; M u. musikal. Ltg.: Willy Schmidt-Gentner; T: Alfred Norkus; Bau: Werner Schlichting, Kurt Herlth; Kostüme: Bert Hoppmann; Schnitt: Rudolf Schaad; Herstellungsltg.: Fritz Fuhrmann

FM: Tobis-Klangfilm, Wien-Film-Kopie
V: Wien-Film, Ufa
UA: 19. Dezember 1939, Wien, Apollo-Theater; dt. EA: 29. Dezember 1939, Berlin, Ufa-Palast am Zoo

Besetzung:
Marthe Pirlinger	Käthe Dorsch[91]
Josef Pirlinger	Hans Hotter
Dr. Koblmüller	Paul Hörbiger
Walter Pirlinger	Wolf Albach-Retty
Paul Pirlinger	Hans Holt
Felix Pirlinger	Rudolf Prack
Franzi Pirlinger	Susi Nicoletti
Kammersänger	Siegfried Breuer
Frau Stätter	Frieda Richard
Hanna, Pauls Frau	Olly Holzmann
Rosl, Felix' Frau	Winni Markus
Opernportier	Fritz Imhoff
Professor	Eduard Köck
Schuldirektor	Alfred Neugebauer
Franzi 1912	Traudl Stark
Walter 1912	Erich Kuchar
Paul 1912	Walter Schweda
Felix 1912	Rudolf Rab

Bewertung:[92]
FP: 24. Oktober 1939, Prüf-Nr. 52545 (Sequ.): künstlerisch besonders wertvoll, Jf, 2.893 m (gültig bis 31.12.1942) [DIF]; 13. Dezember 1939, Prüf-Nr. 52885 (Vorspann): 86 m; 22. Dezember

---

90 Vgl. zur Produktion: Schrenk 1984, S. 23–29.
91 Vgl. zu Käthe Dorsch: Rathkolb 1991, S. 237–239. Die Premiere fand am Tag des 50. Geburtstages von Käthe Dorsch statt und wurde zu einer Huldigung der beliebten Schauspielerin. Es war weithin bekannt, daß Käthe Dorsch im Ersten Weltkrieg mit Hermann Göring verlobt war und daß sie ihre Autorität nutzte, um sich für verfolgte Kollegen einzusetzen; am 12.2.1941 notiert Goebbels im *Tagebuch*: »Käthe Dorsch hat eine Menge halbseidener Fälle. Ich will ihr nach Möglichkeit helfen.«
92 Goebbels: *Tagebuch*, 19.10.1939: »Film MUTTERLIEBE von Ucicky mit Käthe Dorsch. Ein

1939, Prüf-Nr. 52975 (Vorspann): 78 m [DIF]; »Entscheidungen« v. 15.–20. Januar 1940: Korr. der Bw. am 27. Dezember 1939, Ausfertigung der neuen Zulassungskarte am 21. April 1941 (Sequ.): staatspolitisch und künstlerisch besonders wertvoll, Jf 14 (gültig bis 31.12.1942) [SDK]: 7. November 1942, Prüf-Nr. 57810: gleiche Bw.; Paimann: 24.11.1939 (Nr. 1233): »Fast ein Schlager«; *Meldungen aus dem Reich* 14.2.1940 (Nr. 53) [Boberach 1965, S. 47].
FSK: 6. November 1950, Prüf-Nr. 2103: uneingeschränkt, Jf 14, 2.766 m.

Rechte: Taurus Film GmbH & Co, München
Kopie: BFA₂ [BFA₁(unvollendet), SDK, ÖFA]

17.2. Handlung

(1) Bei einer Landpartie der Familie Pirlinger anläßlich des Geburtstages von Frau Marthe wird der Vater Josef vom Blitz erschlagen. Frau Marthe steht damit vor dem wirtschaftlichen Ruin und muß sehen, wie sie ihre vier Kinder – Franzi, Walter, Paul und Felix – allein durchbringt. Denn Josef Pirlinger war ein »leichtsinniger Hund«, der nach dem Wahlspruch lebte: »Der anständige Mensch lebt vom Kredit.« Er hatte seiner Frau ein teures Mardercollier zum Geschenk gemacht und sich von seinem Gehilfen Geld aus der Kasse geben lassen, obgleich seine Drogerie von fälligen Wechseln bedroht ist; auch dem Hausmädchen hatte der Gehilfe Geld geben müssen, damit sie zehn Flaschen Champagner kaufen konnte. Das Familienlied, das die Pirlingers in ihrem Wagen sangen, wird durch den Tod ad absurdum geführt: »A klanes Liedl und a Herz voll Schneid. Zwei kecke Augen voller Leichtsinn, und immer lustig, ist der Weg auch weit, so san ma amal, d'Pirlingerleut.« Doch die leichtlebige Frau Marthe stellt sich schnell auf die neue Situation ein; dabei erhofft sie sich finanzielle Unterstützung von Tante Beatrix. Doch diese versucht – unter dem Vorwand, ihr helfen zu wollen – sich der Kinder zu bemächtigen; daraufhin weist Frau Pirlinger sie aus dem Hause. Sie tröstet die weinenden Dienstboten, macht die Kinder mit der Situation vertraut, verkauft die Drogerie und zieht von Graz nach Wien, wo sie eine Wäscherei kauft, um als Wäscherin ihren Lebensunterhalt zu verdienen. Frau Stätter, die frühere Inhaberin der Wäscherei, die selbst dereinst ihre Kinder allein aufziehen mußte, kommt ihr beim Kaufpreis entgegen und gibt ihr gute Ratschläge.

(2) Frau Pirlinger kann Franzi auf die Ballettschule, Walter aufs Konservatorium sowie Paul und Felix aufs Gymnasium schicken. Durch Zufall kommt Dr. Koblmüller mit der Familie in Kontakt. Als Franzi sich in der Trautenauer Gasse im Regen eines Hündchens annimmt, dabei von einem Fleischerhund angefallen wird und das für die Mutter kassierte Wäschegeld verliert, begleitet er sie nach Hause, tröstet und verteidigt sie. Von Frau Marthe ist er sehr

---

ergreifendes Kunstwerk, eine noble und edle Haltung, gut gespielt und in keiner Weise übertrieben. Ich bin glücklich über diesen gelungenen Wurf.« 27.12.1939: »Filme geprüft. Mutterliebe nochmal. Ein wahres Meisterwerk. Ganz großer Wurf von Ucicky mit Käthe Dorsch. Bekommt die höchsten Prädikate.« Nach der Premiere in Berlin, 30.12.1939: »Das Publikum ist auf das Tiefste ergriffen. Ich freue mich über diesen Sieg des deutschen Films.«

beeindruckt. Er wird häufiger Gast im Hause Pirlinger und hilft Frau Marthe auch einmal beim Drehen der Wäscherolle. Der Klassenprimus Paul wird beim Wäscheaustragen von seinen Kameraden verhöhnt, die ihm das Wäschepaket aus der Hand schlagen. Felix greift ein. Die dadurch ausgelöste Rangelei, an deren Ende die ganze Wäsche im Straßenschmutz liegt und ein Schüler eine Gehirnerschütterung erleidet, bringt beiden eine Verwarnung des Schuldirektors ein, der Felix' Rechtfertigungsversuch barsch abweist. Felix wird später der Schule verwiesen, nachdem er erneut handgreiflich geworden ist und sich dabei den Respekt seines Gegners verschafft hat; Paul hat den Vorfall dem Direktor gemeldet. Das unterschiedliche Naturell der Brüder ist auch für die Mutter ein Problem. Paul ist strebsam, bemüht sich um ein Stipendium, um der Mutter das Schulgeld zu ersparen; er ist auf sein Ansehen bei den Klassenkameraden bedacht und will deshalb nie wieder Wäsche austragen. Frau Marthe nimmt ihn zwar Felix gegenüber in Schutz, nennt ihn aber (wie der Direktor) einen »Duckmäuser« und verbietet ihm, weiterhin Wäsche auszutragen. Indessen schleicht sich Walter bei den Deutschmeistern ein und animiert sie, den Pilgerchor aus Richard Wagners *Tannhäuser* zu spielen, wobei er sich als Dirigent produziert; Felix glaubt ihm dies nicht und schlägt ihn. Paul ist nach der Entfernung seines Bruders aus der Schule und seinem »feigen Verhalten« in der Klasse völlig isoliert. Durch eine ungewöhnliche Tat, das Durchkriechen einer langen Drainageröhre am Bahndamm, will er sich und den anderen beweisen, daß er kein Feigling ist. Dies mißlingt; durch zwei gleichzeitig aneinander vorbeifahrenden Zügen wird er verschüttet. Frau Pirlinger, die an diesem Abend von Dr. Koblmüller in die Oper eingeladen wurde, wartet ungeduldig auf Paul. Als Dr. Koblmüller sie abholen will, quält sie sich mit Selbstvorwürfen. Felix bringt die Nachricht, daß Polizei und Feuerwehr am Bahndamm bei Paul seien. Dort kann sie dann den Geretteten in die Armen schließen. Es folgt der Zwischentitel: »Dahin fliegen die Jahre ...«

(3) Am Tag des zehnjährigen Jubiläums der inzwischen florierenden »Wäscherei Pirlinger«, in die Felix als Teilhaber eingetreten ist, steht Frau Marthe vor neuen Konflikten: Walter führt als junger Musiker ein Lotterleben, ist verschuldet und pumpt seine Mutter an; Franzi, als Tänzerin erfolgreich, läßt sich von einem Kammersänger zu einem Liebesabenteuer überreden; Felix hat Rosl, eine Angestellte der Wäscherei, geschwängert, will sie aber nicht heiraten; Paul mußte sein Medizinstudium abbrechen, da er erblindet ist (eine Spätfolge des Unfalls in der Drainageröhre); Dr. Koblmüller, der Paul ermahnt, seiner Mutter nicht das Leben schwer zu machen, wagt einen Heiratsantrag, den Frau Pirlinger ablehnt. Das festliche Familienessen (mit vielerlei Salat für die Kinder und einer Eisbombe) nimmt eine tragische Wendung. Zunächst verbindet sie alle noch das alte »Pirlingerlied«. Dann aber bittet Paul, auf sein Zimmer gehen zu dürfen, weil er nicht mitfeiern könne; Frau Marthe tröstet ihn und macht ihm Hoffnung, daß die in neun Tagen bevorstehende Operation (die sechste in einem Jahr) erfolgreich verlaufen werde. Die drei anderen Kinder warten das Auftragen der Eisbombe nicht ab: Walter muß angeblich zu einer

»Instrumentationsprobe«, Felix in den Fußballklub, und Franzi erfindet eine Ausrede, um zu ihrem Rendezvous mit dem Kammersänger zu kommen. Frau Marthe durchschaut ihre Kinder. Die Köchin hat kein Mitleid mit ihr. Da trifft Dr. Koblmüller auf die allein vor ihrer Eisbombe sitzende Frau Marthe, die sich nach wie vor »mit ihren Kindern verheiratet« sieht; er sucht in Frau Marthe eine Ersatzmutter (»Ich alter Depp, ich brauche ja viel eher eine Mami«). Beide wollen von nun an »Du« zueinander sagen. Das »Du« tauschen auch Franzi und der Kammersänger, während Walter mit einer verheirateten Frau in einer Bar sitzt und von einem Gläubiger in Bedrängnis gebracht wird.

(4) Den Konflikt zwischen Felix und Rosl löst Frau Marthe durch ein vertrauensvolles Gespräch mit Rosl und ein Ultimatum an Felix, von dem sie Respekt vor der Frau fordert und den sie ohrfeigt, als er behauptet, Rosl wolle sich nur »ins warme Nest« setzen. Sie verlangt von Felix, Rosl zu heiraten oder das Haus zu verlassen. Danach wartet sie auf den erst gegen vier Uhr morgens heimkommenden Walter. Sie weiß von Felix, wo Walter sich herumgetrieben hat, und kann deshalb seine Lügen abwehren; sie weiß auch, daß er 2.000 Kronen aus der Kasse entwendet hat. Sie verstößt Walter aus der Familie (»Du gehörst nicht mehr zu uns!«), wartet aber schon am nächsten Morgen auf einen Anruf von ihm. Felix, der Zeuge einer Ohnmacht der Mutter wird, erkennt noch nicht den Grund für deren hektische Arbeitsaktivitäten. Er will Rosl heiraten, die von nun an »am Tisch mitessen« darf. Franzi trifft auf die noch arbeitende Mutter und klagt ihr ihren Liebeskummer; der Kammersänger hat sie »schon nach acht Tagen« sitzen lassen, aber Frau Marthe tröstet sie: So etwas müssen alle Frauen durchmachen, und Franzi erkennt am Schicksal Pauls, daß ihr Leid »nur ein kleines« ist. Pauls Augenoperation gelingt. Zwölf Tage später erfährt der ungeduldige und am Erfolg der Operation zweifelnde Paul vom Professor, warum nur ein Auge operiert wurde: Seine Mutter hat die Hornhaut eines Auges für ihn geopfert; er eilt voller Dankbarkeit in ihr Krankenzimmer, in dem sie ihn schon erwartet.[93]

(5) Zum 60. Geburtstag trifft die ganze Familie Pirlinger wieder zusammen. Frau Marthe spielt mit den vier Kindern von Felix und Rosl. Paul ist inzwischen Arzt geworden und mit Hanna verheiratet, die mit ihren beiden Kindern ›noch nicht richtig umgehen‹ kann; er beschwert sich bei seiner Mutter, die bei Felix' Kindern Überstunden mache und seine Kinder vernachlässige. Frau Marthe wendet bei den Enkelkindern die gleichen Tricks an, wie einst bei ihren eigenen Kindern; sie muß aber auch Rosl über die Seitensprünge von Felix hinweghelfen. Selbst Walter ist zum Geburtstag gekommen; er hat Paul geschrieben, daß er im Hotel »Astoria« abgestiegen sei; Frau Marthe, von Paul informiert, schließt den ›verlorenen Sohn‹ wieder in ihre Arme. Bei der Geburts-

---

93 Vgl. hierzu den Hinweis auf den Anachronismus der Augenoperation in Kap. A.2.5, Anm. 107.

tagsfeier hält Dr. Koblmüller eine Rede auf Frau Marthe, und Kinder nebst Enkelkinder stimmen das »Pirlingerlied« an.

17.3. Verwendetes literarisches Material

Es handelt sich um einen originalen Filmstoff. Allerdings scheint zugleich als Konzept vorgelegen zu haben: Dinah Nelken: *Mutter*. Typoskript, 37 S. (DIF T 33174/85, Durchschlag); gedacht als »Hohelied der Mutterliebe«; doch hat das Typoskript andere Namen und eine andere Handlungsführung.

17.4. Textbeispiel

Geburtstagsrede von Dr. Koblmüller:

Wir haben sehr viel auf dem Herzen, liebes Geburtstagskind. Wenn ich daran denke, wie ich vor 20 Jahren und mehr durch die Trautenauer Gasse gegangen bin und dort ein kleines Mäderl mit einem Hunderl auf dem Arm von einem großen Schäferhund angefallen worden, und wie *ich* da den Ritter Sankt Georg gespielt hab' und durch ein Kanalgittertürl nach einem Taschentuch mit Geld gefischt hab', und ich dann dieses kleine Mäderl *(wendet sich kurz Franzi zu)* nach Haus gebracht hab' – damals hab' ich Dich das erste Mal in meinem Leben gesehen. Da unten im Kellerladen bist Du gestanden mit einem Bügelbrett und hast Wäsche gebügelt. Und wenn ich mir heute diesen Tisch da anschau' und Dich da oben sitzen seh' im weißen Haar, dann weiß ich, daß *das* mit Worten gar nicht auszudrücken ist, was dazwischengelegen hat an Glück und Unglück, an Freuden und Sorgen, an Opfern und Hilfsbereitschaft, an Liebe und Güte. Ich weiß nur ein einziges Wort, das alles ausdrücken kann, das Wort, mit dem Dich Deine Kinder rufen *(Frau Pirlinger für einen Augenblick allein im Bild)*: »Mutter«! Und daß *ich* das alles hab' miterleben dürfen, ich, der ich eigentlich gar nicht dazugehöre, d. h. jetzt gehöre ich eigentlich a bißerl schon dazu, dafür bin ich dankbar, weil ich hab' mitspüren dürfen, wie groß und herrlich, wie voller Liebe das menschliche Herz sein kann. Und in diesem Sinn wollen wir unser Glas erheben, aber bitte kein »Hoch« und kein »Hurra«. Wir wollen unserem lieben Geburtstagskind nur danken, nichts anderes: nur danken!

17.5. Kontext

Am 16. Dezember 1938 erließ Adolf Hitler die *Verordnung über die Stiftung des Ehrenkreuzes der Deutschen Mutter* (vgl. Gerd Rühle: *Das Dritte Reich*. 6. Jg., 1938, S. 406), deren Kernsatz lautet: »Als sichtbares Zeichen des Dankes des deutschen Volkes an kinderreiche Mütter stifte ich das Ehrenkreuz der deutschen Mutter.« Dieses Ehrenkreuz (länglich, blau emailliert mit weißem Rand, auf dem runden weißen Schild in der Mitte ein Hakenkreuz) wurde, wie die am 26. Mai 1920 gestiftete *Medaille de la Famille Française*, in drei Klassen (für Mütter von vier und fünf Kindern in Bronze, von sechs und sieben Kindern in Silber, von acht und mehr Kindern in Gold) vergeben; die Eltern mußten »deutschblütig« und »erbtüchtig«, die Kinder lebend geboren und die Mutter mußte der Auszeichnung würdig sein.[94] Für sämtliche Mitglieder der Jugendformationen bestand gegenüber den Trägerinnen des Mutterkreuzes Grußpflicht (vgl. *Völkischer Beobachter*, Norddt. Ausg., 25./26.12.1938, Nr. 359/360). Bei der festlichen Aufführung des Films in Salzburg waren unter dem Publikum »hundert mit dem Ehrenkreuz geschmückte Mütter« (*FK* 22.1.1940, Nr. 18).[95] Seit Ende des Zweiten Weltkrieges darf das Ehrenkreuz nicht mehr getragen werden.

17.6. Normaspekte

Sentenzen:

Frau Pirlinger zu Dr. Koblmüller:
(1) *Kinder* sind nie erwachsen. Die *Mutter* brauchen's immer, wenn sie's auch nicht zugeben wollen.
(2) Man darf nie aufhören zu *hoffen*.

Frau Pirlinger zu Rosl:
(3) *Liebe* ist keine Schlechtigkeit, und *Kinderkriegen* schon gar nicht.
(4) Die *Männer* sind gar nicht so wichtig, die machen sich nur wichtig.
(5) Eine *Mutter* ist die ganze Welt wert und den Himmel und die Sterne dazu.

Frau Pirlinger zu Felix:
(6) In jeder *Frau* ehrt oder beleidigt man seine *Mutter*.
(7) [Nachdem Felix zur Einsicht gelangt ist:] Weil Du nicht mehr gewußt hast, was ein *Mann* aus einer *Frau* machen kann: einen Engel oder einen Teufel.

Frau Pirlinger zu Franzi:
(8) Ein *Mann*, der ein *Mädel* sitzen läßt, der ist nicht wert, daß man ihm nachweint.
(9) Das größere *Leid* löscht das kleine.

---

94 Der bevölkerungspolitische Aspekt dieser Maßnahme wird in einer Notiz des *Völkischen Beobachters* (Norddt. Ausg.) vom 23.12.1938 (Nr. 357) deutlich: »Zu wenig Geburten. Neue Vorausberechnungen im Deutschen Reich.«
95 Da später die Säle für die Verleihung des Ehrenkreuzes in einem Teil der Städte nicht ausreichten, wurden auch Filmtheater dafür genutzt (*FK* 27.9.1939, Nr. 225).

Der Professor zu Paul:
(10) Gerade wir Ärzte müssen noch einmal so stark ans *Wunder* glauben wie die Patienten.

17.7. Überliefertes Material

Drehbuch: MUTTER. *Ein Film von Gerhard Wenzel. Regie: Gustav Ucicky. Wien-Film-Ges.m.b.H.* Typoskript, 296 gez. Bl. (= 530 E) [ÖFA; Expl. der Wien-Film-Dramaturgie mit Seitenmarkierung für die Rolle der Franzi und Streichungen auf den S. 2 u. 242].
Produktionsunterlagen: Angebotsschreiben, Briefwechsel [ÖFA].

Illustrierter Film-Kurier Nr. 3041 [BFA]; *Das Programm von heute* Nr. 1565 [BFA-Expl.: Nr. 502]; *Werbematerial*, 10 gez. S., 9 ungez. Bl. [BFA]; *Werbehelfer* Progreß Film-Vertrieb, 1 Bl. [BFA]; Ein Rechenschaftsbericht nach den Aufführungen der deutschen Kunstbetrachtung, hg. v. Ufa-Werbedienst, 12 gez. S. [DIF]; Bildmaterial [BFA, SDK, ÖFA].

17.8. Interviews, Stellungnahmen, Rezensionen[96]

[Foto:] Käthe Dorsch, in: *FK* 6.7.1939 (Nr. 154); [Günther] S[chwar]k: Zu Besuch bei Käthe Dorsch im Rosenhügel-Atelier. Brief von einer Filmfahrt nach Wien, in: *FK* 7.7.1939 (Nr. 155); Bilderbogen des *FK* 8.7.1939 (Nr. 156); [Mittlg:] Heroische Stoffe: MUTTERLIEBE, in: *FK* 26.7.1939 (Nr. 171); [Anonym:] Filmzauber vor der alten Universität. Gustav Ucicky dreht Außenaufnahmen für MUTTERLIEBE, in: *FK* 4.8.1939 (Nr. 179); [Anonym:] Das Leben einer Mutter. Gespräch mit Gustav Ucicky über seinen Film mit Käthe Dorsch, in: *FK* 6.9.1939 (Nr. 207); Hans Erasmus Fischer: Der Mutter ewiges Antlitz. Gespräch mit Gustav Ucicky über MUTTERLIEBE [mit Abb.], in: *Filmwelt*, Berlin, 8.9.1939 (Nr. 36); [Mittlg.:] MUTTERLIEBE. Interessentenvorführung in Wien, in: *FK* 23.11.1939 (Nr. 274); [Günther] S[chwar]k: Wir sprachen Karl Hartl. Erfolge und Pläne der Wien-Film [u. a.: MUTTERLIEBE], in: *FK* 6.12.1939 (Nr. 285); [Foto:] Käthe Dorsch, in: *FK* 9.12.1939 (Nr. 288); [Anonym:] MUTTERLIEBE, in: *NS-Kulturdienst*, hg. v. Gaupresseamt in Verb. mit dem Kulturamt der Gau-Stadt Wien, Jg. 2, Nr. 11 (15.12.1939); [Mittlg:] Reichssender Wien: Gespräch mit Käthe Dorsch [am 20.12.1939], in: *FK* 16.12.1939 (Nr. 294); Frank Maraun: Besuch bei Gustav Ucicky. Der Regisseur von MUTTERLIEBE [mit Foto], in: *Der Deutsche Film*, Berlin, Jg. 4 (1939/40), S. 148 ff.

[Mittlg:] Stärkster Erfolg von MUTTERLIEBE im Wiener Apollo-Theater, in: *FK* 20.12.1939 (Nr. 297);[97] F. A. Dargel: Große Premiere im Ufa-Palast am Zoo: MUTTERLIEBE. Das Hohelied der Mutter. Ergriffener Beifall dankt Käthe Dorsch. Ein filmisches Meisterwerk, in: *Berliner illustrierte Nachtausgabe* 30.12.1939; Otto Herrmann: Der leuchtende Kreis. MUTTERLIEBE. Wien-Film im Ufa-Palast am Zoo, in: *Dt. Allg. Ztg.* 30.12.1939 (Nr. 624); Günther Schwark: Ein Hohelied auf die Mutter. Stärkste Resonanz von MUTTERLIEBE im Berliner Ufa-Palast am Zoo, in: *FK* 30.12.1939 (Nr. 304); Hans Erasmus Fischer: Eine Mutter für alle. Der Wiener Spitzenfilm MUT-

---

96 Vgl. zu den kritischen Stimmen Kap. A.2.2.2.
97 »Auf Wunsch des Gauleiters Bürckel sollte der Abend zu einer »Ehrung der Wiener Mutter« werden. Hans Holt brachte deshalb zu Beginn des Abends zum Ausdruck, »daß alle mitwirkenden Künstler ihr höchstes Lob darin finden, wenn es ihnen gelungen ist, die deutsche Mutter zu ehren. Sie hätten aus diesem Grunde davon Abstand genommen, nach dem Film auf der Bühne zu erscheinen, so wie es sonst üblich sei«. Er trug auch ein »Gedicht an die Mutter« von Gerhard Menzel vor. Zum Film erschien: Hans Flemming: *Mutterliebe. Roman.* Mit 16 Bildern aus dem gleichnamigen Ufafilm. Berlin 1940.

TERLIEBE im Ufa-Palast am Zoo, in: *Berliner Lokal-Anzeiger* 31.12.1939 (Nr. 312); Werner Wien: Poesie des Jahrhunderts im Film: MUTTERLIEBE Berliner Erstaufführung im Ufa-Palast in Anwesenheit von Dr. Goebbels, in: *Völkischer Beobachter* (Norddt. Ausg.) 31.12.1939 (Nr. 365); Hans Erasmus Fischer: MUTTERLIEBE, in: *Filmwelt*, Berlin, 12.1.1940 (Nr. 2); Großanzeige MUTTERLIEBE, in: *FK* 12.1.1940 (Nr. 10); Herbert Weiß: Im Grundton – das Gefühl. Wir unterhalten uns mit Gustav Ucicky, in: *FK* 23.7.1940 (Nr. 170); Heinz Rusch: Die Gestalt der Mutter im Film, in: *FK* 19.5.1941 (Nr. 115).

Weiterer Einsatz: *FK* 30.1.1940 (Nr. 25): Konstanz, Flensburg; *FK* 10.2.1940 (Nr. 35): Graz; *FK* 15.2.1940 (Nr. 39): »Begeisterung einer Schulklasse«; *FK* 5.9.1940 (Nr. 208): Venedig, Cinema San Marco; *FK* 2.10.1940 (Nr. 231): Schweden; *FK* 28.11.1940 (Nr. 280): Schweiz (u. d. T.: WIENER HERZEN); vgl. Drewniak 1987, S. 254 f. (Werbung), S. 645 (Insel Jersey), S. 758 (Zürich), S. 783 (Rumänien), S. 785 (Jugoslawien), S. 798 (Japan).

18. Jud Süss

18.1. Produktionsdaten

UT: Ein Veit Harlan-Film der Terra
P: Terra Filmkunst GmbH, Herstellungsgruppe Otto Lehmann; 2.663 m; Drehbeginn: 15. März 1940 (Ufastadt Babelsberg); Nachbau des Innenraums der gotischen Altneuschul-Synagoge im Prager Barrandow-Atelier; Aufnahmen in Prag: Barockschloß Troja; Abschluß: 29. Juni 1940 (*FK* Nr. 150)[98]
A: Veit Harlan, Eberhard Wolfgang Möller, Ludwig Metzger
R: Veit Harlan; R-Ass.: Wolfgang Schleif, Alfred Braun

Stab: K: Bruno Mondi; M: Wolfgang Zeller; T: Gustav Bellers; Bau: Otto Hunte, Karl Vollbrecht; Tänze: Sabine Ress; Schnitt: Friedrich Carl v. Puttkammer, Wolfgang Schleif; Aufnahmeltg.: Conny Carstennsen, Herbert Sennewald, Kurt Moos; Herstellungsltg.: Otto Lehmann

FM: Tobis-Klangfilm
V: Terra
UA: 5. September 1940, Venedig, Cinema San Marco; dt. EA: 24. September 1940, Berlin, Ufa-Palast am Zoo

Besetzung:
Jud Süß	Ferdinand Marian[99]
Herzog Karl Alexander	Heinrich George
dessen Gemahlin	Hilde v. Stolz
Rabbi Loew	Werner Krauß
Levy, Sekretär von Süß	Werner Krauß
Landschaftskonsulent Sturm	Eugen Klöpfer
Dorothea Sturm, dessen Tochter	Kristina Söderbaum
Aktuarius Faber, deren Bräutigam	Malte Jaeger

---

98 Vgl. zur Produktion des Films: Harlan 1960, S. 174–229, und Harlan 1966, S. 89–130, 220–238; vgl. daneben Söderbaum 1992, S. 130 ff., Krauß 1958, S. 199–209, und Hippler 1982, S. 197–200, außerdem die Prozeßakten der Verhandlungen vor dem Hamburger Schwurgericht (siehe Kap. B.18.7) und Drewniak 1987, S. 312 ff. u. 707.

99 Das persönliche Verhältnis Ferdinand Marians zur Rolle Oppenheimers war nach dem Zweiten Weltkrieg mehrfach Anlaß kritischer Beurteilung. Bacmeister 1959, S. 2, berichtet, daß »es größter Bemühungen des Propagandaministeriums bedurfte, um einen Darsteller für die Titelrolle des Films Jud Süss zu finden. Ferdinand Marian erklärte sich schließlich trotz großer innerer Hemmungen zur Übernahme der Rolle bereit, allerdings nur unter der Bedingung, die Kraßheiten der Figur, wie Veit Harlan sie sehen wollte, zu mildern und – eine Gage zu erhalten, die erheblich über der ihm damals gewährten Pauschalsumme lag. Er fürchtete nämlich im Ernst, nach *dieser* Rolle keine oder doch keine ihn befriedigende Aufgabe mehr im deutschen Film zu bekommen«. In einem Interview (Max Weinheber: Ferdinand Marian als Jud Süß. Der Schauspieler hat der Kunst und nicht seinen eigenen Wünschen zu dienen, in: *Tonfilm, Theater, Tanz*, Wien, Jg. 9, 1939, H. 12) hat Marian seine Distanz zur Rolle auch öffentlich zum Ausdruck gebracht, aber zugleich erklärt: »Wenn ich also in diesem Falle bei der Verkörperung des Jud Süß bemüht sein werde, einen wirklich unentschuldbar bösen und zynischen Verbrecher darzustellen, so arbeite ich hier – diesmal eben einige Grade tiefer auf der Skala von Gut und Böse – genau so wie in den anderen Filmen und Theaterabenden, aus denen mich mein Publikum kennt.«

Obrist Röder	Albert Florath
v. Remchingen	Theodor Loos
Fiebelkorn	Walter Werner
Frau Fiebelkorn	Charlotte Schulz
Minchen Fiebelkorn	Anny Seitz
Friedericke Fiebelkorn	Ilse Buhl
Konsistorialrat	Jacob Tiedtke
dessen Frau	Erna Morena
Luziana, Maitresse des Süß	Else Elster
Hans Bogner, ein Schmied	Emil Heß
dessen Frau	Käte Jöken-König
Primaballerina	Ursula Deinert
Meister der Schmiedezunft	Erich Dunskus
Vorsitzender des Gerichts	Otto Henning
v. Neuffer	Heinrich Schroth
Hausmädchen bei Sturm	Hannelore Benzinger

Bewertung:[100]
FP: 6. September 1940, Prüf-Nr. 54227: staatspolitisch wertvoll, künstlerisch wertvoll, Jf 14, 2.663 m; 21. September 1940, Prüf-Nr. 54286 (Vorspann): 78 m [BFA]; Korr. der Bw. am 25. September 1940 in den »Entscheidungen« v. 23.–28. September 1940: staatspolitisch und künstlerisch besonders wertvoll, jugendwert (gültig bis 31.12.1943); Paimann 9.11.1940 (Nr. 1283); *Meldungen aus dem Reich* 28.11.1940 (Nr. 145) [Boberach 1965, S. 114 ff.]; vgl. auch Leiser 1978, S. 142 f.; FP: 29. April 1941, Prüf-Nr. 55405 (für Schmaltonfilm). staatspolitisch und künstlerisch besonders wertvoll, Jf 14, 1.060 m; 1. November 1943, Prüf-Nr. 59532: gleiche Bw., 2.640 m; in Finnland verboten (BA R 109 II/vorl. 13; siehe auch: Drewniak 1987, S. 755), in Spanien nur in »geschlossenen Aufführungen« gezeigt (Drewniak 1987, S. 766).
CFFP 1951, S. 33: »Good production and acting, but the film is meant chiefly as anti-Semitic propaganda«; LPF June/Sept. 1953.
FSK: noch nicht eingereicht, keine Chance auf Freigabe.

Rechte: F.-W.-Murnau-Stiftung; Ausw: Transit-Film GmbH, München (komm.), DIF (nichtkomm.)
Kopie: BFA$_1$ [BFA$_2$, DIF, SDK]; Trailer: SDK

---

100 Der Anteil von Goebbels am Film ist an der Abfolge seiner *Tagebuch*-Notizen abzulesen: 5.12.1939: »Mit Harlan und [MinR. Georg Wilhelm] Müller den Jud Süßfilm besprochen. Harlan, der die Regie führen soll, hat da eine Menge neuer Ideen. Er überarbeitet das Drehbuch noch einmal.« 15.12.1939: »Besonders der Jud Süßfilm ist nun von Harlan großartig umgearbeitet worden. Das wird der antisemitische Film werden.« 30.12.1939: »Der Jud Süßfilm geht voran.« 5.1.1940: »Mit Marian über den Jud Süßstoff gesprochen. Er will nicht recht heran, den Juden zu spielen. Aber ich bringe ihn mit einigem Nachhelfen doch dazu.« 15.2.1940: »Harlan hat den JUD SÜSS auf über 2 Millionen kalkuliert. Überhaupt kalkulieren unsere großen Regisseure ins Blaue hinein. Ich schiebe da einen Riegel vor.« 26.4.1940: »Muster der neuen Judenfilme geprüft. ROTHSCHILD gut, JUD SÜSS von Harlan mit Krauß und Marian hervorragend.« 18.8.1940: »Harlan-Film JUD SÜSS. Ein ganz großer, genialer Entwurf. Ein antisemitischer Film, wie wir ihn uns nur wünschen können. Ich freue mich darüber.« 25.9.1940: »Abends Ufapalast. Premiere von JUD SÜSS. Ein ganz großes Publikum mit fast dem gesamten Reichskabinett. Der Film hat einen stürmischen Erfolg. Man hört nur Worte der Begeisterung. Der Saal rast. So hatte ich es mir gewünscht.«

18.2. Handlung

(1) Nach dem Tode seines Vetters Eberhard Ludwig legt Herzog Karl Alexander von Württemberg, kaiserlicher Generalfeldmarschall und vormals Generalgouverneur von Serbien, vor den Landständen unter der Führung des Landschaftskonsulenten Sturm den Eid auf die Verfassung des Landes ab und verspricht, »nach der alten württembergischen Treu und Redlichkeit« zu handeln und »mit der Landschaft gemeinsam die Regierungsgeschäfte zu führen«. Nach dem »weihevollen Staatsakt« kehrt Sturm für kurze Zeit zum Mittagessen in sein Haus zurück, wo seine Tochter Dorothea eine Gans gebraten hat und mit ihrem Bräutigam, dem Aktuarius Faber, musiziert. Beim Mittagessen will Dorothea »auf Faber« trinken, aber Sturm lenkt den Trinkspruch auf den Herzog um, dem »Gott eine glückliche Hand geben« möge. Im Schloß wird der Regierungsantritt mit Pomp gefeiert, und das Volk jubelt dem Herzog und seiner Gemahlin zu, doch der Herzog ist ein »armer Mann«, der seiner Gemahlin kein angemessenes Geschenk überreichen kann. Er schickt seinen Vertrauten, Herrn v. Remchingen, in geheimer Mission zu Oppenheimer in die Frankfurter Judengasse. Den Preis des von ihm ausgewählten Schmuckes in Höhe von 50.000 Talern kann der Herzog nicht zahlen, aber Oppenheimer verlangt zunächst nur 10.000 Taler und sieht im Schmuck den Anlaß zur Verwirklichung weitreichender Pläne: »Man kommt ins Geschäft. Wir werden uns verständigen.« Er stellt zur Bedingung, daß er dem Herzog den Schmuck persönlich überreichen darf; da aber in Stuttgart die »Judensperre« besteht, muß Herr v. Remchingen ihm einen Paß verschaffen. Die Zeit drängt: Der Herzog braucht den Schmuck. Oppenheimers Sekretär Levy kritisiert das Geschäft. Zudem muß Oppenheimer, um nach Stuttgart zu gelangen, sein Äußeres verändern und den Kaftan ablegen. Doch Oppenheimer erklärt ihm, worauf es jetzt ankommt. »Ich mach' die Tür auf für euch alle. In Samt und Seide werdet ihr gehen, es kann sein morgen, es kann sein übermorgen, aber *sein* wird es!«

(2) Auf dem Wege nach Stuttgart geht Oppenheimers Wagen wegen der schlechten Straßenverhältnisse und der zu schnellen Fahrt zu Bruch. Oppenheimer bittet Dorothea Sturm, deren Wagen er zuvor überholt hatte, ihn nach Stuttgart mitzunehmen. Er faßt Zuneigung zu der »reizenden Demoiselle«, die der Name »Oppenheimer« bei der Vorlage des Passes am Stadttor stutzig macht. Im Hause Sturm, wo Oppenheimer dem Vater Gegenleistungen für die Liebenswürdigkeit der Tochter anbietet, erkennt Faber in Oppenheimer sofort den »Juden«, den er mit gehässigen Bemerkungen attackiert; Oppenheimer versagt sich die »entsprechende Antwort«, spricht aber Faber sein Kompliment für dessen Menschenkenntnis aus. Im Gespräch mit dem Herzog, dem die Landstände gerade Oper, Ballett und Garde verweigert haben, zeigt sich Oppenheimer großzügig. Es geht ihm nicht mehr um die Bezahlung des Schmuckes, sondern um das Anerbieten seiner Dienste. Er will ein »treuer Diener seines Herren« sein. Durch sein »Arrangement« erhält der Herzog doch noch sein Ballett und damit ein Reservoir an Mädchen, die er sich gefügig

Prüf=Nr.	Zulassungskarten für Filme sind öffentliche Urkunden im Sinne des § 267 Reichsstrafgesetzbuchs. Ohne amtl. Stempel sind sie ungültig. Änderungen dürfen nur von der Film=Prüfstelle vorgenommen werden.
54286	

Antragsteller: **Terra Filmkunst G. m. b. H., Berlin SW 68**
Hersteller: Krausenstraße 31/32
Haupttitel: **Vorspann: Jud Süß.**

Sie sehen Ausschnitte aus dem Veit Harlan-Film der Terra-Filmkunst:

Jud Süß.

Zwischentitel. 1. Sagt Euerm Herzog, wenn er mich braucht, soll er mir auch die Permession verschaffen, zu ihm zu kommen. 2. Die Landstände lassen niemals einen Juden in die Residenz. — Das wäre ja gegen das Gesetz. 3. So diktiert der Herr Oppenheimer die Steuern, der Jude hat die Hand auf der Milch, auf dem Salz, auf dem Bier, auf dem Wein! — Ja, sogar auf dem Getreide! 4. Nicht für mich, Euer Durchlaucht, Gott, das wäre ja lächerlich! — 5. Ja, für wen denn sonst, was hat er für ein Interesse? 6. Ich flehe Sie an, Exzellenz, helfen Sie mir! — Ich hab' es aufgeschrieben, hier ist das Bittgesuch! — 7. Was soll der Herzog mit einem Bittgesuch?! — 8. So lege ich denn vor den Augen des Herrn Eure Hände ineinander. Lauter wie Gold sei Eure Liebe. Ohne Ende, wie diese Ringe, sei Eure Treue. 9. Die Landstände wollen die Juden wieder aus Stuttgart vertreiben. — Aber der Herzog wäre bereit, die Landstände abzuschaffen, — mit einem Schlag, — ich hab' ihn so weit. — Er wird werden absoluter Souverän, und dann wird er halten seine Hände über uns Juden. 10. Soll'n die Jüden werden Soldaten? 11. Nein! — Sie sollen bezahlen, Soldaten kosten Geld! 12. Er spielt um Württemberg, Leute. Der Jude spielt um Eure Töchter, und der Herzog hält die Bank! 13. Du hast den Herzog beleidigt, — das kostet den Hals! 14. Erst mußt Du mich haben, Jude! 15. Er wird nicht lange mehr Gelegenheit haben, Euch zu beleidigen. — Wir werden Euch vor solch einem Gesindel zu schützen wissen. 16. Laßt mich los. 17. Mit: 18. Ferdinand Marian, 19. Kristina Söderbaum, 20. Heinrich George, 21. Werner Krauss, 22. Eugen Klöpfer, 23. Albert Florath, 24. Malte Jaeger. 25. Den Terra-Spitzenfilm 26. „Jud Süß" 27. sehen Sie in diesem Theater.

Länge: 78 m

Der Film wird zur öffentlichen Vorführung im Deutschen Reiche, auch vor Jugendlichen, vom **vollendeten 14. Lebensjahre ab,** zugelassen.

Berlin, den 21. September 1940

Film=Prüfstelle

C/0715

Abb. 37:
Zensurkarte
für den Trailer.

machen kann; für sein Abenteuer mit einer »kleinen Schwarzen« opfert Oppenheimer dem Herzog einen Ring. Bald jedoch kommt Oppenheimer auf ein Geschäft zu sprechen, das ihm und dem Herzog gleichermaßen Vorteile bringen soll. Der Herzog verpfändet Oppenheimer die Straßen Württembergs, so daß Oppenheimer Straßen- und Brückengelder erheben kann; die Zölle dagegen will er an den Herzog abführen. Dem Herzog ist nicht wohl bei dem Gedanken, daß er sich mit einem Juden einläßt, aber Oppenheimer erinnert ihn daran, daß auch Kaiser Leopold in Wien einen Juden hat, »der ihm sein Geld macht«, d. h. seinen Staat finanziert.

(3) Die Maßnahmen des Finanzienrates Oppenheimer, der dem Herzog auch die gewünschte Garde gekauft hat, erregen den Unwillen der Bevölkerung. Als Eintreiber und Verwalter der Straßen- und Brückengelder versucht Levy dem Müller klar zu machen, daß er an jedem Taler, den der Herzog aufschlägt, mitverdient, und dem Schmied Hans Bogner beweist er rabulistisch, daß ein Teil seines Hauses auf Oppenheimers Straße steht, die naturgemäß gerade verlaufen müsse, aber um sein Haus herumführe. Da Bogner die geforderten 80 Taler nicht aufbringen kann und sich zudem rebellisch zeigt, läßt Oppenheimer diesen Teil einreißen. Oppenheimer und seine Maitresse Luziana werden auf der Durchfahrt Zeuge der Abbrucharbeiten und des Volkszorns. Als Bogner mit dem Schmiedehammer auf Oppenheimers Wagen einschlägt, gibt Oppenheimer den Befehl, ihn zu verhaften. Auch Faber erregt sich über Oppenheimer, doch Sturm rät zur Mäßigung, obgleich er klar sieht, daß der Herzog seine Kompetenzen überschreitet, indem er sich mit Hilfe Oppenheimers das Geld holt, das die Landstände ihm verweigert hatten. Der Bürger Fiebelkorn sieht mit Besorgnis dem Hofball entgegen, jenem von Oppenheimer arrangiertem »Fleischmarkt«, für den die Bürgerstöchter die »Ware« abgeben; seine Tochter Minchen wird in der Tat Opfer des Herzogs. Auf dem Hofball versucht Oppenheimer vergeblich, Dorothea für sich zu gewinnen, Sturm distanziert sich von Oppenheimer und Faber provoziert einen Skandal. Am Spieltisch ruft er den Spielern zu: »Alles Blutgeld ... Er spielt um Württemberg. Der Jude spielt um Eure Töchter, und der Herzog hält die Bank!« Daraufhin wird Oppenheimer beim Herzog vorstellig. Der Herzog verfügt die Aufhebung der »Judensperre« für Stuttgart. Zugleich gelingt es Oppenheimer, für seine Maßnahmen einen »Freibrief« zu erhalten, durch den die Gleichheit ihrer Interessen zum Ausdruck kommt: Wer Oppenheimer angreift, vergeht sich gegen den Herzog. Deshalb ordnet der Herzog die Hinrichtung des Schmiedes Hans Bogner an, der Oppenheimer und seine Maitresse beiwohnen; gegen beide richtet sich der Volkszorn (»Judenhure« und »Nimm dich in acht, Jude, der nächste bist Du!«)

(4) »Zu Hunderten ziehen die Juden in die Stadt. Die Bevölkerung ist in hellem Aufruhr!« Die Landstände sehen sich überrumpelt und beschließen, ihren Landesherrn zur Rede zu stellen. Oberst Röder, der dem Herzog einst bei Peterwardein das Leben gerettet hatte, besitzt sein besonderes Vertrauen und

erreicht, daß er die Supplikanten der Landstände empfängt; Oppenheimer und Levy verfolgen den Disput über die Aufhebung der »Judensperre« von einem geheimen Beobachtungspunkt in der Saaldecke. Der Disput endet mit einem Wutausbruch des Herzogs und dem ›Hinauswurf‹ der Supplikanten. Doch der Herzog ist seiner Sache nicht sicher und verärgert über das, was Oppenheimer ihm »eingebrockt« hat: »Was soll ich denn jetzt tun mit meinen Herren Landständen?« fragt er Oppenheimer, der ihm rät: »Die Landstände auflösen, ein Ministerium gründen mit ergebenen Leuten, den Hauptschreiern den Mund stopfen, vor allem dem Sturm.« Als der Herzog zögert, diese »gefährlichen Wege« einzuschlagen, empfiehlt Oppenheimer ihm einen Sterndeuter mit der Aufforderung: »Man muß an seinen Stern glauben!« Der Rabbi Loew, zu dem Oppenheimer den Herzog führt, muß zuvor von Oppenheimer für eine günstige Prognose erst gewonnen werden. Rabbi Loew kritisiert seine Abkehr von den Prinzipien des jüdischen Glaubens, rügt, daß er »eitel und hoffärtig als wie ein Pfau« sei und ermahnt ihn: »Streng ist die Strafe des Herrn, wenn die Juden vergessen, wer sie sind.« Es gelingt ihm, den »Willen des Herrn« in seinem Sinne zu interpretieren, so daß Rabbi Loew den Herzog nicht zu belügen, sondern nur auf dessen Wahlspruch »Attempto« zu bringen braucht: »Die Sterne sind weder freundlich, noch feindlich. Aber es steht geschrieben: Sie werden gehorchen dem, der wagt!«. Der Herzog ist daraufhin zum Verfassungsbruch entschlossen.

(5) Oppenheimer informiert Sturm, daß der Herzog ihm, Sturm, die Leitung des geplanten Ministeriums übertragen wolle. Sturm lehnt das Angebot ab: Er sei der Landschaft durch seinen Eid verpflichtet und tue nur, was »rechtens« sei. Aber Oppenheimer, der Sturm auch persönlich an sich binden möchte, bittet ihn zugleich »in aller Form« um Dorothea und gibt ihm bis zum nächsten Tag Bedenkzeit. Sturm nutzt diese Zeit, um noch in der Nacht Dorotheas und Fabers Trauung zu veranlassen. Dieser Affront und Sturms Erklärung »Meine Tochter wird keine Judenkinder in die Welt setzen!« führen am nächsten Tag zur offenen Feindschaft. Oppenheimer verliert die Contenance, und Sturm läßt sich zu Beleidigungen (»Scheißkerl« und »frecher Lump«) hinreißen. Sturms »Aufsässigkeit« und »unerbietige Gesinnung« nimmt Oppenheimer zum Anlaß, um Levy eine Anklageschrift gegen Sturm zu diktieren, nach der dieser in eine »Conspiratio« gegen den Herzog verstrickt sei. Bei der Eröffnung des Verfahrens durch Rat Metz liefert Levy weitere »Beweise«: So habe Sturm die Hinrichtung Bogners »Mord« genannt und damit implizit den Herzog als Mörder bezeichnet. Sturm wird immer erregter. Der ihm wohlgesonnene Rat Metz versucht, ihn zur Mäßigung zu bewegen, aber als Sturm ihm vorwirft, er reiche seine Hand zu einem »Bubenstück«, das »dieses talmudische Judenhirn sich ausgebrütet hat«, läßt er ihn verhaften. Dorothea und Faber können sich keiner Hochzeitsnacht erfreuen. Faber, der sich ohnehin noch nicht daran gewöhnt hat, verheiratet zu sein, wird zur Sondersitzung der Landstände gerufen, in der beschlossen wird, den Verfassungsbruch des Herzogs mit Gewalt zu verhindern und die Freilassung Sturms zu fordern. Doch der Herzog, der

zunächst beabsichtigte, die Landstände in ein ihm allein unterstehendes Ministerium zu berufen, beschließt ihre Auflösung, nachdem er von dieser Sondersitzung erfahren hat und einen Anschlag auf seine Person befürchtet. Oberst Röder fordert im Auftrag der Landstände vom Herzog die Entlassung des bei der Audienz anwesenden »Juden« Oppenheimer und die Wiederherstellung der alten Ordnung. Er kann den Herzog nicht umstimmen. Für den Herzog ist Oppenheimer ein »Genie«, das ihm »Geld, Macht und Rat« verschafft hat, aber auch »Feinde, nichts als Feinde«, wie Röder resignierend hinzufügt.

(6) Der Herzog ist sich bewußt, daß Röder recht hat: Er hat keine Freunde mehr. Oppenheimer will ihm deshalb »starke Freunde« zur Seite stellen und bringt die »Solidarität des Souveräns« ins Spiel. Aber sein Vorschlag, sich von »dem Württemberger« Soldaten zu leihen, erscheint dem Herzog als »Judengedanke, wie er im Buche steht«. Er schreckt vor der »offenen Fehde« mit seinem Volk zurück und erinnert Oppenheimer daran, daß er selbst Schwabe sei. Die Herzogin, die das Gespräch belauscht hat, rät ihm, Oppenheimers Rat zu folgen und wieder so »kühn« zu sein, wie einst vor Belgrad und Peterwardein. Der Herzog mißtraut Oppenheimer und fürchtet sogar, daß dieser sich mehr als nur das »Herz« der Herzogin »erschlichen« habe. Erst als das Volk vor dem Schloß protestiert und Oppenheimer ihm klarmacht, daß man diesem Volk »eine Macht entgegenstellen« müsse, »gegen die es nicht wagt aufzustehen«, ist er zum Staatsstreich, der ihn zum absoluten Souverän machen soll, bereit. Oppenheimer verspricht, ihm das Geld für die 4.000 bis 5.000 Leihsoldaten von den Juden zu beschaffen, die ihm zur Dankbarkeit verpflichtet seien. Er geht in die Synagoge, holt den Rabbi mitten aus der heiligen Handlung heraus und überzeugt ihn, daß die Gemeinde »fünfmal 1.000 Taler« zu ihrer Sicherheit aufbringen müsse. Der Rabbi ist bereit, sich in dieser Angelegenheit an die Gemeinde zu wenden, verlangt aber von Oppenheimer, der sich innerlich von der jüdischen Lehre entfernt hat, beim Gottesdienst neben ihm zu stehen und mitzusingen. Schließlich unternimmt Oppenheimer den letzten Versuch, Sturm für seine Pläne zu gewinnen: »Er soll mit seiner Person die Garantie für die Versöhnung der Gegensätze« leisten. Sturm lehnt abermals ab und muß nun mit dem Schlimmsten rechnen, da bei einer Hausdurchsuchung »hochverräterische Papiere« gefunden wurden. Auf der Versammlung der Landstände wird beschlossen, dem für drei Tage darauf geplanten Staatsstreich um einen Tag zuvorzukommen. Faber, der Dorothea nur kurz noch einmal sehen kann, soll Verstärkung aus den württembergischen Landen herbeiholen. Am bewachten Stadttor gibt er sich als »herzoglicher Kurier« aus, wird aber verhaftet, weil er das inzwischen geänderte Losungswort nicht kennt.

(7) Oppenheimer verhört Faber. Er will von ihm wissen, an wen die bei ihm gefundenen »Orders« gerichtet sind. Fabers Antwort »an Württemberg« befriedigt ihn nicht. Er läßt sich von Faber auch nicht in einen Diskurs über »Bürgerkrieg« und »Staatsstreich« verwickeln, sondern will von ihm die Namen der »Kumpane« wissen. Da Faber beharrlich sich weigert, sollen Dau-

menschrauben ihn zum Reden bringen. Oppenheimer hat jedoch erfahren, daß die Landstände zwei Tage später losschlagen wollen, und mahnt den Herzog zur Eile. Die »Würzburger« können allerdings so schnell nicht herbeigeschafft werden. Deshalb müssen die eigenen Truppen allein handeln. Der Herzog ist über diesen Vorschlag des »Saujuden« empört, denn er bedeutet: »mit Württembergern auf Württemberger schießen«. Er will »da nicht mehr mitmachen«. Daraufhin bittet Oppenheimer um seine Entlassung. Doch auch dies will er nicht und geht schließlich doch auf Oppenheimers Vorschlag ein: Das Fest, das der Herzog dem Kaiserlichen Gesandten Palty in Ludwigsburg geben muß, wäre die beste Gelegenheit, den Staatsstreich in Stuttgart durchzuführen. Den Herzog fasziniert der Gedanke, als »konstitutioneller Herzog« nach Ludwigsburg zu fahren und am darauffolgenden Tag als »absoluter Herrscher« zurückzukehren. So werden die Vorbereitungen zum Staatsstreich getroffen. Um ihren Vater und Mann zu befreien, hat sich Dorothea zu einem Bittgesuch an den Herzog entschlossen. Oppenheimer zerreißt es, »so wie der Herzog es zerreißen würde«. Auch Dorotheas Versuch, Oppenheimer mit dem Ring Fabers geneigt zu stimmen, scheitert. Oppenheimer lockt sie in sein Schlafzimmer und zeigt ihr einen viel wertvolleren, um ihr zu beweisen, daß er mit Fabers Ring nicht zu bestechen ist. Allein das Taschentuch am Fenster, mit dem er den Folterknechten im gegenüberliegenden Flügel des Schlosses das Zeichen zur Tortur Fabers gibt, verheißt Rettung; Dorothea kann mit der Entfernung dieses Taschentuches die Folter beenden. Als sie es an sich nimmt, muß sie mit ihrer Vergewaltigung durch Oppenheimer, der sich auf diese Weise (»Auge um Auge, Zahn um Zahn«) an dem jungen Paar rächt, den Preis für die Freilassung Fabers zahlen. Der freigelassene Faber sucht Dorothea im Hause Oppenheimers, hört, daß sie weinend davongelaufen ist, trifft schließlich Männer, die sie tot aus dem Wasser geborgen haben, und erfährt, daß sie sich ertränkt hat. Die Schuldzuweisung »Der Jude hat sie auf dem Gewissen!« führt dazu, daß das aufgebrachte Volk mit dem Ruf »Der Jude muß weg!« Oppenheimers Wohnung stürmt.

(8) In Stuttgart kann Oberst v. Röder den Bürgerkrieg abwenden und verhindern, daß die Soldaten auf die Bürger schießen. Er reitet mit einigen Getreuen nach Ludwigsburg, um dem Herzog im Namen der Landstände die »Forderungen des Volkes« zu überreichen. Dort wartet der Herzog während des Festes ungeduldig auf den Kurier, der die Nachricht vom gelungenen Staatsstreich überbringen soll. »Seit Peterwardein« hat er »nicht solche Unruhe im Leib gehabt«. Er ist betrunken und schwermütig und treibt seine Späße mit Oppenheimer. Die unerwartete Wendung der Dinge und die »Forderungen des Volkes« gehen über seine Kräfte. Als Faber sich auf Oppenheimer stürzt, um den »Mörder« seiner Frau zur Rechenschaft zu ziehen, erleidet der Herzog einen Herzanfall und stirbt. Oppenheimer kann sich nicht mehr davonmachen. Da nach dem Tode des Herzogs die »vollziehende Gewalt« an die Landstände übergeht, kann Röder ihn verhaften lassen.

(9) Nach monatelangen Verhandlungen beruft sich Oppenheimer vor Gericht wiederum auf seinen »Freibrief« und beteuert erneut, nur ein »treuer Diener seines Souveräns« gewesen zu sein. Der Zunftmeister der Schmiede erinnert Oppenheimer an den Tod Hans Bogners. Das Gericht zieht sich zur abschließenden Beratung zurück. Als entscheidende Urteilsinstanz verweist Sturm auf das »alte Reichskriminalgesetz«[101], das als Strafe für die »fleischliche Vermengung« eines Juden mit einer Christin den Tod durch den Strang festsetzt. So wird Oppenheimer nicht wegen seiner politischen Vergehen, sondern allein wegen seiner ›Rassenschande‹ hingerichtet. Bei der öffentlichen Hinrichtung schwört er Wiedergutmachung und Verzicht auf alle materiellen Güter, wenn man ihm nur das Leben lasse. Seine Hinrichtung aber soll ein Exempel sein, und innerhalb dreier Tage müssen alle Juden Württemberg verlassen.

18.3. Verwendetes literarisches Material[102]

Harlan 1966, S. 109 ff. nennt als Orientierungstexte das »Meyersche Konversationslexikon« (Ausg. 1899), »Rudolf Stammlers Untersuchungen über das Urteil« (*Deutsches Rechtsleben in alter und neuer Zeit. Lehrreiche Rechtsfälle*, ges. u. bearb. v. R. S., Bd. 1, Charlottenburg 1928, S. 321–332: Die Verfehlungen des Finanzdirektors Süss Oppenheimer) und Wilhelm Hauffs Novelle *Jud Süß* (1827), im weiteren (Harlan 1966, S. 122 f.) »Die großen Diebe der Weltgeschichte« (Alfred Semrau u. Paul Gerhard Zeidler: *Die großen Diebe*. Wittenberg 1927, S. 177 ff., besonders zum Fluch, S. 211 f.). Von Goebbels wurde er auf Luthers Abhandlung *Von den Juden und ihren Lügen* aufmerksam gemacht (Harlan 1966, S. 111). Die Biographie Süß Oppenheimers war zuvor populärwissenschaftlich durch Carl Elwenspoek (*Jud Süß Oppenheimer. Der große Finanzier und Abenteurer des 18. Jahrhunderts. Erste Darstellung auf Grund sämtlicher Akten, Dokumente, Überlieferungen*. Stuttgart 1926) vermittelt worden. 1935 hatte Hauffs Novelle das Interesse antisemitischer Propagandisten gefunden (*Jud Süß. Mit einer Betrachtung im Lichte der erwachenden Welt von Eduard Gerber*. Berlin: Verlag Deutsche Kulturwacht); im ersten Werbeheft der Terra hieß es noch: »Ein Großfilm JUD SÜSS nach der Novelle von Wilhelm Hauff«. Daß die Drehbuchautoren auch Lion Feuchtwangers Roman *Jud Süß* (München 1925)[103] gelesen haben, liegt nahe, zumal

---

101 In Lothar Mendes' Film JEW SUSS (GB/1934; R: Lothar Mendes; P: Gaumont-British Picture) sieht der Gerichtspräsident keinen Grund für die Verurteilung, fragt Oppenheimer jedoch »Had you formal relations with Christian women?« und beruft sich auf »Article 47 of the penal code«. Vgl. hierzu Rudolf Stammler: *Deutsches Rechtsleben*, Bd. 1. Charlottenburg 1928, S. 327: »Im 18. Jahrhundert dürfte das Gesetz kaum noch angewandt worden sein.«

102 Die Hauptaspekte der Verwertung und Funktionalisierung des literarischen Materials behandelte Karsten Fledelius in seinem Vortrag: Verfilmung oder Zerfilmung. Überlegungen zum Film JUD SÜSS (Goethe-Institut Kopenhagen, 14.10.1992), gekürzt in: *Verfilmte Literatur*, hg. v. Sven-Aage Jørgensen u. Peter Schepelern. Kopenhagen 1993 (= Text & Kontext, Themaheft 18), S. 121–129.

103 In einem Brief an die Kriminalpolizei Lübeck machte Marta Feuchtwanger am 17.12.1959

der Film sich von diesem Roman ideologisch distanziert. Unklar ist, ob das JUD-SÜSS-Team zuvor den auf Feuchtwangers Roman beruhenden Film JEW SUSS[104] gesehen hat. Harlan 1966, S. 177, spricht von »einigen Filmen«, die man »mit Genehmigung von Goebbels« im Propagandaministerium ansehen durfte, ohne diesen Film jedoch konkret zu erwähnen. Die von Elwenspoek genannten zeitgenössischen Quellen, vor allem die »115 Faszikel Originalprozeßakten« und die »6 Bände Originalverteidigungsakten des Advokaten Michael Andreas Mögling«, die auch Harlan konsultierte (lt. Interviews), sind die Basis für die Bestimmung der Differenz zwischen den Fakten und den Varianten *aller* künstlerischen Realisationen.

Abgesehen von der verwickelten Textgenese der beiden Drehbücher und der Fülle von Abweichungen gegenüber der Hauff-Novelle, sind vor allem fünf Varianten des Films für seine rassistische Strategie signifikant:

(1) Der konfessionelle Konflikt im Herzogtum Württemberg zwischen den protestantischen Landständen und der katholischen Partei, deren Exponent der Herzog war, wird im Film ausgeklammert.
(2) Süß Oppenheimer kommt mit Hilfe des Wiener Hofes nach Stuttgart, wovon im Film keine Rede ist.
(3) Luther verurteilt die Juden nicht aus rassischen Gründen (wie im Film), sondern aus theologischen Gründen.

Urheberrechte an Veit Harlans Film JUD SÜSS geltend, u. a. mit dem Argument: »Die Figur des Rabbi Gabriel zum Beispiel ist frei von meinem Mann erfunden und daher in dem Film aus dem Roman meines Mannes plagiiert.« Rechtsanwalt Georg B. Bronfen erhob dann am 12.10.1961 im Auftrag seiner Mandantin noch weitergehende Rechtsansprüche und forderte Entschädigung wegen der »Unmöglichkeit des Verkaufs der Verfilmungsrechte des Romans« und des »immateriellen Schadens, der dem Ruf Lion Feuchtwangers und insbesondere seinem Werk durch ebendenselben Film entstanden ist«. In einem Brief an die Ufa-Film GmbH wies Veit Harlan am 27.11.1961 Marta Feuchtwangers Behauptung mit dem Hinweis zurück, er habe den Roman von Feuchtwanger nicht gekannt. Daran schloß sich ein Briefwechsel zwischen der Ufa-Film GmbH mit Georg B. Bronfen und dem Bundesschatzminister an; Marta Feuchtwanger erhob jedoch keine Klage gegen die Ufa-Film GmbH (BA R 109 I/1568).

104 Der Film (Fundort: British Film Institute, London) setzt bereits vor der Ernennung des Feldmarschalls Karl Alexander zum Herzog von Württemberg ein und hält sich (wie Feuchtwangers Roman) stärker an die historischen Fakten, indem er den Fürsten von Thurn und Taxis einführt und Oppenheimers galante Frauenbeziehungen in die Handlung integriert. Er vertieft die religiösen Konflikte (Oppenheimer will Jude bleiben und schlägt das Rettungsangebot aus) und gewährt den familiären Beziehungen Oppenheimers (zur Mutter, die ihm den Namen seines wahren Vaters nennt, und zu seiner Tochter Naomi) breiteren Raum; wo antisemitische Ausschreitungen gezeigt werden, sind sie Teil der historischen Perspektive, aus der dem Zuschauer auch die Glaubensgemeinschaft der Juden vermittelt wird. Karl Alexanders Wahlspruch »Attempto« und die Verhöhnung Oppenheimers (»Now we shall see you if we can hang you higher than an gallow«) finden sich schon hier. Die Tendenz des Films wird durch den Vorspann festgelegt: »At last there rose up a man who – by sacrificing all to securing political power – resolved to bring prestige to the state and to break down, once and for all, the barriers of the Ghetto. Joseph Süss Oppenheimer was a man of human frailty. His work remained unfinished – his story lives.« Der Film schließt mit dem Insert: »Perhaps one day the walls will crumble like the walls of Jericho and all the world will be one people.«

(4) Der Film läßt den geplanten Staatsstreich als ein Werk Süß Oppenheimers erscheinen, der in Wirklichkeit die Landstände warnte.
(5) Der Film übergeht die Liebesbeziehungen Süß Oppenheimers zu den adligen Damen und setzt den Akzent auf die ›Vermischung des Juden mit einer Christin‹.[105]

18.4. Textbeispiele

Schlußsequenz: Vergleich der zweiten Drehbuchfassung mit der Filmfassung. Die eckigen Klammern markieren den getilgten, die **halbfetten** Stellen den zusätzlichen Text im Film.

(1) Beratung des Gerichts:

Vorsitzender des Gerichts (VG): Nach einer monatelangen eingehenden Prüfung haben wir die Gründe für die Anklage für Recht befunden. Ihr kennt sie: Erpressung, Wucher, Ämterhandel, Unzucht, Kuppelei und Hochverrat. [Allein] **Aber** weit größer scheint mir die Schuld des Juden, wenn man sie an der Schande, dem Schaden, dem Leid ermißt, die unser Volk durch ihn an Leib und Seele erlitten hat. Und [so] **darum** meine ich, jetzt sollte [das gekränkte und beleidigte Gewissen der Opfer sprechen] **der sprechen, der am tiefsten gekränkt und beleidigt worden ist**.
Sturm (S): Ihr Herren, nicht Vergeltung, sondern nur was Rechtens ist.
VG: Sprecht nur frei, Sturm, Ihr habt das größte Leid erfahren und füglich das größte Recht zu richten.
S: Leid spricht nicht Recht. [Leid spricht nur:] Auge um Auge, Zahn um Zahn[106] – das ist nicht unsere Art. [Nehmt] **Fragt** nur das alte Reichs**kriminal**gesetz. Da steht's für alle Ewigkeit. **So aber ein Jude mit einer Christin …**
VG: [So sagt das Reichskriminalgesetz:] Wo [sich] aber ein Jude mit einer Christin **sich** fleischlich vermenget, **soll er durch den Strang vom Leben zum Tode gebracht werden**.

(2) Auf dem Hinrichtungsplatz:

VG: **Wo sich aber ein Jude mit einer Christin fleischlich vermenget**, soll er mit dem Strang vom Leben zum Tode gebracht werden; ihm zur wohlverdienten Strafe, jedermann aber zum abschreckenden Exempel.

---

105 Von Seiten der Ufa dachte man an »einen Roman nach dem Film JUD SÜSS«, der am 19.12.1940 genehmigt wurde (BA R 109 I/1034a, f. 83). Es erschien: J. R. George: *Jud Süß. Roman*. Mit 16 Bildern aus dem gleichnamigen Terra-Film. Berlin 1941.
106 Zu »Auge um Auge, Zahn und Zahn« vgl. 2. Mos. 21, 24, 3. Mos. 24, 20, u. 5. Mos. 19, 21, demgegenüber aber Matth. 5, 38.

Abb. 38:
Hinrichtungsszene: Jud
Süß (Ferdinand Marian).
JUD SÜSS

Oppenheimer: Ich bin nichts gewesen als ein treuer Diener von meinem Souverän. Was kann ich dafür, wenn ..., wenn Euer Herzog ein Verräter gewesen ist. Ich will ja alles wiedergutmachen. Ich schwör' es Euch! Nehmt Euch meine Häuser, nehmt Euch mein Geld! Aber laßt mir mein Leben! Ich bin unschuldig! Ich bin nur ein armer Jud'. Laßt mir mein Leben! Ich will nichts ..., das Leben will ich! Leb ...

(3) Nach der Hinrichtung Oppenheimers:

S: Die Landstände verkünden [hiermit] **durch meinen Mund** den Willen des württembergischen Volkes: Alle Juden haben innerhalb [eines Monats] **dreier Tage** Württemberg zu verlassen. Für ganz Württemberg gilt hiermit der Judenbann. Gegeben zu Stuttgart am 4. Februar 1738. **Mögen unsere Nachfahren an diesem Gesetz ehern festhalten, auf daß ihnen viel Leid erspart bleibe an ihrem Gut und Leben und an dem Blut ihrer Kinder und Kindeskinder.**

18.5. Kontext

Bereits am 13. März 1930 hatte die Nationalsozialistische Fraktion unter dem späteren Reichsinnenminister Dr. Wilhelm Frick im Reichstag den Entwurf eines *Gesetzes zum Schutz der deutschen Nation* eingebracht, wonach »wegen Rassenverrats mit Zuchthaus« und dem dauernden Entzug der bürgerlichen Ehrenrechte bestraft werden sollte, »wer durch Vermischung mit Angehörigen der jüdischen Blutsgemeinschaft oder farbiger Rassen zur rassischen Verschlechterung und Zersetzung des deutschen Volkes beiträgt oder beizutragen droht«; in besonders schweren Fällen sollte auch auf Todesstrafe erkannt werden können. Am 15. September 1935 unterzeichneten Hitler, Frick, Gürtner und Heß das *Gesetz zum Schutze des deutschen Blutes und der deutschen Ehre* (RGBl 1935 I, S. 1146 ff).[107] Vgl. zum Sachverhalt Lothar Gruchmann: Blutschutzgesetz und Justiz. Zu Entstehung und Auswirkung des Nürnberger Gesetzes vom 15. September 1935, in: *Vierteljahreshefte für Zeitgeschichte* Jg. 31 (1983), S. 418–442. Bei der UA lief im Beiprogramm der Film UNSERE KINDER, UNSERE ZUKUNFT.[108]

18.6. Normaspekte

(I) Die Landstände repräsentieren sich nicht nur als legitime Vertreter des Württembergischen Volkes, sondern zugleich als *moralische Instanz*. Ihre Supplikanten berufen sich in der Audienz beim Herzog auf Martin *Luther* als *höchste Norminstanz des Protestantismus*:[109] »Wenn Ew. hochfürstliche Durchlaucht sich schon nicht an die Verfassung halten, so sollten Eure Durchlaucht sich doch wenigstens an Luthers Rat halten, und der sagt: Darum wisse, Du lieber Christ, daß Du nächst dem Teufel keinen giftigeren Feind hast, denn einen rechten Juden. Ich will Dir meinen treuen Rat geben: Erstlich, daß man ihre Synagogen und Schulen mit Feuer anstecke. Zum anderen, daß man ihnen nehme alle ihre Betbüchlein und Talmudisten, dann solche Abgötterei und Lug gelehrt wird. Zum Dritten, daß man ihnen den Wucher verbiete. Zum Vierten ...«. Der Herzog unterbricht die Mahnungen mit den Worten: »Ich pfeif' auf Euren Luther!« Der Zuschauer muß hier über das Wissen verfügen, daß der historische Herzog Karl Alexander Katholik war.

(II) In der dargestellten *jüdischen* Glaubenswelt ist *Rabbi Loew* Norminstanz. Er ruft Oppenheimer zur Ordnung: »Der Herr will, daß sein Volk geht in Sack und Asche und ist verstreut über die Welt, daß es herrsche im Verborgenen über die Völker der Erde.« Aber Oppenheimer wagt, zu widersprechen: »Der *Wille des Herrn* wird es nicht verhindern wollen, daß ich auch aus Württemberg mache das gelobte Land für Israel. Es liegt schon vor uns. Ich brauch's nur zu greifen mit meinen Händen [...] Für Israel soll ich jetzt nicht hinübergelangen dürfen über den Jordan durch den Willen des Herrn? Kann das der Wille des

---

107 Vgl. hierzu: *Organisationsbuch der NSDAP*. München 1936, S. 529–539: Übersichtstafeln zum *Reichsbürgergesetz* vom 15. September 1935 und zum *Gesetz zum Schutze des deutschen Blutes und der deutschen Ehre* vom 15. September 1935 nach der Ausführungsverordnung vom 14. November 1935.
108 UNSERE KINDER, UNSERE ZUKUNFT (1940). Gestaltung: Otto-Heinz Jahn; P: Terra; 355 m (Fundort: BFA). Obgleich dieser Film im Auftrag der NSDAP hergestellt wurde, beanstandeten die Alliierten Kontrollbehörden ihn nicht; er wurde am 1.5.1946 wieder zugelassen. Als Beifilm zu JUD SÜSS war er jedoch durchaus geeignet, die ›gesunde‹ Gegenwart ins Bewußtsein zu rücken.
109 Der im Film gesprochene Text ist eine Kontamination aus dem Luther-Text. Vgl. Martin Luther: *Werke. Kritische Gesamtausg*. Bd. 53, Weimar 1920, S. 412 ff., bes. S. 536. Vgl. dazu Reinhold Lewin: *Luthers Stellung zu den Juden. Ein Beitrag zur Geschichte der Juden Deutschlands während des Reformationszeitalters*. Berlin 1911 (= Neue Studien zur Geschichte der Theologie und der Kirche 10).

Herrn sein?« Als Rabbi Loew erwidert: »Du legst die Worte des Herrn Dir gleich, wie's Dir paßt«, setzt Oppenheimer eine neue Lehrnorm: »Man soll die Worte des Herrn auslegen, wie's paßt: für Israel. Das ist der Wille des Herrn!«

(III) Die als ›deutsch‹ gesetzten Werte sind in Sturm als ›Hüter der Familie‹ und als Bewahrer württembergischer Tradition verkörpert. Als ›Liebende‹ und ›Leidende‹ haben Dorothea, wie auch Faber als ›jugendlicher Hitzkopf‹, Adjuvant-Funktion. ›Jüdisches Wesen‹ wird an diesen Werten gemessen und abgewertet. Es treten fünf Oppositionen in Erscheinung:
(1) Heimat vs. heimatlos (Dorothea: »Hat er denn keine Heimat?« Oppenheimer: »Doch, die Welt!« Dorothea: »Ach, Unsinn!«),
(2) Ehre vs. ehrlos (Sturm zu Oppenheimer: »Was versteht Er schon von ›Ehre‹«),
(3) Eintracht vs. Zwietracht (Sturm wirft Oppenheimer vor, daß er »in den Frieden« der Familie und des Landes einbreche und »zwischen dem Herzog und seinem Volk« Zwietracht sähe),
(4) Klugheit vs. Schlauheit (Sturm: »Die Juden sind ja gar nicht klug. Die sind nur schlau«),
(5) Deutsches Recht (= das »alte Reichskriminalgesetz«) vs. Altes Testament (»Auge um Auge, Zahn um Zahn«); die Verurteilung und Hinrichtung Oppenheimers erfolgt auf der Grundlage des Deutschen Rechts.

(IV) Die Musik emotionalisiert in ihrer leitmotivischen Funktion die drei zentralen Wertvorstellungen:
(1) deutsche Musik in der Familie Sturm (Das »All meine Gedanken, die ich hab ...« [Anonym 1452, publiziert in: *Musikalischer Hausschatz der Deutschen*, hg. von G. W. Fink. 11. Aufl. Leipzig 1901]),
(2) höfische Musik am Hofe Karl Alexanders,
(3) »hebräische Musik« (Drehbuch) in der Synagoge.

18.7. Überliefertes Material

Drehbuch, 1. Fassung: JUD SUESS, *ein historischer Film von Eberhard Wolfgang Möller und Ludwig Metzger. Regie: Dr. Peter Paul Brauer. Endgültige Fassung. Terra Filmkunst G.m.b.H., Herstellungsgruppe Walter Tost.* Typoskript, 243 hektogr. gez. Bl. (= 132 Bilder, 460 E) [SDK; hsl. Korr. auf S. 16, 155].
Drehbuch, 2. Fassung: JUD SÜSS. *Ein historischer Film. Regie: Veit Harlan. Terra Filmkunst G.m.b.H., Herstellungsgruppe Otto Lehmann.* [hsl. Notiz auf d. linken Seite:] *Drehbuch: Ludwig Metzger, Eberhard Wolfgang Möller, Veit Harlan 1940,* 243 hektogr. gez. Bl. (= 108 Bilder, 590 E) [SDK].[110]

---

110 Am deutlichsten wird der Bruch zwischen den beiden Fassungen des Drehbuchs in der Gestalt Levys. Der Film zeigt den Sturm auf das Palais, das Erschrecken Levys und seine Flucht durch eine Tür, nicht aber sein Ende. In der 1. Fassung des Drehbuchs ist folgende Einstellungsfolge festgelegt: E 556: Der Käfig wird hochgezogen, Stimme Sturms; E 557–561: Flucht der Juden; E 562–564: Sturm auf das Palais Oppenheimers; E 565–579: Zimmer des Palais und Levys Flucht; E 582–586: Levy stürzt sich vom Dach herab.

Illustrierter Film-Kurier Nr. 3130 [BFA]; *Das Programm von heute* Nr. 1688 [BFA]; *Werbe-Winke* 32 S. [BFA], *Presseheft* 32 S. [BFA]; *Ferdinand Marian als Jud Süß*. Ein Terra-Sonderheft, 12 S.; Erster Terra-Bericht zu »Jud Süss«, 13 ungez. S. [BFA]; Bildmaterial [BFA, SDK].

Akten der ›Harlan-Prozesse‹ im Frühjahr 1949 und Frühjahr 1950: Staatsanwaltschaft beim Landgericht Hamburg, Aktenzeichen 14 Js 555/48;[111] Teilnachlaß Harlan (Nachkriegsmaterial): noch nicht transkribierte stenographische Mitschrift der Verhandlungen des Prozesses (Sekretärin Harlans) im Filmmuseum Düsseldorf; Harlan 1960, S. 522 ff.: Rechtsgutachtliche Äußerungen von Prof. Dr. jur. Herbert Kraus; Brief von Veit Harlan an die Ufa-Film GmbH vom 27.10.1961 zur Entstehungsgeschichte des Films, 5 S. (BA R 108I/1568); Zeitungsartikel über den Verlauf der Prozesse im Inst. f. Zeitgeschichte, München

18.8. Interviews, Stellungnahmen, Rezensionen[112]

[Mittlg:] Produktionschef der Terra Dr. Peter Paul Brauer hat sich die Spielleitung von Jud Süss selbst vorbehalten, in: *FK* 22.7.1939 (Nr. 168); E. F.: Jud Süß unmaskiert im Film. Eberhard Wolfgang Möller zu seinem ersten Filmdrehbuch [mit der Mittlg., daß der Film im Nov. 1939 in Produktion gehen soll], in: *FK* 12.10.1939 (Nr. 238); [Günther] S[chwar]k: Neue Filmregisseure bewährten sich. Gespräch mit Dr. Brauer über jetzige und kommende Terra-Produktionen. [Als Drehbeginn für Jud Süss ist der 1.12.1939 vorgesehen.] In: *FK* 15.11.1939 (Nr. 267); [Mittlg:] Veit Harlan inszeniert Jud Süss, in: *FK* 12.1.1940 (Nr. 10); [Hans] Schu[hmann:] Veit Harlan über seinen neuen Film Jud Süss. Ein dokumentarisch-dramatisches Werk – Werner Krauß spielt »das jüdische Volk« [die Titelrolle war noch nicht besetzt], in: *FK* 17.1.1940 (Nr. 14); Hermann Hacker: Veit Harlan spricht vom Film Jud Süss, in: *Völkischer Beobachter* (Norddt. Ausg.) 21.1.1940 (Nr. 21); G[eorg] H[erzberg]: Veit Harlan inszeniert Jud Süss, in: *FK* 3.4.1940 (Nr. 78); Hermann Wanderscheck: Unser Musikinterview. Wolfgang Zeller, der Komponist ernster Filme. Vorbereitungen zum Jud Süss, in: *FK* 5.8.1940 (Nr. 181).

G[ünther] Sch[wark]: Jud Süss in Venedig. Ein überwältigender Erfolg deutschen Filmschaffens, in: *FK* 6.9.1940 (Nr. 209); Hans-Walter Betz: Jud Süss. Cinema San Marco, in: *Der Film* 7.9.1940; [Günther Schwark:] Jud Süss – eine leidenschaftliche Anklage, in: *FK* 10.9.1940 (Nr. 212); [Foto:] Ferdinand Marian, in: *FK* 17.9.1940 (Nr. 218); [Anonym:] Jud Süss in der italienischen Presse, in: *FK* 18.9.1940 (Nr. 219); Bilderbogen zum *FK* 21.9.1940 (Nr. 222): Söderbaum, Harlan, Marian bei Gondelfahrt in Venedig. Georg Herzberg: In Anwesenheit von Dr. Goebbels. Eindrucksvolle Aufführung des Jud Süss-Films. Höchstprädikat für einen großartigen Terra-Film, in: *FK* 25.9.1940 (Nr. 225); [Foto:] Meissner, Klitzsch, Marian, Harlan, Goebbels, Gutterer, Hippler bei der Auff. im Ufa-Palast, in: *Berliner Lokal-Anzeiger* 26.9.1940 (Nr. 230), 1. Beibl.; Curt Belling: Das Filmwerk vom Treiben des Jud Süss. Feierliche Uraufführung des Harlan-Films in Berlin, in:

---

111 Mitteilung der Staatsanwaltschaft beim Landgericht Hamburg: »Im Rahmen dieses Verfahrens sind verschiedene Gerichtsentscheidungen mit unterschiedlichen *gerichtlichen* Aktenzeichen ergangen. Die Verfahrensakte besteht aus 4 Einzelbänden (insgesamt ca. 1.300 Blatt). Sie kann zu *wissenschaftlichen* Zwecken im hiesigen Dienstgebäude eingesehen werden. Vor einer Genehmigung muß eine Beschreibung des Forschungsvorhabens nach Gegenstand, Zweck und Methodik vorgelegt und ferner eine (datenschutzrechtliche) Verpflichtungserklärung abgegeben werden.« Gegen Harlan war aufgrund des *Kontrollratgesetzes* Nr. 10, Art. II 1 c/d (»Verbrechen gegen die Menschlichkeit«) Anklage erhoben worden. In beiden Prozessen wurde Harlan freigesprochen, dem Film jedoch wurde angelastet, »seine Zuschauer in ihrem gesunden Urteil und ihrer ursprünglichen Menschlichkeit vergiftet« und »damit das Volk in seiner Gesamtheit dazu veranlaßt zu haben, die von der Regierung durchgeführten Maßnahmen hinzunehmen und an ihrer Durchführung teilweise mitzuwirken«.

112 Den Zugang zur wissenschaftlichen Auseinandersetzung mit dem Film erleichtern Hollstein 1971, Leiser 1978, Knilli u. a. 1983.

Völkischer Beobachter (Norddt. Ausg.) 26.9.1940 (Nr. 270); Bilderbogen zum *FK* 28.9.1940 (Nr. 228); Hans Erasmus Fischer: JUD SÜSS, in: *Filmwelt*, Berlin, 4.10.1940 (Nr. 40); Jürgen Petersen: Der Hofjude. Veit Harlan-Film JUD SÜSS im Ufa-Palast am Zoo, in: *Das Reich* 29.9.1940 (Nr. 19); [Mittlg.:] 110.000 Besucher in den ersten 27 Tagen, in: *FK* 21.10.1940 (Nr. 247).

Weiterer Einsatz: *FK* 30.9.1940 (Nr. 229): Leipzig; *FK* 3.10.1940 (Nr. 232): Hamburg; *FK* 18.10.1940 (Nr. 245): Dresden; *FK* 26.10. u. 1.11.1940 (Nr. 252 u. 257): Posen; *FK* 2.11.1940 (Nr. 258): Dortmund vor 2.000 Jugendlichen; *FK* 6.11.1940 (Nr. 261): Danzig, Gotenhafen; *FK* 8.11.1940 (Nr. 263): München; *FK* 9.11.1940 (Nr. 264): Frankfurt/M.; *FK* 18.11.1940 (Nr. 271): Dresden, Leipzig; *FK* 22.11.1940 (Nr. 275): Prag; *FK* 29.11.1940 (Nr. 281): Königsberg; *FK* 28.12.1940 (Nr. 303): Stuttgart; *FK* 29.1.1941 (Nr. 24): ein europäischer Erfolg; *FK* 20.2.1941 (Nr. 43): Kopenhagen; *FK* 7.4.1941 (Nr. 82): Bukarest; *FK* 17.4.1941 (Nr. 89): Budapest; *FK* 6.5.1941 (Nr. 104)[113]: Rom; *FK* 16.5.1941 (Nr. 113): Spanien; *FK* 26.5.1941 (Nr. 121): Madrid; *FK* 29.5.1941 (Nr. 124): Helsinki; *FK* 30.5.1941 (Nr. 125): Toulouse, Lyon, Marseille; *FK* 10.6.1941 (Nr. 133): franz. Pressestimmen; *FK* 11.6.1941 (Nr. 134): Marburg; *FK* 16.7.1941 (Nr. 164): Frankreich; vgl. Drewniak 1987, S. 699 (Rom), S. 703 (Tschechoslowakei), S. 731 (Frankreich), S. 742 (Holland), S. 780 f. (Budapest), S. 784 (Rumänien), S. 788 (Kroatien), S. 791 (Athen), S. 797 (Buenos Aires).

---

113 Zur gleichen Zeit wurden in Ungarn die ersten Judengesetze erlassen. Vgl. hierzu den Brief des Reichssendeleiters Hadamowsky an Dr. Lammers vom 31.3.1941 (BA R 43 II/1389, f. 138): »Gegenwärtig wird hier der Film JUD SÜSS vorgeführt. Der Film läuft hier schon vier Wochen lang und jedesmal vor ausverkauftem Haus. Karten für eine Vorstellung muss man schon vier bis fünf Tage vorher kaufen. Ich nehme an, dass Sie den Inhalt des Films kennen und will nur dazu bemerken, dass bei der Vorführung der Hinrichtungsszene ein riesiger Tumult im Kino losbrach. Es wurde laut geschrien, dass man es auch in Budapest mit den Juden so machen sollte. Im übrigen aber ist es mit der ungarischen Freundschaft für Deutschland nicht weit her. Wenn auch deutsche und italienische Wochenschauen gezeigt werden, so laufen in Budapest noch mehr englische und amerikanische Filme.« Nachdem es zu Gewalttätigkeiten gegen Juden gekommen war, wurden die Vorführungen zunächst eingestellt (vgl. Drewniak 1987, S. 780 f.).

(2) Johanna v. Bismarck und die Kinder sind stolz auf die Ernennung zum Ministerpräsidenten, aber »Vater bekommt viele Sorgen«, und einige Parlamentarier glauben, »dieser Bismarck« werde »in zwei Wochen, höchstens zwei Monaten abgewirtschaftet« haben. In der Budget-Kommission des preußischen Landtags kommt es zur Konfrontation: Bismarcks Parole »durch Eisen und Blut« [siehe Textbeispiel in Kap. B.19.4] provoziert die Gegner, die eine Deputation zum Anhalter Bahnhof schicken, wo der König von einer Kur in Baden-Baden zurückerwartet wird; die Deputierten sollen den König zur Entlassung Bismarcks veranlassen. Doch Bismarck ist dem König entgegengefahren. Es gelingt ihm, dessen Besorgnisse zu zerstreuen; und als Bismarck ihn auffordert, sich in die »Lage eines Offiziers« zu versetzen, »der die Aufgabe hat, einen bestimmten Posten auf Leben und Tod zu behaupten«, ist er zum gemeinsamen Kampf bereit. In der entscheidenden Landtagssitzung, in der Dr. Virchow als Wortführer der Opposition auftritt und »Herrn v. Bismarck und Herrn v. Roon« als Männer bezeichnet, »denen Macht vor Recht geht«, vollzieht Bismarck den »offenen Bruch« mit dem Landtag. Er fällt dem Präsidenten ins Wort und löst den Landtag auf, der sich erst nach Neuwahlen wieder neu konstituieren kann. In der Zwischenzeit unterzeichnet der König die *Gesetze über die Durchführung der Heeresreform*; das »neue Zündnagelgewehr« wird eingeführt. Der preußischen Beamten versichern sich der König und Bismarck durch die »Erinnerung an die Treuepflicht«. Die Militärkonvention mit Rußland soll den »Rücken frei machen«, während der französische Kaiser Napoleon III. durch seine ›Schaukelpolitik‹ zwischen Österreich und Preußen die Rheinprovinzen für sich zu gewinnen hofft.

(3) Irritiert durch Bismarcks neue Presseverordnung, interveniert Kronprinz Friedrich bei seinem Vater, der jedoch bekräftigt, daß Bismarck sein »vollstes Vertrauen« habe. Indessen sieht der österreichische Kaiser Franz Joseph die Zeit für gekommen, die deutschen Fürsten für sich zu gewinnen, um sich zum »Kaiser von Deutschland« erheben zu lassen. Er lädt zum Fürstentag nach Frankfurt ein. Den König erreicht die Einladung in Baden-Baden; er verspricht seiner Frau, nach Frankfurt zu gehen. Da sieht er sich durch einen in der *Times* und der *Süddeutschen Post* veröffentlichten Brief der Kronprinzessin Viktoria an ihre Mutter, Königin Victoria von England, brüskiert. Er ist empört, daß der Kronprinz »solche Insubordination in seinem Hause duldet«, und will ihn zur Rechenschaft ziehen, willigt aber schließlich ein, daß Bismarck mit dem Kronprinzen redet. Der Kronprinz verspricht Bismarck, sich bei seinem Vater zu entschuldigen und ihn zu bitten, ihn von seinen Ämtern als Kronprinz und als General der preußischen Armee zu entbinden. Dem König redet indessen der König von Sachsen ins Gewissen, »Deutschland nicht im Stich zu lassen« und zum Frankfurter Fürstentag zu fahren; eine gemeinsame Erklärung wird vorbereitet und der »Extrazug« bestellt. Wiederum kann Bismarck den König, der einen Herzanfall erleidet, umstimmen: »Wollen Sie Habsburgs Vasall werden? ... Denken Sie an Ihre Ahnen, an Ihre Pflicht!« Dem König von Sachsen droht Bismarck mit dem Einmarsch preußischer Truppen in Baden-Baden,

»um keinen Sachsen mehr reinzulassen«. Der Fürstentag scheitert, weil sich die Fürsten weigern, dem Vorschlag des österreichischen Kaisers zuzustimmen, daß der Bundestag eine Kriegserklärung mit einfacher Mehrheit (anstatt wie bisher: mit Zweidrittelmehrheit) beschließen könne.

(4) Der ›Realpolitiker‹ Bismarck, der eben noch den österreichischen Kaiser brüskiert hat, sucht nun für den Kampf gegen Dänemark in Österreich einen Bundesgenossen; er will Schleswig und Holstein »für Preußen erobern«. Die Generäle v. Roon und v. Moltke unterstützen den Plan, Finanzminister v. Bodelschwingh ist skeptisch, der König unwillig, aber zuletzt zu diesem »Abenteuer« bereit, nachdem er sich beim französischen Botschafter Benedetti der Rückendeckung Frankreichs versichert und mit dem österreichischen Gesandten Graf Karolyi Schleswig-Holstein zur ›gemeinsamen Sache‹ gemacht hat. Moltkes Kriegsplan führt zum Erfolg. Nach Kriegsende zeichnet der König die siegreichen Generäle aus, aber die »Verhandlung mit Österreich über die eroberten Gebiete« schafft neue Probleme, die Bismarck während eines Kartenspiels mit Graf Karolyi löst: Die Österreicher, die »schon genug Ausgaben mit Venetien« haben, verkaufen Lauenburg an Preußen. Der König erhebt Bismarck in den Grafenstand.

(5) Bismarck folgt mit seiner Familie einer Einladung Kaiser Napoleons III. nach Biarritz. Er hat sich zum Ziel gesetzt, ein Zusammengehen Frankreichs mit Österreich zu verhindern, für das Fürst Metternich dem Kaiser den Rhein als Grenze Frankreichs in Aussicht stellt; Kaiserin Eugénie zeigt sich fasziniert von dieser Allianz, aber der Kaiser will erst hören, was Bismarck bietet, der ihn soweit aus der Reserve lockt, daß er Bismarck gesteht: »Meine Arbeit ist die Erhaltung des deutschen Gleichgewichts zwischen Österreich und Preußen. Aber wenn Preußen den Vorteil davon hat, wäre es doch gerecht, wenn auch Frankreich einen kleinen Vorteil hätte.« Bismarck vermeidet es, dem Kaiser eine Zusage zur »kleinen Berichtigung« der Rheingrenze zu geben, doch für den Fall, daß Frankreich bei einem Krieg gegen Österreich »wirklich neutral« bleibt, erklärt er sich bereit, die Wünsche des Kaisers seinem König »zur Entscheidung vorzubringen«. Er ist verzweifelt über diesen diplomatischen Trick, zu dem er sich gezwungen sah; nur seiner Frau Johanna gegenüber kann er sich frei aussprechen. Die wahre Absicht des Kaisers sei, sich nach einem »langen, schweren Krieg« zwischen Preußen und Österreich, von beiden Ländern zu nehmen, was er will.

(6) Abermals löst Bismarck den Landtag auf, nachdem dieser in seinen Augen »angesichts einer großen nationalen Frage« zu »keiner anderen Haltung als zu der einer »impotenten Kritik« gelangt sei. Königin Augusta fleht ihren Mann an, nicht in den Krieg gegen Österreich einzutreten und Bismarck wegzuschicken. Als Bismarck sich beim König melden läßt, zieht sie sich auf ihr Zimmer im oberen Stockwerk zurück, von wo aus sie sich bemerkbar macht, um ihn davon abzuhalten, Bismarck gegenüber nachgiebig zu sein. Bismarck

legt dem König den Entwurf für die neue Bundesverfassung vor. Beide wissen: Das Verlangen, Österreich aus dem Bund auszuschließen, und die »Einberufung eines von allen Deutschen in geheimer Wahl gewählten Reichstags, der die neue Verfassung beraten soll«, bedeuten »Krieg«. Beide vertrauen auf »Gottes Hilfe« und »das Zündnagelgewehr«. Bismarck sieht sich nach 18 Jahren »endlich am Ziel«. Da verübt der »englische Jude« Cohen-Blind ein Attentat auf ihn; zwei Kugeln bleiben im Mantelfutter stecken, die dritte wird von einer Rippe »abgefedert«. Kaum ist er zum häuslichen Mittagstisch erschienen, wo seine Frau Johanna die Nachricht vom Attentat mit Besorgnis, der Sohn aber mit naiver Begeisterung zur Kenntnis nimmt, da erscheint der König: »Wenn ich noch einen Beweis gebraucht hätte, daß Gott mit Ihnen ist, dann hätte ich ihn jetzt. Ich gebe Ihnen alle Vollmachten, mein lieber Graf. Erklären Sie Österreich den Krieg, wenn Sie den Zeitpunkt für günstig halten.« Bismarck bejaht seine Frage, ob man dem Kronprinzen die Führung einer Armee überlassen könne, und er ist davon überzeugt, daß die »Schlesische Armee«, die der Kronprinz führen soll, die aber »den längsten Weg hat«, rechtzeitig auf dem Schlachtfeld erscheinen wird; davon »hängt der Sieg ab«.

(7) Auf dem »Schlachtfeld von Königgrätz« [3. Juli 1866] ist die militärische Lage kritisch, da die Armee des Kronprinzen bereits zwei Stunden überfällig ist. Prinz Friedrich Karl erbittet den Befehl zum Sturmangriff, dieser aber liegt nicht in der Absicht des Oberkommandos; befohlen ist das »Festhalten an der Front«. Vom Feldherrnhügel aus verfolgen der König, Generalfeldmarschall v. Moltke, die Generalstabsoffiziere und Bismarck das Kampfgeschehen. Moltke ist sich »seiner Sache sicher«; als Bismarck ihm ein geöffnetes Zigarrenetui entgegenhält, sucht er sich die beste Zigarre aus. Er hat keine Rückzugspläne, und die Schlacht wird durch das Eingreifen der Armee des Kronprinzen gewonnen.

(8) Im Hauptquartier der preußischen Armee [im Fürstlich Dietrichsteinschen Schloß in Nikolsburg] werden die weiteren Kriegsmaßnahmen beraten. Der König ist im »Siegesrausch« und will die österreichische Armee völlig vernichten, doch Österreich hat Preußen um Waffenruhe gebeten; Bismarck bittet den König, dieses Angebot anzunehmen und als Vorbereitung für sofortige Friedensverhandlungen zu betrachten; er erkennt die von Frankreich drohende Gefahr und nennt als Hauptziel seiner Politik, »die Befriedung ganz Deutschlands zu sichern«. Der König widersetzt sich Bismarcks Plänen. Er will nicht »wieder durch die Diplomatie verlieren, was das Schwert gewonnen hat« und seine Soldaten »nicht um den Sieg betrügen«. In der Abstimmung stimmt nur Roon für Bismarcks Vorschlag, das Waffenstillstandsangebot anzunehmen; die Offiziere lehnen ihn ab, und der König tritt »der militärischen Mehrheit« bei. Bismarck muß den Raum verlassen. Sein Gehilfe, Legationsrat Bucher, rät ihm, sich erst einmal auszuschlafen; am nächsten Tag werde sich schon eine Lösung des Problems finden. In der Nacht allerdings kann der französische Botschafter bis zum Schlafzimmer Bismarcks vordringen. Er fordert von Bis-

marck die Einlösung des dem französischen Kaiser in Biarritz angeblich gegebenen Versprechens, das linke Rheinufer an Frankreich abzutreten. Bismarck weist ihn barsch ab: »Sie bekommen nicht einen Quadratmeter. Keinen Fußbreit deutschen Bodens an Frankreich!« Schließlich droht er Frankreich mit dem Krieg. Benedetti bietet Bismarck Paroli.

(9) Am nächsten Morgen ist Bismarck beim König zum Vortrag. Er formuliert das Ziel seiner Politik: Die »Herstellung der deutschen Einheit unter der Führung des Königs von Preußen«. Wiederum kommt es zur Konfrontation und schließlich zum Demissionsangebot Bismarcks: Wenn der König an seiner Loyalität zweifle, dann bäte er, ihn »als Major in seinem Regiment kämpfen zu lassen«. Der König beurlaubt ihn so lange, bis die »militärischen Ereignisse« abgeschlossen sind. Erregt verläßt Bismarck den Raum. Im Gang öffnet er mit Gewalt ein sperriges Fenster, reißt es aus dem Rahmen und starrt auf den Schloßhof. Da tritt plötzlich der Kronprinz an ihn heran. Dieser erklärt, daß er Bismarck »viel Unrecht getan« habe, und er ihn erst heute zu verstehen beginne. Er ist bereit, ihm jetzt beizustehen. Ihm sind die Schwierigkeiten bewußt, seinen Vater aus dem Siegesrausch zu erwecken, gleichwohl will er Bismarcks Ansichten seinem Vater gegenüber vertreten. Nach einem kurzen Gespräch zwischen Vater und Sohn wird Bismarck vom König ins Zimmer gebeten. Der Kronprinz hat ihn überzeugt: »Sie haben es fertiggebracht, sich mit meinem Sohn zu verständigen. Sie haben mir damit einen meiner größten Wünsche erfüllt. Ich verstehe Sie noch nicht ganz, Bismarck. Aber Sie haben mich immer das Richtige tun lassen. Und ich vertraue darauf, daß es auch diesmal so sein wird. Hören Sie die Glocken? Es sollten Siegesglocken sein. Jetzt werden Friedensglocken daraus. Schließen Sie Frieden, Bismarck!« Bismarck erwidert: »Dieser Entschluß, Majestät, bringt Ihnen mehr ein als den Frieden. Er legt das Fundament für die deutsche Einheit. Nie wieder werden Deutsche gegeneinander das Schwert ziehen, und es wird der Tag kommen, an dem sich unsere Stämme gemeinsam erheben, um das Deutsche Reich gegen seine Feinde zu verteidigen!« Danach wird in schneller, summierender Bildfolge auf den deutsch-französischen Krieg von 1870/71 verwiesen. Der Film endet mit der szenischen ›Nachstellung‹ des berühmten Gemäldes von Anton v. Werner (in der sog. »Zeughausfassung« von 1882), auf dem jedoch die Proklamation König Wilhelms I. zum Deutschen Kaiser am 18. Januar 1871 durch Großherzog Friedrich I. von Baden vor den versammelten Fürsten im Spiegelsaal des Schlosses von Versailles historisch ›nicht ganz korrekt‹ wiedergegeben ist.[116]

---

[116] Thomas W. Gaehtgens (*Anton von Werner. Die Proklamierung des Deutschen Kaiserreiches. Ein Historienbild im Wandel preußischer Politik*. Frankfurt/M. 1990, S. 23) spricht von »bildimmanenter Scheinrealität«. Gegenüber der für das Berliner Schloß bestimmten Fassung von 1877 (gemalt aus nationaler Sicht) gilt die sog. »Zeughaus-Fassung« von 1882 (gemalt aus preußischer Sicht) als attraktiver; sie gelangte in die Schulbücher und diente auch dem Film als Vorlage. 1885 erhielt Bismarck zum 70. Geburtstag das überarbeitete Modello der Zeughaus-Fassung, in die Roon »wegen seiner freundschaftlichen und intimen Beziehung

19.3. Verwendetes literarisches Material

Otto v. Bismarck: *Gedanken und Erinnerungen*, hg. v. Horst Kohl, 3 Bde. Bd. 1–2: Stuttgart 1898. Bd. 3: Erinnerung und Gedanke. Stuttgart 1919 [recte: 1921]; korr. hist.-krit. Ausg. hg. v. Gerhard Ritter u. Rudolf Stadelmann. Berlin 1932. Daneben die verschiedenen Ausgaben der »Reden« Bismarcks.

19.4. Textbeispiel

Drehbuchfassung (S. 43, 12. Bild) – Mise en scène und Kamerastrategie im Film. Die eckigen Klammern markieren die im Film nicht realisierten Angaben des Drehbuchs, die runden Klammern Zusatzinformationen; durch **halbfette** Schrift werden Mise en scène und Kamerahandlungen (K1–K9) hervorgehoben:

Budget-Kommission

Sitzungszimmer im Preußischen Landtag. Längerer Tisch, an dem die Mitglieder der Budget-Kommission sitzen. Auf der rechten Seite, z. T. auch auf der linken Seite des Tisches stehen Zuhörer.

73.
K1 (t): Bismarck **(an der oberen linken Ecke des Tisches stehend, im Hintergrund Fenster mit ›Blick nach draußen‹)**: Er spricht ausgesprochen werbend, intelligent und mit einer überzeugenden, freundlichen Eindringlichkeit. Während der Rede eine Totale.	**K1:** Glauben Sie im Ernst, meine Herren, daß jene Nationen, deren Grenzen an den Deutschen Bund stossen, eine Einigung Deutschlands gern sehen würden?
74. Totale: **K2 (t):** Virchow und Genossen mit interessierten Gesichtern, **K5 (n):** Roon mit **verschränkten Armen und** interessiertem Kopfschütteln. **K3 Bismarck (hn), im Hintergrund Bücherschrank.** **K4 Kf → gr**	**K2:** Entspricht es nicht seit Jahrhunderten der Politik unserer Nachbarn, sich mit aller Kraft zu widersetzen? **K3:** In einem starken Heer liegt das einzige **K4:** Unterpfand für ein einiges Reich! Nicht auf Preussens Liberalismus sehen die anderen deutschen Staaten, sondern auf **K5:** Preussens Macht. **K6:** Denn nicht durch Reden

---

untergebracht werden mußte«, obgleich er bei der Proklamation gar nicht anwesend war (S. 65).

75. Gross:
K6: Bismarck (g) den Blick zuletzt auf (die Gruppe um Virchow) gerichtet.

und Majoritätsbeschlüsse werden die großen Fragen der Zeit entschieden, das ist der Irrtum der Jahre 1848 und 49 gewesen, sondern durch Eisen und Blut!

76. Totale:
Einen Augenblick herrscht im ganzen Raum Totenstille. [Dann bricht ein ungeheurer Lärm los. Die Abgeordneten stehen auf und gestikulieren wild herum.
Einzelne rufen:
gegen die Tribüne.]

[– Stimmendurcheinander –]

[Pfui! Pfui!]

K7: Gruppe um Virchow (wie K2). Nach kurzer Stille schlägt der Abgeordnete Wilhelm Loewe, links neben Virchow, mit der rechten Hand auf den Tisch und wendet sich den hinter ihm sitzenden und stehenden Abgeordneten zu.

K7: Donnerwetter.

K8: Erschrockene Abgeordnete und Zuhörer auf der anderen Seite des Tisches.

K9: Gruppe um Virchow (wie K7) Loewe:

K9: Jetzt hat er die Maske fallen lassen.

19.5. Kontext[117]

Der Film enthält ein starkes *Analogiepotential*, das dem Zuschauer erlaubt, assoziativ Parallelen zwischen den dargestellten historischen Situationen und denen der jüngsten Vergangenheit zu ziehen: »Kampf Bismarcks« in Parallele zum »Einigungswerk des Führers« (Akte des Reichssicherheitshauptamtes [siehe Kap. B.19.1, Bewertung]). Nur die wichtigsten Analogiemöglichkeiten seien hier aufgezeigt:

(1) Hitlers *Kampf gegen den Parlamentarismus*:

Wilhelm I.: »Ich habe es mit *Parlamentariern* und *Kompromißlern* genug versucht. Ich brauche ein starkes

---

117 Vgl. zu den Bismarck-Filmen als »Leitbilder der Zeit«: Drewniak 1987, S. 196 ff.

	Heer.« Bismarck: »Nicht durch *Reden* und *Majoritätsbeschlüsse* werden die *großen Ziele* er reicht, sondern nur durch *Eisen* und *Blut*.«
(2) *Vertrauen* des Reichspräsidenten v. Hindenburg in *Hitler*:	Wilhelm I., nach dem Grundsatzgespräch mit Bismarck in Babelsberg: »Sie haben mich *gewonnen*, Bismarck, Sehen Sie jetzt zu, daß Sie Preußen gewinnen.«
(3) Hitler will mit Gewalt ein *Großdeutschland* erzwingen:	Bismarck: »Ich habe die Verpflichtung, dem deutschen *Vaterland* die *alte Größe* wiederzugeben.« Bismarck: »Den deutschen Michel muß man *mit Gewalt zu seinem Glück zwingen.*«
(4) Abschluß des *deutsch-sowjetischen Nichtangriffspaktes* im August 1939, in dem der UdSSR der Besitz Ostpolens zugesagt wurde:	Bismarck zu Wilhelm I. über seine Verhandlungsstrategie: »Majestät, das ist die *Politik*.« Kaiser Franz Joseph: »Die *Politik* ist ein *Geschäft*.« [Anschließend handelt Bismarck mit dem österr. Außenminister den Kauf des Herzogtums Lauenburg beim *Kartenspiel* aus.]
(5) Hitler als *genialer*, einsamer Staatsmann:	Bismarck, in einer Krise nach dem Gespräch mit Napoleon III.: »Ich muß *allein* mit mir fertig werden.«
(6) 1939: mißglücktes *Bombenattentat* auf Hitler im Münchner »Bürgerbräukeller«:	Nach dem mißglückten Attentat auf Bismarck durch Cohen-Blind am 7. Mai 1866; Topoi: »englischer Jude«, »göttliche Vorsehung«. Wilhelm I. zu Bismarck: »*Beweis*, daß Gott mit Ihnen ist.«
(7) Hitlers Berufung auf *Gott*:	Bismarck: »Wir werden *siegen*, mit *Gottes Hilfe* und mit dem *Zündnagelgewehr*.« Parade, Wilhelm I. und Danklied »Nun danket alle Gott!«

(8) Gegensatz *deutsche Frau* (Familie) vs. Ausländerin:	Bismarcks Frau *Johanna* (mit den Kindern Marie und Wilhelm) vs. *Eugénie* (Frau Kaiser Napoleons III.); Biarritz-Sequenz.
(9) Hitlers und Goebbels' *Verunglimpfung des Liberalismus*:	Darstellung von Bismarcks Gegenspieler Virchow (»impotente Kritik«).
(10) Hitler als charismatischer ›Helfer in der Not‹:	Wilhelm I. nennt Bismarck seinen »Seelenarzt«.

19.6. Normaspekte

(1) Letztlich trifft zwar König Wilhelm I. alle politischen Entscheidungen für Preußen, aber oberste Norminstanz ist stets Bismarck: Er formuliert die politischen Handlungsnormen und setzt sie in der Praxis durch. Sie entsprechen den in der historischen Realität von Bismarck vertretenen politischen Grundsätzen. Den zentralen Grundsatz formuliert Bismarck am 30. September 1862 in einer Abendsitzung des preußischen Abgeordnetenhauses (siehe Textbeispiel in Kap. B.19.4). Der hier verwendete Topos ›Blut und Eisen‹ (Quintilian, Ernst Moritz Arndt) wurde zu einem ›geflügelten Wort‹.

(2) König Wilhelm I. vertritt gegenüber diesen konkreten Handlungsmaximen einen abstrakten Pflichtbegriff. So erklärt er nach dem Sieg Preußens über Dänemark: »Es ist mir als König eine große Freude und Beruhigung, daß ich Ihnen [= den Generälen] und dem ganzen Volk sagen darf: Sie haben alle Ihre Pflicht erfüllt. Ein Staat besteht, solange dieses harte Wort in uns noch lebt, und er zerfällt, wenn der Einzelne nach anderen, bequemeren, vielleicht scheinbar für die Freiheit seiner Person ergiebigeren Stützen sucht. Gott hat uns den Sieg verliehen, gehen wir morgen wieder an den Alltag unserer Pflichten.«

(3) Zentrales Paradigma des Films ist das Versagen des Parlaments und die zwingende Notwendigkeit autoritärer Staatsführung (mit permanenter Verunglimpfung der demokratischen Kräfte des Staates).

19.7. Überliefertes Material

Drehbuch: BISMARCK. *Drehbuch: Rolf Lauckner, Wolfgang Liebeneiner. Regie: Wolfgang Liebeneiner. Herstellungs-Leitung: Dr. Heinrich Jonen, Willi Wiesner. Tobis Filmkunst GmbH, Herstellungsgruppe Dr. Jonen.* Typoskript, 263 hektogr. S. (92 Bilder, 538 E) [(1) DIF; Vorbesitzer: Cay Dietrich Voss (= 2. Aufnahmeleiter); es fehlt S. 92 mit den E 181/182, (auf der Rückseite des Vorsatzblattes:) 2 Fassungen des Inserts (Im Jahre 1862 ...). (2) SDK u. HFF »Konrad Wolf«; aus dem Besitz der DEFA, keine hsl. Notizen]; Entwürfe von Erich Zander [SDK].

Illustrierter Film-Kurier Nr. 3149 [BFA]; *Das Programm von heute* Nr. 1694 [BFA]; *Werberatschläge* der Tobis, 24 S. [BFA]; *Presseheft*, 27 S. [BFA]; *Werbematerial* [BFA]; Bildmaterial [BFA, DIF].

19.8. Interviews, Stellungnahmen, Rezensionen[118]

[Textabdruck:] Gestalten groß, groß die Erinnerung. Aus Rolf Lauckners neuem BISMARCK-Film [Auszug aus dem Drehbuch, Anfangsszene], in: *Völkischer Beobachter* (Berliner Ausg.) 31.3.1940 (Nr. 91); [Günther] S[chwar]k: Besuch im Jofa-Atelier. Bismarck im Film. Vier Jahre, in denen europäische Geschichte gemacht wird, in: *FK* 1.7.1940 (Nr. 151), Beibl.; Günther Sawatzki: Ein Leben für Deutschland [mit Abb.], in: *Filmwelt*, Berlin, 12.7.1940 (Nr. 28); Hermann Wanderscheck: Besuch bei Norbert Schultze. Opern- und Filmkomponist [u. a. BISMARCK], in: *FK* 17.7.1940 (Nr. 165); [Foto:] Paul Hartmann u. Helmut Bergmann, in: *FK* 31.7.1940 (Nr. 177); [Foto:] Harald Paulsen u. Walter Franck, in: *FK* 5.8.1940 (Nr. 181); Bilderbogen zum *FK* 3.8.1940 (Nr. 180); Fritz-Heinz Reinhardt: Die Kunst des Maskenbildners. Der Mann, der mit Licht und Schatten Gesichter modelliert. Gespräch mit Carl Eduard Schulz. Seine Arbeit für den BISMARCK-Film, in: *FK* 20.9.1940 (Nr. 221); Bilderbogen zum *FK* 5.10.1940 (Nr. 234); [Anonym:] Genius, Staatsmann, Mensch im Film. Paul Hartmann über seine Bismarck-Rolle, in: *FK* 5.12.1940 (Nr. 286); Emil Jannings: Bismarck in dieser Zeit, in: *Völkischer Beobachter* (Berliner Ausg.) 5.12.1940 (Nr. 342).

Dr. Werner Wien: Durch Preußen zum Reich. Die festliche Uraufführung des BISMARCK-Films im Berliner Ufa-Palast am Zoo, in: *Völkischer Beobachter* (Norddt. Ausg.) 8.12.1940 (Nr. 343); [Anonym:] Dokument deutscher Geschichte, Bismarcks Kampf für das Reich [mit Abb.], in: *Filmwelt*, Berlin, 6.12.1940 (Nr. 49); Rolf Brandt: BISMARCK-Film – ein Erlebnis. Großer Erfolg der Berliner Uraufführung im Ufa-Palast am Zoo, in: *Berliner Lokal-Anzeiger* 7.12.1940 (Nr. 292), 1. Beibl.; Willi Beer: Der BISMARCK-Film. Zur Uraufführung, in: *Dt. Allg. Ztg.* 7.12.1940 (Nr. 587); Günther Schwark: In Anwesenheit von Dr. Goebbels. Festliche Uraufführung des BISMARCK-Films. Begeisterter Beifall für Wolfgang Liebeneiners Meisterwerk [mit Abb.], in: *FK* 7.12.1940 (Nr. 288); Hermann Wanderscheck: [Zur Musik von] BISMARCK, in: *FK* 9.12.1940 (Nr. 289); G.: Studenten schrieben über BISMARCK, in: *FK* 14.12.1940 (Nr. 294); Jürgen Petersen: Film-Geschichte. Zum BISMARCK-Film der Tobis, in: *Das Reich* 14.12.1940 (Nr. 30); Günther Sawatzki: BISMARCK. Zur Berliner Uraufführung des neuen Tobis-Films [mit Abb.], in: *Filmwelt*, Berlin, 20.12.1940 (Nr. 51).

Weiterer Einsatz: *FK* 30.11.1940 (Nr. 282): Leipzig; *FK* 11.1.1941 (Nr. 9): vor Kriegsberichtern; *FK* 4.2.1941 (Nr. 29): Slowakei; *FK* 7.2.1941 (Nr. 32); Zürich; *FK* 13.2.1941 (Nr. 37): Litzmannstadt; *FK* 22.2.1941 (Nr. 45): Preßburg; *FK* 30.6.1941 (Nr. 150): Sofia; s. a. Drewniak 1987, S. 699 (Rom), S. 703 (Tschechoslowakei), S. 784 (Rumänien), S. 791 (Griechenland), S. 798 (Japan).

---

118 Alle Rezensionen betonen den starken Zeitbezug des Films. Während aber die Parteipresse (z. B. Hermann Fiddickow im *Angriff* 1.9.1940, Nr. 212) einen direkten Bezug zu Adolf Hitler herstellt, äußert sich die bürgerliche Presse zurückhaltender. So schreibt Rolf Brandt im *Berliner Lokal-Anzeiger* (s. u.): »Heute kann man, vielleicht gerade heute, da die Beziehungen mit den großen Lebensstationen des Kanzlers ohne jeden Zwang wiederum mit den großen inneren Stationen des deutschen Aufstiegs verbunden sind, gerade heute kann man wieder heraufbeschwören das vergangene Leben.«

20. KAMPFGESCHWADER LÜTZOW

20.1. Produktionsdaten

UT: Ein Hans Bertram-Film der Tobis
P: Tobis Filmkunst GmbH, Herstellungsgruppe Bertram; 2.794 m; Drehbeginn: 29.6.1940 (Außenaufnahmen im Generalgouvernement, danach in Pommern: Rostock, Kolberg, Swinemünde; Abschluß: Ende Oktober 1940), 1. Ateliertag: 5.11.1940 (Tobis-Johannisthal)
A: [Drehbuch:] Hans Bertram, Wolf Neumeister, [Mitarbeit am Exposé:] Heinz Orlovius
R: Hans Bertram; R-Ass.: Rudolf Hilberg, Fritz Wendel

Stab: K: Georg Krause[119], [Luftaufnahmen:] Heinz Jaworsky, Walter Roßkopf; M: Norbert Schultze; T: Erich Lange; Bau: Otto Moldenhauer, Franz Bi; Schnitt: Ella Ensink; Aufnahmeltg.: Karl Buchholz, Karl Gillmore, Helmut Ungerland; Produktionsltg.: R. Wuellner; militär. Beratung: Gen. d. Flieger Schweickhard, [für die Luftwaffe:] Major Lüpke, [für die Waffen-SS:] Standartenführer Bittrich, [für die Inspektion der schnellen Truppen:] Hauptmann Neubeck, [für die Marine:] Korvetten-Kapitän Hashagen

FM: Tobis-Klangfilm
V: Tobis-Filmverleih GmbH; Weltvertrieb: Tobis Cinema
UA: 28. Februar 1941, Berlin, Ufa-Palast am Zoo

Besetzung:[120]

Oberst Mithoff	Christian Kayßler[121]
Unteroffizier Eckhard	Hermann Braun
Unteroffizier (später: Feldwebel) Paulsen	Heinz Welzel
Unteroffizier Guggemos	Hannes Keppler
Grethe Kubath	Marietheres Angerpointner
Lina Zeissler	Carsta Löck
Unteroffizier Zeissler	Adolf Fischer
Obergefreiter Hasinger	Horst Birr
Gefreiter Hellweg	Helmut vom Hofe
Major Hagen	Peter Voss
Lehrer Lehwald	Dr. Ernst Stimmel
Adjutant Oberleutnant Körner	O. K. Kinne
Hauptmann Pebal	Rudolf Vones
Unteroffizier Richards	Hans Bergmann
Gefreiter Christoff	Curt Pflug
Hans Kubath	Horst Rossius

---

119 Vgl. hierzu den Artikel: Das Licht schafft die Atmosphäre. Georg Krause 25 Jahre Kameramann, in: *Der Deutsche Film*, Berlin, Jg. 7 (1942/43), H. 4, S. 9 ff. (mit Abb.).
120 Als »eigentliche Hauptdarsteller« werden im *FK* 4.10.1940 (Nr. 233) die »He's 111« bezeichnet; aufgrund der starken Präsenz dieser Kampfmaschinen hat der Film heute dokumentarischen Wert. Die enge Verbundenheit des Filmteams mit den Heinkel-Werken kommt auch in der Sondervorführung des Films in den Heinkel-Werken zum Ausdruck (siehe Kap. B.20.8.). Vgl. zum Film und zum Kampfflugzeug He 111 auch Drewniak 1987, S. 376 ff.
121 Vgl. hierzu Christian Kayßler: Die Darstellung des soldatischen Menschen im Film, in: *Der Deutsche Film*, Berlin, Jg. 6 (1941/42), H. 6/7 (= Sonderheft *Die deutsche Luftwaffe im Film*), S. 16 f.

Bewertung:[122]
FP: 20. Februar 1941, Prüf-Nr. 55086 (Tit.): staatspolitisch besonders wertvoll und künstlerisch besonders wertvoll, volkstümlich wertvoll, jugendwert, Jf, 2.794 m (gültig bis 31.12.1944) [SDK]; 18. März 1941, Prüf-Nr. 55248 (Vorspann): 87 m; Paimann 4.4.1941 (Nr. 1304).
CFFP 1951, S. 49: »Good production with good acting, some genuine newsreel material in the film, militarist and nationalist propaganda«; LPF June/Sept. 1953.
FSK: 24. März 1983, Prüf-Nr. 53775: 2.612 m (95 min): Freigabe abgelehnt wegen »faschistischer und militaristischer Grundideen« (Diskussionsprotokoll).

Rechte: F.-W.-Murnau-Stiftung; Ausw: Transit-Film GmbH, München (komm.), DIF (nicht-komm.)
Kopie: BFA₂ [DIF]

20.2. Handlung

Die Handlung schließt an den Film D III 88 an.

(1) In den Augusttagen 1939 übernimmt Oberst Mithoff, der schon im Ersten Weltkrieg und danach im Baltikum, in China und in Spanien gekämpft hatte, das Kampfgeschwader Lützow. Er trifft hier einige Männer, der »guten alten Schule Westernförde« wieder: Eckhard, Paulsen, Zeissler und Hasinger. Beim Abschreiten der Front fällt ihm auch der 19jährige Gefreite Hellweg auf, mit dessen Vater, Major Hellweg, er zusammen in der Legion Condor diente (»Werden Sie ein so guter Flieger, wie Ihr Vater war!«). Später bittet Zeissler Mithoff um Heiratsurlaub; Lina, die er schon in Westernförde kennengelernt hatte, erwartet ein Kind. Mithoff nimmt an der Hochzeitsfeier teil; das Bild des Oberwerkmeisters Bonicke wird für Mithoff zum Anlaß, die Anwesenden an die »fliegerischen und soldatischen Tugenden« zu erinnern. Dann wird er ans Telefon gerufen. Der »Polenfeldzug« steht bevor. Er gibt den Befehl, das Geschwader »startfertig« machen zu lassen. In der Nacht vor dem Einsatz fragt Hellweg den »Guggi« (Unteroffizier Guggemos), ob es »feige« sei, wenn man daran denkt, »daß man vielleicht sterben muß«. Der »Guggi« rät: die Augen offen zu halten, »wie's sich g'hört für einen Soldaten«.

(2) Während des Rückfluges nach einem Kampfeinsatz entdecken Eckhard und Paulsen auf der Straße eine Gruppe »verschleppter Volksdeutscher«. Sie verjagen die polnischen Begleitmannschaften, landen auf der Straße und fordern die Gruppe auf, »nur zwei, drei Tage durchzuhalten«; Lehrer Lehwald übernimmt die Führung der Gruppe, die später in einem Dorf in Sicherheit gebracht werden kann. Zur Gruppe gehört auch Grethe Kubath, auf die Eckhard und Paulsen gleichermaßen ›ein Auge geworfen‹ haben; wieder werden sie zu Rivalen.

---

[122] Goebbels: *Tagebuch*, 14.2.1941: »Abends Filmprüfungen [...] Bertrams KAMPFGESCHWADER LÜTZOW. Eine grandiose Kriegsschau der Luftwaffe. Mit monumentalen Bildern. Einzigartige Milieuzeichnung. Ich bin hingerissen.« 18.2.1941: »Mit Bertram seinen neuen Film KAMPFGESCHWADER LÜTZOW besprochen. Wir haben noch eine letzte Differenz wegen des Schlusses, die wird aber auch bald ausgeräumt.«

Abb. 39:
Ufa-Palast am Zoo: Anfahrt der Gäste zur Premiere von Kampfgeschwader Lützow.

(3) Während eines weiteren Kampfeinsatzes muß eine Maschine (die »B 33«) in einem Sumpfgebiet notlanden; an Bord: die Unteroffiziere Eckhard und Richards, Obergefreiter Hasinger und der Gefreite Christoff. Hauptmann Pebal und der »Guggi« entdecken den Landeplatz, können aber mit ihrem Wasserflugzeug nicht an ihn herankommen, weil polnische Truppen sie bedrängen. Die vier schaffen es zu Fuß, doch der Rückweg hinter die eigenen Linien ist mühsam: Christoff ist verletzt, wieder haben sie »die ganze Meute auf dem Hals«, und das Gelände bietet keinen Schutz. Es gelingt ihnen jedoch, einer Draisine habhaft zu werden und auf den Eisenbahnschienen über den Fluß zu gelangen; dabei wird die Brücke von deutschen Fliegern angegriffen (»Von unten hat die Sache doch gewisse Schattenseiten!«). Eckhard fragt nach seiner Rückkehr Paulsen, wie »das Mädel« auf seinen Unfall reagiert habe. Beide wollen Grethe fragen, wen sie lieber mag. Während Eckhards Abwesenheit hat Grethe Paulsen einen Talisman geschenkt.

(4) Grethe erfährt durch einen Brief von Zeisler, daß Eckhard gut »durchgekommen« ist. Lina hat inzwischen einen »kleinen Bub« zur Welt gebracht, und Grethe betreut Mutter und Kind. Der »Guggi«, Eckhard und Paulsen nehmen an der Kindstaufe teil. Innerlich hat sich Grethe schon für Eckhard entschieden, mag aber Paulsen noch nicht die Wahrheit sagen. Lehrer Lehwald ermahnt

Grethe: »Weil man einen Menschen gern hat oder Mitleid mit ihm empfindet, darf man ihn nicht glauben lassen, daß man ihn liebt! Gerade ein so wertvoller Mensch wie dieser Herr Paulsen, der hat das Recht auf Aufrichtigkeit.« Grethe verspricht, Paulsen zu schreiben. Als Eckhard und Grethe sich telefonisch gegenseitig ihrer Liebe versichern, bringt Grethe zugleich den Wunsch zum Ausdruck, daß zwischen ihm und Paulsen »alles so bleibt wie bisher«. Eckhard verspricht, »alles mit ihm in Ordnung zu bringen«, aber Grethe bittet ihn, damit zu warten, bis er ihren Brief erhalten habe.

(5) Nach dem »Polenfeldzug« fliegt die deutsche Luftwaffe »gegen Engelland«. Während eines gemeinsamen Fluges offenbart Paulsen Eckhard aufgrund einer falschen Deutung von Grethes Verhalten, daß er sich mit Grethe »einig« sei: »So ganz klar war ich mir vorher doch noch nicht, aber jetzt weiß ich, daß sie mich auch liebt.« Eckhard fragt zögernd nach, ob er dies auch »ganz bestimmt« wisse. Die Desillusionierung bleibt Paulsen erspart; Grethes Brief erreicht ihn nicht mehr. Nach einem erneuten Kampfeinsatz über England fliegt er die »Rottenmaschine« zurück. Obgleich der Backbordmotor beim Luftkampf ausgefallen ist und er schwer verletzt wurde, bleibt die Maschine manövrierfähig, doch von den drei Begleitern (Beobachter, Schütze, Bordwart) kann nur Hellweg, der gerade erst »angefangen hat zu schulen«, sie fliegen; »auf keinen Fall kann er sie landen«. Der »Guggi« startet, um Hellweg Landeanweisungen zu geben, aber im entscheidenden Augenblick übernimmt Paulsen wieder die Führung. Mit letzter Kraft landet er die Maschine, dann sinkt er tot zusammen.

20.3. Verwendetes literarisches Material

Es handelt sich um einen originalen Filmstoff.

20.4. Textbeispiel

Oberst Mithoffs Rede auf Zeislers Hochzeitsfeier:

Ich habe mich besonders gefreut, daß Ihr daran gedacht habt, auch den Mann an Eurer Feier teilnehmen zu lassen, dessen guter Geist all die jungen Flieger begleitet, die aus unserer Schule stammen. Ich spreche von unserem Oberwerkmeister Bonicke, dessen Bild hier oben hängt. Es sind einige unter Euch, die diesen Mann nicht gekannt haben. Sie sollen wissen, daß dieser Mann die Verkörperung aller fliegerischen und soldatischen Tugenden war, die wir kennen. Er war aufrichtig, schlicht, zuverlässig. Er war tapfer und treu bis zum Tode. Unser guter Bonicke hat aus den jungen Fliegern, die durch seine Schule gegangen sind, ganze Kerle gemacht, wie sie unsere Waffe verlangt! Und deshalb ist es schön, daß er auch heute mit dabeisein kann.

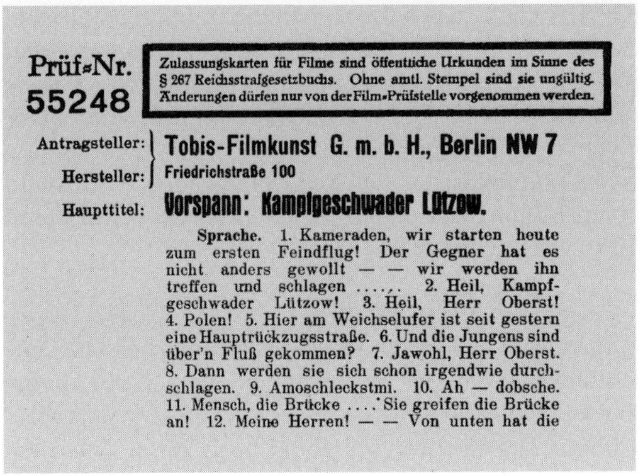

> **Prüf-Nr. 55248**
>
> Zulassungskarten für Filme sind öffentliche Urkunden im Sinne des § 267 Reichsstrafgesetzbuchs. Ohne amtl. Stempel sind sie ungültig. Änderungen dürfen nur von der Film-Prüfstelle vorgenommen werden.
>
> Antragsteller: Tobis-Filmkunst G. m. b. H., Berlin NW 7
> Hersteller: Friedrichstraße 100
> Haupttitel: **Vorspann: Kampfgeschwader Lützow.**
>
> Sprache. 1. Kameraden, wir starten heute zum ersten Feindflug! Der Gegner hat es nicht anders gewollt — — wir werden ihn treffen und schlagen ...... 2. Heil, Kampfgeschwader Lützow! 3. Heil, Herr Oberst! 4. Polen! 5. Hier am Weichselufer ist seit gestern eine Hauptrückzugsstraße. 6. Und die Jungens sind über'n Fluß gekommen? 7. Jawohl, Herr Oberst. 8. Dann werden sie sich schon irgendwie durchschlagen. 9. Amoschleckstmi. 10. Ah — dobsche. 11. Mensch, die Brücke .... Sie greifen die Brücke an! 12. Meine Herren! — — Von unten hat die

> Sache doch gewisse Schattenseiten. 13. Ja, was machen wir da? 14. Wir können ja knobeln. 15. Gemacht! 16. Ich habe Ihnen eigentlich noch sagen wollen, daß ich Sie lieb habe — und ich wollte fragen, wie Sie darüber denken. 17. Oh — ich denke genau so darüber. 18. .. Grete und ich — wir sind uns nämlich einig .. 19. .. Ich habe Dich manchmal beneidet, Robert .... Dir fällt alles so leicht, und ich hab's immer so schwer ...... 20. .... Aber jetzt habe ich mal Glück! 21. Achtung! — — Drei Curtis von hinten! Sakra! Sakra! Moment! 22. Hinein! 23. Kameradschaft, Kämpfergeist und Pflichtbewußtsein 24. sind die Motive des neuen Hans Bertram-Films der Tobis. 25. „Kampfgeschwader Lützow". 26. Regie: Hans Bertram. 27. In Kürze hier!
>
> Länge: 87 m
>
> Der Film wird zur öffentlichen Vorführung im Deutschen Reiche, auch vor Jugendlichen, zugelassen.
>
> Berlin, den 18. März 1941
>
> **Film-Prüfstelle**
>
> C/0715

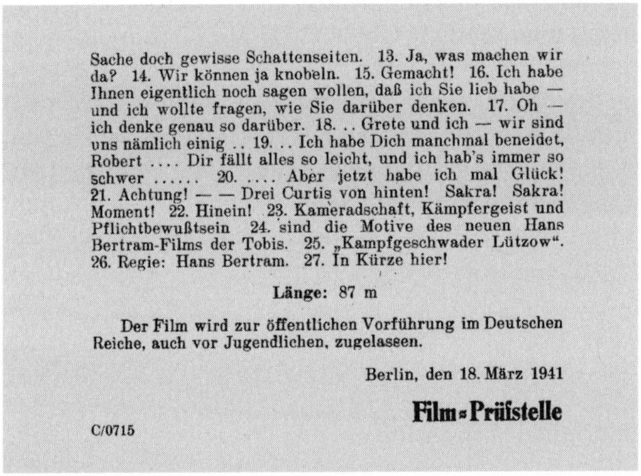

Abb. 40:
Zensurkarte
für den Trailer.

20.5. Kontext

Politisch: Der Überfall der deutschen Truppen auf Polen (1. September 1939), der sog. »Blitzfeldzug« (27. September 1939: Kapitulation Warschaus) und die mißglückte Vorbereitung der Invasion Englands (15.–29. September 1940).

Filmisch: KAMPFGESCHWADER LÜTZOW ist die Fortsetzung des Films D III 88 (siehe Kap. B.16) und zugleich die Spielfilmergänzung zu Hans Bertrams ›Dokumentarfilm‹ FEUERTAUFE, untertitelt »Der Film vom Einsatz der deutschen Luftwaffe in Polen« (April 1940).[123]

---

123 Die hohe Authentizität im Dokumentarischen bestätigt der Rezensent in der Wochenzeitung *Das Reich* (9.3.1941, Nr. 10): »[...] als ob die Wochenschau noch liefe.« Diese Authentizität

Persönlich: Hans Bertram als Flugpionier. 1932/33: Australien-Flug mit seinem Flugmechaniker Adolf Klausmann, Absturz und 53 Tage Kampf ums Überleben im Dschungel (H. Bertram: *Flug in die Hölle. Bericht von einer Bertram-Atlantis-Expedition.* Berlin 1933; Neuaufl. 1951 u. ö.), 1938 Weltflug. Bei den Aufnahmen zu KAMPFGESCHWADER LÜTZOW verlor Bertram ein Auge.

20.6. Normaspekte

(1) Wie im Film D III 88 ist auch hier Oberst Mithoff Norminstanz. Die Leitbegriffe *Pflicht* und *Vertrauen* werden schon in seiner ersten Ansprache an die Soldaten hervorgehoben: »Ich setze in das Geschwader das Vertrauen, daß es jederzeit seine Pflicht tut, jeder einzelne an seinem Platz. Dann werden wir auch gut miteinander auskommen.« Die »fliegerischen und soldatischen Tugenden« werden von ihm in seiner Gedächtnisrede auf Oberwerkmeister Bonicke formuliert (siehe Textbeispiel in Kap. B.20.4).

(2) Adjuvant Mithoffs ist hier der »Guggi« (Unteroffizier Guggemos), der in gleicher Weise wie Bonicke in D III 88 den jungen Fliegern als »Lehrmeister« richtiges Verhalten nahebringt. Er erzählt die Geschichte, die er einmal von seinem Lehrer gehört hat, von »drei Kameraden aus unserem Dorf«: Der erste »hot nix wissen woll'n vom Sterb'n«, der zweite hat »vor lauter Beten net auf'paßt«, nur der dritte überlebte, weil er seine *Augen offengehalten* hat, »wie's sich gehört für einen Soldaten«.

(3) Der Refrain des »Engelland«-Liedes setzt einen weiteren Normakzent: »Wir fliegen gegen Engelland / Und mit uns fliegt der Tod.« Paulsens letzter Entschluß, die mitfliegenden Kameraden zu retten, verweist auf die implizite Handlungsmaxime: *Dem Tod ins Auge sehen!*

---

und der ›Kampfgeist der Flieger‹ legen den Vergleich mit den beiden amerikanischen Dokumentarfilmen THE MEMPHIS BELLE (USA/1944; R: William Wyler; P: U.S. Army Air Forces; 38 min) und THUNDERBOLT (USA/1944; R: William Wyler, John Sturges; P: U.S. Army Air Forces; 40 min) nahe; zu einem Remake kam THE MEMPHIS BELLE im Film MEMPHIS BELLE (USA/1990; R: Michael Caton-Jones; P: Enigma, Warner Bros.; 120 min). THE MEMPHIS BELLE zeigt die Arbeitsabläufe bei der Vorbereitung eines ›Feindfluges‹, die Bombenabwürfe über Wilhelmshaven, Luftkämpfe mit deutschen Jägern Me 109 und die Rückkehr der Maschinen; er verschweigt die eigenen Verluste und Beschädigungen der Staffel nicht, endet aber patriotisch (Ordensverleihung, Ankunft des englischen Königspaares, Salut vor dem amerikanischen General Davies). THUNDERBOLT zeigt den Krieg in Italien, speziell die Luftoperation am 15. März 1944: Sturzflüge, Bombenabwürfe, Bilder der Zerstörung. Gemeinsam ist den deutschen Filmen FEUERTAUFE und KAMPFGESCHWADER LÜTZOW mit diesen beiden amerikanischen Filmen die Betonung der fliegerischen Disziplin, die Ästhetik der Flugbilder und die Affektverstärkung durch Musik und Gesang; die jeweils klar definierten Kriegsziele werden als gegeben vorausgesetzt und akzeptiert.

20.7. Überliefertes Material

Drehbuch nicht nachgewiesen.

Illustrierter Film-Kurier Nr. 3181 [BFA]; *Das Programm von heute* Nr. 1735 [BFA]; *Reklame-Ratschläge* der Tobis, 16. S. u. 12 S. Nachtrag [BFA]; *Presseheft* der Tobis, 35 S. [BFA]; Bildmaterial [BFA, SDK].

20.8. Interviews, Stellungnahmen, Rezensionen

[Mittlg:] KAMPFGESCHWADER LÜTZOW [von der Tobis in Angriff genommen], in: *FK* 29.6.1940 (Nr. 150); [Berend:] Bei den Aufnahmen zu KAMPFGESCHWADER LÜTZOW. Bericht von den kürzlich beendeten Drehaufnahmen, in: *FK* 4.10.1940 (Nr. 233); Bilderbogen zum *FK* 12.10.1940 (Nr. 240); [Anonym:] So entstand in Polen der Tobis-Film KAMPFGESCHWADER LÜTZOW. Erlebnisbericht von den Außenaufnahmen, in: *FK* 26.11.1940 (Nr. 278); Bilderbogen zum *FK* 15.2.1941 (Nr. 39).

[Anonym:] KAMPFGESCHWADER LÜTZOW. Festliche Uraufführung des Fliegerfilms im Ufa-Palast am Zoo, in: *Berliner Lokal-Anzeiger* 1.3.1941 (Nr. 52), in der gleichen Ausg.: Heinrich Kluth: Das Werk der Hände. KAMPFGESCHWADER LÜTZOW vor Arbeitern; Hans Erasmus Fischer: Das Schwert am Himmel. Das Heldenepos der deutschen Luftwaffe. KAMPFGESCHWADER LÜTZOW im Ufa-Palast am Zoo, in: *Berliner Lokal-Anzeiger* 1.3.1941 (Nr. 52A); Otto Mossdorf: KAMPFGESCHWADER LÜTZOW. Uraufführung zum Tag der Luftwaffe, in: *Dt. Allg. Ztg.* 1.3.1941 (Nr. 103); Günther Schwark: KAMPFGESCHWADER LÜTZOW erfolgreich uraufgeführt. Premiere in Anwesenheit von Dr. Goebbels [mit Abb.], in: *FK* 1.3.1941 (Nr. 51); ebd.: A. O.: KAMPFGESCHWADER LÜTZOW vor Rüstungsarbeitern [mit Foto: Prof. Dr. Heinkel u. Hans Bertram]; Carl Cranz: KAMPFGESCHWADER LÜTZOW, in: *Völkischer Beobachter* (Norddt. Ausg.) 2.3.1941 (Nr. 61); Hermann Wanderscheck [Zur Musik von Herbert Windt], in: *FK* 3.3.1941 (Nr. 52); Karlheinz Apking: KAMPFGESCHWADER LÜTZOW. Ein Film der Tobis, in: *Das Reich* 9.3.1941 (Nr. 10); [Anonym:] KAMPFGESCHWADER LÜTZOW [mit Abb.], in: *Filmwelt*, Berlin, 4.10.1941 (Nr. 40).

Weiterer Einsatz: *FK* 3.3.1941 (Nr. 52): im Westen; *FK* 1. u. 9.4.1941 (Nr. 77 u. 85): Litzmannstadt; *FK* 12.4.1941 (Nr. 86): Deutsche Flieger erleben »ihren Film«; *FK* 30.6.1941 (Nr. 150): Sofia; *FK* 16.7.1941 (Nr. 164): Budapest; vgl. Drewniak 1987, S. 742 (Holland), S. 761 (Zürich), S. 787 (Albanien).

21. OHM KRÜGER

21.1. Produktionsdaten

UT: Ein Emil Jannings-Film der Tobis
P: Tobis-Filmkunst GmbH, Herstellungsgruppe Fritz Klotzsch; 3.620 m; Drehbeginn: 5.9.1940 (Außenaufnahmen in der Umgebung Berlins); 1. Ateliertag: 21.10.1940 (Tobis-Grunewald, Efa-Cicerostraße)[124]
A: Harald Bratt, Kurt Heuser [unter freier Benutzung von Motiven aus dem Roman *Mann ohne Volk* von Arnold Krieger]
R: Hans Steinhoff [Bauer: »Unter Mitarbeit von Herbert Maisch und Karl Anton (für einzelne Massenszenen)«]

Stab: K: Fritz Arno Wagner, [Mitarbeit bei den Außenaufnahmen:] Friedl Behn-Grund, Karl Puth; M: Theo Mackeben, [Texte:] Hans Fritz Beckmann, Günther Schwenn; T: Hans Grimm; Bau (u. Gesamtausstattung): Fritz Schroedter; Schnitt: Hans Heinrich, Martha Dübber; Ballettmeister: Hans Gérard; Gesamtltg.: Emil Jannings

FM: Tobis-Klangfilm, Geyer-Kopie
V: Tobis-Degeto; Weltvertrieb: Tobis
UA: 4. April 1941, Berlin, Ufa-Palast am Zoo[125]

---

124 Stationen der Produktion des Films (Herstellungskosten: 5.500.000 RM) anhand der *Tagebuch*-Notizen von Goebbels: 29.11.1939: »Jannings entwickelt mir neue Filmstoffe. Einen sehr guten OHM KRÜGER über den Burenkrieg.« 5.1.1940: »Demandowski trägt mir den Ohm Krügerstoff vor. Daraus ist etwas zu machen. Hauptrolle Jannings; Regie Steinhoff.« 11.8.1940: »Mit Hippler Filmstoffe besprochen: OHM KRÜGER und KARL PETERS sind im Drehbuch fertig und gut geworden. Jannings hat sich Mühe gegeben.« 13.8.1940: »Jannings hat sein OHM-KRÜGER-Manuskript abgeliefert. Auch das ist nun gut geraten.« 31.8.1940: »Jannings als Ohm Krüger gefällt ihm [Hitler] sehr in der Maske.« 17.12.1940: »Unterredung mit Jannings. Er arbeitet wie besessen an seinem Burenfilm. Danach wird es ein ganz großer Wurf werden.« – Hippler 1982, S. 215 f., erklärt, Jannings und Gründgens seien die Rollen von Goebbels aufgezwungen worden; für Gründgens so auch bei Harlan 1966, S. 219. – Wieder Goebbels: *Tagebuch*, 10.2.1941: »Teile aus dem OHM KRÜGER von Jannings. Sehr gut. Das wird ein Wurf.« 5.3.1941: »Abends im Grunewald-Atelier bei Jannings, wo OHM KRÜGER gedreht wird. Das große Atelier ein einziges Kamp [!]. Jannings spielt eine wunderbare Szene. Wir sehen dann Muster seines Films, die alles bisher Dagewesene in den Schatten stellen. Wir überlegen lange, ob wir den Film in ein oder zwei Teilen herausbringen sollen. Ich glaube, einen Teil, weil das geschlossener wirken wird.« 16.3.1941: »Nachmittags mit Jannings und Demandowsky den OHM KRÜGER angeschaut. Ein ganz großes, hinreißendes Kunstwerk. Spitzenleistung des ganzen Krieges. Das ist ein Film zum Rasendwerden. Jannings ist ganz glücklich. Der Film kann nur in einem Teil gegeben werden.« 2.4.1941: »Abends Uraufführung des fertigen OHM KRÜGER vor einem größeren Kreise bei mir zu Hause. Größte Spannung. Der Film ist einzigartig. Ein ganz großer Wurf. Alle sind hingerissen davon. Jannings übertrifft sich selbst. Ein Anti-Englandfilm, wie man sich ihn nur wünschen kann. Gauleiter Eigruber ist auch da und begeistert.«

125 Goebbels: *Tagebuch*, 5.4.1941: »Ein ganz festliches Filmereignis. Alles da, was zum Bau gehört. Eine herrliche Musik unter Knappertsbusch *Les Préludes*. Dann läuft der Film unter atemloser Spannung des ganzen Publikums. Tiefste Erschütterung. Es wird ein beispielloser Erfolg. Das Volk reagiert wunderbar. Kein reguläres Premierenpublikum ist da, ich habe die

Besetzung:
Paul Krüger	Emil Jannings
Sanna Krüger, seine Frau	Lucie Höflich
Jan, beider Sohn	Werner Hinz
Adrian, beider Sohn	Ernst Schröder
Petra Krüger, Jans Frau	Gisela Uhlen
Joubert, Generalkommandant der burischen Armee	Friedrich Ulmer
Cronje, Kommandant in der burischen Armee	Eduard v. Winterstein
de Wett, Kommandant in der burischen Armee	Hans Adalbert v. Schlettow
Colson, Feldkornett	Fritz Hoopts
Reitz, Staatssekretär	Max Gülstorff
Kock, Abgeordneter des Volksrates	Walter Werner
Frau Kock	Elisabeth Flickenschildt
Königin Victoria von England	Hedwig Wangel
Prinz von Wales, ihr Sohn	Alfred Bernau
Chamberlain	Gustaf Gründgens
Cecil Rhodes	Ferdinand Marian
Flora Shaw, eine Agentin	Flockina v. Platen
Dr. Jameson	Karl Haubenreißer
Kitchener, Generalstabschef der südafrikanischen Armee Englands	Franz Schafheitlin
Kommandant des Konzentrationslagers	Otto Wernicke
Ein Militärarzt	Hans H. Schaufuß
Ein englischer Offizier	Karl Martell
Ein Sergeant	Walter Süssenguth
Eine Burenfrau	Hilde Körber
Häuptling Lobenguela	Louis Brody
Ein Reporter	Hans Stiebner
Minister des Äußeren	Harald Paulsen
Minister des Äußeren	Otto Graf
Minister des Äußeren	Paul Bildt
Empfangschef	Armin Schweizer
Professor	Rudolf Blümner

Bewertung:
FP: 2. April 1941, Prüf-Nr. 55316 (Tit.): Film der Nation, staatspolitisch und künstlerisch besonders wertvoll, kulturell wertvoll, volkstümlich wertvoll, volksbildend, jugendwert, Jf 14, 3.620 m (gültig bis 31.12.1944) [BFA], bereits am 20.3.1941 befreite der Präsident der Reichsfilmkammer den Verleih Tobis-Degeto wegen der Länge des Films vom »Kulturfilmzwang«; 4. Dezember 1944, Prüf-Nr. 60807 (nur Kt): Bw. wie 2.4.1941, 3.612 m [Schnitte in Rolle 1, 4, 6, 7] (gültig bis 31.12.1946) [BFA]; Akte Reichssicherheitshauptamt: *Meldungen aus dem Reich* 12.5.1941 (BA R 58/160, S. 71–73), vgl. Leiser 1978, S. 150 f.; IX. Biennale di Venezia 1941: Coppa Mussolini per il miglior film straniero; in Finnland verboten (BA R 109 II/vorl. 13; siehe auch Drewniak

---

Partei eingeladen, und nun merkt man erst im großen Raum, wie gut der Film ist. Ich sitze noch ein Stündchen mit den Künstlern zusammen. Jannings ist stolz und glücklich. Er hat auch allen Grund dazu.« – Die Wahl von Franz Liszts sinfonischer Dichtung *Les Préludes,* seinem volkstümlichsten Orchesterstück, als ›Ouvertüre‹ zum Film hatte insofern einen aktuellen Bezug, als das Maestoso des Fanfarenteils (mit dem Hauptmotiv des Werkes) im Kriege auch den Sondermeldungen im Rundfunk und den Wochenschauen Nachdruck verlieh. Vgl. zum Film auch Drewniak 1987, S. 337 ff.

1987, S. 755); in Spanien nur in »geschlossenen Aufführungen« gezeigt (Drewniak 1987, S. 766).
CFFP 1951, S. 38: »A good and elaborate production with very fine acting, one of the longest German films made running nearly 3 hours, tends to be heavy and rather slow-moving. Anti-British propaganda showing the British Royalty, Government and upper classes as corrupt and treacherous«; LPF June/Sept. 1953.
FSK: noch nicht eingereicht, keine Chance auf Freigabe.

Rechte: F.-W.-Murnau-Stiftung; Ausw: Transit-Film GmbH, München (komm.), DIF (nicht-komm.)
Kopie: BFA$_1$ [BFA$_2$, DIF, SDK]

21.2. Handlung

(1) Journalisten aus vielen Ländern bedrängen den Empfangschef des Schweizer Hotels, in dem der schwer erkrankte Präsident Krüger, betreut von einem Professor und einer Krankenschwester, abgeschirmt von der Außenwelt seine letzten Lebenstage verbringt; nur einem Vertreter des *Berliner Tageblatts* gelingt es, sich in das Krankenzimmer einzuschleichen und eine Blitzlichtaufnahme Krügers zu machen. Die Schwester liest Krüger die wichtigste Nachricht des Tages vor: »Die Verhandlungen zwischen der königlich englischen Regierung und den Buren haben nunmehr zum Abschluß des Friedensvertrages geführt. Ganz Südafrika wird künftig ein Bestandteil des britischen Reiches.« Die Schmähungen gegen den Präsidenten versucht sie zu unterschlagen. Aber Krüger will sie hören und legt ihr die Motive seiner politischen Entscheidung dar: »Mit Engländern kann man sich nicht verständigen!« Seine Erzählung vom großen Treck der Buren, die aus der Kapkolonie auswanderten und 1848 die Transvaalrepublik gründeten, leitet über in die Binnenhandlung des Films.

(2) Dem Chef der »Südafrikanischen Minenkompanie« Cecil Rhodes ist es gelungen, die »höchsten und reinsten Goldvorkommen der Erde« zu finden. Da die Fundorte sich jedoch bei Johannesburg, auf burischem Gebiet, befinden, leitet er Schritte ein, um dieser Fundorte habhaft zu werden: Während der Arzt Dr. Jameson mit Gewehren und Munition ins Grenzgebiet geschickt wird, um dort Unruhen auszulösen, soll sich Flora, Rhodes' Freundin, in London sofort mit dem britischen Kolonialminister Chamberlain in Verbindung setzen, um ihn für die Goldvorkommen zu interessieren, und für den Fall, daß »Unruhen« ausbrechen, um Unterstützung zu bitten; während des Gottesdienstes verteilen Missionare an die Eingeborenen Bibeln und Gewehre. Dr. Jameson wird von zwei Buren verhaftet und Krüger vorgeführt. Krüger erkennt sofort die drohende Gefahr; er beschlagnahmt die von Dr. Jameson mitgeführten 200 Winchestergewehre und 30.000 Patronen, läßt aber Jameson laufen. »Wenn man eine Schildkröte erlegen will, muß man warten, bis sie den Kopf aus dem Panzer steckt – dieser Jameson ist nicht der Kopf, der Kopf heißt Cecil Rhodes.«

(3) Zur Audienz wird zunächst der 82jährige Feldkornett Colson vorgelassen, von dem die Jüngeren sagen, er sei »zu alt, das Kommando zu führen, wenn's

wieder Krieg gibt«. Beim Fingerhakeln, bei dem Staatssekretär Reitz als Schiedsrichter und die Generäle Joubert und Cronje als Sekundanten fungieren, wird Krüger über den Tisch gezogen; er beläßt darauf Colson auf seinem Posten. Danach erscheint der zur Audienz befohlene burische Abgeordnete Kock in Begleitung seiner bigotten Frau Sophie; Krüger stellt ihn wegen des Verkaufs seiner Farm und der Propaganda in der Johannesburger Gegend für den Verkauf weiterer Farmen an die Engländer zur Rede. Kock droht mit dem Volksrat, doch Krüger veranlaßt sofort, daß dem Volksrat ein Gesetz vorgelegt wird, nach dem kein Bure sein Land ohne Genehmigung der Regierung an Ausländer verkaufen dürfe. Dieser Gesetzentwurf wird zum Streitpunkt zwischen Krüger und seinem (mit seiner Familie) aus England zurückgekehrten Sohn Jan. Krüger erkennt sofort, daß Jan sich ihm und dem Volk der Buren entfremdet hat. Jan hat in Oxford studiert und sieht sich als der »einzige burische Bürger, der in allen Fragen des Völkerrechts fit ist«; er hält die englandfeindliche Politik seines Vaters für einen Fehler. Da wird ein »Negeraufstand« in der Johannesburger Gegend gemeldet: Lobenguela, einer der »zuverlässigsten Häuptlinge«, ist abgefallen. Doch gelingt es Krüger durch seine Autorität, Lobenguela, der sich bereits als Engländer sieht, wieder zur Raison zu bringen und ihn zur Herausgabe der von den Missionaren gelieferten Gewehre zu veranlassen. Nachdem Lobenguela zu den Eingeborenen gesprochen hat, bekennen auch diese sich wieder zum »weißen Vater« (und nicht mehr zur »weißen Mutter«, Queen Victoria).

(4) Als Kolonialminister Chamberlain bei Queen Victoria vorstellig wird, um von ihr die Einwilligung in das militärische Unternehmen gegen die Buren zu erlangen, sieht diese keinen vernünftigen Grund, daß England sich mit den »armen, schmutzigen Bauern da unten in Afrika« herumschlagen solle; England habe genug Ärger in Indien, und die Buren hätten viele Freunde, »die Franzosen, die Holländer, die Deutschen«. Erst als Chamberlain den Geheimbericht von Cecil Rhodes und den Goldfund zur Sprache bringt, bekräftigt sie Chamberlains Ansicht: »Wenn bei den Buren Gold zu finden ist, dann gehört das Land uns.« Doch schlägt sie vor, zunächst mit Krüger in Verhandlungen zu treten. Entgegen den Erwartungen Chamberlains folgt Krüger der Einladung nach London, ist aber davon überzeugt, daß England seinen Vertrag nicht halten werde. In dieser Angelegenheit kommt es zwischen Krüger und Jan, den er zum Staatssekretär ernennen wollte und der sich nun auf seine Farm zurückzieht, erneut zum Dissens. In London wird Krüger mit allen Ehren empfangen; in einem Gespräch ›unter vier Augen‹ beklagt Queen Victoria ihren Rheumatismus, und Krüger verspricht ihr, ein »altes afrikanisches Mittel« zu senden, während die Wartenden vor dem Schloß glauben, daß »jetzt oben hinter dem Eckfenster Weltgeschichte gemacht wird«. Der Prinz von Wales bezweifelt, daß Krüger den Vertrag unterzeichnen werde, doch Krüger hat in diesem Vertrag große Vorteile für den burischen Staat festgelegt: Die Engländer erhalten zwar das Recht, Gold zu schürfen, sie müssen jedoch hohe Steuern und Abgaben für die Goldgewinnung zahlen und zudem noch das Dynamit um das Zehn-

fache teurer als im freien Handel bei den Buren kaufen. Cecil Rhodes bewundert Krügers Taktik, erkennt aber zugleich die Gefährlichkeit seines »Gegners«. Dr. Jameson will aktiv werden und denkt sogar an ein Attentat. Cecil Rhodes dagegen will sich subtilerer Methoden bedienen, um mit Krüger »fertig« zu werden.

(5) Der Abgeordnete Kock, der »Ohm Krüger, den alten Gauner, bis aufs Messer bekämpft«, erscheint bei Cecil Rhodes und läßt sich von ihm 3.000 Pfund für die »Aufstellung über alle Waffen- und Munitionsbestände« der Buren bezahlen. Auf der Sitzung des Volksrats in Pretoria fordert er von Krüger Rechenschaft über den nicht belegten Betrag von »zwei Millionen Pfund Volksvermögen«. Krüger schweigt beharrlich über den Verbleib des Geldes und erklärt schließlich unter immer stärkerem Druck einiger Volksvertreter seinen Rücktritt. Krüger hat die von Staatssekretär Reitz ausgearbeitete Rücktrittserklärung bereits unterschrieben, als sich Cecil Rhodes bei ihm melden läßt. Rhodes schwärmt von einem »neuen Staat« Südafrika, »in welchem sich Menschen zweier Nationen, Buren und Engländer, freiwillig zusammenschließen, so daß keiner den anderen unterdrücken kann«. Krüger solle Präsident dieses Staates werden, doch Krüger läßt sich weder mit zwei Millionen, noch mit fünf Millionen Pfund und zuletzt auch nicht mit einem Blankoscheck »kaufen«. Daraufhin wechselt Rhodes seine Taktik; er legt Krüger eine Liste derjenigen Abgeordneten des Volksrats vor, die von ihm finanziell unterstützt werden, und weist ihn darauf hin, daß die Engländer an den Grenzen Truppen zusammenziehen: »England duldet nicht mehr länger, daß Sie es uns erschweren, hier Gold zu graben!« Krüger erklärt, er habe für diesen Fall Vorsorge getroffen und für zwei Millionen Pfund Waffen und Munition gekauft. Er bleibt Präsident und ruft die Mobilmachung aus: »Ich werde mein Volk in diesen Kampf führen, und jeder einzelne Mann dieses Volkes wird ein Held sein.«

(6) Vor Krügers Haus versammelt sich eine große Menschenmenge, begeistert das Burenlied singend: »Burenland ist freies Land! Uns von Gott gegeben.« Krüger stellt fest: »Wir haben ein Heer gerufen, ein ganzes Volk ist gekommen.« Nur Krügers Sohn Jan weigert sich, in den Krieg zu ziehen. In der erregten Auseinandersetzung mit dem Vater bittet er diesen, »in letzter Stunde« den Krieg zu verhindern, und er schlägt nicht nur vor, den Goldbezirk freiwillig an die Engländer abzutreten, sondern ist auch bereit, lieber »in Unfreiheit« zu leben, »als daß das ganze Volk zu Grunde geht«. Er versteht sich als Pazifist, Krüger aber sieht in ihm einen »Lumpen«; er schlägt ihn und weist ihn aus dem Haus. Die Buren verlangen nach Krüger, der sich ihnen schließlich zeigt. Man bringt Hochrufe aus, und wieder wird das Burenlied gesungen.

(7) Der Krieg verläuft für die Buren zunächst erfolgreich; Krüger spricht ein Dankgebet. Nach einem Kriegsjahr der Niederlagen und Rückzüge beschließt das englische Kabinett, »den bisherigen Oberbefehlshaber, Sir Colley, zurückzurufen und General Kitchener mit der Führung in Südafrika zu betrauen«. Kit-

chener entwickelt neue Methoden der Kriegsführung: »Schluß mit der Humanitätsduselei ... Von heute ab sind alle Buren vogelfrei. Es wird kein Unterschied gemacht zwischen Militär und Zivil.« Da hilft es auch Jan Krüger nicht mehr, daß er sich dem englischen Sergeanten gegenüber, der mit Soldaten in seine Farm eindringt, als »Freund Englands« ausgibt. Der Sergeant versucht seine Frau zu vergewaltigen, und Jan erschlägt ihn. Als der burische General de Wett dazukommt, bittet Jan ihn als Soldat in seiner Truppe aufzunehmen. Er will »nicht länger abseits stehen«. General de Wett kommentiert diesen Entschluß mit den Worten: »Also doch ein echter Krüger!« Indessen verschlechtert sich die militärische Lage für die Buren schnell: Johannesburg ist gefallen, Pretoria brennt, immer mehr Abteilungen werden aufgerieben. Cronje ist mit seinem ganzen Troß, Frauen und Kindern, wochenlang eingeschlossen. Kitchener gewährt den Frauen und Kindern zwar freien Abzug, benutzt sie jedoch am nächsten Morgen, als Cronjes Truppe durchbrechen will, als »Kugelfang«. Trotz der Bitte der Frauen, keine Rücksicht zu nehmen, kapituliert Cronje.

(8) Krüger wird von diesen Nachrichten schwer getroffen. Sein Augenleiden verschlimmert sich. Er kann Jans Gesicht nicht sehen, als Jan mit de Wetts Reitertruppe eintrifft, aber der Patronengürtel läßt ihn fühlen, daß sein Sohn »doch« kein Feigling« ist. Mit ihm bespricht er die hoffnungslose Lage. Jan überredet ihn, nach Holland, Deutschland und Frankreich zu reisen, um dort Hilfe zu holen: »Du hast schon so viel für Deine Buren getan – tu auch noch das Schwerste – geh nach Europa und bitte dort für Dein Volk.« Diesmal ist es der Sohn, der den Vater an die Pflicht mahnt, und Krüger reist. Seine Frau Sanna bleibt mit den Kindern zurück; Krüger dankt ihr »für alle Stunden, der Freude und des Leides«; und sie erklärt: »Meine Seele ist so mit Deiner zusammengewachsen, daß kein Raum uns trennt und keine Gewalt der Erde.« In London liegt Queen Victoria im Sterben. Der Prinz von Wales wird eilends aus Paris gerufen, wo er in einem Nachtlokal an einer Revue mit »tapferen Burenmädels« und »schicken Kitchener-Girls« Gefallen findet. Auf dem Totenbett gibt Queen Victoria ihrem Sohn den letzten politischen Rat: »Du mußt immer dafür sorgen, daß die Völker sich gegenseitig hassen, denn an dem Tage, wo sie aufhören, miteinander zu streiten, sind wir verloren.«

(9) Als in der Nacht ein englischer Offizier Einlaß in die Farm Jan Krügers begehrt, ist Jans Frau zunächst der Meinung, es handele sich um eine Einquartierung des ihn begleitenden Trupps. Aber der Offizier macht ihr klar, daß er von Kitchener den Befehl hat, diese und alle anderen Farmen des Distrikts niederzubrennen; er gibt ihr und den Kindern nur fünf Minuten Zeit, das Haus zu verlassen; sie werden in ein Konzentrationslager gebracht. Dort sind die burischen Frauen und Kinder einer unmenschlichen Behandlung durch die Bewacher ausgesetzt. Der Kommandant des Konzentrationslagers hat zuvor schon in Indien und im Sudan gekämpft, bekommt nun aber hier die Zähigkeit der burischen Frauen zu spüren, die sich weigern, eine Erklärung zu unterschreiben, daß »die Nachrichten über ihre Behandlung in den englischen Konzentra-

Abb. 41:
Konzentrationslager:
Petra Krüger (Gisela Uhlen) und Sanna Krüger (Lucie Höflich) bleiben standhaft.
OHM KRÜGER

Abb. 42:
Konzentrationslager:
Burische Frauen flüchten vor dem Gewehrfeuer der englischen Bewacher.
OHM KRÜGER

tionslagern böswillig erfunden sind« und daß sie den »sinnlosen Kampf ihrer Männer« verurteilen. Auch der Vorsitzenden einer Gruppe »englischer Mütter« gelingt es nicht, sie dazu zu überreden; die »Frau des Präsidenten Krüger« sollte als erste ihren Namen unter das »Dokument« setzen. Im Lager greift Typhus um sich; Sophie Kock beschwört den Arzt, ihr als erste zu helfen (ihr Mann sei »ein Freund Englands«); dieser aber will ihr lediglich Aspirin schicken. Zu einem Aufstand der Frauen kommt es, als sie verdorbene Konserven erhalten. Der Arzt versucht immerhin, beim Kommandanten zu intervenieren. Die Frauen bestürmen den Kommandanten mit den Worten: »Mörder! Feigling! Bluthund!« Er erschießt eine Frau in angeblicher »Notwehr«.

(10) Vergebens bemüht sich Präsident Krüger in Berlin, Den Haag und Paris um Unterstützung des burischen Volkes. Weder der deutsche Kaiser noch

Königin Wilhelmine und der französische Präsident sind bereit, ihn zu empfangen; sie speisen ihn mit bloßen Sympathieerklärungen ab. Im Konzentrationslager spitzt sich die Lage zu, als Jan Krüger am Lagerzaun mit seiner Frau sprechen kann: »Wir sind nur wenige, aber wir werden es versuchen, wir holen Euch aus dieser Hölle heraus.« Er will in der nächsten Nacht wiederkommen, wird aber entdeckt und in Gewahrsam genommen. Der Kommandant befiehlt, ihn »als Rebell zu erhängen«, und »zur besonderen Verschärfung der Strafe« ordnet er an, daß »die Insassen des Lagers, insbesondere die Angehörigen des Verräters«, der Hinrichtung beizuwohnen haben. Diese Hinrichtung, vor der Jan Krüger und seine Frau sich gegenseitig in ihrem »Glauben an die gute Sache« stärken, führt zu einem Sturm der Frauen auf die Hinrichtungsstätte. Der Kommandant läßt rücksichtslos auf Frauen und Kinder schießen.

(11) Im Schweizer Hotel spricht Präsident Krüger die Schlußworte (siehe Textbeispiel in Kap. B.21.4).

21.3. Verwendetes literarisches Material

(1) Stephanus Johannes Paulus Krüger: *Lebenserinnerungen*. Engl. Ausg. London; franz. Ausg. Paris; dt. Ausg. München 1902. – Neue berechtigte Ausg.: *Ohm Krüger. Die Lebenserinnerungen des Buren-Präsidenten. Nach Aufzeichnungen von H. C. Bredell, Privatsekretär des Präsidenten Krüger, und Piet Grobler, gewesenem Unterstaatssekretär der Südafrikanischen Republik*, hg. v. A. Schowalter. Berlin: Dt. Verlag 1941.

(2) Arnold Krieger: *Mann ohne Volk. Roman*. Berlin: Volksverband der Bücherfreunde 1934; später Dresden: Heyne 1939. Lizenzausg. im nationalsozialistischen F. Eher Verlag u. d. T.: *Hendrik und Sanna*. Berlin 1940 (= Dt. Kulturbuchreihe 50):
Im Mittelpunkt des Romans steht der »Erzpazifist« Hendrik Botha, ein Vetter des Burenführers und Kommandant-Generals Louis Botha (27.9.1862–28.8.1919). Er hat in Oxford seinen »Master of Law« gemacht und will den Krieg gegen England verhindern, auch zum Preis der Auslieferung der Goldminen. Seine Frau Sanna opponiert zwar gegen seine »Versöhnlichkeitspolitik«, ist ihm aber (mit den Kindern Tjaard und Pia) eine »treue Gattin«. Paul Krüger schätzt seine Tüchtigkeit und holt ihn ins Zentralkommissariat. Erst als er im Krieg wegen seiner pazifistischen Einstellung untragbar geworden ist, zwingt er ihn, Pretoria innerhalb von 24 Stunden zu verlassen; Hendriks Vater und seine beiden Brüder tun dagegen ihre Pflicht beim Militär. Die Wende tritt ein, als ein englischer Sergeant mit seinen Leuten von der Yeomanry-Kavallerie auf Bothas Farm kommt und gegen Sanna wegen eines Pferdes handgreiflich wird: Hendrik erschießt den Sergeanten und flieht; als er später erfährt, daß die Farm von den Engländern angezündet und Sanna mit den Kindern ins Konzentrationslager verschleppt wurde, will er nicht »länger abseits« stehen: Er

wird ein tapferer Burenkämpfer in der Armee Piet de Wets. – Der Film projiziert also die Figurenmerkmale Hendrik Bothas auf die Gestalt Jan Krügers, der im Roman (S. 134) nur am Rande erwähnt wird; so können dem Zuschauer Handlungen einer fiktiven Figur als Handlungen einer historischen Persönlichkeit erscheinen. Im weiteren übernimmt der Film noch einige Elemente der Konzentrationslager-Schilderungen des Romans. Doch im Roman soll die Frau des Generals de Wet (nicht die Frau Paul Krügers) versichern, daß »die Frauen und Kinder im Konzentrationslager zufrieden seinen« (S. 349), und die Vorsitzende des englischen Frauenkomitees, die unerschrockene Emily Hobhouse (S. 400 ff.) ist (wiederum im Gegensatz zum Film) eine positive Figur. Das Ende des Romans wird vom Film nicht realisiert. Zwar begibt sich Hendrik in die Nähe des Konzentrationslagers, kann aber nicht zu Sanna vordringen. Im vierten Kriegsjahr ist er als Unterhändler an den Verhandlungen mit Kitchener beteiligt. Er schießt auf Kitchener, tötet aber den Stabsoffizier, der sich vor Kitchener geworfen hat, wird verhaftet und am 31. Mai 1902 erschossen (»fünf Minuten nach elf wird der Friedensvertrag unterzeichnet«).
Im Anschluß an den Roman brachte Arnold Krieger den Burenstoff auf die Bühne (*Christian de Wet. Ein Schauspiel in 7 Bildern*, Bühnentyposkript. Berlin: Theaterverlag Langen/Müller 1935).

(3) *Dokumentarwerk über die englische Humanität*, im Auftr. d. Reichsministeriums für Volksaufklärung und Propaganda hg. v. Wilhelm Ziegler, Berlin: Dt. Verlag 1940 [Rez. v. Georg Herzberg, in: *FK* 13.5.1941 (Nr. 110)].

21.4. Textbeispiele

(I) Schlußworte Krügers: Paralleldruck Drehbuchfassung (linke Seite) – Filmfassung (rechte Seite):

| Und doch, ich glaube: So viel Blut kann nicht umsonst vergossen, so viele Tränen können nicht umsonst geweint, und so viel Heldenmut kann nicht vergeblich gewesen sein. Denn wenn die Weltgeschichte einen Sinn hat, so kann es nur dieser sein: Eine neue Zukunft der Völker, die sich gründet auf der tiefen Sehnsucht der Menschen nach dem endlichen Frieden, der nach dem Krieg für die Gerechtigkeit – doch einmal kommen wird!! | Das war das Ende! So hat England unser kleines Volk mit den grausamsten Mitteln unterworfen! Doch einmal wird der Tag der Vergeltung kommen. Ich weiß nicht, wann, aber so viel Blut kann nicht umsonst geflossen sein. So viele Tränen werden nicht vergeblich geweint. Wir waren nur ein kleines und schwaches Volk. Große, mächtige Völker werden gegen die britische Tyrannei aufstehen. Sie werden England zu Boden schlagen. Gott wird mit ihnen sein. Dann ist der Weg frei für eine bessere Welt. |

(II) Gegenüber dem Text der Zulassungskarte vom 2. April 1941 weist die dieser Untersuchung zugrundeliegende Filmkopie zwei Varianten auf:

(1) Es fehlt:
Der Dialog zwischen Krüger und seinem Staatssekretär Reitz: »Herr Präsident, Sie werden doch diesen Vertrag nicht unterzeichnen?!« Krüger: »Lieber Reitz, manchmal muß man sich dümmer stellen, als man ist. – – Passen Sie mal auf, was für ein Gesicht der Chamberlain macht, wenn ich unterschreibe!«
(2) Hinzugefügt ist:
Im Gespräch Krügers mit seinem Sohn Jan, als dieser den Kriegsdienst verweigert: Jan: »Ich habe in Oxford vaterländische Geschichte studiert.« Krüger: »Geschichte studiert man nicht, Geschichte macht man, wenn man ein echter Krüger ist! Aber das bist Du ja nicht! Du feiger Drückeberger, Du!«

21.5. Kontext

In der Rundfunk-Feierstunde am Vorabend von Hitlers 51. Geburtstag (19.4.1940) verwies Goebbels auf die »Verbundenheit zwischen dem Führer und der Nation«; in diesem Zusammenhang erinnerte er an die gleiche Verbundenheit Krügers mit seinem Volk, an den Burenkrieg und an die englischen Konzentrationslager (*Goebbels-Reden*, hg. v. Helmut Heiber, Bd. 2: 1939–1945. Düsseldorf 1972, S. 36). Doch in seiner bekannten Sportpalast-Rede vom 18.2.1943 verkehrte er Kitcheners Strategie vom ›totalen Krieg‹ ins Positive: »Darum ist die totale Kriegsführung eine Sache des ganzen deutschen Volkes« (S. 187); in der gleichen Rede gelobte er: »Nie wollen wir in diesem Kriege jener falschen und scheinheiligen Objektivitätsduselei verfallen, die der deutschen Nation in ihrer Geschichte schon so viel Unglück gebracht hat!« (S. 207). Dem ›Ohm-Krüger‹-Ideal huldigte Joachim Barckhausen: *Ohm Krüger. Roman eines Kämpfers* (Berlin: Buchwarte-Verlag 1941).

21.6. Normaspekte

(1) *Staatsnorm*: Die Buren wollen in »Freiheit und Frieden« leben. Daß sie zweihundert Jahre im Kapland »glücklich und zufrieden« lebten, verdanken sie ihrem Arbeitswillen und ihrer Tüchtigkeit. Das neue Vaterland Transvaal mußte (nach der Vertreibung durch die Engländer) erkämpft werden (»mit unserem Blut erkämpft und mit unserem Schweiß getränkt«). Obgleich es im Burenlied heißt »Burenland ist freies Land. Uns von Gott gegeben«, beruht der Rechtsanspruch auf »Heimat« und »Vaterland« auf den obengenannten Normen, zu denen im weiteren auch Gottvertrauen gehört (»Gott wird wissen, warum er Dir diese Prüfung geschickt hat«). Als Jan Krüger seinen Vater an

»internationale Rechtsauffassungen« erinnert, erklärt dieser: »Auf internationale Rechtsauffassungen pfeife ich!«

(2) *Wirtschaftsnorm*: Der Burenstaat ist agrarischer Natur. Bei dem großen Treck vom Kapland nach Transvaal hat Krüger »als kleiner Junge da unten *Gold* gefunden«, aber der Vater hat ihn schwören lassen, »nie darüber zu sprechen«. Der Goldfund durch Cecil Rhodes ist der Anfang des Unheils. Gleichwohl verhält sich Krüger beim Londoner Vertrag über die Goldausbeutung getreu den *kapitalistischen Normen* und führt damit die Verschärfung des Konflikts herbei. Im Gegenzug glaubt Cecil Rhodes, Krüger »kaufen« zu können: »Alles ist käuflich. Es kommt doch nur auf den Preis an.« Doch Krüger lehnt ab und entgegnet: »Aber nicht die Gesinnung.« Käuflich dagegen ist der burische Abgeordnete Kock (und mit ihm ein großer Teil der Volksvertreter der Buren). Wenn Krüger den Volksvertretern den Waffenkauf für zwei Millionen Pfund verschweigt, dann kommt darin sein Mißtrauen gegenüber diesen Volksvertretern zum Ausdruck. Als Norm gilt: *der richtige Umgang mit dem Geld.*

(3) *Patriarchat*: Das Ehepaar Krüger hat 14 Kinder und 45 Enkelkinder. Frau Krüger sagt ihrem Mann zum Abschied: »Meine Seele ist so mit Deiner Seele zusammengewachsen, daß kein Raum uns trennen kann und keine Gewalt der Erde.« Aber die Entscheidung liegt stets bei ihm, und sie fügt sich (»Wie Du es für richtig hältst, so wird es gut sein«). Für Krüger steht das »Vaterland« an höchster Stelle (»Fürs Vaterland kann man auch mal seinen guten Ruf hergeben, wenn's nötig ist«). In das Patriarchat einbezogen ist auch der Besitz. Deshalb rügt Krüger Kock wegen des Verkaufs seiner Farm: »Was man vom Vater geerbt hat, gibt man nicht her!«

(4) *Wehrhaftigkeit*: Im Augenblick der Mobilmachung des burischen Volkes bekennt sich Jan Krüger zum Pazifismus. Er hat in England unter »Gleichgesinnten« einen Eid abgelegt, sich »an keinem Krieg mit Waffen zu beteiligen«. Für den Vater ist Pazifismus nichts anderes als »zu Hause hocken, während andere kämpfen«. Er verstößt Jan und versöhnt sich erst wieder mit ihm, als er in die Armee de Wetts eingetreten ist. Jans Entschluß, seinen pazifistischen Standpunkt aufzugeben, gehört zum zentralen Argument des Films: ›Wenn ein Mensch bedroht wird, verteidigt er sich instinktiv.‹ Jan kommt erst durch die von einem englischen Offizier versuchte Vergewaltigung seiner Frau zur Einsicht.

21.7. Überliefertes Material

Drehbuch (1): [Hsl. auf kariertem Papier:] OHM KRÜGER. *Drehbuch: Harald Bratt, Kurt Heuser. Spielleitung: Hans Steinhoff. Tobis 1941* [Original-Titelblatt fehlt, noch weitere 7 S. unbeschriebenen karierten Papiers]. Typoskript, 509 hektogr. gez. Bl. (= 102 Bilder, 730 E), [in der Besetzungsliste hsl. nachgetragen:] Jannings, Lucie Höflich [SDK].
Drehbuch (2): OHM KRÜGER. *Emil Jannings. Produktion der Tobis. Regie: Hans Steinhoff, Drehbuch: Harald Bratt und Kurt Heuser unter freier Benutzung von Motiven aus dem Roman* Mann

ohne Volk *von Arnold Krieger. Tobis Filmkunst GmbH, Herstellungsleitung Klotzsch. Endgültige Fassung* [Hsl. Zusatz:] – 1941 –. Typoskript, 348 hektogr. gez. Bl. (= 101 Bilder, 677 E), keine hsl. Notizen [SDK].

Illustrierter Film-Kurier Nr. 3196 [BFA]; *Das Programm von heute* Nr. 1750 [BFA]; Bildmaterial [BFA, SDK]. Im BFA: *Werberatschläge* 40 S.; *Werbeblatt* 1 S.; [Programmheft:] *Zur festlichen Aufführung des Emil-Jannings-Films der Tobis:* OHM KRÜGER. 16 ungez. Bl.; *Presseheft* 60 S.; [Anonym:] *Englischer Krieg vor 40 Jahren und heute. Zu dem Emil-Jannings-Film der Tobis* OHM KRÜGER. 66 S.; EL PRESIDENTE KRUGER [!]. *Una Pelicula de Emil Jannings en la Tobis.* 40 ungez. Bl., dt. Fassung u. d. T.: OHM KRÜGER [!]. *Ein Emil-Jannings-Film der Tobis.* 40 ungez. Bl.; Wilhelm Ziegler: *Der* OHM KRÜGER-*Film erfunden? Die historischen Tatsachen.* 1 Bl.; außerdem: 196 hektogr. S. zur Burengeschichte, zur Produktion des Films und zu Emil Jannings; Nachlaß Franz Schroedter: 399 Entwürfe, 6 Lagepläne, 1 Drehplan, 279 Dekor- u. Werkfotos [SDK].

21.8. Interviews, Stellungnahmen, Rezensionen[126]

[Foto:] Emil Jannings, in: *FK* 28.9.1940 (Nr. 228); Georg Herzberg: Das war England – das ist England. Mord hinter Stacheldraht. Erschütternde Szenen aus dem neuen Jannings-Film der Tobis, in: *FK* 2.10.1940 (Nr. 231); Hilde R. Lest: Ohm Krüger, Held und Vater seines Volkes. Zu dem Jannings-Film der Tobis, in: *Filmwelt*, Berlin, 4.10.1940 (Nr. 40); F[eli]x H[enselei]t: Die Burenstadt Pretoria am Mobilmachungstage. Schicksalsstunde eines Volkes. Emil Jannings als Ohm Krüger: Seine erste Szene in der Rolle des Burenpräsidenten / Der Aufbruch des Burenvolkes gegen Englands Raublust und Willkür, in: *FK* 17.10.1940 (Nr. 244); [Anonym:] Schlachtszenen werden gedreht für OHM KRÜGER, in: *FK* 22.10.1940 (Nr. 248); Alo [= Alfred Otto]: Ohm Krüger, wie ihn sein Biograph sah. [Zum Tod von Superintendent D. Paul Schowalter und über das zuvor geführte Gespräch], in: *FK* 26.10.1940 (Nr. 252); [Mittlg:] OHM KRÜGER geht heute ins Atelier, in: *FK* 31.10.1940 (Nr. 256); [Anonym:] Dienstfrei für OHM KRÜGER. Soldatennachmittag in Döberitz. [Buntes Programm als Dank für die Mitwirkung am Film], in: *FK* 26.11.1940 (Nr. 278); [Anonym:] Erinnerungen einer Burin [Katharine Voß], die in OHM KRÜGER mitwirkt, in: *FK* 27.11.1940 (Nr. 279); [Mittlg:] Rundfunkreportagen zu OHM KRÜGER, in: *FK* 29.11.1940 (Nr. 281); Gerd Eckert: Wort und Bild im Drehbuch [mit Beispiel aus OHM KRÜGER], in: *FK* 17.12.1940 (Nr. 296); Emil Jannings: OHM KRÜGER. Vorkämpfer gegen Englands Willkür [mit Abb. aus dem Film], in: *Filmwelt*, Berlin, 13.12.1940 (Nr. 50); OHM KRÜGER, der Film vom Kampf der Buren, Bilderbogen des *FK* 21.1.1941 (Nr. 21); [Titelbild in:] *Simplicissimus* Jg. 46, Nr. 12, 19.3.1941: Ohm Jannings: »Wenn ich nicht wüßte, daß ich Ohm Krüger bin, möchte ich meinen, ich sei Emil Jannings«; Hans Steinhoff: Zur Gestaltung des OHM KRÜGER, in: *Völkischer Beobacter* (Norddt. Ausg.) 5.3.1941 (Nr. 64); Hans Steinhoff: Jannings, in: *Dt. Allg. Ztg.* 4.4.1941 (Nr. 162).

Georg Kamitsch: Bur und Brite [mit Bericht: Goebbels bei der Festaufführung], u. Otto Herrmann: OHM KRÜGER. Emil-Jannings-Film der Ufa, in: *Dt. Allg. Ztg.* 5.4.1941 (Nr. 163); Günther Schwark: In Anwesenheit von Dr. Goebbels: Meisterwerk OHM KRÜGER festlich uraufgeführt. Ein Großfilm, in dem sich das deutsche Filmschaffen zu höchster künstlerischer Gemeinschaftsleistung emporschwingt, in: *FK* 5.4.1941 (Nr. 81); Günther Sawatzki: Unter der Tatze des britischen Löwen. Zur heutigen Uraufführung des Emil Jannings-Films OHM KRÜGER [zu den historischen Hintergründen], in: *Berliner Lokal-Anzeiger* 4.4.1941 (Nr. 81), 3 Beibll.; Wolf Durian:[127] OHM KRÜGER – ein

---

126 Goebbels: *Tagebuch*, 6.4.1941: »OHM KRÜGER hat die Gemüter sehr erhitzt. Die Presse kritisiert fabelhaft. Einige verkalkte Bürokraten aus dem A.A. [Auswärtigen Amt] nehmen Anstoß. Sonst ist alles begeistert. Ich überreiche Jannings den neugeschaffenen Film-Ehrenring. Für seine großen Verdienste um die deutsche Filmkunst.« Im A.A. war man offenbar nicht mit der starken anti-britischen Tendenz einverstanden.
127 Wer von den Zeitungslesern damals ›zwischen den Zeilen‹ zu lesen verstand, konnte aus der Rezension von Wolf Durian eine versteckte Kritik am NS-Regime herauslesen. Der Film ist

Beispiel. Beifallsstürme für den Emil-Jannings-Film im Ufa-Palast, in: *Berliner Lokal-Anzeiger* 5.4.1941 (Nr. 82); Hans Hömberg: Burenschicksal – Englands ewige Schuld. Ein Film als Denkmal für Ohm Krüger [mit Abb.], in: *Völkischer Beobachter* (Norddt. Ausg.) 5.4.1941 (Nr. 95); Carl Weichardt: OHM KRÜGER – die Tragödie eines Volkes. Meisterwerk deutscher Filmkunst – Und eine erschütternde Anklage gegen den Feind der Völker, in: *Berliner Morgenpost* 5.4.1941; [Mittlg:] OHM KRÜGER ferngesehen. Die Uraufführung in allen Fernsehstuben [Reportage], in: *FK* 7.4.1941 (Nr. 82); [Mittlg:] Ehrung für Emil Jannings. Dr. Goebbels übergibt ihm den Ehrenring des deutschen Films, in: *FK* 7.4.1941 (Nr. 82); Hermann Wanderscheck: Musik zu OHM KRÜGER, in: *FK* 8.4.1941 (Nr. 83); Foto mit ital. Artikel von Günther Schwark: Il nuovo film di Emil Jannings: ZIO KRÜGER, in: *FK* 12.4.1941 (Nr. 86); Großanzeige in *FK* 12.4.1941 (Nr. 86); Werner Wirths: Paul Krüger oder Cecil Rhodes? Der Freiheitskampf der Buren in dem Tobis-Film OHM KRÜGER, in: *Das Reich* 13.4.1941 (Nr. 15); Günther Sawatzki: OHM KRÜGER. Film der Nation [mit Abb.], in: *Filmwelt*, Berlin, 18.4.1941 (Nr. 16); Alfred Otto: Hedwig Wangel, die Queen, in: *FK* 19.4.1941 (Nr. 91); Emil Jannings: Gedanken zu meinem Ohm-Krüger-Film, in: *Tonfilm, Theater, Tanz*, Wien, 9 (1941), Nr. 5, S. 3–5 [mit Abb.]; Robert Volz: Zum OHM KRÜGER-Film, u. Werner Henske: OHM KRÜGER. Ein deutscher Spitzenfilm, in: *Der Deutsche Film*, Berlin, Jg. 5 (1940/41), S. 176–178 u. 238 f.; [Gruppenfoto anläßl. der Fest-Auff. in Rom] in: *FK* 16.7.1941 (Nr. 164); Richard Bierdrzynski: Sieg Darstellung: OHM KRÜGER und ICH KLAGE AN auf der Biennale, in: *Völkischer Beobachter* (Norddt. Ausg.) 15.9.1941 (Nr. 258); Günther Schwark: Der Mussolini-Pokal für OHM KRÜGER. Starke Erfolge des deutschen Films in Venedig, in: *FK* 16.9.1941 (Nr. 217); vgl. auch Foto in *FK* 14.11.1941 (Nr. 265).

Weiterer Einsatz: *FK* 4.4.1941 (Nr. 80): Leipzig, Dresden, Hamburg, im Westen; *FK* 9.4.1941 (Nr. 84): im Südwesten; *FK* 10.4.1941 (Nr. 85): Breslau; *FK* 12.4.1941 (Nr. 86): Dresden, Leipzig; *FK* 15.4.1941 (Nr. 87): Frankfurt/M., im Westen, Breslau; *FK* 16.4.1941 (Nr. 88): Augsburg, Essen, Wien; *FK* 19.4.1941 (Nr. 91): Wien; *FK* 21.4.1941 (Nr. 92): Königsberg; *FK* 25.4.1941 (Nr. 96): München; *FK* 15.5.1941 (Nr. 112): Wehrmachtswoche in Breslau / vor holländischen Nationalsozialisten; *FK* 17.5.1941 (Nr. 114); Besucherrekorde in Westdeutschland; *FK* 22.5.1941 (Nr. 118): Salzburger Festspielhaus; *FK* 28.5.1941 (Nr. 123): Litzmannstadt; *FK* 7.7.1941 (Nr. 156): München; zum Einsatz des Films im Ausland: *FK* 30.5., 3., 7., 9. u. 24.6.1941 (Nr. 125, 127, 131, 132, 145): Rom; *FK* 6.6.1941 (Nr. 130): Mailand; *FK* 10.6.1941 (Nr. 133): ital. Pressestimmen; [Foto:] Jannings, Mussolini in *FK* 13.6.1941 (Nr. 136); *FK* 4. u. 7.10.1941 (Nr. 233 u. 235): Paris; *FK* 4.10.1941 (Nr. 234): Pressburg; *FK* 6.10.1941 (Nr. 234): Agram; *FK* 20.10.1941 (Nr. 246); *FK* 30.10.1941 (Nr. 255): Bukarest; *FK* 8.11.1941 (Nr. 263): Madrid; 11.11.1941 (Nr. 265): Paris; *FK* 22.12.1941 (Nr. 300) u. 9.1.1942 (Nr. 7): Budapest; *FK* 3.2.1942 (Nr. 28): Sofia; *FK* 10. u. 13.4. (Nr. 83, 85): Helsinki; vgl. Drewniak 1987, S. 699 (Rom), S. 780 (Budapest), S. 793 (Bulgarien), S. 798 (Tokio).

Nach dem Zweiten Weltkrieg: AP: Film OHM KRÜGER in britischen Kinos, in: *Frankfurter Rundschau* 14.6.1962; [Springer-Auslandsdienst:] Londoner lachten über den OHM KRÜGER-Film, in: *Die Welt* 18.7.1962.

---

aus seiner Sicht »eine flammende Anklage gegen das Unrecht und die Vergewaltigung in der Welt«, doch auf die Parallele zu den Konzentrationslagern in Deutschland verweist er mit der Rhetorik des ›offengelassenen Satzes‹: »und dann – das K o n z e n t r a t i o n s l a g e r ...«

22. KOMÖDIANTEN

22.1. Produktionsdaten

UT: Ein Film der Bavaria-Filmkunst
P: Bavaria-Filmkunst GmbH; 3.072 m; Drehbeginn: 21.10.1940 (Bavaria-Geiselgasteig u. d. T.: PHILINE, später (*FK* 22.2.1941, Nr. 43) u. d. T.: KOMÖDIANTEN)
A: Axel Eggebrecht, Walter v. Hollander, G. W. Pabst [nach dem Roman *Philine* von Olly Boeheim]
R: G. W. Pabst;[128] R-Ass.: Auguste Bart-Reuß

Stab: K: Bruno Stephan; M: Lothar Brühne; T: Emil Specht; Bau: Julius v. Borsody, Hans Hochreiter; Kostümberatung: Maria Pommer-Pehl; Schnitt: Ludolf Grisebach; Aufnahmeltg.: Willy Laschinsky, Theo Kaspar; Produktionsltg.: Gerhard Staab

FM: Tobis-Klangfilm, Bavaria-Tonkopie
V: Bavaria Filmkunst Verleih GmbH
UA: 5. September 1941, Berlin, Ufa-Palast am Zoo

Besetzung:
Caroline Neuber	Käthe Dorsch
Philine Schröder	Hilde Krahl
Amalia, Herzogin von Weißenfels	Henny Porten[129]
Ernst Biron, Herzog von Kurland	Gustav Dießl
Armin v. Perckhammer	Richard Häußler
Johann Neuber	Friedrich Domin
Müller, der Hanswurst	Ludwig Schmitz[130]
Die Feigin	Sonja-Gerda Scholz
Die Lorenz	Lucie Millowitsch
Victorine	Bettina Hambach
Koch	Walter Janssen
Kohlhardt	Alexander Ponto
Graf Teuchern	Viktor Afritsch
Studiosus Gotthold Ephraim Lessing	Curt Müller-Graf
Professor Gottsched	Harry Langewisch
Klupsch, Ratsherr in Leipzig	Arnulf Schröder
Schröder	Hans Stiebner

---

128 Zur Rückkehr von Pabst nach Deutschland und zu seinem Konflikt mit der Bavaria vgl. die Akte im Bundesarchiv (BA R 55/505, f. 25 ff.) und Drewniak 1987, S. 66 u. 91 f.
129 Vgl. zu ihrer Weigerung, sich von ihrem jüdischen Mann scheiden zu lassen, zur »gütigen Hilfe des Reichsmarschalls« Hermann Göring und zu ihrer ›Verwendung‹ im Film: Drewniak 1987, S.116.
130 Durch seine Mini-Sketche TRAN UND HELLE (zusammen mit Jupp Hussels), die dem Publikum »kriegsgerechtes Verhalten« auf witzige Weise vermittelten, war Ludwig Schmitz als Filmschauspieler weithin bekannt. Zum größten Bedauern des Publikums mußte diese Reihe Ende 1940 eingestellt werden, da von Schmitz sittliche Verfehlungen »mit strafrechtlichen Folgen« (Hippler 1982, S. 202) bekanntgeworden waren. Er erhielt Berufsverbot.

Bewertung:[131]
FP: 13. August 1941, Prüf-Nr. 55749 (Sequ.): staatspolitisch und künstlerisch besonders wertvoll, kulturell wertvoll, volksbildend, Jf 14, 3.072 m (gültig bis 31.8.1944) [BFA, SDK]; 14. August 1941, Prüf-Nr. 55750 (Vorspann): 92 m [SDK]; 29. August 1944, Prüf-Nr. 60531 (Hauptdaten): gleiche Bw., 3.063 m (gültig bis 31.8.1946) [DIF]; Paimann 10.10.1941 (Nr. 1331); IX. Biennale di Venezia 1941: Medaglia d'oro per la regìa.
FSK: nicht eingereicht (der Film war in keiner Verbotsliste aufgeführt).

Rechte: F.-W.-Murnau-Stiftung; Ausw: Transit-Film GmbH, München (komm.), DIF (nichtkomm.)
Kopie: BFA$_1$ [BFA$_2$, DIF]

22.2. Handlung

(1) Im Merseburger »Gasthof zum Reichsadler« spielt die »Neubersche Komödiantenbande« eine antike Tragödie mit Caroline Neuber in der Rolle der Medea. Ihre Deklamation wird von Hanswurst Müller jeweils rüde unterbrochen, wenn ihm ein Stichwort für seine Späße geeignet erscheint. Die Menge jubelt ihm zu. Nach der Vorstellung stellt die Neuberin ihn zur Rede. Sie will »anständiges deutsches Theater« machen, doch er ist davon überzeugt, daß das Publikum dieses »langweilige Theater« nicht will: »Wenn ich nicht spielte, dann könnte Eure ganze Truppe nächste Woche betteln gehen!« Er wird in seiner Überzeugung durch den Leipziger Ratsherrn Klupsch bestätigt, der die Neuberin ermahnt, das Publikum ruhig über den Harlekin lachen zu lassen, weil sie sonst »wenig Sukzeß« haben werde. Doch Klupsch ist vor allem nach Merseburg gekommen, um der schönen Philine Schröder nachzustellen, die bei ihrem Vormund, einem Lohgerber, harte Arbeit verrichten muß. Dieser Lohgerber bedrängt Philine, sich gegenüber Klupsch nicht spröde zu verhalten, denn er erhofft von ihm eine finanzielle Beteiligung am Geschäft. Klupsch, dem Lohgerber vorgegaukelt hat, Philine erwarte ihn »mit Ungeduld«, wird zudringlich. Philine wehrt sich, läuft aus dem Zimmer und flieht; die Befürchtung, daß Philine sich am Fluß ein Leid antut, bringt Klupsch gegen den Lohgerber auf, dem er eine »Revision« androht. Inzwischen ist die »Neubersche Bande« aus Merseburg abgereist. Die Prinzipalin hat den jugendlichen Schwärmer Kohlhardt, die sentimentale Feigin, die zugleich den Küchendienst versieht, den Väter-Darsteller Koch und die kokette Victorine zu größerem Arbeitsethos angehalten; ihr Mann, Johann Neuber, hat ihr vorgerechnet, daß nur zwei Silbergroschen als Gewinn verblieben sind. Auf der Landstraße nehmen die beiden Neubers die verstörte Philine in ihren Wagen auf. Durch Philine wird die Neuberin an ihre Jugend und an die eigene Flucht aus dem Hause ihres Vaters erinnert. So soll Philine erst einmal bis Leipzig mit ihnen reisen.

---

131 Goebbels hatte Pabst den ihm verhaßten Film DIE DREIGROSCHENOPER (1931) wohl verziehen. Denn er notiert am 20.11.1940 in seinem *Tagebuch*: »Wir sehen Aufnahmen zu dem Film PHILINE. Dorsch und Krahl. Pabst als Regisseur. Er meistert die Sache gut. Muster zu PHILINE und DAS MÄDCHEN VON FANÖ [1940; R: Hans Schweikart], die mir ausgezeichnet gefallen.«

(2) In seiner Vorlesung vertritt Gottsched, »ein Professor, der den Mut hat, an der Universität über Theater zu sprechen«, seine Ansichten über ein neues deutsches Theater, in dem nicht mehr länger Possen und Zoten des Hanswurst Sitte und Anstand beleidigen, sondern »Regel und Maß, edles Pathos und große Gefühle« herrschen. Das deutsche Theater soll wieder »Vorbild und Ansporn des Volkes« werden, auch wenn vorerst noch Übersetzungen französischer Stücke gespielt werden müssen. Lobend erwähnt er die »Neubersche Bande«, die demnächst sein eigenes Stück, den *Sterbenden Cato* in Leipzig zur Aufführung bringen werde. Zu Gottscheds Zuhörern gehören auch Armin v. Perckhammer und sein Freund Gotthold Ephraim Lessing. Im Anschluß an die Vorlesung bekräftigt Perckhammer Gottscheds Ansicht, nur die Franzosen könnten die Lehrmeister sein; Lessing dagegen fordert ein »deutsches Theater mit deutschen Stücken«. Beide begeben sich in das Garderobenzimmer des Leipziger Fleischhauses, in dem gerade die Proben zu dem neuen Stück stattfinden: Perckhammer, um seine frühere Freundin Victorine wiederzusehen, Lessing, um der Neuberin seine Dienste als Übersetzer anzubieten, zugleich aber, um eine Freikarte für die Aufführung zu erlangen. Victorine stellt Perckhammer Philine vor, die als Novizin in die Truppe aufgenommen wurde und am Abend ihre erste Rolle, eine Pagenrolle, spielen wird; Perckhammer faßt sofort Zuneigung zu Philine. Die Neuberin hat erkannt, daß Philine ihr ähnlich ist, weil sie »das Feuer und die Leidenschaft« mitbringt, »die man braucht für unseren schweren Weg«. Bei der Aufführung am Abend ist Lessing, der Dichter werden und für die Neuberin schreiben möchte, berauscht von den »Versen«, die durch Philine »Glanz und Feuer« bekommen hätten, während Perckhammer von den »göttlichen Beinen« Philines schwärmt.

(3) Im Leipziger Caféhaus »Felsche« erwartet Perckhammer Victorine, aber statt ihrer erscheint, was er sich auch sehnlich gewünscht hatte, Philine, die Victorine entschuldigt: Sie kränkle und könne nicht kommen. Perckhammer durchschaut die Notlüge und lädt Philine zu einer Tasse Schokolade ein. Philine zögert; sie hat noch nie Schokolade getrunken und vermag ihre Scheu den Liebenswürdigkeiten Perckhammers gegenüber kaum zu überwinden. Doch läßt sie sich schließlich von Perckhammer heimbegleiten und wird von der Neuberin wegen ihres langen Ausbleibens mit Vorwürfen empfangen. Als Philine Victorine gesteht, daß Perckhammer ihr eine Liebeserklärung gemacht habe, macht diese sich darüber lustig: Eine Liebe zwischen einem Baron und einer angehenden Aktrice gebe es »vielleicht in einem Schäferspiel«, nicht aber im »wirklichen Leben«. Victorines Lebensweisheit: »andere Städte, andere Kavaliere« verunsichert Philine, die Perckhammer aufsucht und von ihm eine klare Antwort auf die Frage nach dem zukünftigen gemeinsamen Leben verlangt. Perckhammer gesteht seine Feigheit. Er hatte sie bereits schweigend aufgegeben und erkennt nun, daß ihr Herz klarer ist als sein Verstand; beide verbindet zudem durch den Tod der Eltern das gleiche Schicksal. Er will sie heiraten, und so wie Philine ihren Schauspielerberuf, so will er seine Offizierslaufbahn aufgeben; er muß das nur seiner Tante, der Herzogin Ama-

lia, klarmachen, in deren Leibgarde er als Leutnant dient. Die Neuberin trifft die Mitteilung Philines von der geplanten Heirat unmittelbar vor der Premiere von Gottscheds *Sterbendem Cato* hart. Gerade hat sie Hanswurst Müller wegen seines obszönen Kostüms von der Bühne verwiesen. Nun sieht sie sich enttäuscht von Philine, in die sie große Hoffnungen gesetzt hatte. Aber nach einem kurzen Gespräch stellt sie Philine frei, den »leichten Weg« zu gehen.

(4) Niedergeschlagen sitzt Hanswurst Müller mit dem Ratsherrn Klupsch in einer Leipziger Kneipe beim Wein und lamentiert über seine Entfernung aus dem Theater und den Verlust seiner von der Neuberin einbehaltenen Narrenjacke, ohne die er nicht leben kann. Er versucht Klupsch zu überreden, der Neuberin die Spielerlaubnis zu entziehen und ihm zu übertragen. Ohne seine Späße wird die Aufführung des *Sterbenden Cato* in der Tat kein durchschlagender Erfolg; zuletzt klatscht nur noch Gottsched allein seinem »faden Stück« Beifall. Die Neuberin ist sich darüber im klaren, daß sie mit Gottscheds Stücken den Harlekin nicht besiegen kann; nach einer Aussprache darüber gehen beide fortan getrennte Wege, aber der weitere Rückgang der Kasseneinnahmen ist vorauszusehen. Vor der Abreise der »Bande« erscheint Ratsherr Klupsch, um sich nach Philine zu erkundigen; er ist durch Hanswurst Müllers Denunziation (»Entführung unbescholtener junger Mädchen«) auf ihre Spur gekommen und möchte, da er sich an der Flucht Philines schuldig fühlt, die Sache in Ordnung bringen. Als er von der Neuberin erfährt, daß Philine Baron Perckhammer heiraten wird, will er die Rechte des Vormunds wahren und die Neuberin wegen Kuppelei verklagen. Perckhammer wurde derweil von der Herzogin Amalia nach Weißenfels befohlen und brachte die enttäuschte Philine für die Zeit seiner Abwesenheit bei seiner alten Amme unter.

(5) Die Herzogin zeigt sich hocherfreut, daß ihr Neffe seinen Heiratswillen bekundet, ist aber verstimmt, als dieser ihr seine Liebe zu Philine Schröder offenbart. Für sie ist eine Heirat »ein Stück Staatsraison«, und »Standespersonen werden nicht gefragt, ob ihnen der Heiratspartner gefällt«. Deshalb befiehlt sie ihm, sich nach Coburg zu begeben, um dort um die Hand seiner Cousine Vera anzuhalten; der »Philine« solle er »in seinem Herzen ein Denkmal« setzen, die »Schröder« werde einen »braven Mann« finden. Als Graf Teuchern von der Herzogin erfährt, daß Perckhammer seine Tochter »vorläufig ablehnt«, weil er eine »Aktrice« liebt, sieht er der Affäre gelassen entgegen, und die Herzogin weiß Rat: Philine ist arm. So erscheint Graf Teuchern, Perckhammers Onkel, angeblich in seinem Auftrag bei Philine, um sie zum Verzicht zu bewegen. Sein Besuch habe den »Zweck, einen Abschied überflüssig zu machen, der für beide Teile schwer ist«. Philine glaubt ihm nicht. Um ihr »den Abschied zu versüßen«, bietet er ihr Geld an (»Verzichtet auf das, was Euch nicht zukommt, und nehmt, was das Leben Euch bietet«). Philine fordert ihn auf, sie zu verlassen. Während in Coburg Perckhammer und Vera in gegenseitigem Verständnis übereinkommen, »ein für allemal nicht zu heiraten«, wird Philine in Leipzig im Auftrag des Ratsherrn Klupsch mit der amtlichen

Begründung verhaftet, sie sei »ihrem Vormund entlaufen« und stehe »mittellos allein«; sie wird ins Spinnhaus abgeführt.

(6) Die kunstsinnige Herzogin Amalia hat die »Neubersche Bande« im Weißenfelser Schloß zu einem Gastspiel eingeladen. Hier löst der Schlußgesang der Neuberin in einem Schäferspiel großen Beifall und besonderes Lob der Herzogin aus. Unter den Zuschauern ist auch Biron, Herzog von Kurland, der einflußreichste Politiker Rußlands, der sich hinter dem Pseudonym Graf Löwen verbirgt. Die Herzogin stellt ihm die Neuberin persönlich vor; er begegnet ihr mit großer Hochachtung. Sodann fragt sie die Neuberin nach Philine, die ihrem Neffen »den Kopf verdreht« habe. Um »die ganze Geschichte« zu beenden, soll sie Philine, angeblich im Auftrag ihres Neffen, eine Perlenkette als »Abschiedsgeschenk« überreichen. Als die Herzogin von der Neuberin erfährt, was Philine widerfahren ist, erfüllt sie die Bitte, beim Leipziger Magistrat die Freilassung Philines zu erwirken, allerdings mit der erwarteten Gegenleistung, die Neuberin solle sich dafür verbürgen, »daß diese Liaison endgültig aus ist«. Das Gespräch führt zur grundsätzlichen Auseinandersetzung über die Frage nach der Ebenbürtigkeit von Aktricen: Die Herzogin besteht auf der Wahrung der sozialen Unterschiede, die Neuberin dagegen erklärt: »Eine große Aktrice ist allen ebenbürtig!« Erregt beendet die Herzogin das Gespräch. Sie erklärt das Gastspiel der »Bande« für beendet und entzieht ihr jede weitere Unterstützung. Biron tröstet die Neuberin mit einem Diamantschmuck als Zeichen seiner Anerkennung. Später, im Park, wirbt er leidenschaftlich um die Künstlerin, die er als ebenbürtige Partnerin ansieht und die er für seine politischen Ziele einsetzen will. Er lädt sie mit ihrer »Bande« nach Petersburg ein. Die Neuberin, die ihre Lebensaufgabe in der Erneuerung der Bühne in Deutschland sieht, will der Einladung nicht Folge leisten, erliegt aber schließlich der suggestiven Überredungskraft Birons. Philine wird »auf höchste Verwendung« hin aus dem Spinnhaus entlassen. Sie fragt die Neuberin sofort nach »Armin« und spürt, daß sie ihr etwas verheimlicht. Die Neuberin sagt nur: »Du mußt Armin vergessen!«

(7) Unter den Akteuren der »Neuberschen Bande« im Leipziger Gasthaus »Zur goldenen Kugel« herrscht Niedergeschlagenheit. Hanswurst Müller macht sie rebellisch und versucht sie für sein eigenes Unternehmen zu gewinnen. Philine bedrängt die Neuberin erneut mit Fragen nach Armin. Da sieht die Neuberin den Augenblick für gekommen, die »schöne Sicherheit des Gefühls« zu zerstören. Sie überreicht ihr die Perlenkette als »Abschiedsgeschenk« Armins. Philine glaubt nicht, daß die Kette von ihm persönlich kommt. Erst als Lessing, der der Neuberin gerade seine Übersetzung gebracht hat, erklärt, er wisse, daß Armin sie verlassen habe, läßt sie sich überzeugen und gesteht, sie habe geglaubt, ihr »Herz wisse es besser«. Lessing wünscht, sein Freund Armin stünde jetzt hier, um zu sehen, was er angerichtet habe. Der Unmut einiger Akteure gegen die Prinzipalin schlägt in Jubel um, als ein Bote des russischen Gesandten den Vertrag für das Petersburger Gastspiel und 5.000 Taler Vor-

schuß überbringt. Hanswurst Müller kündigt sein Engagement bei der »Bande«, die Neuberin hält ihn nicht zurück. Sie tröstet Philine in ihrem »Herzeleid« und nimmt sie wieder in die »Bande« auf.

(8) In Petersburg kann die »Neubersche Bande« noch nicht spielen, da die Zarin Anna Iwanowna erkrankt ist. Der Neuberin, die mit Philine in einer Suite des Zarenpalastes untergebracht ist und im Auftrag Birons mit Geschenken überhäuft wird, erscheint dies alles wie ein »Märchen«, aber sie will die »Flamme wieder spüren«, die Liebe, die stärker als dieses Märchen ist. Sie prophezeit Philine, daß auch sie »wieder lieben« werde. Philine bleibt dem ausgelassenen Fest fern, das die deutschen Komödianten mit den russischen Bojaren feiern. Zur gleichen Zeit äußert sich Perckhammer verzweifelt über Philine, die alle seine Briefe ungeöffnet habe zurückgehen lassen und die geglaubt habe, die Perlenkette käme von ihm. Lessing macht ihm klar, daß das Schicksal sie zur Künstlerin ausersehen habe, und bekennt seine Liebe zu diesem »Abbild, blühender als das Bild«. Perckhammer sucht im Krieg gegen die Türken einen »neuen Weg«. Lessing kommentiert diesen Entschluß mit den Worten: »O fändest Du, was Du nie gesucht hast – Dich selbst!« In Petersburg entartet das Fest zu einer Orgie. Biron will, »daß die deutschen Komödianten die Gastlichkeit Rußlands in vollen Zügen genießen«, und ist nicht bereit, das Fest mit Rücksicht auf die schwerkranke Zarin abbrechen zu lassen. Beim Orgelspiel erwartet er in seinem Arbeitszimmer die Neuberin, der er eine glühende Liebeserklärung macht: »Gib Dich auf! Du mußt endlich eine Frau sein, verbrenne Dein Leben!« Er hat bereits ihre Scheidung beantragt. Für einen Augenblick scheint sie dazu bereit. Aber als sie auf der Suche nach ihren Leuten diese nicht mehr im Saal, sondern im Weinkeller völlig zügellos vorfindet, ist sie entschlossen, sofort nach Deutschland zurückzukehren: »Ich lasse mir meine ›Bande‹ nicht zerschlagen!« Nur mit Mühe gelingt es ihr und ihrem Mann, die betrunkenen Mitglieder aufzusammeln. Derweil memoriert Philine gerade eine Theaterszene. Als die Neuberin in ihr Zimmer tritt, bemerkt Philine: »Ihr seht aus, als wäre Euch jemand gestorben.« Die Neuberin erwidert: »Ich bin mir gestorben.« Durch den Tod Anna Iwanowas entsteht eine neue Lage. Da Biron im Auftrag der neuen Zarin verhaftet wurde, ist auch die »Bande« gefährdet. Als man sie am Verlassen des Palastes hindern will, besticht die Neuberin den wachhabenden Offizier mit dem Diamantschmuck, den ihr Biron in Weißenfels geschenkt hat.

(9) Bei ihrer Rückkehr nach Leipzig entnimmt die »Neubersche Bande« einem Plakat, daß im Fleischhaus jetzt die »Müllersche Privilegierte Schauspielertruppe« spielt. Im Theatersaal weiden sich Hanswurst Müller und Ratsherr Klupsch am Entsetzen der Neuberin. Da sie als »Konkurrenz für eingesessene Komödianten« angesehen wird, erhält sie keine Spielerlaubnis und muß Leipzig wieder verlassen. In Boses Garten vor den Toren Leipzigs findet sie eine neue Spielstätte. Gottsched äußert der Neuberin seine Besorgnis, zeigt sich aber hocherfreut über die geplante Aufführung von »Hanswursts Autodafé«,

der er am Abend beiwohnt. Die von der Neuberin als Minerva eingeleitete symbolische Verbrennung Harlekins wird von einer Horde gedungener Männer unter der Führung von Hanswurst Müller gestört, der triumphierend verkündet: »Ich kann nicht sterben, denn ich bin unsterblich. Den Witz, das Lachen, den Hanswurst frißt keine Flamme auf!« Es kommt zu einem allgemeinen Handgemenge, bei dem niemand den Neubers hilft. Da tritt Ratsherr Klupsch auf und erklärt höhnisch: »Das war Ihre letzte Vorstellung, Madame Neuber!«

(10) Die »Neubersche Bande« ist auseinandergelaufen, die Habe der Neubers geplündert oder verbrannt und der Wirt von Boses Gartenlokal will die Neubers nicht weiterziehen lassen, bis sie ihm Schadenersatz geleistet haben; er führt ihr letztes Pferd aus dem Stall. Da die von Philine einst zurückgewiesene Perlenkette, die als »Notgroschen« gedacht war, sie nun auch nicht mehr retten kann, übergibt die Neuberin sie Philine. Durch die unvorsichtige Äußerung Johann Neubers, daß die »Neubersche Bande« ihretwegen die Gunst der Herzogin verloren habe, beginnt sie die wahren Zusammenhänge zu ahnen. Sie begibt sich in ihre Kammer und verläßt bald darauf heimlich das Quartier. Nachdem die Neubers noch einmal mögliche Wege »aus dem Abgrund« bedacht haben und Johann Neuber sogar bereit war, wieder den Hanswurst zu spielen, sehen sie in der Flucht den einzigen Ausweg; es gelingt ihnen, das Pferd heimlich zurückzuholen. Während die Neubers auf den Landstraßen umherirren, wird Philine bei der Herzogin vorstellig, um sie um Unterstützung für die Neuberin zu bitten. Die Herzogin ist dazu bereit, vermutet aber, Perckhammer sei der eigentliche Grund ihres Hierseins. Philine will in der Tat die Perlenkette zurückgeben, aber damit deutlich zum Ausdruck bringen, daß sie auf Perckhammer verzichtet hat. Trotz anfänglicher Skepsis erkennt die Herzogin die Wahrheit: »In Ihren Worten schlägt ein reines Herz.« Doch der aus dem Krieg verwundet zurückgekehrte Perckhammer ist, was Philine nicht wußte, auf dem Schloß, und die Herzogin führt nunmehr die Wiederbegegnung der beiden herbei. Jetzt erst kann Perckhammer aufklären, daß die Perlenkette nicht von ihm kam; er hofft auf baldige Heirat, muß jedoch von Philine erfahren, daß sie bereits die »Bühne« gewählt habe und »ihr treu bleiben« müsse.

(11) Der Abgesandte der Herzogin, der den Auftrag hat, die Neuberin nach Weißenfels zu bringen, trifft im letzten Quartier der Neubers nicht nur den schimpfenden Wirt, sondern auch Lessing, der gleichfalls nach der Neuberin sucht und sich nun nach Weißenfels begibt. Die Neubers irren weiterhin auf den Landstraßen umher. Die Neuberin ist lebensmüde, aber sie lächelt, als ein Echo Johann Neubers Ansporn des Pferdes (»weiter ... weiter ...«) wiederholt: »Wir haben noch ein Echo in dieser Welt.« Drei Tage liegt sie krank in einem Spital, wird dann aber hinausgeworfen; die Reiter der Herzogin verlieren ihre Spur. In Weißenfels stellt Perckhammer seiner Tante Lessing vor, der ihr ein »Trauerspiel in deutscher Sprache« überreicht, das sich die Neuberin immer gewünscht hat. Da sich inzwischen die Mitglieder der »Neuberschen Bande«

in Weißenfels eingefunden haben, in der Hoffnung, hier ihre Prinzipalin wiederzufinden, können die Proben für das Stück (Lessings *Emilia Galotti*) beginnen; Philine soll die Hauptrolle spielen, Lessing und Perckhammer wollen es mit den Akteuren gemeinsam einstudieren. Doch die Neuberin kann von einem »überirdisch schönen Stück« nur noch träumen. Sie spürt die Todesnähe und dankt ihrem »treuen Johann«, aber es schmerzt sie, daß sie »so wenig erreicht« hat; sie stirbt mit den Worten »weiter ... weiter«.

(12) Die Herzogin hat im Andenken an die Neuberin das erste ständige Theater gestiftet, dessen Intendant Perckhammer sein soll. Sie weiht das Theater mit den Worten ein: »Dieses Haus ist gebaut zum Andenken an Carolina Neuberin. Es ist entstanden aus den Entsagungen und Kämpfen ihres Lebens, aus ihren mühseligen Fahrten über die Landstraßen um der reinen Kunst willen. Das Theater soll hier eine bleibende Stätte bekommen, die aber nur dann etwas nütze ist, wenn sie der schöpferische Atem der Neuberin durchweht. In Eurer Arbeit soll sie weiterleben. Du, Armin, wirst das Erbe verwalten und – wenn ich Dir, Philine, dieses Haus übergebe, lege ich in Deine Hände die unendliche Aufgabe, der sie diente und der auch Du Dein Leben geweiht hast.«[132] Philine öffnet die Tür und betritt als erste den Zuschauerraum. In bewegenden Worten gedenkt sie der Neuberin in »tiefer Dankbarkeit« und mit der Verpflichtung: »Solange unser Herz schlägt, wird es uns vorwärts treiben mit Deinem mahnenden Ruf: ›Weiter ... weiter!‹«

22.3. Verwendetes literarisches Material

Olly Boeheim: *Philine. Roman*. Dresden: Moewig u. Höffner 1935. Danach u. d. T.: *Komödianten*. Niedersedlitz: Vaterhaus-Verlagsges. 1941 [Fundort: Deutsche Bücherei Leipzig. Ausg. 1935: 1935 A 19213; Ausg. 1941: 1941 A 13214]. Dem Titel entsprechend, ist Philine Hauptfigur des Romans, der verschiedene Lebensstationen vergegenwärtigt und dem Verhältnis Philines zu Perckhammer besondere Aufmerksamkeit schenkt. Schon hier ist die Neuberin Mittlerfigur, aber zur zentralen Figur wird sie erst im Film.

22.4. Textbeispiel

Gespräch zwischen Caroline Neuber (N) und Biron (B), Herzog von Kurland:

---

132 Gegenüber der im Drehbuch (S. 207) gestrichenen Fassung ist der Schluß des Films zu einer Apotheose gestaltet worden. Im Drehbuch tritt die Neuberin mit Lessing zwischen Armin und Philine und spricht zu Philine ihr eigenes Schlußwort: »Ja Mädchen. Wer stark ist, bekommt schließlich alles. Ich bin am Ziel. Was ich immer ersehnt habe, wird Wirklichkeit. Die deutsche Bühne wird zum Volk sprechen ... auch wenn ich nicht mehr über diese Erde fahren muß.«

B: Einsam, Madame, zwischen kaltem Marmor und flammenden Gestirnen? Fürchtet Ihr Euch nicht?
N: Herzogliche Gnaden, ich glaube, Ihr verwechselt mich mit einer kleinen Aktrice.
B: O nein! Ihr wißt, wer ich bin. Venus und Jupiter in Konjunktion: Wir gehören zusammen, Carolina!
N: Ihr seid sehr schnell, Herzog!
B: Es ist mein Beruf, den Menschen zu mißtrauen. Aber heute abend empfinde ich mit beglückender Gewalt die höhere Gabe, zu vertrauen – auf den ersten Blick.
N: Ich bin eine Komödiantin, eine Frau, wie jede andere auch.
B: Nein, Ihr seid mir ebenbürtig! Ihr ruft die Leidenschaften auf, ich *bändige* sie. Ihr *lenkt* die Gefühle, ich *benutze* sie. Kunst und Politik sind miteinander verwandt: Beide wollen die Menschen beherrschen.
N: Warum sagt Ihr mir das, Herzog?
B: Unsere Schicksalsbahnen sind einander begegnet.
N: Sternenbahnen, die einander kreuzen, die sich wieder trennen. Das Spiel des Himmels.
B: Das Spiel der Erde. Ihr werdet mit mir kommen, das wißt Ihr!
N: Nein!
B: Ihr seid zu schade dafür, die blöde Menge Abend für Abend zu unterhalten.
N: Die blöde Menge! Ihr habt es nie erlebt, wie sie da unten sitzen und warten, daß ihr dunkles Gefühl sich erhellt, ihre stumpfen Gedanken sich schärfen, ihr stummer Mund die Worte aussprechen darf, die er bis dahin nicht formen konnte. Durch uns, durch die Bühne spricht die Menge zu sich selbst, sprechen die Völker zur Welt. Ich will, daß auch das stumme Deutschland zu sprechen beginnt!
B: Nein! Nein, Ihr wollt dasselbe, was ich will: Ihr wollt Menschen beherrschen und führen! Spürt Ihr nicht, wie wir zusammengehören, Ihr und ich!
N: Ihr und ich, Herzog? Ihr befehlt, und ich gehorche, nein, so geht das nicht. Vielleicht seid Ihr allein auf der Welt. Ich habe meine Leute, die ich nicht verlassen kann.
B: Gut, dann werdet Ihr mit Eurer Bande kommen. Ihr werdet in Petersburg gastieren.
N: Mein Platz ist in Deutschland!
B: Deutschland! Straßauf, straßab ziehen. Arm und verachtet den Buckel krumm machen vor einer kleinen Fürstin. Nein! Ihr gehört der ganzen Welt! Soweit Ihr nicht mir gehört. *(Nach einer Pause)* Ihr werdet kommen.
N *(zögernd, leise)*: Ich komme.

22.5. Kontext

Welche Rolle Goebbels der Kunst 1941 angesichts der »triumphalen Feldzüge« zugedacht hatte, geht aus seiner Rede zur Eröffnung der Großen Deut-

schen Kunstausstellung am 26.7.1941 im Lichthof des ›Hauses der Deutschen Kunst‹ in München hervor:
»Die Kunst gehört zu den unabdingbaren Funktionen unseres nationalen Daseins. Und *das* erst gibt dem Krieg, den wir gegenwärtig durchfechten, seine unwiderstehliche Stoßkraft: daß er für dieses nationale Dasein überhaupt geführt wird. Unsere Soldaten verteidigen *alles*, was wir besitzen: unsere Äcker und Felder, unsere Fabriken und Maschinen, unsere Städte und Provinzen, unsere Frauen, Kinder und Familien, aber auch das, was wir den deutschen Geist schlechthin nennen: die deutsche Kunst und die deutsche Wissenschaft, die Freiheit der Forschung, die Ehre und die Würde der Nation.« (*Goebbels-Reden*, hg. v. Helmut Heiber, Bd. 2: 1939–1945. Düsseldorf 1972, S. 60 f.) Am 30. November 1940 war der 180. Todestag der »Neuberin«.[133]
Als theaterwissenschaftlicher Kontext ist zu beachten: Hannah Sasse: *Friedericke Caroline Neuber. Versuch einer Neubewertung*. Phil. Diss. Freiburg i. B. 1937.

22.6. Normaspekte

Aus der Sicht Philines ist die Neuberin »eine große Frau, die das Zeug hätte, ein großer Mann zu sein«. In diesem Sinne ist sie zugleich Vorbild und Konfliktfigur:

(1) Sie verlangt von den Schauspielern die Erfüllung einer strengen *Arbeitsnorm*, die mit einer *Kunstnorm* korreliert ist: »Feuer«, »Leidenschaft« und »Sehnsucht«; den Hanswurst plagt keine Sehnsucht.

(2) Die Erfüllung der Arbeitsnorm verlangt *Rigorismus* gegen sich selbst und gegenüber anderen: »Man muß alles aus sich herausholen.« Und: »Wenn ich nicht alles verlange, bekomme ich gar nichts.« Dieser Rigorismus ist allein durch »die große Sache« zu rechtfertigen, der die Neuberin dient.

(3) Arbeitsnorm und Rigorismus führen zwangsläufig zu »*Starrsinn*« und »*Stolz*«, die von vielen negativ bewertet werden. Johann Neuber wehrt ab: »Ihr Starrsinn hat uns alle groß gemacht.« Und als die Herzogin erklärt: »Ein hartköpfiges Weibsbild. Sie wird noch einmal an ihrem Stolz zerbrechen«, versucht Philine diesen Standpunkt zu korrigieren: »Es ist doch das Zeugnis für die Unabhängigkeit eines tapferen Herzens, an einem großen Ziel festzuhalten, selbst mit der Aussicht auf den Bettelstab.«

(4) Kunst setzt *Entsagung* voraus. Deshalb fragt sie sich selbst: »Soll man einem Menschen, den man liebt, den Weg zur Kunst wünschen?« Als die Her-

---
133 Vgl. hierzu den Bericht im *Völkischen Beobachter* (Norddt. Ausg., 19.9.1941, Nr. 202): Neuber-Gedenkstunde in Leipzig. Auftakt zur 175-Jahr-Feier der Städt. Bühne.

zogin sie daran erinnert, daß sie »doch auch einmal geliebt« habe, antwortet sie: »Ich glaube nein, Hoheit«. (Darauf die Herzogin: »Dann hat sie gewiß Liebe in ihren Rollen erlebt«). Nur gegenüber Biron ist sie bereit, ihrem Liebeswunsch zu folgen und sich damit aufzugeben, doch kommt sie schnell wieder zur Besinnung.

(5) Kunst setzt »*Leid*« und »*Kampf*« voraus: »Sie suchen den heim, der in der Kunst etwas leisten will.« Wenn sie Philine in ihrem »*Herzeleid*« tröstet, dann differenziert sie: »Durch Herzeleid müssen wir alle hindurch, ehe wir Menschen werden ... durch mehr Herzeleid, ehe wir Künstler sind.«

(6) Stabilisierende Faktoren des Normverhaltens sind *Glaube* und *Treue*. Johann Neuber versichert ihr: »Alle sind hinter uns, die je an uns glaubten.« Und erst kurz vor ihrem Tode wird ihr bewußt, daß sie ihren Mann doch geliebt hat, freilich auf andere Weise: »Treue ist die größte Liebe.«

(7) Im Gegensatz zu Biron, der gesteht: »Ich habe nur die *Macht* geliebt und habe sie bekommen, aber Dich liebe ich«, sagt die Neuberin von sich: »Ich gehöre nicht mir«, d. h. sie gehört der *Kunst*. Zur Kunst aber muß man »auserwählt sein«, was mehr ist, als nur »zum Adel geboren«, wie sie der Herzogin gegenüber klarstellt.

(8) Die im Streitgespräch mit der Herzogin vehement verteidigte *Ebenbürtigkeit* des Schauspielerstandes wird am Schluß von der Herzogin akzeptiert. Auch Perckhammer durchläuft einen Lernprozeß, nachdem Lessing ihm gesagt hat: »Immer noch glaubst Du, Du mußt Dich zu ihr herablassen und siehst nicht: Sie steht längst neben Dir.«

22.7. Überliefertes Material

Im DIF sind folgende Drehbuchfassungen überliefert:
Drehbuch (1): KOMÖDIANTEN. Treatment. [Auf dem Umschlag:] *Treatment zu dem Film* PHILINE *der Bavaria-Film GmbH*. Typoskript (Durchschlag), 106 S. (2 Expl.).
Drehbuch (2): [Ohne Titel, auf dem Umschlag:] Eggebrecht: [Titel] PHILINE [gestrichen, dafür:] KOMÖDIANTEN. *Rohdrehbuch*. Typoskript (Durchschlag), (543 E) 374 S.
Drehbuch (3): *Drehbuch zu dem Film* [Titel:] PHILINE [gestrichen, dafür:] KOMÖDIANTEN *von Axel Eggebrecht, W. v. Hollander, G. W. Pabst. Spielleitung: G. W. Pabst, Produktionsleitung: Gerhard Stab. München-Geiselgasteig: Bavaria-Filmkunst GmbH*. Typoskript (Durchschlag), 210 hektogr. S. u. 35 eingelegte S. (Basis 440 E; Kürzungen u. Neufassungen).
Drehbuch (4): [Die gleiche Fassung; Titel:] *Drehbuch zu dem Film* PHILINE. Typoskript, 210 S. mit starken Kürzungen und zahlreichen überklebten Seiten. [Umschlag, darauf in Blauschrift:] Bleibt beim Pressedienst Zimmer 3, mit neuen Takturen versehen P. [Arbeitsexpl. von G. W. Pabst ?].

Illustrierter Film-Kurier Nr. 3213, 8 S. gr. 8°, 4 S. kl. 8° [BFA]; *Das Programm von heute* Nr. 1766 [BFA]; *Film-Bühne* Jg. 2, Nr. 22 (= *Illustrierte Film-Bühne* Nr. 112) [BFA]; *Filmpost* Jg. 2, Frankfurt/M. 1946, Nr. 17 [BFA]; *Presseheft*, 16 ungez. S. [BFA]; Werbeheft, 20 S. [DIF, SDK]; Einladungskarte [DIF]; Bildmaterial [BFA, SDK]; Aktuelle Filmbücher Bd. 177: KOMÖDIANTEN. *Ein*

Film über die Neuberin. Dem Drehbuch nacherzählt von Hans Gstettner. Berlin: Curtius Verlag 1941, 32 S.

22.8. Interviews, Stellungnahmen, Rezensionen

[Mittlg:] PHILINE in Geiselgasteig, in: *FK* 1.11.1940 (Nr. 257); [Mittlg:] Der Stab von PHILINE, in: *FK* 9.11.1940 (Nr. 264); Dr. Ilse Mahl: PHILINE in Geiselgasteig. Bei den Aufnahmen zu dem neuen Bavaria-Film, in: *FK* 18.11.1940 (Nr. 271); Fe.: Der Kampf der Neuberin um die deutsche Bühne. Ein Querschnitt durch den neuen Bavaria-Film PHILINE, in: *FK* 3.12.1940 (Nr. 288); Felix Henseleit: Besuch in Geiselgasteig. Die Stimme der Neuberin: »Wir sind am Ziel – –« Eindrücke von den Aufnahmen des Films PHILINE, in: *FK* 16.12.1940 (Nr. 295); Carl Brunner: Rundgang durch Geiselgasteig. Die Schauplätze des Films PHILINE: Zur goldenen Kugel – Boses Garten – Schloß Weißenfels, in: *FK* 10.1.1941 (Nr. 8); [Anonym:] Richard Häußlers Weg zum Film [mit Foto: H. als Armin v. Perckhammer], in: *FK* 15.1.1941 (Nr. 12); [Anonym:] PHILINE geht nach Berlin, in: *FK* 10.2.1941 (Nr. 34); [Anonym:] Die Neuberin in Rußland, in: *FK* 24.2.1941 (Nr. 46); Lisa Peck: Eine Kostümberaterin erzählt: Frau Pommer-Pehl über ihre Arbeit für den neuen Bavaria-Film KOMÖDIANTEN [mit Abb.], in: *FK* 24.2.1941 (Nr. 46); [Anonym:] Filmschaffen am Isarstrand: [u. a.:] KOMÖDIANTEN [mit Abb.], in: *FK* 19.7.1941 (Nr. 167); Fe.: Zu dem Bavaria-Film KOMÖDIANTEN. »Nimm die Wäsche von der Leine – die Schauspieler kommen.« Rückblick auf die Anfangszeiten des Theaters, in: *FK* 4.8.1941 (Nr. 180).

Wolf Durian: Käthe Dorsch als Neuberin. Der Film KOMÖDIANTEN im Ufa-Palast am Zoo uraufgeführt, in: *Berliner Lokal-Anzeiger* 6.9.1941 (Nr. 213A); Felix Henseleit: KOMÖDIANTEN. Ufa-Palast am Zoo, in: *FK* 6.9.1941 (Nr. 209); Ursula v. Kardorff: Die Neuberin im Film. KOMÖDIANTEN – Bavariafilm im Ufa-Palast am Zoo, in: *Dt. Allg. Ztg.* 6.9.1941 (Nr. 428); Hans Hömberg: KOMÖDIANTEN. Uraufführung im Ufa-Palast am Zoo, in: *Völkischer Beobachter* (Berliner Ausg.) 7.9.1941 (Nr. 250); Hermann Wanderscheck: Die Musik zu KOMÖDIANTEN, in: *FK* 9.9.1941 (Nr. 211). Igna Maria Jünemann, Käthe Dorsch als Neuberin. Der hervorragende Film KOMÖDIANTEN wurde im Ufa-Palast am Zoo uraufgeführt, in: *Stadt Kölner Tageblatt* 9.9.1941; [Mittlg:] KOMÖDIANTEN in Venedig. Ein weiterer Erfolg des deutschen Films, in: *FK* 12.9.1941 (Nr. 214); Günther Schwark: KOMÖDIANTEN hinterließen tiefen Eindruck, in: *FK* 13.9.1941 (Nr. 215).

Weiterer Einsatz: *FK* 20.9.1941 (Nr. 221): Leipzig, Salzburg; *FK* 27.9.1941 (Nr. 227): Rostock; [Mittlg:] Breslauer Schauspieler sahen KOMÖDIANTEN, in *FK* 22.1.1942 (Nr. 18); [Mittlg:] Theaterausstellung für KOMÖDIANTEN, in: *FK* 19.3.1942 (Nr. 66); S.: KOMÖDIANTEN in Holland, in: *FK* 31.3.1942 (Nr. 76); vgl. auch Drewniak 1987, S. 450 f. (Schweiz, mit Text aus dem *Filmberater*, Luzern, 12.12.1941), S. 693 (»auslandsgerechte Filme«), S. 760 f. (Zürich).

23. ANNELIE

23.1. Produktionsdaten

UT: Die Geschichte eines Lebens. Ein Ufa-Film
P: Universum-Film AG, Herstellungsgruppe: Eberhard Schmidt; 2.700 m
A: Thea v. Harbou [nach dem Bühnenstück *Annelie* von Walter Lieck][134]
R: Josef v. Baky; R-Ass.: Walter Wischniewsky; Dialog-R: Werner Bergold

Stab: K: Werner Krien; M: Georg Haentzschel, [Liedertexte:] Dr. Werner Kleine; T: Erich Schmidt; Bau: Emil Hasler; Kostümberatung: Manon Hahn; Einstudierung der Tänze: Maria Sommer; Schnitt: Walter Wischniewsky; Aufnahmeltg: Herbert Junghans; Produktionsltg: Eberhard Schmidt

FM: Klangfilm, Afifa-Kopie
V: Ufa
UA: 4. September 1941, Venedig, Cinema San Marco; dt. EA: 9. September 1941, Berlin, Gloria-Palast

Besetzung:
Annelie	Luise Ullrich[135]
Katasteramtsrat Dörensen	Werner Krauß
Seine Frau	Käte Haack
Dr. Martin Laborius	Karl Ludwig Diehl[136]
Hausmädchen Ida	Ilse Fürstenberg
Reinhold	Albert Hehn
Gerhard	John Pauls-Harding
Rudi	Johannes Schütz
Georg	Axel v. Ambesser
Sanitätsrat Heberlein	Eduard v. Winterstein
Hebamme	Josefine Dora

Bewertung:
FP: 2. August 1941, Prüf-Nr. 55723 (Sequ.): staatspolitisch wertvoll, künstlerisch wertvoll, volkstümlich wertvoll, Jf 14, 2.700 m (gültig bis 31.8.1944) [BFA]; Korr. der Bw. in den »Entscheidungen« 6.–11. Oktober 1941: staatspolitisch und künstlerisch besonders wertvoll, volkstümlich,

---

134 In der Ankündigung des *FK* vom 29.8.1940 (Nr. 202, »Aus dem neuen Ufa-Programm«) ist noch Walter Lieck als Drehbuch-Autor angegeben. Da das Archiv des Berliner Verlages Felix Bloch Erben aus dieser Zeit im Krieg verbrannte, konnte nicht geklärt werden, wie weit die Verhandlungen Walter Liecks mit der Ufa gediehen waren.

135 Als Luis Trenker für die Rolle der Erika in seinem Film DER REBELL (1932) unbedingt Luise Ullrich haben wollte, die dann mit dieser Rolle ihren ›Frauentyp‹ im Film durchsetzte, hatte er das richtige Gespür für die Fähigkeiten der Ullrich: Erikas Liebe zum Freischärler Severin Anderlan und ihre Treue über den Tod hinaus prägten das auch in ANNELIE wirksame Rollenmuster. Goebbels schätze Luise Ullrich außerordentlich und bedauerte, daß sie gelegentlich falsch eingesetzt wurde (*Tagebuch*, 17.6.1936). Sie war im Dezember 1940 gerade von einer Weltreise zurückgekommen (*Tagebuch*, 4.12.1940).

136 Eine andere Ehe-Variante spielten K. L. Diehl und Luise Ullrich im Dezember 1937 auf der Bühne in Victorien Sardous *Also gut, lassen wir uns scheiden* (Kammerspiele des Deutschen Theaters Berlin).

Jf, seit 15.10.1941 (gültig bis 31.8.1944); 26. September 1941, Prüf-Nr. 55932 (Vorspann): 78 m; Paimann 28.11.1941 (Nr. 1338); 25. August 1944, Prüf-Nr. 60530: gleiche Bw., 2.670 m (gültig bis 31.8.1946); IX. Biennale di Venezia 1941: Coppa Volpi per la migliore attrice a Luise Ullrich. CFFP 1951, S. 24: »Average production, rather heavy and sentimental, good acting, nationalist and militarist propaganda.«
FSK: 16. Dezember 1952, Prüf-Nr. 5326, und 27. Februar 1963, Prüf-Nr. 5326a: Jf 12, mit Schnittauflagen 2.524 m (92 min) – Schnittauflagen: (1) Die Szenen auf dem Bahnhof mit den Soldaten im Zuge, die anschließend an das Telefongespräch zwischen Albert Hehn und Luise Ullrich zu sehen sind, (2) das Gespräch zwischen Luise Ullrich (mit weißem Haar) und der Schwiegertochter, das den Abschnitt des Zweiten Weltkriegs einleitet, (3) das Schlußbild ist zu kürzen und zwar so, daß Luise Ullrich und K. L. Diehl nicht mehr frontal zu sehen sind,[137] (4) das Ufa-Zeichen aus dem Vorspann.

Rechte: F.-W.-Murnau-Stiftung; Ausw: Transit-Film GmbH, München (komm.), DIF (nicht-komm.)
Kopie: BFA$_1$ [BFA$_2$, DIF, SDK]

23.2. Handlung

(1) In den letzten Minuten des Jahres 1870 wartet Katasteramtsrat Dörensen mit zunehmender Ungeduld auf die Geburt seines ersten Kindes, aber Sanitätsrat Heberlein, die Hebamme und das Hausmädchen Ida lassen sich nicht nervös machen. Es schlägt Mitternacht, die Turmbläser begrüßen das neue Jahr, und Dörensen tritt auf den Balkon, um mit einem Punschglas in der Hand Passanten auf der Straße ein frohes neues Jahr zu wünschen. Dabei wird er von Ida versehentlich ausgeschlossen, so daß er seine soeben geborene Tochter Annelie zunächst nur durch die Balkonscheibe sehen kann. Danach begrüßt er Annelie mit großer Freude, zugleich aber rügt er sie verschmitzt wegen ihrer Unpünktlichkeit, denn sie wurde nach seiner Vorstellung »mit einer Viertelstunde Verspätung« geboren. Stolz und dankbar tritt er mit dem Kind an das Bett der Mutter.

(2) Zwei Jahre später liest Dörensen seiner Tochter Märchen vor, und einige Jahre danach ist Annelie auf der Höheren Mädchenschule. Nach dem Gesangsunterricht wird sie von der Lehrerin zur Pünktlichkeit ermahnt. Ihre »Unpünktlichkeit« ist auch Thema des Gesprächs zwischen den Eltern am Mittagstisch, als Ida mit der Nachricht ins Zimmer stürzt, daß der Pferdeomnibus, den Annelie gewöhnlich für den Nachhauseweg benutzt, umgestürzt sei. Aber Annelie hat den Pferdeomnibus verpaßt und tritt den betroffenen Eltern fröhlich entgegen. In der »Tanzschule Terpsichore« läßt sie ihren ›Verehrer‹ Georg, der bei der Française anfangs das vierte Paar imitieren muß, eine Viertelstunde warten; schlagfertig antwortet Annelies Mutter auf der ›Lästerbank‹ den anderen Müttern: »Besser *er* wartet, als *sie*!« Georg überreicht Annelie einen Veilchenstrauß und bittet sie um ein Rendezvous in einer Konditorei. Aber auch dorthin kommt sie, da sie erst ihr Ballkleid anprobieren muß, nicht pünktlich.

---

137 In der vom Bayerischen Fernsehen am 16.8.1988 ausgestrahlten Fassung waren diese Stellen jedoch enthalten.

Enttäuscht verläßt Georg nach einer Viertelstunde die Konditorei. Als Annelie zwei Minuten später herbeieilt, erfährt sie von der Serviererin, daß der junge Herr bereits weggegangen sei. Nachdem sie beim großen Ball wiederum nicht pünktlich erschienen ist, fordert Georg ein anderes Mädchen zum Tanz auf. Die Eltern empfinden ihr verspätetes Eintreffen mit Annelie als »Spießrutenlaufen«, und Annelie ist von Georg enttäuscht. Da fordert ihr Vater sie zum Tanz auf, doch während des Tanzens quälen sie Bauchschmerzen. Zusammen mit den Eltern verläßt sie den Ball, was Georg mißdeutet. Zuhause teilt Sanitätsrat Heberlein den Eltern mit, daß Annelie am Blinddarm operiert werden müsse. Dr. Laborius wird sie operieren, doch ist sie abermals »eine Viertelstunde zu spät« gekommen, jedoch ist es sein Beruf, »daß die Leute nicht zu früh in den Himmel kommen«.

(3) Annelie liegt auf dem Operationstisch, die Narkose wird vorbereitet, und Dr. Laborius unterhält sich mit dem »kleinen Fräulein«, das noch nicht sterben will. In der Narkose steigt Annelie auf einer Leiter in den Himmel: Der Uhrzeiger läuft, sie blickt zurück auf die Erde und trifft im Himmel auf den »himmlischen Wachtmeister« Dr. Laborius, der ihr mitteilt, daß der Himmel »seit einer Viertelstunde geschlossen« sei. Sie verspricht, »nie wieder in ihrem Leben unpünktlich« zu sein. Die Operation gelingt. Dr. Laborius hat die Viertelstunde, die Annelie zu spät kam, »noch gerade eingeholt«, aber er hat sich auch in sie verliebt und gibt der Schwester die Anweisung, dafür zu sorgen, daß der »junge Mann«, der Annelie besucht, nicht zu lange bleibt: Es ist Georg, von dem sich Annelie allerdings bereits distanziert. Tolpatschig überreicht er ihr einen Blumenstrauß und entschuldigt sich für sein Verhalten auf dem Ball. Die Schwester drängt zum Aufbruch, so daß er kein Wort von dem sagen kann, »was er eigentlich sagen will«. Annelie kommentiert sein Verhalten: »Man kann der pünktlichste Mensch von der Welt sein und doch den richtigen Augenblick verpassen.« Danach erscheinen die Eltern. Sie danken Dr. Laborius und laden ihn und seine »Frau Gemahlin« zum Abendessen ein, aber er ist unverheiratet. Annelie sucht weiterhin die Nähe von Dr. Laborius; sie will, da das Medizinstudium »nichts für junge Mädchen« sei, Krankenschwester werden und in Zukunft »pünktlich auf die Sekunde sein«.

(4) Dr. Laborius besucht die Familie Dörensen regelmäßig. Schon vier Wochen zuvor hatte Ida aus dem Keller zwei Flaschen Champagner für die Bowle heraufgeholt, die anstelle der sonst gereichten Limonade nunmehr zum Zeichen der Verlobung getrunken werden soll. Aber auch Dr. Laborius fällt es schwer, von dem zu sprechen, was ihn bewegt. Er nennt Annelie »eine der besten Pflegerinnen, die wir haben«, verpaßt aber den richtigen Augenblick der Liebeserklärung: Annelie muß zum Nachtdienst ins Krankenhaus. Vom Balkon sehen Dr. Laborius und Dörensen ihr nach. Gegenüber Dörensen kann sich Dr. Laborius erklären. Er erhält von ihm das ›Ja-Wort‹, und nach einem durch ihren Vater inszenierten Wortspiel ruft Annelie von der Straße Dr. Laborius ihr »Ja« zu.

(5) Nach der Eheschließung mit Dr. Laborius erwartet Annelie ihr erstes Kind. Am Eingang eines Geschäftes beobachtet sie mit ihrem Mann, wie Georg das »allerneueste« Kinderwagenmodell kauft und sich dabei dem Spott der Verkäuferin aussetzt; sie lassen ihn gewähren, denn sie sehen in ihm den »geborenen Onkel«. Wiederum erwartet Dörensen mit Ungeduld die Geburt des Kindes, und Ida bricht in Tränen aus. weil Dörensens »gute Frau«, die inzwischen verstorben ist, diese Geburt nicht mehr miterleben kann. Dr. Laborius bringt Dörensen schließlich den ersten Enkel, der nach ihm den Namen Reinhold tragen soll. Sanitätsrat Heberlein veranlaßt die »drei Herren«, sich bei Annelie zu bedanken. Annelie ist glücklich. Kurz danach erscheint Georg zur Gratulation.

(6) Nach Reinhold bringt Annelie im Laufe der Jahre noch zwei weitere Jungen, Gerhard und Rudi, zur Welt. Der Film verdeutlicht die nun überbrückte Zeitspanne von neun Jahren durch ein Wiegenlied, das Annelie dem jüngsten Sohn singt, und durch das Klavierspielen Reinholds: Zunächst spielt er das von der Mutter gesungene Wiegenlied (seine Füße reichen noch nicht zum Pedal herunter), später, mit immer besserer Technik, Stücke von Clementi, Schubert und Liszt (Füße, Strümpfe und Schuhe zeigen sein Älterwerden an). Vom Vater zum Medizinstudium gedrängt, hat er sich seinerseits jedoch ganz der Musik verschrieben. Dr. Laborius hat zunächst keine Ahnung von dieser geheimen Leidenschaft seines Sohnes, von dem er hofft, daß er einmal seine Praxis übernehmen werde; er spürt nur, daß Reinhold nicht ganz bei der Sache ist. Als er eines Tages mit Sorgen über Reinholds vernachlässigtes Medizinstudium nach Hause kommt, sieht Annelie den Zeitpunkt für gekommen, ihrem Manne zu sagen, daß Reinhold »eine Geliebte« hat. Dr. Laborius versteht dies zunächst falsch, bis Annelie erklärt, der Professor habe Reinhold eine große Zukunft vorausgesagt, und sie sei mit dieser ›Geliebten‹, der Musik nämlich, einverstanden, Reinhold aber habe sich seinem Vater erst offenbaren wollen, wenn er ihm seine musikalischen Fähigkeiten würde beweisen können. Dr. Laborius bringt sein Einverständnis mit den Worten zum Ausdruck: »Musik ist auch eine Medizin«, und Annelie ergänzt: »und manchmal nicht die schlechteste!«

(7) Nach dem Ausbruch des Ersten Weltkrieges müssen Dr. Laborius und seine Söhne Reinhold und Gerhard an die Front ausrücken. Noch einmal sitzt die Familie mit dem Großvater im Wohnzimmer zusammen: der Uhrzeiger erinnert an den nahen Abschied, und Reinhold spielt auf dem Flügel Beethovens Sonate F-Dur op. 54. Von der Straße her schallt Militärmusik herauf. Das Abschiednehmen fällt allen schwer. Allein im Zimmer, schließt Annelie den Klavierdeckel, im Ohr den Gesang der ins Feld marschierenden Soldaten: »Ach, es ist ja so schwer, auseinanderzugeh'n, wenn die Hoffnung nicht wär' auf ein Wieder-, Wiederseh'n.« Dann nimmt sie ihre Schwesterntracht aus der Kommode.

(8) Einige Zeit danach kommt Reinhold, inzwischen Unteroffizier und mit dem Eisernen Kreuz II. Kl. ausgezeichnet, nach Hause. Dörensen erwartet Annelie

zum Mittagessen und hat eine Erbsensuppe vorbereitet. Er bittet Reinhold, sich zu verstecken, doch Annelie bemerkt am vierten Gedeck (Rudi fehlt noch), daß etwas nicht stimmt. Beglückt fallen sich Annelie und Reinhold in die Arme. Aber Annelie hat nur wenig Zeit, da sie wieder zurück zum Dienst ins Hospital muß. Reinhold will sie begleiten, was Annelie nicht zuläßt; er soll sich erst ausschlafen, und sie verspricht, am Abend rechtzeitig zurück zu sein. Als sie das Haus verlassen hat, gesteht Reinhold seinem Großvater, daß er gar keinen Urlaub habe, auf der Durchreise vom Osten in den Westen sei und um acht Uhr abends wieder am Bahnhof sein müsse. Auf dem Weg zum Hospital kehrt Annelie spontan um, weil sie ahnt, daß sie Reinhold am Abend nicht mehr antreffen wird. Als sie die Wohnung wieder betritt, spielt Reinhold gerade auf dem Flügel. Sie fallen sich erneut in die Arme, und Annelie bittet ihn, sie doch zu begleiten. Betroffen bleibt Dörensen allein in der Küche zurück.

(9) In einer späteren Phase des Krieges liegt Oberstabsarzt Dr. Laborius schwerverletzt in einem Feldlazarett und wartet auf Annelie, der er hat telegraphieren lassen. Die Schwester versucht ihn zu beruhigen: »Die Züge sind nicht mehr pünktlich.« Laborius entgegnet: »Aber meine Frau.« Er weiß, daß er nur noch eine Viertelstunde zu leben hat, und will wach sein, wenn Annelie kommt. Doch die Zerstörung eines Bahndamms verhindert die Weiterfahrt des Zuges. Annelie gelangt jedoch auf einem Pferdefuhrwerk noch rechtzeitig ins Lazarett, wo Dr. Laborius der Schwester gerade einen Abschiedsbrief an sie diktiert. Er hört, wie Annelie den Raum betritt. In ihrem Beisein spricht er den letzten Satz des Briefes und stirbt. Die Schwester legt den Abschiedsbrief auf den Nachttisch. Ein Verwundeter bittet Annelie um eine Zigarette, die sie für ihn auch anzündet und ihm in den Mund steckt. Sie kehrt an das Bett des Toten zurück und liest unter Tränen den zurückgelassenen Brief.

(10) Noch Jahrzehnte später ist dieser Brief für Annelie ein Vermächtnis. Sie liest ihn auch an ihrem 70. Geburtstag im zweiten Kriegsjahr des Zweiten Weltkriegs; das Papier ist an den Faltstellen schon brüchig geworden. Nachdem sie den Brief wieder in die Schreibtisch-Schublade zurückgelegt hat, tritt Annchen, Reinholds Frau, mit einem Blumenstrauß ins Zimmer und klagt ihr Leid: Sie glaubt, Reinholds Frontdienst nicht länger ertragen zu können. Annelie tröstet sie und macht ihr Mut. Im Wohnzimmer ist eine große Geburtstagsgesellschaft versammelt: Georg und Rudi (beide in Wehrmachtsuniform), die Frauen und Enkelkinder, Freunde. Reinhold, jetzt Oberleutnant und mit dem Eisernen Kreuz I. Kl. ausgezeichnet, ist wiederum auf der Durchreise, kann aber seine Mutter nicht besuchen. Der Zufall fügt es, daß der Militärzug vor einem Signal halten muß und der Wagen, in dem er sich mit seinen Kameraden befindet, gerade vor einem Wohnhaus direkt neben den Gleisen zu stehen kommt. Reinhold sieht eine Frau telefonieren. Er kann sich verständlich machen, läßt sich das Telefon aus dem Fenster reichen und kann so seiner Mutter zum Geburtstag gratulieren und auch Annchen kurz sprechen. Nach dieser gelungenen Geburtstagsüberraschung erscheint auch Georg zur Gratulation. Zusammen

mit dem Blumenstrauß überreicht er Annelie ein Huldigungsgedicht, sein einziges Gedicht, das er je verfaßt hat; Annelie erhört seine Bitte und gibt ihrem »alten Georg« endlich einen Kuß. Dann zieht sie sich für ein »Viertelstündchen« in ihr Zimmer zurück. Rudi geleitet sie zum Lehnstuhl, in dem sie auf ihre Vergangenheit zurückblickt und die letzten Worte ihres Mannes wiederholt: »Für mich warst du einfach die Erfüllung!«

23.3. Verwendetes literarisches Material

Walter Lieck: *Annelie. Die Geschichte eines Lebens in 12 Bildern. Mit Musik von Walter Lieck u. Heinz Hoffmann. Regie- und Soufflierbuch.* (Unverkäufliches Manuskript.) Berlin: Felix Bloch Erben 1940, 75 S. [Archivexpl. Verlag Felix Bloch Erben, Berlin.]. UA: 16.10.1940, Berlin, Volksbühne (Theater am Horst-Wessel-Platz); R: René Deltgen; Annelie: Else Knott; Dr. Laborius: Joachim Gottschalk (vgl. *Dt. Bühnenspielplan* Jg. 45, H. 2, Okt. 1940).[138] [Vgl. zur *Annelie*-Premiere Felix Henseleit: *FK* 18.10.1940 (Nr. 245)].
Das Werk ist als Singspiel (mit 26 Gesangsnummern) angelegt (Handlungszeitraum: 1863 bis 1938); in einem Vorspiel und elf Zwischenspielen gibt ein Dichter seinen Kommentar zu den Vorgängen. Figurenkonstellationen und Haupthandlungslinien wurden für den Film genutzt, der auch hinsichtlich der Handlungsorte durch die »12 Bilder« des Stückes vorstrukturiert ist.

23.4. Textbeispiele

(1) Version des Abschiedsbriefes von Dr. Laborius gemäß Drehbuch von Walter Lieck (weitgehend identisch mit dem Text des Theaterstücks):

Meine liebe, gute Annelie!
Ich danke Dir für Deinen letzten Brief und all die süßen Küsse, die er enthielt. Ich komme erst jetzt dazu, an Dich zu schreiben, denn leider hatte ich sehr viel zu tun. Doch meine Gedanken sind immer bei Dir! Tag und Nacht und unaufhörlich. Und ich bin glücklich selbst in Gedanken an Dich. Und also bin ich doch im Grunde immer glücklich!
Zwar sehne ich mich trotzdem nach Dir, und möchte Dich gern einmal wieder richtig in die Arme schließen, Du Süße, Liebe! Mach Dir nur keine Sorgen um mich, wo ich jetzt bin, da ist es völlig ungefährlich!
Ich vergnüge mich in letzter Zeit zuweilen mit einem sonderbaren Spiel: Ich –, Dein großer, ernster, erwachsener Mann, ich schließe manchmal meine Augen, – und träume: Ich wäre ein ganz, ganz kleiner Junge! *Dein* kleiner Junge!

---

138 An diesem Theater war Walter Lieck Schauspieler. Er trat auch gelegentlich in Filmen auf: »Im Film war es seine Aufgabe, überwiegend finstere Gestalten, Schurken aller Schwärzegrade darzustellen« (Drewniak 1987, S. 526).

Und läge sicher und geborgen in Deinem Arm, behütet und beschützt von Dir, Du Gute!
Zuweilen blinzle ich wohl ein wenig, und sehe ganz deutlich Deine Augen über mir, die guten, klaren!
So, wie sie auf mir ruhten unser ganzes, schönes Leben lang! Denn mein Leben begann ja erst mit Dir![139]
Ach, Annelie! Ich habe so ein Gefühl, als dürften wir uns nun bald wiedersehen! Und darum bin ich auch schon jetzt ganz ruhig und zufrieden. Leb wohl! Auf bald! Ich schicke Dir tausend und abertausend Küsse, und grüße Dich mit meinem ganzen Herzen.
Dein – alter – treuer – Martin.

(2) Version des Abschiedsbriefes von Dr. Laborius gemäß Drehbuch Thea v. Harbous (die eckigen Klammern markieren den im Film getilgten, die **halbfetten** Stellen den abweichenden Text):

Meine geliebte Annelie!
Ich weiß nicht, ob ich dich noch einmal sehen werde. Aber danken [muß] **möchte** ich dir noch einmal!
Damals, als dein Leben nur an einer Viertelstunde hing ... da wußte ich schon: Ich kam ohne dich nicht mehr aus. Aber w i e reich du mich gemacht hast, meine Annelie, das weiß ich erst jetzt, wo mir nicht einmal eine Viertelstunde bleibt, um dir für ein Leben voller Glück zu danken.
Wahrscheinlich denkst du, unser Leben sei doch gar nichts Besonderes gewesen. [Wahrscheinlich ist es in deinen Augen ganz selbstverständlich, daß wir miteinander glücklich waren – und Kinder hatten – und zusammen arbeiteten.] Aber worin liegt denn die große Liebe und das große Glück, wenn nicht im Selbstverständlichen? Du bist Zeit deines Lebens für alle Menschen um dich her ein Trost und ein Beispiel gewesen. [, aber, f] **F**ür mich warst du einfach die Erfüllung! Dafür will ich dir in dieser Stunde danken!
Ach, Annelie, erst in der letzten Stunde wissen wir, wie dankbar wir sein müssen ... für das Geschenk der Liebe ...

23.5. Kontext

Der Krieg verlangte den deutschen Frauen ein hohes Maß an Opferbereitschaft, Selbstlosigkeit und Arbeitskraft ab. Das Lied »Tapfere kleine Soldatenfrau« (Text u. Musik: Carl Sträßer, Ed. Alert's Musikverlage) – nach dem Krieg von Wolfgang Borchert im Stück *Draußen vor der Tür* (in: *Das Gesamtwerk*. Ham-

---

[139] Im Drehbuch Walter Liecks ist der Brief weitgehend identisch mit dem Brief im Theaterstück; an dieser Stelle fehlt lediglich der Satz: »Ich segne noch heute von Herzen Deinen Blinddarm, weil er uns zusammenführte.« Im Filmtext ist die persönliche Schreibweise Thea von Harbous hingegen unverkennbar.

burg 1949, S. 166 f.) persifliert – brachte dies auf triviale Weise zum Ausdruck. Vgl. zum Gesamtkomplex: Claudia Koonz: *Mütter im Vaterland. Frauen im Dritten Reich*, aus d. Amerik. Freiburg 1992.

23.6. Normaspekte

Die 1952 und 1963 von der FSK angeordnete zweite Schnittauflage betraf die Kernaussage des Films. Auf die verzweifelte Klage der Schwiegertochter, sie könne »ohne Reinhold nicht leben« und sie halte das »einfach nicht mehr aus«, formuliert Annelie die zentrale Verhaltensnorm, die für ihr eigenes Leben galt und immer noch gilt: »Man hält es aus, mein Kind. Glaub mir, man hält alles aus im Leben. Es ist nicht leicht, ich weiß. Aber, man lernt's schon mit der Zeit. Weißt Du, der Schmerz gehört nämlich genauso zum Leben wie die Freude. Was wär' das Leben ohne Prüfungen? Willst Du vielleicht versagen, wo die drei Männer [Reinhold, Gerhard und Rudi] so tapfer sind, an der Front stehen und kämpfen? Grad' jetzt mußt Du stark sein, fröhlich, und dem Reinhold dadurch helfen. Das spürt der Reinhold nämlich. Ja, ja, glaub mir, das spürt er.« Wie schon in MUTTERLIEBE, ist die Mutter hier Instanz, die an die *Tapferkeit* als höchsten Wert und an die *Pflicht der Frau* erinnert. Das Leben ist ein *Lernprozeß*, der zu einer positiven Lebenshaltung und zur *Disziplin* erzieht. In diesem Lernprozeß erfährt die Frau die *Liebe* als Geschenk, die *Kinder* als Erfüllung der Ehe und den *Mann* als starken Partner, dem sie in schwierigen Zeiten ein *Kamerad* ist.

23.7. Überliefertes Material

Drehbuch (1): ANNELIE. *Die Geschichte eines Lebens. Drehbuch: Walter Lieck nach dem gleichnamigen Bühnenstück von Walter Lieck mit Musik von Walter Lieck und Heinz Hoffmann. Regie: Josef v. Baky. Ein Film der Universum-Filmkunst G.m.b.H. Berlin. Produktionsleitung: Eberhard Schmidt.* Typoskript (Durchschlag), 282 S. (= 448 E, 135 Bilder) [Archivexpl. Verlag Felix Bloch Erben, Berlin]. *FK* 29.8.1940 (Nr. 202) nennt Walter Lieck noch als Drehbuchautor.
Drehbuch (2): *Die Geschichte eines Lebens* (ANNELIE). *Manuskript: Thea v. Harbou nach dem gleichnamigen Bühnenstück von Walter Lieck. Regie: Josef v. Baky. Herstellungsgruppe: Eberhard Schmidt. UFA.* Typoskript, 287 hektogr. Bl. (= 457 E) [HFF »Konrad Wolf«, aus dem Besitz der DEFA, Rötelmarkierung auf S. 263: »Warum muß denn Krieg sein?! Warum müssen sich zwei Menschen trennen, die sich so lieb haben wie wir zwei?! Ich halte das einfach nicht aus.«] – Thea v. Harbou greift auf das Drehbuch von Walter Lieck zurück, setzt jedoch neue, zeitgemäße Akzente (vgl. das Textbeispiel in Kap. B.23.4 und die Normaspekte in B.23.6). Am 16. November 1941 sprach sie im Odeum-Theater in Berlin-Spandau über den Film (Hinweis im *FK* 11.11.1941, Nr. 265).

Illustrierter Film-Kurier Nr. 3216, 8 S. gr. 8°, 4 S (= 1 Bl.) kl. 8° [BFA]; *Das Programm von heute* Nr. 1767 [BFA-Expl.: Nr. 704]; *Illustrierte Film-Bühne* Nr. 1968 [BFA]; *Werbeheft* der Ufa, 16 S. [BFA]; *Ufa-Feuilletonheft*, 28 ungez. S. [BFA]; Bildmaterial [BFA, SDK]

23.8. Interviews, Stellungnahmen, Rezensionen

Christian: Eine Mutter und zweimal Krieg. Zu dem kommenden Ufa-Film DIE GESCHICHTE EINES LEBENS [...], in: *FK* 19.6.1941 (Nr. 141); Florian Kienzl: Das Genie der Verwandlung. Die Darstellungskunst Werner Krauß' [mit Abb.], in: *FK* 23.6.1941 (Nr. 144); G: Von kommenden Ufa-Filmen [u. a.:] ANNELIE [mit Foto], in: *FK* 18.7.1941 (Nr. 166); [Foto:] J. v. Baky im Gespräch mit Werner Krauß, in: *FK* 5.8.1941 (Nr. 181).

Günther Schwark: Triumphaler Erfolg des Films ANNELIE [in Venedig], in: *FK* 5.9.1941 (Nr. 208); [Anonym:] Italienische Zeitungen über ANNELIE, in: *FK* 6.9.1941 (Nr. 209); Wolf Durian: ANNELIE. Berliner Erstaufführung im Gloria-Palast, in: *Berliner Lokal-Anzeiger* 10.9.1941 (Nr. 216); W. Joachim Freyburg: ANNELIE in Berlin. »Die Geschichte eines Lebens« im Gloria-Palast, in: *Dt. Allg. Ztg.* 10.9.1941 (Nr. 434); Hans-Ottmar Fiedler: ANNELIE. DIE GESCHICHTE EINES LEBENS, in: *Filmwelt*, Berlin, 1.10.1941 (Nr. 39/40); [Foto:] Luise Ullrich mit dem Pokal Volpi, in: *FK* 12.11.1941 (Nr. 266)

Weiterer Einsatz: *FK* 19.9.1941 (Nr. 220): Düsseldorf; *FK* 7.10.1941: Apollo-Theater, Wien; [Foto:] Luise Ullrich anläßlich der Premiere in Budapest, in: *FK* 6.12.1941 (Nr. 287); [Anonym:] Großer Erfolg von ANNELIE in Stockholm, in: *FK* 22.1.1942 (Nr. 18); *FK* 24.1.1942 (Nr. 20): Helsingfors; vgl. Drewniak 1987, S. 255 f. (*Filmberater Luzern* 10.10.41), S. 631 (Einspielstand v. 13.11.1944), S. 703 (Tschechoslowakei), S. 751 (Stockholm), S. 759 (Schweiz), S. 780 (Ungarn).

24. HEIMKEHR

24.1. Produktionsdaten

UT: Ein Gustav Ucicky-Film
P: Wien-Film GmbH, Herstellungsgruppe: Erich Neusser; 2.632 m; Drehtermine: 2.1. bis Mitte Mai 1941 in Wien: Atelier Rosenhügel; Atelier Sievering und Schönbrunn ab März 1941; 6.2. bis Anfang März (Außenaufnahmen), danach wieder ab 22.5.1941: Chorzele, Ortelsburg (Ostpreußen); Rückkehr ins Atelier: Juni; Abschluß: Mitte Juli
A: Gerhard Menzel
R: Gustav Ucicky; R-Ass.: Wolfgang Schubert

Stab: K: Günther Anders; M und musikal. Bearb.: Willy Schmidt-Gentner, unter Mitwirkung der Wiener Philharmoniker und der Wiener Sängerknaben; T: Alfred Norkus; Bau: Walter Röhrig; Schnitt: Rudolf Schaad; Kostüme: Albert Bei, Max Frei; Aufnahmeltg: Heinz Fiebig, Felix Fohn; Produktionsltg: Ernst Garden

FM: Tobis-Klangfilm, Wien-Film-Kopie
V: Ufaleih
UA: 31. August 1941, Venedig, Cinema San Marco; österr. EA: 10. Oktober 1941, Wien, Scala; dt. EA: 23. Oktober 1941, Berlin, Ufa-Palast am Zoo und Ufa-Theater Wagnitzstraße

Besetzung:
Maria Thomas (genannt: Marie)	Paula Wessely
Dr. Thomas, ihr Vater	Peter Petersen
Ludwig Launhardt	Attila Hörbiger
Martha Launhardt	Ruth Hellberg
Dr. Fritz Mutius	Carl Raddatz
Wehmutter Schmid	Elsa Wagner
Der alte Schmid	Eduard Köck
Der alte Manz	Otto Wernicke
Josepha Manz	Gerhild Weber
Balthasar Manz	Franz Pfaudler
Oskar Friml	Werner Fütterer
Karl Michalek	Hermann Erhardt
Elfriede	Berta Drews[140]

Bewertung:[141]
FP: 26. August 1941, Prüf-Nr. 55798 (Sequ.): staatspolitisch und künstlerisch besonders wertvoll, Jf, 2.632 m (gültig bis 31.8.1941) [BFA]; Ausfertigung vom 30. Oktober 1941: Film der Nation, jugendwert [DIF]; 10. Oktober 1944, Prüf-Nr. 60655: Film der Nation, staatspolitisch und künstlerisch besonders wertvoll, volksbildend, jugendwert, Jf, 2.631 m (gültig bis 31.10.1946); Paimann 17.10.1941 (Nr. 1332).

---

140 Vgl. den Bericht vom Aufenthalt in Chorzele in Drews 1986, S. 196 f.
141 Goebbels, der schon am 12.3.1940 vom »Wolhynienfilm« spricht, schreibt am 20.8.1941, nach der Vorführung der endgültigen Fassung von HEIMKEHR in seinem *Tagebuch*: »Er behandelt den Kampf des deutschen Volkstums gegen den polnischen Saisonstaat im Jahre 1939 mit der endgültigen Heimkehr ins Reich im Treck. Der Film ist erschütternd und ergreifend zugleich. Er stellt eine erzieherische Erinnerung für das ganze deutsche Volk dar. In einzelnen Szenen

CFFP 1951, S. 43: »Good production with some fine acting, but tends to be rather ›hammy‹ in parts, strong anti-Polish and German nationalist propaganda«; LPF June/Sept. 1953.
FSK: nicht eingereicht.

Rechte: Taurus-Film GmbH & Co, München
Kopie: BFA$_1$ [BFA$_2$, ÖFA]

24.2. Handlung

(1) In der Woiwodschaft Luzk (Republik Polen) sieht sich die deutsche Minderheit zunehmendem politischen Druck ausgesetzt. Am 27. März 1939 führt Dr. Thomas in der Küche des Gasthofes »Deutsches Haus« im Emilienthal bei Gastwirt Ludwig Launhardt eine Blinddarm-Notoperation durch; zuvor hat er dessen Frau Martha beruhigt; nebenbei behandelt er noch das gebrochene Bein eines Stieglitz', mit dem einer der beiden Söhne Launhardts zu ihm gekommen ist. Im Ort demolieren Polen die deutsche Schule, aus der eine Gendarmeriestation werden soll. Vergeblich protestiert die Lehrerin Maria Thomas beim Bürgermeister gegen den Willkürakt, indem sie sich auf den in der polnischen Verfassung garantierten Schutz für Minderheiten im Lande beruft. Der Bürgermeister weist sie höhnisch ab; die Aktion junger deutscher Männer, die in das Dienstzimmer des Bürgermeisters eindringen, um den Argumenten der Lehrerin Nachdruck zu geben, ist wenig hilfreich. In der Nacht fahren polnische Truppen, aus Lublin kommend, überraschenderweise zur russischen Grenze. Die politische Lage ist gespannt: Die polnische Regierung hat vier Jahrgänge zum Militär einberufen, und der polnische Außenminister verhandelt in London, wo ihm die englische Regierung im Kriegsfall Hilfe zusagt. Maries Verlobter Dr. Fritz Mutius, der mit dem Motorrad unterwegs war, trifft ein und bespricht mit ihr die sie beunruhigende politische Lage. Ihm ist zum erstenmal im Leben »bange«, aber er dürstet nach Taten, während Marie zur »Ruhe« und »Besonnenheit« mahnt und voll Vertrauen in die Zukunft blickt: »Die Unsrigen in Deutschland lassen uns nicht im Stich!« Gemeinsam wollen Marie, Fritz und Maries Vater beim Woiwoden in Lucki gegen die Beschlagnahmung der Schule protestieren.

(2) In Lucki warten sie drei Tage vergeblich darauf, zum Woiwoden vorgelassen zu werden. Der Sekretär erklärt schließlich, daß der Woiwode sie nicht empfangen wolle. Daraufhin beschließen sie, ihre Klage bei Gericht vorzubringen. Dr. Thomas läßt sich jedoch mit dem Auto nach Luzk zurückfahren,

---

wirkt er wahrhaft auflösend. Ich bin davon überzeugt, daß er im deutschen Publikum und auch in der Welt den größten Erfolg haben wird. Eine Szene in einem polnischen Gefängnis stellt überhaupt für meinen Begriff das Beste dar, was je im Film gedreht worden ist. Wahrscheinlich werde ich auch diesem Film das Prädikat ›Film der Nation‹ erteilen. Wenn er auch in einzelnen Teilen noch nicht ganz flüssig in der künstlerischen Gestaltung ist, so weist er auf der anderen Seite doch so starke erzieherische Elemente auf, daß man das eine gegen das andere aufwiegen kann.«

weil er seine Patienten nicht so lange warten lassen kann, bis die Gerichtsformalitäten erledigt sind. Balthasar Manz hält sich mit der Pferdekutsche für Marie und Fritz bereit, die erst am nächsten Tag das Gericht aufsuchen können und nun erst einmal ins Kino gehen wollen. Unterwegs treffen sie Karl Michalek, der jetzt zwangsweise in der polnischen Armee Dienst tun muß (man hat ihn direkt von der Feldarbeit weggeholt); so sehr sich beide auch über das Wiedersehen freuen, so würden sie doch am liebsten allein ins Kino gehen, doch begeben sie sich schließlich zu dritt dorthin. Während »Fox' Tönender Wochenschau« kommt es zum Eklat: Zunächst wird ein Schönheitswettbewerb, danach eine Parade der polnischen Armee gezeigt. Als Marie Karl fragt, ob er eingeschlafen sei, herrscht ein Pole, der direkt hinter ihnen sitzt, sie an: »Deutsche haben zu kuschen!« Dann ertönt die polnische Nationalhymne, die das Publikum begeistert mitsingt. Nur Marie, Fritz und Karl schweigen und geraten dadurch in eine ausweglose Situation: Sie senken, von den Fanatikern eingekreist, betreten die Köpfe. Ein Soldat wird handgreiflich. Man zwingt sie, sich auf die Sitze zu stellen, und fordert sie auf, die Nationalhymne mitzusingen, was sie nicht tun. Der Film wird abgebrochen, die Meute schlägt auf sie ein; dabei wird Fritz schwer verletzt. Nachdem die herbeigeholte Polizei sie aufgefordert hat, das Kino sofort zu verlassen, tragen Marie und Karl Michalek Fritz mit großer Mühe in den Vorraum des Kinos. Die Vorstellung geht weiter: Kurz vor dem Hauptfilm drängt noch Publikum in den Zuschauerraum, und der Direktor fordert Marie auf, den Verletzten wegzuschaffen. Inzwischen hat Karl Michalek Balthasar Manz zur Hilfe geholt. Eine haßerfüllte Menge bedroht die vier, die in der Kutsche davonfahren. Im Krankenhaus findet Fritz keine Aufnahme. Es erscheint der Sekretär des Woiwoden, von dem sich Marie Hilfe verspricht. Doch dieser fragt sie höhnisch: »Wie kommen wir zu der Ehre, Sie als Bittende vor uns zu sehen?« und ordnet sogleich an: »Deutsche werden nicht mehr aufgenommen!« Da bringt Balthasar Manz die Nachricht, daß Fritz soeben draußen in der Kutsche gestorben ist. Verfolgt von wütenden Pfiffen fahren sie mit dem Toten zurück in ihr Quartier; Marie bricht zusammen. Später bringen Balthasar und Marie den Sarg auf einem Leihwagen heim. Karl Michalek wird ins Gefängnis gesteckt.

(3) Angesichts der Vorfälle wird der deutsche Botschafter zweimal bei der polnischen Regierung vorstellig. Der polnische Außenminister Josef Beck bringt formell sein Bedauern zum Ausdruck und erklärt, die Rechte der deutschen Minderheit würden »aufs genaueste gewahrt«; der deutsche Botschafter nimmt diese Erklärung lediglich »zur Kenntnis«. – Marie verweilt mit ihrem Vater am Grab von Fritz. Launhardt muß sein »Deutsches Haus«, das 120 Jahre im Besitz seiner Familie ist, entschädigungslos räumen; zwei junge Polen schießen aus dem Hinterhalt auf Dr. Thomas, der von einem Krankenbesuch heimkehrt; er überlebt zwar diesen Anschlag, erblindet aber. Und Frau Martha Launhardt wird von einem rabiaten Polen bedrängt, der ihr eine Kette mit einem Hakenkreuz-Anhänger vom Hals reißt; danach wird sie vom Mob gesteinigt. – Obgleich den Deutschen alle Versammlungen verboten wurden,

haben sie sich nach dem Angriff der deutschen Truppen auf Polen heimlich in einer Scheune versammelt, um erwartungsvoll Hitlers Rede vor dem Reichstag am 1. September 1939 im Radio zu hören. Polnische Soldaten dringen in die Scheune ein, verhaften die Anwesenden und transportieren sie, durch übergeworfene Netze an der Flucht gehindert, auf zwei Lastwagen ins Gefängnis.

(4) Die Verhafteten, die die ganze Nacht stehend im Gefängnis verbringen müssen und von der Wachmannschaft mit Scheinwerfern gequält werden, geraten an die Grenze ihrer Belastbarkeit: Einige verlieren die Nerven, andere sind dem Zusammenbruch nahe. Zu Karl Michalek ist Oskar Friml in die Einzelzelle gebracht worden; er belauscht eine Unterhaltung zwischen polnischen Soldaten und berichtet Karl, daß am nächsten Morgen alle Deutschen erschossen werden sollen (»Hier ist nicht mehr zu helfen«). Als Launhardt einen Tobsuchtsanfall bekommt, stellt Marie ihn zur Rede, und es gelingt ihr, die Verzweifelten zu trösten (siehe Textbeispiel in Kap. B.24.4). Alle singen das Lied »Nach der Heimat zieht's mich wieder«. Die Wachmannschaft macht sich über sie lustig.

(5) Am nächsten Morgen werden die Deutschen in einen Keller getrieben, in dem das Wasser fußhoch auf dem Boden steht; auch Karl Michalek und Oskar Friml werden hierher gebracht und warnen die Ahnungslosen vor den Maschinengewehrposten am Kellerfenster. Launhardt hängt sich an den Maschinengewehrlauf und kann so das plötzlich eröffnete Feuer ablenken. Alle flüchten an die Fensterwand. Zu diesem Zeitpunkt sind die deutschen Truppen schon im Anmarsch. Fliegeralarm wird gegeben, deutsche Kampfflieger greifen an, Bomben fallen, und die polnischen Soldaten geraten in Panik. Während des Luftangriffs spricht Marie mit ihrem Vater über Deutschland, dessen »Stimme mächtig geworden ist in der Welt«. Sie glauben, daß ihnen »vielleicht noch eine Stunde Gnadenfrist, halbe Stunde, Viertelstunde...« bleibt, und Manz sieht einen Trost darin, »daß wir alle, die wir zusammen gelebt haben, auch alle zusammen sterben dürfen, und nicht jeder alleine in seiner Verzweiflung«. Der blinde Dr. Thomas hört als erster die deutschen Truppen. Alle werden schließlich durch deutsche Soldaten gerettet.

(6) »Dann kam der Tag, der sie all das Leid vergessen machte – der ihre Treue belohnte... der Tag, an dem sie dem Ruf der Heimat folgen konnten.« – Der große Treck nach Deutschland wird vorbereitet: ein 99jähriger Mann freut sich, die Heimat kennenzulernen, unter den Wartenden sind Familien mit zwölf und mehr Kindern. Ein Soldat ruft die Namen für den nächsten Gruppentransport auf. Dr. Thomas behandelt ein Pferd. Er weigert sich plötzlich, nach Deutschland zurückzukehren, da er sich von seiner Tochter nicht ernähren lassen will; auch mit Launhardt will er nicht mitgehen. Der verwitwete Launhardt seinerseits hat Hemmungen, Marie zu bitten, seine Frau zu werden, weil sie eine »Akademikertochter« ist. Marie, die sich für seine beiden Jungen »abgerackert« hat, macht den beiden »Dickschädeln« ernsthafte Vorhaltungen. Dr.

HEIMKEHR   291

Thomas und Launhardt kommen zur Einsicht und wollen gemeinsam vor
Marie treten und »die Sache in Ordnung bringen«. Mit Hilfe der Hebamme
bringt Josepha Manz zwei Jungen zur Welt. Der Umsiedlungsbetreuer verliest
die Namen, der zum nächsten Abtransport vorgesehenen Familien. In der
Abschiedsstunde packt Dr. Thomas Wehmut: »Wir kehren ja heim, Vater, heim
nach Hause. Ist das nicht das Schönste im Leben?! Nach Hause dürfen, heim!«
Die Wagen setzen sich in Bewegung. Am Straßenrand steht ein Adolf-Hitler-
Plakat. Zum Schluß ertönt das Deutschlandlied.

24.3. Verwendetes literarisches Material

Es handelt sich um einen originalen Filmstoff.

24.4. Textbeispiel

Marie zu ihren Landsleuten im polnischen Gefängnis:

[...] Und nicht nur das ganze Dorf wird deutsch sein, sondern ringsum und
rundherum wird alles deutsch sein. Und wir? Wir werden so mitten innen sein
im Herzen von Deutschland. Denkt doch bloß, Leute, wie das sein wird. Und
warum soll das nicht sein? Auf der guten alten warmen Erde Deutschlands werden wir wieder wohnen. Daheim und zu Hause. Und in der Nacht, in unseren
Betten, wenn wir da aufwachen aus dem Schlaf, da wird das Herz in seinem
süßen Schreck plötzlich wissen: Wir schlafen ja mitten in Deutschland, daheim
und zu Hause, und ringsum ist die tröstliche Nacht, und ringsum da schlagen
Millionen deutsche Herzen und pochen in einem fort leise: Daheim bist du
Mensch, daheim, daheim, bei den Deinen, und wird uns ganz wunderlich sein
ums Herz, daß die Krume des Ackers und das Stück Leben und der Feldstein
und das Zittergras und der schwankende Halm, der Haselnußstrauch und die
Bäume, daß das alles *deutsch* ist, wie wir selber zugehörig zu uns, weil's ja
gewachsen ist aus den Millionen Herzen der Deutschen, die eingegangen sind
in die Erde und zur deutschen Erde geworden sind.
Denn wir leben nicht nur ein deutsches Leben, wir sterben auch einen deutschen Tod. Und tot bleiben wir auch deutsch und sind ein *ganzes* Stück von
Deutschland. Eine Krume des Ackers für das Korn der Enkel. Und aus unserem Herzen erwächst der Rebstock empor in die Sonne – in die Sonne, Leute,
die nicht wehtut und nicht sengt, ohne zugleich auch Süßigkeit zu spenden.
Und ringsum singen die Vögel und alles ist deutsch, alles, Kinder, wie unser
Lied; wollen wir es nicht singen, gerade jetzt, unser Lied, weil wir's gerade
spüren, so, wie wir's in der Schule gelernt haben? Hm?
(Sie stimmt das Lied an:) Nach der Heimat zieht's mich wieder ...

Abb. 43:
Gefängnisszene: Launhardt (Attila Hörbiger) verliert die Nerven.
HEIMKEHR

Abb. 44:
Gefängnisszene: Dr. Thomas (Peter Petersen) ›sieht‹ in die Zukunft.
HEIMKEHR

24.5. Kontext

Wolhynien, das polnisch-ukrainische Grenzland von den Ausläufern der Karpaten bis zur Wald- und Sumpflandschaft Poljessje, war bis zum Ende des Ersten Weltkriegs russisches Gouvernement (daran erinnert Marie den Bürgermeister); der westliche Teil wurde 1920 Polen, der östliche Teil der Ukraine zugeschlagen. Die seit dem 18. Jahrhundert dort ansässigen »Wolhyniendeutschen« (sie waren 1763 dem Ruf der Zarin Katharina II. gefolgt) bildeten seit 1860 eine eigene Volksgruppe. Am 28. Juni 1919 hatte sich Polen im Anschluß an den Versailler Vertrag in einem Abkommen mit den Alliierten verpflichtet, die persönlichen, politischen und religiösen Freiheiten der ethnischen Minderheiten zu achten. Am 5. November 1937 schlossen die deutsche und die polnische Regierung ein »Übereinkommen über die Behandlung der Minderheiten« (Gerd Rühe: *Das deutsche Reich. Dokumentarische Darstellung des Aufbaus der Nation*. Jg. 5, 1937, S. 325 f.). Gleichwohl waren die Beziehungen zwischen der polnischen Bevölkerung und den deutschen Minderheiten in den verschiedenen Regionen stets gespannt – verstärkt nach dem »Anschluß« Österreichs und dem »Münchner Abkommen«, mit dem Hitler die Abtretung des Sudetenlandes erreicht hatte; in Polen fürchtete man eine Revision der deutsch-polnischen Grenzen. So wie verschiedene Deutschtumsorganisationen (darunter der »Volksbund für das Deutschtum im Ausland«) zur Radikalisierung des Minderheitenproblems beitrugen (worauf der Bürgermeister Marie aufmerksam macht), verschärfte auch die polnische Seite die Situation (*Dokumente polnischer Grausamkeit*, hg. im Auftr. d. Ausw. Amtes. Berlin 1941). Die »Heimkehr« der Volksdeutschen nach dem siegreichen Polenfeldzug erfolgte nicht ins ›deutsche Kernland‹. Es handelte sich vielmehr um eine ›Umsiedlung‹ in die eroberten polnischen Westgebiete. Es »kam darauf an, die Gebiete, die als deutsche Provinzen zum Reich geschlagen werden, 100% von Polen und Juden zu säubern und in diesen Gebieten die zurückkehrenden Volksdeutschen aus dem Baltikum, Wolhynien usw. unterzubringen« (Marlis G. Steinert: *Hitlers Krieg und die Deutschen. Stimmung und Haltung der deutschen Bevölkerung im Zweiten Weltkrieg*. Düsseldorf u. Wien 1970, S. 107).[142] Damals war der Slogan »Heim ins Reich« allgemein geläufig. Von Ende 1939 bis Ende 1944 wurden 629.295 Polen deportiert. Die Umsiedlung der rund 60.000 Wolhyniendeutschen erfolgte kurz vor Weihnachten 1939 aufgrund des geheimen Zusatzabkommens zum Hitler-Stalin-Pakt, das Wolhynien der UdSSR zugesprochen hatte. Sie mußten den größten Teil ihrer Habe zurücklassen, wurden aber durch Devisen und das Eigentum der polnischen Bevölkerung im Reichsgau Wartheland, wo man sie wieder ansiedelte, »entschädigt«; juristisch blieben sie Ausländer, d. h. sie brauchten einen Paß, um ins »Altreich« einzureisen. So erweist sich schon der Titel des Films als ›Etikettenschwindel‹. Auf dem Markt waren zu dieser Zeit verschiedene einschlägige Bücher, z. B.: Hellmut Sommer: *135.000 gewannen das Vaterland. Die Heimkehr der Deutschen aus Wolhynien, Galizien und dem Narew-Gebiet*. Berlin u. Leipzig 1940; Viktor Wagner (Hg.): *Marschziel: Bauernreich Großdeutschland: Erlebnisberichte vom Wintermarsch der Deutschen aus Galizien, Wolhynien und dem Bielsk-Narewgebiet*. Berlin 1940; Werner Lorenz (Hg.): *Der Treck der Volksdeutschen aus Wolhynien, Galizien und dem Narew-Gebiet*.

---

142 Hitler äußerte sich im Zusammenhang mit der Rassenpolitik des Reichsführers SS über sein Ziel, »daß Deutsche sich nicht mit Polen vermischten«, es sei »nämlich eine alte Erfahrung, daß gerade die wertvollsten deutschen Abkömmlinge in die Führungsschicht des Gastlandes hineindrängten und ihrem Deutschtum verlorengingen, während sich in den verbleibenden deutschen Volksgruppen nur das Minderwertige sammle und sich nach wie vor zum Deutschtum bekenne« (Henry Picker: *Hitlers Tischgespräche im Führerhauptquartier*. Frankfurt/M. u. Berlin 1989, S. 198). Vgl. hierzu im weiteren: Hellmut Hecker: *Die Umsiedlungsverträge des Deutschen Reiches während des Zweiten Weltkriegs*. Frankfurt/M. u. Berlin 1971 (= Werkhefte der Forschungsstelle für Völkerrecht und ausländisches öffentliches Recht der Universität Hamburg 17), und zum »Verband der Rußlanddeutschen« (VRD): Buchsweiler 1984, passim).

Berlin 1940; ebenso die Porträtvorlagen für den Film in Otto Engelhardt-Kyffhäuser: *Das Buch vom großen Treck*. Berlin 1940. Kurz vor der UA des Films kam der Tobis-Dokumentarfilm TRECK AUS DEM OSTEN zum Einsatz (Drewniak 1987, S. 329).[143]

24.6. Normaspekte

(1) Das deutsche Selbstbewußtsein und die Abwertung der polnischen Bevölkerung sind Ausdruck der in den Rassegesetzen kodifizierten nationalsozialistischen *Rassennorm*. Die Ablehnung des spezifisch ›Jüdischen‹ wird schon zu Beginn des Films signalisiert, als Marie am Stand des Krämers Isaak Salomonson vorbeigeht, der ihr seine »neuesten Spitzen« anbietet. Marie erklärt: »Nee, Salomonson, Sie wissen ja, wir kaufen nichts bei Juden.« Die negative Kennzeichnung der polnischen Bevölkerung, insbesondere der Amtsträger und Soldaten, erfolgt in erster Linie mit Hilfe mimischer Codes.

(2) Trotz der Rückführung der deutschen Minderheit ›ins Reich‹ wird der Anspruch auf ›deutschen Lebensraum im Osten‹ vermittelt. So träumt Dr. Thomas von einem ›Großdeutschland‹, das »vom Strande der Ostsee bis zu den Karawanken« und »vom Tiroler Land bis an die brüllende Nordsee« reicht. Als *politische Norm* ist hier der deutsche Anspruch auf die ›Vorherrschaft‹ in Europa präsupponiert.

(3) Überlegene Figur und *Instanz* des Films ist Marie, die als Lehrerin für diese Rolle ohnehin disponiert ist. Wenn sie zu Fritz sagt: »Du befolgst das höhere Gesetz in Dir, das schwerere, eben, weil's das schwerere ist«, dann formuliert sie damit auch für sich selbst den *Grundsatz intuitiven ethischen Handelns*. Emotionaler Leitbegriff dieses Handelns ist für sie das Wort »Herz«.

24.7. Überliefertes Material

Drehbuch, 1. Fassung: Kein Titelblatt. Auf der ersten Seite wurde der ursprüngliche Titel [... Film] durch das Herausschneiden der ersten Zeile entfernt. Neuer Titel: *Ein Wolhynien-Film* [die beiden ersten Worte wurden über die Lücke geklebt]. Typoskript, 400 hektogr. Bl. (= 581 E) [ÖFA: N 101/3, keine hsl. Bemerkungen].
Drehbuch, 2. Fassung: Kein Titelblatt. Typoskript (Durchschlag, gelocht), 94 gez. S. (S. 1–58 Schreibmaschine, S. 59–94 hsl.) u. 200 ungez. S. (= 509 E) [ÖNB Wien, Theatersig.: 842689–C, keine hsl. Bemerkungen].
Drehbuch, 3. Fassung: *Ein Gustav-Ucicky-Film der Wien-Film im Verleih der Ufa. HEIMKEHR, ein Film von Gerhard Menzel. Spielleitung: Gustav Ucicky*. Typoskript, 423 hektogr. Bl. (= 544 E) [ÖFA: N 101/1, keine hsl. Bemerkungen].

---

143 Das gegenwärtige Interesse am Wolhynien-Deutschtum kommt u. a. in dem Artikel: Treck aus dem Osten, in: *Der Spiegel* Jg. 45, Nr. 43, 21.10.1991, S. 202–208, zum Ausdruck. Seit kurzem gibt es in Linslow, Mecklenburg, ein Wolhynienmuseum.

Außerdem: (1) *Dialogliste*, laut Trimmel: »zehn als Akte bezeichnete Filmteile« [ÖFA: N 101/2]; (2) Fragment eines *Drehbuchs*, ca. 20 S., laut Trimmel: »E 462–494, ausführliche Schilderung der Vorbereitung der HEIMKEHR« [ÖFA: ohne Signatur].[144]

Ursprünglich geplant war ein Film, in dem einzelne Familienschicksale der Wolhyniendeutschen im eigenen sozialen Milieu und im Kontext der politischen Entwicklung dargestellt werden sollten. Deshalb wurde der historische Rahmen weiter gesteckt: In der 1. Fassung setzt die Handlung mit dem Tod Josef Piłsudskis (1935) ein, die 2. Fassung greift auf den Versailler Vertrag, den Völkerbund und die garantierten Rechte der »Minderheiten« zurück, die 3. Fassung läßt die Handlung erst im Frühjahr 1939 beginnen. Alle drei Drehbuchfassungen und der Film sind von Anfang an argumentativ angelegt, doch die angeführten historischen Ereignisse und »Beispiele« (der Unterdrückung deutscher Polen) wechseln bzw. werden reduziert; in der 3. Fassung ist die Einleitung auf sechs Titel mit Bildkombination verkürzt. Die Handlung wird zunehmend aggressiver: In der 1. Fassung fehlt noch die Gefängnisszene, und die antisemitische Tendenz ist noch nicht voll ausgeprägt. Bemerkenswert ist die Reduzierung der sowjetischen Präsenz: In der 1. Fassung treffen sowjetische Truppen als erste in Luzk ein, in der 2. und 3. Fassung treten immerhin noch sowjetische Grenzposten bei der ›Rückführung‹ der Wolhyniendeutschen in Erscheinung; im Film ist diese Präsenz gänzlich eliminiert. Die Schwergewichtsverlagerung auf das ›Martyrium‹ der Wolhyniendeutschen führte zwangsläufig zur Verkürzung der Figurenprofile; so sind die in der 1. Fassung noch breit ausgeführten Familienbeziehungen des alten Manz im Film nur noch schwer nachzuvollziehen, und die Figur Oskar Frimls hat ihre Plausibilität weitgehend verloren. Darüber hinaus verkürzt der Film den Treck; er pointiert nur Aufbruch und Grenzüberschreitung, während der Treck noch in der 3. Fassung als eigenes Handlungselement vorgegeben ist: Z. B. bringt Josepha ihre Zwillinge (1. Fassung: Drillinge) erst während des Trecks zur Welt. In den drei Drehbuchfassungen wird noch an die Vereinbarung zwischen der deutschen und sowjetischen Regierung erinnert, im Film bleibt der politische Grund für die ›Rückführung‹ offen.

Archivum Glownej Komisji Badania Zbrodni Hitlerowskich w Polsce, Warszawa: Album K. K. Schmidt'a. – Privatarchiv Jerzy Semilsky, Warschau: Material über den Prozeß gegen polnische Schauspieler, die bei dem Film mitwirkten (siehe Trimmel 1992, Bd. 2, S. 130–140, in dt. Übers.).

Illustrierter Film-Kurier Nr. 3243 [BFA]; *Das Programm von heute* Nr. 1792 [BFA]; *Information. Mitteilungen der Ufa-Pressestelle*, 30 S. [BFA]; *Werberatschläge*, 16 S. [BFA]; RITORNO [ital. Inhaltszusammenfassung für die Biennale], 6 ungez. S. [ÖNB Wien, Theatersl.: 792245–C]; *Programmheft* für die festl. Erstauff. in Wien, 22 ungez. S. quer 8°, nebst Festfolge [ÖNB Wien, Theatersl.: 792185–B]; Dorothea Schmitt: *Mitschrift einer Vorführung am Schneidetisch am 5.4.1965* [Typoskript], 8 Bl. [BFA];[145] Bildmaterial [BFA, SDK, ÖFA].

24.8. Interviews, Stellungnahmen, Rezensionen

[Mittlg:] Ein Film über die Rückwanderer ins Reich. Auftrag des Propagandaministeriums an die Wien-Film, in: *FK* 31.1.1940 (Nr. 26); H[ans] E[mil] Dits: *Der Film* sprach mit Produktionsleiter Garden. In Chorzele [Ostpreußen] entstand ein Filmlager. Ein Blick in die Vorarbeiten des Ucicky-Films HEIMKEHR. Filmlager Chorzele beherbergt Arbeiter und Künstler. Gemeinschaft aller Filmschaffenden, in: *Der Film*, Berlin, 25.1.1941; [Günther] S[chwar]k: Wiener Filmeindrücke [u. a.:]

---

144 Beide Texte waren während der Recherchen im Juni 1993 im ÖFA nicht zugänglich.
145 Der Teilnachlaß der Wien-Film im Thomas-Sessler-Verlag, Wien, ist derzeit nicht zugänglich. Vgl. zur Produktion des Films die »Berichte« der Wien-Film im Bundesarchiv Koblenz (BA R 55/1324 u. 1326 sowie R 55/496). Von besonderem Interesse ist die Diskussion über die Kalkulation der Herstellungskosten (2.827.000 RM) und die »Rentabilität des betreffenden Filmvorhabens« am 12.2.1941 im Ufa-Vorstand (BA R 109 I/1034a, f. 41). Vgl. auch Schrenk 1984, Bd. 1, S. 89–104.

Der neue Ucicky-Film HEIMKEHR, in: *FK* 1.2.1941 (Nr. 27); M. G.: Gustav Ucicky begann in Südostpreußen mit den Außenaufnahmen zu HEIMKEHR, in: *FK* 7.2.1941 (Nr. 32); [Anonym:] Schicksal der Wolhynien-Deutschen. Aus dem neuen Wien-Film der Ufa: HEIMKEHR. [Inhaltscharakterisierung mit Fotos], in: *FK* 13.2.1941 (Nr. 37); Hans Emil Dits: Ein Großfilm entsteht. Volksdeutsches Schicksal in HEIMKEHR. Abreise zu den Außenaufnahmen, in: *Filmwelt*, Berlin, 14.2.1941 (Nr. 7); Hermann Hacker: Bei den Außenaufnahmen zu HEIMKEHR. In der Filmstadt Chorzele. Gustav Ucicky zeigt uns die Schauplätze seiner neuen Arbeit,[146] in: *FK* 22.2.1941 (Nr. 45); Dr. W. (Görlitz): Ein Maler als künstlerischer Berater für HEIMKEHR. Gespräch mit dem zeichnenden Chronisten des »Großen Trecks«, Otto Engelhardt-Kyffhäuser, in: *FK* 24.2.1941 (Nr. 46); Robert Klein: In Chorzele wird gefilmt. Außenaufnahmen zu HEIMKEHR, in: *Filmwelt*, Berlin, 7.3.1941 (Nr. 10); Günther Sawatzki: Skizzen aus Chorzele, in: *Filmwelt*, Berlin, 28.3.1941 (Nr. 12); [Günther] S[chwar]k: Besuch in Wien. Paula Wessely in einer der stärksten Szenen von HEIMKEHR. Umfangreiche Bauten entstehen auf dem Rosenhügel-Gelände [mit Abb.], in: *FK* 6.5.1941 (Nr. 104); F[lorian] K[ienzl]: Peter Petersens Gestaltungskunst [mit Abb.], in: *FK* 24.6.1941 (Nr. 145); Kriegsberichter Horst Franke: »Wir helfen dem Ucicky.« Soldaten packen bei den Außenaufnahmen von HEIMKEHR an, in: *FK* 25.6.1941 (Nr. 146); Florian Kienzl: Gerhard Menzel und sein Schaffen. Der Dichter des Films HEIMKEHR, in: *FK* 28.6.1941 (Nr. 149); Otto Th. Kropsch: HEIMKEHR am Rosenhügel. Ucicky dreht Nachtaufnahmen, in: *FK* 30.6.1941 (Nr. 150); H – WP: Gespräch mit Gustav Ucicky und Paula Wessely über HEIMKEHR, in: *FK* 1.8.1941 (Nr. 178); Gustav Ucicky: Filme wie das Leben, in: *Der Deutsche Film*, Berlin, Jg. 6 (1941/42), H. 2/3, S. 19.

Günther Schwark: HEIMKEHR in Venedig uraufgeführt, in: *FK* 1.9.1941 (Nr. 204); [italien. Pressestimmen:] *FK* 4.9.1941 (Nr. 207); [Filmplakat:] *FK* 20.9.1941 (Nr. 221); Hans-Walther Betz: Aufwühlendes Werk packte Venedigs Publikum: HEIMKEHR, in: *Der Film*, Berlin, 6.9.1941; Otto Th. Kropsch: Dichter und Spielleiter. Zur heutigen HEIMKEHR-Premiere in Wien, in: *FK* 10.10.1941 (Nr. 238); Karl Lahm: HEIMKEHR in Wien, in: *Dt. Allg. Ztg.* 11.10.1941 (Nr. 488); [Anonym:] Festliche Erstaufführung im Beisein Baldur v. Schirachs: HEIMKEHR – der Film gewaltigster Eindrücke, in: *Völkischer Beobachter* (Wiener Ausg.) 11.10.1941 (Nr. 284); Oskar Maurus Fontana: Wiener Festaufführung von HEIMKEHR, in: *FK* 13.10.1941 (Nr. 240); Felix Henseleit: HEIMKEHR. Ufa-Palast am Zoo, Ufa-Theater Wagnitz-Straße, u. Georg Herzberg: Film der Nation. HEIMKEHR vor Soldaten und Rüstungsarbeitern. Triumphaler Erfolg der Berliner Erstaufführung [...], in: *FK* 24.10.1941 (Nr. 250); Günther Sawatzki: HEIMKEHR nun in Berlin, in: *Berliner Lokal-Anzeiger* 24.10.1941 (Nr. 254), Beibl.; W. Bechtle: Alle waren dabei. Filmring für den HEIMKEHR-Regisseur, in: *Berliner Lokal-Anzeiger* 24.10.1941 (Nr. 254A); Werner Fiedler: HEIMKEHR – Film der Nation, in: *Dt. Allg. Ztg.* 24.10.1941 (Nr. 510); Wilhelm Utermann: Festliche Aufführung. Das Filmwerk HEIMKEHR vor Soldaten und Rüstungsarbeitern, in: *Völkischer Beobachter* (Wiener Ausg.) 24.10.1941 (Nr. 297); C. B.: HEIMKEHR vor Soldaten an der Ostfront. Auch hier starke Eindrücke des Films der Nation, in: *FK* 8.11.1941 (Nr. 263); Annemarie Schmidt: HEIMKEHR, in: *Deutsche Filmztg* 1941, Nr. 45; Oskar Koch: HEIMKEHR, in: *Filmwelt*, Berlin, 29.10.1941 (Nr. 43/44); Hermann Wanderscheck: Panorama neuer Filmmusik [u. a.:] HEIMKEHR, in: *FK* 10.11.1941 (Nr. 264); Friedrich Wagner: Ein Maler [Otto Engelhardt-Kyffhäuser] als künstler. Berater für HEIMKEHR, in: *FK* 24.11.1941 (Nr. 276); Robert Volz: Ein wichtiger Film: HEIMKEHR, in: *Der Deutsche Film*, Berlin, Jg. 6 (1941/42), H. 6/7, S. 41–42. – Über den zwiespältigen Eindruck, den der Film bei den Betroffenen hinterließ, informiert Alexander Hohenstein: *Wartheländisches Tagebuch aus dem Jahr 1941*. Stuttgart 1961 (= Quellen u. Darstellung zur Zeitgeschichte 8), S. 147 f.

Weiterer Einsatz: *FK* 3.11.1941 (Nr. 258): Warthegau; *FK* 11.11.1941 (Nr. 265): Wien; *FK* 12.11.1941 (Nr. 266): Hamburg; *FK* 19.11.1941 (Nr. 272): Graz; *FK* 24.11.1941 (Nr. 276): Stuttgart; *FK* 1.12.1941 (Nr. 282): Königsberg; ab 28.9.1944 in drei »größeren Theatern« in Tokio (BA 109 II, 13); vgl. Drewniak 1987, S. 320, 322, 326 f., 645, 733 (Jersey u. Alderney), S. 743 (Holland), S. 780 (Ungarn), S. 793 (Bulgarien), S. 798 (Tokio), S. 809 (Rom).

---

146 Aus Propagandagründen hatte man am 15.1.1941 zu den Außenaufnahmen »eine Reihe von Schriftleitern eingeladen« (BA R 109 I/1034, f. 70).

25. DER GROSSE KÖNIG

25.1. Produktionsdaten

UT: Ein Veit Harlan-Film der Tobis
P: Tobis Filmkunst GmbH, Herstellungsgruppe Dr. Jonen; 3.233 m; Drehzeit: 24.9. bis 22.12.1940, Döberitz u. Prag (Außenaufnahmen); ab 24.2.1941 in Jüterbog; 1. Ateliertag: 27.12.1940 (Tobis-Johannisthal)[147]
A: Veit Harlan[148]
R: Veit Harlan; R-Ass.: Wolfgang Schleif, Herbert Kiehne

Stab: K: Bruno Mondi; M: Hans-Otto Borgmann; T: Hans Rütten; Gesamtausst.: Erich Zander, Karl Machus; Kostüme: Ludwig Hornsteiner; Schnitt: Friedrich Carl v. Puttkammer; Aufnahmeltg.: Conny Carstennsen, Harry Dettmann, Cay Dietrich Voß; militär. Beratung: W. M. v. Eberhardt; Produktionsltg.: Willi Wiesner

FM: Tobis-Klangfilm
V: Tobis
UA: 3. März 1942, Berlin, Ufa-Palast am Zoo

Besetzung:
Friedrich der Große	Otto Gebühr
Luise, Müllerstochter	Kristina Söderbaum
Feldwebel Treskow	Gustav Fröhlich
Fähnrich Niehoff	Hans Nielsen
General Czernitscheff	Paul Wegener
Grenadier Spiller	Paul Henckels
Frau Spiller	Elisabeth Flickenschildt

---

147 Vgl. zur Produktion des Films: Harlan 1960, S. 235–246, und Harlan 1966, S. 130–139, daneben Söderbaum 1992, S. 145 ff., und Hippler 1982, S. 222.

148 Die zahlreichen *Tagebuch*-Eintragungen von Goebbels lassen sein außerordentlich starkes Interesse an diesem Film erkennen. 26.4.1940: »Harlan will nun einen neuen Fridericus[!]-Stoff machen. Ich will aber jetzt den Fridericus nach Kunersdorf, nicht den Gartenlauben-Friedrich von Gebühr.« Daß Werner Krauß Friedrich II. spielen sollte, hatte Emil Jannings schon zu einem früheren Zeitpunkt vorgeschlagen (*Tagebuch*, 29.11.1939). Von Anfang an hatte Goebbels mit Harlan Schwierigkeiten: Zunächst notiert er noch, am 25.7.1940: »Mit Harlan seinen Fridericus-Film besprochen. Ganz auf die enorme Größe dieses geschichtlichen Genies einstellen. Harlan kapiert das.« Am 19.7.1940 hatte Goebbels dann Harlans Manuskript geprüft: »Gute Ansätze, aber noch lange nicht ausreichend.« Nach Vorlage eines neuen Drehbuchs am 20.8.1940: »Diesmal schon viel besser geraten als zuerst. Wir müssen trotzdem noch einiges ändern.« Und schon am 22.8.1940: »DER GROSSE KÖNIG von Harlan im Manuskript fertig. Bis auf kleine Einzelheiten großartig. Das wird ein Film.« Der fertiggestellte Film enttäuschte Goebbels dann jedoch; er notiert am 1.6.1941: »DER GROSSE KÖNIG von Harlan vollkommen mißlungen. Ohne jede [unleserlich]. Das Gegenteil von dem, was ich gewollt und erwartet hatte. Ein Friedrich der Große aus der Ackerstraße [Goebbels bezieht sich hier auf eine Straße im berüchtigten Berliner Arbeiterviertel am Wedding]. Ich bin sehr enttäuscht. Noch lange mit Hippler und Demandowski beraten.« 6.6.1941: »Mit Hippler die Umarbeitung des GROSSEN KÖNIG besprochen. Harlan ist, wie erwartet, unbelehrbar. Ich werde damit u. U. einen ganz anderen Regisseur beauftragen.« 18.6.1941: »Harlans GROSSEN KÖNIG will Jannings etwas überarbeiten. Auch er findet ihn indiskutabel.«

Alfons	Kurt Meisel
Kornett	Franz Nicklisch
Königin Elisabeth Christine	Hilde Körber
Prinz Heinrich der Ältere	Claus Clausen
Prinz Heinrich der Jüngere	Claus Detlev Sierck
Graf Finkenstein	Herbert Hübner
General Zieten	Hans Hermann Schaufuß
Oberst Bernburg	Franz Schafheitlin
Oberst Rochow	Otto Wernicke
General v. Finck	Otto Henning
General Manteuffel	Reginald Pasch
General Tempelhof	Josef Peterhans
General v. Schenkendorf	Heinrich Schroth
Rittmeister v. Prittwitz	Jaspar v. Oertzen
Bürgermeister von Berlin	Jacob Tiedtke
General v. Hülsen	Bernhard Goetzke
General Seydlitz	Otto Graf
General Tauentzien	Otz Tollen
General Ramin	Ernst Dernburg
General v. Retzow	Leopold v. Ledebur
General v. Platen	Alexander Kökert
Adjutant	Günter Markert
Maria Theresia	Auguste Pünkösdy
Graf Kaunitz	Karl Günther
Kabinettsrat	Heinz Salfner
General Daun	Anton Pointner
General Laudon	Luis Rainer
Ludwig XV.	Ernst Fritz Fürbringer
Mme. Pompadour	Lola Müthel
Dauphine	Hilde v. Stolz
Preußischer Wachtmeister	Paul Westermeier
Koch Fourmentier	Hans Stiebner
Diener Franz	Armin Schweizer

Bewertung:
FP: 28. Februar 1942, ausgefertigt 14. März 1942, Prüf-Nr. 56825 (Sequ.): Film der Nation [erst später, zuvor nur:] staatspolitisch und künstlerisch besonders wertvoll, kulturell wertvoll, volkstümlich wertvoll, volksbildend, jugendwert, Jf, 3.233 m (gültig bis zum 31.3.1945) [BFA]; in einem Brief von 27.2.1942 befreite der Präsident den Film »mit Rücksicht auf die Länge« (= 3.300 m!) vom Kulturfilmzwang [BFA]; 7. April 1942, Prüf-Nr. 57020 (Vorspann): 88 m, Akte Reichssicherheitshauptamt 28.5.1942 (BA R 58/172, S. 125–127); X. Biennale di Venezia 1942: Coppa Mussolini per il miglior film straniero; Paimann 24.3.1942 (Nr. 1354).
CFFP 1951, S. 27: »Very elaborate production with some fine battle scenes, good acting, rather heavy, North German type of film with militarist and nationalist propaganda«; LPF June/Sept. 1953.
FSK: 5. September 1979, Prüf-Nr. 50982: Freigabe, Jf 6, ohne Schnittauflage 3.184 m (116 min).

Rechte: F.-W.-Murnau-Stiftung; Ausw: Transit-Film GmbH, München (komm.), DIF (nichtkomm.)
Kopie: BFA$_2$ [DIF]

25.2. Handlung

(1) Vor der Schlacht bei Kunersdorf (12. August 1759) ruft König Friedrich II., ›der Große‹, seinen Generälen die politische Lage in Erinnerung und erklärt, daß er auf seine »gute Sache« und die »bewundernswerte Tapferkeit seiner Truppen« vertraue. Doch die Schlacht nimmt einen nicht vorhergesehenen Verlauf. Der österreichische General Daun veranlaßt den russischen General Czernitscheff, mit seinen Kosaken zur Attacke anzusetzen, dann greift die österreichische Artillerie ein, und am Frankfurter Judenfriedhof erleiden die preußischen Truppen »ungeheure Verluste«. Der Angriff des Regiments Bernburg bleibt stecken; um weitere Verluste zu vermeiden, gibt Oberst Bernburg den Rückzugsbefehl. General v. Schenkendorf sieht darin eine »Flucht«. Als er vom sterbenden Adjutanten des General Seydlitz die Nachricht erhält, daß Seydlitz »geworfen« und der »ganze linke Flügel aufgerieben« ist, sucht er mit seinen Offizieren den Tod in der Schlacht. General Daun meldet der österreichischen Kaiserin Maria Theresia den Sieg.

(2) Vom Schlachtgeschehen unmittelbar betroffen ist die Familie eines Müllers. Als die Mühle in Flammen aufgeht, bleibt nur die Müllerstochter Luise zurück, um noch einige Sachen zu retten; sie will später ihre Eltern und ihren Bruder in Lebus treffen. Da ihr Fuhrwerk für einen Verwundetentransport gebraucht wird, muß sie aber am Ort bleiben. Sie verbindet den verwundeten Fähnrich Niehoff. Feldwebel Treskow hindert sie daran, die Fahne, die Fähnrich Niehoff unter größter Gefahr retten konnte, zu zerreißen, und zwingt sie, die Binde eines Toten zu verwenden. Später muß sie das Wohnhaus verlassen, da Schenkendorf es für den König requirieren läßt; der König ist erschöpft, er schlottert vor Kälte, ist entsetzt über die Flucht des Regiments Bernburg und zieht sich in das Haus zurück, um einen Brief an den Kabinettschef Graf Finkenstein nach Berlin zu schreiben. Luise läßt sich vom Wachtposten nicht aufhalten. Sie dringt in das Haus ein, um ihre Sachen herauszuholen, und trifft auf den König, den sie für einen Major hält. Ihm gegenüber bringt sie ihre Empörung über den Krieg zum Ausdruck; das Bild des Königs an der Wand soll verbrennen, so wie er ihre Mühle verbrannt hat; der König erkennt, wie tief er von der Bevölkerung gehaßt wird. Dem »Major« dagegen zeigt sie ihr Mitgefühl, so wie der König mit Luise mitempfindet; er bittet sie, ihn allein zu lassen.

(3) In Berlin, das von russischen Truppen bedroht ist, liest Graf Finkenstein Königin Elisabeth den Brief des Königs vor. Von einem Heer von 48.000 Mann seien »keine dreitausend« übriggeblieben. Der König halte »alles für verloren« und wünsche, daß die Königin sofort nach Magdeburg reise und den Staatsschatz dorthin mitnehme. Er verabschiedet sich »für immer« und erklärt: »Den Untergang meines Vaterlandes werde ich nicht überleben.« Die Königin will diesem Wunsch, so schnell sie kann, entsprechen; das soll ans Hauptquartier gemeldet werden. Der Neffe des Königs, Prinz Heinrich d. J. bittet Graf Fin-

kenstein, ihn ins Hauptquartier zu schicken; dieser lehnt ab (»Kinder gehören nicht in den Krieg!«). Trotz seiner Verwundung will Major Rochow ins Hauptquartier fahren und die mitgegebenen Papiere »nicht in falsche Hände« geraten lassen. Prinz Heinrich d. J. beschwört seine Tante, den König nicht allein zu lassen (»Wir müssen bei ihm sein«). Aber die Königin weiß, daß er sie nicht mehr braucht (»weder in schweren, noch in glücklichen Tagen«). Nachdem sich Major Rochow geweigert hat, ihn im Wagen mitzunehmen, gelingt es Prinz Heinrich d. J., auf dem Rücksitz von Rochows Wagen heimlich an die Front zu gelangen.

(4) Während die preußischen Generäle entschlossen sind, den König zu bitten, Frieden zu schließen, und Oberst Bernburg sich der Vorwürfe von Zieten und Seydlitz zu erwehren versucht, sein Rückzugsbefehl habe den Ausgang der Schlacht entschieden, kommt es zwischen dem König und seinem Bruder, Prinz Heinrich d. Ä., dem Oberbefehlshaber der preußischen Truppen, zu einer harten Auseinandersetzung über die Ursachen der Niederlage und die nun zu unternehmenden Schritte (siehe Textbeispiel in Kap. B.25.4). Voreilig hat der König den »Sieg« nach Berlin melden lassen, und er ist überzeugt davon, daß er ihm nur durch die »Flucht« des Regiments Bernburg entrissen wurde. Er fordert bedingungslosen Gehorsam und enthebt seinen Bruder nicht nur des Oberbefehls, sondern entzieht ihm auch das Recht auf den Thron, den er ihm in seinem Testament zugesprochen hatte. Selbstbewußt tritt er seinen Generälen gegenüber. Da die russischen Truppen in ihrem Lager stehengeblieben sind und General Saltykow seinen Sieg nicht genutzt hat, sieht er eine Chance, wieder Herr der Lage zu werden; die Truppenstärke beträgt wieder 28.000 Mann. Die Friedensbitte der Generäle weist er ab; General v. Finck entzieht er den Oberbefehl über das schlesische Heer: »Wir werden uns dem Feind in den Weg werfen, Berlin retten oder uns abschlachten lassen!«

(5) Feldwebel Treskow hat ein Panjepferdchen aufgegriffen. So kann er Luise und den verwundeten Fähnrich Niehoff auf einem Wagen nach Lebus fahren, wohin das Regiment Bernburg zum Rapport befohlen ist. Hier nimmt der König, in dem Luise nun den »Major« wiedererkennt, den Offizieren das Portepee, den Soldaten die Litzen und Kokarden; auch die Regimentsmusik soll nur noch aus einer Trommel und einer Pfeife bestehen. Oberst Bernburg erschießt sich. Der König bestimmt den aus Berlin eingetroffenen Major Rochow, den er zugleich zum Oberst befördert, als neuen Regimentskommandeur. Prinz Heinrich d. J. bittet den König, bei ihm bleiben zu dürfen, dieser aber will ihn »nicht in Gefahr« wissen, denn er sieht in ihm die »Hoffnung des Staates«; er soll einmal sein Nachfolger werden und deshalb seinen ganzen Fleiß dem Studium zuwenden. Der König gibt den Befehl, ihn am nächsten Morgen wieder nach Berlin zu bringen; während er an seinem Nachtlager wacht, ziehen Bilder der Vergangenheit an ihm vorüber; er entnimmt der Tasche des Prinzen ein Exemplar der *Tragödien* des Sophokles. Zuvor hat ihm sein Diener Franz mit dem Abendbrot eine Tasse Schokolade gebracht, angeb-

lich eine »Konterbande aus Wien«. Doch er will »keine Sonderansprüche«. Nichtsahnend trinkt sein Diener Franz die Schokolade, die der Koch des Königs unter Druck des französischen Spions Alfons vergiftet hat.

(6) Vor dem Hofball in Wien, mit dem man den Sieg über Preußen feiert, tauschen General Laudon und der österreichische Kabinettschef Graf Kaunitz ihre unterschiedlichen Meinungen über den König aus. General Laudon sieht in ihm einen König, der »nicht nur auf dem Schlachtfeld bewiesen« hat, daß er »der geborene König« ist; er vergleicht ihn voller Hochachtung mit Prinz Eugen von Savoyen. Eine Depesche meldet, daß die Preußen mit einer neuen Armee von 46.000 Mann auf Torgau marschieren; die Österreicher setzen ihr 65.000 Mann entgegen. Doch die Generäle sind besorgt, und eine zivile Deputation der Städte Berlin und Brandenburg artikuliert gegenüber Graf Finkenstein den Unmut des Volkes;[149] Prinz Heinrich d. Ä. will den an Gicht leidenden König für eine Allianz mit Frankreich gewinnen. Der König weiß, daß nicht nur einige Familienmitglieder, sondern auch viele seiner Generäle gegen ihn konspirieren. Er plant »eine Vernichtungsschlacht, wie sie seit Cannae nicht mehr da war«, das »Muster einer Kesselschlacht«; die auf kleinstem Raum zusammengezogenen österreichischen Truppen bieten die Voraussetzung dafür. Bevor die Armee in die Schlacht zieht, traut Oberst Rochow Feldwebel Treskow und Luise, die ihren frischvermählten Mann ein Stück des Wegs begleitet und ihm eine selbstgestickte Fahne übergibt. Das Regiment Bernburg will sich die Tressen wiederholen.

(7) In der Schlacht von Torgau (8. November 1760) ist Treskow eine besondere Aufgabe zugedacht, die ihm zum Verhängnis wird. Der König schickt einen Adjutanten zu General Zieten mit dem Befehl, dieser solle pünktlich um 6 Uhr 15 zur Attacke ansetzen; der Adjutant selbst erhält den Befehl, für den Fall, daß er von Panduren abgeschnitten werde, sofort das Signal zur Attacke zu geben, »wo er sich auch befinden mag«. Vergeblich wartet Zieten auf den Adjutanten. Ein »zuverlässiger Mann« soll an die Straße gehen und mit Signal die Ankunft des Adjutanten melden. Oberst Rochow bestimmt Treskow, der einen Hornisten mitnimmt; niemand weiß, daß der Adjutant unterwegs erschossen wurde. Als Treskow auf seinem Posten beobachtet, wie sich Panduren zum Angriff formieren, um den Preußen in den Rücken zu fallen, und der Hornist sich weigert zu blasen, gibt er selbst das Signal, das Zietens Attacke auslöst. In der Schlacht stürzt der König verwundet vom Pferd, kann aber weiter am Kampf teilnehmen: Die österreichischen Truppen werden vernichtend geschlagen. Königin Elisabeth ist stolz auf die »tapferen Preußen«, das Regiment Bernburg hat seine Ehre wiederhergestellt, und Luise ist glücklich, ihren

---

149 In seiner Rede am Vorabend von Hitlers 53. Geburtstag (siehe Kap. B.25.5) bezieht sich Goebbels ausdrücklich auf diese Stelle, um den Soldaten und der deutschen Bevölkerung zuzugestehen, »daß hier und wieder einer etwas herummeckert und -mosert und -stänkert«, und zugleich an den »Korpsgeist« zu appellieren, der letztlich für den Gemeinschaftssinn eines Volkes entscheidend sei (*Reden*, Bd. 2, S. 281 f.).

Paul wiederzuhaben, aber Treskow wird aus der Hochzeitsfeier heraus zu Oberst Rochow befohlen. Nachdem der König die Nachricht vom Tod seines Adjutanten erhalten hat, will er wissen, wer das Signal zur Attacke gab. Treskow gesteht dem König, ohne dessen ausdrücklichen Befehl gehandelt zu haben, erklärt jedoch: »Ich wußte ja, daß es gegen den Befehl Eurer Majestät war, uns angreifen zu lassen, und da hab' ich zur Attacke geblasen.« Gleichwohl läßt der König ihn für drei Tage ans Rad binden. Treskow versteht den Sinn dieser Bestrafung nicht und macht seiner Empörung Luft. Er kennt nicht den nachfolgenden Befehl des Königs: »Feldwebel Treskow wird zum Leutnant befördert. Aber drei Tage muß er haben, Disziplin muß sein. Aber ich will es belohnen, wenn meine Soldaten entschlossen sind und selbständig handeln.«

(8) Mit dem Tod der russischen Zarin Elisabeth (5. Januar 1762) erfolgt eine politische Wende: Zar Peter III., der ehemalige Herzog von Holstein, verehrt den König, aber nach Ansicht der russischen Generäle Saltykow und Czernitscheff ist er »nicht imstande, ›russisch‹ zu empfinden«, und da die russische Garde »schon oft eine verhängnisvolle Verehrung für das Feldherrngenie des Preußenkönigs bewiesen hat«, befürchten beide, daß er aus den Russen Preußen machen wird. Sie beschließen, den Zar und den König zu täuschen: Czernitscheff erscheint beim König, bietet ihm ein militärisches Bündnis an und unterstellt ihm zugleich 30.000 (in Wirklichkeit aber nur 20.000) russische Soldaten, während General Saltykow 60.000 Mann als Eingreiftruppe in Reserve hält (sein Ziel ist, Ostpreußen und Pommern als Beute mit nach Hause zu bringen). Doch der König durchschaut das Doppelspiel. Während er am Tage seines 50. Geburtstags mit General Czernitscheff und seinen Offizieren am »reich gedeckten Tisch« seine Freude über das Freundschaftsangebot des Zaren zum Ausdruck bringt und dem Zaren den Schwarzen Adlerorden I. Kl. verleiht, trifft ein Kurier Saltykows mit geheimen Instruktionen ein: Zar Peter sei ermordet worden, und die neue Zarin Katharina, Peters Witwe, billige die Absichten der beiden Generäle. Saltykow weist Czernitscheff an, seine Truppen herauszuziehen, ohne daß der König es bemerke. Doch Czernitscheff weiß, daß der König am »Vorabend einer Entscheidungsschlacht« steht; er kann nur versuchen, die russischen Truppen so zu isolieren, daß der König die Kontrolle über diese Truppenbewegung verliert, um dann zu den Österreichern umzuschwenken. Der König kommt der Ausführung dieses Plans zuvor: Er läßt den Kurier im Schloß bewachen, so daß dieser General Daun nicht verständigen kann, und läßt ihn, als er zu fliehen versucht, erschießen. Der überrumpelte Czernitscheff muß dem König seinen Degen »zur Sicherheit« übergeben. Er soll ihn erst zurückerhalten, wenn er die Aufmarschstellung der russischen Truppen zum Schein aufrecht erhält, so daß General Daun nur »die Hälfte seiner Macht« auf die preußischen Truppen werfen kann, und die Schlacht geschlagen ist.

(9) Vor dem großen Bankett überbringt Graf Finkenstein dem König die Nachricht, daß Prinz Heinrich d. J. an den Blattern erkrankt ist, und die Bitte der

Königin an ihn, nach Berlin zu kommen. Der König gesteht: »Er ist der letzte, der mein Herz hat.« Aber er ist »im Dienst« und darf in dieser schwierigen Situation nicht nach Berlin fahren, um den Prinzen noch einmal zu sehen. Unruhig geht er nachts in seinem Zimmer auf und ab; nur kurz setzt er sich zur Ruhe, in der Hand die *Tragödien* des Sophokles. Nachts um zwei schreckt er aus dem Halbschlaf auf: Es ist die Todesstunde des Prinzen. Am Morgen läßt er General Zieten rufen, dem er den Prinzen Friedrich Wilhelm »attachiert«, der einmal sein Nachfolger werden soll, obgleich er ihn für einen »Mucker« hält. Einen »König« kann Zieten aus dem Prinzen nicht machen (»Man *ist* es!«), aber er soll ihm wenigstens militärischen Unterricht geben.

(10) Der immer noch aufsässige Feldwebel Treskow steht schon zum drittenmal am Rad, »weil er keine Disziplin halten kann«, und der ihm vom König zugedachten Beförderung hat er sich damit als unwürdig erwiesen. Nun will er mit dem immer schon zwielichtigen Grenadier Spiller desertieren. In ihrer Verzweiflung holt Luise Oberst Rochow aus dem Schlaf; zu ihm hat sie Vertrauen, und ihn will sie bitten, daß er die Deserteure nicht bestraft. Oberst Rochow gibt den Befehl, Treskow zu verhaften. Doch Luise ist schneller. Sie hat von Oberst Rochow erfahren, daß noch in dieser Nacht angegriffen wird. Spiller hat Treskow schon vom Rad abgeschnitten, als Luise als »rettender Engel« erscheint und ihm angesichts des bevorstehenden Angriffs ins Gewissen redet. Er läßt sich von Luise wieder anbinden und bittet Oberst Rochow um seine Bestrafung. Spiller flieht allein, wird ergriffen und auf Befehl des Königs füsiliert. Luise gelingt es nicht, zum König vorzudringen. Für Treskow legt Oberst Rochow beim König ein gutes Wort ein: »Er ist nicht ehrlos. Gerade sein gekränktes Ehrgefühl, das war sein Unglück.« Der König will »nach dem Sturm« mit Treskow sprechen. Auf dem Weg über das Schlachtfeld nach der siegreichen Schlacht von Schweidnitz trifft er auf den schwer verwundeten Treskow, der ihm sterbend ins Auge blickt: »Feldwebel Treskow meldet sich ab.« Der König erwidert, zugleich mit einem Blick auf die Gefallenen: » Mein Kamerad, adieu. Adieu, all meine toten Soldaten.«

(11) Die Berliner jubeln, und ungeduldig wartet Königin Elisabeth auf die Ankunft des Königs, der ihr ausrichten läßt, daß er seine Reise in Kunersdorf unterbrochen hat. Dort erkundigt er sich nach den Nöten der Bevölkerung und sagt Unterstützung zu. Alle haben die Mühle wieder aufgebaut, und Luise ist jetzt die Müllerin. Mit ihrem Kind auf dem Arm tritt sie dem König entgegen. Auf die Frage: »Stehst Du nun ganz allein?« antwortet sie stolz: »Nein, Majestät.« Der König erwidert: »Siehst Du, ich steh' allein.« So entzieht er sich schließlich in Berlin allen Ehrungen; die Generäle sollen »den Dank des Volkes empfangen«. Er weigert sich, in den Prunkwagen umzusteigen, und läßt sich zum Schloß Charlottenburg fahren. In der dortigen Schloßkapelle lauscht er dem Orgelspiel.

25.3. Verwendetes literarisches Material

Im Vorspann wird angegeben: »Dieser Film hält sich in seinen wesentlichen Szenen streng an die historischen Tatsachen«, und: »Die wichtigsten Aussprüche stammen aus seinem eigenen Munde.« Diese Behauptungen halten Nachprüfungen nicht stand.[150]

25.4. Textbeispiel

Auszug aus dem Gespräch zwischen dem König Friedrich II. (KF) und seinem Bruder Heinrich d. Ä. Prinz von Preußen (PH) nach der verlorenen Schlacht bei Kunersdorf:

KF: Ist Ihnen nicht bekannt gemacht worden, mein Herr Bruder, daß die Schlacht bereits *gewonnen* war. Der Sieg wurde mir entrissen durch einen Umstand, den ich nicht *berechnen* konnte.
PH: Was war das für ein Umstand?
KF: Die Preußen sind *geflohen*.
PH: Sie sind am Unmöglichen *gescheitert*.
KF: Was soll das heißen?
PH: Es soll nicht mehr heißen, als ich gesagt habe: Sie sind am Unmöglichen *gescheitert*.
KF: *Was* war unmöglich? Ein Befehl, ein Schlachtplan? Was war unmöglich? Ich bitte um Ihre *Kritik*, Herr General!
PH: Das steht mir nicht zu.
KF: Ich befehle es!
PH: Dann darf ich nicht beim traurigen Ende anfangen. Du verlangst Unmögliches vom *ganzen Volk*. Ganz Europa steht gegen Preußen. *Das* hast Du geschafft. Du hast bei Kunersdorf nicht nur gegen die Österreicher und Russen gestanden; deine Heere waren überall verteilt und verstreut und warteten auf die zahllosen Feinde. Hättest Du *die* Politik verfolgt, die Zahl Deiner Feinde zu *verringern*, statt sie Jahr für Jahr zu *vermehren*, wir hätten längst einen ehrenvollen Frieden, und Preußen würde *blühen*.
KF: Ich habe keine *politische* Kritik von Dir verlangt, davon verstehst Du nichts. Ich frage Dich als General, als den Generalissimus der preußischen Armee, der Du heute bist: Was war *falsch* am Plan der Schlacht von Kunersdorf? Was haben wir *Unmögliches* verlangt?
PH: Du hast die Zahl der Russen unterschätzt.
KF: Stimmt.
PH: Du hast den Angriffsgeist der Österreicher unterschätzt.

---
150 Wie aus dem *Tagebuch* (6.3.1941) hervorgeht, bewunderte Goebbels die *Gespräche Friedrichs des Großen mit Catt* (Übertragung von Willy Schüßler. Leipzig 1926). Diese *Gespräche* dürften sein Bild des preußischen Königs wesentlich mitbestimmt haben.

KF: Stimmt.
PH: Du hast mindestens zwei Tage zu früh losgeschlagen. Hättest Du gewartet, bis die Preußen ihre Stellungen so verschanzt hatten, daß sie dem Ansturm gewachsen waren, wir hätten sie heute noch.
KF: Es ging mir nicht darum, Stellungen zu *halten*, sondern Stellungen zu *nehmen*.
PH: *Warum* hast Du Seydlitz gegen seinen Willen in die Attacke gehetzt? *Warum* hast Du die Bernburger gegen alle Vernunft auf die feuerspeienden Mauern des Friedhofs anrennen lassen, wo sie zusammenbrechen *mußten*? Diese Stellung *war* nicht zu nehmen, nie und nimmer, *auch* nicht von den Preußen. Hättest Du statt dessen ...
KF: Hättest, hättest, hättest ... Hätten die Bernburger *gehorcht*, nichts weiter als *gehorcht*, dem *Befehl* des Königs gehorcht, sie wären *stehengeblieben* vor dieser Stellung, sie hätten sich *zusammenschießen* lassen. Sie hätten eine Mauer von Leibern, von *Preußenleibern* aufgebaut und die Österreicher so lange festgehalten, bis Tauentzien mit seinen Kanonen durch den Dreck durchgekommen war; bis er diese Kanonen auf den Mühlberg gebracht hätte. *Zwei Stunden* hätte ich gebraucht, *zwei Stunden* nur, vielleicht auch nur *eine*. Aber *damit* konnte ich nicht rechnen, mein lieber Bruder, daß meine Preußen *fliehen*. *Daran* sind wir verblutet in Kunersdorf. *Dafür* hat heute Preußen zu zahlen, daß ein paar Soldaten ihr Leben *höher* achteten als das Leben von *Preußen*.
PH: Preußen lebte unter unserem *Vater*. *Er* war ein großer Soldat, vielleicht ja noch größer als Du. *Er* war es, der die Armee aufgebaut hat, aber er hielt den *Frieden* und hielt das *Maß*. Er hat Dörfer aufgebaut und Städte, er hat Straßen gebaut und aus Sumpfland blühendes Ackerland gemacht. Ein Lebenswerk des Friedens.
KF: Und um diesen Frieden zu erhalten, muß *ich* Krieg führen.
PH: Ein Krieg, der das Ende eines freien Deutschlands sein wird.
KF: Welches Deutschland *meinst* Du? Jenes *überalterte*, nur noch vom vergangenen Glanz lebende Römische Reich Deutscher Nation? Diese Utopie *soll* zugrundegehen. Und kommen muß ein *Deutsches* Reich, und *Preußen* muß es führen: *Nur* bei Preußen liegt die materielle und sittliche *Forderung* der Berufung! Nicht bei Habsburg. Habsburg hat sich als *unfähig* erwiesen für eine solche Führung, da es bereit ist, seine Macht über Deutschland mit fremden Völkern zu teilen, denen das Wohl der Deutschen gar nicht am Herz liegen *kann*. Es ist bitter, daß dieser Krieg Völker eines Blutes gegeneinander führt. Niemand empfindet das schmerzlicher als ich. Aber die historischen *Notwendigkeiten* sind stärker als unsere *Wünsche*.

25.5. Kontext

Soweit den Zuschauern die zwei vorangegangenen ›Fridericus-Filme‹ DER CHORAL VON LEUTHEN (1933; R: Carl Froelich) und FRIDERICUS (1936; R: Johannes Meyer) noch in Erinnerung waren, konnten sie als filmische Kontexte abgerufen werden; gegenüber diesen Filmen ist DER GROSSE KÖNIG jedoch weitaus aggressiver und hinsichtlich seiner politischen Ansprüche aktueller. Gleichzeitig abgerufen werden konnte auch kulturelles Wissen; Romane und Schulbücher hatten daran keinen geringen Anteil. Das eigenmächtige Hornsignal des Feldwebel Treskow beruht (wie auch das Disziplinierungsmodell) auf H. v. Kleists *Prinz Friedrich von Homburg*, worauf auch das *Presseheft* (S. 51) hinweist. Im übrigen enthält der Film, wie schon der BISMARCK-Film, ein starkes Analogiepotential, das dem Zuschauer erlaubt, assoziativ Parallelen zwischen den dargestellten historischen Situationen und den Kriegsereignissen des Zweiten Weltkriegs zu ziehen; im »Frühsommer des Jahres 1940« begonnen, aber erst fast zwei Jahre später fertiggestellt, war er dabei den veränderten Zeitereignissen ausgesetzt.

Von den zahlreichen ›Reizworten‹ des Textes seien hier nur zwei ausgewählt:
(1) Hitlers Frankreich-Politik:
Der König zu Heinrich d. Ä.: »Aber ich sage Dir, die Franzosen werden immer Preußens Feinde sein, solange Preußen sein Gebiet noch erweitern muß. Meine Nachfolger, die mögen wohl mal die Verbündeten Frankreichs werden, wenn sie den Staat genügend abgerundet haben.«
(2) Der Zweifel am Sieg Deutschlands:
Der Bürgermeister von Berlin: »Niemand glaubt mehr an den Sieg!«
Graf Finkenstein: »Das ist schlimm. Geschimpft werden darf, die Soldaten schimpfen auch. Und daß der Krieg ihnen allen zum Halse heraushängt, das ist ganz in Ordnung. Uns auch, Herr Bürgermeister, verlassen Sie sich darauf. Aber an dem Sieg zu zweifeln, das ist Hochverrat!«

Die größte Schwierigkeit bei der Abnahme des Films bereitete Goebbels die historische Bewertung der russischen Unterstützung vor der Schlacht bei Schweidnitz, die wesentlich zum erfolgreichen Abschluß des Siebenjährigen Krieges beigetragen hatte. Nach dem deutschen Angriff auf die Sowjetunion bedurfte der Film einer Korrektur, die zur Verzögerung der Uraufführung führte. General Czernitscheff wurde zum Verräter gestempelt, so daß die Szenen mit ihm nachgedreht werden mußten.
Daß das Publikum Analogien zwischen Hitler und Friedrich II. herstellen sollte, geht aus der Rede hervor, die Goebbels am Vorabend von Hitlers 53. Geburtstag (19.4.1942) in einer Feierstunde der NSDAP in der Berliner Philharmonie hielt (vgl. *FK* 20.4.1942, Nr. 91).[151] Goebbels beschäftigte sich ausführlich mit dem GROSSEN KÖNIG. Ein Kernsatz in seiner Rede lautet: »Sein [Friedrichs] Ansporn für die heute lebende Generation liegt im Wert seiner Persönlichkeit, liegt in der mitreißenden Kraft seines Genies, in dem bergeversetzenden Glauben, der seinem historischen Wirken zugrunde lag, in seiner

---
151 Im Gegensatz zu dieser Strategie steht seine Tagesparole in der Pressekonferenz. Goebbels ermahnte die Journalisten, die »Vergleiche des Führers mit Friedrich dem Gr.« und »ebenso die Aufzählung aller Analogien mit der Gegenwart« zu unterlassen (Albrecht 1969, S. 258).

Standhaftigkeit im Unglück, in der Unbedingtheit, mit der er seiner säkularen Aufgabe diente, und in der heroischen Einsamkeit, in deren lastendem Schatten er sein Schicksal trug« (*Goebbels-Reden*, hg. v. Helmut Heiber, Bd. 2: 1939–1945. Düsseldorf 1972, S. 115).[152]

25.6. Normaspekte[153]

(1) Das ›Feldherrngenie‹ Friedrich II. ist als »geborener König« *absolute Autorität* und daher *oberste Norminstanz*.

(2) Im Gespräch mit seinem Bruder gibt er zwar zu, daß er in der Schlacht von Kunersdorf die »Zahl der Russen« und den »Angriffsgeist der Österreicher« unterschätzt und möglicherweise »zwei Tage zu früh« losgeschlagen habe. Gleichwohl fordert er von seinen Soldaten, daß sie das »Leben von Preußen« höher achten als ihr eigenes Leben, d. h. daß sie nicht nur *Opferbereitschaft*, sondern auch *unbedingten Gehorsam* zeigen müßten. Er sucht also den Fehler, der zur Niederlage führte, nicht bei sich, sondern sieht ihn im Verhalten von Oberst Bernburg, der angesichts der hohen Verluste und geleitet von militärischen und humanen Erwägungen (Vermeidung weiterer Verluste) nach seinem eigenen Ermessen den Rückzugsbefehl gab. Der König bestraft das Regiment Bernburg, das sich erst wieder bewähren muß, um seine »Ehre« wiederzuerlangen. Oberst Bernburg zieht selbst die Konsequenzen, indem er sich erschießt; der König mißbilligt dieses Verhalten: »Er floh in der Schlacht, er floh aus dem Leben.« Nur der Tod in der Schlacht sei sinnvoll, so Friedrich der Große.

(3) Auch Feldwebel Treskow handelt nach eigenem Ermessen und wird daher bestraft, denn »*Disziplin* muß sein«. Gleichzeitig wird er, ohne es zunächst zu erfahren, für sein Verhalten *belohnt* (= Beförderung), da er in einer Ausnahmesituation die militärische Lage richtig eingeschätzt und richtig gehandelt habe. Nur für *diesen* Fall gilt der Wille des Königs, daß seine Soldaten »entschlossen und selbständig handeln« sollen. An diesem Widerspruch zerbricht Feldwebel Treskow seelisch.

---

152 Schon Wochen vor der UA des Films beschäftigt Goebbels die Frage, wie der Film in der damaligen politischen und militärischen Situation für die Propaganda genutzt werden konnte. Vgl. hierzu die bei Albrecht 1969, S. 79–82, wiedergegebenen Tagebuch-Notizen. Am 4.3.1942, einen Tag nach der UA, schreibt Goebbels: »Der Film wird hier zum politischen Erziehungsmittel erster Klasse. Wir können das heute gebrauchen. Wir leben in einer Zeit, in der wir friderizianischen Geist nötig haben. Nur mit letzter Anspannung werden wir der Schwierigkeiten Herr werden.« Deutlich wird in den Tagebüchern auch seine Aversion gegen die zeitgenössische deutsche Generalität, die er zum »Defaitismus der damaligen Generalität« (Eintrag vom 28.1.1942; zit. nach Albrecht 1969, S. 55 f.) in Beziehung setzt.
153 Eine differenzierte Analyse der verschiedenen Normen des Films legte Laudien 1993 im Rahmen der Rekonstruktion der Normstruktur des Films vor.

Abb. 45:
Friedrich d. Gr. (Otto Gebühr) maßregelt Feldwebel Treskow (Gustav Fröhlich).
DER GROSSE KÖNIG

Abb. 46:
Nach der Schlacht von Schweidnitz: Der König ergreift die Hand des sterbenden Treskow.
DER GROSSE KÖNIG

(4) Wie Oberst Bernburg aus dem Leben in den Tod ›desertiert‹, so gilt für das militärische Verhalten insgesamt das Prinzip der *Pflichterfüllung* (korreliert mit dem unbedingten Gehorsam). Fahnenflucht wird mit dem Tode bestraft (Grenadier Spiller). Feldwebel Treskow wird von Luise erst im letzten Moment davon abgehalten, weil er von ihr erfährt, daß eine neue militärische Aktion unmittelbar bevorsteht und er seine Kameraden nicht im Stich lassen will (= *Kameradschaftsnorm*). Die vom König »nach dem Sturm« in Aussicht gestellte Aussprache mit Treskow über dessen Disziplinlosigkeit beim Abbüßen der Strafe (am Rad) kommt nicht mehr zustande, aber durch Treskows Tod auf dem Schlachtfeld hat das Prinzip der Pflichterfüllung seinen höchsten Ausdruck gefunden. Daß die Befehlsnorm über die Kameradschaftsnorm gestellt wird, geht aus dem Verhalten des Fähnrichs Niehoff in der letzten Schlacht hervor; er bemerkt zwar den verwundet am Boden liegenden

Treskow und ruft zweimal seinen Namen, stürmt aber weiter. Zentrales Zeichen aller militärischen Normen ist die *Fahne* (»Solange wir unsere Fahne haben, ist noch nicht alles verloren«).

(5) Die im Film dominanten Normen ›Opferbereitschaft‹, ›unbedingter Gehorsam‹, ›Pflichterfüllung‹ und ›Disziplin‹ setzen *Selbstverleugnung* voraus, die der König ›vorlebt‹ und von anderen fordert. Diese Selbstverleugnung ist für ihn die Voraussetzung, daß der *Staat* bestehen und sich behaupten kann. Alle politischen Handlungen richten sich nach den Normen der Staatsraison.

25.7. Überliefertes Material

Drehbuch: DER GROSSE KÖNIG. *Ein Veit Harlan-Film. Drehbuch: Veit Harlan. Regie: Veit Harlan. Tobis Filmkunst GmbH. Herstellungsgruppe Dr. Jonen.* Typoskript, 262 hektogr. Bl. (127 Bilder, 810 E): Nach dem Titelblatt: Stabliste [mit Adressen und Telefonnummern]. Alle Bl. am rechten unteren Rand Ecken abgeschnitten. Gebrauchsexpl. mit zahlreichen hsl. Notizen, Einlegeblättern, Skizzen und Streichungen (mit Rotstift) der abgedrehten Szenen, auch Karikaturen [SDK; Expl. Bruno Mondi. – Weiteres Expl.: HFF »Konrad Wolf« (ohne Eintragungen)].

Illustrierter Film-Kurier Nr. 3199 [BFA]; *Das Programm von heute* Nr. 1752 [BFA]; *Programmheft zur Uraufführung*, 22 S. [BFA]; *Presseheft*, 60 S. u. 3 S. hektogr. Nachtr. [BFA]; Bildmaterial [BFA, SDK]

25.8. Interviews, Stellungnahmen, Rezensionen

Veit Harlan: Geschichte und Film, in: *Programmheft zur Uraufführung* (s. o.); [Mittlg:] Otto Gebühr spielt Friedrich den Großen in dem neuen Tobis-Film DER GROSSE KÖNIG, in: *FK* 4.10.1940 (Nr. 233); [Anonym:] In der Potsdamer Kiezstraße wird gefilmt. Veit Harlan dreht historische Massenszenen. »DER GROSSE KÖNIG« (Otto Gebühr) sammelt mit Kristina Söderbaum für das Kriegs-Winterhilfswerk, in: *FK* 21.10.1940 (Nr. 247); [Mittlg:] Veit Harlan und Kristina Söderbaum in Prag, in: *FK* 17.12.1940 (Nr. 296); Bilderbogen zum *FK* 21.12.1940 (Nr. 300); Wilhelm Formann: Fredericus vor Prag. Veit Harlan dreht Außenaufnahmen zum GROSSEN KÖNIG, in: *FK* 16.12.1940 (Nr. 295); [Anonym:] Tobis-Empfang in Prag. Schweidnitz auf dem Barrandow. Veit Harlan drehte in Prag. Die Schlacht des GROSSEN KÖNIGS, in: *Der Film* 1940 (Nr. 51); Fred Ritter: Vom FRIDERICUS zum GROSSEN KÖNIG, in: *Der Deutsche Film*, Berlin, Jg. 5 (1940/41), S. 233 f.; [Anonym:] Wie kann Friedrich II. es wagen! [über Auguste Pünkösdy als Maria Theresia], in: *FK* 4.1.1941 (Nr. 3); Bilderbogen zum *FK* 3.5.1941 (Nr. 102); -y-: Das dramaturgische Medium. Anmerkungen zum Tobis-Film DER GROSSE KÖNIG [mit Abb.], in: *FK* 10.5.1941 (Nr. 108); [Anonym:] Historischer Film – geschichtliche Wahrheit. Dargestellt an dem neuen Harlan-Film der Tobis DER GROSSE KÖNIG, in: *FK* 27.5.1941 (Nr. 122); Hilde R. Lest: Gespräch mit Kristina Söderbaum. Der Tobis-Film DER GROSSE KÖNIG bietet ihr eine neue Aufgabe [mit Abb.], in: *FK* 4.7.1941 (Nr. 154); [Anonym:] Der Spielfilm als Kommentar säkularer Ereignisse. Historischer Film – geschichtliche Wahrheit. Dargestellt an dem neuen Veit Harlan-Film der Tobis DER GROSSE KÖNIG, in: *FK* 27.1.1942 (Nr. 22); [Anonym:] Friedrich der Große und Maria Theresia. Die beiden Gegenspieler in dem Veit-Harlan-Film der Tobis DER GROSSE KÖNIG, in: *FK* 3.2.1942 (Nr. 28); Fred Ritter: Bekenntnisse des großen Königs. Zur geschichtlichen Wahrheit im historischen Film [Textvergleich zwischen Quellen und Film], in: *FK* 9.2.1942 (Nr. 33); Günther Sawatzki: Das Herz von Stahl. Zu dem Film DER GROSSE KÖNIG [mit Foto], in: *Berliner Lokal-Anzeiger* 28.2.1942 (Nr. 51).

Günther Sawatzki: Friedrich der Große. Genie und Held. DER GROSSE KÖNIG in Anwesenheit von Dr. Goebbels uraufgeführt [mit Foto], in: *Berliner Lokal-Anzeiger* 4.3.1942 (Nr. 54), Beibl.; Werner Fiedler: DER GROSSE KÖNIG. Uraufführung in Anwesenheit von Dr. Goebbels, in: *Dt. Allg. Ztg.* 4.3.1942 (Nr. 107); Günther Schwark: Ein neuer »Film der Nation«. DER GROSSE KÖNIG von stärkster Erlebniskraft. Festliche Uraufführung des Meisterwerks Veit Harlans in Gegenwart von Dr. Goebbels im Ufa-Palast am Zoo, in: *FK* 4.3.1942 (Nr. 53); Hans Hömberg: Ein Film von Ehre, Ruhm und Leben Friedrichs II. Uraufführung im Berliner Ufa-Theater am Zoo, in: *Völkischer Beobachter* (Norddt. Ausg.) 4.3.1942 (Nr. 63), u. ebd.: W. Koppen: Der geschichtliche Hintergrund; VB: Uraufführung des Filmwerkes DER GROSSE KÖNIG. Otto Gebühr vom Führer zum Staatsschauspieler ernannt. Höchstes Prädikat für den Veit-Harlan-Film, in: *Völkischer Beobachter* (Norddt. Ausg.) 5.3.1942 (Nr. 64); Ilse Urbach: Der große Friedrich, in: *Das Reich* 8.3.1942 (Nr. 10); Hermann Wanderscheck: H. O. Borgmanns Musik zum GROSSEN KÖNIG, in: *FK* 10.3.1942 (Nr. 58); [Anonym:] Die musikalischen Themen im GROSSEN KÖNIG [mit Notenbeispiel], in: *FK* 13.3.1942 (Nr. 61); Hans Spielhofer: DER GROSSE KÖNIG. Der beste Film des Monats, in: *Der Deutsche Film*, Berlin, Jg. 6 (1941/42), H. 8/9, S. 18; [Mittlg:] So startet man im Westen den »Film der Nation«. Der Siegeszug des Veit Harlan-Films DER GROSSE KÖNIG, in: *FK* 19.3.1942 (Nr. 66); G[eorg] H[erzberg]: Überall stärkster Einsatz für den »Film der Nation«. Auch an kleineren Plätzen wurde die Aufführung von DER GROSSE KÖNIG zu einem festlichen Ereignis, in: *FK* 10.4.1942 (Nr. 83); vgl. zuvor Mittlgn. in *FK* Nr. 64, 70, 71, 81, danach noch *FK* Nr. 92

Weiterer Einsatz: Einsatz in den besetzten Gebieten: *FK* 26.3.1942 (Nr. 72): Krakau, *FK* 19.5.1942 (Nr. 115): Agram, Kutno. – Georg Herzberg: Auftakt in Venedig [...] Stärkster Beifall für den Film DER GROSSE KÖNIG, in: *FK* 31.8.1942 (Nr. 203). – Weitere Auslandsberichte: *FK* 9.9.1942 (Nr. 211): Kopenhagen [u. d. T.: DER EINSAME]; *FK* 15.9.1942 (Nr. 216): Sofia; *FK* 17.9.1942 (Nr. 218): Mussolini-Pokal [mit Foto]; *FK* 6. u. 12.10.1942 (Nr. 234, 239): Zürich; *FK* 21.10.1942 (Nr. 247): Schweizer Stimmen; vgl. Drewniak 1987, S. 191–193 u. 703, 707 (Tschechoslowakei), S. 767 (Spanien), S. 770 (Portugal).

26. Die Entlassung

26.1. Produktionsdaten

UT: Eine Emil Jannings-Produktion
P: Tobis Filmkunst GmbH, Herstellungsgruppe Fritz Klotzsch; 2.991 m; Drehbeginn: 14.1.1942[154]
A: Curt Johannes Braun, Felix v. Eckardt
R: Wolfgang Liebeneiner; R-Ass.: Hilde Vissering, Leo de Laforgue

Stab: K: Fritz Arno Wagner; M: Herbert Windt; T: Hans Grimm; Bau: Otto Hunte, Artur Nortmann, Karl Vollbrecht, Erich Schweder; Kostümberatung: Herbert Ploberger; Schnitt: Martha Dübber; Aufnahmeltg.: Rolf Geile, Alfred Arbeiter; Produktionsltg.: Walter Lehmann

FM: Tobis-Klangfilm
V: Deutsche Filmvertriebs-GmbH (DFV)
UA: 15. September1942, Stettin,[155] Ufa-Palast; danach: 6. Oktober 1942, Berlin, Ufa-Palast am Zoo und Primus-Palast Neukölln

Besetzung:
Fürst Bismarck	Emil Jannings
Fürstin Johanna Bismarck	Margarete Schön
Graf Herbert Bismarck	Christian Kayßler
Kaiser Wilhelm I.	Theodor Loos
Kaiser Friedrich III.	Carl Ludwig Diehl
Viktoria (Kaiserin Friedrich)	Hildegard Grethe
Kaiser Wilhelm II.	Werner Hinz
Geheimrat v. Holstein	Werner Krauß
Graf Eulenburg	Otto Graf
Graf Waldersee	Paul Hoffmann
v. Bötticher	Paul Bildt
Zar Alexander	Walter Suessenguth
Botschafter Graf Schuwalow	Franz Schafheitlin
Generaladjutant v. Hahnke	Herbert Hübner

---

154 Goebbels: *Tagebuch*, 7.3.1940: »Jannings berichtet über neue Filmpläne. Aber noch nichts Konkretes.« Doch schon vier Jahre zuvor war ein Bismarck-Film im Gespräch; 11.4.1936: »Mit Jannings sein Bismarck-Projekt besprochen. Der Kaiser darf darin nicht auftreten. Er sieht es jetzt allmählich auch ein.« 15.6.1941: »Jannings trägt mir seinen neuen Filmstoff vor: die ›Entscheidung‹, Bismarck von 1888 bis zu seiner Entlassung. Eine gute Sache, die ich sehr unterstützen werde.«

155 Hitler hatte angeordnet, daß der Film »in einer neutralen deutschen Stadt« ausprobiert wird (Goebbels: *Tagebuch*, 21.8.1942). Nach dem »glänzenden Erfolg« in Stettin war Goebbels entschlossen, den »Führer« um »Freigabe des Films für das ganze Reich« zu bitten (*Tagebuch*, 23.9.1942). Hitler gab den Film gegen den Widerstand des Amtes Rosenberg und des Auswärtigen Amtes frei, und Goebbels versuchte die politischen Einwände seiner Gegner durch die Anweisung an die Filmkritik abzuwehren, daß der Film »nicht vom Politischen her, sondern ausschließlich vom Künstlerischen her besprochen werden soll« (BA NS 8/187, f. 49 f.). »Nachrichten aus verschiedenen Städten« machten ihm jedoch klar, daß »dieser typische Männerfilm [...] in gewissen Volkskreisen nicht den Erfolg erringt, den man sich davon erwartet hatte« (*Tagebuch*, 13.12.1942). In diesem Lichte erscheint die Vergabe des Höchstprädikats für den Film von Anfang an als eine Trotzreaktion von Goebbels.

Chef des Zivilkabinetts v. Lucanus	Rudolf Blümner
Dr. Schweninger	Fritz Kampers
Pinnow	Werner Pledath
General v. Caprivi	Heinrich Schroth
v. Heyden	O. E. Hasse
Bebel	Friedrich Maurer
Singer	Eduard Wandrey

Bewertung:
FP: 28. August 1942, Prüf-Nr. 57539 (Sequ.): Film der Nation, staatspolitisch und künstlerisch besonders wertvoll, kulturell wertvoll, volkstümlich wertvoll, anerkennenswert, volksbildend, jugendwert, Jf 14, 2.991 m (gültig bis 31.8.1945) [BFA]; Paimann 23.10.1942 (Nr. 1385).
CFFP 1951, S. 29: »Another excellent production with fine direction and first rate acting. Full of nationalist propaganda.«; LPF June/Sept. 1953.
FSK: 2. April 1952, Prüf-Nr. 4431: Titeländerung in SCHICKSALSWENDE, jugendgeeignet 10–16 J., mit Schnittauflagen 2.799 m – Schnittauflagen: (1) Entfernung des Ausdrucks »Sozialismus ist eine nationale Sache«; (2) Dialogstelle: »Mit den Franzosen werden wir allein schon fertig; sobald sie sich mit den Russen verbünden, wird die Sache gefährlich«, da dies die Beziehung zu Frankreich gefährden könnte.

Rechte: F.-W.-Murnau-Stiftung; Ausw: Transit-Film GmbH, München (komm.), DIF (nichtkomm.)
Kopie: BFA$_1$[BFA$_2$, DIF]

26.2. Handlung

(1) Am 8. März 1888 wartet eine große Menschenmenge vor dem Alten Palais in Berlin auf das neueste Bulletin der Ärzte. Kaiser Wilhelm I. liegt im Sterben. Bismarck und Geheimrat v. Holstein erörtern die politische Lage. Kronprinz Friedrich ist in San Remo wegen seines Kehlkopfkrebses operiert worden und hat nur noch eine Lebenserwartung von wenigen Wochen. Bismarck sieht voraus, daß der unnatürliche Übergang von einem 90jährigen Kaiser zu seinem unerfahrenen 28jährigen Enkel die Feinde Deutschlands zu neuen Aktivitäten ermuntern wird. Deshalb ist der geheime Rückversicherungsvertrag mit Rußland das Kernstück seiner Außenpolitik; nur durch diesen »Schutzwall gegen feindliche Koalitionen« kann der Zweifrontenkrieg verhindert werden. L. v. Holstein dagegen erklärt: »Der Krieg gegen Rußland ist einmal doch unvermeidlich.« Der Vertrag steht zur Verlängerung an, und der russische Botschafter Schuwalow wünscht Abänderungen. Bismarcks Sohn Herbert überbringt seinem Vater die Nachricht, daß er sofort aufs Schloß kommen solle. L. v. Holstein kommentiert den Vorgang mit den Worten: »Jetzt fährt er an das Sterbebett seiner Macht.« Als Herbert dem entgegenhält, daß Bismarcks Mehrheit im Reichstag nie größer gewesen sei als jetzt, erinnert L. v. Holstein ihn an die wahren Machtverhältnisse: »Er hat immer nur eine sichere Mehrheit gehabt, die des alten Kaisers.«

(2) Wilhelm I. dankt Bismarck für seine treuen Dienste. Er bittet ihn, an der Seite des Kronprinzen zu bleiben, und nimmt ihm das Versprechen ab, daß er

auch »den Enkel« nicht verlassen werde. Danach wird Prinz Wilhelm an das Sterbebett gerufen. Der Kaiser legt die Hände beider Männer ineinander, bittet den Prinzen Wilhelm, stets dem Rat Bismarcks zu folgen, und Bismarck gelobt, seine Kräfte »werden bis zum letzten Atemzuge dem Reich und dem Hause Hohenzollern gehören«.

(3) Auf dem Bahnhof Westend erwarten Mitglieder der Regierung – an ihrer Spitze Bismarck, hohe Generäle, der Berliner Polizeipräsident u. a. – die Ankunft des neuen Kaisers Friedrich III., der aufgrund seiner fortgeschrittenen Krebserkrankung nicht mehr sprechen kann. Im Salonwagen erweist Bismarck ihm die Ehre. Seinem verstorbenen Vater kann Friedrich III. nur von einem Fenster des Charlottenburger Schlosses aus salutieren, an dem der Trauerzug vorüberzieht. Mühsam hält er sich aufrecht, aber die Kaiserin suggeriert ihm entgegen besserem Wissen eine Zukunft: »Es ist die alte Welt, die zu Grabe getragen wird. Du wirst den Völkern ein neues Glück schenken.«

(4) Nach einer Regierungszeit von nur 100 Tagen stirbt Friedrich III.; Wilhelm II. wird neuer Kaiser. In seiner mit Phrasen beladenen Thronrede im Weißen Saal des Berliner Schlosses verkündet er die Ziele seiner Außenpolitik. Er fordert Treue und Gehorsam und »fleht zu Gott«, daß Bismarck ihm »noch lange zur Seite stehen möge«. Bismarck ist dazu bereit, wenn der Kaiser seinerseits bereit sei, »lieber mit dem Degen in der Hand auf den Stufen des Throns zu fallen, als vor einer Gefahr zurückzuweichen«. General Graf Waldersee und Bismarcks Stellvertreter v. Boetticher äußern sich skeptisch über dieses Bündnis des Kaisers mit Bismarck. Im Auswärtigen Amt dämpft indessen Geheimrat v. Holstein den Enthusiasmus des Grafen Eulenburg über die Beziehung zwischen dem »großen Kanzler«; er macht ihn darauf aufmerksam, daß niemand zwei Herren dienen könne. Als v. Boetticher ihm seine Besorgnis über den vom Kaiser eingesetzten »politischen General« Graf Waldersee mitteilt, durchschaut v. Holstein sofort dessen Karrieredenken.

(5) Die Beziehung zwischen Wilhelm II. und Bismarck wird in der Folge der Verlängerung des geheimen Rückversicherungsvertrages auf die erste Probe gestellt. Der Kaiser ist auf dem Wege nach Kronstadt, um seinem Onkel, dem russischen Zaren, einen Staatsbesuch zu machen. Bevor Bismarck in Berlin mit Graf Schuwalow Verhandlungen über die Verlängerung des Rückversicherungsvertrages führt, soll der Kaiser den Zaren für diese Verlängerung gewinnen und eine »gute Atmosphäre« schaffen, dabei aber die Empfindlichkeiten des Zaren, der alle militärischen Schaustellungen hasse, in Rechnung stellen. Bei dem Treffen auf der russischen Kaiserjacht verhält sich Wilhelm II. höchst ungeschickt. Er bringt einen ›unmöglichen‹ Trinkspruch aus, überzieht die für das Gespräch protokollarisch festgesetzte Zeit und telegraphiert danach: »Der Admiral des Atlantik grüßt den Admiral des Pazifik.« Zar Alexander ist entsetzt und antwortet: »Gute Reise!« Im Gespräch mit Graf Eulenburg schätzt Wilhelm II. dieses Gespräch völlig falsch ein. Deutlich wird sein Minderwer-

tigkeitsgefühl gegenüber Bismarck; in Zukunft will er die Außenpolitik des Reiches durch seinen »persönlichen Einfluß« dirigieren.

(6) Dem Rat des Kaisers folgend, hat sich Bismarck eine Zeitlang nach Friedrichsruh zurückgezogen, wo er sich unter der Aufsicht von Dr. Schwenniger einer Fastenkur unterziehen muß. Geheimrat v. Holstein reist aus Berlin an, um dem Kanzler die wichtigsten Neuigkeiten vorzutragen. Bismarck ist über das Verhalten des Kaisers empört und läßt den Bericht des Konsuls von Kiew, in dem dieser über einen russischen Aufmarsch an der österreichischen Grenze Mitteilung macht, sofort zu den Akten legen; Bismarck weiß aus russischen Zeitungen, daß es sich hier um ein Regiment handelt, das strafversetzt wurde, und hält deshalb eine Mitteilung an den Kaiser für unnötig; im übrigen wolle der Konsul sich damit nur einen Orden verdienen.

(7) In Berlin bemüht sich inzwischen v. Boetticher, wie v. Holstein gegenüber Bismarck spöttisch bemerkt, »der Welt ein cäsarisches Gesicht zu zeigen«. Friseur Haby, der inzwischen zum Hoffriseur avancierte, versucht, ihm in Bart und Haarschnitt das Aussehen Wilhelms II. zu geben. Von Haby hört er zu seinem eigenen Erstaunen, daß er als Nachfolger des Kanzlers ausersehen sei. Auf der Abendgesellschaft im Hause Boetticher machen weitere Gerüchte die Runde. Graf Eulenburg, »Dichter, Musiker, Diplomat und Duzfreund des Kaisers« brilliert mit eigenen Liedern. In seiner Begleitung erscheint dann der Kaiser im Atelier des Malers Baron v. Heyden, der sein für den Zaren bestimmtes Portrait in Arbeit hat – zu früh, so daß der Berliner Arbeiter Majunke, der v. Heyden zu einem Christuskopf Modell steht, das Atelier nicht mehr rechtzeitig verlassen kann. Baron v. Heyden hat dem Kaiser bereits von Majunke erzählt, so daß dieser ein Gespräch mit Majunke wünscht. Dieses Gespräch, bei dem sich Majunke als »stramm königstreu« bezeichnet, führt zu einer Provokation, als der frühere, mit dem Eisernen Kreuz ausgezeichnete Unteroffizier die Ziele der Sozialdemokratie darlegt und erklärt, warum er Sozialdemokrat sei. Wilhelm II. beschließt, sich sofort mit Bismarck in Verbindung zu setzen: »Aus solchen Stimmungen erwachsen Revolutionen. Man muß den Sozialdemokraten den Wind aus den Segeln nehmen.«

(8) v. Boetticher, der in Friedrichsruh zum Vortrag erschienen ist, informiert Bismarck bei einem Spaziergang durch den Sachsenwald von der Absicht des Kaisers, einen Aufruf an das Volk zu erlassen, mit dem er die »Herzen des Volkes« gewinnen und ein weiteres Anwachsen der Sozialdemokratie verhindern will. Bismarck verweigert die Zustimmung: »Man löst die soziale Frage nicht, indem man darüber redet, sondern indem man handelt.« Er hat bereits Entwürfe für eine neue Sozialgesetzgebung vorbereitet und beschlossen, sie »notfalls ohne Unterstützung der Parteien« durchzubringen. Bei einem Abendessen mit v. Holstein und Graf Waldersee informiert v. Boetticher beide über dieses Verhalten des Kanzlers, das den Kaiser empört habe. Man diskutiert den Gesundheitszustand Bismarcks und den Geltungsdrang des Kaisers. Geschickt

DIE ENTLASSUNG 315

baut v. Holstein eine Front gegen Bismarck auf: »Friedrich der Große wäre nie ›der Große‹ geworden, wenn er bei seinem Regierungsantritt einen Bismarck vorgefunden hätte.« Er haßt das »Licht der Öffentlichkeit« und macht v. Boetticher und Graf Waldersee, die beide Kanzler werden wollen, aber von Außenpolitik nichts verstehen, klar, daß sie mit ihm rechnen müßten. Während der Hofjagd, an der auch v. Boetticher teilnimmt, umgarnen Graf Waldersee und Kabinettschef v. Lucanus den Kaiser mit Schmeicheleien und Gerüchten. Ein Jagdhüter schnappt die scherzhafte Parole auf: »Heute ist Großwildjagd. Heute wird Bismarck abgeschossen.«

(9) In Friedrichsruh bittet Herbert v. Bismarck seinen Vater, nach Berlin zurückzukehren, da sich um den Kaiser eine Kamarilla gebildet habe, die ständig gegen ihn hetze und ›wühle‹. Bismarck wehrt die Warnungen ab. In einer pathetischen Rede auf dem Jagdbankett fordert Wilhelm II. bedingungslose Gefolgschaft. Um seine Ziele durchzusetzen, läßt er den Kronrat einberufen und Bismarck nach Berlin zurückrufen. Angeblich weiß v. Boetticher, der Bismarck vom Bahnhof abholt, nichts über das Thema des Kronrats, obgleich ihn der Kaiser zur Mitarbeit am »Erlaß« herangezogen hat, der die Verbesserung der sozialen Verhältnisse in Aussicht stellt und die Einberufung einer Konferenz aller Industriestaaten Europas nach Berlin zum Gegenstand hat. Angesichts der bevorstehenden Wahlen rät Bismarck von diesem Erlaß ab. Bis auf v. Boetticher, der sich »wie ein Aal windet« und nach einem Kompromiß sucht, stimmt der Kronrat Bismarck zu. Wütend verläßt der Kaiser den Saal. Seinem Generaladjutanten v. Hahnke, Graf Eulenburg und Kabinettschef v. Lucanus gegenüber wird er dann deutlich: »Das sind nicht meine Minister, das sind Bismarcks Minister!« Doch als der Kronrat unter Bismarcks Leitung die Besprechung fortsetzt, tritt die Opposition einiger Kabinettsmitglieder gegen Bismarcks innenpolitische Strategie an den Tag. Bismarck sieht sich »zum erstenmal seit 28 Jahren in einer entscheidenden Frage im Stich gelassen«; er will den Kaiser bitten, ihn von der Führung der Innenpolitik zu befreien. Die stotternden Entschuldigungen v. Boettichers überhört er mit Verachtung.

(10) Der Erlaß des Kaisers erscheint. Aber der Wahlausgang der Reichstagswahlen (mit starkem Stimmengewinn Bebels) beweist die Richtigkeit der Warnungen Bismarcks. Im Familienkreis rät Dr. Schwenniger Bismarck, sich zurückzuziehen, aber dieser will »dem jungen Herren das Reich nicht einfach als Spielball überlassen«. Da erscheint zu später Stunde Graf Eulenburg, um Bismarck im Auftrag des Kaisers zu einer dringenden Besprechung zu rufen. Nur mit Bismarcks Hilfe kann der Kaiser die Militärvorlage durch den Reichstag bringen; Bismarck fordert unbeschränkte Vollmachten. Geheimrat v. Holstein irritiert die Aussöhnung zwischen Kaiser und Kanzler nicht; er erklärt dem entsetzten v. Boetticher, daß man einen Bismarck nicht mit einer »kleinen Intrige« stürzen könne, und deklassiert ihn als Kanzleranwärter. Auch Graf Waldersee ist entsetzt, doch v. Holstein hat seinen Kampf gegen Bismarck noch gar nicht begonnen. Als Bismarck ihn beauftragt, die Kabinettsordre vom

7. September 1852, die den Ministern den direkten Verkehr mit dem König untersagt, heraussuchen, abschreiben und den Ministern zustellen zu lassen, erkennt er darin einen »großartigen Schachzug« Bismarcks.

(11) Im Reichstag lehnt Bebel[156] die Bewilligung der Militärkredite ab. Bismarck antwortet der Opposition mit beißender Ironie und zunehmender Aggressivität. Während Graf Eulenburg in seinem Gespräch mit v. Holstein noch von diesem »grandiosen Sieg« Bismarcks schwärmt, beurteilt v. Holstein die Situation klarer: »Der Kaiser wird Bismarck nie verzeihen, daß er ihn um Hilfe bitten mußte.« Er sieht die Zeit für den Schlag gegen Bismarck, bei dem er Graf Eulenburg als Zwischenträger ausersehen hat, für gekommen. Graf Eulenburg soll dem Kaiser die Mitteilungen über russische Truppenbewegungen an der österreichischen Grenze vorlegen, die Bismarck seinerzeit dem Kaiser nicht zur Kenntnis gebracht hatte. Zunächst weigert sich Graf Eulenburg, sich an diesem »unsauberen Spiel« zu beteiligen; er will dem Kanzler die Treue halten. Doch ist er schließlich dazu bereit, als v. Holstein ihm droht, er werde den Kaiser davon in Kenntnis setzen, daß sein intimster Freund sich geweigert hätte, ihn vor drohender Gefahr zu warnen. Der über Bismarcks Verhalten empörte Kaiser gibt die Akte an das Auswärtige Amt, mit einem offenen Begleitzettel, dem auch die Amtsdiener die Rüge des Kaisers entnehmen können. Herbert v. Bismarck erkennt darin den Vorwurf des Landesverrats und stellt v. Holstein zur Rede, der jedoch erklärt, die Akte sei durch den Generalstab in die Hände des Kaisers gelangt.

(12) Morgens um halb neun Uhr sucht der Kaiser unangemeldet Bismarck auf, der erst aus dem Bett geholt werden muß und der seine darüber erzürnte Frau Johanna scherzhaft vor »Majestätsbeleidigungen« warnt. Inzwischen äußert Wilhelm II. gegenüber Herbert v. Bismarck den ihm zugetragenen Verdacht, Bismarck nehme Morphium. Auch Dr. Schwenniger weist diesen Verdacht zurück. Im anschließenden Gespräch zwischen Wilhelm II. und Bismarck kommt es zu einer tiefgreifenden Auseinandersetzung. Sie erhält besonderes Gewicht durch die Mitteilung aus London, Zar Alexander habe sich in verletzender Weise über den deutschen Kaiser geäußert. Bismarck erteilt seinem Souverän eine verfassungsrechtliche Lektion, Wilhelm II. verlangt von Bismarck die Aufhebung der Kabinettsordre aus dem Jahre 1852, die Bismarck reaktiviert hatte. Als Bismarck sich weigert, dies zu tun, verläßt er ohne Abschied den Raum, besinnt sich jedoch, eilt zurück, um Bismarck, der ihm gefolgt ist, zu umarmen; das vor dem Ministerpräsidentenpalais jubelnde Volk glaubt an eine Versöhnung, doch der »Bruch zwischen beiden Männern ist«, wie v. Holstein vorausgesagt hat, »unheilbar«.

---

156 Vgl. zu den Vorgängen im Atelier bei den Aufnahmen zur Reichstagssitzung und der genialen Darstellung Bebels durch den Schauspieler Friedrich Maurer, die als »antinationalsozialistische Demonstration« verstanden wurden und die Goebbels (*Tagebuch*, 4.3.1942) durch Denunziation zu Ohren gekommen waren: Hippler 1982, S. 235 f.

(13) Herbert v. Bismarck, als Staatssekretär Vorgesetzter v. Holsteins, bittet diesen erneut um Aufklärung, nachdem er vom Generalstab erfahren hat, dort sei die Akte nicht bekannt. Assistiert von dem im Zimmer anwesenden v. Boetticher, lügt v. Holstein erneut. Herbert v. Bismarcks Befehl, in Zukunft keine Akten ohne seine Genehmigung herauszugeben, hat »keinen praktischen Wert« mehr, da der Generaladjutant des Kaisers General v. Hahnke mit der Alternative konfrontiert, entweder die Kabinettsordre zurückzuziehen oder seinen Abschied zu nehmen. Vergeblich versucht v. Hahnke im letzten Augenblick, Bismarck doch noch zu einem Kompromiß zu bewegen. Bismarck bleibt unbeugsam, da er ohne diese Kabinettsordre aufhören würde, Reichskanzler zu sein; er weigert sich auch, um zwei Uhr beim Kaiser zu erscheinen, um dort seine Entlassung persönlich entgegenzunehmen, er werde vielmehr dem Kaiser schreiben. Zuvor will er unter allen Umständen noch den Rückversicherungsvertrag mit Rußland perfekt machen; Herbert v. Bismarck soll unterdessen darauf achten, daß Botschafter Schuwalow, der vom Zaren den Auftrag hat, diesen Vertrag nur mit Bismarck abzuschließen, von anderen Personen ferngehalten wird.

(14) Geheimrat v. Holstein ist fest entschlossen, die Unterzeichnung dieses Vertrages zu verhindern. Graf Eulenburg soll den Kaiser umstimmen, indem er ihm klarmacht, daß er sonst »für die nächsten sechs Jahre Bismarcks Spiel weiterspielen muß, daß er unter keinen Umständen irgendeinmal einen eigenen Willen haben wird, wenn er nicht sofort eine neue deutsche Politik beginnt«. Nach kurzem Zögern folgt der Kaiser Graf Eulenburgs Rat; v. Holstein soll Schuwalow die Ablehnung schonend beibringen. Danach ernennt er im Weißen Saal des Schlosses vor den Generälen, obgleich Bismarcks Abschiedsgesuch noch nicht vorliegt, General v. Caprivi zum zweiten Kanzler des Deutschen Reiches. Den Einwand v. Caprivis, ihm fehle politische Erfahrung, entkräftet er mit der Bemerkung: »Ihre Instruktionen bekommen Sie von mir. Die politische Führung des Reiches übernehme von jetzt an ich!«

(15) Als Graf Schuwalow v. Holstein darauf aufmerksam macht, daß er den Auftrag habe, nur mit dem Reichskanzler selbst zu verhandeln, eröffnet v. Holstein ihm, dieser habe seinen Abschied eingereicht. Daraufhin erklärt Graf Schuwalow, er sei bevollmächtigt, den Rückversicherungsvertrag auch mit dem Nachfolger Bismarcks abzuschließen. Schnell stellt sich v. Holstein auf die neue Situation ein, spricht von »veränderten Voraussetzungen« und macht Schuwalow schließlich klar, daß es nach der Überzeugung des Kaisers »wohl für die beiden Partner richtiger ist, den Vertrag nicht zu verlängern«. Schuwalow interessiert sich nicht für die »tieferen Beweggründe des Verhaltens des Auswärtigen Amtes«, sondern begibt sich sofort zur französischen Botschaft zu »anderweitigen wichtigen Verhandlungen«.

(16) Kabinettschef v. Lucanus mahnt bei Bismarck das Abschiedsgesuch an. Da der Kaiser ihn ohnehin jederzeit entlassen kann, läßt er sich Zeit, dieses

Abschiedsgesuch so zu formulieren, daß »die Verantwortlichkeit vor der Geschichte« ein für allemal klargestellt sei. Der Kaiser will Bismarck als »sichtbaren Beweis seiner allerhöchsten Gnade« den Titel eines Herzogs von Lauenburg verleihen. Doch Bismarck erklärt schroff: »Sagen Sie dem Kaiser, ich heiße Bismarck. Dieser Name ist mir bis heute gut genug gewesen und wird es auch in Zukunft sein.« Im großen Salon des Schlosses wartet der Kaiser, umgeben von einer Hofgesellschaft, ungeduldig auf das Abschiedsgesuch; er bittet Graf Eulenburg, seinen *Skaldengesang von Hukan*[157] vorzutragen, dann endlich tritt v. Lucanus mit dem Abschiedsgesuch in den Saal; in Graf Eulenburgs Gesang ist gerade von der »Treue« die Rede.

(17) Es ist Nacht. Vor dem Palais des Ministerpräsidenten stehen schon die Möbelwagen v. Caprivis. Geheimrat v. Holstein geht durch offene Türen und findet Bismarck beim Aufräumen. »Treibt es den Täter an den Ort der Tat?« fragt Bismarck ihn. »Nehmen Sie bitte an«, erwidert v. Holstein, »ich wäre gekommen, Ihnen zu sagen, daß ich die Handlungsweise des Kaisers tief bedauere.« Aber Bismarck zeigt offen seine Verachtung für den »Verräter« und rechnet mit ihm ab: »Sie haben die Interessen des Reiches, Sie haben das Vaterland geopfert, um Ihren Machthunger zu stillen, den Sie wie ein Laster verbergen, denn Sie sind ja nicht dumm. Sie wissen, daß uns jetzt der Zweifrontenkrieg droht.« Auf Geheiß Bismarcks entfernt sich v. Holstein. Bismarck bleibt allein zurück und zieht die Summe seines politischen Wirkens (siehe Textbeispiel in Kap. B.26.4).

26.3. Verwendetes literarisches Material

Otto v. Bismarck: *Gedanken und Erinnerungen*, hg. v. Horst Kohl, 3 Bde. Bde. 1–2: Stuttgart 1898. Bd. 3: *Erinnerung und Gedanke*. Stuttgart 1919 [recte: 1921], korr. hist.-krit. Ausg. hg. v. Gerhard Ritter u. Rudolf Stadelmann. Berlin 1932. Daneben: die verschiedenen Ausgaben der »Reden« Bismarcks.

26.4. Textbeispiel

Schluß des Films, Drehbuchfassung: Auf der rechten Seite markieren eckige Klammern den im Film getilgten, **halbfett** gedruckten Worte den umgestellten bzw. zusätzlichen Text:

414. Nah:

Das Bild der Kaiserproklamation
füllt die Leinwand fast ganz aus.

---
157 Aus Philipp Graf zu Eulenburg: *Skaldengesänge. Dichtungen.* Braunschweig 1892.

DIE ENTLASSUNG   319

Davor Bismarck angeschnitten –
er beginnt zu sprechen: Vor 20 Jahren stand ich dort
                                            – – – – – – – Und jetzt?

415. Gross:

Bismarck's Kopf.
Er beendet den Satz: Wo stehe ich jetzt? – – –
                                            Aber wo ich **heute** stehe, ist [heute]
                                            nicht mehr entscheidend.
                                            Denn was mich überlebt, ist
                                            das Reich – mein Reich –
                                            Deutschland.

416. Gross:

Das Bild,
das die ganze Leinwand aus-
füllt –
Darüber Bismarck's Stimme: [Fürsten kommen und vergehen –
                                            Menschen sterben dahin, –
                                            aber ewig ist das Volk. –
                                            Staaten blühen und zerbrechen,
                                            Staatsformen wechseln wie
                                            Sommer und Winter. Was bleiben
                                            muss, ist das Reich. –
                                            Wenn Volk und Reich eins
                                            werden, dann wird auch das
                                            Reich ewig sein.]

In das Bild hinein
blendet langsam
der Kopf Bismarcks
der die Schlussworte spricht: **Ja,** mein Werk ist getan. Es war nur
                                            ein Anfang. – – –
                                            Wer wird es vollenden?

[Letztes Bild: Monumentales Bismarck-Denkmal.]

26.5. Kontext

Hinsichtlich des historischen Horizonts – der Gründung des deutschen Kaiserreiches – gelten für diesen ›Fortsetzungsfilm‹ die gleichen Kontext-Bedingun-
gen wie für den Film BISMARCK. Doch in noch weitaus stärkerem Maße als im

GROSSEN KÖNIG ergaben sich aus den aktuellen historischen Ereignissen unerwartete Kontext-Beziehungen, die die intendierte Botschaft der ENTLASSUNG sprengten. So war am 5. Dezember 1941 der deutsche Angriff vor Moskau zum Stehen gekommen, und am 13. September 1942 begann die ›Schlacht um Stalingrad‹: Der von Deutschland am 22. Juni 1941 gegen die Sowjetunion entfesselte »Zweifrontenkrieg« hatte den Wendepunkt erreicht. Jedem Zuschauer mußte bewußt werden, daß Hitler die politischen Prinzipien Bismarcks mißachtet hatte.[158]

26.6. Normaspekte

(I) In der dargestellten Welt wird die Handlung zwar auf den Konflikt zwischen Kaiser Wilhelm II. und Bismarck zugespitzt, aber entscheidend durch das Verhalten Bismarcks und Geheimrat v. Holsteins bestimmt; beide vertreten konträre Ansichten über das *Wesen* der *Politik* und verfolgen unterschiedliche *politische Interessen*. Im Mittelpunkt steht die von Bismarck und vom russischen Zaren gewünschte, aber von der neuen deutschen Regierung verweigerte Verlängerung des sog. »Rückversicherungsvertrages«; die ›graue Eminenz‹ v. Holstein spielt dabei eine unheilvolle Rolle.

(1) Bismarck betrachtet die Politik als ein Handeln nach den *Geboten der Klugheit*; für ihn ist Politik zugleich eine Sache des *Charakters*.

(2) v. Holstein sieht in der Politik nur ein »*Schachspiel um die Macht* mit lebenden Figuren«. Gegenüber Graf Eulenburg erklärt er: »Das ist der feinste geistige Rausch, wie höhere Mathematik«, und er gewinnt ihn für seine Intrige gegen Bismarck mit dem Hinweis: »Wenn Sie in der Politik *Karriere* machen wollen, dann gewöhnen Sie sich die primitiven *Ehrbegriffe* des preußischen Gardeoffiziers ab.«

(3) v. Holstein macht sich »unentbehrlich«, er scheut das Licht der Öffentlichkeit, will anonym herrschen, so daß er keine *Verantwortung* zu tragen braucht. Bismarck kommentiert dieses Verhalten in seiner letzten Begegnung mit v. Holstein: »In der Politik darf nur derjenige an die *Macht*, der auch bereit ist, dafür täglich, stündlich sich selbst – sein ganzes Leben einzusetzen. Aber dazu sind Sie zu feige.«

(II) Der Kaiser spielt »wie ein Kind mit Kronen und Menschen, und schiebt dem lieben Gott die Verantwortung zu – er weiß es nicht anders«. Dieser Herrscherattitüde setzt Bismarck seine Auffassung vom *Staat* als einem *Organismus* entgegen.

---

158 Reichsleiter Alfred Rosenberg hielt »die Veröffentlichung dieses Films« zum damaligen Zeitpunkt für »ganz außerordentlich bedenklich« und fragte sich, »ob die jetzige Zeit geeignet ist, das ganze deutsche Volk mit dem Problem des Rückversicherungsvertrages mit der Unglückspolitik Kaiser Wilhelms und schließlich erneut mit dem Kriegsausbruch von 1914 zu beschäftigen« (Brief an Martin Bormann); auch das Auswärtige Amt äußerte Bedenken. Vgl. hierzu Drewniak 1987, S. 198 f.

(1) Während eines Spaziergangs mit v. Boetticher durch den Sachsenwald wählt er folgenden Vergleich: »Sehen Sie sich das mal an, Boetticher. Ein Staat, der wächst nach denselben Gesetzen wie die Natur. Es wär' doch schön, wenn man die Menschen auch so heranziehen könnte wie die Bäume.«

(2) Dieser Staatsidee entspricht der Gedanke eines deutschen *Staatssozialismus* »von oben herab, nicht unter dem Druck der Straße«. In klarer Opposition zur deutschen Sozialdemokratie und ihrem Führer August Bebel erklärt Bismarck deshalb: »Der Sozialismus ist keine internationale, sondern eine nationale Angelegenheit.«

(3) In seiner Antwort auf die Rede Bebels vor dem Reichstag geht Bismarck auch mit dem *Pazifismus* ins Gericht: »Eine solche Partei, die sich anschickt, ihr eigenes Vaterland zu erschlagen, werde ich mit allen mir zu Gebote stehenden Mitteln bekämpfen ... Wer im Mittelalter den Staat nicht schützen wollte, der mußte weichen aus diesem Staat. Man nannte das im alten Deutschen Reich ›Acht und Bann‹. Das ist ein hartes Verfahren, zu dem unsre heutige Zeit zu weichmütig ist. Ich aber nicht!«

26.7. Überliefertes Material

Im DIF sind überliefert:
Drehbuch (1): *Eine Emil Jannings-Produktion der Tobis Filmkunst G.m.b.H.* DIE ENTLASSUNG. *Regie: Wolfgang Liebeneiner. Drehbuch: Curt Johannes Braun und Felix v. Eckardt. Tobis Filmkunst G.m.b.H., Herstellungsgruppe Klotzsch.* Typoskript, 244 hektogr. S. (84 Bilder, 416 E) [Vorbesitzer: Hans Heyck. Mit hsl. Streichungen auf S. 188 und Notizen zum Kostüm, S. 242 (Kaiserin Friedrich), S. 243 (Johanna v. Bismarck)].
Drehbuch (2): Die gleiche Fassung, aber der Titel durchgestrichen, darüber SCHICKSALSWENDE. Namenszug auf dem Titelblatt: Liebeneiner. Ecken rechts oben abgeschnitten, nach dem Titelblatt 6 Bl. kariertes Papier, 3 S. mit hsl. Bleistift-Notizen und 5 Bl. am Schluß unbeschrieben [Haupttext mit zahlreichen hsl. Streichungen und Bleistiftkorrekturen].
In der SDK sind 3 Expl. der gleichen Drehbuchfassung überliefert, davon enthält das erste und dritte Expl. keine hsl. Notizen, das zweite Expl. (im festen Einband) nach dem Titelblatt 5 Bl. karierten Papiers und 6 Bl. karierten Papiers am Schluß, ein Einlegeblatt, alle unbeschrieben [Haupttext mit zahlreichen hsl. Streichungen und Bleistiftkorrekturen]. Weiteres Expl. in der HFF »Konrad Wolf« (keine hsl. Notizen).

Illustrierter Film-Kurier Nr. 3293 [BFA]; *Das Programm von heute* Nr. 1847 [BFA]; zu SCHICKSALSWENDE (WILHELM II. UND BISMARCK) Atlantic-Film-Verleih G.m.b.H., München, Frankfurt [mit einigen Schnitten und Änderungen des Schlusses] 1956 [BFA]; *Illustrierte Film-Bühne* Nr. 2247 [zu SCHICKSALSWENDE; BFA]; *Werbeheft* der Tobis 8 S. [BFA]; Bildmaterial [BFA, SDK]

26.8. Interviews, Stellungnahmen, Rezensionen

[Mittlg:] Emil Jannings als Bismarck. Wolfgang Liebeneiner führt die Regie des neuen Tobis-Großfilms DIE ENTLASSUNG, in: *FK* 14.1.1942 (Nr. 11); Günther Schwark: Zum neuen Emil Jannings-Film der Tobis: DIE ENTLASSUNG. Gestalten um Bismarck und Wilhelm II., in: *FK* 20.1.1942 (Nr. 16); [Anonym:] Die Kamarilla in dem Jannings-Film DIE ENTLASSUNG, in: *FK* 12.2.1942 (Nr. 36); [Anonym:] Zum Tobis-Film DIE ENTLASSUNG. Baron v. Holstein, die graue Eminenz. Eine seltsame Erscheinung aus der Wilhelmstraße, in: *FK* 3.3.1942 (Nr. 52).

Rolf Brandt: Als Bismarck ging ... Goebbels bei der Aufführung des Jannings-Films DIE ENTLASSUNG [mit Foto], in: *Berliner Lokal-Anzeiger* 7.10.1942 (Nr. 239), Titelseite; Werner Fiedler: Der Bismarck-Film DIE ENTLASSUNG. Zur Erstaufführung des Jannings-Films im Ufa-Palast, in: *Dt. Allg. Ztg.* 7.10.1942 (Nr. 479); Georg Herzberg: Beifallsstürme für die ENTLASSUNG. Ein neues Meisterwerk des deutschen Filmschaffens. Wolfgang Liebeneiner erhielt den Deutschen Filmring, in: *FK* 7.10.1942 (Nr. 235); Dr. W. Koppen: Emil Jannings' Bismarck-Film. DIE ENTLASSUNG – Film der Nation. Erstaufführung in Berlin – Filmring für Liebeneiner [mit Abb.], in: *Völkischer Beobachter* (Norddt. Ausg.) 7.10.1942 (Nr. 281); Emil Jannings: Geschichte wird Film – Film wird Geschichte, in: *Dt. Allg. Ztg.* 10.10.1942 (Nr. 485); Wilhelm Hackbarth: DIE ENTLASSUNG, in: *Filmwelt*, Berlin, 14.10.1942 (Nr. 37/38); Wolfgang Goetz: Ein historischer Wendepunkt. Zu dem Bismarck-Film DIE ENTLASSUNG, in: *Das Reich* 18.10.1942 (Nr. 42); Helmuth Fischbach: Film der Nation: DIE ENTLASSUNG, in: *Der Deutsche Film*, Berlin, Jg. 7 (1942/43), H. 5, S. 20 f.; O. Th. K.: DIE ENTLASSUNG in Wien. Emil Jannings bei Reichsleiter Baldur v. Schirach, in: *FK* 22.10.1942 (Nr. 248); W. St.: Bericht aus Mitteldeutschland. Schaffende erleben den Film DIE ENTLASSUNG, in: *FK* 18.11.1942 (Nr. 271).

Weiterer Einsatz: *FK* 19.10.1942 (Nr. 245): Stuttgart, Hannover; *FK* 27.10.1942 (Nr. 252): Dresden; *FK* 30.10.1942 (Nr. 255): Wartheland; *FK* 3.11.1942 (Nr. 258): Westdeutschland; *FK* 19.11.1942 (Nr. 272): Wien; *FK* 27.11.1942 (Nr. 279): Südwesten.

27. ANDREAS SCHLÜTER

27.1. Produktionsdaten

UT: Ein Film von Helmut Brandis, frei nach Motiven des Romans *Der Münzturm* von Alfons Czibulka; ein Herbert Maisch-Film der Terra
P: Terra Filmkunst GmbH, Herstellungsgruppe Viktor v. Struve; 3.078 m; Drehbeginn: 15.12.1941 (Arbeitstitel: MÜNZTURM); Ablieferung: ca. 15.7.1942
A: Helmut Brandis, Herbert Maisch
R: Herbert Maisch;[159] R-Ass.: Dr. Heinz-Günther Schulz

Stab: K: Ewald Daub; M: Wolfgang Zeller; T: Erich Schmidt; Bau: Robert Herlth, Kurt Herlth, Hermann Asmus; Kostüme: Walther Schulze-Mittendorf; Schnitt: Ursula Schmidt; Aufnahmeltg.: Gustav Wehrand, Timotheus Stuloff, Paul Kalinowsky; Produktionsltg.: Viktor v. Struve

FM: Tobis-Klangfilm, Afifa-Tonkopie
V: Deutsche Filmvertriebs-GmbH (DFV)
UA: 5. September 1942, Venedig, Cinema San Marco; danach in Wien und Dresden; Berliner EA: 19. November 1942, Capitol und Primus-Palast Neukölln

Besetzung:
Andreas Schlüter	Heinrich George
Elisabeth, seine Frau	Mila Kopp
Leonore, beider Tochter	Marianne Simson
Martin Böhme	Karl John
Naumann	Eduard v. Winterstein
Gräfin Orlewska	Olga Tschechowa
v. Danckelmann	Emil Heß
v. Wartenberg	Herbert Hübner
Eosander	Ernst F. Fürbringer
Kurfürst	Theodor Loos
Kurfürstin	Dorothea Wieck
v. Leibniz	Robert Taube
Kraut	Max Gülstorff
v. Anhalt-Dessau	Christian Kayßler
Fräulein v. Pöllnitz	Trude Haefelin
Jacobi	Paul Dahlke
v. Harms	Franz Schafheitlin
Graf Flemming	Otto Graf
Professor Sturm	Ernst Legal
Wenzel	Paul Westermeier
Grünberg	Ernst Rotmund
Dietze	Karl Hannemann
Zeichner	Helmut Heyne
Zeremonienmeister	Valy Arnheim
Obermarschall	Hanns Waschatko
Agitator	Peter Elsholtz
Sekretär bei Wartenberg	Herwart Grosse

---

159 Vgl. zur Produktion: Maisch 1968, S. 301–306, insbesondere S. 304 f. über die grotesken Umstände bei der Nachvertonung der letzten Worte »ewig ist das Werk«.

Bauführer Hanns Meyer-Hanno
Rittmeister Carl Günther
Kommissionsmitglied Klaus Pohl

Bewertung:
FP: 11. September 1942, Prüf-Nr. 57568 (Sequ.): staatspolitisch und künstlerisch besonders wertvoll, jugendwert, Jf 14, 3.078 m (gültig bis 31.12.1944) [BFA]; 14. Oktober 1942, Prüf-Nr. 5701 (Vorspann): 78 m; Paimann 9.10.1942 (Nr. 1382/83).
FSK: 20. Oktober 1950, 30. Juli 1956 und 21. Juni 1971, Prüf-Nr. 1990/a-b: 3.005 m (110 min) – mit Schnittauflage »Die Terra zeigt«.

Rechte: F.-W.-Murnau-Stiftung; Ausw: Transit-Film GmbH, München (komm.), DIF (nicht-komm.)
Kopie: BFA$_1$ [BFA$_2$, DIF, SDK]

27.2. Handlung

(1) Anläßlich des einjährigen Bestehens der Berliner Akademie der Künste spricht der Hofarchitekt Baron Eosander dem brandenburgischen Kurfürsten Friedrich III. den Dank der im Thronsaal versammelten Künstlerschaft aus und überreicht ihm als Geschenk eine in Gold gegossene Reiterstatuette seines Vaters, des Großen Kurfürsten Friedrich Wilhelm, nach einem Modell von Andreas Schlüter. Kurfürst Friedrich III. ist »tief bewegt«. Er dankt Eosander für die »schönen Worte« und seinen Künstlern für die »Gabe«. Zugleich legt er ein Bekenntnis zum Staate ab: »Das Bildnis meines Vaters soll mir immer vor Augen sein und mich mahnen, daß es meine Aufgabe ist, das Ansehen meines Landes zu erhalten und zu mehren. Was er mit dem Schwert geschaffen hat, das will ich durch die Kunst verherrlichen und in unvergänglichem Glanz erstrahlen lassen. Ihr, meine Künstler, Ihr werdet künftig in noch größerem Maße dazu beitragen dürfen als bisher.« Andreas Schlüter, den der Kurfürst als Zeichen seiner Anerkennung auffordert, sich eine Gunst auszubitten, trägt eine »Klage« der Künstler vor, die sich durch das Ministerium in ihrer Arbeit vielfach behindert sehen. Der Kurfürst fühlt sich dadurch »in aller Öffentlichkeit« brüskiert, nennt Schlüter einen »Querkopf« und wendet sich von ihm ab. Die Meinung der zurückbleibenden Künstler über Schlüters mutiges Verhalten ist gespalten: Die einen beglückwünschen ihn (darunter sein Geselle Martin), die anderen zeigen sich besorgt, und Eosander erklärt: »Das ist Schlüters Ende!«

(2) Graf Wartenberg legt dem Kurfürsten nahe, Schlüters Vorwürfe zu prüfen. Er schürt darüber hinaus das Mißtrauen gegen den Ersten Minister Danckelmann, zu dessen Palais der Kurfürst seinen Wagen umleitet. Dort führt gerade der Kaiserliche Gesandte v. Harms ein Gespräch mit Danckelmann, um zu erfahren, ob es den Tatsachen entspricht, daß der Kurfürst die Königswürde anstrebe; Danckelmann verweigert die Auskunft. Im folgenden Gespräch zwischen dem Kurfürsten und Danckelmann prallen hinsichtlich dieses politischen Zieles die Meinungen aufeinander: Während der Kurfürst auf die

Königswürde drängt, will Danckelmann diplomatisch den richtigen Zeitpunkt abwarten, um »untragbaren Bedingungen« des Kaisers aus dem Wege zu gehen (»es ist genug brandenburgisches Blut für die Habsburgische Hauspolitik geflossen«). Danckelmann bittet schließlich um seine Entlassung.

(3) Schlüters Frau Elisabeth ist besorgt, als sie von Martin erfährt, was in der Kurfürstlichen Residenz vorgefallen ist. Als die Tochter Leonore Martin daran erinnert, daß man den Kupferstecher Neubert erst vorige Woche wegen aufrührerischer Reden auf die Festung Spandau gebracht habe, nennt er sie eine »Zimperliese«, versöhnt sich aber nach der Rückkehr Schlüters schnell mit seiner zukünftigen Braut. Im Gespräch mit Schlüter, der nicht will, daß der »Hofgestank auch noch zu Hause die Luft verpestet«, formuliert Elisabeth die Familiennorm: »Wir gehören zu Dir, Andreas, zu Hause und draußen. Das läßt sich doch nicht trennen.« Und Schlüter weiß: »Es könnte auch mal schiefgehen.« Mit ihrer Antwort nimmt Elisabeth vorweg, was am Ende geschieht: »Dann ist es unsere Sache, Dir darüber wegzuhelfen.« Das gemeinsame Mahl und das Tischgebet vereinen die Familie.

(4) Wartenberg unterbreitet dem Kurfürsten die Pläne für den Ausbau des von Schlüter erbauten Schlosses Lützenburg und das monumentale Reiterstandbild des Großen Kurfürsten, die Danckelmann im Archiv verstauben ließ: »Die Hauptstadt des künftigen Königreichs Preußen braucht andere Monumente als die kurfürstliche Residenzstadt Berlin.« Er schlägt vor, die Aufgaben Andreas Schlüter zu übertragen, der diese Pläne entworfen hat, und entkräftet die Einwände des Kurfürsten. Bevor Wartenberg Schlüter den Auftrag für das Reiterstandbild übermittelt, formuliert Schlüter während der Arbeit an den »Masken der sterbenden Krieger« für das Zeughaus Martin gegenüber die für ihn maßgebende Kunstnorm: »In der Kunst muß man das Größte wollen, um nicht im Kleinen steckenzubleiben. Man muß über sich hinauswachsen. Das, was wir schaffen, das soll ja noch leben, wenn wir selber längst vermodert sind, wie diese armen Teufel hier, die bei den Kämpfen um Wien haben ins Gras beißen müssen.« Schlüter will das Reiterstandbild nicht nach der Statuette, sondern völlig neu schaffen. Wartenberg kann hierfür keine Sonderhonorierung in Aussicht stellen; Schlüter erwidert: »Es geht mir nicht um die Bezahlung, es geht mir allein um die Arbeit.«

(5) Auf der kgl. Reitbahn läßt Schlüter sich Pferde vorführen, um ein Modell für das Reiterstandbild zu finden. Gegen den Einspruch des Rittmeisters, der wegen seines Widerstandes nach Küstrin versetzt wird, wählt Schlüter das beste Pferd. Im Atelier entwickelt er Martin seine Idee des Reiterstandbildes: »So soll er's reiten: den Feldherrnstab in seiner Rechten, den Blick in die Zukunft gerichtet, seinem Volk voran, wie ein König, wie der Kaiser, über alle Widerstände hinweg, vorwärts!« Da meldet Elisabeth eine »Gräfin Orlewska«, in der sie angesichts der schlechten Geschäftslage eine Kunstkäuferin vermutet. Es ist jedoch Schlüters frühere Geliebte Vera aus seiner Warschauer Zeit.

Schlüter weist sie ab, holt sie jedoch auf der Straße ein und stellt sie zur Rede. Vera, einst auch Modell für die von Schlüter geschaffene Venus, wurde die Frau des alten, inzwischen verstorbenen Grafen Orlewski, konnte aber nicht länger in Warschau bleiben und hofft nun, daß Schlüter ihr Zugang zum Hofe verschafft.

(6) Ein Gläubiger mahnt bei Elisabeth die Schulden Schlüters an; Martin verspricht, ihn mit dem Auftrag zu beruhigen, den Schlüter für den Ausbau des Schlosses Lützenburg erwartet. Doch um diesen Auftrag ist es schlecht bestellt. Eosander findet bei der Kurfürstin Sophie Charlotte Gehör für seine eigenen Pläne. Die Kurfürstin überläßt es ihrer Hofdame Fräulein v. Pöllnitz, der Fürsprecherin und Freundin Eosanders, Schlüter von ihrem Sinneswandel zu unterrichten; Schlüter soll den Bau (nach dem Entwurf Eosanders) lediglich ausführen, was er brüsk ablehnt; er will nicht »der Affe der Franzosen« sein. Indessen erörtert die Kurfürstin mit Leibniz dessen Pläne für eine Akademie der Wissenschaften. Als Leibniz von der Pöllnitz den Sachverhalt erfährt, nennt er Schlüter einen »Mann von Überzeugung« und fügt hinzu: »Eine Seltenheit in unserer Zeit, in der man glauben könnte, die Deutschen hätten außer dem Fleiß alle ihre Tugenden vergessen.« Schlüter will sich mit der Zurücksetzung nicht abfinden. Vergeblich versucht Martin seine Lore und Elisabeth ihren Mann zu trösten (siehe Textbeispiel in Kap. B.27.4). Erfüllung aber findet Schlüter wiederum nur in seiner Arbeit. Unerwartet erscheint der Kurfürst in Begleitung Wartenbergs im Arbeitsraum, lobt das Modell des Reiterstandbildes, läßt sich von Schlüter die Pläne zum Schloßumbau erläutern, wehrt Wartenbergs Bedenken wegen der Kosten ab (Schlüters Schulden sind inzwischen stillschweigend bezahlt worden) und ernennt Schlüter zum Schloßbaumeister; Martin eilt davon, um Elisabeth und Lore die frohe Botschaft zu verkünden. Wartenberg gelingt es, Eosander zur Rücknahme der Beschwerde der Architekten gegen Schlüters Ernennung zu bewegen. Martin und Lore heiraten. Auf dem Hochzeitsfest entwickelt Schlüter seinem Freunde Naumann den »gigantischen Plan« eines neuen Berlin (mit einem nur dem Forum Romanum vergleichbaren Schloßplatz).

(7) Erster dramatischer Höhepunkt ist der Guß des Reiterstandbildes. Noch nie erfolgte die Fertigstellung eines Denkmals von dieser Größe »aus einem Guß«, den Schlüter durchsetzen will. Er verlangt dafür ein neues Gießhaus und stößt auf den Widerstand Wartenbergs. Gräfin Orlewska warnt ihn (sie hat sich inzwischen in die Hofgesellschaft integriert): »Man kann nicht als einzelner gegen den Strom schwimmen, ohne darin zu ertrinken.« Schlüter erwidert: »Nur wer gegen den Strom schwimmt, der kann sich behaupten.« Aber auch Naumann äußert Elisabeth gegenüber Bedenken: »Maßhalten muß auch der größte Künstler.« Martin und Lore leben inzwischen in Danzig, und Martin hat dort seinen ›Meister‹ gemacht. Elisabeth stellt sich bedingungslos hinter ihren Mann: »Nur wenn er rücksichtslos seinen Weg geht, ist er stark und stärker als alle, die gegen ihn sind.« Nach einer Diskussion über das Gußverfahren unter

den Verantwortlichen, darunter Gießmeister Wenzel und Hofgießer Jacobi, führt die Abstimmung (vier Ja-Stimmen, zwei Nein-Stimmen, drei Enthaltungen) zur Durchführung des von Schlüter gewünschten Verfahrens. Wartenberg, dem dadurch die Mittel für den Bau seines Palais fehlen, macht Eosander Vorhaltungen wegen dessen überraschenden Eintretens für Schlüter. Doch Eosander, der hinterrücks die Arbeiter gegen Schlüter aufhetzt, hat damit Schlüters Scheitern einkalkuliert. Im Gießhaus spitzt sich die Lage zu: Die Arbeiter verlangen die Unterbrechung des Gießverfahrens, Schlüter hofft auf den Kurfürsten, doch dieser befiehlt das Löschen des Feuers. Schlüter widersetzt sich dem Befehl und stößt selbst den Zapfen zum Ausströmen des flüssigen Metalls auf. Wegen dieser Befehlsverweigerung verstößt der Kurfürst Schlüter, aber er lobt den Hofgießer Jakobi für das Gelingen des Gusses. In einem Tobsuchtsanfall überhäuft Schlüter seine Frau mit Vorwürfen; ohne sie wäre er »nicht blind und taub gegen jede Warnung« gewesen. Dann verläßt er das Haus.

(8) Nach der in Königsberg vollzogenen feierlichen Krönung des brandenburgischen Kurfürsten zum Preußischen König Friedrich I. verkünden Herolde den Einzug des Königs in Berlin. Unter Vivat-Rufen, Glockengeläut und Böllerschüssen genießt der König die neue Würde. Er verleiht Wartenberg den Ritterorden und ernennt Eosander zum »Leiter aller zukünftigen Bauten«. Naumann sieht mit tiefem Schmerz, wie andere die Ehren für Schlüter einheimsen. Leibniz bezeichnet Schlüter gegenüber der Königin als den »Michelangelo der Deutschen«, und diese empfindet, daß man »viel an ihm gutzumachen« habe. Von Naumann erfährt Elisabeth, daß Schlüter sich mit Gräfin Orlewska in Dresden aufhält. Am Hofe Augusts des Starken gibt sich Schlüter den Hoffestlichkeiten hin und stellt für das Angebot des Grafen Flemming, eine Tanzgruppe in Marmor festzuhalten, »königliche Forderungen«. Ein Handschreiben des Königs (veranlaßt durch eine Intervention der Königin) ruft Schlüter nach Berlin zurück. Gräfin Orlewska ermuntert Schlüter, diese Gnade des Königs auch finanziell zu nutzen. Schlüter läßt den Hof in Berlin »erst einmal warten«.

(9) Während des Levers empfängt der König den schließlich nach Berlin zurückgekehrten Schlüter, der das geplante Forum verwirklichen und durch einen Turm auf dem Platz des alten Münzturms krönen soll. Schlüter hat Bedenken, beruft sich auf sein »Gewissen als Baumeister« (der König entgegnet: »Ach was, Gewissen! Hier geht es nur um das Können!«) und nimmt den Auftrag nur unter der Bedingung an, daß er »gegen jede Quertreiberei« geschützt sein müsse. In einem Gespräch mit Wartenberg, der sein Palais in diesem Projekt unterbringen konnte, nennt Geheimrat Kraut das Projekt eine »Ausgeburt des Größenwahns«; er muß nun versuchen, das Geld durch neue Steuern aufzubringen. Schlüter ist jetzt wieder »richtig in seinem Element« und kann endlich »aus dem Vollen schaffen«. Doch regen sich von verschiedenen Seiten Widerstände: Eosander versucht Einfluß auf den Bau des Turms zu nehmen, Leopold von Anhalt-Dessau rügt die Verschwendungssucht des Königs und verweist auf notwendige Forderungen der Armee. Da zwingt der

König den vorsichtig taktierenden (und stets auf den Bau seines Palais bedachten) Wartenberg, die Verantwortung zu übernehmen – auch für den Bau des Münzturms, für den Schlüter inzwischen die Fundamente verstärkt hat. Naumann redet Schlüter, der sich von Elisabeth trennen will, ins Gewissen; er wirft ihm vor, »größenwahnsinnig« geworden zu sein. Aber Schlüter ist nur von seiner Arbeit besessen und will deshalb auch nicht mit der Orlewska zum Geburtstag der Königin gehen. Obgleich Naumann, der immer noch glaubte, Schlüter werde den Weg zu seiner Frau zurückfinden, Elisabeth nunmehr rät, sie möge in die Scheidung einwilligen, gibt sie die Hoffnung nicht auf.

(10) Der Turmbau tritt in die entscheidende Phase; aus Holland ist bereits das Glockenspiel eingetroffen. Der König drängt auf baldige Fertigstellung, doch Schlüter will sich nicht unter Druck setzen lassen. Als ein Turmteil abstürzt, wird Wartenberg nervös; er droht Schlüter, der sich verächtlich von ihm abwendet. Auf dem Geburtstagsfest der Königin spottet man über den »babylonischen Turm« und das »mißglückte Weltwunder«, doch die Königin bewundert Schlüters »Energie«. Elisabeth sucht Schlüter in seiner Wohnung auf und fragt ihn, ob er »wirklich noch an seinen Turm glaube«. Schlüter scheint an seinem Werk zu zweifeln; der morastige Boden gefährdet den Bau. Deshalb warnt ihn Elisabeth, den Bau gegen seine Überzeugung fortzusetzen. Doch Schlüter will »nicht um Gnade betteln«, sich »nicht selber klein machen und zu Kreuze kriechen«. Er steigert sich in die Vorstellung hinein, daß er »keine Wahl« mehr habe: »Ich muß weiterbauen, so oder so!« Wartenberg benutzt Gräfin Orlewska als Druckmittel; sie soll Schlüter dazu bringen, dem König die baldige Fertigstellung des Turms zu melden. Als Schlüters Bericht eintrifft, sieht sich der ehrgeizige Wartenberg in den Augen seines Königs gerechtfertigt; im Gespräch mit Eosander schiebt er alle Verantwortung auf Schlüter.

(11) Beim Richtfest für den Münzturm dankt Schlüter seinen »lieben Mitarbeitern«, daß sie treu zu ihm gehalten haben, »allen bitteren Anfeindungen zum Trotz«; der Bauführer bringt Vivat-Rufe aus. Mitten in die ausgelassene Feier dringt donnerndes Krachen. Der Turm senkt sich, hängt schief nach der Spree zu; das ausgelöste Glockenspiel intoniert den Choral: »Lobe den Herren, den mächtigen König der Ehren.« Dann stürzt der Turm vor den Augen der entsetzten Menge zusammen. Naumann berichtet danach Elisabeth, daß Schlüter verhaftet wurde und »wegen Vergeudung von Staatsgeldern« unter Anklage gestellt werden soll. Elisabeth eilt zum Bauplatz, wo der König und die Königin, die für Schlüter eintritt, die Trümmer besichtigen, und wirft sich dem König zu Füßen. Sie klagt den König an, daß er Schlüter gezwungen habe, »das Unmögliche zu versuchen«; die Königin tröstet sie: »Sie hat ja recht, und wir sollten nicht vergessen, daß er auch Werke geschaffen hat, die noch bestehen werden, wenn wir längst nicht mehr sind.«

(12) In einem Kellerverließ arbeitet Schlüter an einer Steinfigur, die den Tod darstellt. Er erklärt: »Ich bin zum Letzten bereit!« Doch Naumann hält dage-

gen: »Du glaubst, am Ende zu sein und stehst schon vor dem neuen Anfang!«
Elisabeth erscheint und bringt die Nachricht von seiner Begnadigung. Schlüter erkennt die Treue und innere Stärke seiner Frau und spricht das Schlußwort: »Auf einem schlechten Grund kann man eben nicht bauen, keinen Turm und auch das Leben nicht. Leben und Werk sind eins. Aber das Leben vergeht, ewig ist das Werk!« [Beschreibung der Schlußszene auf der Zulassungskarte:] »Schlüter und Elisabeth ersteigen gemeinsam die Stufen zu einem neuen Leben.«

27.3. Verwendetes literarisches Material[160]

Alfons v. Czibulka: *Der Münzturm*. Berlin: Volksverband der Bücherfreunde, Wegweiser-Verlag 1933, 383 S. (= Jahresreihe 15,1).
Die 20 Kapitel des Romans lieferten dem Film lediglich einige Anhaltspunkte für Figurenkonstellationen und Konflikte sowie den historischen Hintergrund der Zeit: das Strebens Friedrichs III. nach der preußischen Königswürde und sein imperiales Selbstverständnis in Kunst und Architektur. Herausgearbeitet sind die Hofintrigen, der Sturz des Premierministers Eberhard v. Danckelmann, die gespannten Beziehungen zwischen Schlüter und Eosander, die Rolle der Kurfürstin Sophie Charlotte und des Bevollmächtigten für die Akademie, Johann Carl Graf v. Wartenberg. Schlüters Ehe mit Anna Elisabeth Spranger wird nur am Rande behandelt (5. Kap.): Die Familie Spranger drängt Schlüter zur Heirat (»so war die Liebe doch für sein Leben ohne Bedeutung«), und seine Beziehung zur »Potocka« (2./3. Kap.) bleibt Episode; Schlüter ist besessen von seiner Arbeit (»um dieses Hingegebensein an seine Arbeit liebte sie ihn ja«). Im Mittelpunkt der Handlung stehen: der Guß des Reiterstandbildes des Großen Kurfürsten (6./8. Kap.) und der Bau des Münzturms (14./19. Kap.). Die Vorgänge sind breiter ausgeführt, so setzen viele z. B. ihre Hoffnungen auf das ›Goldversprechen‹ des Alchimisten Graf Cartano (12./13. Kap.), und in weitaus stärkerem Maße wird Schlüter das Opfer von Intrigen: Er entwickelt Leibniz gegenüber den genialen Gedanken des neuen Münzturms (4. Kap.), scheitert aber an der Verwirklichung des Projekts, weil der Turm nicht an der von ihm gewünschten Stelle errichtet wird und man seine Baupläne fälscht (die Pfähle werden um drei Fuß zu kurz geschnitten). Als Schlüter beim Richtfest bemerkt, daß der Turm sich neigt, befiehlt er sein Abtragen.[161] Der Roman schließt mit Schlüters Tod in St. Petersburg. Sein letztes Projekt, das Perpe-

---

160 Für die Bewertung Schlüters aus kunsthistorischer Sicht war damals die Monographie von Heinz Ladendorf maßgebend: *Der Bildhauer und Baumeister Andreas Schlüter. Beiträge zu seiner Biographie und zur Berliner Kunstgeschichte seiner Zeit*. Berlin 1935 (= Forschungen zur Kunstgeschichte 2). Vgl. auch Heinz Ladendorf: *Andreas Schlüter*, mit 172 Abb. 2. Aufl. Berlin 1937.
161 Vgl. zur dokumentarisch belegten Baugeschichte: Ladendorf 1935, S. 42–45, 91–92, u. 1937, S. 108–114. Der Film suggeriert seinem Publikum effektvoll eine Katastrophe, die sich so nicht ereignet hat.

tuum mobile, ist mißlungen. Das ›Genialische‹ Schlüters kommt schon im Roman deutlich zum Ausdruck, wird aber erst im Film emphatisch vermittelt.

27.4. Textbeispiel

Nachdem die Kurfürstin Sophie Charlotte den Auftrag zur Erweiterung des von Schlüter erbauten Schlosses Lützenburg vergeben und Schlüter es abgelehnt hat, lediglich Eosanders Entwurf auszuführen, herrscht im Hause Schlüter Niedergeschlagenheit. Dialog Schlüters (Sch) mit seiner Frau Elisabeth (E):

Sch: Was hat denn das Ganze überhaupt für einen *Sinn*? Tag und Nacht schuftet man, quält sich ab, fängt immer wieder von vorne an, und nachher war alles umsonst. Da braucht bloß irgend so ein lackierter Affe zu kommen, der sich bei Hofe täglich einschmeichelt, und schon hast du das Nachsehen.
E: Aber Du hast doch selbst *abgelehnt*, Andreas.
Sch: Na, *konnte* ich denn überhaupt anders? War doch alles eine abgekartete Sache! Du wußtest doch ganz genau, daß ich *nein* sagen würde.
E: Du kannst eben keine Kompromisse *machen*.
Sch: Naja, auf diese Weise bin ich heute nicht weiter, als ich in Warschau war.
E: Das wird sich doch alles *ändern*, Andreas, wenn erst das große *Denkmal* fertig ist.
Sch: Daran *glaube* ich nicht mehr, Lisbeth. Ich bin diesen Schmeichlern und Scharlatanen nicht gewachsen. Die werden mir *jeden* Erfolg stehlen, genauso wie sie mir diesen Auftrag gestohlen haben. Die Zeit ist *gegen* mich, und die Menschen *auch*.
E: *Einen* Menschen hast Du, auf den Du Dich *ganz* verlassen kannst.
Sch: Ja, Du bist gut, Lisbeth, das weiß ich, *zu* gut. Vielleicht wär's besser, Du wärst wie die anderen Frauen, die etwas *gelten* wollen, *Ansprüche* stellen an das *Leben*, an die *Welt* und einen vorwärts treiben. Du müßtest eben *mehr* aus Dir *machen*, vielleicht wären wir *dann* weiter.
E: Um Gottes willen, Andreas. Wie kannst Du denn so etwas *sagen*?
Sch: Das sind so *dumme* Gedanken.
E: Du *darfst* Dich nicht *irre* machen lassen. Du darfst nicht von Deinem *Weg* abgehen, hörst Du! Das würde Dich und mich unglücklich machen.
Sch: Mir ist alles so gleichgültig.
E: Und nie, Andreas! Dein Leben und Dein Werk sind *eins*. Solang' das *eine* stark und klar ist, ist es auch das *andere*!
Sch: Schon gut, Lisbeth, schon gut.

27.5. Kontext

Zu den Spielen der XI. Olympiade in Berlin 1936 waren in der ›Reichshauptstadt‹ die Anlagen des Reichssportfeldes gebaut worden. Daneben entstanden

in rascher Folge Neubauten wie das Luftfahrtministerium, die Reichsbank, die Ausstellungshallen am Funkturm des Flughafens Tempelhof u. a., die Ausdruck einer neuen ›Baugesinnung‹ waren. Das 700jährige Bestehen der Stadt Berlin, das vom 14. bis zum 22. August 1937 mit einer »Festwoche« begangen wurde, war für Hitler der Anlaß, seine Pläne für ein »neues Berlin«, eine völlig umgestaltete Hauptstadt »Großdeutschlands« in die Tat umzusetzen; er ernannte Albert Speer zum »Generalbauinspektor für Berlin«.
Vgl. hierzu Albert Speer: Städtebauliche Entwicklung im Dritten Reich, in: *Deutsches Wollen* Jg. 1, Nr. 6, Juni 1939 [mit Abb.], und: *Erinnerungen*. Frankfurt/M. u. Berlin 1969, 6. Kap.; vgl. außerdem: *Architektur 1933–1942*, mit e. Vorw. v. A. Speer u. Beiträgen v. Karl Arndt, Georg Friedrich Koch, Lars Olof Larsson. Frankfurt/M. 1978. Diese Pläne gelangten – von Einzelbauten wie der Neuen Reichskanzlei abgesehen – nicht zur Ausführung. Die Quellen der Architekturphantasien Hitlers und die Wurzeln seines ästhetischen Bewußtseins hat Peter Cohen 1990 in seinem Dokumentarfilm ARCHITECTURE OF DOOM [Architektur des Untergangs] aufgezeigt.

27.6. Normaspekte

(I) Der geniale Künstler:
Der geniale (d. h. der sich gewöhnlichen Maßstäben entziehende) Künstler erscheint als einer, der stets »das Größte« und »entweder alles oder nichts« will. Seine Pläne sind »gigantisch«. Sie verstricken ihn in »immer neue Kämpfe«, die ihn stärken, denn »nur wer gegen den Strom schwimmt, kann sich behaupten«. Sein »Drang nach vorwärts über alle Widerstände hinweg« ist vom Vorsatz geleitet: »Ich werde es schaffen!« Schlüter will »keine Kompromisse« und »keine Teillösungen«; er wird deshalb vom Kurfürsten als »alter Querkopf« angesehen. Er ist »ein Mann von Überzeugung« und stolz; nach dem eigenmächtigen Befehl zum Guß des Reiterstandbildes erklärt er: »Ich konnte nicht anders!« Entscheidend ist, daß »das Werk gelingt«. Dabei ist er auf Mitarbeiter angewiesen, die »jedem Mißgeschick und allen bittern Anfeindungen zum Trotz« treu zu ihm halten und »ihre Arbeit bis zum Letzten« tun. Durch seine Vitalität und Unbändigkeit jedoch gefährdet er sich selbst und seine Familie; deshalb fordert Naumann: »Maßhalten muß auch der größte Künstler.« Seine Gegner, die allein nach den Grundsätzen der Zweckmäßigkeit handeln, warten darauf, daß er Fehler begeht. Er sieht sich ständig Intrigen ausgesetzt.

(II) Die vier zentralen Werte:
(1) *Die Arbeit*: Selbstverwirklichung ist nur durch Arbeit möglich. Deshalb geht es Schlüter nicht um Bezahlung, sondern um die Arbeit. Er »macht seine Arbeit«, und der »ganze Hofkram« kann ihm »gestohlen bleiben«. Die Orlewska wirft ihm nur aus ihrer Sicht mit Recht vor, er habe »keinen Ehrgeiz«.

(2) *Die Kunst*: Schlüter schafft Werke im Auftrag des Kurfürsten (und späteren Königs), doch »das, was wir schaffen, das soll ja noch leben, wenn wir selber längst vermodert sind«. Wie das »Forum Romanum« Zeugnis von einer großen Zeit ablegt, so soll auch das ›neue Berlin‹ einst geschichtliches Zeugnis sein. Die beiden Postulate »Leben und Werk sind eins« und »Ewig ist das Werk« enthalten die ›Botschaft‹ des Films.

(3) *Die Familie*: Schlüter fühlt sich zeitweise zur ›fremdartigen‹ polnischen Gräfin Orlowska hingezogen und denkt sogar an die Scheidung von seiner Frau, erkennt aber am Schluß, daß Ehe und Familienbindung seinem Leben Stabilität geben, so wie seine Frau es ihm schon am Anfang gesagt hat: »Wir gehören zu Dir, Andreas, zu Hause und draußen. Das läßt sich doch nicht trennen.«

(4) *Die deutsche Kunst*: In den beiden Gegnern Schlüter und Eosander stehen sich Repräsentanten der deutschen und der höfischen, französischen ›Kunstgesinnung‹ gegenüber. Schlüter erklärt, er wolle »nicht der Affe der Franzosen« werden.

27.7. Überliefertes Material

Drehbuch nicht nachgewiesen.

Illustrierter Film-Kurier Nr. 3284 [BFA]; ferner: *Das Programm von heute* Nr. 1835; *Werbeprospekt* der Terra; drei verschiedene Hefte [BFA]; Bildmaterial [BFA, SDK].

27.8. Interviews, Stellungnahmen, Rezensionen

[Anonym:] Heinrich George in der Hauptrolle. Ein Film über Andreas Schlüter. Heute erster Drehtag eines Terra-Films, in: *FK* 15.12.1941 (Nr. 294); [Anonym:] Filme im Werden: ANDREAS SCHLÜTER. Das Schicksal eines deutschen Künstlers, in: *FK* 24.12.1941 (Nr. 302); EK: ANDREAS SCHLÜTER. [mit Abb.], in: *Filmwelt*, Berlin, 7.1.1942 (Nr. 1); [Foto:] Olga Tschechowa und H. George, in: *FK* 15.1.1942 (Nr. 12); Günther Schwark: Der Michelangelo der Deutschen. Herbert Maisch über seinen ANDREAS SCHLÜTER-Film [mit Abb.], in: *FK* 28.1.1942 (Nr. 23); -ch: Die Schaukel der Fortuna. Blick auf eine Szene des SCHLÜTER-Films [mit Abb.], in: *FK* 12.3.1942 (Nr. 60); [Anonym:] Die Welt Schlüters in der Anekdote [mit Abb.], in: *FK* 21.3.1942 (Nr. 68); [Anonym:] Im Berliner Schloß wird gefilmt, in: *FK* 28.3.1942 (Nr. 74); -ch: Der Schöpfer des preußischen Barock. Zu dem Film ANDREAS SCHLÜTER, in: *Filmwelt*, Berlin, 1.4.1942 (Nr. 13/14); Hermann Wanderscheck: Wolfgang Zeller komponiert. Bei der Arbeit zu ANDREAS SCHLÜTER [mit Notenbeispiel], in: *FK* 11.4.1942 (Nr. 84); A. Schmidt: Um den Menschen Andreas Schlüter. Von der Arbeit des Filmautors Helmut Brandis, in: *FK* 18.4.1942 (Nr. 90); Hermann Wanderscheck: Musik um ANDREAS SCHLÜTER. Wolfgang Zellers Kompositionen, in: *FK* 3.6.1942 (Nr. 127); E. K.: Wir und das Barock. Gedanken zu dem Film ANDREAS SCHLÜTER, in: *Filmwelt*, Berlin, 19.8.1942 (Nr. 31/32).

Georg Herzberg: Ein neuer deutscher Erfolg in Venedig. Starker und herzlicher Beifall für ANDREAS SCHLÜTER [und ...], in: *FK* 7.9.1942 (Nr. 209); Otto Th. Kropsch: ANDREAS SCHLÜTER in Wien, in: *FK* 9.10.1942 (Nr. 237); [Mittlg:] ANDREAS SCHLÜTER in Dresden, in: *FK* 27.10.1942 (Nr. 252); Wilhelm Antropp: ANDREAS SCHLÜTER und BENGASI [in Venedig], in: *Völkischer Beobachter* (Norddt. Ausg.) 8.11.1942 (Nr. 251); Herbert Maisch: Randbemerkungen zu meinem ANDREAS

SCHLÜTER-Film, in: *FK* 19.11.1942 (Nr. 272); Hans-Ottmar Fiedler: Heinrich George als Schlüter. Zu der Berliner Erstaufführung im Capitol, in: *Berliner Lokal-Anzeiger* 20.11.1942 (Nr. 277); Werner Fiedler: Gigantensturz. Der SCHLÜTER-Film im Capitol am Zoo, in: *Dt. Allg. Ztg.* 20.11.1942 (Nr. 556); Felix Henseleit: ANDREAS SCHLÜTER. Capitol am Zoo, Primus-Palast, Neukölln, in: *FK* 20.11.1942 (Nr. 273); Ilse Urbach: Neue Spitzenfilme. Anmerkungen zu DIE GOLDENE STADT und ANDREAS SCHLÜTER, in: *Das Reich* 6.12.1942 (Nr. 49); [Anonym:] Preußens Michelangelo. Zum Terra-Film ANDREAS SCHLÜTER, in: *Der Deutsche Film*, Berlin, Jg. 7 (1942/43), H. 4, S. 14 f. [mit Abb.]; Helmuth Fischbach: Der Kampf eines Genies. Zur Berliner Erstaufführung des ANDREAS SCHLÜTER-Films, ebd., H. 7, S. 20 f.

28. Wen die Götter lieben ...

28.1. Produktionsdaten

UT: Ein Film um Wolfgang Amadeus Mozart nach einer Novelle von R. Billinger u. E. Strzygowski[162]
P: Wien-Film GmbH, Herstellungsgruppe Erich v. Neusser; 3.283 m; Drehbeginn: 28.3.1942, Wien (Atelier Rosenhügel und Atelier Sievering, u. d. T.: Mozart); Abschluß: Anfang Oktober 1942 (u. d. T. Wen die Götter lieben ...), Umgebung von Wien, in Niederösterreich u. Salzburg (Außenaufnahmen)
A: Eduard v. Borsody [zunächst auch Regisseur]
R: Karl Hartl [Übernahme der Regie anstelle des erkrankten E. v. Borsody[163]]; R-Ass.: Karl Leiter

Stab: K: Günther Anders; M: W. A. Mozart; musikal. Bearb.: Alois Melichar, unter Mitwirkung der Wiener Philharmoniker, Kammersängerin Erna Berger, Dagmar Söderquist, Karl Schmidt-Walter, Siegmund Roth; T: Alfred Norkus; Bau: Julius v. Borsody, Walter Schmiedl; Kostüme: Albert Bei, Ernie Kniepert-Fellerer; Schnitt: Karl Hardtl, Henny Brünsch; Aufnahmeltg.: Josef Stätter, A. J. Vessely; Produktionsltg.: Erich v. Neusser

FM: Tobis-Klangfilm
V: Austria-Film
UA: 5. Dezember 1942, Salzburg, Festspielhaus; danach: 7. Januar 1943, Wien, Scala; dt. EA: 21. Januar 1943, Berlin, Gloria-Palast und Primus-Palast Neukölln

Besetzung:
Wolfgang Amadeus Mozart	Hans Holt[164]
Vater Mozart	Walther Janssen
Mutter Mozart	Rosa Albach-Retty
Nannerl, Schwester	Doris Hild
Ludwig van Beethoven	René Deltgen
Thresl, Magd	Pepi Glöckner
Graf Collerede	Franz Herterich
Graf Arco	Otto Schmöle
Schneidermeister Pribil	Georg Lorenz
Mutter Weber	Annie Rosar
Aloysia	Irene v. Meyendorff
Konstanze	Winnie Markus
Sophie	Thea Weiß
Josepha	Susi Witt
Kaiser Joseph II.	Curd Jürgens
Kammerdiener Strack	Paul Hörbiger
Kurfürst v. Mannheim	Hans Siebert
v. Gemmingen	Richard Eybner
Oesler	W. Hufnagel

---

162 Frank Wysbar bearbeitete diesen Film in den USA und gab ihm den Titel The Mozart Story (1948; P: Patrician, Screen Guilt; 91 min); Regie der Zusatzinformationen: 22 min.
163 In einem Brief vom 24.4.1942 an Erich von Neusser bestand E. v. Borsody auf seinem Vertrag vom 4./5.9.1941 und glaubte, die »Spielleitung« trotz Erkrankung fortsetzen zu können. Neusser vermerkt, daß die Angelegenheit noch ein »ärztliches Nachspiel« haben wird [ÖFA].
164 Wie aus den Akten der Wien-Film GmbH hervorgeht, sollte ursprünglich O. W. Fischer diese Rolle spielen.

Albrechtberger	Fritz Imhoff
Hofer	Karl Blühm
Süssmayr	Erich Nikowitz
Gerle	H. Ehrhardt
Kellner Deinert	Theo Danegger
Frau Magerl	Louise Kartousch
Dr. Clossett	A. Neugebauer
Michael Haydn	F. Mayerhofer

Bewertung:
FP: 2. Dezember 1942, Prüf-Nr. 58060 (Sequ.): staatspolitisch und künstlerisch besonders wertvoll, jugendwert, Jf 14, 3.283 m (gültig bis 31.12.1945) [BFA, SDK]; 6. Mai 1943, Prüf-Nr. 58950 (Vorspann): 82 m; Paimann 15.1.1943 (Nr. 1397).
FSK: 22. August 1953, B 192: Mitteilung über Zulassung durch amerik., brit. u. franz. Militärzensur (nicht unter 16 J.); 29. März 1966, Prüf-Nr. 35469: Jf 6, 3.186 m (116 min).

Rechte: Taurus-Film GmbH & Co, München
Kopie: BFA$_2$ [BFA$_1$ (16 mm), ÖFA]

28.2. Handlung

(1) Am 23. September 1777 verläßt Mozart mit seiner Mutter Salzburg zu einer Konzertreise nach Paris; der Vater wird von Ahnungen bedrückt, die sich später (3. Juli 1778: Tod der Mutter) erfüllen. Unterwegs überredet Mozart die Mutter, in Mannheim Station zu machen, weil er dort die junge Sängerin Aloysia Weber wiedersehen will, die er vor einem Monat bei Michael Haydn kennengelernt hat und für die er ein Medaillon hat anfertigen lassen. Im Hause der Familie Weber trifft er jedoch zunächst nur Aloysias jüngere Schwester Konstanze. Er nützt die Wartezeit, um ein Lied für Aloysia ins Reine zu schreiben, das ihm unterwegs eingefallen ist; er will es »An die Geliebte« nennen. Madame Weber erscheint mit ihren Töchtern Aloysia, Josepha und Sophie. Als Mozart während des Mittagessens zur Sprache bringt, daß er auf der Soirée des Kurfürsten eigene Kompositionen spielen wird und daß am Hofe die Stelle eines Kurfürstlichen Kapellmeisters neu besetzt werden soll, bittet Madame Weber Mozart um Protektion für Aloysia, die auf der Soirée mit dem für sie komponierten Lied einen großen Erfolg erzielt; Mozart wird als ihr Entdecker angesehen. Baron v. Gemmingen teilt Aloysia mit, daß er sich mit dem Gedanken trage, sie für die Kurfürstliche Oper zu engagieren, und überreicht Mozart lediglich ein »Souvenir« an Mannheim. In einem nächtlichen Gespräch vor dem Schloß gesteht Mozart Aloysia: »Der Abschied würde mir leichter fallen, wenn ich wüßte, daß ich hier nicht vergessen werde und daß es hier jemanden gibt, der sich freut, wenn ich wiederkomme.« Madame Weber unterbricht das Gespräch, und Aloysia löst ihr Versprechen nicht ein, am nächsten Tag zur Poststation zu kommen; die Verabredung mit Baron v. Gemmingen hat Vorrang. In ihrem Auftrag erscheint Konstanze mit einem Reiseproviantkorb und einem Blumenstrauß. Schon zuvor hatte Konstanze ihre Begeisterung für Mozart zu erkennen gegeben.

(2) Zwischentitel laut Zulassungskarte vom 2. Dezember 1942:
»Mozart war in Paris ebenfalls erfolglos, seine Mutter ist ihm gestorben. Er kehrt heim, aber es hält ihn in Salzburg nicht länger, er verläßt den Dienst des Erzbischofs und geht als freier Musiker nach Wien.«
Zwischentitel in vorliegender Kopie:
»Die Reise nach Paris stand unter keinem guten Stern. Dort wo einst der kleine Mozart, das Wunderkind, Triumphe feiern konnte, lehnte man ihn jetzt ab. – Und zu dieser Enttäuschung trat noch ein schwerer Schicksalsschlag: die Mutter starb ihm hier in der Fremde ... Er kehrte zurück nach Salzburg, und einige Jahre später versuchte er sein Glück in Wien, der Stadt, die ihm seine zweite Heimat werden sollte.«

(3) Mozart, der seit Anfang September 1781 in Wien wohnt und seinen Lebensunterhalt durch Klavierstunden verdient, findet das Interesse des Kaisers Joseph II., dessen Kammerdiener Strack Mozart protegiert. Bei einem Hauskonzert schiebt Strack dem Violine spielenden Kaiser Mozarts Streichquartett A-Dur (KV 464) unter und überredet ihn, Mozart mit der Komposition einer »deutschen Oper« zu beauftragen. In Wien lebt inzwischen auch Madame Weber mit ihren Töchtern Konstanze, Josepha und Sophie. Von Sophie, die ihn aufsucht, erfährt Mozart, daß Aloysia den Schauspieler Lange geheiratet und daß Konstanze sich nach ihm erkundigt habe. Während der Abwesenheit der Mutter besucht Mozart die drei Schwestern. Mozart und Konstanze, die für ihn Kipferl bäckt, gestehen sich ihre Liebe, doch Madame Weber, die das glückliche Paar überrascht, weist Mozart ab. Im »Kaffeehaus zur silbernen Schlange«, dem Treffpunkt der Freunde Mozarts, trinkt man auf das Wohl des Kellners Deinert, der die Verbindung zum Kammerdiener Strack hergestellt hat, und der Dichter Stephanie entwickelt das Sujet seiner Oper *Belmonte und Konstanze*. Die Geschichte bringt Mozart auf den Gedanken, Konstanze zu entführen. Während der Uraufführung der Oper *Die Entführung aus dem Serail* (10. Juli 1782) bringt Sophie dem dirigierenden Mozart die Nachricht, daß Konstanze in den Wehen liegt. Nach dem Schluß der Vorstellung eilt Mozart zu Konstanze und dem neugeborenen Knaben [Raimund Leopold wurde am 17. Juli 1783 geboren].[165]

(4) Nun komponiert Mozart, assistiert von Franz Xaver Süssmayr, die Oper *Die Hochzeit des Figaro*, doch seine wirtschaftliche Lage ist schlecht; wiederum muß er einen Kredit von 100 Gulden aufnehmen. Die aus München eingetroffene Aloysia soll die Rolle des Cherubino singen. Konstanze beobachtet die neu aufflammende Leidenschaft Mozarts für Aloysia mit Argwohn. Während der Uraufführung der Oper (1. Mai 1786) wird die Kanzonette »Sagt, holde Frauen, die ihr sie kennt« zum Kristallisationspunkt dieser Leidenschaft; Konstanze verläßt ihre Loge und wartet zu Hause auf den erst spät heimkom-

---

165 In der benützten Kopie fehlt die Passage: »Im Theater. Der Direktor dankt im Namen Mozarts.«

menden Mozart.[166] Mozart kann Konstanze versöhnen. Der Stoff der neuen Oper *Don Giovanni* fasziniert ihn, und Konstanze freut sich auf die Reise nach Prag, wo *Don Giovanni* uraufgeführt werden soll, ist aber verstört, daß der Prager Theaterdirektor Pasquale Bondini mit Mozart auch Aloysia eingeladen hat.

(5) Die Uraufführung des *Don Giovanni* in Prag (29. Oktober 1787) führt zur Ehekrise. Bei dem Gartenfest der »Frau Duschek« in der »Villa Betramka«[167] wird Mozart nach seiner Dankesrede aufgefordert, etwas aus dem *Don Giovanni* zum Besten zu geben. Aloysia schlägt die Arie der Zerline an Masetto vor (»Wenn Du fein artig bist, will ich Dir helfen«). Mozart dagegen singt mit Aloysia das Duett Don Giovannis mit Zerline: »Reich mir die Hand, mein Leben«. Konstanze ist bestürzt. Durch die lange innige Umarmung und den Kuß am Ende des Duetts können auch die Gäste über das Verhältnis Mozarts zu Aloysia nicht im Zweifel sein. In einem vertraulichen Gespräch erklärt Mozart Aloysia, ohne sie nicht leben zu können, aber Aloysia will ihr Glück nicht mit dem Leid ihrer Schwester erkaufen und bittet ihn, wenigstens den Premierenabend abzuwarten, bevor er sich Konstanze offenbart. Frau Duschek tröstet Konstanze und spricht ihr Mut zu. Um sich eine Auseinandersetzung zu ersparen, ist Konstanze jedoch entschlossen, Mozart zu verlassen. Während Mozart den Schluß des *Don Giovanni* (II, 15: Auftritt des Komturs) dirigiert, liegt Konstanzes Abschiedsbrief auf seinem Pult (»Ich will Eurem Glück nicht im Wege stehen«). Mozart ist irritiert. Er sieht das Bild der weinenden Konstanze und den abfahrenden Wagen vor sich, verläßt die Aufführung, die Süssmayr zu Ende dirigiert, und eilt in die Wohnung, wo er Konstanze auf den gepackten Koffern sitzend findet: Konstanze hat es nicht fertiggebracht, Mozart zu verlassen. Das Paar versöhnt sich.

(6) Im Mai 1791 hat Mozart mit der Komposition der *Zauberflöte* begonnen, muß aber trotz Erkrankung mit Klavierstunden sein Geld verdienen. Schikaneder, der bei der Probe im »k. k. priv. Wiedner Theater« bei der Arie »Ein Mädchen oder Weibchen wünscht Papageno« stecken bleibt, weil die Orchesterstimmen noch nicht ausgeschrieben sind, drängt Mozart, die Oper fertigzustellen. Dieser hat inzwischen den Besuch eines unbekannten Mannes empfangen, der im Auftrag seines Herrn ein »Requiem« bestellt und 50 Dukaten Vorschuß zahlt. Durch Schikaneder gedrängt, gerät Mozart in einen Konflikt: zwischen der Komposition der *Zauberflöte* und des *Requiems*, von dem er sagt, daß er es für sich selbst schreibe. Während er am *Requiem* arbeitet, erscheinen vor seinen Augen Szenen aus seiner frühen Kindheit und der ›Wunderkind‹-Zeit. Dann meldet das Mädchen einen Mann, der Mozart vorspielen möchte. Es ist Ludwig van Beethoven, dessen Namen Mozart erst am Schluß erfährt.

---

166 In der benützten Kopie fehlt die Passage: »Garderobengang. Direktor der Prager Oper lädt Aloysia nach Prag ein. Mozart wird zum Kaiser gerufen.«
167 In der benützten Kopie fehlt: »Totale der Stadt Prag.«

Er spielt zunächst eine Passage aus der Es-Dur-Sonate von Joseph Haydn und danach auf Mozarts Aufforderung, etwas Eigenes zu spielen oder zu phantasieren, eine Folge von Sonaten-Fragmenten, beginnend mit der Klaviersonate Nr. 14 cis-moll, op. 27.2 (*Mondscheinsonate*). In dem anschließenden Gespräch über das Neue in der Musik erklärt Mozart, daß er trotz seiner 35 Jahre »müde wie ein Greis« geworden sei; Beethoven erscheint als Vollender dessen, was Mozart als Wegbereiter begonnen hat.

(7) Am Abend des 4. Dezember 1791 versammeln sich Freunde, voran Süssmayr, am Krankenbett Mozarts, um aus dem *Requiem* zu singen; an diesem Abend wird die *Zauberflöte* im Wiedner Theater zum 50. Mal gegeben. Mozart sieht die Bühne vor seinen Augen und hört Stimmen (Nr. 14: Arie der Königin der Nacht, und Nr. 10: Arie des Sarostro: »O Isis und Osiris, schenket«). Für Augenblicke fällt er in Schlaf. Aloysia tritt an sein Bett, und Mozart dankt ihr, daß sie gekommen ist. Er gibt das Zeichen zum Einsatz des »Confutatis« (*Requiem*, Nr. 6). Während des Gesanges fallen seine Hände kraftlos herab; er stirbt. Alle stehen betroffen vor dem Toten. Konstanze kniet am Bett nieder, Aloysia wendet sich ab. Nichtsahnend poltert Schikaneder mit einem großen Lorbeerkranz ins Zimmer, um vom Erfolg der *Zauberflöten*-Aufführung zu berichten; angesichts des toten Mozarts verstummt er und zieht den Hut. Süssmayr spricht das Schlußwort: »Nicht weinen, Frau Konstanze. Wen die Götter lieben, den nehmen sie früh zu sich. Er ist jetzt dort, wo es keine Not mehr gibt, in der Ruhe der Ewigkeit. Aber er wird weiterleben in uns, in denen, die ihn kannten und liebten in seinen unsterblichen Werken.« – Bildbeschreibung in der Zulassungskarte: »Mozarts Gesicht verklärt sich, nimmt die symbolische Form der Totenmaske an. Er ist in die Ewigkeit eingegangen.«[168]

28.3. Verwendetes literarisches Material

Die Angabe im Untertitel des Films: »Nach einer Novelle von R. Billinger« ist mißverständlich. Postum publiziert wurden: Richard Billinger: *Erzählungen*, hg. v. Wilhelm Bortenschläger. Linz 1982 (= R. B.: *Gesammelte Werke*, Bd. 6), S. 231–247: *Mozart-Novelle* und S. 249–265: *Loge Nr. 5. Novelle für den Wien-*

---

168 »Daß an Mozarts letztem Tag noch eine *Requiem*-Probe an seinem Bett stattgefunden habe, ist offenbar eine romantische Ausschmückung, die zudem auf eine nur indirekt überlieferte mündliche Quelle zurückgeht. Obschon sie ganz offensichtlich nicht zu vereinbaren ist mit Sophie Haibels Bericht, fehlt diese Anekdote in keiner Mozart-Biographie. Wenn sie überhaupt etwas Wahres enthält, so kann sie nur für einen früheren Zeitpunkt der Krankheit mit relativer Besserung gelten« (Volker Braunbehrens: *Mozart in Wien*. Zürich 1991, S. 428; vgl. insgesamt Kap. 8: »Das letzte Jahr«). Wie für die meisten Interpretationen der Biographie Mozarts gilt auch für diesen Film die Feststellung von Braunbehrens: »Aus den ›Nachforschungen‹ wurden immer theatralischere Ereignisse herausdestilliert, die den verwöhnten Gaumen des Publikums befriedigen sollen, das sich mit den einfachen historischen Gegebenheiten nicht abfinden mag« (S. 429).

Film. Beide Teile behandeln nur einzelne Episoden, die später im Film realisiert wurden.

Im DIF überliefert sind daneben: (1) Richard Billinger: *Letzter Besuch. Mozart-Novelle für den Wien-Film.* Typoskript, 14 S. [= Bestellung des *Requiems*]; (2) R. B.: *Sphärenklänge. Mozartnovelle für den Wien-Film.* Typoskript (Durchschlag), 11 S. [= Mozarts Tod]. Mit den einzelnen Textpartien lieferte Billinger Grundelemente der Handlungsführung und verschiedene Situationen für den Film.

Der Wien-Film-Dramaturgie lag daneben vor: (1) Josef Wenter: *Mozart.* Typoskript, 35 S., sowie (2) Karl Prucker: *Biographisches und Authentisches über Wolfgang Amadeus Mozart (nach Robert Hans*: Mozart). Typoskript (Kopie), 14 S.

28.4. Textbeispiel

Dialog Mozart/Beethoven. In der folgenden Synopse bezeichnen eckige Klammern den eliminierten Text der letzten Drehbuchfassung und der **Halbfett**-Druck den neuen Text. Im Drehbuch ist die Szene breiter angelegt. Das ausgewählte Segment (E 545–561) schließt an das Vorspielen Beethovens (B) auf dem Spinett an. Im Drehbuch war vorgesehen, daß Mozart (M) ein Thema pfeift; im Film spielt Beethoven Fragmente eigener Klaviersonaten. Nach dem Vorspiel übergeht der Film fünf im Drehbuch vorgesehene Repliken und reduziert auch im weiteren Verlauf das Gespräch:

B: [Ich weiß nicht, manchmal wird man an allem irre, sogar an sich selbst!] **So, Herr Mozart, so ähnlich möchte ich einmal komponieren.**
M: [Ja, das kenn' ich. Und deswegen hab' ich auch g'meint, daß Sie's schwer haben werden.] **Sie werden's schwer haben.**
B: **Warum?**
M: [Sehen S's] **Sehen Sie,** die [Leut'] **Leute** hängen [halt] **doch** alle am Alten, am [Hergekommenen] **Hergebrachten**. Und wenn **dann** [jemand] **einer** kommt [und will was Neues bringen, versteh'n das die Leut' net gleich. Und wenn einer so wie Sie gleich alles]**, der, so wie Sie, alles, aber auch alles** [umschmeißen] **umwerfen** will ... [, da glaubt ein jeder musikalischer Schuster, er müßte die Kunst verteidigen gegen Sie.]
B: [Ja, ich weiß! Wie viele hat man schon gekreuzigt im Namen der Kunst! Was wollen sie von uns? Sollen wir mit ihren Ohren hören? Mit ihren Zungen reden?] Wenn die Musik aus meinem Herzen kommen soll, dann muß ich **auch** meine Sprache sprechen können!
M: **Ja, ja,** [Sie haben]**, da haben Sie** [schon] **sicher** Recht. [Aber d a n k e n wird man's Ihnen kaum und viel Erfolg werden S' dabei wohl auch net haben.
B: Aber S i e schaffen doch nicht nur, um Erfolg zu erringen.
M: Ich m ö c h t' net, bestimmt net – – – aber ich m u ß . Da schaun S' her! Brotarbeit!

Abb. 47:
Beethoven (René Deltgen)
und Mozart (Hans Holt).
WEN DIE GÖTTER LIEBEN ...

Abb. 48:
Mozart auf dem Totenbett.
WEN DIE GÖTTER LIEBEN ...

B: Gut! Aber kein Mensch kann einen verhindern, darüber hinaus d a s zu schaffen, was man schaffen w i l l .]
M: **Nur,** [M]man wird **halt** leicht müd', immer wieder was Neues, was Großes zu machen, wenn man [net] **nicht** weiß, für w e n ['s eigentlich sein soll].
B: Für wen? Herrgott, für einen s e l b s t ! Ein Baum fragt ja auch nicht, für wen er [blühen soll] **blüht**, und ein Vogel, für wen er singt – –
M: [Ja! Das] **Da** ist **noch** ein kleiner Unterschied. Der Baum muß keinen Zins [be]zahlen, **und** der Vogel keine Steuern.
B: Es hat immer [Leute] **Menschen** gegeben, die keinen Vogel gehört und keine Blüten gesehen haben. Es wird auch immer solche geben. [Aber] **Und** darum [blüht's und singt's] **singt's und blüht's** doch da draußen. Und wenn's auch j e t z t keine gibt, [die's hören, dann] **so** werden doch welche k o m m e n , [die es empfinden und für die es nötig ist, wie das Essen und Trin-

ken, wie die Luft und die Erde, auf der sie stehen] **für die dieses Singen und Blühen notwendig ist, wie die Luft und die Sonne, in der sie leben** [– – – –. Glauben Sie denn das nicht?]
M: [Ich glaub's schon.] **Es wird scho' so sein,** sonst müßt' man ja auch verzweifeln! S i e werden's ja vielleicht noch erleben. S i e sind jung, ich nicht mehr. – –
B: **Aber** [S]sie sind [doch] noch nicht alt.
M: Das Alter hat mit den Jahren nichts zu tun. Ich bin müd' geworden, trotz meiner 35 Jahre, müd' wie ein Greis. Aber [wenn ich etwas geholfen hab' in meinem Leben, so ist es vielleicht das, daß ich] **etwas habe ich, glaube ich, doch erreicht in meinem Leben. Ich hab' vielleicht** den Weg ein bisserl leichter g'macht hab' – – für d i e, die [halt blühen und singen] **singen und blühen** müssen – – **auch** wenn's ihnen [auch] niemand schafft [– –]. [Leben S' wohl!]
B: Ich danke Ihnen, daß Sie mich angehört haben.
M: Nein! **Nein!** Ich hab' I h n e n zu danken. [Sie sind grad im richtigen Moment erschienen.] **Ich bin froh, daß ich Sie noch gehört hab'.**
B: [Darf ich Sie wieder einmal aufsuchen?
M: Ja, gern! Natürlich! Wo sind Sie denn eigentlich her?] **Wer sind S' denn eigentlich? Wo kommen S' denn her?**
B: Vom Rhein – aus Bonn! **Ludwig van Beethoven.**
M: Aha! [Also] **Naja,** leben S' wohl!
B: **Darf ich Sie wieder besuchen?**
M: **Natürlich. Gern.**

Beethoven verläßt den Raum. Danach war im Drehbuch (E 561) folgende Passage vorgesehen:

[Aus einer anderen Tür
kommt jetzt die Mariedl mit
einer Karte in der Hand:

                                Ist er schon fort? Da ist jetzt der Zettel, den er mir gegeben hat – –

Wolfgang nimmt den Zettel
und liest für sich, ganz ohne
jede Bewegung den Namen,
der ihm weiter nichts sagt:

                                Ludwig van Beethoven – –
                                na ja – – – !]

28.5. Kontext

Die Erinnerung an Mozarts 150. Todestag am 5. Dezember 1941 wurde durch ein »Mozart-Jahr« forciert, das der Leiter der Musikabteilung im Propagandaministerium, Generalintendant Dr. Drewes, am 10. Januar 1942 mit einer Ansprache im Großdeutschen Rundfunk eröffnete (*FK* 10.1.1942, Nr. 8). In Wien wurden die offiziellen Feierlichkeiten zum 150. Todestag Mozarts am 28. November 1941 mit einer »Mozart-Woche« eingeleitet; es sprach der Gauleiter und Reichsstatthalter von Wien, Baldur v. Schirach; in der Wiener Staatsoper »huldigte« Goebbels »dem Genius Mozart« (vgl. *FK* 5.12.1941, Nr. 286) u. a. mit den Worten: »Mozarts Musik gehört mit zu dem, was unsere Soldaten gegen den wilden Ansturm des östlichen Barbarentums verteidigen.« Hitler äußert sich über Mozart am 10. Mai 1942 in seinen »Tischgesprächen«; hier erklärt er u. a., »daß sich ein Genie wohl nur in ein Genie ganz hineinversetzen könne« (Henry Picker: *Hitlers Tischgespräche im Führerhauptquartier*. Unveränd. Neuausg. Frankfurt/M. u. Berlin 1989, S. 276).

28.6. Normaspekte

Der Titel des Films ist Teil des aus der *Trostrede an Apollonius* von Plutarch, Menander und Plautus überlieferten geflügelten Worts (vgl. Georg Büchmann: *Geflügelte Worte*. Ausg. Berlin 1905, S. 432, u. Volksausg. Berlin 1939, S. 288); der Zuschauer soll den Gedanken fortführen: »Wen die Götter lieben, der stirbt jung.« In seinem Schlußwort variiert Süssmayr den Satz: »Wen die Götter lieben, den nehmen sie früh zu sich«; der Akzent liegt hier auf der »Unsterblichkeit« des von den Göttern Geliebten. Wie sein Tod, so ist sein Leben nicht an Normen meßbar.

Des geflügelten Wortes bedient sich zuvor schon Rittmeister Prank in POUR LE MÉRITE in einer Totenrede: »Es gibt einen alten Spruch, der besonders auf uns Jagdflieger paßt: ›Wen die Götter lieben, den nehmen sie früh zu sich.‹ Unsere beiden Freunde sind als Jünglinge gestorben, aber in Walhall als ganze Männer eingezogen.«

Mozart wirkt als Gestalt.[169] Der Film enthält deshalb, abgesehen von der im Gespräch Mozart/Beethoven formulierten *Kunstnorm* (siehe Kap. B.28.4) keine weiteren expliziten Normaussagen. Selbst der Kaiser spürt das Charisma Mozarts und weiß, daß ein Genie, das naturgemäß im Gegensatz zur bürgerlichen Welt steht und in der höfischen Welt nur dem Amusement dient, eigenen Gesetzen gehorcht. Im Kontext der Josephinischen Aufklärung erscheint

---

169 Vgl. zur »Mozartgestalt als exemplarische Darstellung genialer Existenz« im Kontext der Auffassung Schopenhauers von der Musik als »höchster Form genialen Schaffens«: Wegscheider 1993, S. 151 ff. Wie Wegscheider im weiteren (S. 171 ff.) darlegt, führt der Film Beethoven als Norminstanz ein. Beethovens Auffassung vom Genie »als Ursprungsphänomen und Ausgeburt der Natur« ist der bloßen Erfahrung Mozarts, dessen »geniale Existenz immer von der dialektischen Spannung zur materiellen Welt geprägt war, weit überlegen«. Als »paradigmatische Verkörperung« dieses neuen Geniebegriffs aktualisiert der Film ›quasi durch die Hintertür‹ die »Idee des Genies als Führer« (S. 174).

Mozart als musisches Pendant zum Kaiser, dessen politisches Genie im Film allerdings nur schwach zur Geltung kommt.

28.7. Überliefertes Material

Im DIF: Material, das die Rekonstruktion der Entstehungsgeschichte des Films erlaubt:
(I) Nicht realisierte Texte:
(1) L. G. Bachmann: *Exposé zu einem Wolfgang Amadeus Mozart-Film*. Typoskript, 27 S.;
(2) Friedrich Schreyvogl: MOZART [Arbeitstitel]. *Ein Film von Friedrich Schreyvogl. Rohdrehbuch* [ohne Einstellungen] *Wien-Film 1941*. Typoskript (Durchschlag), 187 S.
(II): Texte Richard Billingers: *Mozart-Novelle, Loge Nr. 5, Letzter Besuch, Sphärenklänge* (siehe Angaben in Kap. B.28.3).
(III): Verschiedene Drehbuchfassungen zu WEN DIE GÖTTER LIEBEN ...:
Drehbuch (1): WEN DIE GÖTTER LIEBEN ... *Ein Treatment von Richard Billinger und Edmund Strzygowski. 3. Fassung*. Typoskript (Kopie), 127 S. [Bleistiftnotizen auf den S. 12, 60, 76, 90, 94, 109, 115–118, 121 und folgende Titelvorschläge auf dem Umschlag: (a) »Begnadeter Geist«, (b) »Vom Genius begnadet«, (c) »Genius und Übermensch der Töne«, (d) »Ein Mensch von Gottes Gnaden«, (e) »Vom Genius berührt«].
Drehbuch (2): 46 Seiten (= 155 E) eines Drehbuchs. [Umschlag:] MOZART-*Film / Borsody / Original / für K. Hartl*. Typoskript (Kopie) [Nicht realisiertes Konzept: »Der Film beginnt mit aktuellen Bildern der Mozart-Feiern, die anläßlich des 150. Todestages Wolfgang Amadeus Mozarts im Dezember 1941 in Wien stattfinden].
Drehbuch (3): *Ein* MOZART-*Film. Drehbuch von Eduard v. Borsody. Ein Film der Wien-Film G.m.b.H. Spielleitung: Eduard v. Borsody*. Typoskript (Durchschlag), 388 S. (= 784 E) [Mit hsl. eingetragener Besetzung (den Mozart sollte Bosse-Fischer spielen) und Unterstreichungen (für Requisiten) bis S. 112].
Drehbuch (4): *Ein* MOZART-*Film. Drehbuch: Eduard v. Borsody. Nach einem Entwurf von Richard Billinger. Ein Film der Wien-Film GmbH. Spielleitung: Eduard v. Borsody*. Typoskript, 448 hektogr. Bl. (= 624 E) [Mit zahlreichen Streichungen und Änderungen. Die Mozart/Beethoven-Szene ist erst in diese Fassung eingefügt].
Drehbuch (5): Zweites Expl. von (4), ungebunden, ohne Striche, aber mit hsl. Eintragungen der Besetzung.
Zwei Dialoglisten zu: *Film 126* MOZART, 64 u. 38 ungez. S., Texte aber nicht mit dem Drehbuch (4) identisch.
Endgültige Textliste: *Austria-Film zeigt einen Wien-Film [...] Spielleitung: Karl Hartl*. Typoskript (Durchschlag), 49 S.

Im ÖFA: Produktionsunterlagen, Angebotsschreiben, Briefwechsel der Wien-Film.[170]

Illustrierter Film-Kurier Nr. 3304 [BFA]; *Das Programm von heute* Nr. 1857 [BFA]; Werbematerial, 12 S.; Bild- und Textinformationen, 32 S.; 1 Bl. für Werbung und Presse [BFA]; *Programmheft* [DIF]; Bildmaterial [BFA, SDK].

28.8. Interviews, Stellungnahmen, Rezensionen

Otto Th. Kropsch: Menuett in Sievering. Die Wien-Film dreht einen MOZART-Film, in: *FK* 16.5.1942 (Nr. 113); Hermann Hacker: Mozarts Leben vor der Kamera, in: *FK* 27.6.1942 (Nr. 148); [Fotos:] Mozart und Konstanze / Mozart und Beethoven, in: *FK* 9.6.1942 (Nr. 132) u.

---
[170] Der Teilnachlaß der Wien-Film im Thomas-Sessler-Verlag, Wien, ist derzeit nicht zugänglich.

23.7.1942 (Nr. 170); Karl Hartl: Gedanken zur Inszenierung des MOZART-Films, in: *FK* 28.7.1942 (Nr. 174)

[Anonym:] Erfolgreiche Uraufführung. Der MOZART-Film im Festspielhaus. Rede des Reichsfilmintendanten Dr. Fritz Hippler, in: *FK* 7.12.1942 (Nr. 287); [Mittlg:] WEN DIE GÖTTER LIEBEN auch in Wien begeistert aufgenommen, in: *FK* 9.1.1943 (Nr. 7); Hans-Ottmar Fiedler: In interessanten Rollen neuer Filme: Hans Holt als Wolfgang Amadeus Mozart, in: *Berliner Lokal-Anzeiger* 20.1.1943 (Nr. 17A); Hans-Ottmar Fiedler: Ein Film um Mozart. WEN DIE GÖTTER LIEBEN erstaufgeführt, in: *Berliner Lokal-Anzeiger* 22.1.1943 (Nr. 19), Beibl.; Felix Henseleit: WEN DIE GÖTTER LIEBEN ... Gloria-Palast, Primus-Palast, Neukölln, in: *FK* 22.1.1943 (Nr. 18); Werner Fiedler: Wege zu Mozart. Ein [fiktives] Gespräch um den Wien-Film WEN DIE GÖTTER LIEBEN, in: *Dt. Allg. Ztg.* 23.1.1943 (Nr. 39); Robert Volz: WEN DIE GÖTTER LIEBEN ... Der Mozart-Film im Berliner Gloria-Palast, in: *Völkischer Beobachter* (Berliner Ausg.) 23.1.1943 (Nr. 23); Hermann Wanderscheck: Mozart und die Lebenden [zur Filmmusik], in: *FK* 25.1.1943 (Nr. 21); Hans Poszokinsky-Suchen: WEN DIE GÖTTER LIEBEN, in: *Filmwelt*, Berlin, 3.2.1943 (Nr. 5/6).

Jacques Siclicier: Mélo, musique et larmes. Au programme de *Mozart au cinéma* un film nazi, pratiquement inconnu en France, in: *Le Monde*, Paris, 19.3.1991.

29. DER UNENDLICHE WEG

29.1. Produktionsdaten

UT: Ein Bavaria-Film nach dem Roman *Ein Deutscher ohne Deutschland* von Walter v. Molo
P:[171] Bavaria-Filmkunst GmbH; 2.715 m; Drehbeginn: 24.8.1942; 1. Ateliertag: 25.8.1942; Abschluß: Anfang Dezember 1942
A: Walter v. Molo, Ernst v. Salomon
R: Hans Schweikart

Stab: K: Franz Koch; M: Oskar Wagner; T: R. A. Wunschel, Fritz Schwarz; Bau: Hans Sohnle; Kostümberatung: Bert Hoppmann; Schnitt: Ludolf Grisebach; Aufnahmeltg.: Luis Pedron, Julius Hartmann; künstler. Beirat: Dr. Rolf Badenhausen; Produktionsltg.: Gerhard Staab

FM: [keine Angabe]
V: Deutscher Filmverleih
UA: 24. August 1943, Stuttgart, Universum; danach: 27. August 1943, Berlin, Ufa-Palast am Zoo und Mercedes-Palast Neukölln[172]

Besetzung:

Friedrich List	Eugen Klöpfer
Karoline List, seine Frau	Lisa Hellwig
Mila, seine Tochter	Eva Immermann
Susan Harper, genannt Tante Sannah	Hedwig Wangel
Helen Harper, ihre Nichte	Alice Treff
Herr v. Runge	Kurt Müller-Graf
Metternich	Friedrich Domin
Hofrat Gentz	Viktor Afritsch
Seybold, Lists Schwager	Josef Offenbach
John Ritter	Adolf Gondrell
General Andrew Jackson	Ernst F. Fürbringer
Lord Palmer	Philipp Manning
Der Kronprinz, späterer Friedrich Wilhelm IV. von Preußen	Günther Hadank
Wilhelm I., König von Württemberg	Gustav Waldau
Ein preußischer Minister	Fritz Reiff
Kommandant von Hohenasperg	Walter Holten
Ein Handelsgerichtsbeisitzer	Herbert Hübner
Württembergischer Kammerpräsident	Oskar Höcker

Bewertung:
FP: 8. April 1943, Prüf-Nr. 58854 (nur Hauptdaten): anerkennenswert, Jf 14, 2.715 m (gültig bis 30.4.1946) [SDK]; 2. Fassung: 8. April 1943, ausgefertigt am 10. September 1943, Prüf-Nr. 58854 (nur Hauptdaten): staatspolitisch und künstlerisch besonders wertvoll, Jf 14, jugendwert[173], aber

---

171 Bei der Ufa war schon am 9. Dezember 1936 der Plan eines Friedrich-List-Films im Gespräch (BA R 109 I/1032a, f. 292).
172 In diesen Tagen wurde Berlin von schweren Luftangriffen heimgesucht. Goebbels (*Tagebuch*, 26.8. u. 27.8.1943) suchte in verschiedenen Stadtteilen Berlins Kontakt mit der Bevölkerung.
173 Schon am 20.5.1943 meldete der *FK* (Nr. 91), der Film sei zwar nicht als »jugendwert« eingestuft worden, aber »unter den Jugendwert-Bedingungen im Soforteinsatz im Rahmen des regulären Spielprogramms in Jugend-Filmstunden der Hitlerjugend einzusetzen«.

(wie in der 1. Fassung) »zum Einsatz in Jugendvorstellungen der Filmtheaterbesitzer nicht geeignet«, 2.715 m (gültig bis 30.04.1946) [BFA]; Paimann 1943 (Nr. 90).
CFFP 1951, S. 29: »A well made film, with good acting, nationalist propaganda«; LPF June/Sept. 1953.
FSK: 26. Januar 1982, Prüf-Nr. 52915: Jf 6, mit Schnittauflage 2.643 m (97 min) – Schnittauflage: Entfernung des Satzes: »England ist der Feind aller freien Völker, die sich nicht ausbeuten lassen wollen« in der Ansprache Lists vor dem Balkon zu einer Menschenmenge in Amerika, Wahlumzug.

Rechte: F.-W.-Murnau-Stiftung; Ausw: Transit-Film GmbH, München (komm.), DIF (nichtkomm.)
Kopie: BFA$_1$ [DIF]

29.2. Handlung

(1) Professor Friedrich List kehrt aus Frankfurt/M. zurück, wo er »mit ausländischen Kaufleuten« den »Deutschen Handels- und Gewerbeverein« gegründet hat [1819], dessen Absichten sich nach Auffassung des Württembergischen Staatsministeriums »offensichtlich gegen das wohlverstandene Württembergische Staatsinteresse« richten. Für den Weg von Frankfurt/M. nach Tübingen brauchte er 40 Stunden; davon hat er 18 Stunden »an den Zollschranken herumgestanden«. An der letzten Zollstation kommt es zu einem Aufstand verarmter Bauern, die nach Amerika auswandern wollen. Noch bevor das herbeigerufene Militär hat durchgreifen können, öffnet sich die Zollschranke; List hat für die Auswanderer den Zoll bezahlt. Zu Hause erwartet ihn nicht nur seine Frau Karoline mit der kleinen Tochter Mila, sondern auch sein Schwager Seybold, der ihn mit einem Brief konfrontiert, in dem das württembergische Staatsministerium ihn auffordert, sich für sein Verhalten zu rechtfertigen, und ihm die Entlassung aus dem Staatsdienst androht. Während Seybold zur Beschwichtigung rät, ist List fest entschlossen, den eingeschlagenen Weg weiter zu gehen [Verlust der Professur 1820]. Er will sich von seiner Vaterstadt Reutlingen in die Württembergische Kammer als Abgeordneter wählen lassen. Er wird bei Fürst Metternich in Wien vorstellig; seiner Auffassung nach müßten sich die 38 deutschen Staaten zu einer Zollunion zusammenschließen, damit Deutschland »wenigstens in Handel und Industrie ein einiges Reich wird«; Metternich soll sich »an die Spitze der Bewegung stellen«. Doch Metternich erklärt: »Es gibt kein Deutschland – es wird nie eins geben!« Dennoch verspricht er List, sich mit der Eingabe »wohlwollend beschäftigen« zu wollen. Hofrat Gentz gegenüber, der List fortan überwachen lassen soll, gesteht Metternich: »Der Mann ist ja viel gefährlicher, als wir gedacht haben.«

(2) In Stuttgart warnt der österreichische Gesandte den württembergischen Kammerpräsidenten vor »gewissen staatsfeindlichen Bestrebungen« im Lande. Als Abgeordneter der Stadt Reutlingen demonstriert der Konsulent List in einer Sitzung der württembergischen Kammer an den Landkarten Deutschlands und Frankreichs die Notwendigkeit der politischen und wirtschaftlichen

Einheit Deutschlands und fordert neben dem »Bund der deutschen Fürsten« auch einen »Bund der Deutschen«. Nachdem List im weiteren Verlauf der Regierung ›Volksfremdheit‹ vorgeworfen und ihr Zollrecht in Frage gestellt hat, wird ihm das Wort entzogen und »Hochverrat« unterstellt; die Rede soll aus den Akten gestrichen werden, doch List läßt sie drucken und überschreitet damit seine Befugnisse. Symbolisch durch das Schachspiel Metternichs mit Gentz zum Ausdruck gebracht, setzt Metternich List »schachmatt«. Seine Rede wird beschlagnahmt, ebenso sein Vermögen, und er selbst verhaftet. Wiederum versucht sein Schwager Seybold, der Karoline und Mila in sein Haus aufgenommen und wenigstens Karolines Geld gerettet hat (indem er es in sein Geschäft steckte), List zu beschwichtigen. Er soll dem Plan der Württembergischen Regierung zustimmen und 24 Stunden nach dem Verzicht auf die Württembergische Staatsangehörigkeit mit Frau und Kind nach Amerika auswandern. List lehnt ab. Er arbeitet im Gefängnis an einer Denkschrift über seinen Prozeß, einer Eingabe an die Bundesstaaten und an einem Vertragsentwurf für den Zollverein; List weiß, daß er nach Verlust der Staatsangehörigkeit nicht mehr nach Deutschland zurückkehren kann. Erst als der Gefängniskommandant alle seine Papiere beschlagnahmt und ihm statt dessen Listen der Württembergischen Armee zum Abschreiben diktiert, ist er zur Auswanderung bereit [Er erreichte Amerika am 10. Juni 1825].

(3) In Amerika hat John Ritter, Besitzer einer Bar, eines Frisiersalons und einer kleinen Druckerei, der schon seit 20 Jahren im Lande lebt und nur »Mr. Ritter« genannt werden will, List »aus Gnade und Barmherzigkeit« aufgenommen. List ist Redakteur des von Ritter herausgegebenen Lokalblattes; daneben schreibt er nationalökonomisch wegweisende Artikel in der »Nationalzeitung« von Philadelphia, die großes Interesse finden. General Jackson, der »im Jahre 1815 die Engländer geschlagen hat«, sucht List auf, um festzustellen, ob List »der Mann ist, der hinter dem steht, was er geschrieben hat«. Bei einem Vortrag auf Einladung der Industriellen von Philadelphia, bei dem auch der amerikanische Präsident [John Quincy Adams] zugegen ist, entwickelt List seine Ideen zur Förderung des Kohleabbaus und zur Entwicklung eines Eisenbahnnetzes, das den Binnenländern die gleichen Vorteile bringen soll wie den Seeländern. Die Bankiers, die anfangs begeistert zustimmen, wollen jedoch an die Anleihen »nicht mehr so recht heran«, nachdem der englische Gesandte Lord Palmer den Präsidenten unter Druck gesetzt und daran erinnert hat, daß er von der »englischen Partei« des Landes getragen wird. General Jackson beauftragt List, für ihn den Wahlkampf zu führen und dabei die Stimmen der Deutsch-Amerikaner zu sammeln; dann wird der »alte Holzbock« nicht mehr länger Präsident Amerikas sein. List erkennt, daß er sich da auf eine Sache eingelassen hat, die ihn »auf ganz andere Wege bringt«; der Hintergrund all seiner Pläne ist »Deutschland«. »Tante Sannah«, eine reiche ehemalige Deutsche aus den »Pionierstagen« Amerikas, die einen Mann sucht, der in der Lage ist, ihre Bergwerke einzurichten, und der das »sentimentale Gewäsch über die alte Heimat« zuwider ist, will List dafür gewinnen, den alten Pioniergeist in Amerika

»neu zu schaffen«. Ihre »gelehrte« und ebenfalls von List begeisterte Nichte Helen Harper hat sich mit Lists Tochter Mila angefreundet.

(4) List unterstützt General Jackson in einer flammenden Wahlkampfrede (siehe Textbeispiel in Kap. B.29.4) und kann nach dem Wahlsieg Jacksons [November 1828] sein Eisenbahnprojekt verwirklichen. Als Eisenbahnarbeiter das alte deutsche Lied »Ich hab' mich ergeben, mit Herz und mit Hand« anstimmen, wird er von Heimweh überwältigt, und die Worte »... will Vaterland Dir bleiben, auf ewig fest und treu«, gehen ihm nicht aus dem Sinn. General Jackson bringt List gegenüber die Angriffe von englischer Seite zur Sprache, er sei ein »deutscher Agent« und habe bisher niemals erklärt, daß er sich nur als Amerikaner fühle und nur *amerikanische* Interessen vertrete. Aber List hat von politischen Umwälzungen in Deutschland gelesen und spürt: »Da drüben bin ich jetzt nötig.« General Jackson versteht nicht, warum er »wie ein geprügelter Hund dem Lande nachläuft, das ihn mit Füßen getreten hat«, und Tante Sannah mahnt ihn: »Seien Sie vernünftig, *werden* Sie Amerikaner.« Während der Rede des Präsidenten zur Eröffnung der ersten Eisenbahnlinie entzieht sich List der offiziellen Ehrung; er ist zur Einsicht gelangt, daß er in Deutschland mit dem Eisenbahnbau hätte anfangen sollen, dann wären die Zollschranken von allein gefallen. Jetzt sieht er sein neues Ziel vor Augen: »Ich bin krank nach Deutschland. Ich muß zurück!« Da er seine württembergische Staatsangehörigkeit aufgegeben hat, kann er jedoch nur als amerikanischer Konsul für Leipzig nach Deutschland zurückkehren [1830]; Tante Sannah ist ihm dabei behilflich. Mit der Familie List reist auch Helen Harper nach Deutschland.

(5) List irrt sich, wenn er glaubt, alles frühere sei »längst vergessen«, denn Metternich diktiert Gentz eine Warnung an alle österreichischen Gesandten vor dem »berüchtigten Umstürzler« und schreckt dabei auch nicht vor der Lüge zurück, List habe sich der Kerkerhaft durch Flucht entzogen. Den »gekrönten Häuptern und Ministern« ruft er in Erinnerung, daß List »einer der tätigsten, verschlagensten und einflußreichsten Revolutionsmänner« ist. In Leipzig gibt der »amerikanische Konsul List« einen Hausball, um durch den zur Schau gestellten Reichtum das Vertrauen der sächsischen Kaufleute zu gewinnen. Die von ihm »durchgedrückte« Anleihe für den Bau der Eisenbahnlinie Leipzig/Dresden ist um das zweieinhalbfache überzeichnet worden. Er widersetzt sich dem Vorschlag der Kapitalerhöhung, mit dem die Kaufleute die Aktienmehrheit und damit die Macht über Preisdiktate zu erlangen hoffen. Auf dem Hausball bahnen sich zugleich persönliche Beziehungen zwischen Mila und dem jungen preußischen Leutnant v. Runge an, der »immer Soldat« war, aber die Schriften Lists gelesen hat (»Ihr Vater hat uns jungen Menschen ganz neue Ziele gezeigt«). Die ›Klatschtanten‹ unterstellen List eine intime Beziehung zu Helen, die ihrerseits Interesse an Leutnant Runge zeigt. List erkennt sofort die Zuneigung seiner Tochter, und Karoline List erlaubt ihr, mit Leutnant Runge auszureiten; Helen ist mit von der Partie.

(6) Metternich kann zwar die Aufhebung aller Zollschranken in Innerdeutschland [1834] und den Bau der Eisenbahn nicht verhindern, ist aber bemüht, den Leuten von der sächsischen Eisenbahnkommission zu beweisen, daß List ihr Vertrauen nicht verdient, denn List hat sich inzwischen durch seinen Besuch beim preußischen Kronprinzen, der Metternich nicht fürchtet, aber List im Augenblick nicht weiterhelfen kann, verdächtig gemacht. List plädiert für eine »Staatliche Eisenbahn«, damit, wie der Kronprinz erkennt, »Fahrpreis und Frachten nicht von Geldsackpatrioten festgesetzt« werden können. Die sächsische Eisenbahnkommission erregt sich über die Forderung nach der gleichen Spurweite in Sachsen und Preußen, und Metternich sieht klar voraus: »Mit der gleichen Spurweite fängt es an, und es endet mit einer zentralen deutschen Eisenbahnverwaltung in Berlin.« Er will sich an den voraussichtlich nächsten amerikanischen Präsidenten Henry Clay wenden, um List des Konsulats zu berauben.

(7) List gerät jedoch zunächst von anderer Seite in Bedrängnis. Als beim Eisenbahnbau die Kosten überschritten werden, und die Kommission das finanzielle Risiko nicht weiter tragen will, ist List bereit, mit seinem Privatvermögen zu haften. Doch Helen bringt einen Brief von Tante Sannah, in dem diese ihm mitteilt, daß die Bergwerke durch das Überangebot von Kohle auf dem Markt wirtschaftlich zusammengebrochen sind; er soll nach Amerika zurückkehren, um »zu retten, was noch zu retten ist«. Obgleich List nur ein »armer Mann« ist, will er weder zurückreisen, noch der Kommission nachgeben, sondern die Eisenbahn weiterbauen. Denn Helen hat ihm geraten, auf das Vermögen seiner Frau zurückzugreifen. Vergeblich versucht Schwager Seybold, dies zu verhindern; Karoline überschreibt ihm das Vermögen, das letztlich für Mila bestimmt war. Mila möchte auch gerade in dieser Situation auf das Geld zurückgreifen, weil Leutnant Runge als Offizier für eine Eheschließung eine Kaution stellen muß. List ist jedoch nicht bereit, Mila das Geld zu überlassen, und diese macht Helen dafür verantwortlich, dem Vater den Rat gegeben zu haben. Als dazu noch Runge Helen vorwirft, daß sie durch ihre im Stadtklatsch falsch gesehene Beziehung zu List dessen »Ruf« zerstöre, reist sie »ohne Abschied« ab.

(8) Der Regimentskommandeur wäre zwar bereit, Runge die Stellung einer Kaution zu erlassen, kann jedoch trotz persönlicher Wertschätzung Lists nicht von den Bedenken gegen dessen politische Vergangenheit absehen. Deshalb bittet Runge List, sich darum zu bemühen, wieder »Bürger eines deutschen Staates« zu werden. Vergeblich bittet List den König von Württemberg Wilhelm I. um Gnade; dieser vertröstet ihn auf sein 25jähriges Regierungsjubiläum (einige Jahre später) und die aus diesem Anlaß geplante Amnestie für alle »Verbrechen«, die in seiner Regierungszeit begangen wurden. Bei der festlichen Einweihung der Eisenbahnlinie Leipzig/Dresden durch den sächsischen Prinzregenten [1837] verweigert man nicht nur den Arbeitern, sondern auch List den Zutritt. Auf Lists Protest hin erklären die »honetten Kaufleute«, es sei ihnen nicht zuzumuten, weiterhin mit einem Staatenlosen und vorbestraften

Bankrotteur zusammenzuarbeiten; aus Wien hätten sie im übrigen bereits die Mitteilung erhalten, daß Lists Bestellung zum Konsul zurückgenommen worden sei. Den Rechtsanspruch Lists wollen sie »gar nicht erst untersuchen«, sie sind jedoch bereit, ihm eine einmalige Unterstützung zu gewähren. List erklärt: »Ich schäme mich, daß ich eine so gute Sache in solche Hände gelegt habe.« Danach zerschlagen sich auch für List die Hoffnungen, die er in den früheren Kronprinzen und jetzigen peußischen König Wilhelm IV. gesetzt hatte. Dessen Absicht, ihn als preußischen Minister einzustellen, scheitert am Kabinett, das sich unter Rücktrittsdrohungen weigert, mit diesem »heimatlosen Sträfling« zusammenzuarbeiten; List erhält vom König, der ihn nicht persönlich empfangen will, lediglich ein »formelles Dankschreiben«. Ein Minister rät ihm, sich an Metternich zu wenden.

(9) Mila wird, begleitet von List, persönlich bei Metternich vorstellig und bittet ihn, ihrem Vater das »Bürgerrecht eines deutschen Landes« wiederzugeben. Metternich zeigt sich konziliant, betont jedoch, daß die »politische Einheit der deutschen Stämme immer ein Wunschtraum weltfremder Ideologen bleiben« werde, und daß die »einzige Lösung der deutschen Frage« von ihm »bereits realisiert« sei. Im übrigen hätte er nie daran gedacht, daß »der international bekannte Friedrich List soviel Wert darauf legt, ein Deutscher zu sein«. Seine Bereitschaft, ihm das österreichische Bürgerrecht zu verleihen und das Amt eines »Direktors in der kaiserlich-königlichen Verwaltung« zu übertragen, ist an die für List unannehmbare Bedingung geknüpft, daß er eine Erklärung unterschreibe, »aus der hervorgeht«, daß er seine »politischen Bestrebungen nunmehr endgültig aufgebe«. Es ist dies seine »letzte Chance«, die List mit dem Verzweiflungsausbruch »Ich kann doch mein Werk nicht verraten« verwirft. Auf der Rückfahrt von Wien wird der fiebernde List von Erinnerungen und Stimmen verfolgt, die ihn an seine Heimatlosigkeit erinnern, auch vom Zweifel, ob er Metternichs Angebot nicht doch hätte annehmen sollen, doch Mila erklärt, sie hätte genauso gehandelt. Er will »heim zu Mutter«. Aus seinen Depressionen (»Ich habe umsonst gelebt. Niemand glaubt an mich. Ich bin am Ende.«) wird er an der Grenzstation herausgerissen. Runge, der seinen Militärdienst quittiert hat und nunmehr Staatswissenschaft studiert, hat aus Anlaß der Verwirklichung der Zollunion eine Studentendemonstration organisiert, bei der sie um Mitternacht List im Fackelschein und unter dem Zersplittern des Schlagbaums huldigen. List spricht die entscheidenden Worte des gesungenen Liedes nach: »Das ganze Deutschland soll es sein!«

29.3. Verwendetes literarisches Material

Walter v. Molo: *Ein Deutscher ohne Deutschland. Ein Friedrich List-Roman.* Berlin, Wien u. Leipzig: Paul Zsolnay 1931, 550 S. (= Jubiläumsausgabe zur 100-Jahr-Feier der deutschen Eisenbahn 1935); danach: [...], hg. v. der Gesellschaft für europäische Wirtschaftsplanung und Großraumwirtschaft e. V. Berlin, vom Dichter durchges. endgültige Fassung, 33.–35. Tsd. Hamburg: Toth-Verlag 1942, 499 S.; und Wehrmachtsausgabe: Berlin: Oberkommando der Wehrmacht 1944 (= Soldatenbücherei des Oberkommandos der Wehrmacht 67).[174]

Der Roman entwirft die Lebensgeschichte Friedrich Lists von der Jugend bis zum Selbstmord in Kufstein und schließt sich enger als der Film an biographische Quellen an. Ausführlicher zur Sprache kommen Lists Tätigkeit als württembergischer Abgeordneter, die Gründung des Handels- und Gewerbevereins, Lists Flucht in die Schweiz und Lafayettes Unterstützung bei Lists Auswanderung nach Amerika; detaillierter dargestellt werden danach Lists Aktivitäten als »provisorischer« amerikanischer Konsul, seine Reisen nach Paris und Brüssel und seine Stellung zur Leipziger Eisenbahnkommission. Der Film knüpft zwar an einige Situationen des Romans an, z. B. Lists Gesprächs mit Metternich (S. 171 ff.), seine Rede vor deutschen Siedlern in Amerika (S. 304 ff.) und seine Unterstützung für General Jackson (S. 315 ff.). Aber durch den Roman nicht vorgegeben sind zentrale Figurenkonstellationen wie List und Tante Sannah (nebst Nichte), Leutnant v. Runge und Mila sowie Szenen, die die ›Tragik‹ des Falles herausstellen (Lists Gespräch mit preußischen Kronprinzen und sein letzter Besuch bei Metternich); im Gegensatz zum Film wird im Roman Lists »Ehre« durch den württembergischen König »wiederhergestellt« (S. 524).

In der ersten Fassung des Drehbuchs zeichnen Walter v. Molo und Ernst v. Salomon noch gemeinsam als Drehbuch-Autoren (sodann wieder in der überarbeiteten Fassung vom 15. Mai 1942 und in der letzten Fassung). Mit der zweiten Fassung (siehe Kap. B.29.7) setzte Ernst v. Salomon seine eigenen Vorstellungen durch. Im DIF (G43219/92) ist ein hektographiertes Typoskript (67 S.), adressiert an Ministerialrat v. Reichmeister im Reichspropagandaministerium, Berlin, überliefert, in dem Dr.-Ing. Robert Böker, Leipzig, sich mit der List-Literatur und den »jedes Maß überschreitenden Verunglimpfungen hochverdienter Zeitgenossen« kritisch auseinandersetzt, so auch mit dem Roman Molos; Böker wendet sich insbesondere gegen die falsche Beurteilung der sächsischen Kaufmannschaft. Der Film war zu diesem Zeitpunkt erst angekündigt, doch gaben die voranzeigenden Zeitungsartikel, »vom historischen Standpunkt aus gesehen«, gleichfalls Anlaß zu berechtigter Kritik.

29.4. Textbeispiele

(1) Wahlkampfrede Friedrich Lists (L) in Reading, einer Stadt, in der viele »deutschblütige« Amerikaner lebten:

---

[174] Das Nachwort von Werner Daltz gab die ›Leseanweisung‹: »Indem wir jetzt erstmalig und bewußt die Völkerfamilie als politisch-biologische Realität, als die ihre Völker verpflichtende und berechtigende Lebenseinheit in die Erkenntnis einführen, gewinnen wir eine neue Anschauung der Welt und damit eine neue politische Ordnung in Politik, Wirtschaft und Kultur, in der auch die Arbeit Friedrich Lists ihre Erfüllung findet« (S. 499).

L: Ihr alle, ob Ihr drüben in Schwaben geboren seid, am Rhein oder an der Elbe, in Bayern gelebt habt oder an der Ostsee ...
Zwischenruf John Ritters: Das wollen wir ja gar nicht mehr wissen, das interessiert uns doch gar nicht. Wir sind jetzt freie *Amerikaner*!
(Die weiteren Worte gehen im Lärm stampfender Rhythmen der Musikkapelle unter.)
L: Herr ... Mr. John Ritter, Sie sind freier *Amerikaner* und können natürlich hier frei reden, soviel Sie wollen. *Aber* ich mache Sie darauf aufmerksam, daß es diesem einzigen, wirklich hundertprozentigen Amerikaner unter uns *auch* freisteht, soviel zu trommeln, wie er will. *(Gelächter unter den Zuhörern.)*
In diesem Lande leben Menschen der verschiedensten Abstammung, die sich zusammengeschlossen haben zu gleichen Pflichten *und* zu gleichen *Rechten*. Aber, bei aller Bescheidenheit wollen wir daran erinnern, daß dieses Land zu seinem größten Teil urbar gemacht wurde von *Deutschen*. *(Zustimmender Beifall.)*
Wir wollen daran erinnern, daß die Eisenhämmer, die Glasfabriken, Seide, Indigo, Eure Erze und Gruben vorwiegend von *Deutschen* begonnen und gewonnen wurden. *(Zustimmender Beifall.)*
Ja, sogar Eure *Nationalhymne* wurde von hessischen Soldaten hierher nach Amerika gebracht. *(Erstaunen im Publikum; Rufe* »Hört! Hört!«*)*
Wir haben also ein *Recht* darauf, gehört zu werden. Denn jetzt steht zur Debatte, ob Amerika nicht nur *politisch*, sondern auch *wirtschaftlich* frei von *England* sein soll. Und da müssen wir *Deutsche* den *Ausschlag* geben! *(Zustimmender Beifall.)*
Denn *England* ist der Feind aller freien Völker, die sich nicht *ausbeuten* lassen wollen! *(*»Pfui«*-Rufe.)*
Und *darum* erfüllt Eurer alten wie Eurer neuen Heimat gegenüber Eure *Pflicht* und wählt den *Gegner* Englands, den General *Jackson*! *(Dreifacher Tusch, Jubel und lärmende Musik.)*

(2) Huldigung Lists durch Leutnant v. Runge. Auf der linken Seite sind synoptisch drei Drehbuchfassungen wiedergegeben: in normaler Schrift = Text der Fassung vom 15.12.1941; in [ ] und **Halbfett**-Druck = Streichungen und Ergänzungen in der Fassung vom 7.3.1942; in ( ) und *Kursivdruck* = Streichungen und Ergänzungen in der Fassung vom 2.4.1942. Auf der rechten Seite steht der Text, der dann in der endgültigen Filmfassung (Zulassung: 8.4.1943) gesprochen wurde:

[Ein dreifaches Hoch dem Manne]. **Mitten unter uns weilt der Mann**, der in der (finsteren) *tiefsten* deutschen Nacht die Fackel der [deutschen Freiheit und der] deutschen Einheit (hochgehalten hat) *erhob* (**Der Schöpfer des deutschen Zollvereins**) ... Friedrich List!	Freunde, vergeßt mir aber nicht den Mann, der in der tiefsten Nacht die Fackel der deutschen Einheit erhoben hat, den Mann, der unbeirrbar durch alle Qualen, alle Erniedrigungen allein seinen Weg bis zu dieser Stunde weitergegangen ist: Friedrich List.

29.5. Kontext

(1) Zum Zeitpunkt der Uraufführung des Films waren die Befürchtungen über den wahrscheinlichen und schließlich am 7. Dezember 1941 erfolgten Eintritt der Vereinigten Staaten in den Krieg, verbunden mit den Erinnerungen an das Eingreifen »der Amerikaner« im Ersten Weltkrieg allgegenwärtig. Im Film wird die ständige Einflußnahme Englands auf die Politik Amerikas stark betont, und der »Kapitalismus«, der den »alten Pioniergeist« in Amerika zerstört habe, hervorgehoben. Zur Kapitalismus-Kritik werden die Spekulanten und »Krämerseelen« (sächsische Kaufleute) in Deutschland hinzugerechnet, die sich »auf Kosten des Volkes« bereichern.

(2) Zu den ›Reizworten des Tages‹ gehört das Wort »volksfremd«[175], das zum Propagandavokabular der Nationalsozialisten gehörte. List erklärt vor den Abgeordneten der Württembergischen Kammer:
»Ich spreche ja für meine Vaterstadt, wenn ich von ganz Deutschland rede, von meinem Vaterland, als dessen Sohn ich genau weiß, was das Volk will. Aber weil Sie das nicht wissen, deswegen kommen jene volksfremden Gesetze zustande, unter denen das Volk leidet, die es mit Haß erfüllen, so daß unsere Bauern und unsere besten Handwerker ihr Vaterland im Stich lassen und nach Amerika auswandern. [...] Alles kommt davon, daß die Regierung annimmt, die Bürger unseres Königreichs seien keine Deutschen. Das ist volksfremd!«

(3) Die Betonung der Verdienste Lists um den Aufbau des amerikanischen und deutschen Eisenbahnwesens war geeignet, die damals bekannte Parole »Die Räder müssen rollen für den Sieg« in Erinnerung zu rufen.

29.6. Normaspekte

(I) Höchster und absoluter Wert des Films ist das *Werk* Friedrich Lists, eines Mannes, der »hundert Jahre zu früh geboren wurde« und dessen politisch-ökonomische Ansichten sich erst im Laufe einer längeren historischen Entwicklung durchsetzten, die schließlich zur deutschen Einheit und zuletzt zu einem »Großdeutschland« führten. Da der Film die Richtigkeit des von List eingeschlagenen Weges als ›durch die Geschichte bestätigt‹ ansieht, legitimiert er auch den erschreckenden *Rigorismus* Lists, der in folgenden Leitsätzen zum Ausdruck kommt:
(1) List zu seinem Schwager: »Ein Mann kann nicht nur für seine Familie sorgen, der muß an die *Gesamtheit* denken.«

---

[175] Victor Klemperer (*LTI. Notizbuch eines Philologen*. Berlin 1949) notiert schon am 20. April 1933: »›Volk‹ wird jetzt beim Reden und Schreiben so oft verwandt wie Salz beim Essen, an alles gibt man eine Prise Volk: Volksfest, Volksgenosse, Volksgemeinschaft, volksnah, volksfremd, volksentstammt ...« (S. 36).

(2) List zu seiner Tochter Mila: »Ja, *immer* habe ich an *mich* gedacht, hab' immer nur an mich denken *müssen*, weil *ich* weiß, daß das, was ich tu', kein anderer tun *kann*. Dazu bin ich *da*. Das ist mein *Schicksal*, ich *kann* nicht anders. Und wenn ich Dein Leben zerstör', ich hab' meines auch drangesetzt. Ich kann Dir nicht helfen, Kind.«

(3) List zu Mila, nachdem er das Angebot Metternichs abgelehnt hat: »Ich will nichts mehr hören, und wenn ich darüber Dich und mich und uns alle ins *Unglück* stürze! ... Und wenn nun dieser unendliche Weg, den ich gegangen bin, ins *Nichts* und in die *Katastrophe* führt, dann *soll* das alles lieber in einer Katastrophe enden, als in einer Amtskanzlei dieses verfluchten Staates, der mich zu Tode hetzt.«

Der Film verschweigt den späteren Selbstmord Lists (am 30. November 1846 in Kufstein) und gibt zum Schluß, als List nicht zu den Studenten sprechen will, nur den Hinweis auf seine ›Einsamkeit‹ (»Laß mich, ich will allein sein!«).

(II) Mit diesem Werk Lists verbunden ist die zentrale Frage nach der *nationalen Identität*, die Gegenstand der Gespräche zwischen List und Tante Sannah ist. Während List erklärt: »*Heimat* bleibt *Heimat*«, bekennt sich Tante Sannah zur neuen Heimat Amerika: »Ich habe nun einmal ja gesagt zu diesem Lande, weil ich's mir erkämpft habe, als wir Pioniere mit dem Planwagen über die Prärie zogen.« Sie will List helfen, das »*neue Amerika*« zu bauen, denn: »So wie drüben die 38 Fürsten, so regiert hier der Dollar, und die Menschen sind selbstsüchtig geworden: Wir brauchen wieder die großen Ideen und Aufgaben. Sie haben die ersten Wege gewiesen.« Der Film betont den hohen Anteil *deutscher Arbeitsleistung* am Aufbau der Vereinigten Staaten von Amerika und wertet Tante Sannahs Standpunkt nicht ab, setzt aber im Gespräch Lists mit dem preußischen Kronprinzen einen neuen Akzent. Der Kronprinz stellt List für später das Amt eines preußischen *Kolonisationsdirektors* in Posen in Aussicht, damit dieser die »deutsche *Auswanderung* nach Osten, anstatt nach Übersee« lenke.

29.7. Überliefertes Material

Im DIF sind folgende Drehbuchfassungen überliefert:

Drehbuch (1): FRIEDRICH LIST. *Ein Deutscher ohne Deutschland. Handlungsaufriß von Walter v. Molo und Ernst v. Salomon.* Typoskript (Durchschlag), 80 S.

Drehbuch (2) vom 2.9.1941: (FRIEDRICH LIST) [darüber mit Bleistift:] DER UNENDLICHE WEG. *Drehbuch Walter v. Molo. Ernst v. Salomon.* Typoskript (Durchschlag), 130 S. (479 E).

Drehbuch (3) vom 5.12.1941: [Ohne Titelblatt]. Typoskript (Durchschlag), 102 gez. u. 85 ungez. S. (565 E).

Drehbuch (4) vom 7.3.1942 (später Korr. in: 17.3.1942): [Auf dem Umschlag:] DER UNENDLICHE WEG. *Drehbuch von Ernst v. Salomon (II. Salomon-Fassung).* Typoskript (Durchschlag), 229 S. (635 E).

Drehbuch (5) vom 2.4.1942. [Auf dem Umschlag:] DER UNENDLICHE WEG. *Drehbuch von Ernst v. Salomon. (Überarbeitete Fassung)*: Typoskript (Durchschlag), 214 S. (Reduzierung von 647 E zu 514 E) [Arbeitsexpl. Dr. Goll, mit vielen Streichungen und Varianten].

Drehbuch (6) vom 15.5.1942: DER UNENDLICHE WEG. *Drehbuch von Walter v. Molo und Ernst v. Salomon nach dem Roman* Ein Deutscher ohne Deutschland *von Walter v. Molo. (Überarbeitete Fassung).* Typoskript (Durchschlag), 156 S. (513 E) [Arbeitsexpl. Dr. Goll].
Drehbuch (7) vom 4.6.1942: DER UNENDLICHE WEG. *Drehbuch Walter v. Molo und Ernst v. Salomon nach dem Roman* Ein Deutscher ohne Deutschland. *München-Geiselgasteig: Bavaria Filmkunst GmbH.* Typoskript, 155 hektogr. Bl. (513 E) [Davon auch 2. Expl.].

Illustrierter Film-Kurier Nr. 3337 [BFA]; *Bavaria-Film. Bild- und Textinformationen*, 31 S. [BFA, SDK]; *Für die Auswertung: Unterlagen und Material für den Einsatz*, 8 S. [DIF]; Bildmaterial [BFA, SDK]

29.8. Interviews, Stellungnahmen, Rezensionen

[Hinweis auf:] DER UNENDLICHE WEG, in: *FK* 11.9.1941 (Nr. 213); Georg Specker: DER UNENDLICHE WEG. Das Schicksal Friedrich Lists im Film, in: *FK* 1.9.1942 (Nr. 204); [Mittlg:] DER UNENDLICHE WEG bei Außenaufnahmen, in: *FK* 4.9.1942 (Nr. 207); [Mittlg:] Die [Atelier-] Aufnahmen für DER UNENDLICHE WEG, in: *FK* 5.9.1942 (Nr. 208); K. U.: Ein Leben der Tat und des Glaubens. Der unendliche Weg des Nationalökonomen Friedrich List. Zu dem neuen Bavaria-Film, in: *FK* 17.10.1942 (Nr. 244); [Zur Besetzung:] in: *FK* 19.10.1942 (Nr. 245); [Foto:] Außenaufnahmen zum UNENDLICHEN WEG, in: *FK* 9.11.1942 (Nr. 263); Hans-Ottmar Fiedler: Besuch beim Friedrich List-Film DER UNENDLICHE WEG. Ein Leben für Deutschland. Eugen Klöpfer in der Hauptrolle, in: *Berliner Lokal-Anzeiger* 14.1.1943 (Nr. 12A).

[Anonym:] DER UNENDLICHE WEG: Uraufführung des Friedrich List-Films in Stuttgart, in: *Dt. Allg. Ztg.* 26.8.1943 (Nr. 407); Hans-Hubert Gensert: DER UNENDLICHE WEG. Uraufführung in Stuttgart, in: *FK* 26.8.1943 (Nr. 191); Richard Zanker: DER UNENDLICHE WEG. Uraufführung des List-Films in Stuttgart, in: *Berliner Lokal-Anzeiger* 26.8.1943 (Nr. 204); Annemarie Closterhalfen: Seiner Zeit voraus. Friedrich Lists tragischer Lebensweg im Film, in: *Berliner Lokal-Anzeiger* 28.8.1943 (Nr. 206), Beibl.; Werner Fiedler: DER UNENDLICHE WEG. Der Friedrich List-Film im Ufa-Palast am Zoo, in: *Dt. Allg. Ztg.* 28.8.1943 (Nr. 412); Robert Volz: Der Mensch und Kämpfer. Der Friedrich List-Film. Berliner Erstaufführung. Ufa- und Mercedes-Palast, in: *Völkischer Beobachter* (Berliner Ausg.) 29.8.1943 (Nr. 241); Ernst Jerosch: DER UNENDLICHE WEG. Ufa-Palast am Zoo, Mercedes-Palast, Neukölln, in: *FK* 30.8.1943 (Nr. 120); [Anonym:] Der schwäbische Mensch im Film. Zu dem Bavaria-Film DER UNENDLICHE WEG, in: *Der Deutsche Film*, Berlin, Jg. 7 (1943), H. 8, S. 11 ff. [mit Abb.].

Daneben existiert noch eine umfassende Sammlung von Rezensionen in der Münchner HFF.

30. KOLBERG

30.1. Produktionsdaten

UT: Ein Ufa-Farbfilm
P: Universal-Film AG., Herstellungsgruppe Veit Harlan; 3.026 m; von Goebbels am 1. Juni 1943 in Auftrag gegeben; Fertigstellung des Drehbuchs: 5.10.1943 (Harlan 1966, S. 184); Drehbeginn: 27.10.1943; z. T. in Kolberg, z. T. in und bei Berlin gedreht;[176] Abschluß: 17.7.1944; am 4.12.1944 lag die Arbeitskopie vor, am 6.12.1944 verständigt Hinkel Goebbels über eine Besprechung mit Harlan, der mit verlangten Änderungen einverstanden gewesen sei (BA 55/664, f. 6–9)[177], und am 4.1.1945, daß der Film von ihm am nächsten Tag angesehen werden könne[178]
A: Veit Harlan, Alfred Braun
R: Veit Harlan

Stab: K: Bruno Mondi; M: Norbert Schultze; Bau: Erich Zander, Karl Machus; Schnitt: Wolfgang Schleif; Aufnahmeltg.: Conny Carstennsen; Produktionsltg.: Wilhelm Sperl

FM: Agfacolor
V: Deutscher Film-Verleih
UA: 30. Januar 1945, La Rochelle[179] und Berlin, Tauentzien-Palast und Ufatheater am Alexanderplatz[180]

Besetzung:
Maria	Kristina Söderbaum
Joachim Nettelbeck	Heinrich George
Loucadou	Paul Wegener

---

176 Vgl. zur Produktion des Films (Produktionskosten: 7.653.000 RM): Ufa-Programm 1943/44, Plan-Nr. 6/7, Bericht vom 14.4.1944 (BA R 55/652), Harlan 1960, S. 330–358, und Harlan 1966, S. 180–199 u. 205 f., daneben Söderbaum 1992, S. 191 ff. Schon im Jahre 1935 plante die Firma Lloydfilm einen Kolberg-Film (*FK* 6.3.1935, Nr. 55).
177 Die Briefe von Hinkel an Goebbels (OMGUS-Akten, Institut für Zeitgeschichte, München, 10/13 – 2/1 u. 10/14 – 1/9) lassen deutlich die Konflikte des Reichspropagandaministeriums mit Harlan erkennen. 8.12.1944: Hinkel bittet Goebbels, Harlan zu einem mündlichen Vortrag empfangen zu wollen. 26.12.1944: Harlan, Liebeneiner, (der damalige Reichsfilmdramaturg:) Frowein und Tackmann arbeiten den Film »gemäß Aktenvermerk über die geforderten Änderungen bzw. Schnitte« um. Hinkel hatte mit Frowein abgesprochen, »daß die geforderten Schnitte usw. ohne jede Rücksicht auf ›Bedenken‹ Harlans durchzuführen sind und daß mit allen Mitteln erreicht werden muß, daß der Film am 30. Januar 1945 zur Uraufführung steht«. 28.12.1944: Frowein, Harlan und Tackmann sind sich über die neue Fassung einig. Am 5.1.1945 war die Kopie »weisungsgemäß geschnitten«. Hinkel schlägt Goebbels vor, bei der Abnahme des Films auf das Beisein Harlans »als auch auf einen Darsteller zu verzichten«.
178 Frau Dr. Elke Fröhlich (Institut für Zeitgeschichte, München) war so freundlich, dem Verf. mitzuteilen, daß sich im Tagebuch von Goebbels in diesen Tagen keine Eintragungen zu KOLBERG finden.
179 Lt. Brief von Hinkel an Goebbels vom 18.1.1945 sollten bis zur Premiere »mindestens zwei Kopien fertig« sein. Im Brief vom 26.1.1945 legt er die Voraussetzungen für den Abwurf der Kopien aus einer Sondermaschine »nach Rochelle oder St. Nazaire« (Verbindungsoffizier: Oberst Wodarg) dar (OMGUS-Akten 10/13 – 2/1).
180 Um die »Reichsuraufführung« hatte sich am 19.10.1944 das »Reichspropagandaamt Pommern« beworben; sie sollte in Schneidemühl stattfinden, doch hatte die Bewerbung keine Chance (BA R 55/664, f. 3, u. R 109 II/ vorl. 13).

Graf A. Neidhardt v. Gneisenau	Horst Caspar
Ferdinand v. Schill	Gustav Dießl
Bauer Werner	Otto Wernicke
Königin	Irene v. Meyendorff
Claus	Kurt Meisel
Prinz Louis Ferdinand	Jaspar v. Oertzen
Reeder Gollnow	Jacob Tiedtke
Zaufke	Hans Hermann Schaufuß
Rektor	Paul Bildt
Fanselow	Franz Schafheitlin
Napoleon	Charles Schauten
Friedrich Wilhelm III.	Heinz Lausch
Franz	Josef Dahmen
Kaiser Franz II.	Franz Herterich
Frau v. Voß	Greta Schröder-Wegener
Timm	Fritz Hoopts
General Teulié	Werner Scharf
General v. Loison	Theo Schall

Bewertung:[181]
FP: 26. Januar 1945, Prüf-Nr. 60931: jugendwert, [mit d. Bem.:] »Die Verkündigung über die weitere Anerkennung des Films wurde ausgesetzt«; Prädikat: Film der Nation, Mittlg. in: *Film-Nachrichten* 24.2.1945 (Nr. 7/8), zugleich: staatspolitisch und künstlerisch besonders wertvoll, kulturell wertvoll, volkstümlich wertvoll, anerkennenswert, volksbildend, jugendwert [Bauer].
CFFP 1951, S. 28: »The film was intended to bolster up the moral of German people, at the time of the ›Volkssturm‹. Very elaborate production and probably the finest example of Agfacolor«; LPF June/Sept. 1953.
FSK: 28.11.1979, Prüf-Nr. 51164: Ablehnung aufgrund von § 2, Abs. 2c, der FSK-Grundsätze (die kommentierte Fassung von 1965 dagegen ist frei); Aktennotiz FSK: Atlas besaß eine Positivkopie (Länge: 3.000 m), »nahm Schnitte vor und stellte eine Internegativkopie her, die identisch mit der zur Prüfung vorgelegten Kopie ist«.

Rechte: F.-W.-Murnau-Stiftung; Ausw: Transit-Film GmbH, München (komm.), DIF (nicht-komm.)
Kopie: Münchner Filmmuseum [BFA$_1$, BFA$_2$, DIF, SDK]

30.2. Handlung

(1) Rahmenhandlung 1813: Während das Volk auf den Straßen demonstriert und ein Kampflied singt (»Das Volk steht auf, der Sturm bricht los«), läßt sich

---

[181] Der Film wurde am 7.12.1944 vor »etwa 150 NS-Führungsoffizieren« im »Vorführraum der Ministerwohnung« von Goebbels (in der Göringstraße) in einer »Arbeitskopie« gezeigt. In seinem Brief an Goebbels vom 6.12.1944 erklärt Reichsfilmintendant Hinkel: »Aus der Gebärszene des Films KOLBERG werden in zwei Schnitten die gröbsten Peinlichkeiten entfernt.« Er wolle die Führungsoffiziere darauf hinweisen und »auch andeuten«, daß für die endgültige Form »noch einige Schnitte von uns verlangt worden sind« (BA R 109 II/ vorl. 14; vgl. zum Einbau der »Kinovorführmaschine« R 55/664, f. 4/5). Vorangegangen war die Frage, ob der Film in der vorliegenden Fassung oder erst nach Vornahme einiger radikaler Kürzungen Goebbels vorgeführt werden sollte. Die Entscheidung darüber sollten Hinkel und der Reichsfilmdramaturg ORegR. Kurt Frowein treffen; beide wälzten die Entscheidung auf den Staatssekretär ab (BA R 109 II/ vorl. 14, Brief vom 29.11.1944). Laut Harlan 1966, S. 193, fand die letzte Unterredung über den Schnitt am 25.12.1944 statt.

Gneisenau beim preußischen König Friedrich Wilhelm III. melden; er bittet den König »im Namen aller Generäle«, einen Aufruf »an unser Volk« zu richten. Der König ist dazu nicht bereit: Er braucht kein Volk hinter sich, denn der Krieg ist »Sache der Armee«, und er hält Gneisenau für einen »Phantasten, Poeten, deutschen Träumer«. Doch Gneisenau erinnert ihn an die Verteidigung von Kolberg 1806/07. Nicht er, Gneisenau, sei damals der »Sieger von Kolberg« gewesen, sondern »Nettelbecks wehrhafte Bürgerschaft«, als »Fürsten und Könige ihr Volk verlassen« hatten. Und er erinnert den König an seine »natürliche und gottgewollte Aufgabe«: »Ein König muß sein Volk führen ... und wenn er das nicht kann, dann muß er abtreten. Wie jener deutsche Kaiser damals in Wien. Er verließ sein Reich in der Stunde der Not.« Mit der Abdankung des Kaisers beginnt die Binnenhandlung.

(2) Auf dem Marktplatz feiern die Bürger der Stadt Kolberg, noch unbeschwert von der Nachricht der verlorenen Schlacht von Jena und Auerstedt, ein Fest. Der Stadtkommandant Oberst Loucadou hat angeordnet, diese Nachricht zurückzuhalten. Nur der Brauereibesitzer und »Bürgerrepräsentant« Nettelbeck weiß noch davon. Ihn bedrückt der ›Untergang Preußens‹ und besonders der Tod Prinz Louis Ferdinands, der das »Herz Preußens« war; in der Garnisonskirche von Potsdam erweist Napoleon dem großen Preußenkönig Friedrich II. die Reverenz. Nettelbeck begibt sich zum »Bullenwinkel«, auf den Hof des Bauern (und früheren Wachtmeisters) Werner und trifft dort auch Maria, deren Patenonkel er ist. Hier kann er sich aussprechen und den Widerstand gegen Napoleon ins Auge fassen, während einige Bürger in der Stadt einer Beschwichtigungspolitik das Wort reden. Der Bauer Werner hat zwei grundverschiedene Söhne: Claus, der in Straßburg Musik studiert hat und vorzüglich Geige spielt, sieht sich als »Weltbürger«, während Friedrich mit Leidenschaft Soldat ist und »mit Schill beim Herzog von Braunschweig liegt«.

(3) Auf dem Rückzug bittet Friedrich den Vater für den verwundeten Leutnant Schill und zehn Kameraden um Quartier auf dem Hof. Nettelbeck trifft derweil Vorbereitungen für die Sicherung der Versorgung der Bevölkerung im Verteidigungsfall. Dabei gerät er mit dem Stadtkommandanten Loucadou, der sich militärische Ratschläge von ihm verbittet, in Konflikt. Aber auch Schill und Maria sehen, daß die verrosteten Kanonen nicht zur Verteidigung taugen und daß die Proviantierung schlecht ist. Beide verstehen sich auf den ersten Blick, was der an der Verteidigung der Stadt völlig desinteressierte Claus mit der Bemerkung kommentiert, Maria habe »sich wohl vergafft in ihn«. Aber Maria ist auch besorgt um das Leben Schills und die Zukunft der Stadt. Schill, der durch ein Handschreiben des Königs legitimiert ist, »ein Freikorps zusammenzustellen, überall wo er es für richtig hält«, bildet, z. T. auf eigene Rechnung, in Kolberg eine Bürgerwehr von 450 Mann aus, doch Loucadou glaubt nicht, daß der Krieg nach Kolberg kommt.

(4) Als Vorsitzender des Zehnmännerrates informiert Nettelbeck den Rat über den Brief des französischen »Generalgouverneurs für Pommern«: Der Festungskommandant soll die Stadt übergeben, und die Bürgerrepräsentanten werden nach Stettin beordert, um dort den Eid auf Napoleon zu leisten. Besonders der Rektor und der Reeder Gollnow sprechen sich für die Erfüllung dieser Weisung aus. Nettelbeck begründet seine ablehnende Haltung und redet Ratsmitgliedern ins Gewissen. Er verweigert die Abstimmung: »Über eine solche Zumutung stimmt man nicht ab!« Der französische Kommissionär muß unverrichteter Dinge wieder abziehen. Er berichtet dem Gouverneur und zeigt sich beeindruckt von diesem »esprit de Grand Roi«, aber der Gouverneur spöttelt über diese ›kleinen Bürger‹ und setzt eine militärische Aktion in Gang, die sie demoralisieren soll.

(5) Nettelbeck, Werner mit seiner Familie und Schill feiern den Neujahrstag 1807 voller Ahnungen im Vorausblick auf eine schwere Zeit. Nettelbeck weiß jedoch genau: »Wir brauchen einen neuen Kommandanten!« Friedrich fragt Schill, ob er Maria liebe. Schill bejaht dies, erklärt aber: »Ich werde nie im Leben eine Frau heiraten. Ich bin mit dem Krieg verheiratet.« Darauf bittet Friedrich ihn, Maria nicht »unglücklich« zu machen, und Schill verspricht es. Nettelbecks Konflikt mit Loucadou spitzt sich zu, als Loucadou dahinterkommt, daß Schill in Schweden Kanonen beschafft hat, die von einer schwedischen Fregatte bis zur Neutralitätszone gebracht wurden und die Nettelbeck auf einer schwimmenden Tanzfläche in den Hafen schleppen ließ. Loucadous Fahrlässigkeit bei der militärischen Sicherung der Stadt zwingt Nettelbeck zu eigenmächtigem Handeln. Als Loucadou nun jedoch sogar bereit ist, vor den Franzosen »zu Kreuze zu kriechen«, bedroht Nettelbeck ihn; Loucadou läßt ihn verhaften. Vor der Stadt zeigen sich französische Vorhuten, Kanonen werden in Stellung gebracht.

(6) Schill leitet die ersten Gegenmaßnahmen ein und ist vor allem darauf bedacht, die Franzosen über die zahlenmäßige Unterlegenheit zu täuschen. Da meldet Maria erregt, daß die Franzosen den »Bullenwinkel« besetzt haben; der Vater und Claus sind noch auf dem Hof. Mit 16 Mann reitet Schill zum Bullenwinkel, wo es ihm gelingt, die Franzosen wieder zu vertreiben. Aber Werner ist todunglücklich, weil Claus in Kumpanei mit den Franzosen das Wort »vive l'Empereur!« über die Lippen gebracht hat, und er verkraftet es nicht, daß Schill, der das Haus gerade erst von den Franzosen befreit hat, aus strategischen Gründen die Beseitigung des Hauses fordert; er legt selbst das Feuer und kommt darin um. Nun muß Nettelbeck für Maria die Vaterstelle einnehmen, doch wurde er von Loucadou auf Grund des von ihm ausgerufenen Belagerungszustandes bereits »zum Tode durch Erschießen« verurteilt. Schill und die Bürger bedrängen Loucadou, das Urteil nicht zu vollstrecken. Nettelbeck kann Maria mit einer geheimen Botschaft zum preußischen König nach Königsberg schicken. Darin bittet er »für Kolberg um einen jüngeren und mutigen Kommandanten«. Schill, inzwischen zum Rittmeister befördert, soll Maria

aus der Stadt bringen. Er weigert sich zunächst, dies zu tun, wird aber von ihr daran erinnert, was er vom Vater verlangt habe, und beugt sich ihrem Argument: »Nur, wenn wir voneinander zuviel verlangen, nur dann können wir genug tun, jetzt in Kolberg.«

(7) Auch Loucadou ist einsichtig und läßt Nettelbeck frei, fordert aber Schill und die Bürger auf, Nettelbeck zu warnen, denn ein zweites Mal gebe es kein Pardon. Inzwischen ist Maria durch zwei französische Seeblockaden hindurch nach Königsberg gelangt, aber der Adjutant will sie nicht zum König vorlassen. Zuerst über das »kleine Mädchen« lächelnd, dann von der Beharrlichkeit des »tapferen Mädchens« beeindruckt, verweist er sie an die Hofdame der Königin Luise, die, durch den Namen »Kolberg« gerührt, eine Audienz bei der Königin ermöglicht, obgleich diese den russischen Zaren Alexander erwartet. Maria findet keine Worte, doch auch die Königin ist gerührt: Sie drückt Maria (und damit Preußen und Kolberg) an ihr Herz und verspricht, dem König den Brief »noch heute« zu geben. Dieser Brief zeigt Wirkung. Gneisenau wird vom König zum neuen Stadtkommandanten von Kolberg bestimmt. Inzwischen hat Loucadou aus Verteidigungsgründen eine Straße aufreißen lassen, die Nettelbeck mit guten Gründen wieder zuschütten ließ. Als Nettelbeck deswegen bei Loucadou vorstellig wird, findet er Gneisenau bei ihm. Gneisenau verlangt das Wiederaufreißen der Straße. Gehorsam führt Nettelbeck diesen ihm nicht einsichtigen Befehl aus; danach führen beide ein Grundsatzgespräch über Recht, Gesetz, Disziplin, in dem die Standpunkte unvereinbar sind. Gleichwohl sieht Gneisenau in ihm einen Mann, dem er »gut Freund« sein möchte und mit dem er »durch dick und dünn gehen« kann. Für ihn ist Nettelbeck einer, der »die Stadt und die Heimat mehr liebt als sich selbst«. Danach wendet sich Gneisenau in einer ›flammenden Rede‹ an die Kolberger, die in den Satz mündet: »Die beste Verteidigung einer Festung ist der Angriff!«

(8) Nur unter Schwierigkeiten gelangt Maria wieder in das hart umkämpfte Kolberg; ein Bauer zögert, sie mit dem Kahn in den Hafen zu fahren. Schill, dem Marias Gebet gilt, kämpft entschlossen und tapfer, aber die Franzosen haben die lebenswichtige Verbindungsstraße nach Wollin abgeschnitten, so daß Schill beschließt, sich mit dem Schiff nach Stralsund zu begeben, um von dort Nachschub zu besorgen. Um den Franzosen das Eindringen in die Stadt von Süden her unmöglich zu machen, läßt er dort Wiesen und Gehöfte »rücksichtslos unter Wasser setzen«. Nettelbeck führt den Auftrag aus. Dabei kommt Claus, der nach seiner Geige sucht, ums Leben. Friedrich will für Maria Vater, Bruder und Freund zugleich sein, und sagt ihr, von wo aus Schill ohne Abschied von ihr nach Stralsund fahren will. Maria kann mit Schill noch sprechen, der ihr den Taler zum Abschied schenkt, den sein Vater als ersten Sold erhielt, als er in preußische Dienste trat. Als Schill fortgefahren ist, prophezeit Maria: »Stralsund wird sein Grab sein!«

(9) General v. Loison, der Generalissimus der französischen Belagerungsarmee, schickt einen Parlamentär zu Gneisenau. Er glaubt, daß die Bürger von Kolberg die Übergabe der Stadt wünschen und daß nur Gneisenaus »Ehrgeiz als Kommandant« dieser Übergabe im Wege stehe. In Anwesenheit der Herren des Stabes und einiger der gesetzmäßigen Vertreter der Bürgerschaft läßt Gneisenau den Parlamentär an das Fenster treten, um ihm die vor der Kommandantur versammelten Bürger vor Augen zu führen. In einer kurzen Rede fordert er die Bürger selbst zur Entscheidung auf, daß sie »lieber sterben wollen, als die Stadt dem Feind zu übergeben«. Als Zeichen der Zustimmung geht jeder wieder an seinen Platz auf den Wällen und an seine Arbeit. So muß der Parlamentär unverrichteter Dinge wieder abziehen, und General v. Loison gibt, vor Wut schäumend, den Befehl zu verstärkten Angriffen auf Kolberg. Die Stadt brennt, die Einschläge der Kanonenkugeln erschüttern die Bewohner, aber Nettelbeck erklärt: »Es wird viel von uns verlangt. Manchmal glaubt man, es zerbricht einen. Und trotzdem: Immer noch härter müssen wir werden. Immer noch härter!«

(10) Unter dem verstärkten Druck der französischen Belagerer fragt Gneisenau Nettelbeck, wie lange Kolberg noch standhalten könne. Nettelbeck bleibt unbeirrbar: »Die Häuser können sie uns verbrennen, unsere Erde nicht, und wenn wir nicht als Menschen leben können, dann leben wir eben als Maulwürfe.« Doch der feindlichen Übermacht (35.000 Mann und mindestens 500 Geschütze) haben die Kolberger letztlich nur noch ihren Kampfeswillen entgegenzusetzen. Da stellt Gneisenau Nettelbeck auf die Probe. Er erklärt, die Stadt könne nicht länger gehalten werden, und spricht offen von »Übergabe«. Nettelbeck macht Gneisenau klar, daß er als Stadtkommandant nur nach Kolberg »kommandiert« worden sei, daß die Kolberger aber hier geboren und groß geworden seien; flehentlich bittet er ihn, Kolberg nicht der »Schande« preiszugeben, und kniet schließlich vor ihm nieder: »Lieber unter den Trümmern begraben als kapitulieren!« Gneisenau ist befriedigt: »So wollte ich es von Ihnen hören, Nettelbeck. Jetzt können wir zusammen sterben.« Doch aufgrund des vom preußischen König erwirkten Waffenstillstands muß General v. Loison die Belagerung abbrechen. Die Kolberger strömen zum Marktplatz, wo Gneisenau sprechen will.[182] Nettelbeck wendet sich Maria zu und tröstet sie in ihrem Leid (siehe Textbeispiel in Kap. B.30.4).

---

182 Im Gespräch mit Harlan stand für die »Schlußlösung« die Herausnahme des Liedes »Ein feste Burg ist unser Gott« zur Debatte. Harlan schlug, »– wenn es auch historisch nicht einwandfrei ist – unter Umständen das Niederländische Dankgebet, oder Ähnliches vor«. Hinkel unterbreitete Textvorschläge für die Redepassage Gneisenaus auf dem Marktplatz. Im Brief werden dann die fünf Änderungen aufgeführt, mit denen Harlan einverstanden war: (1) »Kürzung aller monströsen Schlachten- und Stadtszenen zugunsten der Handlung unter den bekannten Persönlichkeiten«, (2) »Beseitigung der Gebärszene«, (3) »Kürzung der Audienz-Szenen bei der Königin Luise durch Wegnahme von je 1 oder 2 Großaufnahmen der Frau von Meyendorff und von Frau Söderbaum«, (4) Schnitt des »hysterischen Ausbruches« von Claus, (5) »Kürzung der Unterredungsszene zwischen Gneisenau und Nettelbeck in Kolberg.

(11) Gneisenau erinnert Friedrich Wilhelm III. noch einmal eindringlich an das Verhalten der Kolberger: »Das ist das Ruhmesblatt in der Geschichte des preußischen Bürgers. *Sie* wußten es: Wo die Gefahr liegt, da ist auch der Ausweg und der Sieg. Und wenn heute im Jahre 1813, sechs Jahre später, *wieder* der Bürger aufsteht, das *Volk* aufsteht, Majestät, dann ist es *beseelt* von jener *geheimnisvollen* Kraft und dem Beispiel, das ihm die Kolberger einmal gaben. *Sie* trachten danach, dem Bürger von Kolberg zu gleichen, sie wollen die Fesseln *endgültig* abschütteln. Das Volk steht auf zur kommenden Völkerschlacht, Majestät. Der Sturm bricht los!« (Marschlied der Massen auf der Straße.) Der König erläßt den Aufruf »An mein Volk!«

30.3. Verwendetes literarisches Material

Aufgrund des stark fiktionalen Charakters des Films sind literarische Vorlagen nicht genau zu bestimmen. Der Kolberg-Stoff ist schon von Paul Heyse (*Colberg. Historisches Schauspiel in fünf Akten*. Berlin 1868) verarbeitet worden. Harlan (1966, S. 181) kannte das Stück jedoch »nicht genau«. Genauer dagegen dürfte ihm das Schauspiel *Die letzte Festung* von Werner Deubel (Berlin 1942) bekannt gewesen sein, das im Januar 1944 im Deutschen Theater in Berlin zur Aufführung kam (*Der Angriff* 30.1.1944). Im Mittelpunkt dieses Schauspiels steht Gneisenau. Harlans Liebesgeschichte zwischen Schill und Marie ähnelt der Figurenkonstellation Schill/Klothilde; im Schauspiel wird Klothilde v. Loucadou jedoch auf den Wällen von Kolberg von einer Granate getötet.
Die historischen Hauptereignisse waren jedem Geschichtsbuch zu entnehmen: Verzicht Franz II. auf die deutsche Kaiserkrone, das Bündnis Frankreichs und Preußens gegen England, Preußens Rückversicherungsvertrag mit Rußland, der zum napoleonischen Krieg führte, die Belagerung Kolbergs vom Herbst 1806 bis zum Sommer 1807, der Friede von Tilsit (7. u. 9.7.1807) und der Beginn der Befreiungskriege (Aufruf »An mein Volk« vom 17.3.1813). Vgl. zur Geschichte der Festung Kolberg [bis 1873] die Dokumentation des Großen Generalstabs, Kriegsgeschichtl. Abt. II. Berlin 1912.

30.4. Textbeispiel

Nettelbeck zu Maria (normale Schrift = 1. Fassung; [ ] und **Halbfett**-Druck = Überarbeitung und Texterweiterung in der 2. Fassung):

Ja, du hast alles hergegeben, Maria, was du hattest [, a]. **A**ber es war nicht umsonst. Der Tod ist verschlungen in de[n]**m** Sieg [,]. [s]**S**o ist das nun mal. **Und** [D]**d**as [G]**g**rößte wird immer nur [unter]**in** Schmerzen geboren [, u]. **U**nd

---

Beseitigung der Sätze, daß er [Gneisenau] die alleinige Verantwortung trüge« (BA R 55/664, f. 7 f., u. OMGUS-Akten, Institut für Zeitgeschichte, München: 10/13 – 2/1).

wenn einer die Schmerzen **für uns** alle auf sich nimmt, dann ist er groß. Du bist groß Maria [.], **bist ja auch auf deinem Platz geblieben, hast deine Pflicht getan, dich nicht gefürchtet vorm Sterben. Du hast auch mitgesiegt, Maria! Du auch.**

30.5. Kontext

Rede von Joseph Goebbels auf der Kundgebung des Gaues Berlin der NSDAP im Berliner Sportpalast am 19. Februar 1943 (die »berühmteste aller Goebbelsreden«) mit dem Aufruf zum »totalen Krieg«.[183] Die Rede schließt mit dem Zitat aus Theodor Körners *Leyer und Schwert* (1814): »Und darum lautet von jetzt ab die Parole: ›Nun, Volk, steh' auf – und Sturm, brich los!‹«[184] [Stürmische Heilrufe und Beifall; Rufe: »Unser Gauleiter – Sieg Heil! Sieg Heil! Sieg Heil!«; Heilrufe; das Deutschlandlied wird intoniert] (*Goebbels-Reden*, hg. v. Helmut Heiber, Bd. 2: 1939–1945. Düsseldorf 1972, S. 172–208). Vgl. hierzu auch Goebbels' *Tagebuch*, 19.2.1943: »Aber ich werde schon dafür sorgen, daß der totale Krieg nicht nur auf dem Papier stehenbleibt.«

30.6. Normaspekte

(I) *Argumentationsziel* des Films ist die Vermittlung der Idee, daß in schweren Kriegszeiten »das ganze Volk wehrfähig« gemacht werden muß. Deshalb erklärt Schill dem kompromißlerischen Stadtkommandanten Loucadou: »In den Bürgern liegt die Rettung des Vaterlandes, auf ihren Mut und auf ihre Haltung kommt es an. Wenn eine Festung belagert wird, dann gibt es keinen Unterschied mehr zwischen Bürgern und Soldaten.« Für ihn aber ist das »Kriegführen« (im Gegensatz zu Loucadou, der darin nur ein »Handwerk« sieht) eine

---

183 Vgl. zum Begriff des ›totalen Krieges‹: Lutz Köllner: Totaler Krieg, in: *Handbuch für die ökonomische Verteidigungspolitik*, hg. v. G. Kirchhoff. Regensburg 1986; sowie Paul Heider: Der totale Krieg – seine Vorbereitung durch Reichswehr und Wehrmacht, in: *Rev. internat. hist. mil*, Potsdam, 71 (1989), S. 22–43.

184 Goebbels notiert dazu im *Tagebuch* am 19.2.1943: »Hoffentlich wird das Wort wahr, das ich an den Schluß meiner Rede gestellt habe: ›Nun, Volk, steh auf und Sturm brich los.‹« Wie stark der Film in Goebbels' Bewußtsein gegenwärtig war, zeigen zwei *Tagebuch*-Notizen aus späterer Zeit: 6.3.1945: »Der Kampfkommandant von Kolberg – wenn man ihm diesen Titel überhaupt zuerkennen will – hat beim Führer den Antrag gestellt, Kolberg kampflos dem Feind zu übergeben. Der Führer hat ihn gleich ab- und einen jungen Offizier an seine Stelle gesetzt. Haben denn diese verkommenen Generäle überhaupt kein geschichtliches Empfinden und Verantwortungsgefühl, und hat ein Kampfkommandant von Kolberg zur jetzigen Zeit viel mehr den Ehrgeiz, einem Lucadou [!] als einem Gneisenau nachzueifern?« 19.3.1945: »Kolberg haben wir nunmehr räumen müssen. Die Stadt, die sich mit einem so außerordentlichen Heroismus verteidigt hat, konnte nicht mehr länger gehalten werden. Ich will dafür sorgen, dass die Räumung von Kolberg nicht im OKW-Bericht verzeichnet wird. Wir können das angesichts der starken psychologischen Folgen für den KOLBERG-Film augenblicklich nicht gebrauchen.«

»Sache des Herzens«: »Und die Kolberger haben Herz. Sie lieben ihre Stadt und ihre Heimat.« So kann Gneisenau gegenüber König Friedrich Wilhelm III. den Standpunkt vertreten, daß »Nettelbecks wehrhafte Bürgerschaft, das Volk von Kolberg,« den Militärs erst die Möglichkeit gegeben hat, die Festung zu halten, und daß die Bürgerschaft Preußen gerettet hat. Für ihn ist die Verteidigung Kolbergs die »Geburtsstunde der deutschen Freiheit«, denn damals ist ihm der »Gedanke eines Volksheeres« aufgegangen. Die hier zum Ausdruck gebrachte Vorstellung der ›Volkssouveränität‹ hat die »Fürsten und Könige« während der Befreiungskriege (und danach), historisch gesehen, außerordentlich beunruhigt und sie zu einer rigorosen Restaurationspolitik veranlaßt.

(II) Die Argumentation erfolgt auf der Leitlinie dreier Normen:
(1) Höchster Wert ist die *Heimat*. »Wir lassen auch nicht los«, versichert Nettelbeck Gneisenau, »und wenn wir uns mit unseren Nägeln in unseren Boden einkrallen, an unsere Stadt, wir lassen nicht los.« Dabei geht es nicht um persönliches Eigentum. Als der Reeder Gollnow bereit ist, den Eid auf Napoleon zu leisten, schlägt ihm Nettelbeck vor, mit dem Schiff nach Bornholm oder Schweden zu fahren: »Oder bilden Sie sich etwa ein, wir werden unsere schöne alte Stadt preisgeben, bloß damit ihr wertvolles Eigentum unangetastet bleibt?«
(2) Der einmal geleistete *Eid* ist absolut verbindlich. Das macht Nettelbeck dem französischen Kommissionär klar: »Aber die freien Bürger der alten Hansestadt Kolberg wollen sich lieber unter den Trümmern ihrer Mauern begraben lassen, als ihren Eid auf ihren König und Herren brechen.«
(3) Ebenso absolut gesetzt wird die *Disziplin*. Das muß auch Nettelbeck erst lernen. Gneisenau läßt ihn von Anfang an über die Verbindlichkeit dieser Norm nicht im Zweifel: »Disziplinlosigkeit wird unter meiner Führung mit den schärfsten Strafen belegt.« Die ›Probe aufs Exempel‹ besteht Nettelbeck, indem er einen Straßengraben wieder aufreißen läßt, den zuvor Loucadou auszuheben und er zuzuschütten befohlen hatte; er erklärt den Arbeitern: »Es tut mir leid, daß ich euch die doppelte Arbeit machen muß, aber Befehl ist Befehl!« Er handelt gegen bessere Einsicht, und Gneisenau weiß, daß Nettelbecks Maßnahme, den Straßengraben zuschütten zu lassen, richtig war. Gleichwohl besteht er auf der Ausführung seines Befehls: »Ja, was meinen Sie wohl, was daraus wird, wenn jeder nur *den* Befehl ausführen würde, den *er* für richtig hält. Zugegeben, im vorigen Fall hatten Sie recht. Aber kommt es denn darauf an? Dann wären wir ja auf dem besten Wege zur Anarchie.« Doch trotz des ausgeführten Befehls verlangt Nettelbeck von Gneisenau den gleichen Respekt für seine Ansicht: »Wenn ich als Bürgerrepräsentant von Kolberg einen Befehl für unsinnig halte, dann führe ich ihn auch nicht aus, und wenn er zehnmal vom Stadtkommandanten kommt.« Gneisenau verzichtet nur deshalb, diese Ansicht Nettelbecks zu tadeln (oder gar zu ahnden), weil er Nettelbeck »braucht«. Im übrigen kann er »nur *das* Recht brauchen, das aufgebaut ist auf Gesetz und Disziplin«.

(III) Daneben ist das Verhalten der ›heroischen‹ Figuren des Films zwei Ideen zuzuordnen:
(1) der Devise »Lieber tot als Sklave«, entsprechend dem bekannten Wahlspruch der Stedinger.[185]
(2) dem »Stolz« als erhabenem Ausdruck einer großen Leistung. So beantwortet Maria die Frage Schills »Ich habe Angst um Dich. Macht Dich das nicht ein bißchen glücklich?« mit »Ich möchte lieber, daß Du stolz auf mich bist«.

30.7. Überliefertes Material

Drehbuch nicht nachgewiesen.

Dialoglisten, überliefert in zwei Fassungen:
(1) KOLBERG. Typoskript (blaue Schrift), 42 hektogr. gez. Bl. [SDK, DIF (unvollst.)].
(2) KOLBERG. [Mit Vorbemerkung:] »Dieser Film wurde im Jahr 1942 geschrieben und begonnen. Seine Handlung beruht auf geschichtlichen Tatsachen«. Typoskript (schwarze Schrift), 35 hektogr. gez. Bl. [SDK].
Nachweis der nach der Uraufführung in Umlauf befindlichen Kopien: Bericht der Zentral-Disposition der Ufa vom 14.2.1945, 15.3.1945, 20.3.1945 (mit Stand vom 13.3.1945) [DIF: Xerokopie].

Illustrierter Film-Kurier Nr. 3379 [BFA]; *Das Programm von heute* o. Nr. [BFA]; *Informationsheft zum Ufa-Farbfilm* KOLBERG, 15 gez. S. [DIF]; Bildmaterial [BFA].

30.8. Interviews, Stellungnahmen, Rezensionen

[Mittlg:] Kolberg – Vorbild und Verpflichtung. Drehbeginn des Ufa-Farbfilms KOLBERG, in: *FK* 1.11.1943 (Nr. 138); [Bericht:] Über die Aktualität des historischen Films. Wolfgang Liebeneiner und Veit Harlan sprachen zu dem neuen Ufa-Farbfilm KOLBERG, in: *FK* 24.12.1943 (Nr. 151); [Foto:] Heinrich George und Horst Caspar in KOLBERG, in: *FK*: 21.1.1944 (Nr. 6); -er: Die Armee ist das Volk! *Angriff*-Gespräch mit Prof. Veit Harlan – KOLBERG, ein historischer Film?, in: *Der Angriff* 11.2.1944 (Nr. 37); Florian Kienzl: Künstlerische Vollnatur. Heinrich George spielt in dem Ufa-Farbfilm KOLBERG den Nettelbeck unter Veit Harlans Regie, in: *FK* 12.9.1944 (Nr. 73).

Theo Fürstenau: KOLBERG. Ein Ufa-Farbfilm im Tauentzienpalast, in: *Dt. Allg. Ztg.* (Reichsausg.) 31.1.1945 (Nr. 26) u. (Berliner Ausg.) 1.2.1945 (Nr. 27); J. Sch.: Uraufführung in La Rochelle und Berlin. Kolberg – ein Film? Ein Beispiel! In: *Völkischer Beobachter* (Berliner Ausg.) 31.1.1945 (Nr. 26); Ludwig Brunhuber: »Spiegelt Euch daran, Ihr Deutschen«. Uraufführung des Filmes KOLBERG in La Rochelle und in Berlin, in: *Berliner Montag* 1.2.1945 [DIF]; Marianne Eckel: Uraufführung des KOLBERG-Films in Berlin und La Rochelle, in: *Der Neue Tag* 1.2.1945 [DIF]; Kraft Sachisthal: Das Epos einer kleinen standhaften Pommerschen Stadt. Schicksal Kolberg – Schicksal Deutschland. Ein Film von gleichnisafter Bedeutung, in: *Der Angriff* 1.2.1945 (Nr. 27); Albert Buesche: Auf dem Weg zum Poetischen. Streiflichter auf die Filmereignisse der letzten Monate [u. a. über KOLBERG], in: *Das Reich* 11.2.1945 (Nr. 11); Felix Henseleit: In La Rochelle und Berlin: KOLBERG. Die Uraufführung des großen deutschen Farbfilmwerks am 30. Januar, in:

---

185 »Dood, man neet up de knejen!« Siehe Otto Buurmann: *Hochdeutsch-plattdeutsches Wörterbuch*. Bd. 9, Neumünster 1971, S. 259. – Das Stedingerland war durch ›Tapferkeit und Freiheitsliebe‹ bekannt. Harlan überträgt den Wahlspruch von Oldenburg auf das Land an der Ostsee.

Film-Nachrichten Jg. 2, Nr. 5 (3.2.1945); Bruno Mondi: Drei Jahre hinter der Farbkamera. Enttäuschungen, Erfahrungen, Erfolge – Rückblick und Ausblick, ebd. Nr. 12 (24.3.1945).

Weiterer Einsatz: Vgl. Drewniak 1987, S. 195 f. (Breslau, Danzig, »Feste Marienburg«, Hamburg, Berlin, Auslandskopien), S. 586 (Jugendfilmstunde).

Heimo Eggers: Dunkel um KOLBERG. *Telegraf*-Gespräch mit Alfred Braun. Keiner will für das Drehbuch verantwortlich sein, in: *Der Telegraf*, Berlin, 16.10.1966; [Anonym:] Nach den Bundestagswahlen: Veit Harlan wieder dabei. Den KOLBERG-Film nun ausgegraben. Ein Augenzeuge [der ehem. Marinesoldat Helmut Klein] berichtet dem *Volk* von den Dreharbeiten vor 13 Jahren, in: *Das Volk*, Erfurt, 14.9.1957; vgl. auch Kreimeier 1992, S. 410 ff.

Die kommentierte Fassung des Films [Produzent: Hans Eckelkamp] löste eine Fülle von Stellungnahmen aus, die hier nicht dokumentiert werden kann; verwiesen sei auf die Rezensionen-Sammlung im DIF. Zur ersten Orientierung dienen: 30. JANUAR 1945. URAUFFÜHRUNG IN LA ROCHELLE UND BERLIN: KOLBERG, *ein zeitgeschichtliches Dokument*. Düsseldorf 1965 (= Atlas-Filmhefte 61); Wilhelm Salber u. Udo Undeutsch: *Psychologische Untersuchung der politischen Wirkung des Films* 30. JANUAR 1945. URAUFFÜHRUNG IN LA ROCHELLE UND BERLIN: KOLBERG. *Bericht über eine Repräsentativerhebung*. Köln, September 1965. Typoskript, 30 gez. S. [DIF]; Heiko R. Blum: Die NS-Propaganda wird entlarvt. Veit Harlans KOLBERG mit Kommentar in Testvorführungen, in: *Der Tagesspiegel*, Berlin, 19.9.1965; Hans-Dieter Roos: Dokument des Faschismus. KOLBERG – oder wie man mit der Wahrheit lügt, in: *Süddt. Ztg.*, München, 7.11.1965; Jochen Arp: KOLBERG und die große Heuchelei. Ein Diskussionsbeitrag, in: *Dt. National-Ztg./Soldatenztg.* 3.12.1965.

367

›Lehrbuch-Bilder‹ aus Koch/Braune 1943:

Abb. 49:
Autorität – Genie:
Virchow (Werner Krauß) und Robert Koch (Emil Jannings).
ROBERT KOCH, DER BEKÄMPFER DES TODES

Abb. 50:
»Das Spannungsdreieck«
Intrige: Geheimrat v. Holstein (Werner Krauß),
v. Bötticher (Paul Bildt) und Graf Waldersee (Paul Hoffmann).
DIE ENTLASSUNG

Abb. 51:
»Pietà«
Der sterbende Dr. Laborius (Karl Ludwig Diehl) und seine Frau Annelie (Luise Ullrich).
ANNELIE

›Lehrbuch-Bilder‹ aus Koch/Braune 1943:

Abb. 52:
»Das Zwielicht«
Napoleon III. (Walter Franck) und Bismarck (Paul Hartmann) in Biarritz.
BISMARCK

Abb. 53:
»Im Gegenlicht«
Flieger im nebligen Morgenlicht.
D III 88

Abb. 54:
»Das erlösende Licht«
Im Gefängnis arbeitet Andreas Schlüter (Heinrich George) an einer Plastik; hinter ihm sein Freund Neumann (Eduard v. Winterstein).
ANDREAS SCHLÜTER

C.
Anhang

1. Die Filmprädikate in der Weimarer Republik und im Dritten Reich*

Prädikat \ Datum der Rechtsquelle	9.6. 1921	10.6. 1926	7.6. 1933	16.2. 1934	5.11. 1934	21.11. 1938	1.4. 1939	2.4. 1941	1.9. 1942
Künstlerisch hochstehende Filmveranstaltung	■								
Künstlerisch		■	■	■					
Besonders wertvoll (nur Spielfilme)			■	■					
Volksbildend		■	■	■	■	■	■	■	■
Staatspolitisch wertvoll			■	■	■	■	■	■	■
Kulturell wertvoll				■	■	■	■	■	■
Staatspolitisch und künstlerisch besonders wertvoll					■	■	■	■	■
Künstlerisch wertvoll					■	■	■	■	■
Jugendwert					■	■	■	■	■
Staatspolitisch besonders wertvoll							■	■	■
Künstlerisch besonders wertvoll							■	■	■
Volkstümlich wertvoll								■	■
Film der Nation								■	■
Anerkennenswert									■

* Dieses Schema modifiziert die von Albrecht 1969, S. 24, und Maiwald 1983, S. 118, vorgelegten Schemata. Auch wenn ab 1. April 1939 die Prädikate »staatspolitisch besonders wertvoll« und »künstlerisch besonders wertvoll« getrennt eingeführt wurden (so erhielt z. B. der Film D III 88 nur das Prädikat »staatspolitisch wertvoll«), konnten sie weiterhin kombiniert vergeben werden. Maiwald 1983 betont mehr den steuerrechtlichen Aspekt.

2. Arnold Bacmeister:
Bedeutung und Arbeitsweise der Filmprüfstelle in Berlin. Ein Rückblick auf die Jahre 1934–1945[1]
[Auszug]

[Voran gehen Bemerkungen über das neue *Reichslichtspielgesetz*, das persönliche Verhalten im Falle der Bewertung jüdischer Künstler, die allgemeine Situation der deutschen Filmindustrie, Ferdinand Marians Einstellung zur Übernahme der Hauptrolle im Film JUD SÜSS, Goebbels Auftrag, »scharfe Tendenzfilme gegen die Feindmächte« zu produzieren, und über die Verstaatlichung der deutschen Filmindustrie.]

Je weiter der Prozeß der Verstaatlichung des Films fortschritt, umso fragwürdiger wurde die Stellung der Filmprüfstelle. Zwar hatte sich der Versuch, durch die Schaffung der Institution des ›**Reichsfilmdramaturgen**‹[2] die Filmindustrie weltanschaulich an die Kandare zu nehmen, als ein Schlag ins Wasser erwiesen – der Reichsfilmdramaturg war schon bald in einer Flut von Treatments und Drehbüchern (sicher sehr bewußt) ›erstickt‹ worden – doch war dann Goebbels dazu übergegangen, sich die von ihm eingesetzten Produktionschefs der Staatsfirmen persönlich verantwortlich zu machen und zwar sowohl hinsichtlich der Stoffwahl wie auch der künstlerischen Gestaltung des Films im einzelnen. Es wäre widersinnig gewesen, hätte der Zensor einen unter solchen Voraussetzungen und unter Aufwendung großer staatlicher Mittel entstandenen Film beanstanden oder gar verbieten wollen.

Da sich Goebbels in zunehmendem Maße auch die sogenannte **Prädikatisierung der Spielfilme** persönlich vorbehielt, wurde die Zensur der deutschen Spielfilme mehr und mehr zu einer bloßen Formsache.[3] Lediglich die Entscheidung über die Frage der Zulassung des Films für Erwachsene bzw. für **bestimmte Altersgruppen der Jugend** blieb der Filmprüfstelle überlassen. (Gem. § 11, Abs. 2 des *Reichslichtspielgesetzes* waren diese Altersstufen 6, 14 und 18 Jahre.)

Im fortgeschrittenen Stadium des Krieges beschränkte sich die selbständige Tätigkeit der Filmprüfstelle auf den verbliebenen, bescheidenen Rest ausländischer Spielfilme und auf die Kultur- und Werbefilme. Doch auch hier machte sich die Neigung der verschiedenen Dienststellen und ›Ämter‹ unangenehm bemerkbar, sich durch die Entsendung von ›**Sachverständigen**‹ in den Zensurgang einzuschalten. Da mußte jede Luftaufnahme das Placet des Luftfahrtministeriums erhalten, ehe der betreffende Film freigegeben werden konnte, da wollten Vertreter der ›Reichsjugendführung‹ zu Fragen der Jugendpsychologie gehört werden, da erhob schließlich sogar der ›Werberat der deutschen Wirtschaft‹ mit Erfolg die Forderung, an der Prüfung aller Werbefilme beteiligt zu werden.

Die oben erwähnte Eigenverantwortlichkeit des Zensors war damit stark ausgehöhlt worden. Der Beamte sah sich vielmehr dem Widerstreit oft sehr gegensätzlicher Meinungen ausgesetzt, häufig auch den **Kompetenzstreitigkeiten** der verschiedenen Partei- und Staatsstellen, jener schleichenden Krankheit, die den Untergang des ›Dritten Reiches‹ mit herbeigeführt hat.

[Im folgenden schildert Bacmeister die Vorgänge um die Zulassung des Films DIE EWIGE MASKE (1936; R: Werner Hochbaum), der aufgrund »erheblicher Bedenken« eines »Vertreters des Reichsgesundheitsführers« und eines »Sachverständigen des Propagandaministeriums« zunächst »auf Eis« gelegt worden war, aber dann doch »erfolgreich gestartet« werden konnte, nachdem es Bacmeister gelungen war, Hitler über dessen damaligen Adjutanten Brückner zu bewegen, den Film anzusehen, und Hitler geäußert hatte: »Warum soll denn der Film nicht laufen?«]

Außerordentlich schwierig war die Entscheidung der Frage, wann ein Film das künstlerische Empfinden verletzte. Mit genormten Begriffen wie ›Schund‹ oder ›Kitsch‹, die ihrerseits ja wieder einer kritischen Analyse bedürfen, war eine tragfähige Entscheidungsgrundlage nicht zu gewinnen. Trotz aller Bemühungen, über das persönliche, subjektive Gefühl hinaus allgemein gültige Regeln für die Anwendung dieses Verbotsgrundes zu finden, erwies sich die Entwicklung einer konstanten Spruchpraxis als unmöglich. Damit enthüllte sich **die Fragwürdigkeit des Versuchs, in Deutschland eine Geschmackszensur einzuführen**.[4]

[Im folgenden erläutert Bacmeister die Praxis der Prüfstelle bei der Zulassung amerikanischer Filme auf der Basis der vom Reichspropagandaministerium erlassenen »Kontingent-Verordnung«.]

Bald nach Kriegsbeginn wurde im Zuge einer allgemeinen ›**Verwaltungsvereinfachung**‹ durch interne Verordnung die Zuziehung von **Beisitzern**, die nach dem *Lichtspielgesetz* bei der Prüfung von Spielfilmen obligatorisch war, abgeschafft. Damit kamen die teilweise fruchtbaren Beratungen in Wegfall, die in den ›Kammersitzungen‹ um einzelne Filme stattgefunden hatten. Die Beisitzer waren von den Einzelkammern der ›Reichskulturkammer‹ benannt, rekrutierten sich also aus Schauspielern, Musikern, bildenden Künstlern und Schriftstellern. Jeweils einer der vier Beisitzer mußte dem ›Lichtspielgewerbe‹ angehören. Es war klar, daß gerade die Menschen, die mit den künstlerischen und technischen Problemen des Films aus eigenster Anschauung vertraut waren, sich besonders lebhaft an den Diskussionen beteiligten. Gerne erinnere ich mich der Beratungen mit namhaften Künstlern wie Ernst Legal, Eduard v. Winterstein, Heinrich Schroth, Willy Fritsch[5] – um ein paar Namen zu nennen – die gleich dem Vorsitzenden in heißem Bemühen um ein gerechtes Urteil rangen.

[Es folgen beiläufige Bemerkungen zu zwei Filmverboten.]

Die **Filmoberprüfstelle** war die Beschwerdeinstanz, an die sich der Antragsteller, der sich durch Entscheidungen der Filmprüfstelle irgendwie benachteiligt fühlte, wenden konnte. Sie wurde sehr selten, in den letzten Kriegsjahren überhaupt nicht mehr in Anspruch genommen. Ihre Tätigkeit erschöpfte sich schließlich in formellen Verwaltungsakten wie Ungültigkeitserklärungen von Zulassungskarten.[6]

Personalmäßig war die Filmprüfstelle mit höheren und mittleren Beamten, sowie mit Angestellten und Arbeitern besetzt. Insgesamt waren m. W. nie mehr als 26 Personen bei der Dienststelle beschäftigt. Zu den Arbeitern gehörten neben 2 Reinemachefrauen auch die 4 Filmvorführer;[7] sie wurden während des Krieges in das Angestelltenverhältnis übernommen. Büroleiter war ein Regierungsamtmann. Die Zensoren befanden sich überwiegend im Beamtenverhältnis.

Im Frühjahr 1934, als ich zur Filmprüfstelle kam, war RegR. Heinrich **Zimmermann**[8] Leiter der Dienststelle und zugleich Vorsitzender der Kammer I. Er wurde 1938 in die Abteilung Schrifttum des Propagandaministeriums übernommen. Ihm standen als Prüfbeamte und Vorsitzende der Kammern II–IV zur Seite:

(1) RegR. **Dillinger**. Er wurde 1934 pensioniert und ist heute bei der FSK in Wiesbaden-Biebrich tätig.[9]
(2) RegR. Dr. Leonhard **Boettger**, der als Legationssekretär vom AA [Auswärtigen Amt] kam und später (1935 oder 36) in das sogenannte Ministeramt des Reichsmarschalls Göring ging.
(3) RegR. Dr. Hans-Erich **Schrade**. Er wurde 1939 oder 1940 von der Dienststelle des »Reichskulturwalters« Hinkel übernommen und 1941 zum Geschäftsführer der Reichstheaterkammer ernannt.[10]
(4) RegR. Dr. Arnold **Bacmeister**, seit 1938 Leiter der Filmprüfstelle, 1941 ORegR.[11]
(5) Kurt Reinhard **Dietz**. Schriftsteller (*Roman eines Arztes*), 1946 in Buchenwald verstorben.[12]
(6) Walter von **Allwörden**, früher Schauspieler, dann in der Fachschaft Film der Reichsfilmkammer tätig.[13]

Leiter der Filmoberprüfstelle war MinR. Dr. Ernst **Seeger**, der 1935 verstarb.[14] Seeger war seit 1920 im Reichsinnenministerium auf dem Gebiet des Films tätig. Er ist der Verfasser des ersten *Lichtspielgesetzes* vom Jahr 1920 und des *Reichslichtspielgesetzes* vom 16.2.1934. Am 1. April 1935 wurde er bei Errichtung des Propagandaministeriums als Leiter der Abteilung Film in dieses Ministerium übernommen. Der jeweilige Leiter der Abteilung Film war in Personalunion Leiter der Filmoberprüfstelle. Von 1935 bis 1945 versahen dieses Amt:[15]

ORegR. Arnold **Raether**[16], Ernst **Leichtenstern**[17], später vorübergehend Produktionschef der Ufa, MinR. Dr. **Gast**[18], MinR. **Wolfgang Fischer**[19], MinDgt. Dr. Fritz **Hippler**[20], der auch den Posten des ›Reichsfilmintendanten‹ übernahm.

Die Filmprüfstelle war eine höhere, nachgeordnete Dienststelle des Reiches wie etwa die Deutsche Bücherei in Leipzig, das Deutsche Opernhaus in Berlin-Charlottenburg oder der Werberat der Deutschen Wirtschaft. Sie hatte einen eigenen Etat und unterstand unmittelbar der Kontrolle des Rechnungshofes. Infolge der Einnahme der nicht unerheblichen Prüfgebühren war die Filmprüfstelle ein sogenannter ›Überschußbetrieb‹.

Anmerkungen:

1 Typoskript (9 S.) im Bundesarchiv Koblenz, Kl. Erw. 291 (erworben 1959). Wiedergabe mit freundlicher Genehmigung von Dr. Arnold Bacmeister und des Bundesarchivs Koblenz (Dr. E. Büttner). Einige Zitate aus hier nur referierten Partien finden sich in den Anmerkungen zu Kap. A und B. **Halbfett** gesetzte Textteile geben die Hervorhebungen im Original-Typoskript wieder.

2 Vgl. das *Lichtspielgesetz* vom 16.2.1934, § 2: »Der Reichsfilmdramaturg hat folgende Aufgaben: 1. die Filmindustrie in allen dramaturgischen Fragen zu unterstützen, 2. die Filmherstellung bei dem Entwurf (Manuskript) und bei der Umarbeitung von Filmstoffen zu beraten, 3. Filmstoffe, Manuskripte und Drehbücher, die ihm von der Industrie vorgelegt werden, daraufhin vorzuprüfen, ob ihre Verfilmung mit den Bestimmungen dieses Gesetzes vereinbar ist, 4. die Hersteller verbotener Filme bei der Umarbeitung zu beraten, 5. rechtzeitig zu verhindern, daß Stoffe behandelt werden, die dem Geist der Zeit zuwiderlaufen. Der Reichsfilmdramaturg führt ein Register der zur Eintragung in dieses Register angemeldeten Filmtitel.« Und § 3: »Der Reichsfilmdramaturg teilt der Filmprüfstelle (§§ 16, 20) laufend ein Verzeichnis der von ihm genehmigten Entwürfe und Drehbücher mit.«

3 Maiwald 1983, S. 182, stellt hierzu fest: »Dieser strukturelle Wandel der formellen Filmzensur, der für den Sektor der Spielfilm- und Wochenschauproduktion ihrer faktischen Auflösung gleichkommt, spiegelt sich in der finanziellen und personellen Ausstattung der Filmprüfstelle nicht wider. Die überlieferten Haushaltsansätze und Teilstellenpläne für die Jahre 1939 bis 1944 lassen – anders als im Fall der Oberprüfstelle – nicht den Schluß einer wachsenden Bedeutungslosigkeit der Filmprüfstelle zu.«

4 Anfangs lief die Polemik noch in den Bahnen der in der Zeit der Weimarer Republik geführten ›Anti-Schund-und-Kitsch‹-Kampagnen; vgl. z. B.: Zum Verbot der Kitschfilme. Warnende Zeichen, in: *Völkischer Beobachter* (Norddt. Ausg.) 1.12.1934 (Nr. 335), über die verbotenen Filme DIE LIEBE SIEGT (1934; R: Georg Zoch) und EIN KIND, EIN HUND, EIN VAGABUND (1934; R: Arthur Maria Rabenalt). Wenn Arnold Bacmeister drei Jahre später erklärte, die Zensur habe »darüber zu wachen, daß das in den deutschen Lichtspielhäusern Gebotene nicht unter die Grundhaltung einer sauberen und gesunden Volksunterhaltung herabsinkt« (*FK* 18.1.1937, Nr. 14) und »sichere Zeichen einer fortschreitenden geistigen Gesundung« sah, dann zeigte sich hier die Geschmackszensur nur von einer anderen Seite; politische Indoktrination und ›Reinheitsgebot‹ gingen Hand in Hand.

5 Vgl. hierzu: bi: Zensurbeisitzer Willi Fritsch hat das Wort, in: *FK* 25.4.1935 (Nr. 96). Dr. Bacmeister übergeht hier die veränderte Situation, die Gerd Albrecht in den Satz zusammenfaßt: »Entgegen dem bisherigen Verfahren wurde bei Entscheidungen der Prüfstelle nicht mehr abgestimmt, sondern es entschied entsprechend dem Führerprinzip der Vorsitzende, der ein Beamter des RMVP [Reichsministerium für Volksaufklärung und Propaganda] war« (Albrecht 1969, S. 25).

6 Vgl. hierzu Maiwald 1983, S. 185, der auf das *Filmhandbuch* der Reichsfilmkammer (Stand vom 31.3.1940) verweist, nach dem Dr. Bacmeister zumindest vorübergehend Leiter der Film-Oberprüfstelle war; vom 18. Dezember 1939 bis zum 19. Mai 1941 wurde die Film-Prüfstelle kommissarisch von Dr. Kabisch geleitet.

7 Die technische Ausrüstung der Film-Prüfstelle ließ anfangs zu wünschen übrig. So heißt es am 7.10.1935 im Protokoll der Ufa-Vorstandssitzung (BA R 109 I/1031a, f. 116): »Herr Correll weist darauf hin, daß die Zensur der Filme aus dem Grunde verzögert wird, weil von jedem Film eine Tonbild-Kopie hergestellt werden muß, da bei der Prüfstelle eine Synchron-Ein-

richtung für die Vorführung von getrenntem Ton und Bild nicht vorhanden ist.« Dort ist auch vermerkt, daß »Ufahandel bereist eine Offerte für den Einbau einer Synchroneinrichtung in der Film-Prüfstelle abgegeben hat«.

8 Vgl. zum beruflichen Werdegang Zimmermanns: Maiwald 1983, S. 72 f., und die Personalakte im Bundesarchiv (BA R 55/299). Zimmermann (geb. 20.9.1887) war in den Jahren 1921 bis 1924 Mitglied der Sozialdemokratischen Partei. Seit dem 1. April 1921 Angestellter im Preußischen Ministerium für Wissenschaft und Kunst, wurde Zimmermann am 1. Dezember 1929 zum Regierungsrat ernannt und mit der Leitung der Film-Prüfstelle beauftragt. Dort wurde er aufgrund seiner »fachlichen Leistungen« noch einige Jahre geduldet, aber 1939 in die Filmabteilung des Propagandaministeriums und am 19. Januar 1940 in die Abteilung Schrifttum versetzt, als Fritz Hippler, der neue Leiter der Filmabteilung, »keine Verwendungsmöglichkeit mehr« für ihn sah. Vgl. zu seinem Filmverständnis die Vorträge in der Lessinghochschule: Vom Werden des Films, in: *FK* 1.11.1934 (Nr. 257), und: Der Film von morgen, in: *FK* 20.1.1938 (Nr. 16) u. 21.1.1938 (Nr. 17).

9 Diese lakonische Bemerkung wird der Rolle Leo Dillingers (16.7.1887–22.7.1978) in der Film-Prüfstelle nicht gerecht. Der Sozialdemokrat Dillinger war Sohn des liberalen badischen Reichstagsabgeordneten, Zeitungsverlegers und Chefredakteurs Adolf Hektor Dillinger. Er hatte Nationalökonomie und Geschichte studiert und schon im Ersten Weltkrieg durch seine Tätigkeit in der Presse- und Informationsabteilung des Generalgouvernements in Belgien enge Beziehungen zu den Medien. In der Zeit der Weimarer Republik war er Sprecher der sozialdemokratischen Reichsregierung unter Gustav Braun, danach Regierungsrat im Reichsministerium des Innern. 1922 wurde er als Sachverständiger in die Film-Prüfstelle entsandt, 1929 Kammervorsitzender der Film-Prüfstelle und 1933 wegen politischer Unzuverlässigkeit entlassen; er hatte 1930 trotz des ablehnenden Gutachtens der Reichswehr den Film IM WESTEN NICHTS NEUES (USA/1930; Originaltitel: ALL QUIET ON THE WESTERN FRONT; R: Lewis Milestone) freigegeben. Er konnte getarnt im Filmwesen weiterarbeiten und wurde 1945 in die Presseabteilung der amerikanischen Militärregierung in Wiesbaden berufen. Von 1949 bis 1958 war er hauptamtlicher, danach ehrenamtlicher Prüfer bei der FSK (Begutachtung aller Film-Werbeunterlagen). 1967 wurde er mit dem Bundesverdienstkreuz I. Kl. ausgezeichnet. Vgl. die Notizen im *Film-Echo* Jg. 21, Nr. 55/56 vom 14.7.1967; Jg. 22, Nr. 28 vom 6.4.1968; Jg. 31, Nr. 40 vom 22.7.1977; und Jg. 32, Nr. 43 vom 9.8.1978.

10 Vgl. Wulf 1966, S. 109: Schrade (geb. 1907), trat im Juli 1923 in Backnang einer NS-Sturmabteilung und 1929 dem Nationalsozialistischen Studentenbund bei; am 1.12.1930 wurde er Mitglied der NSDAP. Schrade war SA-Sturmführer. Gekürzte Wiedergabe seiner Äußerungen über Filmzensur im *Presse-Dienst* der Reichsfilmkammer vom 12.1.1937, S. 6 f. (bei Wulf 1966, S. 302 f.).

11 Arnold Bacmeister (geb. 13.11.1907), Jurist und Mitglied der NSDAP, begann seine Tätigkeit bei der Film-Prüfstelle als Vorsitzender einer Prüfkammer am 16. Februar 1934, kaum zufällig am Tag der Verkündung des neuen *Lichtspielgesetzes*; er war zuvor ein Jahr lang Presse- und Filmreferent in der Münchner Landesstelle des Reichspropagandaministeriums gewesen. Das Thema seiner juristischen Dissertation (*Die Fischwilderei im geltenden und künftigen Strafrecht*. Tübingen 1935) lag außerhalb seiner späteren Aufgaben, und die Filmwirtschaft begegnete dem Branchenneuling anfangs mit Mißtrauen. Am 13.8.1935 meldete der *FK* (Nr. 187) seine Ernennung zum Regierungsrat. Nach der Versetzung von RegR. Heinrich Zimmermann (s. o., Anm. 8) in die Filmabteilung des Reichspropagandaministeriums übernahm Bacmeister im Januar 1939 das Amt des Leiters der Film-Prüfstelle. Im Januar 1938 übernahm er »– unter Beibehaltung seines Amtes als Kammervorsitzender – eine weitere Aufgabe in der Filmabteilung des Ministeriums. Es blieb bei dieser Doppelfunktion, als er die Nachfolge Zimmermanns antrat. Solche Doppelfunktionen waren für die beamteten Filmzensoren bereits in der Weimarer Republik nicht ungewöhnlich« (Maiwald 1983, S. 184 ff.). 1941 wurde Bacmeister zum Oberregierungsrat ernannt. Vgl. zu seiner publizistischen Tätigkeit (neben den in Kap. A.1.1, Anm. 7, genannten Artikeln) die Ausführungen im *FK* 18.1.1937 (Nr. 14) sowie 27.5.1939 (Nr. 121) und in *Der Deutsche Film*, Berlin, Jg. 3 (1938/39), S. 284, sowie Jg. 4 (1939/40), S. 215; vgl. außerdem: Nationalsozialistisches Ideengut in der neuen Filmzensur, in: *Westfälische Landesztg.* 27.5.1936 (im Auszug abgedruckt bei Wulf 1966, S. 301). Siehe

auch: Filmprädikate, in: *Film der Partei, Nachrichten- und Schulungsblatt der Gaufilmstelle Bayerische Ostmark,* Bayreuth, Jg. 4, Mai 1939 (Nr. 5), S. 2 f., dort: »Die jüngst erfolgte Neuordnung der Prädikatserteilung lenkt das Interesse der Oeffentlichkeit auf einen für das deutsche Filmschaffen überaus wichtigen Teilabschnitt nationalsozialistischer Kulturpolitik. Die Tatsache, daß der Staat im Interesse des künstlerischen Fortschrittes und der weltanschaulichen Ausrichtung des deutschen Filmes auf steuerliche Einnahmen verzichtet, bedeutet, daß die Bestrebungen der in der Systemzeit auf verlorenem Posten kämpfenden Idealisten unter den Filmschaffenden auf der ganzen Linie gesiegt haben. [...] Prädikate bedeuten für den Produzenten bares Geld, für den strebenden Künstler Ansporn und beglückendes Lob [...]«; und weiter: Den »filmbesessenen Gestalter« erfülle es »mit Freude und Stolz, wenn sein Werk vom nationalsozialistischen Staat, dem größten Mäzen aller Zeiten, öffentlich ausgezeichnet wird.« Vgl. daneben auch Bacmeisters Brief vom 11.7.1944 an Goebbels mit der Bitte um Billigung der vorgeschlagenen Ablehnung des italienischen Spielfilms NAPOLEON AUF ST. HELENA bei Wulf 1966, S. 357.

12 Curt Reinhard Dietz (geb. 24.3.1896), Romancier, Novellist, Geschäftsführender Leiter des Deutschen Vereins zur Verwertung von Urheberrechten. Erste Publikation 1918 (vgl. *Kürschner Literaturkalender 1939,* S. 155).

13 Der Name ist nachgewiesen im *Deutschen Bühnen-Jahrbuch* in den Jahren 1928 bis 1935; Allwörden (wohnhaft in Berlin) war in dieser Zeit offensichtlich ohne festes Engagement.

14 Falsche Angabe des Todesjahres. Dr. jur. Ernst Seeger (1884–1937) wurde schon im Oktober 1916 im deutschen Generalstab mit Zensuraufgaben betraut. Bis 1919 war er Berater des Bild- und Filmamtes, bis April 1923 Leiter der Filmstelle im Reichsministerium des Innern. Vgl. zu Seegers Laufbahn: Maiwald 1983, S. 73: »Seeger war kein ›alter Kämpfer‹ oder linientreuer Nazi. Er war nicht mehr und nicht weniger als ein in Fragen des Filmrechts und der Filmzensur bewanderter Verwaltungsjurist, allerdings durchaus national gesinnt und ohne den Makel des Fehltritts einer SPD-Mitgliedschaft. [...] Sein Aufstieg zum Ministerialrat zeugt von einer perfekten, tadellosen Amtsführung.« Maiwald belegt zugleich Seegers antisemitische Einstellung und fragt mit Recht: »Was bedarf es da noch des Parteibuchs der NSDAP?« Vgl. die Todesanzeige im *FK* 18.8.1937 (Nr. 191), den Nachruf durch Goebbels im *FK* 19.8.1937 (Nr. 192) sowie den Bericht über die Beisetzung auf dem Mattäikirchfriedhof in Berlin im *FK* 23.8.1937 (Nr. 195); unter den Trauergästen waren Goebbels und Staatssekretär Funk, der Seeger in seiner Ansprache als »einen aufrechten und treuen Nationalsozialisten« [!] bezeichnete, »der sich in seiner Arbeit verzehrt habe«.

15 Vgl. hierzu die Liste bei Wulf 1966, S. 355. 1937: Wolfgang Fischer; Januar 1938: Ernst Leichtenstern; 1939: Dr. Fritz Hippler; ab Juni 1943: Dr. Peter Gast; ab März 1944: Kurt Parbel; ab Juli 1944: Hans Hinkel.

16 Vgl. die Mitteilungen im *FK* 1.8.1933 (Nr. 178): Raether Oberregierungsrat im Reichspropagandaministerium; *FK* 6.7.1934 (Nr. 156): Vorsitz der Oberprüfstelle. Seine Vortragsaktivitäten sind dokumentiert im *FK* 18.11.1933 (Nr. 272), *FK* 5.4.1935 (Nr. 81), *FK* 9.4.1935 (Nr. 84), *FK* 29.7.1935 (Nr. 174), *FK* 6.8.1935 (Nr. 181), *FK* 22.8.1935 (Nr. 135), *FK* 19.9.1935 (Nr. 219), *FK* 3.4.1936 (Nr. 80). Vgl. auch den Aufsatz: Die Entwicklung des nationalsozialistischen Filmschaffens, in: *Der Deutsche Film,* Berlin, Jg. 7 (1943), H. 7, S. 6 f., und den Brief an SS-Oberscharführer Viktor Fasolt vom 20.5.1936 über die »Ausschaltung jüdischer Personen« (Wulf 1966, S. 461).

17 Vgl. die Mitteilungen im *FK* 18.12.1937 (Nr. 294): Leichtenstern Nachfolger Seegers; *FK* 14.10.1939 (Nr. 240): Ministerialrat Ernst Leichtenstern: Produktionschef der Ufa.

18 Drewniak 1987, S. 937: »Langjähriger Beamter des Propagandaministeriums (Ministerialrat), im Kriege persönlicher Referent des Staatssekretärs Gutterer, von Juni 1943 bis März 1944 Leiter der Abteilung Film im Propagandaministerium.«

19 Vgl. die Mitteilung im *FK* 14.10.1939 (Nr. 240): Oberregierungsrat Wolfgang Fischer Leiter der Film-Oberprüfstelle.

20 Vgl. Hippler 1943 und 1982.

3. Normvermittlung innerhalb des Filmkorpus

lfd. Nr.	Filmtitel (Regisseur)	Normvermittlung							
		G/V	R	M	F	Fr	DG	A	L
(1)	Ich für dich – Du für mich (R: Carl Froelich)				X				
(2)	Hermine und die sieben Aufrechten (R: Frank Wysbar)		X						X
(3)	Der alte und der junge König (R: Hans Steinhoff)		X		X				
(4)	Das Mädchen Johanna (R: Gustav Ucicky)		X		X	X			
(5)	Friesennot (R: Peter Hagen)							X	
(6)	Der höhere Befehl (R: Gerhard Lamprecht)	X	X	X					X
(7)	Traumulus (R: Carl Froelich)								X
(8)	Der Kaiser von Kalifornien (R: Luis Trenker)						X	X	
(9)	Verräter (R: Karl Ritter)	X		X					
(10)	Wenn wir alle Engel wären ... (R: Carl Froelich)								X
(11)	Der Herrscher (R: Veit Harlan)				X		X		
(12)	Patrioten (R: Karl Ritter)			X					
(13)	Urlaub auf Ehrenwort (R: Karl Ritter)			X					
(14)	Pour le mérite (R: Karl Ritter)	X	X	X					
(15)	Robert Koch, der Bekämpfer des Todes (R: Hans Steinhoff)				X		X		
(16)	D III 88 (R: Herbert Maisch)			X					
(17)	Mutterliebe (R: Gustav Ucicky)					X			
(18)	Jud Süss (R: Veit Harlan)	X	X						X
(19)	Bismarck (R: Wolfgang Liebeneiner)		X		X				
(20)	Kampfgeschwader Lützow (R: Hans Bertram)			X					
(21)	Ohm Krüger (R: Hans Steinhoff) [FdN]		X		X			X	X
(22)	Komödianten (R: G. W. Pabst)						X		X
(23)	Annelie (R: Josef von Baky)					X			
(24)	Heimkehr (R: Gustav Ucicky) [FdN]	X						X	
(25)	Der grosse König (R: Veit Harlan) [FdN]		X		X				X
(26)	Die Entlassung (R: Wolfgang Liebeneiner)		X		X				
(27)	Andreas Schlüter (R: Herbert Maisch) [FdN]						X		
(28)	Wen die Götter lieben ... (R: Karl Hartl)						X		X
(29)	Der unendliche Weg (R: Hans Schweikart)		X				X		
(30)	Kolberg (R: Veit Harlan) [FdN]		X	X	X				X

Legende:
[FdN] Prädikat ›Film der Nation‹
G/V   Bezug zu einem Gesetz bzw. einer Verordnung
R   Rekapitulation der deutschen Geschichte
M   Militärische Normen und Werte
F   Exponierte Führerfiguren
Fr   Exponierte Frauenfiguren
DG   ›Deutsches Genie‹
A   Bezug zum Deutschtum im Ausland
L   Berufung auf eine literarische Vorlage

4. Zensurentscheidungen innerhalb des Filmkorpus

lfd. Nr.	UA Datum	Filmtitel	Drittes Reich			Alliierte			BRD		
			E	K	Z	51	53₁	53₂	oS	mS	V
(1)	30.11.1934	ICH FÜR DICH – DU FÜR MICH	■			■	■		■		
(2)	11.01.1935	HERMINE UND DIE SIEBEN AUFRECHTEN	■			■	■		■		
(3)	29.01.1935	DER ALTE UND DER JUNGE KÖNIG	■			■	■				■
(4)	26.04.1935	DAS MÄDCHEN JOHANNA	■			■	■	■			■
(5)	19.11.1935	FRIESENNOT	■			■	■	■			■
(6)	13.12.1935	DER HÖHERE BEFEHL	■			■	■		■		
(7)	23.01.1936	TRAUMULUS	■						■		
(8)	21.07.1936	DER KAISER VON KALIFORNIEN	■			■	■				■
(9)	09.09.1936	VERRÄTER	■			■	■	■			■
(10)	09.10.1936	WENN WIR ALLE ENGEL WÄREN ...	■						■		
(11)	17.03.1937	DER HERRSCHER	■			■	■			■	
(12)	24.09.1937	PATRIOTEN		■		■	■	■			■
(13)	19.01.1938	URLAUB AUF EHRENWORT	■			■	■			■	
(14)	22.01.1938	POUR LE MÉRITE	■			■	■	■			■
(15)	26.09.1939	ROBERT KOCH, DER BEKÄMPFER DES TODES	■			■	■			■	
(16)	26.10.1939	D III 88		■		■	■	■			■
(17)	29.12.1939	MUTTERLIEBE	■						■		
(18)	24.09.1940	JUD SÜSS	■			■	■	■			■
(19)	06.12.1940	BISMARCK	■			■	■				■
(20)	28.02.1941	KAMPFGESCHWADER LÜTZOW	■			■	■	■			■
(21)	04.04.1941	OHM KRÜGER	■			■	■	■			■
(22)	05.09.1941	KOMÖDIANTEN	■						■		
(23)	09.09.1941	ANNELIE	■						■		
(24)	10.10.1941	HEIMKEHR	■			■	■	■			■
(25)	03.03.1942	DER GROSSE KÖNIG	■			■	■	■			■
(26)	06.10.1942	DIE ENTLASSUNG	■			■	■				■
(27)	19.11.1942	ANDREAS SCHLÜTER	■			■	■			■	
(28)	21.01.1943	WEN DIE GÖTTER LIEBEN ...			■				■		
(29)	27.08.1943	DER UNENDLICHE WEG	■			■	■			■	
(30)	30.01.1945	KOLBERG	■			■	■	■			■

Legende:
E   Prädikat »staatspolitisch besonders wertvoll« als Erstbewertung
K   Prädikat »staatspolitisch besonders wertvoll« als korrigierte Bewertung
Z   später zurückgenommene Bewertung des Prädikats »staatspolitisch besonders wertvoll«
51   Aufführungsverbot durch die Alliierten 1951
53₁   Aufführungsverbot durch die Alliierten, Juni 1953
53₂   Aufführungsverbot durch die Alliierten, September 1953
oS   Freigabe FSK ohne Schnittauflagen
mS   Freigabe FSK mit Schnittauflagen
V   Vorbehaltsfilm

5. Grundsätze der Filmzensur der Alliierten Besatzungsmächte in Deutschland

1. Fassung:
OMGUS-Akten*, Dokument 10/13-2/1

31 May 1946   DPOL/INFC/P (46)3(Revise)

Subject: *Principles For Inter-Allied Censorship of German Films.*

At its fourth meeting on 27 May 1946, the Information Committee agreed the following principles for Inter-Allied Censorship of German films: –

The following German films may not be shown:
those which: –

(1) Glorify ideology of Fascim, Nazism or racial distinction.

(2) Glorify or idealise War or Militarism.

(3) Political [!] subvert or pervert German history.

(4) Glorify or idealise the German Army.

(5) Seem derogatory or uncomplimentary or ridicule Allied peoples, their Governments or their political or national leaders.

(6) Deal with German revenge.

(7) Religious films in which one religion ridicules or insults the religious feelings or attitudes of other religions, and also those films which propagate Nazi views concerning religion.

(8) Glorify or idealise the thoughts and/or acts of German leaders whose opinions or actions or political philosophy are imperialistic at the expense of others.

(9) Originate any book or script of a known Nazi Party member or supporter.

(10) Are produced by the effort or participation of a scenario writer, director, or any star performer wo is under prosecution by the Allied Occupation Authorities, or who was a Nazi Party member or proven active supporter. When other artists and technical workers are known as members or proven supporters of the Nazi Party, their names should be deleted [! – vermutlich: deleted] from the films and from all forms of exploitation and publicity

---

*   Microfiche im Institut für Zeitgeschichte, München (auch 2. Fassung). Um den dokumentarischen Charakter zu erhalten, wurden Schreibfehler beibehalten (aber markiert).

2. Fassung:
OMGUS-Akten, Dokument 10/11-1/19

Headquarter US Forces, European Theatre Information Control Division.

Subject: *Censoring of German Motion Picture Films.*

a. Screening policy.

It was agreed upon a quadripartite meeting of Allied Film Offices [on] 28 September 1945, that the following German films may not be shown to German audiences – those which:

(1) Glorify ideology of Fascim, Nazism or racial distinction.

(2) Glorify or idealise war or militarism.

(3) Politically subvert or pervert German history.

(4) Glorify or idealise the German Army.

(5) Ridicule, or seem derogatory or uncomplimentary of, Allied peoples, their Governments, their political or national leaders.

(6) Deal with German revenge.

(7) Ridicule or criticise the religious feelings and religious attitudes of others.

(8) Glorify or idealise the thoughts and/or acts of German leaders whose opinions or actions or political philosophy was imperialistic at the expense of the Allies.

(9) Originate in a book or script of a known Nazi Party member or supporter.

(10) Originate through the creative efforts of known Nazi Party members or proven active supporters. Those whose creative effort [!] contribute to the making of a picture shall be: producer, director, production chief, author, scenario writer, actors and actresses, composer, musical score adapter and film editor.

It was agreed upon that point (10) above should, however, be applied with reasonable elasticity.

6. Literaturnachweis und weitere Literaturempfehlungen

Albrecht, Gerd: *Nationalsozialistische Filmpolitik. Eine soziologische Untersuchung über die Spielfilme des Dritten Reiches*, mit 16 Tabellen. Stuttgart 1969.

Albrecht, Gerd (Hg.): *Der Film im 3. Reich* [Textsammlung]. Karlsruhe 1979.

Bacmeister, Arnold: *Bedeutung und Arbeitsweise der Filmprüfstelle in Berlin, ein Rückblick auf die Jahre 1934–1945, Ausarbeitung.* Typoskript 1959 [Fundort: BA; Teildruck siehe Kap. C.2].

Becker, Wolfgang: *Film und Herrschaft. Organisationsprinzipien und Organisationsstrukturen der nationalsozialistischen Filmpropaganda.* Berlin 1973 (= Zur politischen Ökonomie des NS-Films 1).

Belling, Curt: *Der Film im Dienste der Partei. Die Bedeutung des Films als publizistischer Faktor.* Berlin 1936.

Belling, Curt: *Der Film in Staat und Partei.* Berlin 1936.

Boberach, Heinz (Hg.): *Meldungen aus dem Reich. Auswahl aus den geheimen Lageberichten des Sicherheitsdienstes der SS 1939–1944.* Neuwied und Berlin 1965.

Bramsted, Ernst K.: *Goebbels und die nationalsozialistische Propaganda 1925–1945.* Frankfurt/M. 1971.

Brandt, Hans-Jürgen: *NS-Filmtheorie und dokumentarische Praxis: Hippler, Noldau, Junghans.* Tübingen 1987.

Brenner, Hildegard: *Die Kunstpolitik des Nationalsozialismus.* Reinbek 1963 (= Rowohlts deutsche Enzyklopädie 167/168).

Buchsweiler, Meir: *Volksdeutsche in der Ukraine am Vorabend und Beginn des Zweiten Weltkriegs – ein Fall doppelter Loyalität.* Gerlingen 1984 (= Schriftenreihe des Instituts für Deutsche Geschichte, Universität Tel Aviv, 7).

Cadars, Pierre u. Francis Courtade: *Hans Steinhoff 1882–1945.* Paris 1976 (= Anthologie du Cinéma 87).

Courtade, Francis u. Pierre Cadars: *Le Cinéma Nazi.* Paris 1972. Dt. Ausg. übers. v. Florian Hopf, redaktionelle Bearb. v. Brigitte Straub, im Einvernehmen mit d. Autoren gekürzt. München u. Wien 1975.

Delage, Christian: *La vision nazie de l'histoire: le cinéma documentaire du Troisième Reich.* Lausanne 1989.

Drewniak, Boguslaw: *Der deutsche Film 1938–1945. Ein Gesamtüberblick.* Düsseldorf 1987.

Drews, Berta: *Wohin des Wegs. Erinnerungen*, mit 75 Fotos u. Textillustrationen. München 1986.

Ebermayer, Erich: *»Denn heute gehört uns Deutschland ...« Persönliches und politisches Tagebuch. Von der Machtergreifung bis zum 31. Dezember 1935*. Hamburg u. Wien 1959.

Ebermayer, Erich: *»... und morgen die ganze Welt«. Erinnerungen an Deutschlands dunkle Zeit*. Bayreuth 1966.

Goebbels, Joseph: *Tagebücher*. T. 1: *Sämtliche Fragmente. Aufzeichnungen 1924–1941*, hg. v. Elke Fröhlich im Auftr. d. Inst. f. Zeitgeschichte u. in Verb. mit dem Bundesarchiv. 4 Bde. u. e. Interimsregister. München 1987. – T. 2: *Diktate 1941–1945*, im Auftr. d. Inst. f. Zeitgeschichte u. mit Unterstützung des Staatlichen Archivdienstes Rußland hg. v. Elke Fröhlich, ca. 15 Bde. [erscheint seit Herbst 1993].

Goebbels, Joseph: *Tagebücher 1945*. Einführung: Rolf Hochhuth. Redaktion: Peter Stadelmayer. Hamburg 1977.

Haffner, Sebastian: *Anmerkungen zu Hitler*. München 1978.

Haffner, Sebastian: *Preußen ohne Legende*. Ein Stern-Buch. Bildteil von Ulrich Weyland. Hamburg 1981.

Harlan, Veit: *Wie es war. Erlebnisse eines Filmregisseurs unter seinem allerhöchsten Chef, dem »Schirmherren des deutschen Films« Dr. Josef Goebbels*. Typoskript. München ca. 1960 [Bayer. Staatsbibliothek München: Rar. 1977; Mikrofilm: MF 11819].

Harlan, Veit: *Im Schatten meiner Filme. Selbstbiographie*, hg. u. mit e. Nachw. vers. v. H. C. Opfermann. Gütersloh 1966.

Heinzlmeier, Adolf: *Nachkriegsfilm und Nazifilm. Anmerkungen zu einem deutschen Thema*. Frankfurt/M. 1988.

Hippler, Fritz: *Betrachtungen zum Filmschaffen*. Mit e. Vorw. v. Carl Froelich u. e. Geleitwort v. Emil Jannings. 5., neu bearb. Aufl. Berlin 1943.

Hippler, Fritz: *Auch ein Filmbuch ... Die Verstrickung. Einstellungen und Rückblenden*. 2. Aufl., revidiert u. erw. Düsseldorf 1982.

Hoffmann, Hilmar: *Es ist nicht zu Ende: Sollen Nazikunst und Nazifilme wieder öffentlich gezeigt werden?* Frankfurt/M. 1988.

Hoffmann, Hilmar: *»Und die Fahne führt uns in die Ewigkeit.« Propaganda im NS-Film*. Frankfurt/M. 1988.

Hollstein, Dorothea: *Antisemitische Filmpropaganda. Die Darstellung des Juden im nationalsozialistischen Spielfilm*. München-Pullach u. Berlin 1971 (= Kommunikation und Politik 1).

Hull, David Stewart: *Film in the Third Reich. A Study of German Cinema 1933–1945*. Berkeley u. Los Angeles 1969.

Kahlenberg, Friedrich P.: Einführung in den Film HEIMKEHR. In: Walter Fritz (Red.): *Der Wiener Film im Dritten Reich*. Wien 1988 (= Schriftenreihe d. Österr. Filmarchivs 17), S. 53–65.

Kracauer, Siegfried: *Von Caligari zu Hitler. Eine psychologische Geschichte des deutschen Films*, mit 64 Abb., übers. v. Ruth Baumgarten u. Karsten Witte. Frankfurt/M. 1979 (= Kracauer: Schriften Bd. 2).

Knilli, Friedrich, Thomas Maurer, Thomas Radevagen u. Siegfried Zielinski: JUD SÜSS. *Filmprotokoll, Programmheft und Einzelanalysen*. Berlin 1983 (= Preprints zur Medienwissenschaft 2).

Krauß, Werner: *Das Schauspiel meines Lebens. Einem Freund erzählt*, hg. v. Hans Weigel, eingel. v. Carl Zuckmayer. Stuttgart 1958.

Kreimeier, Klaus: *Die Ufa-Story. Geschichte eines Filmkonzerns*. München u. Wien 1992.

Kurowski, Ulrich (Red.): *Deutsche Spielfilme 1933–1945. Materialien*, hg. v. Münchner Filmzentrum in Zusammenarb. mit dem Stadtmuseum, Abt. Film. 2., verb. Aufl. H. 1–5. München 1978.

Laudien, Alexander: *Die Appellstruktur in Veit Harlans Film* DER GROSSE KÖNIG. (Unveröff.) Magisterarbeit München 1993.

Leiser, Erwin: *»Deutschland erwache!« Propaganda im Film des Dritten Reiches*. 21.–28. Tsd., erw. Neuausg. Reinbek 1978 (= rororo aktuell 783).

Loiperdinger, Martin (Hg.): *Märtyrerlegenden im NS-Film*. Opladen 1991.

Lowry, Stephen: *Pathos und Politik. Ideologie in Spielfilmen des Nationalsozialismus*. Tübingen 1991 (= Medien in Forschung und Unterricht 31).

Maisch, Herbert: *Helm ab – Vorhang auf. Siebzig Jahre eines ungewöhnlichen Lebens*. Emsdetten 1968.

Maiwald, Klaus-Jürgen: *Filmzensur im NS-Staat*. Dortmund 1983.

Marquardt, Axel u. Heinz Rathsack: *Preußen im Film. Eine Retrospektive der Stiftung Deutsche Kinemathek*. Reinbek 1981 (= Preußen. Versuch einer Bilanz. Eine Ausstellung der Berliner Festspiele GmbH. Katalog, Bd. 5).

Paimann = *Paimann's Filmlisten. Wochenschrift für Lichtbild-Betrachtung*. Wien (seit der Saison 1916/1917). [Enthalten auch nach dem »Anschluß Österreichs« an Deutschland bis Ende 1939 noch eigene, abschließende kurze Bewertungen.]

Petley, Julian: *Capital and Culture. German Cinema 1933–1945*. London 1979.

Popp, Christian: *Der »vorbildliche Offizier« im Kriegsfilm. Untersuchung zur Rollentypologie in den Filmen* DIE ANDERE SEITE *(1931) und* D III 88 *(1939)*, Text- u. Materialband. (Unveröff.) Magisterarbeit München 1992.

Rabenalt, Arthur Maria: *Film im Zwielicht. Über den unpolitischen Film des Dritten Reiches und die Begrenzung des totalitären Anspruchs.* München 1958.

Rabenalt, Arthur Maria: *Joseph Goebbels und der ›Großdeutsche Film‹.* Ausgew., durch historische Fakten erg. u. hg. v. Herbert Holba, mit 116 Abb. Berlin 1985.

Rathkolb, Oliver: *Führertreu und gottbegnadet. Künstlereliten im Dritten Reich.* Wien 1991.

Reim, Ulrike: *Probleme filmischer Darstellung medizinhistorischer Sachverhalte am Beispiel des* ROBERT-KOCH-*Films.* Med. Diss. München 1989. – Kurzfassung: U. R.: Der ROBERT-KOCH-Film von Hans Steinhoff. Kunst oder Propaganda. In: *Medizin im Spielfilm des des Nationalsozialismus*, hg. v. Udo Benzenhöfer u. Wolfgang U. Eckart. Tecklenburg 1990 (= Hannoversche Abhandlungen zur Geschichte der Medizin und Naturwissenschaft, Bd. 1), S. 22–33.

Riess, Curt: *Das gabs nur einmal.* 3 Bde. Frankfurt/M., Berlin u. Wien 1985.

Rühmann, Heinz: *Das war's. Erinnerungen.* Berlin, Frankfurt/M. u. Wien 1982.

Schrenk, Helene: *Die Produktion der Wien-Film zwischen 1939 und 1945.* (Masch.) Diss. Wien, Grund- und Integrativwiss. Fak. 1984.

Seeger, Ernst: *Lichtspielgesetz vom 16. Februar 1934 nebst Durchführungsverordnungen und Gebührenordnung sowie den geltenden Kontingentsbestimmungen, zugleich Nachtr. zur 2., neubearb. Aufl. Reichslichtspielgesetz vom 12. Mai 1920. Für die Praxis erl.* Berlin 1933.

Seeger, Ernst: *1. Teil der ›Gesetze und Verordnungen für das deutsche Filmwesen‹. Vom 13. März bis 24. August 1933.* Berlin 1933.

Seeger, Ernst: *Die Gesetze und Verordnungen der Nationalen Regierung für das deutsche Filmwesen*, Teil 2. Berlin 1934.

Söderbaum, Kristina: *Nichts bleibt immer so. Erinnerungen*, aufgezeichnet v. Julia Streitz. Neu durchges. u. erw. Ausg. München 1992.

Spiker, Jürgen: *Film und Kapital. Der Weg der deutschen Filmwirtschaft zum nationalsozialistischen Einheitskonzern.* Berlin 1975 (= Zur politischen Ökonomie des NS-Films 2).

Tackmann, Heinz (Bearb.): *Filmhandbuch als ergänzbare Sammlung*, hg. v. d. Reichsfilmkammer, 2 Bde. Berlin 1938. [Stand: 3. Ergänzungslieferung v. 31.3.1940].

Toeplitz, Jerzy: *Geschichte des Films*, aus dem Polnischen übertr. v. Lilli Kaufmann. Bd. 3: 1934–1939, Bd. 4: 1939–1945. Berlin 1982–1984.

Traub, Hans: *Der Film als politisches Machtmittel.* München 1933.

Trenker, Luis: *Alles gut gegangen. Geschichten aus meinem Leben.* München 1974.

Trimmel, Gerald: HEIMKEHR. *Strategien eines nationalsozialistischen Films*, 2 Bde. (Unveröff.) Diplomarbeit, Inst. f. Zeitgeschichte der Universität Wien 1992.

Vogelsang, Konrad: *Filmmusik im Dritten Reich.* Hamburg 1990; S. 31–258: Verzeichnis der Filme und Filmkomponisten 1933–1945; S. 259–286: Alphabetisches Namensverzeichnis; S. 291–296: Kurzbiographien.

Wegscheider, Michael: *Genie und Mythos. Der heroische Künstlertyp und seine Ästhetisierung im NS-Film. Dargestellt am Beispiel der Filme* FRIEDRICH SCHILLER. TRIUMPH EINES GENIES *von Herbert Maisch und* WEN DIE GÖTTER LIEBEN ... (Unveröff.) Magisterarbeit München 1993.

Wetzel, Kraft: Filmzensur im Dritten Reich. In: Kraft Wetzel u. Peter A. Hagemann: *Zensur – Verbotene Filme 1933–1945.* Berlin 1978, S. 7–48.

Winkler-Mayerhöfer, Andrea: *Starkult als Propagandamittel. Studien zum Unterhaltungsfilm im Dritten Reich.* München 1992 (= Kommunikation audiovisuell 14).

Wulf, Joseph: *Theater und Film im Dritten Reich. Eine Dokumentation.* Gütersloh 1964. – Tb.-Ausg.: Reinbek 1966 (= rororo 812/813/814).

Zielinski, Siegfried: *Veit Harlan. Analysen und Materialien zur Auseinandersetzung mit einem Film-Regisseur des deutschen Faschismus.* Frankfurt/M. 1981.

7. Abkürzungen

1. Archive, Bibliotheken:

BA	Bundesarchiv Koblenz
BFA	Bundesfilmarchiv, Archivmaterial in der Außenstelle Berlin
BFA$_1$	Bundesfilmarchiv, Kopie in Koblenz
BFA$_2$	Bundesfilmarchiv, Kopie in der Außenstelle Berlin (= ehem. Staatliches Filmarchiv der DDR)
DIF	Deutsches Institut für Filmkunde, Frankfurt/M.
HFF »Konrad Wolf«	Hochschule für Film und Fernsehen »Konrad Wolf«, Potsdam
HFF München	Hochschule für Fernsehen und Film, München
ÖFA	Österreichisches Filmarchiv, Wien
SDK	Stiftung Deutsche Kinemathek, Berlin

2. Institutionen, Bewertungslisten:

CFFP	*Catalogue of Forbidden Film Productions* held in Zonal Film Archives of Film Section Information Services Division, Control Commission of Germany [Hamburg 1951; sog. ›blaue Liste‹; Fundort: F.-W.-Murnau-Stiftung]
FP	Film-Prüfstelle Berlin [Fundort der »Entscheidungslisten«: BA (in Kopien), DIF (vereinzelte Originale)]
LPF	*List of Prohibited Films.* List of Feature Films disapproved for exhibition in the territory of the Federal Republic of Germany and in the three Western Sectors of Berlin, in accordance with the provisions of Control Council Order No. 4 as amended and other pertinent Military Government regulations. Political Affairs Committee: Mr. Charles Baldwin (US), M. A. Tanguy (Fr), M. Buckland-Smith (UK). [2 Fassungen:] (1) June 29, 1953 [Bezug auf 340 Filme], (2) September 10, 1953 [Bezug auf 269 Filme] [sog. ›grüne Liste‹; Fundort: F.-W.-Murnau-Stiftung]
OMGUS	Office of Military Government for Germany [US]
Paimann	*Paimann's Filmlisten* [siehe Kap. C.6; Fundort: ÖFA, DIF]
FSK	Freiwillige Selbstkontrolle der deutschen Filmwirtschaft

3. Häufig zitierte Titel:

Bauer	Alfred Bauer: *Deutscher Spielfilm-Almanach 1929–1950.* Berlin 1950.
FK	*Film-Kurier, Theater, Kunst, Varieté, Funk* [Tageszeitung]. Berlin.

4. Textabkürzungen:

A	Drehbuchautor
Ausw.	Auswertung
Bw.	Bewertung
E	Einstellung
EA	Erstaufführung
FM	Filmmaterial
hsl.	handschriftlich
Jf	jugendfrei (mit Angabe der Altersfreigabe)

Jv	Jugendverbot
K	Kamera
komm.	kommerziell
Korr.	Korrektur
M	Musik
P	Produktion
R	Regisseur
Sequ.	Sequenzen
T	Ton
Tit.	Titel
UA	Uraufführung
UT	Untertitel
V	Verleih

Bemerkungen:

(1) In der Sparte ›Produktionsdaten‹ wird als Kopiennachweis an erster Stelle jeweils die benutzte Filmkopie angegeben; in eckigen Klammern notiert sind die weiteren zur Verfügung stehenden Kopien.
(2) Von den 30 Filmen ist nur *ein* Trailer, der zu JUD SÜSS, (in der SDK) überliefert. Die F.-W.-Murnau-Stiftung hat das Trailer-Material an das BFA abgegeben, doch erfolgte die Umkopierung der Filme »zu einer Zeit, als man auch im Bundesarchiv die Trailer noch unberücksichtigt ließ« (Mittlg. v. Herrn Witzenrath, BFA).
(3) Bei sehr umfangreichen Besetzungslisten wurde auf die Angaben der Besetzung kleinerer Nebenrollen verzichtet; hier sei auf die Angaben in den Programmen verwiesen.
(4) Nicht alle angegebenen Programmhefte waren in den Archiven vorhanden; die Liste wurde ergänzt durch die freundliche Mithilfe von Herrn Christian Unucka (Verlag für Filmschriften, Hebertshausen).
(5) Soweit für die Zeitungen Mikrofilme des Mikrofilmarchivs der deutschsprachigen Presse e. V., Dortmund, benutzt werden mußten, konnten dort nicht erfaßte Ausgaben nicht ermittelt werden.

8. Register

Aufgenommen sind in dieses Sachregister (zu Kap. B) – neben dem Eintrag der Hauptstellen – auch Verweise auf Stellen, an denen das Stichwort selbst nicht im Text auftritt, aber mitgedacht werden muß; diese Seitenangaben sind kursiv gesetzt.

Abdankung 358
Aberglauben 200
Abschied 81, 178, *258*, 263, 269 f., *303*, *308*, 325, 360
Abschiedsbrief 282 ff., 337
Abschiedsgesuch 317 f.
Altersunterschied 153, *159*, 280
Altes Testament 232
Andenken 89, 91, 273
anständig: anständige Gesinnung 110; anständige Haltung 110; anständiger Mann 122; anständiger Mensch 106, 209; anständiges deutsches Theater 267
Anstand 153, 268
antibolschewistische Tendenz 93
Antisemitismus 128, 187, 220 ff., *294*, 295
antisowjetische Propaganda 93
Arbeit(sethos) 61, 63, 128, 157, 200, 262, 273, 275, *284*, 325 f., 331, 354; s. a. Glück der Arbeit, Verdienst durch Arbeit
Arbeit und Brot 157
Attentat 239, 243, 256, *289*
Aufruhr 89, 223
Aufstand 98, 256, 259
(die) Augen offenhalten 247, 251
Auslandsdeutschtum 100, *129*, *247 f.*, *287 ff.*, *293 f.*, *347 f.*, 351 f., 353 f.
Auswanderung *93*, *122*, *190*, *292*, 347, 351, 353 f.
autoritäre Staatsführung 244
Autorität 95, 98, 115, 195, 256, 307
Autoritätskonflikt 61

bedingungslose Hingabe 208
Befehl 95, 105, *106*, 108, 174, 191, 204 f., 207, 225, 302, 304 f., 360 f.; s. a. höherer Befehl
Befehl ist Befehl 364
Befehlsverweigerung 187, 327
Beförderung 204, 302, 307
Befreiungskampf 87
Befreiungskriege 109, 126, 192, 357, 362, 364
Befreiung von der Fremdherrschaft 89, 91
Besessenheit: von der Arbeit besessen 328 f.
Besitz (Eigentum) 124 f., 159, 263, *364*
Bestrafung 78, *80*, *105*, 113, *123*, 303, *364*; s. a. Degradierung

Bewährung 60, 209
Bewahrung des Alten 72
Bibel (Heilige Schrift) 75, 96 f.; s. a. Altes Testament
Bibelwort 98
blindes Vertrauen 152
Blut 97, 99, 230 f., 261 f.
Blutbad 96
Blutschande 128, 229
Blutsverbindung 113
Bodenrecht 128
Botschaft 85, 103, 115 f., 332, 359
Brandenburg 324 ff.
Brüder: Alle Menschen sind Brüder 97
Bürgerrecht 350
Bürgertum 109
Burenkrieg 257 ff.

Charakter 170, 208, 320
Charakterlosigkeit 170

Defaitismus 307
Degradierung 300
Demokratie [abwertend] 191, *244*
Denunziation 269
Desertion s. Fahnenflucht
Desillusionierung 115, 249
deutsch: deutsche Einheit 240, 352; deutsche Frau 244, 284; deutscher Geist 275; deutsches Herz 201, 291; deutsche Jugend 63; deutsche Kunst 274 f., 332; deutsches Leben 291; deutsches Lied 348; Deutschlandlied s. d.; deutsche Musik 232; deutsche Nation 230, 262; Deutsches Recht 232; Deutsches Reich 305, 321; deutsche Republik 114; deutsches Schicksal 99; deutsches Theater 268 ff.; deutscher Tod 291; deutsches Volk 61 f.; deutsches Volkstum 287; deutsche Werte 232; deutsches Wesen 160; deutsche Wissenschaft 275
(wir) Deutsche 352
Deutschland 168, 191, 237, 241, 274, 288, 290 f., 305, 319, 346 ff.
Deutschlandlied 291, 363
Deutschtum 293
dienen 91, 126 f.

Dienst an der Allgemeinheit 63
Dienstenthebung 106, *143*
Disziplin *75*, *78*, *81*, 192, 208, 285, 302, 306 f., 309, 360, 364; s. a. Selbstdisziplin
Disziplinlosigkeit *205*, *207*, 208, 303, 364
»Dolchstoßlegende« 180, 192
Dorfgemeinschaft 93, 98

Ebenbürtigkeit 270, *274*, 276
Egoismus 152, 157, 208
Ehe 64, 71 f., 112, 147, 285, 328 f., 332, 337, 349
(vermeintlicher) Ehebruch 143, 148
Ehre 76, 180, 206, 231 f., 301, 320, 351; auf dem Felde der Ehre 80
Ehre des Volkes 98
Ehrensäbel 124, 126
Ehrensalve 78, 81
Ehrenwort 172 ff., 186
Ehrfurcht vor dem Tod 196
Ehrgefühl 181
Ehrgeiz 204, 331
Ehrlosigkeit *232*
Eid 114, 221, 263, 359, 364
Eifersucht *60*, *104*, 164
(auf) eigene Verantwortung handeln *108*, 174, 301, 359
Eigenmächtigkeit 60, 359
Einheit Deutschlands 239 f.
Einsatz des Lebens 109; der ganzen Person 207 f.
Eintracht 232
Eisen und Blut (Blut und Eisen) 237, 242 ff.
Eitelkeit 207 f.
Elite 109, 188
Ende 91, 261, 329, 350
Energie 328
Entführung 104, 269
Entlassung 105, 226, 311 ff., 325, 346
Entmündigungsantrag 154, 160
Entsagung 273
Entscheidung 106, 158, 238, 263, 311, 361
Entscheidungsschlacht 302
Erbgesundheit 147
Erfüllung 283 f.
Eroberung der Welt 122, 126
Erpressung 134 f.
Ersatzmutter *168*, 214
Erziehungspolitik 119
Erziehungsproblem 116, 212 f.
»ewig ist das Werk« 329, 332
Ewigkeit 338

Fahne 299, 301, 309
Fahnenflucht (Desertion) 76, 174, 181, 303, 308
Fahnenkult 69
Fahnenweihe 70

falscher Verdacht 152
Familie 75, 177, 196, *211 ff.*, *221*, *224*, 232, *237*, 238 f., 281, 290, 295, 299, 325, 332, 353
Familienerbe 152
Familienfeier 142, 215
Familientag 153
Feigheit *247*, *257*, 268
Fliegen [als Lebensgefühl und Selbstzweck] 192
Fliegertod 206, 208
Flucht 269, 272, 299 f., 304 f., 348
Flucht aus dem Leben 118, 307
Fluchtversuch *77*, *78*, *136*, 165 f., 302
formales Urteil 125
Fortschritt 129
Frau: Aufstand (der Frauen) 260; (als) Kamerad 285; leidgeprüfte Frau 199; (als) Märtyrerin 90; (als) Opfer *124*, *258*; Respekt (vor der Frau) 214; Selbstverständnis (der Frau) *64*, *68*, *216*, 285; Tapferkeit (der Frau) 212 ff., *360*, *362 f.*; unerschütterliche Treue zum Mann 325 ff.; s. a. deutsche Frau, Helferin in der Not
Frauenarbeitsdienst 58 ff., 62
Frauengemeinschaft 64, 258 f.
Frauenschicksal *214*
freie Volksgemeinschaft 70 f.
Freiheit 78, 244, 352, 364
Freiheitsliebe 70
Freiheit und Frieden 262
Freispruch *144*, *167*
Fremdherrschaft 109
Freude 285
Freundschaft 67 f., 71, *75*, *77 ff.*, *122*, *125*, *164*, 181, 206, 209
Freundschaft in der Freiheit 68, 70 f.
friderizianischer Geist 307
Frieden 89, 91, 95, 168, 176, 178 f., 239 f., 300, 304
Friedhof 151, 299, 305
Frontsoldat 191
Führer(prinzip) *114*, 155, 158 f., 242, 262, 306, 342
Furcht 201

ganz: das ganze Deutschland 350; ganze Kerle 249; das ganze Leben 61; ein ganzer Mann 175, *342*; das ganze Volk 61
Gebet *89*, *96*, *124*, 257, 325, 360
Geburt eines Kindes *59*, *248*, 279, 281, 291, *295*, *361*
Geheime Staatspolizei 133, 139
Geheimnis der Politik 90
Geheimpapiere 133 f.
Gehorsam 81, 300, *305*, 307 ff.
Geld 58, 61, *76*, *85*, 115, *143*, *153*, 186, 188, *195*, 212, 214 f., 221, 223, 225, 238, *256 f.*, 263, 269 f., *325*, *336*, 347, *348*, 349

Gemeinnutz geht vor Eigennutz 158 f.
Gemeinschaft 63, 71 f., 91, 119, 301
Generationen 72, 204, 249, *350*
Genie (Genialität) 155, 158, 199 ff., 302, 306 f., *330 f.*, 342 f.
genialer Staatsmann 243, *343*
Gerechtigkeit 261
Gerichtsverhandlung 144, 189 f., 227; s. a. Kriegsgericht
Gesamtheit 353
Gesetz 81, 230, 255 f., 321, 360, 364
Gesinnung 63, 171, 208
Gewalt 94 f.
Gewaltlosigkeit 93
Gewissen 99, 109, 115, 154, 226, 229, 327
Gewissenskonflikt 114
Gift 301
Gläubigkeit 98
Glaube 91, 93, 97, 109, 200, 276, 306; an das Gute 113; an die Sache 208; der Väter 98; s. a. rechter Glaube
Glaubensgrundsätze 95
Glück 95, *204*, 209, 313, 337; Glück der Arbeit 199
Gnade 327 f., 349
Gold 124, 128, 255 ff., 262 f., 329
Goldrausch 124
Gott 70, 80, 86, 88, 93 f., 96 f., 109, 126, 129, 221, 239, 243 f., 261, 313, 320
Gottesfurcht 76
Gotteslästerung *94*
Gottvertrauen *95*, 262
Größe 81, 91, 201
(das) Größte 325, 331, 362
Größenwahn 327, *328*
Großdeutschland 243, 293 f., 331, 353
(das) Große 200, 340
Grund und Boden *93*, *123 f.*, 255, *262 f.*
(das) Gute 200
guter Wille 96

Härte 81
(sich) härten 118 f., *361*
Haltung 208
handeln 90, 122, 294; selbständig handeln 302, 307; solidarisch handeln 60; s. a. (auf) eigene Verantwortung handeln, selbstloses Handeln
(die) Heilige 86, 89
heiliger Mann 126
Heimat 58, 71, 98, 178 f., 187, 205, 232, 262, 290, 354, 360, 364; s. a. neue Heimat, zweite Heimat
Heimatlosigkeit 232, 350
Heimkehr 287 ff., 293
Heimtücke *123*
Heimweh 154, 348
Heiratsantrag 59, 213

Held 117, 158, 187
Heldenmut 261
Heldentod 108
Helfer der Menschheit 200
Helfer in der Not 244
Helferin in der Not 106, 109, 181, 325
heroisch: heroische Einsamkeit 307; heroischer Kampf 88; heroischer Lebenslauf 126
Herz 69, 89, 99, 127, 154, 168, 178, 208, 215, 225, 268 f., 272 f., 284, 291, 294, 314, 339, 360, 364; s. a. deutsches Herz, stolzes Herz, tapferes Herz
Herzeleid 276
Hinrichtung 78, 80, *107*, *136*, *138*, 223 f., 227, 229, 232, 234, 260, 303
historische Notwendigkeiten 305
Hitler-Rede 290
Hochverrat 78, *80*, 138, 225, 306, 347
höherer Befehl 103, 109, 177
höheres Gesetz 294
Hoffnung *89*, 91, 216
Humanität 261; s. a. individualistische Humanität
Humanitätsduselei 257
Humanitätsideal 169
Hygiene 195

Indianer 123
individualistische Humanität 116
innerer Frieden 181
innere Stimme 122, 128
Inquisition 85
Insubordination 237, *347*
Irrtum 69, 198, 200
jüdische Glaubenswelt 224 f., 231
Jugend 68, 110, 113, 115 f., 267
Jugenderziehung 115 f.

Käuflichkeit des Menschen 139, *257*, 263
Kameradschaft *57*, 61, 124, 181, 189, 206 ff., 303
Kameradschaftlichkeit 63, 109, 178
Kameradschaftsgeist 190, *308*
Kampf (kämpfen) 119, 126, 186 f., 258, 273, 276, 360
Kampfbereitschaft 129, 257
Kampfeinsatz 206
Kampfgeist 207
Kapitalismus 353 f.; s. a. Geld
Kapitulation 258, 361
Katastrophe 354
Katechismus (politischer) 126
Ketzerverbrennung 85
Kinder (Urteile über) 216, 224, 285, 300
Kinderkriegen 216
Kinderrollen 78, 122 ff., 212 f., *256*, 258, 281
Klugheit 232, 320
Können 327

Kolonisation *123*, 354
Kolonisationsmythos 125
Kompetenzüberschreitung *103*, 223
Kompromiß(ler) [abwertend] 242, 315, 317, 330 f., 363
Konterrevolution *94*
Konzentrationslager 258 ff., 262, 264
Krieg 72, 80, 85, 168, 170, 173 ff., 185 ff., 238 ff., 255, 257, 299, 359
Krieg/Frieden 178 f., 261, 305
Kriegsauszeichnung 175, 180, 183 ff., 191, 281 f., 302, 314
Kriegserklärung 238
Kriegsgericht 78, 167, 174
Kriminalpolizei 139
Künstler 163 ff., 267 ff., 314, 324 ff., 331, 335 ff.
Kunst 275 f., 324 f., 332, 339, 342
Kunst und Politik 274; s. a. deutsche Kunst

Läuterung 160
Landesverrat 136, 138
Leben 90, 168, 175, 178, 189, 200, 206, 269, 284, 305, 307, 320, 330, 342; das Leben bezwingen 118 f., 285; auf Leben und Tod 237, *280*; Leben und Werk sind eins 329, 332
Lebenskrise 154
Lebensmüdigkeit 272
Lebenszusammenhang *116*
Legende 125
Legitimation 104
Lehrer(in) 112 ff., 117, 155, 247 f., 288, 294
Lehrmeister 251
Leichtsinn 181
Leid 214, 216, 229, 276, 282, 290, 337, 361
Leiden 90, 232
Leidenschaft(en) 274, 281
Leidensweg 99
Leistung 206
letzte Stunde 284
letzter Halt 115
letzter Wille 98, 155, 159, *299 f.*
letztes Wort 191
Liberalismus [abwertend] *116*, 241, 244
Liebe 64, 72, 99, 157, 165, 170, 232, 276, 284 f.; s. a. wahre Liebe
lieber tot als Sklave 365
Liebesdefizit 148
Liebeserklärung 59, *94*, 152, *165*, 176, 179, *249*, 268, 271, 280
Liebesglück 166, 174
Liebesnacht 112 f.
Lieder: Arbeitslied 61; Burenlied 257; Danklied 243, 361; England-Lied 251; Familienlied 212 f., 215; Heimatlied 200, 291; Kampflied 357; Liebeslied 175, 232; Marschlied 362; Nationalhymne s. d.; Pirlingerlied 212 f., 215; Spottlied 87, 95; Vaterlandslied 109, 129; Wanderlied 169; Weinlied 147; s. a. Deutschlandlied
Luftkampf 136, 178, 186 f., 249
Luftwaffe 190, 192, 206 f., 246 ff.
Lynchjustiz *125*, *289*

Macht 241, 276, 305, 312, 320; Macht vor Recht 237
Männer (Urteile über) 58, 64, 216
(keine) Majoritätsentscheidungen 158, 236, 242
Mann 168 f., 175; Mann und Frau 64, 68; von Mann zu Mann *80 f.*, *107 f.*, 109, *174*; als starker Partner 285; Mann von Überzeugung 326, 331, 352
Mannhaftigkeit 109
Maßhalten 326, 331
maßlose Lebensansprüche 139
Menschen beherrschen 274
Menschenwert 168, *169*
menschliche Größe 201
Menschlichkeit 170
Militärischer Abwehrdienst 134 ff., 139
Minderheitenrechte 288, 292 f., 295
Missionare 255 f.
Mitleid 249
Mobilmachung 257
Moor: Rettung aus dem Moor 60; Tod im Moor 95, 136
Mord 124, 224, 226
Mut 59, 81, 109, 126, *139*
Mutter 58, 67, 77, 98, 105, 124, 152, 175, 215 f., 279, 291, 350; s. a. Ersatzmutter
Mutterkreuz 215 ff.
Mutterliebe 211 ff.
Mutterschaft 147, 285
Mysterium des Schöpferischen 196, 201

Nachtflug 204 f.
(der) Nächste 97
Nation 230, 262, 275
national: nationales Dasein 275; nationale Frage 238; nationales Gewissen 109; nationales Handeln 109; nationale Identität 91, 109, 354; nationales Kunstwerk 91, 140; nationale Pflicht 170; nationaler Stoff 84
Nationalgefühl 89
Nationalhymne 291, 352, 363
Nationalsozialismus 61, 119, 138, *158*, *200*, 230
(das) Neue 339
neue Heimat 93, 96, 98, 352
neue Lebenskraft 152, 155
neues Leben *61*, 329
Niederlage 201
Not 98 f.
Notwehr 95

Obrigkeit 93, 95, 97 f., 145
Ohrfeige 105, 144, 214
Oktoberrevolution 94, 97, 99
Opfer 200
Opferbereitschaft 155, 207 f., 284, 307, 309
Opfertod 89, 91
Ordnung 207, 227

Paradies 123
Parlamentarismus *197*, 242, *244*
Patriarchat *68*, *75*, *123*, *221*, 263, 325
Patriot(en) 107, 162 ff.
Patriotismus 110
Pazifismus [abwertend] *179 f.*, 257, *260*, 263
Persönlichkeit(sprinzip) 158 f., 306
Pflicht 78, 81, 167, 170, 180, 192, 199 f., 237, 244, 251, 260, 352, 363; s. a. nationale Pflicht
Pflicht als Soldat 105, *168 f.*, 192, 206, *308*
Pflichtbewußtsein 201
Pflichterfüllung 308 f.
Pflichtgefühl 180 f.
Pflichtverletzung 81, 208
Politik 68, 90, 104, 168, 239 f., 243, 304, 317, 320, 351
politische Rücksichten 109
Polizei 114, 122, 142, 164, 189
Polizeirecht 104, *107*
Preußen 75 ff., 79, 83, 103 ff., 107, 109, 191, 236 ff., 244, 299 ff., *304*, 325, *348*, *350*, 357 ff.
(auf die) Probe stellen 96
Protestantismus *75*, *94 f.*, *97*, *152*, 228, 231
Prüfung 262, 285

Rasse 99; s. a. völkische Rassennorm
Rassenideologie 128, *293*
Rassenschande 227
Rassenverrat 230
Rat 108, 158, 349
Recht 80, 90, 124 ff., 181, 229, 352, 360, 364; s. a. Deutsches Recht
Recht auf Arbeit 58, 63
recht behalten 117
rechter Glaube 97 f.
Rechtsanspruch *125*, 262, 350
Rechtsauffassungen (internationale) 262
Rechtswahn 125
Recht und Freiheit 67
Reich 91, 241, 313, 318 f.
Reichsarbeitsdienst 62 f.
Rettung: eines Flugzeugs 188 f.; vor der Folter 226; eines tapferen Kameraden 106; von Kapital 349; von Menschenleben 60, 87, 206, 303; durch deutsche Truppen *247*, 290; des Vaterlandes 363
Revolution 94, 180, 187, 205, 314
Revolutionär [Robert Koch] 197

Rigorismus *95*, *98*, 200 f., 275, 353
Ritterlichkeit 186 f.
Rivalität 204 f.
rote Hetze 178
roter Arbeiter- und Soldatenrat 187
Rücksichtslosigkeit 326
Rückversicherungsvertrag 313, 317, 320, 362

Sabotage 94
(eine) Sache allein ausfechten 104
Schändung (einer Frau) 95 f., *226*, *229*
Schande 89, 361
Schicksal 117, 170, 274, 307, 336, 354; s. a. deutsches Schicksal
Schicksalsschlag 129
Schicksalsstunde 198
Schlacht 299, 301, 303 f., 306 f., 358, 361
Schlauheit 232
Schlußwort 90, 115, 117 f., 261, *273*
Schmuck 221, 270 ff.
Schmerz(en) 285, 327, 362 f.
Schuld 115, 117
»Schweinehund« 139
schwerer Weg 96
Seitensprung 147
Selbstaufgabe 126
Selbstbehauptung *326*
Selbstdisziplin 187, 201
Selbsterhaltung 72
Selbstheilung 160
selbstloses Handeln 109
Selbstlosigkeit 284
Selbstmord 115, 152, 156, 300, 351
Selbstmordabsicht 122, *126*, 128
Selbstmordversion 136 f.
Selbstverleugnung 309
Selbstverwirklichung 331
Siebenjähriger Krieg 299 ff.
Sieg 87, 187, 198, 243 f., 257, 299 f., 304, 306, 353, 362
Siegesrausch 239
Sieg über sich selbst *118 f.*
Sinn einer Sache 208, *261*
Sinnerfüllung des Lebens 125, 189
Sohnesliebe 76, 81
Soldat(en) 94, 168, 174 ff., 257, 275, 303, 307, 348, 358; s. a. Frontsoldat
Soldatenpflicht 205, 207 f.
Soldatentum 76, *192*, 208, *363*
Sozialdemokratie 314, 316
soziale Bindung des Eigentums 159
soziale Schranken (Überwindung) 71 f.
Sozialisierung 81
Sozialismus 321
Spionage *103 ff.*, *132 f.*, 134
Spionageverdacht 166
Staat 79, 158, 191, 223, 244, 300, 319 ff., 324, 349

Staatsinteresse 346
Staatsraison 81, 269, 309
Staatssozialismus 321
Staatsstreich 225 f., 229
(sich) stählen 118 f.
Standesunterschied *159*
Standhaftigkeit 78, 307
Starrsinn 275
sterben 90, 108, 363
Stolz 275, 365
stolzes Herz 126, 129
Strom: gegen den Strom schwimmen 326, 331

tapferes Herz 275
Tapferkeit 81, 285, 299
Tatkraft 158
Terror 94
Testament 155, 300
Teufel 88
Theologie 70, *227*, 228
Tobsuchtsanfall 77, *154*
Tod 80, 88 ff., 96, 157, 160, 229, 258, 271, *282*, 289, 302 f., 307, 313, 328, 338, 342; dem Tod ins Auge sehen 251
Todesnähe 273
Todesstrafe 76, 167, 230
Todesstunde 303
Todesurteil 79, *80*, *96*, 136, 227, 229, *359*
totaler Krieg 262, 363
(die) Toten: im Geist der Toten 206
Totenbett 79, 258, *313*, 338, 341
Treue 109, 147, 276, 290, 318, 329
Treuepflicht 237
Treueversprechen 153
Treu und Redlichkeit 221
Trost 290
Tüchtigkeit 262
Tugend: fliegerische und soldatische Tugend 249, 251
tugendhafte Frau 147
Tyrannei *126*, 261

über die Stränge schlagen 145 ff.
über sich hinauswachsen 325
Überwachung der Staatsbürger 139
Unbedingtheit 307
Unduldsamkeit 170
Ungehorsam 117
Unglück 354
(das) Unmögliche verlangen 304
Unrecht 127, 240
Unterwerfung 78
Urteil 88, 227; formales Urteil 126; sich selbst das Urteil sprechen 96; s. a. Todesurteil

vaterländische Pflicht 57
vaterländisches Empfinden 110
Vaterland 61, 70 ff., 88, 207 f., 243, 262 f., 293, 299, 318, 321, 353, 363
Vater und Sohn(-Konflikt) *76*, *113*, *237*, 240, 256 ff., 262 f.
Verantwortung 157, 174, 178, 181, 320, 328, *363*
Verbot 60
›verbrannte Erde‹ *96*
Verbrecher 114
Verdacht *134*, *164*, 165, 316, *348*; s. a. falscher Verdacht
Verdienst durch Arbeit 159, 199
Verfassung 239
Verfassungsbruch 224, 231
Verfolgungswahn 170
Vergeltung 229, 261
Vergewaltigung(sversuch) *95 f.*, *226*, 257, 263
Verhaftung *78*, *104*, 107, 114, 225 f., *259*, 270, 303, 328, 347
Verliebtsein 147, 280
verlorener Sohn 214
Vermächtnis 282
Vernichtungsschlacht 301
Verräter 132 ff., 230, 318
Verrat 96, 124, 132 ff.
Versailler Vertrag 71, 192, 292, 295
Versöhnung *79*, 95, *115*, 143, *145 f.*, 154, 263, 316, 337
Verteidigung 358 ff.
Vertrag 256, 262 f., 312; s. a. Rückversicherungsvertrag, Versailler Vertrag
Vertragsbruch 256
Vertrauen 60, 63, 72, 139, 181, 237, 243, 251, 288, 303, 348; s. a. blindes Vertrauen
Vertrauensbruch 177
Verweigerung 181
Verzicht 139, 154
(die) Völker 90
Völkerverständigung 168
völkische Rassennorm 98
Volk 58, 67, 78, 86 ff., 95, 129, 229, 231 f., 244, 257, 261, 273, 301, 303, 314, 316, 319, 325, 353, 357 f., 362
volksfremd 353
Volksgemeinschaft 63, 155, 157 f., 353
Volksgerichtshof 136, 138
Volksherr 364
Volksrat 255, 257
Volkssouveränität 364
Volkssturm 357
Volkstum 99
Volksverrat 138
Volkszorn *87*, 223, *226*
Vorbild 69, 268

Wachsamkeit 123, *138*
Waffe(n) 67, 95, 255 f.
Waffenstillstand 85 ff., 187, 239, 361
wahre Bedürfnisse 139

wahre Liebe 159
Wahrheit 115, 124, 143 f., 248
Weg 196, 200, 239, 261, 269, 271, 326, 330, 352; s. a. Leidensweg, schwerer Weg
Wegbereiter 338
Wehrfähigkeit 72, 207, 257, 363
Wehrhaftigkeit 263, 364
Wehrhoheit 190
Wehrmacht 101, 207
Wehrpflicht 69, 71
Welt 122, 126 f., 129, 146, 232, 261, 274, 313 f.
Weltbürger [abwertend] 358
Weltfremdheit 112, 116
Weltgeschichte 256, 261
Weltkrieg: Erster Weltkrieg 163 ff., 173 ff., 183 ff., 205 f., 247, 281, 292, 353; Zweiter Weltkrieg 247 ff., 282, 289 ff., 293
Werk 157 f., 197, 319, 328 ff., 353

Wiederaufbau 303
Wille 307; s. a. guter Wille, letzter Wille
(der) Wille des Herrn 231 f.
Wille ist Gesetz 81, 152, 158 f.
Wissenschaftsideal *196, 200*
Wunder 87, 89 f., 96, 168, 190, 217

Zeit 90, 330, 332
Ziel 200, 273, 275, 324, 348
zielgerichtet handeln 119
Zorn der Volksmenge 104
Zucht und Ordnung 207
Zukunft 192, 261, 280, 288, 292, 314, 325, 358
Zuneigung 170, 221
Zurechnungsfähigkeit 153
Zweifrontenkrieg 312, 318, 320
zweite Heimat 129
Zwietracht 91, 232

Der Autor

KLAUS KANZOG, Prof. Dr. phil. habil. (geb. 1926 in Berlin). Studium der Germanistik, Philosophie und Älteren Nordistik an der Humboldt-Universität Berlin. Von 1951 bis 1964 bibliothekarische Tätigkeit an der Universitätsbibliothek der Freien Universität Berlin. Seit 1964 am Institut für deutsche Philologie der Universität München; Habilitation: 1972. Forschungsschwerpunkte: Editionsphilologie, Lexikographie, Erzähltheorie und Filmphilologie.

Klaus Kanzog (Hg.)

Der erotische Diskurs
Filmische Zeichen und Argumente

K. KANZOG: Der erotische Diskurs. Begriff, Geschichte, Phänomene. – K. BURG-HARDT: Zeichen weiblicher Erotik in Willi Forsts *Die Sünderin* (1951). – H. BARTH: Erotisches Gespräch zwischen Männern. Redestrategien und ihre Vermittlung in R.W. Fassbinders *Querelle* (1982). – M. WÜNSCH: Inszenierte Verführung. Zur Verfilmung von A. Schnitzlers *Reigen* durch Max Ophüls (1950). – H. GASSEN: Der Text des Spielleiters (*meneur de jeu*) in Max Ophüls' *La Ronde* (1950). – K. KANZOG: ›Warten auf das entscheidende Wort‹. Pubertät und Heldenwahn in B. Wickis *Die Brücke* (1959). – S. KRENZLER u. B. ZANDER: Rollenspiel und Sprachverhalten. Varianten des erotischen Diskurses in *Zur Sache, Schätzchen* (1968) von May Spils. – M. WEGSCHEIDER: Räume, Figuren und *point-of-view*. Zur nonverbalen Kommunikation in N. Schillings Videofilm *Die Frau ohne Körper und der Projektionist* (1984).

diskurs film Bd. 3, 1989, 195 S., 30 Abb., ISBN 3-926372-03-6, DM 42,–

Klaus Kanzog

Einführung in die Filmphilologie
Mit Beiträgen von
Kirsten Burghardt, Ludwig Bauer und Michael Schaudig

Mit dem vierten Band von *diskurs film* legt der Münchner Germanist Klaus Kanzog einen umfassenden Überblick zu Theorie und Praxis einer philologisch orientierten Filmwissenschaft vor. Auf der Basis einer 15jährigen Lehr- und Forschungstätigkeit im Bereich der Filmphilologie rekapituliert Kanzog die Grundsatzfragen der Medientheorie und zeigt Erkenntniswege auf, die anhand konkreter Filmbeispiele exemplarisch vorgeführt werden. In der analytischen Rekonstruktion argumentativer, narrativer, rhetorischer und semiotischer Filmstrukturen werden zudem Perspektiven einer allgemeinen Theoriebildung – auch im interdisziplinären Kontext – eröffnet. Zentrales Thema ist somit die angemessene Rede über das ›Objekt Film‹; auch die Vorstellung verschiedener Protokollierungsmuster und Notationsverfahren dient hier als Orientierungshilfe. Ein Glossar filmanalytisch relevanter Beschreibungsgrößen und Fachbegriffe sowie ein umfangreiches Literaturverzeichnis und Sachregister runden diese Publikation zu einem Standardwerk der Film- und Medienwissenschaft ab.

diskurs film Bd. 4, 1991, 237 S., 40 Abb., ISBN 3-926372-00-1, DM 42,–

Alexander Schwarz (Hg.)

Das Drehbuch
Geschichte, Theorie, Praxis

M. SCHAUDIG: Literalität oder Poetizität? Zum Textstatus von ›Filmtexten‹. – J. KASTEN: Populäre Wunschträume und spannende Abenteuer. Das erfolgreiche trivialdramatische Erzählkonzept der Jane Bess und anderer Drehbuchautorinnen des deutschen Stummfilms. – A. SCHWARZ: Klassische Dramaturgie oder Avantgarde? Positionen des sowjetischen Stummfilmdrehbuchs bei Valentin Turkin und Sergej Ejzenštejn. – E. MÜLLER: Adaption als Medienreflexion. Das Drehbuch zu Phil Jutzis *Berlin Alexanderplatz* von Alfred Döblin und Hans Wilhelm. – C. SCHNAUBER: Fritz Langs Methode des Drehbuchschreibens. Texte zu Tonfilmen im Fritz-Lang-Nachlaß der University of Southern California, Los Angeles. – M. TRUPPNER: Konzept und Realisation. Zur Textgenese des Films *Die verlorene Ehre der Katharina Blum*. – C. EIDSVIK: Drehbücher aus der Fabrik. Schreiben für die amerikanische Filmindustrie. – A. ADE: Die Drehbuchwerkstatt an der Filmakademie Baden-Württemberg in Ludwigsburg/Stuttgart. – P. STEINBACH: Drehbuchausbildung als Aufbaustudium an der Universität Hamburg. – M. THAU: Drei Jahre Drehbuchwerkstatt München. Ein Erfahrungsbericht. – R. WERNER: Die Berliner Drehbuchwerkstatt.

diskurs film Bd. 5, 1992, 222 S., 20 Abb., ISBN 3-926372-04-4, DM 42,–

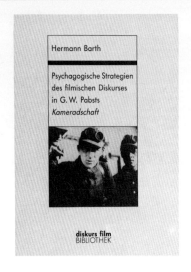

Hermann Barth

Psychagogische Strategien des filmischen Diskurses in G. W. Pabsts *Kameradschaft*

Mit dem vollständigen Filmprotokoll im Anhang

Psychagogie, »Seelenleitung«, meint die Anwendung rhetorischer Techniken mit dem Ziel, einen Zuschauer auf affektiv-emotionale Weise zu überreden, wo ein Überzeugungsversuch durch sachlich-rationale Argumente keinen Erfolg verspricht. Für die Beschreibung des visuellen und verbalen Argumentierens, der affektiven Lenkung und der Spannungserzeugung bietet die ›klassische‹ Rhetorik eine in der Filmsemiotik bislang ungenutzte Terminologie. Auf der Grundlage der psychagogischen Funktionen von G. W. Pabsts *Kameradschaft* (D/1931) lassen sich die intendierten mit den tatsächlich erzielten Wirkungen vergleichen. Über die Rekonstruktion der historischen Aufführungssituation und die Auswertung zeitgenössischer Filmkritiken trägt die Publikation zur Beschreibung des Gesamtwerkes G. W. Pabsts ebenso bei wie zur Mediengeschichte der Weimarer Republik.

diskurs film BIBLIOTHEK Bd. 2, 1990, 497 S., ISBN 3-926372-52-4, DM 86,–

Ludwig Bauer

Authentizität, Mimesis, Fiktion

Fernsehunterhaltung und Integration von Realität am Beispiel des Kriminalsujets

Die traditionelle Leitfrage nach dem Verhältnis von *Wirklichkeit* und *Fiktion* läßt sich entlang der Entwicklungslinie unterschiedlicher *Mimesiskonzepte* bis in die Antike zurückverfolgen. Medienspezifische Phänomene einer fiktionalen Annäherung an die gesellschaftliche Realität sind dabei am *Paradigma des Kriminalsujets* besonders gut zu verdeutlichen.
Methodische Basis der Publikation sind *Detailanalysen signifikanter Filmbeispiele*. Das Erkenntnisinteresse gilt zunächst den genretypischen Aspekten des Realitätsbezugs in den verschiedenen Repräsentationsformen des Krimi. Darüber hinaus wird ein *gattungsübergreifendes Modell* unterschiedlicher Situationstypen der Integration von Realität erkennbar, aus dem sich auch die besondere *Mimesiskonzeption* des Fernsehens erschließt: Als konstitutives Element der fiktionalen Strategie erweist sich der Affektwert der *Authentizität*, der auch die *Neuorientierung der Fernsehunterhaltung* an der Erfahrungswirklichkeit der Zuschauer offenlegt.

diskurs film BIBLIOTHEK Bd. 3, 1992, 339 S., 48 Abb., ISBN 3-926372-53-2, DM 86,–

Michael Schaudig
Literatur im Medienwechsel

Gerhart Hauptmanns Tragikomödie *Die Ratten* und ihre Adaptionen für Kino, Hörfunk, Fernsehen. Prolegomena zu einer Medienkomparatistik

Die Studie erörtert den Medienwechsel – d. h. die Bearbeitung eines künstlerischen Werkes für ein gegenüber dem Erstveröffentlichungsmedium differentes ästhetisches Textsystem – im historisch-systematischen Kontext und stellt Grundzüge einer *Medienkomparatistik* vor. Diese vergleichende Medienwissenschaft orientiert sich an der Frage einer ›Wiedererkennbarkeit‹ der literarischen Vorlage in der Adaption (auch bei ›freier Bearbeitung‹). Als methodologischer Erkenntnisweg wird hier die *Mustererkennung* eingeschlagen, deren strukturalistischer Ansatz erstmals die präzise Vergleichbarkeit unterschiedlichster medialer Realisationen gewährleistet.
Als Analysekorpus wurde Gerhart Hauptmanns Tragikomödie *Die Ratten* und zehn ihrer *Medialadaptionen* (Stummfilm, Tonfilm, vier Hörspiele, Fernsehfilm, zwei Fernsehspiele, Theaterübernahme) gewählt. Dabei zeigt sich, daß die medienkomparatistische Analyse auch der Literaturwissenschaft innovative Impulse zu geben vermag.
diskurs film BIBLIOTHEK Bd. 4, 1992, 445 S., 60 Abb., ISBN 3-926372-54-0, DM 98,–

Angelika Breitmoser-Bock
Bild, Filmbild, Schlüsselbild

Zu einer kunstwissenschaftlichen Methodik der Filmanalyse
am Beispiel von Fritz Langs *Siegfried* (Deutschland, 1924)

Schlüsselbilder sind nach der in dieser Studie vorgestellten Methodik diejenigen Bilder, die einen Film in besonderem Maße repräsentieren; sie können sowohl Einzelbilder als auch ›Filmbilder‹, die eine Sequenz von mehreren Einstellungen umfassen, sein. Welches Bild eines Films als Schlüsselbild fungiert, wird durch empirische Auswahl ermittelt. Dabei werden für eine Interpretation zunächst die Kriterien ›Entwurf‹, ›Standbild‹, ›Ereignis‹ und ›Einstellungsdauer‹ zugrundegelegt. Dieses Analyseverfahren rekurriert auf Modelle der Filmforschung, wird jedoch im kunsthistorischen Sinne erweitert, um den medialen Unterschied zwischen ›Filmbild‹ und ›Tafelbild‹ zu bestimmen.
Untersucht wird dies an Fritz Langs Stummfilm *Siegfried*. Darüber hinaus integriert die Studie auch den historischen Kontext zu Langs Film: die Strukturen der verschiedenen Kunstgenres und die Zeittendenzen der zwanziger Jahre.
diskurs film BIBLIOTHEK Bd. 5, 1992, 286 S., 12 Abb., ISBN 3-926372-55-9, DM 78,–

Alexander Schwarz
Der geschriebene Film
Drehbücher des deutschen und russischen Stummfilms
Bereits aus den ersten drei Jahrzehnten der Filmgeschichte stammen die Methoden und Techniken, mit einem schriftlichen Text die Bilder, Figuren, Handlungen, Normen und Aussagen eines Films zu entwerfen, festzulegen und damit die Herstellung eines längeren Films zu planen, zu strukturieren und zu kontrollieren. Die Analyse solcher Drehbuch-Texte und die Bewertung ihrer Entstehungsprozesse und Funktionen erfordern einen integrativen Ansatz, der die kulturellen, politischen, ökonomischen, rechtlichen, filmtechnischen und literarischen Prägungen des ›Filmtextes‹ einschließt. Die vorliegende Studie bietet erstmals eine umfassende *Periodisierung* und *Geschichte* des Drehbuchschreibens, die im Vergleich deutscher und russischer Texte und Autoren der *Stummfilmzeit* entwickelt wurde. Darüber hinaus präsentiert sie eine *Drehbuch-Anthologie* mit Auszügen aus insgesamt 50 Filmtexten beider Kulturen.
So will diese Untersuchung mit ihrer exemplarischen, umfassenden Rekonstruktion der *Herstellungstechniken,* der für das deutsche und das russische Stummfilm-Drehbuch *bestimmende Faktoren* und ihrer kulturellen *Rezeption* den Grundstein legen für eine künftige ›Drehbuchphilologie‹.
diskurs film BIBLIOTHEK Bd. 6, 1994, 439 S., 48 Abb., ISBN 3-926372-56-7, DM 98,–

Ute Seiderer
Film als Psychogramm
Bewußtseinsräume und Vorstellungsbilder in Werner Schroeters *Malina*
Mit Sequenzprotokoll und vollständiger Dialogliste im Anhang
Werner Schroeters Film *Malina* (D/1991) schildert die letzten vierzig Tage aus dem Leben einer Frau, die an der von ihr entworfenen Wirklichkeit scheitert. Die nach dem Drehbuch von Elfriede Jelinek entstandene Persönlichkeitsstudie argumentiert mit Bildern aus dem Bereich der Vorstellungswelt und mit topologischen Räumen aus dem Grenzbereich von Bewußtem und Unbewußtem, in dem sich subjektive und objektive Wahrnehmung, Imagination, Halluzination und Traum vermischen.
Die vorliegende Untersuchung will zum Verständnis eines ›hermetischen Kunstfilms‹ beitragen, der sich in seinem Interpretationsansatz von der literarischen Vorlage, Ingeborg Bachmanns Roman *Malina* aus dem Jahre 1971, stark entfernt hat. Über die Analyse der zentralen Zeichen, der Makrostruktur und der Kameraperspektiven wird die ›Botschaft‹ des Films ermittelt, die in Form eines Psychogramms Aufschluß gibt über Symptome und Entwicklung einer Bewußtseinsspaltung.
Im Anhang findet sich die hier erstmals publizierte vollständige Dialogliste des Films.
diskurs film BIBLIOTHEK Bd. 7, 1994, ca. 250 S., 9 Abb., ISBN 3-926372-57-5, DM 72,–